U0940433

汽车先进技术译丛　汽车技术经典手册

车辆动力学理论与应用（下册）

（原书第2版）

［加］雷扎 N. 亚泽尔　著
（Reza N. Jazar）
刘西侠　方志强　宋海军　译

机 械 工 业 出 版 社

本书理论与实践并重，强调对相关概念物理含义的理解和应用，重点对其应用进行了阐述。书中所选择的主题都是本领域的研究热点，目的在于为读者提供丰富的讨论内容和方法指导。

本书包括：第三部分“车辆动力学”，应用牛顿方法和拉格朗日方法研究车辆操纵动力学。第四部分“车辆振动”，详细讨论车辆的振动及其优化设计问题。

图书在版编目（CIP）数据

车辆动力学理论与应用：原书第 2 版．下册/（加）雷扎·N．亚泽尔（Reza N. Jazar）著；刘西侠，方志强，宋海军译．—北京：机械工业出版社，2018.4
（汽车先进技术译丛．汽车技术经典手册）
书名原文：Vehicle Dynamics
ISBN 978-7-111-59342-3

Ⅰ．①车…　Ⅱ．①雷…②刘…③方…④宋…　Ⅲ．①汽车动力学　Ⅳ．①U461.1

中国版本图书馆 CIP 数据核字（2018）第 042101 号

机械工业出版社（北京市百万庄大街 22 号　邮政编码 100037）
策划编辑：何士娟　李　军　责任编辑：徐　霆
责任校对：肖　琳　张晓蓉　封面设计：鞠　杨
责任印制：孙　炜
保定市中画美凯印刷有限公司印刷
2018 年 3 月第 1 版第 1 次印刷
169mm×239mm · 21.75 印张 · 2 插页 · 523 千字
0 001—1 900 册
标准书号：ISBN 978-7-111-59342-3
定价：168.00 元

凡购本书，如有缺页、倒页、脱页，由本社发行部调换

电话服务	网络服务
服务咨询热线：010-88361066	机 工 官 网：www.cmpbook.com
读者购书热线：010-68326294	机 工 官 博：weibo.com/cmp1952
010-88379203	金 书 网：www.golden-book.com
封面无防伪标均为盗版	教育服务网：www.cmpedu.com

译者序

车辆动力学是研究车辆操纵稳定性、行驶安全性和驱动效率的基础理论。澳大利亚皇家墨尔本理工大学 Reza N. Jazar 教授所著《车辆动力学理论与应用（第 2 版）》一书，是一部内容系统丰富、阐述清晰深入、理论与实践并重的高水平著作。

雷扎 N. 亚泽尔（Reza Nakhaie Jazar）教授的研究领域涉及以智能隔振器为重点的非线性动态系统动力学、振动、控制、稳定性、分叉和混沌行为研究，以自动驾驶车辆和智能/安全车辆为重点的车辆动力学、操纵性、乘适性和稳定性研究，以非线性设计应用为重点的微机电系统动力学、设计、优化、控制和稳定性研究，以及以时间和能量优化控制为重点的机器人机械手运动学、动力学和控制研究等。

该书除了在车辆动力学基础理论方面论述充分之外，其显著特色是采用了大量来自实际工程的案例、习题和思考题帮助读者学习和理解，使读者充分领略车辆动力学问题的机理，同时培养自己解决实际问题的能力。本书在澳大利亚一些大学车辆工程专业本科生、研究生以及企业的工程师或研发人员中非常受欢迎，是车辆动力学知识学习的主要培训教材。

本书第 10 章 ~ 第 13 章由刘西侠翻译，第 9 章和第 14 章由方志强翻译，第 8 章和第 15 章由宋海军翻译。在翻译过程中，课题组邱绵浩、姚新民、金毅、陈红迁和江鹏程几位老师参与了多数章节图文的翻译、审校，车辆工程专业博士研究生聂俊峰、谭永营和硕士研究生姚东强、吴文文、贾伟健等在书中的习题翻译、审校、试做方面做了大量繁杂的工作。

译者在翻译过程中力求忠实于原著和理解其本来的含义，但限于水平，难免有错误和不准确之处，恳请广大同行和读者指正。

原书第2版前言

如果没有我的学生和同事们的建议和贡献，尤其是哥伦比亚大学和皇家墨尔本理工大学里的学生和同事们的建议和贡献，我很难完成本书第2版的工作。我对与我分享其50年汽车工业经验的朋友 Stefan Anthony 先生深表感谢，特别感谢 Andy Fu 和 Hormoz Marzbani，他们认真地审阅本书，并指出了排印和逻辑上的错误。

这一版中引入的新专题来自学生们的反馈，这些反馈帮助我阐明并完善了本书的部分内容。

本书的目的是试图采取把我自己当成学生的形式来解释车辆动力学。本书涵盖车辆动力学所有方面，为学生提供了详细的解释和信息，能够为学生和工程师们提供帮助和重要参考。

本书的第1版由 Springer 于2008年出版，第1版出版不久就在行业内广受欢迎。除了我自己的学生和同事外，还要感谢众多其他读者，他们的问题、意见和建议为我完成第2版提供了很大的帮助。

前　言

本书面向工程专业的学生，介绍车辆动力学的基础知识，这些知识可以用于开发公路车辆乘坐舒适性、操纵性及优化分析的计算机程序。

车辆动力学在工程专业的课程中已经存在了一百多年，关于这方面的书籍比较多，但多是面向专家层次的，并不适合应用于课堂教学。刚入门的学生、工程师或研发人员不知道从何处和怎样开始车辆动力学的学习。因此，有必要为初学者编写一本教材。本书提供了满足该领域未来发展需求的知识基础。

本书的层次

本书源自近十年的非线性动力系统研究和车辆动力学课程教学，主要面向本科生最后一学年和工程专业研究生第一学年的学习。因此该书是一本中间层次的教材，既提供了基础知识，又包含前沿课题。全书可以分在相互关联的两门课程中讲授，也可以跳过某些章节在一门课程中讲授。学生需要掌握一定的运动学和动力学基础，以及数值方法的基本知识。

本书的内容力求保持在一定的理论 - 实践层次，对很多概念都做了深入的解释，并对其应用进行了重点阐述，对大量的相关理论进行了证明。本书强调概念的物理含义和应用，所选择的主题是本领域的热点，其目的在于为学生提供丰富的专题范围和方法途径。

本书共有四章与车辆动力学不是直接相关：应用运动学、应用机构学、应用动力学和应用振动学，这几章为理解车辆动力学及车辆子系统动力学提供相关背景知识。

本书的结构

为便于教学和自学，本书结构组织如下。第 1 章“基础知识”包含轮胎、轮辋及公路车辆分类简述等一般预备知识。

第一部分“车辆驱动”介绍正向车辆动力学、轮胎动力学和传动系统动力学。正向动力学涉及质量转移、加速、制动，发动机性能和变速器传动比设计等内容。

第二部分“车辆运动学”详细讨论转向系和悬架系等车辆机械子系统。

第三部分“车辆动力学”应用牛顿方法和拉格朗日方法研究车辆操纵动力学。

第四部分“车辆振动”详细讨论车辆的振动问题。目的是介绍和示范对车辆建立多自由度振动系统模型的基本方法。牛顿 - 欧拉动力学方法和拉格朗日方法的概念，同时用于推导运动方程。介绍了车辆悬架系设计的 *RMS* 优化技术，并应用于车辆悬架系。优化技术的成果是获得汽车或悬架装置的最佳刚度和阻尼。

方法介绍

本书采用“事实 - 原因 - 应用”结构，“事实”是每一节中引入的主要议题，通过“证明”的方式找出“原因”。事实的应用在“案例”中验证，案例是本书中非常重要的部分，这些案例说明了如何应用这些“事实”。案例还涵盖了用于拓展本节议题的其他“事实”。

预备知识要求

因为本书是面向工程专业的高年级本科生和一年级研究生，故假设读者熟悉矩阵算法和基本动力学。本书的预备知识包括运动学、动力学、向量分析和矩阵理论基础，上述基础知识通常在本科生前三年的学习中教授。

本书说明

单位制

如无特殊说明，本书采用国际单位制（SI）。用度（°）或弧度（rad）作为表示角度大小变量的单位。

符号

- 小写加粗字母表示向量，向量可以在 n 维欧几里得空间中表示。例如：

$\boldsymbol{r}$	$\boldsymbol{s}$	$\boldsymbol{d}$	$\boldsymbol{a}$	$\boldsymbol{b}$	$\boldsymbol{c}$
$\boldsymbol{p}$	$\boldsymbol{q}$	$\boldsymbol{v}$	$\boldsymbol{w}$	$\boldsymbol{y}$	$\boldsymbol{z}$
$\boldsymbol{\omega}$	$\boldsymbol{\alpha}$	$\boldsymbol{\epsilon}$	$\boldsymbol{\theta}$	$\boldsymbol{\delta}$	$\boldsymbol{\phi}$

- 大写加粗字母表示动力学向量或动力学矩阵，如力和力矩。例如：

$\boldsymbol{F}$	$\boldsymbol{M}$

- 带上折线的小写字母表示单位向量，单位向量不加粗。例如：

$\hat{i}$	$\hat{j}$	$\hat{k}$	$\hat{e}$	$\hat{u}$	$\hat{n}$
$\hat{I}$	$\hat{J}$	$\hat{K}$	$\hat{e}_\theta$	$\hat{e}_\varphi$	$\hat{e}_\psi$

- 带上波浪线的小写字母表示与某向量关联的 3×3 斜对称矩阵。例如：

$\tilde{a}=\begin{bmatrix}0 & -a_3 & a_2\\ a_3 & 0 & -a_1\\ -a_2 & a_1 & 0\end{bmatrix}$	$\boldsymbol{a}=\begin{bmatrix}a_1\\ a_2\\ a_3\end{bmatrix}$

- 上面带有箭头的两个大写字母表示某位置向量的起点和终点。例如：

$\overrightarrow{ON}$ = 从 O 指向 N 的位置向量

- 向量的长度由不加粗的小写字母表示。例如：

$r=\|\boldsymbol{r}\|$	$a=\|\boldsymbol{a}\|$	$b=\|\boldsymbol{b}\|$	$s=\|\boldsymbol{s}\|$

- 首字母 B 用来表示体坐标系。例如：

$B\ (oxyz)$	$B\ (Oxyz)$	$B_1\ (o_1\ x_1\ y_1\ z_1)$

- 首字母 G 用来表示全域坐标系、惯性坐标系或固定坐标系。例如：

G	$G\ (XYZ)$	$G\ (OXYZ)$

- 转换矩阵的右下标表示起始坐标系。例如：

R_B = 由坐标系 B（$oxyz$）开始的转换矩阵

- 转换矩阵的左上标表示目标坐标系。例如：

${}^GR_B$ = 由坐标系 B（$oxyz$）向坐标系 G（$OXYZ$）的转换矩阵。

- 如果大写字母 R 带有起始坐标系和目标坐标系，则表示旋转或转换矩阵。例如：

$$^{G}R_{B}=\begin{bmatrix}\cos\alpha & -\sin\alpha & 0\\ \sin\alpha & \cos\alpha & 0\\ 0 & 0 & 1\end{bmatrix}$$

- 当没有上标或下标时,用方括弧形式表示矩阵。例如:

$$[T]=\begin{bmatrix}\cos\alpha & -\sin\alpha & 0\\ \sin\alpha & \cos\alpha & 0\\ 0 & 0 & 1\end{bmatrix}$$

- 向量的左上标表示该向量在左上标坐标系中表示，该上标说明了该向量所属的坐标系，因此，向量采用该坐标系的单位向量表示。例如：

$^{G}\boldsymbol{r}$ = 在坐标系 $G(OXYZ)$ 中表示的位置向量

- 向量的右下标表示向量参考的头部端点

$^{G}\boldsymbol{r}_{P}$ = 在坐标系 G（$OXYZ$） 中表达的点 P 的位置向量

- 角速度向量的右下标表示该角度向量所参考的坐标系

$\boldsymbol{\omega}_{B}$ = 本体坐标系 $B(oxyz)$ 的角速度

- 角速度向量的左下标表示测量该角度向量时参考的坐标系。例如：

${}_{G}\boldsymbol{\omega}_{B}$ = 本体坐标系 $B(oxyz)$ 相对于全域坐标系 $G(OXYZ)$ 的角速度

- 角速度向量的左上标是指表达该角速度所在的坐标系，例如：

${}_{G}^{B_2}\boldsymbol{\omega}_{B_1}$ = 在本体坐标系 B_2 中表达的体坐标系 B_1 相对于全局坐标系 G 的角速度

角速度的下标和上标相同时，通常会去掉左上标。例如：

$${}_{G}\boldsymbol{\omega}_{B}\text{相当于}{}_{G}^{G}\boldsymbol{\omega}_{B}$$

对位置向量、速度向量和加速度向量，如果左上标和左下标相同，通常会去掉左下标。例如：

$${}_{B}^{B}v_{P}\text{ 相当于}{}^{B}v_{P}$$

- 求导计算时的左上标表示被求导计算变量所处的坐标系。例如：

$$\frac{{}^{G}\mathrm{d}}{\mathrm{d}t}x \qquad \frac{{}^{G}\mathrm{d}}{\mathrm{d}t}{}_{B}\boldsymbol{r}_{P} \qquad \frac{{}^{B}\mathrm{d}}{\mathrm{d}t}{}_{B}^{G}\boldsymbol{r}_{P}$$

如果变量是向量函数，而定义该向量的坐标系与时间导数所处的坐标系相同，可以用如下简写记法，

$$\frac{{}^{G}\mathrm{d}}{\mathrm{d}t}{}^{G}\boldsymbol{r}_{P}={}^{G}\dot{\boldsymbol{r}}_{P} \qquad \frac{{}^{B}\mathrm{d}}{\mathrm{d}t}{}_{O}^{B}\boldsymbol{r}_{P}={}_{O}^{B}\dot{\boldsymbol{r}}_{P}$$

同时可简化方程的写法。例如：

$${}^{G}v=\frac{{}^{G}\mathrm{d}}{\mathrm{d}t}{}^{G}\boldsymbol{r}(t)={}^{G}\dot{\boldsymbol{r}}$$

- 大写加粗字母 $\boldsymbol{I}$ 表示单位矩阵，该矩阵随维数不同，可以是 3×3 或 4×4 等单位矩阵。$\boldsymbol{I}_3$ 或 $\boldsymbol{I}_4$ 等用于表示矩阵 $\boldsymbol{I}$ 的维数。例如：

$$\boldsymbol{I}=\boldsymbol{I}_3=\begin{bmatrix}1 & 0 & 0\\ 0 & 1 & 0\\ 0 & 0 & 1\end{bmatrix}$$

- 星号★表示较为前沿的专题，或者指本科教学中可以不选用的案例，这些内容可以在首度阅读时略掉。

目　录

Ⅲ　车辆动力学

9 应用动力学

刚体车辆的动力学可以看作是相对于静止全域坐标系的刚体运动，本章将对描述刚体平移和旋转运动的牛顿运动方程和欧拉运动方程等动力学定律进行回顾。

9.1 动力学要素

首先说明本节讨论要用到的动力学要素的定义。

9.1.1 力和力矩

在牛顿动力学中，作用在连接着的刚体系统上的力可以分为内力和外力。内力是指相互接触的刚体之间的作用力，外力是指从系统外部施加的力。外力可以是接触力，比如作用在驱动车轮接地印迹上的牵引力，也可以是车身力，比如车身受到的重力。

外力和外力矩称作**负载**，作用在刚体上的一组力和力矩，如图 9.1 所示的车辆所受的力和力矩，称作**力系**。**合力或总力** F 表示作用在刚体上所有外力的向量和，**合力矩或总力矩** M 表示所有外部力构成力矩的向量和。

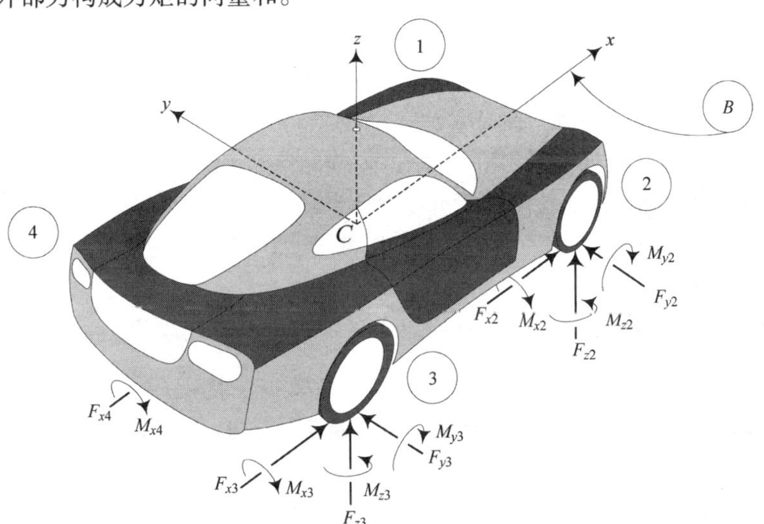

图 9.1 车辆力系是指作用在接地印迹上的力和力矩

$$\boldsymbol{F} = \sum_i \boldsymbol{F}_i \tag{9.1}$$

$$\boldsymbol{M} = \sum_i \boldsymbol{M}_i \tag{9.2}$$

设有一个作用在位于 $\boldsymbol{r}_P$ 处点 P 的力 $\boldsymbol{F}$，对通过原点的单位向量为 $\hat{u}$ 的直线 l 的**力的矩为**

$$\boldsymbol{M}_l = \hat{u} \cdot (\boldsymbol{r}_P \times \boldsymbol{F}) \tag{9.3}$$

力 $\boldsymbol{F}$ 对位于 $\boldsymbol{r}_Q$ 处点 Q 的矩为

$$\boldsymbol{M}_Q=(\boldsymbol{r}_P-\boldsymbol{r}_Q)\times\boldsymbol{F} \tag{9.4}$$

所以，$\boldsymbol{F}$ 对原点的矩为

$$\boldsymbol{M}=\boldsymbol{r}_P\times\boldsymbol{F} \tag{9.5}$$

力的矩也称作**扭矩**或**力矩**。

力系的作用等效于合力与力系合力矩的共同作用，如果两个力系的合力与合力矩相等，则这两个力系等效。如果一个力系的合力等于0，则该力系的合力矩与坐标系原点无关，这样的合力矩称作**力偶**。

当力系简化为相对于参考点 P 的合力 $\boldsymbol{F}_P$ 与合力矩 $\boldsymbol{M}_P$ 时，则可以将该参考点变换为另一个参考点 Q，并求出新的合力与合力矩。

$$\boldsymbol{F}_Q=\boldsymbol{F}_P \tag{9.6}$$

$$\boldsymbol{M}_Q=\boldsymbol{M}_P+(\boldsymbol{r}_P-\boldsymbol{r}_Q)\times\boldsymbol{F}_P=\boldsymbol{M}_P+{}_Q\boldsymbol{r}_P\times\boldsymbol{F}_P \tag{9.7}$$

9.1.2 动量

某一运动刚体的动量是大小等于该刚体总质量乘以其质心移动速度的向量。

$$\boldsymbol{p}=m\,v \tag{9.8}$$

动量 $\boldsymbol{p}$ 也称作**平动动量**或**直线动量**。

设某一刚体的动量为 $\boldsymbol{p}$，该动量对通过原点的，方向单位向量为 $\hat{u}$ 的直线 l 的**动量矩** $\boldsymbol{L}$ 为

$$\boldsymbol{L}_l=\hat{u}\cdot(\boldsymbol{r}_C\times\boldsymbol{P}) \tag{9.9}$$

式中，$\boldsymbol{r}_C$ 是质心 C 的位置向量。动量 $\boldsymbol{p}$ 对原点的动量矩为

$$\boldsymbol{L}=\boldsymbol{r}_C\times\boldsymbol{P} \tag{9.10}$$

动量矩 $\boldsymbol{L}$ 又称作**角动量**。

9.1.3 矢量

矢量表示可以用一条包含起点 O 和终点 P 的有方向的直线段代表的任意物理量。矢量也可以用两个按顺序排列的点和一个箭头表示，例如 $\overrightarrow{OP}$，因此 $\overrightarrow{PP}$ 表示在点 P 位置的零矢量。矢量最多可以具有五种特征量：**长度、轴、端点、方向、物理量**，其中长度和方向对任意矢量都是必须具备的特征量。

1）长度。矢量的长度表示该矢量所代表的物理量的大小。

2）轴。矢量所在的直线，是矢量的轴，又称作**作用线**。

3）端点。矢量的起点或终点称作**作用点**，表示矢量在该点作用。

4）方向。矢量的方向表示矢量在轴线上指向的方向。

5）物理量。任何矢量均代表一个物理量，如果一个物理量可以用矢量表示，则该物理量称作矢量物理量。物理量的大小与矢量的长度成比例，尽管矢量可以没有量纲，但是没有物理量的矢量没有意义。

根据物理量和应用情况，共有7种矢量：点矢量、线矢量、面矢量、自由矢量、点－直线矢量、点－面矢量和点－自由矢量。以下分别作出解释：

1）点矢量。如果某矢量的所有特征量：长度、轴、端点、方向和物理量均确定时，则该矢量称作**有界矢量**、**点矢量**，点矢量固定在某点不动。

2）线矢量。如果矢量的作用点在轴上，又没有被固定，则该矢量称作**滑动矢量**、**线矢量**。线矢量可以在其轴上自由滑动。

3）面矢量。如果矢量的作用点可以在某个面上始终保持平行移动，则该矢量称作**面矢量**。如果该面为平面，则该矢量称作**平面矢量**。

4）自由矢量。如果矢量的轴没有固定，则该矢量称作**自由矢量**或**方向矢量**。自由矢量可以在保持方向不变的情况下平行地移动到指定空间中的任意一点。

5）点－直线矢量。如果矢量的起点固定，其终点可以在某一直线上滑动，则该矢量称作**点－直线矢量**。点－直线矢量的长度和方位变量受某些条件约束，但是，如果点－直线矢量的起点和终点都在其滑动所在的直线上，则其方位也是常量。

6）点－面矢量。如果矢量的起点固定，其终点可以在某个面上滑动，则该矢量称作**点－面矢量**。点－面矢量的长度和方位变量受某些条件约束，如果该面为平面，则该矢量称作**点－平面矢量**，点－面矢量的起点也可能会在其滑动所在的面上。

7）点－自由矢量。如果矢量的起点固定，其终点可以在某指定空间中任意移动，则该矢量称作**点－自由矢量**，点－自由矢量的长度和方位都是变量。

两个矢量只有代表相同物理量且在同一坐标系中表示时才有可比性，如果两个矢量有可比性、类型相同且特征量相等，则称这两个矢量相等。如果两个矢量有可比性、类型相同且可以互相代替，则称这两个矢量是等效矢量。矢量只能在同轴时才能相加，如果矢量不同轴，则需要将矢量分解再进行相加。

力是滑动矢量，力偶和力矩是自由矢量。

9.1.4　运动方程

牛顿第二运动定律和牛顿第三定律重点阐述力系的应用，第二运动定律，又称作牛顿运动方程指出，直线动量的全域变化速率与全域作用力成正比。

$$ {}^{G}\boldsymbol{F} = \frac{{}^{G}\mathrm{d}}{\mathrm{d}t}\ {}^{G}\boldsymbol{p} = \frac{{}^{G}\mathrm{d}}{\mathrm{d}t}\ (m{}^{G}v) \tag{9.11} $$

牛顿第三运动定律指出，两个物体之间作用的作用力与反作用力大小相等，方向相反。

第二运动定律可以扩展到包括旋转运动，因此，第二运动定律还指出，角动量的全域变化速率与全域作用力矩成正比。

$$ {}^{G}\boldsymbol{M} = \frac{{}^{G}\mathrm{d}}{\mathrm{d}t}{}^{G}\boldsymbol{L} \tag{9.12} $$

证明：对动量力矩式（9.10）求微分得到

$$ \begin{aligned} \frac{{}^{G}\mathrm{d}}{\mathrm{d}t}{}^{G}\boldsymbol{L} &= \frac{{}^{G}\mathrm{d}}{\mathrm{d}t}(\boldsymbol{r}_C \times \boldsymbol{p}) = \left(\frac{{}^{G}\mathrm{d}\boldsymbol{r}_C}{\mathrm{d}t} \times \boldsymbol{P} + \boldsymbol{r}_C \times \frac{{}^{G}\mathrm{d}\boldsymbol{p}}{\mathrm{d}t}\right) \\ &= {}^{G}\boldsymbol{r}_C \times \frac{{}^{G}\mathrm{d}\boldsymbol{p}}{\mathrm{d}t} = {}^{G}\boldsymbol{r}_C \times {}^{G}\boldsymbol{F} = {}^{G}\boldsymbol{M} \end{aligned} \tag{9.13} $$

9.1.5　功和能量

质量为 m，速度为${}^{G}v_P$，位置在${}^{G}\boldsymbol{r}_P$ 的运动物体 P 的动能 K 为

$$K=\frac{1}{2}m^G v_P^2=\frac{1}{2}m({}^G\dot{\boldsymbol{d}}_B+{}^B v_P+{}_G^B\boldsymbol{\omega}_B\times{}^B\boldsymbol{r}_P)^2 \tag{9.14}$$

式中，G 表示速度矢量v_P所在的全域坐标系。从点 1 运动到点 2 过程中作用力${}^G\boldsymbol{F}$ 对 m 所做的功用矢量${}^G\boldsymbol{r}$ 表示，即

$${}_1W_2=\int_1^2 {}^G\boldsymbol{F}\cdot \mathrm{d}^G\boldsymbol{r} \tag{9.15}$$

同时，

$$\int_1^2 {}^G\boldsymbol{F}\cdot \mathrm{d}^G\boldsymbol{r}=m\int_1^2\frac{{}^G\mathrm{d}}{\mathrm{d}t}{}^G v\cdot{}^G v\,\mathrm{d}t=\frac{1}{2}m\int_1^2\frac{\mathrm{d}}{\mathrm{d}t}v^2\mathrm{d}t$$

$$=\frac{1}{2}m(v_2^2-v_1^2)=K_2-K_1 \tag{9.16}$$

上式表明，${}_1W_2$ 等于物体在终点和起点上的动能之差。

$${}_1W_2=K_2-K_1 \tag{9.17}$$

式（9.17）称作**做功和能量定理**。如果存在一个标量势场函数 $V=V(x,y,z)$，则有

$$\boldsymbol{F}=-\nabla V=-\frac{\mathrm{d}V}{\mathrm{d}r}=-\left(\frac{\partial V}{\partial x}\hat{i}+\frac{\partial V}{\partial y}\hat{j}+\frac{\partial V}{\partial z}\hat{k}\right) \tag{9.18}$$

那么，做功和能量定理简化为能量守恒定理。

$$K_1+V_1=K_2+V_2 \tag{9.19}$$

势场函数 $V=V(x,y,z)$的值即为系统的**势能**。

例 374 质心位置

刚体质心在坐标系中的位置用${}^B\boldsymbol{r}_C$ 表示，通常在连体坐标系 B 中度量。

$${}^B\boldsymbol{r}_C=\frac{1}{m}\int_B {}^B\boldsymbol{r}\mathrm{d}m \tag{9.20}$$

$$\begin{bmatrix}x_C\\y_C\\z_C\end{bmatrix}=\begin{bmatrix}\frac{1}{m}\int_B x\mathrm{d}m\\ \frac{1}{m}\int_B y\mathrm{d}m\\ \frac{1}{m}\int_B z\mathrm{d}m\end{bmatrix} \tag{9.21}$$

图 9.2 中的 L 形对称刚体零件，均匀密度 $\rho=1$，对其进行质心积分，即可得到零件质

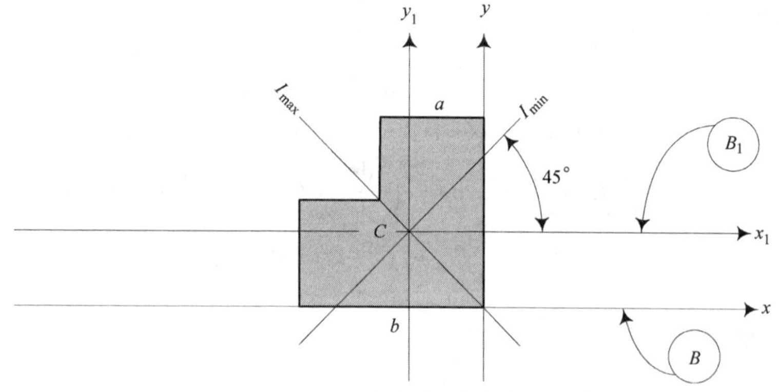

图 9.2 L 形对称零件的主坐标系

心 C 的位置，C 在 x 方向的位置为

$$x_C = \frac{1}{m}\int_B x\mathrm{d}m = \frac{1}{A}\int_B x\mathrm{d}A = -\frac{b^2+ab-a^2}{4ab+2a^2} \tag{9.22}$$

由于零件是对称的，所以有

$$y_C = -x_C = \frac{b^2+ab-a^2}{4ab+2a^2} \tag{9.23}$$

$a=b$ 时，C 的位置为

$$y_C = -x_C = \frac{1}{2}b \tag{9.24}$$

例 375★ 任何力系都等效于一个偶单力组

根据 Poinsot 理论：任何力系都等效于一个单独的力和一个平行于该力的力矩。设 $\boldsymbol{F}$ 和 $\boldsymbol{M}$ 为某力系的合力与合力矩，将该力矩根据力的作用轴分解为平行分量 $\boldsymbol{M}_{/\!/}$ 和垂直分量 $\boldsymbol{M}_{\perp}$。力 F 和垂直力矩 $\boldsymbol{M}_{\perp}$ 可以用一个平行于 F 的单独的力 $\boldsymbol{F}'$ 代替，所以，该力系简化为互相平行的力 $\boldsymbol{F}'$ 和力矩 $\boldsymbol{M}_{/\!/}$，一个力以及一个绕该力轴线的力矩称作**偶单力组**。

Poinsot 理论与 Chasles 理论相似，Chasles 理论中：任何刚体的运动都等效于一个螺旋运动，即一个平移运动以及一个绕该平移轴线的转动。

在螺旋运动与偶单力组之间没有像牛顿运动方程那样的简单的关系，如果存在螺旋运动的二次导数与施加作用的偶单力组成正比这样的关系，则可以得到牛顿运动方程与欧拉运动方程的组合运动方程。

例 376★ 运动连体坐标系中运动点的运动

例 216 中求出的图 5.9 所示的运动点 P 的速度和加速度为

$${}^G v_P = {}^G\dot{\boldsymbol{d}}_B + {}^G R_B({}^B v_P + {}^B_G\boldsymbol{\omega}_B \times {}^B\boldsymbol{r}_P) \tag{9.25}$$

$$\begin{aligned} {}^G\boldsymbol{a}_P = {}&{}^G\ddot{\boldsymbol{d}}_B + {}^G R_B\ ({}^B\boldsymbol{a}_P + 2{}^B_G\boldsymbol{\omega}_B \times {}^B v_P + {}^B_G\dot{\boldsymbol{\omega}}_B \times {}^B\boldsymbol{r}_P) \\ &+ {}^G R_B\ [{}^B_G\boldsymbol{\omega}_B\ ({}^B_G\boldsymbol{\omega}_B \times {}^B\boldsymbol{r}_P)] \end{aligned} \tag{9.26}$$

因此，质点 P 的运动方程为

$$\begin{aligned} {}^G\boldsymbol{F} &= m{}^G\boldsymbol{a}_P \\ &= m\ [{}^G\ddot{\boldsymbol{d}}_B + {}^G R_B\ ({}^B\boldsymbol{a}_P + 2{}^B_G\boldsymbol{\omega}_B \times {}^B v_P + {}^B_G\dot{\boldsymbol{\omega}}_B \times {}^B\boldsymbol{r}_P)] \\ &\quad + m{}^G R_B\ [{}^B_G\boldsymbol{\omega}_B\ ({}^B_G\boldsymbol{\omega}_B \times {}^B\boldsymbol{r}_P)] \end{aligned} \tag{9.27}$$

例 377 旋转坐标系中的牛顿运动方程

设一个球形刚体（例如地球）上有一个固定的点，该球形刚体以稳定的角速度 ω 转动。运动着的刚体上点 P 的运动方程，可以在动坐标系中动点的运动方程式（9.27）中令 ${}^G\ddot{\boldsymbol{d}}_B = {}^B_G\dot{\boldsymbol{\omega}}_B = 0$ 求出。

$$\begin{aligned} {}^B\boldsymbol{F} &= m{}^B\boldsymbol{a}_P + m{}^B_G\boldsymbol{\omega}_B \times ({}^B_G\boldsymbol{\omega}_B \times {}^B\boldsymbol{r}_P) + 2m{}^B_G\boldsymbol{\omega}_B \times {}^B\dot{\boldsymbol{r}}_P \\ &\neq m{}^B\boldsymbol{a}_P \end{aligned} \tag{9.28}$$

上式表明，在旋转坐标系中，牛顿运动方程 $\boldsymbol{F} = m\boldsymbol{a}$ 应做一定的调整。

例 378 地球自转偏向力（科里奥利力）

地球表面运动着的车辆上一点的运动方程为

$${}^B\boldsymbol{F} = m{}^B\boldsymbol{a}_P + m{}^B_G\boldsymbol{\omega}_B \times ({}^B_G\boldsymbol{\omega}_B \times {}^B\boldsymbol{r}_P) + 2m{}^B_G\boldsymbol{\omega}_B \times {}^B v_P \tag{9.29}$$

整理后得到

$$ {}^{B}\boldsymbol{F} - m_G^B\boldsymbol{\omega}_B \times ({}_G^B\boldsymbol{\omega}_B \times {}^B\boldsymbol{r}_P) - 2m_G^B\boldsymbol{\omega}_B \times {}^B v P = m^B\boldsymbol{a}_P \tag{9.30} $$

式（9.30）是关于在旋转坐标系中观察者的运动方程，这正是位于地球上的观察者的情况。方程的左边称作有效力 $\boldsymbol{F}_{\text{eff}}$

$$ \boldsymbol{F}_{\text{eff}} = {}^{B}\boldsymbol{F} - m_G^B\boldsymbol{\omega}_B \times \left({}_G^B\boldsymbol{\omega}_B \times {}^B\boldsymbol{r}_P\right) - 2m_G^B\boldsymbol{\omega}_B \times {}^B v_P \tag{9.31} $$

因为看起来像是在这个力的影响下才使质点在刚体坐标系 B 中运动。

式中第二项是离心力的负数，指向外侧。在地球赤道位置该力达到最大值，大约是重力加速度的0.3%。

$$ \begin{aligned} r\omega^2 &= 6373.388 \times 10^3 \times \left(\frac{2\pi}{24 \times 3600}\frac{366.25}{365.25}\right)^2 \\ &= 3.3917 \times 10^{-2}\text{m/s}^2 \end{aligned} \tag{9.32} $$

如果考虑由地球半径变化引起的重力加速度的变化量，因为地球极地半径为 $R=6356912\text{m}$，地球赤道半径为 $R=6378388\text{m}$，则重力加速度变化量变为0.53%。所以，一般而言，一名运动员，例如撑竿跳运动员，在北极训练后再到赤道地区参加比赛时，通常会取得更好的成绩。

有效力的第三项称作科里奥利力或科里奥利效应，F_C，与 $\boldsymbol{\omega}$ 和 ${}^B v_P$ 垂直。对于在北半球纬度为 θ 处向赤道运动的质量 m，应该对该质量提供一个与科里奥利效应相等的向东方向的侧向力，以保持其相对于地面的运动方向。

$$ F_C = 2m_G^B\boldsymbol{\omega}_B \times {}^B v_m = 1.4584 \times 10^{-4B}\boldsymbol{p}_m\cos\theta \text{ kgm/s}^2 \tag{9.33} $$

科里奥利效应是导致火车轨道、道路和河流的西侧比东侧磨损较为严重的原因。科里奥利力不足也会导致风、发射器、洪水和空中落体等改变方向。

例379 单向运动中的功、力和动能

质量为 $m=1200\text{kg}$ 的车辆初始动能为 $K=6000\text{J}$，该车辆在一个恒定力 $\boldsymbol{F}=F\hat{I}=4000\hat{I}$ 的作用下，经过时间 t_f 从 $X(0)=0$ 运动到 $X(t_f)=1000\text{m}$ 处。运动过程中该力所做的功为

$$ W = \int_{r(0)}^{r(t_f)} \boldsymbol{F}\cdot\text{d}\boldsymbol{r} = \int_0^{1000} 4000\text{d}X = 4\times10^6\text{N}\cdot\text{m} = 4\text{MJ} \tag{9.34} $$

车辆在时间终止时的动能为

$$ K(t_f) = W + K(0) = 4006000\text{J} \tag{9.35} $$

时间终止时车辆的速度为

$$ v_2 = \sqrt{\frac{2K(t_f)}{m}} \approx 81.7\text{m/s} \approx 22.694\text{km/h} \tag{9.36} $$

例380 直接动力学和逆向动力学

如果作用力随时间变化，且变化函数已知，则

$$ \boldsymbol{F}(t) = m\ddot{\boldsymbol{r}} \tag{9.37} $$

可以通过积分求出运动方程的通解，即

$$ \dot{\boldsymbol{r}}(t) = \dot{\boldsymbol{r}}(t_0) + \frac{1}{m}\int_{t_0}^{t}\boldsymbol{F}(t)\text{d}t \tag{9.38} $$

$$ \boldsymbol{r}(t) = \boldsymbol{r}(t_0) + \dot{\boldsymbol{r}}(t_0)(t-t_0) + \frac{1}{m}\int_{t_0}^{t}\int_{t_0}^{t}\boldsymbol{F}(t)\text{d}t\text{d}t \tag{9.39} $$

这种问题称作直接动力学或正向动力学。

如果运动路径对时间的函数 $\boldsymbol{r}(t)$ 已知，则使系统在路径上运动所需要的力可以通过微分求出，即

$$\boldsymbol{F}(t)=\frac{\mathrm{d}^2}{\mathrm{d}t^2}(m\ddot{\boldsymbol{r}}) \tag{9.40}$$

这种问题称作非直接动力学或逆向动力学。

例 381★ 运动方程中的力函数

根据定义，力的性质改变物体的运动，其大小等于质量乘以加速度。在数学意义上，运动方程是一个二次矢量微分方程。

$$m\ddot{\boldsymbol{r}}=\boldsymbol{F}(\dot{\boldsymbol{r}},\boldsymbol{r},t) \tag{9.41}$$

一般假设力函数仅是关于时间 t、位置 $\boldsymbol{r}$ 和速度 $\dot{\boldsymbol{r}}$ 的函数。换言之，只要可以证明作用力仅是 $\dot{\boldsymbol{r}}$，$\boldsymbol{r}$ 和 t 的函数，则牛顿运动方程始终能够适用。

如果存在一个跟加速度、加速度变化率或其他变量有关的作用力，不能转换成 $\dot{\boldsymbol{r}}$，$\boldsymbol{r}$ 和 t，则该系统不是牛顿动力学系统。对于非牛顿动力学系统，尚没有已经证知的运动方程，因为

$$\boldsymbol{F}(\boldsymbol{r},\ddot{\boldsymbol{r}},\ddot{\boldsymbol{r}},\dddot{\boldsymbol{r}},\cdots,t)\neq m\ddot{\boldsymbol{r}} \tag{9.42}$$

在牛顿力学中，假设力仅是 $\dot{\boldsymbol{r}}$，$\boldsymbol{r}$ 和 t 的函数。实际上力可以是任何事物的函数，但是人们通常忽略掉除 $\dot{\boldsymbol{r}}$，$\boldsymbol{r}$ 和 t 之外的变量。

因为式（9.41）是力 F 的线性方程，所以遵守叠加原理。当某一质量 m 受几个力 $\boldsymbol{F}_1$，$\boldsymbol{F}_2$，$\boldsymbol{F}_3$……的作用时，可以计算其矢量和

$$\boldsymbol{F}=\boldsymbol{F}_1+\boldsymbol{F}_2+\boldsymbol{F}_3+\cdots \tag{9.43}$$

进而形成作用在 m 上的合力。因此，如果力 $\boldsymbol{F}_1$ 提供的加速度为 $\ddot{\boldsymbol{r}}_1$，力 $\boldsymbol{F}_2$ 提供的加速度为 $\ddot{\boldsymbol{r}}_2$，

$$m\ddot{\boldsymbol{r}}_1=\boldsymbol{F}_1 \quad m\ddot{\boldsymbol{r}}_2=\boldsymbol{F}_2 \tag{9.44}$$

那么合力 $\boldsymbol{F}_3=\boldsymbol{F}_1+\boldsymbol{F}_2$ 提供的加速度 $\ddot{\boldsymbol{r}}_3$ 应为

$$\ddot{\boldsymbol{r}}_3=\ddot{\boldsymbol{r}}_1+\ddot{\boldsymbol{r}}_2 \tag{9.45}$$

为了说明牛顿运动方程不适用于力不仅仅是 $\dot{\boldsymbol{r}}$，$\boldsymbol{r}$ 和 t 的函数的情况，现假设一个质量为 m 的质点受 x 轴上两个与加速度相关力 $F_1(\ddot{x})$ 和 $F_2(\ddot{x})$ 的作用。

$$m\ddot{x}_1=F_1(\ddot{x}_1) \quad m\ddot{x}_2=F_2(\ddot{x}_2) \tag{9.46}$$

质点在两个力作用下的加速度应为 $\ddot{x}_3$

$$m\ddot{x}_3=F_1(\ddot{x}_3)+F_2(\ddot{x}_3) \tag{9.47}$$

但是，必须满足

$$\ddot{x}_3=\ddot{x}_1+\ddot{x}_2 \tag{9.48}$$

同时又要满足

$$\begin{aligned}m(\ddot{x}_1+\ddot{x}_2)&=F_1(\ddot{x}_1+\ddot{x}_2)+F_2(\ddot{x}_1+\ddot{x}_2)\\&\neq F_1(\ddot{x}_1)+F_2(\ddot{x}_2)\end{aligned} \tag{9.49}$$

9.2 刚体平动动力学

图 9.3 所示为在全域坐标系中的一个运动物体，假设该连体坐标系固定在物体质心上，

点 P 表示一个具有微质量 dm 的无穷小的刚体球，该点质量 dm 上作用有无穷小的力 d$\boldsymbol{f}$，速度为 ${}^G v_P$。

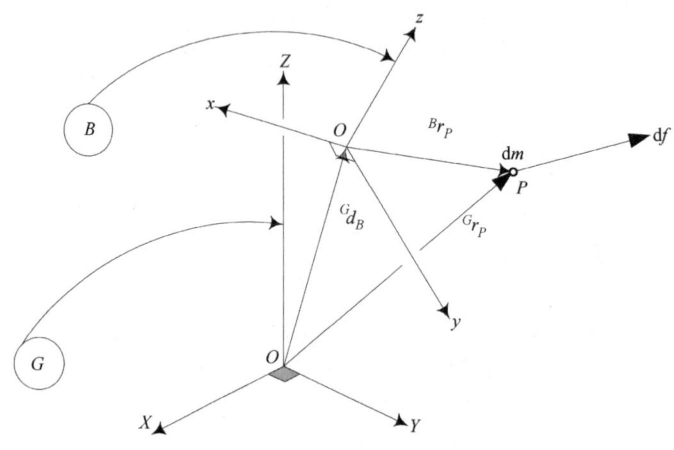

图 9.3 力 d$\boldsymbol{f}$ 作用下以速度 ${}^G v_P$ 运动的质量点

根据牛顿运动定律

$$d\boldsymbol{f} = {}^G\boldsymbol{a}_P \mathrm{d}m \tag{9.50}$$

同时，整个物体在全域坐标系中的运动方程为

$$ {}^G\boldsymbol{F} = m\,{}^G\boldsymbol{a}_B \tag{9.51}$$

在连体坐标系中可以表示为

$$ {}^B\boldsymbol{F} = m\,{}^B_G\boldsymbol{a}_B + m\,{}^B_G\boldsymbol{\omega}_B \times {}^B v_B \tag{9.52}$$

$$\begin{bmatrix} F_x \\ F_y \\ F_z \end{bmatrix} = \begin{bmatrix} ma_x + m(\omega_y v_z - \omega_z v_y) \\ ma_y - m(\omega_x v_z - \omega_z v_x) \\ ma_z + m(\omega_x v_y - \omega_y v_x) \end{bmatrix} \tag{9.53}$$

这些方程中，$\boldsymbol{a}_B$ 是物体质心 C 在全域坐标系中的加速度矢量，m 是物体的总质量，$\boldsymbol{F}$ 是作用在 C 处外力的合力。

证明：在质心位置连体坐标系称作**中心坐标系**，如果坐标系 B 是中心坐标系，则**质心** C 的定义如下

$$\int_B {}^B\boldsymbol{r}_{\mathrm{d}m} \mathrm{d}m = 0 \tag{9.54}$$

dm 的全域位置向量与局部位置向量的关系如下：

$$ {}^G\boldsymbol{r}_{\mathrm{d}m} = {}^G\boldsymbol{d}_B + {}^G R_B {}^B\boldsymbol{r}_{\mathrm{d}m} \tag{9.55}$$

式中，${}^G\boldsymbol{d}_B$ 是中心坐标的全域位置向量。因此

$$\begin{aligned} \int_B {}^G\boldsymbol{r}_{\mathrm{d}m} \mathrm{d}m &= \int_B {}^G\boldsymbol{d}_B \mathrm{d}m + {}^G R_B \int_m {}^B\boldsymbol{r}_{\mathrm{d}m} \mathrm{d}m \\ &= \int_B {}^G\boldsymbol{d}_B \mathrm{d}m = {}^G\boldsymbol{d}_B \int_B \mathrm{d}m = m\,{}^G\boldsymbol{d}_B \end{aligned} \tag{9.56}$$

两边对时间求导得到

$$m\,{}^G\dot{\boldsymbol{d}}_B = m\,{}^G v_B = \int_B {}^G\dot{\boldsymbol{r}}_{\mathrm{d}m} \mathrm{d}m = \int_B {}^G v_{\mathrm{d}m} \mathrm{d}m \tag{9.57}$$

再次求导得

$$m\,^G\dot{v}_B = m\,^G\boldsymbol{a}_B = \int_B {^G\dot{v}}_{dm}\,\mathrm{d}m \tag{9.58}$$

但是，因为 $\mathrm{d}\boldsymbol{f} = {^G\dot{v}_P}\mathrm{d}m$，所以

$$m\,^G\boldsymbol{a}_B = \int_B \mathrm{d}\boldsymbol{f} \tag{9.59}$$

右边的积分是所有作用在物体上的合力，内力相互消除，所以最终结果是所有外部作用力的矢量和，$\boldsymbol{F}$，因此

$$^G\boldsymbol{F} = m\,^G\boldsymbol{a}_B = m\,^G\dot{v}_B \tag{9.60}$$

在连体坐标系中

$$\begin{aligned} ^B\boldsymbol{F} &= {^BR_G}\,^G\boldsymbol{F} = m\,^BR_G\,^G\boldsymbol{a}_B = m\,_G^B\boldsymbol{a}_B \\ &= m\,^B\boldsymbol{a}_B + m\,_G^B\boldsymbol{\omega}_B \times {^Bv_B} \end{aligned} \tag{9.61}$$

牛顿运动方程在连体坐标系中的展开形式等于

$$^B\boldsymbol{F} = m\,^B\boldsymbol{a}_B + m\,_G^B\boldsymbol{\omega}_B \times {^Bv_B} \tag{9.62}$$

$$\begin{aligned} \begin{bmatrix} F_x \\ F_y \\ F_z \end{bmatrix} &= m\begin{bmatrix} a_x \\ a_y \\ a_z \end{bmatrix} + m\begin{bmatrix} \omega_x \\ \omega_y \\ \omega_z \end{bmatrix} \times \begin{bmatrix} v_x \\ v_y \\ v_z \end{bmatrix} \\ &= \begin{bmatrix} ma_x + m(\omega_y v_z - \omega_z v_y) \\ ma_y - m(\omega_x v_z - \omega_z v_x) \\ ma_z + m(\omega_x v_y - \omega_y v_x) \end{bmatrix} \end{aligned} \tag{9.63}$$

例 382 缠绕的绳子

图 9.4 所示是一条忽略质量和粗细的绳子，绳子紧密缠绕在一个半径为 R、质量为 m 的均匀重盘上。绳子固定在刚性支撑上，圆盘松开后向下垂直滚动。圆盘在运动中受到两个力的作用，即自身重力 mg 和绳子的张紧力 T。圆盘的平动运动方程在全域坐标系中表示较为方便：

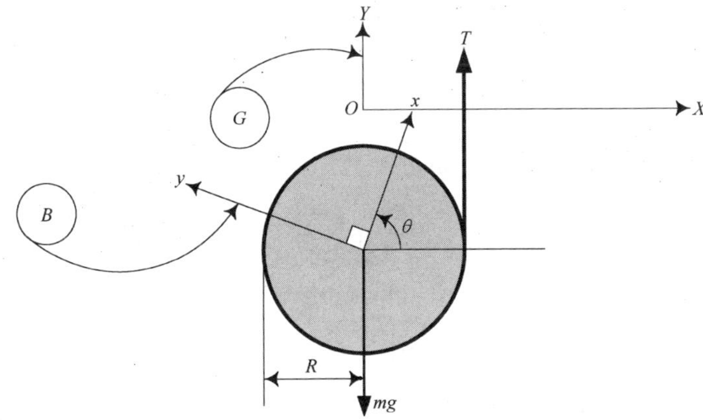

图 9.4 紧密缠绕在质量均匀的重盘上的忽略质量和粗细的绳子

$$\sum F_Y = -mg + T = m\ddot{Y} \tag{9.64}$$

而其旋转运动方程在连体坐标系中表示比较简单：

$$\sum M_z = TR = {^BI_G^B}\,{_G^B\dot{\boldsymbol{\omega}}_B} + {_G^B\boldsymbol{\omega}_B} \times {^BI_G^B}\,{_G^B\boldsymbol{\omega}_B} = I\ddot{\theta} \tag{9.65}$$

对坐标 Y 和 θ 存在如下约束：

$$Y = Y_0 - R\theta \tag{9.66}$$

为了求解运动方程，在式（9.64）和式（9.65）中消去 T，得到

$$m\ddot{Y} = -mg + \frac{I}{R}\ddot{\theta} \tag{9.67}$$

进而用约束条件消去 $\ddot{Y}$

$$\ddot{\theta} = \frac{mg}{\left(\dfrac{I}{R} + mR\right)} \tag{9.68}$$

现在可以求出 T，$\ddot{Y}$ 和 Y：

$$T = \frac{I}{R}\ddot{\theta} = \frac{I}{mR^2 + I}mg \tag{9.69}$$

$$\ddot{Y} = -\frac{mR^2}{mR^2 + I}g \qquad Y = -\frac{mR^2}{mR^2 + I}gt^2 + \dot{Y}(0)t + Y(0) \tag{9.70}$$

对于一个 $I=0$ 的质量点，下落加速度与质点的自由落体加速度相同。但是，对于 $I \neq 0$ 的刚体，因为圆盘的动能分化为转动和平动，所以圆盘的下落加速度会变小。

9.3 刚体转动动力学

刚体的转动运动方程是欧拉方程。

$$\begin{aligned} {}^B\boldsymbol{M} &= \frac{{}^G\mathrm{d}}{\mathrm{d}t}\,{}^B\boldsymbol{L} = {}^B\dot{\boldsymbol{L}} + {}_G^B\boldsymbol{\omega}_B \times {}^B\boldsymbol{L} \\ &= {}^BI_G^B\dot{\boldsymbol{\omega}}_B + {}_G^B\boldsymbol{\omega}_B \times ({}^BI_G^B\boldsymbol{\omega}_B) \end{aligned} \tag{9.71}$$

式中，$\boldsymbol{L}$ 是角动量。

$${}^B\boldsymbol{L} = {}^BI_G^B\boldsymbol{\omega}_B \tag{9.72}$$

I 是刚体的质量惯性矩：

$$I = \begin{bmatrix} I_{xx} & I_{xy} & I_{xz} \\ I_{yx} & I_{yy} & I_{yz} \\ I_{zx} & I_{zy} & I_{zz} \end{bmatrix} \tag{9.73}$$

I 的元素是刚体质量分布的函数，可以定义为

$$I_{ij} = \int_B (r_i^2\delta_{mn} - x_{im}x_{jn})\,\mathrm{d}m \qquad i, j = 1, 2, 3 \tag{9.74}$$

式中，δ_{mn} 是克罗内克 δ 函数。

$$\delta_{mn} = \begin{cases} 1 & m = n \\ 0 & m \neq n \end{cases} \tag{9.75}$$

欧拉方程式（9.71）的展开形式是

$$\begin{aligned} M_x &= I_{xx}\dot{\omega}_x + I_{xy}\dot{\omega}_y + I_{xz}\dot{\omega}_z - (I_{yy} - I_{zz})\omega_y\omega_z \\ &\quad - I_{yz}(\omega_z^2 - \omega_y^2) - \omega_x(\omega_z I_{xy} - \omega_y I_{xz}) \end{aligned} \tag{9.76}$$

$$\begin{aligned} M_y &= I_{yx}\dot{\omega}_x + I_{yy}\dot{\omega}_y + I_{yz}\dot{\omega}_z - (I_{zz} - I_{xx})\omega_z\omega_x \\ &\quad - I_{xz}(\omega_x^2 - \omega_z^2) - \omega_y(\omega_x I_{yz} - \omega_z I_{xy}) \end{aligned} \tag{9.77}$$

$$M_z = I_{zx}\dot{\omega}_x + I_{zy}\dot{\omega}_y + I_{zz}\dot{\omega}_z - (I_{xx} - I_{yy})\omega_x\omega_y - I_{xy}({\omega_y}^2 - \omega_x^2) - \omega_z(\omega_y I_{xz} - \omega_x I_{yz}) \tag{9.78}$$

并可以在一个称作**主坐标系**的特殊笛卡儿坐标系中简化为

$$\begin{aligned} M_1 &= I_1\dot{\omega}_1 - (I_2 - I_3)\omega_2\omega_3 \\ M_2 &= I_2\dot{\omega}_2 - (I_3 - I_1)\omega_3\omega_1 \\ M_3 &= I_3\dot{\omega}_3 - (I_1 - I_2)\omega_1\omega_2 \end{aligned} \tag{9.79}$$

主坐标系用 1、2、3 表示第一、第二和第三**主坐标轴**。主坐标系中参数 I_{ij}，$i\neq j$ 为 0，连体坐标系和主坐标系都设在质心 C 上。

旋转刚体的动能是

$$\begin{aligned} K &= \frac{1}{2}(I_{xx}\omega_x^2 + I_{yy}\omega_y^2 + I_{zz}\omega_z^2) - I_{xy}\omega_x\omega_y - I_{yz}\omega_y\omega_z - I_{zx}\omega_z\omega_x \\ &= \frac{1}{2}\boldsymbol{\omega}\cdot\boldsymbol{L} = \frac{1}{2}\boldsymbol{\omega}^T I\boldsymbol{\omega} \end{aligned} \tag{9.80}$$

在主坐标系中则简化为

$$K = \frac{1}{2}(I_1\omega_1^2 + I_2\omega_2^2 + I_3\omega_3^2) \tag{9.81}$$

证明：设刚体 B 由 n 个质点组成，m_i 为刚体 B 的第 i 个质点，并且

$$\boldsymbol{r}_i = {}^B\boldsymbol{r}_i = [x_i \quad y_i \quad z_i]^{\mathrm{T}} \tag{9.82}$$

是 m_i 在固定有坐标系 $Oxyz$ 的中心物体上的笛卡儿位置向量，假设

$$\boldsymbol{\omega} = {}_G^B\boldsymbol{\omega}_B = [\omega_x \quad \omega_y \quad \omega_z]^{\mathrm{T}} \tag{9.83}$$

是在连体坐标系中表示的刚体相对于地面的角速度。

则 m_i 的角动量是

$$\begin{aligned} \boldsymbol{L}_i &= \boldsymbol{r}_i \times m_i\dot{\boldsymbol{r}}_i = m_i[\boldsymbol{r}_i \times (\boldsymbol{\omega}\times\boldsymbol{r}_i)] \\ &= m_i[(\boldsymbol{r}_i\cdot\boldsymbol{r}_i)\boldsymbol{\omega} - (\boldsymbol{r}_i\cdot\boldsymbol{\omega})\boldsymbol{r}_i] \\ &= m_i {r_i}^2\boldsymbol{\omega} - m_i(\boldsymbol{r}_i\cdot\boldsymbol{\omega})\boldsymbol{r}_i \end{aligned} \tag{9.84}$$

所以，刚体的角动量为

$$\boldsymbol{L} = \boldsymbol{\omega}\sum_{i=1}^{n} m_i {r_i}^2 - \sum_{i=1}^{n} m_i(\boldsymbol{r}_i\cdot\boldsymbol{\omega})\boldsymbol{r}_i \tag{9.85}$$

代入 $\boldsymbol{r}_i$ 和 $\boldsymbol{\omega}$ 后得

$$\begin{aligned} \boldsymbol{L} = {} & (\omega_x\hat{i} + \omega_y\hat{j} + \omega_z\hat{k})\sum_{i=1}^{n} m_i(x_i^2 + y_i^2 + z_i^2) \\ & - \sum_{i=1}^{n} m_i(x_i\omega_x + y_i\omega_y + z_i\omega_z)\cdot(x_i\hat{i} + y_i\hat{j} + z_i\hat{k}) \end{aligned} \tag{9.86}$$

因此有

$$\begin{aligned} \boldsymbol{L} = {} & \sum_{i=1}^{n} m_i(x_i^2 + y_i^2 + z_i^2)\omega_x\hat{i} + \sum_{i=1}^{n} m_i(x_i^2 + y_i^2 + z_i^2)\omega_y\hat{j} \\ & + \sum_{i=1}^{n} m_i(x_i^2 + y_i^2 + z_i^2)\omega_z\hat{k} \end{aligned}$$

$$- \sum_{i=1}^{n} m_i(x_i \omega_x + y_i \omega_y + z_i \omega_z)x_i\hat{i} - \sum_{i=1}^{n} m_i(x_i \omega_x + y_i \omega_y + z_i \omega_z)y_i\hat{j}$$

$$- \sum_{i=1}^{n} m_i(x_i \omega_x + y_i \omega_y + z_i \omega_z)z_i\hat{k} \tag{9.87}$$

或者

$$\begin{aligned} \boldsymbol{L} = & \sum_{i=1}^{n} m_i[(x_i^2 + y_i^2 + z_i^2)\omega_x - (x_i\omega_x + y_i\omega_y + z_i\omega_z)x_i]\hat{i} \\ & + \sum_{i=1}^{n} m_i[(x_i^2 + y_i^2 + z_i^2)\omega_y - (x_i\omega_x + y_i\omega_y + z_i\omega_z)y_i]\hat{j} \\ & + \sum_{i=1}^{n} m_i[(x_i^2 + y_i^2 + z_i^2)\omega_z - (x_i\omega_x + y_i\omega_y + z_i\omega_z)z_i]\hat{k} \end{aligned} \tag{9.88}$$

整理后得

$$\begin{aligned} \boldsymbol{L} = & \sum_{i=1}^{n}[m_i(y_i^2 + z_i^2)]\omega_x\hat{i} + \sum_{i=1}^{n}[m_i(z_i^2 + x_i^2)]\omega_y\hat{j} \\ & + \sum_{i=1}^{n}[m_i(x_i^2 + y_i^2)]\omega_z\hat{k} \\ & - \left(\sum_{i=1}^{n}(m_i x_i y_i)\omega_y + \sum_{i=1}^{n}(m_i x_i z_i)\omega_z\right)\hat{i} \\ & - \left(\sum_{i=1}^{n}(m_i y_i z_i)\omega_z + \sum_{i=1}^{n}(m_i y_i x_i)\omega_x\right)\hat{j} \\ & - \left(\sum_{i=1}^{n}(m_i z_i x_i)\omega_x + \sum_{i=1}^{n}(m_i z_i y_i)\omega_y\right)\hat{k} \end{aligned} \tag{9.89}$$

引入含如下元素的质量惯性矩矩阵 $\boldsymbol{I}$

$$I_{xx} = \sum_{i=1}^{n}[m_i(y_i^2 + z_i^2)] \tag{9.90}$$

$$I_{yy} = \sum_{i=1}^{n}[m_i(z_i^2 + x_i^2)] \tag{9.91}$$

$$I_{zz} = \sum_{i=1}^{n}[m_i(x_i^2 + y_i^2)] \tag{9.92}$$

$$I_{xy} = I_{yx} = -\sum_{i=1}^{n}(m_i x_i y_i) \tag{9.93}$$

$$I_{yz} = I_{zy} = -\sum_{i=1}^{n}(m_i y_i z_i) \tag{9.94}$$

$$I_{zx} = I_{xz} = -\sum_{i=1}^{n}(m_i z_i x_i) \tag{9.95}$$

可以将角动量 $\boldsymbol{L}$ 写成简单形式

$$L_x = I_{xx}\omega_x + I_{xy}\omega_y + I_{xz}\omega_z \tag{9.96}$$

$$L_y = I_{yx}\omega_x + I_{yy}\omega_y + I_{yz}\omega_z \tag{9.97}$$

$$L_z = I_{zx}\omega_x + I_{zy}\omega_y + I_{zz}\omega_z \tag{9.98}$$

或是矩阵形式

$$\begin{bmatrix} L_x \\ L_y \\ L_z \end{bmatrix} = \begin{bmatrix} I_{xx} & I_{xy} & I_{xz} \\ I_{yx} & I_{yy} & I_{yz} \\ I_{zx} & I_{zy} & I_{zz} \end{bmatrix} \begin{bmatrix} \omega_x \\ \omega_y \\ \omega_z \end{bmatrix} \tag{9.99}$$

$$\boldsymbol{L} = \boldsymbol{I} \cdot \boldsymbol{\omega} \tag{9.100}$$

对于连续刚体而言，应该在式（9.74）中用在整个物体体积上求积分代替求和。

刚体的欧拉运动方程为

$${}^B\boldsymbol{M} = \frac{{}^G\mathrm{d}}{\mathrm{d}t}\ {}^B\boldsymbol{L} \tag{9.101}$$

式中，${}^B\boldsymbol{M}$ 是作用在刚体上的外部合力矩。角动量矢量 ${}^B\boldsymbol{L}$ 在连体坐标系 B 中定义，因此，${}^B\boldsymbol{L}$ 在全域坐标系中的时间导数为

$$\frac{{}^G\mathrm{d}}{\mathrm{d}t}\ {}^B\boldsymbol{L} = {}^B\dot{\boldsymbol{L}} + {}^B_G\boldsymbol{\omega}_B \times {}^B\boldsymbol{L} \tag{9.102}$$

所以

$${}^B\boldsymbol{M} = \frac{\mathrm{d}\boldsymbol{L}}{\mathrm{d}t} = \dot{\boldsymbol{L}} + \boldsymbol{\omega} \times \boldsymbol{L} = I\dot{\boldsymbol{\omega}} + \boldsymbol{\omega} \times (I\boldsymbol{\omega}) \tag{9.103}$$

展开形式为

$$\begin{aligned} {}^B\boldsymbol{M} = {} & (I_{xx}\dot{\omega}_x + I_{xy}\dot{\omega}_y + I_{xz}\dot{\omega}_z)\hat{\imath} + \omega_y(I_{xz}\omega_x + I_{yz}\omega_y + I_{zz}\omega_z)\hat{\imath} \\ & - \omega_z(I_{xy}\omega_x + I_{yy}\omega_y + I_{yz}\omega_z)\hat{\imath} \\ & + (I_{yx}\dot{\omega}_x + I_{yy}\dot{\omega}_y + I_{yz}\dot{\omega}_z)\hat{\jmath} + \omega_z(I_{xx}\omega_x + I_{xy}\omega_y + I_{xz}\omega_z)\hat{\jmath} \\ & - \omega_x(I_{xz}\omega_x + I_{yz}\omega_y + I_{zz}\omega_z)\hat{\jmath} \\ & + (I_{zx}\dot{\omega}_x + I_{zy}\dot{\omega}_y + I_{zz}\dot{\omega}_z)\hat{k} + \omega_x(I_{xy}\omega_x + I_{yy}\omega_y + I_{yz}\omega_z)\hat{k} \\ & - \omega_y(I_{xx}\omega_x + I_{xy}\omega_y + I_{xz}\omega_z)\hat{k} \end{aligned} \tag{9.104}$$

则在固定于 C 上的连体坐标系中刚体欧拉运动方程的最一般形式为

$$\begin{aligned} M_x = {} & I_{xx}\dot{\omega}_x + I_{xy}\dot{\omega}_y + I_{xz}\dot{\omega}_z - (I_{yy} - I_{zz})\omega_y\omega_z \\ & - I_{yz}(\omega_z^2 - \omega_y^2) - \omega_x(\omega_z I_{xy} - \omega_y I_{xz}) \end{aligned} \tag{9.105}$$

$$\begin{aligned} M_y = {} & I_{yx}\dot{\omega}_x + I_{yy}\dot{\omega}_y + I_{yz}\dot{\omega}_z - (I_{zz} - I_{xx})\omega_z\omega_x \\ & - I_{xz}({\omega_x}^2 - {\omega_z}^2) - \omega_y(\omega_x I_{yz} - \omega_z I_{xy}) \end{aligned} \tag{9.106}$$

$$\begin{aligned} M_z = {} & I_{zx}\dot{\omega}_x + I_{zy}\dot{\omega}_y + I_{zz}\dot{\omega}_z - (I_{xx} - I_{yy})\omega_x\omega_y \\ & - I_{xy}({\omega_y}^2 - {\omega_x}^2) - \omega_z(\omega_y I_{xz} - \omega_x I_{yz}) \end{aligned} \tag{9.107}$$

假设可以通过绕其原点旋转连体坐标系，使连体坐标系的方位满足 $i \neq j$ 时 $I_{ij} = 0$。在这样的坐标系中，即主坐标系，欧拉方程可以简化为

$$M_1 = I_1\dot{\omega}_1 - (I_2 - I_3)\omega_2\omega_3 \tag{9.108}$$

$$M_2 = I_2\dot{\omega}_2 - (I_3 - I_1)\omega_3\omega_1 \tag{9.109}$$

$$M_3 = I_3\dot{\omega}_3 - (I_1 - I_2)\omega_1\omega_2 \tag{9.110}$$

刚体的动能可以通过在整个刚体上对质量单元 dm 的动能求积分获得。

$$K = \frac{1}{2}\int_B \dot{v}^2 \mathrm{d}m = \frac{1}{2}\int_B (\boldsymbol{\omega} \times \boldsymbol{r}) \cdot (\boldsymbol{\omega} \times \boldsymbol{r})\mathrm{d}m$$

$$= \frac{\omega_x^2}{2}\int_B (y^2 + z^2)\,\mathrm{d}m + \frac{\omega_y^2}{2}\int_B (z^2 + x^2)\,\mathrm{d}m + \frac{\omega_z^2}{2}\int_B (x^2 + y^2)\,\mathrm{d}m$$

$$- \omega_x\omega_y\int_B xy\mathrm{d}m - \omega_y\omega_z\int_B yz\mathrm{d}m - \omega_z\omega_x\int_B zx\mathrm{d}m$$

$$= \frac{1}{2}(I_{xx}\omega_x^2 + I_{yy}\omega_y^2 + I_{zz}\omega_z^2)$$

$$- I_{xy}\omega_x\omega_y - I_{yz}\omega_y\omega_z - I_{zx}\omega_z\omega_x \tag{9.111}$$

动能公式可以整理成矩阵相乘的形式

$$K = \frac{1}{2}\boldsymbol{\omega}^T\boldsymbol{I}\boldsymbol{\omega} = \frac{1}{2}\boldsymbol{\omega}\cdot\boldsymbol{L} \tag{9.112}$$

当连体坐标系是主坐标系时，动能公式可以简化为

$$K = \frac{1}{2}(I_1\omega_1^2 + I_2\omega_2^2 + I_3\omega_3^2) \tag{9.113}$$

例 383 无质量轴上的倾斜圆盘

图9.5所示是一个固定在无质量轴上的圆盘，其质量为 m，半径为 r。该轴以稳定角速度 ω 旋转，圆盘以角度 θ 与之固定。由于 θ 的存在，A 和 B 处的轴承需要提供转动力。

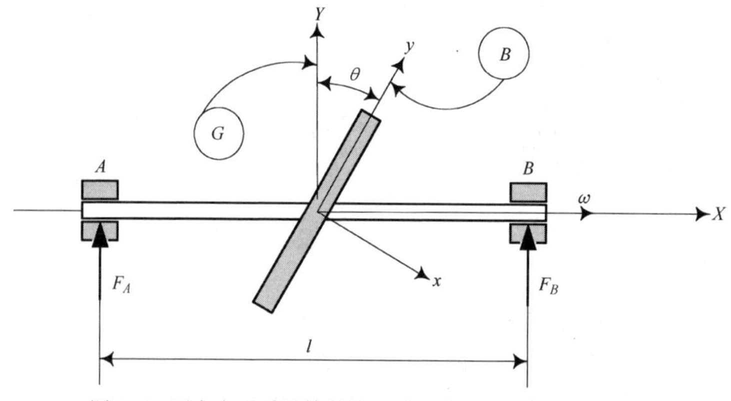

图9.5 固定在无质量旋转轴上质量为 m，半径为 r 的圆盘

为了分析该系统，在圆盘中心设置一个主坐标系，如图所示。连体坐标系中的角速度矢量为

$${}_G^B\boldsymbol{\omega}_B = \omega\cos\theta\,\hat{i} + \omega\sin\theta\,\hat{j} \tag{9.114}$$

质量惯性矩矩阵为

$${}^BI = \frac{1}{4}\begin{bmatrix} 2mr^2 & 0 & 0 \\ 0 & mr^2 & 0 \\ 0 & 0 & mr^2 \end{bmatrix} \tag{9.115}$$

将式（9.114）和式（9.115）代入式（9.108）~式(9.110)，并令1对应 x，2对应 y，3对应 z，可以求出

$$M_x = 0 \quad M_y = 0 \quad M_z = \frac{mr^2}{4}\omega\cos\theta\sin\theta \tag{9.116}$$

因此，轴承反作用力 F_A 和 F_B 为

$$F_A = -F_B = -\frac{M_z}{l} = -\frac{mr^2}{4l}\omega\cos\theta\sin\theta \tag{9.117}$$

例 384　自由旋转刚体的稳定旋转

刚体的牛顿－欧拉运动方程为

$$^G\boldsymbol{F} = m^G\dot{v} \tag{9.118}$$

$$^B\boldsymbol{M} = I_G^B\dot{\boldsymbol{\omega}}_B + {}_G^B\boldsymbol{\omega}_B \times {}^B\boldsymbol{L} \tag{9.119}$$

设在某一状态下作用在刚体上的合力与合力矩为0，即

$$^G\boldsymbol{F} = {}^B\boldsymbol{F} = 0 \qquad {}^G\boldsymbol{M} = {}^B\boldsymbol{M} = 0 \tag{9.120}$$

根据牛顿方程，质心在全域坐标系中的速度应该恒定。欧拉方程简化为

$$\dot{\omega}_1 = \frac{I_2 - I_3}{I_1}\omega_2\omega_3 \tag{9.121}$$

$$\dot{\omega}_2 = \frac{I_3 - I_1}{I_2}\omega_3\omega_1 \tag{9.122}$$ *

$$\dot{\omega}_3 = \frac{I_1 - I_2}{I_3}\omega_1\omega_2 \tag{9.123}$$

表明在下面情况下角速度应为常数

$$I_1 = I_2 = I_3 \tag{9.124}$$

或者，如果两个主惯性矩（设为 I_1 和 I_2）为0，第三个的角速度（本例中为 ω_3）起始即为0，则角速度应为常数。或者，如果角速度矢量平行于一个主坐标轴，则角速度也应为常数。

例 385　两杆机械臂的角动量

图9.6所示为一个两杆机械臂，杆 A 绕其局部坐标系的 z 轴以角速度 $\dot{\varphi}$ 旋转，杆 B 连接在杆 A 上，以角速度 $\dot{\psi}$ 相对于杆 A 绕 x_A 轴旋转。假设 $\varphi=0$ 时 A 和 G 重合，所以 A 和 G 之间的旋转矩阵为

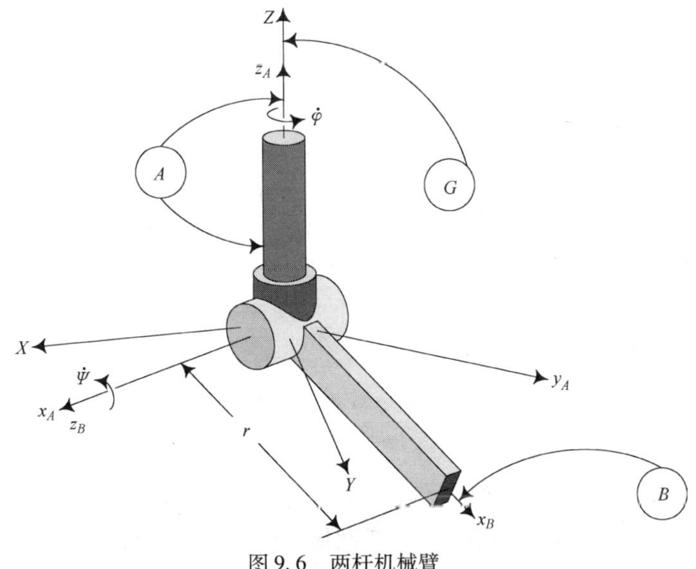

图9.6　两杆机械臂

$$
{}^{G}R_{A}=\begin{bmatrix}\cos\varphi(t) & -\sin\varphi(t) & 0\\ \sin\varphi(t) & \cos\varphi(t) & 0\\ 0 & 0 & 1\end{bmatrix} \tag{9.125}
$$

坐标系 B 与坐标系 A 之间通过欧拉角 $\varphi=90°$，$\theta=90°$和 ψ 关联，所以

$$
\begin{aligned}
{}^{A}R_{B}&=\begin{bmatrix}\cos\pi\cos\psi-\cos\pi\sin\pi\sin\psi & -\cos\pi\sin\psi-\cos\pi\cos\psi\sin\pi & \sin\pi\sin\pi\\ \cos\psi\sin\pi+\cos\pi\cos\pi\sin\psi & -\sin\pi\sin\psi+\cos\pi\cos\pi\sin\psi & -\cos\pi\sin\pi\\ \sin\pi\sin\psi & \sin\pi\cos\psi & \cos\pi\end{bmatrix}\\
&=\begin{bmatrix}-\cos\psi & \sin\psi & 0\\ \sin\psi & \cos\psi & 0\\ 0 & 0 & -1\end{bmatrix}
\end{aligned} \tag{9.126}
$$

故有

$$
\begin{aligned}
{}^{G}R_{B}&={}^{G}R_{A}{}^{A}R_{B}\\
&=\begin{bmatrix}-\cos\varphi\cos\psi-\sin\varphi\sin\psi & \cos\varphi\sin\psi-\cos\psi\sin\varphi & 0\\ \cos\varphi\sin\psi-\cos\psi\sin\varphi & \cos\varphi\cos\psi+\sin\varphi\sin\psi & 0\\ 0 & 0 & -1\end{bmatrix}
\end{aligned} \tag{9.127}
$$

A 在 G 的角速度和 B 在 A 的角速度为

$$
{}_{G}\boldsymbol{\omega}_{A}=\dot{\varphi}\hat{K}\qquad {}_{A}\boldsymbol{\omega}_{B}=\dot{\psi}\hat{i}_{A} \tag{9.128}
$$

臂 A 和 B 的惯性矩矩阵可以定义为

$$
{}^{A}I_{A}=\begin{bmatrix}I_{A1} & 0 & 0\\ 0 & I_{A2} & 0\\ 0 & 0 & I_{A3}\end{bmatrix}\qquad {}^{B}I_{B}=\begin{bmatrix}I_{B1} & 0 & 0\\ 0 & I_{B2} & 0\\ 0 & 0 & I_{B3}\end{bmatrix} \tag{9.129}
$$

上述惯性矩必须转换到全域坐标系

$$
{}^{G}I_{A}={}^{G}R_{B}{}^{A}I_{A}{}^{G}R_{A}^{T}\qquad {}^{G}I_{B}={}^{G}R_{B}{}^{B}I_{B}{}^{G}R_{B}^{T} \tag{9.130}
$$

则机械臂的总角动量为

$$
{}^{G}\boldsymbol{L}={}^{G}\boldsymbol{L}_{A}+{}^{G}\boldsymbol{L}_{B} \tag{9.131}
$$

式中

$$
{}^{G}\boldsymbol{L}_{A}={}^{G}I_{A\,G}\boldsymbol{\omega}_{A} \tag{9.132}
$$

$$
{}^{G}\boldsymbol{L}_{B}={}^{G}I_{B\,G}\boldsymbol{\omega}_{B}={}^{G}I_{B}({}_{A}^{G}\boldsymbol{\omega}_{B}+{}_{G}\boldsymbol{\omega}_{A}) \tag{9.133}
$$

例 386 Poinsot 结构

设有一个自由旋转的刚体，其上附有一个主坐标系。且有 $M=0$，在恒角动量和恒动能下运动。

$$
\boldsymbol{L}=I\omega=\mathrm{cte} \tag{9.134}
$$

$$
K=\frac{1}{2}\boldsymbol{\omega}^{T}\boldsymbol{I}\boldsymbol{\omega}=\mathrm{cte} \tag{9.135}
$$

因为角动量的长度 $\boldsymbol{L}$ 恒定，所以有等式

$$
L^{2}=\boldsymbol{L}\cdot\boldsymbol{L}=L_{x}^{2}+L_{y}^{2}+L_{z}^{2}=I_{1}^{2}\omega_{1}^{2}+I_{2}^{2}\omega_{2}^{2}+I_{3}^{2}\omega_{3}^{2} \tag{9.136}
$$

下面在坐标系（ω_1，ω_2，ω_3）中引入一个椭圆体，称作**动量椭圆体**。所有角速度矢量的头部都在该动量椭圆体的表面上。还可以在同一个坐标系内用动能定义一个**能量椭圆体**，所有

角速度矢量也必须在这一椭圆体的表面上。

$$K=\frac{1}{2}(I_1\omega_1^2+I_2\omega_2^2+I_3\omega_3^2) \tag{9.137}$$

换言之，刚体的力矩 - 自由运动动力学要求对应的角速度 $\boldsymbol{\omega}(t)$ 同时满足式（9.136）和式（9.137），即应该位于动量椭圆体和能量椭圆体交集上。

为了进一步说明问题，可以在坐标系（L_x，L_y，L_z）内定义椭圆体

$$L_x^2+L_y^2+L_z^2=L^2 \tag{9.138}$$

$$\frac{L_x^2}{2I_1K}+\frac{L_y^2}{2I_2K}+\frac{L_z^2}{2I_3K}=1 \tag{9.139}$$

式（9.138）表示的是一个圆球体，式（9.139）表示的是一个半轴为 $\sqrt{2I_iK}$ 的椭圆体。为了得到有意义的运动，这两个形体必须有重叠。重叠部分构成了一个 $\boldsymbol{L}$ 的头部轨线，如图 9.7 所示。

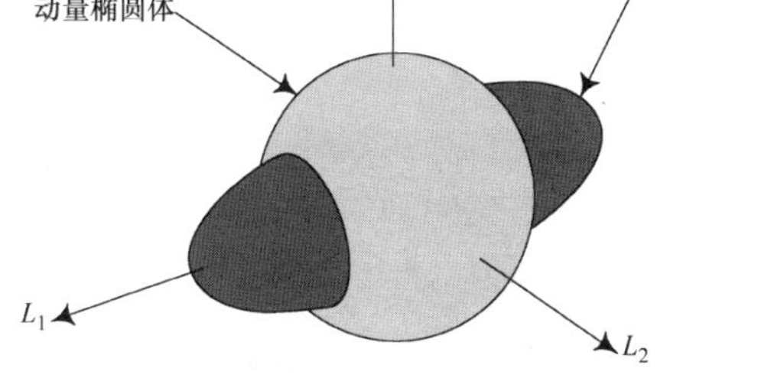

图 9.7　动量椭圆体与能量椭圆体的交集

还可以推导出，对于某一确定的角动量值，存在最大极限动能值和最小极限动能值。假设

$$I_1>I_2>I_3 \tag{9.140}$$

动能取值的极限值为

$$K_{\min}=\frac{L^2}{2I_1}\qquad K_{\max}=\frac{L^2}{2I_3} \tag{9.141}$$

分别对应绕轴 I_1 和 I_3 的旋转运动。

例 387★　欧拉运动方程的另一种推导方法

用 d$\boldsymbol{m}$ 表示由单元力 d$\boldsymbol{f}$ 形成的力矩，用 dm 表示质量单元，则有

$$\begin{aligned}\mathrm{d}\boldsymbol{m}&={}^G\boldsymbol{r}_{\mathrm{d}m}\times\mathrm{d}\boldsymbol{f}\\&={}^G\boldsymbol{r}_{\mathrm{d}m}\times{}^G\dot{v}_{\mathrm{d}m}\mathrm{d}m\end{aligned} \tag{9.142}$$

dm 的全域角动量 d$\boldsymbol{l}$ 等于

$$\mathrm{d}\boldsymbol{l}={}^G\boldsymbol{r}_{\mathrm{d}m}\times{}^Gv_{\mathrm{d}m}\mathrm{d}m \tag{9.143}$$

根据式（9.12）可知

$$\mathrm{d}\boldsymbol{m}=\frac{{}^G\mathrm{d}}{\mathrm{d}t}\mathrm{d}\boldsymbol{l} \tag{9.144}$$

$${}^G\boldsymbol{r}_{\mathrm{d}m}\times\mathrm{d}\boldsymbol{f}=\frac{{}^G\mathrm{d}}{\mathrm{d}t}\left({}^G\boldsymbol{r}_{\mathrm{d}m}\times G\,v_{\mathrm{d}m}\mathrm{d}m\right) \tag{9.145}$$

对物体求积分得到

$$\begin{aligned}\int_B{}^G\boldsymbol{r}_{\mathrm{d}m}\times\mathrm{d}\boldsymbol{f}&=\int_B\frac{{}^G\mathrm{d}}{\mathrm{d}t}({}^G\boldsymbol{r}_{\mathrm{d}m}\times{}^Gv_{\mathrm{d}m}\mathrm{d}m)\\&=\frac{{}^G\mathrm{d}}{\mathrm{d}t}\int_B({}^G\boldsymbol{r}_{\mathrm{d}m}\times{}^Gv_{\mathrm{d}m}\mathrm{d}m)\end{aligned} \tag{9.146}$$

同时还知道

$${}^G\boldsymbol{r}_{\mathrm{d}m}={}^G\boldsymbol{d}_B+{}^GR_B{}^B\boldsymbol{r}_{\mathrm{d}m} \tag{9.147}$$

式中，${}^{G}\boldsymbol{d}_B$是质心本体坐标系的全域位置向量。可以将积分公式的左边简化为

$$\begin{aligned}\int_B {}^{G}\boldsymbol{r}_{dm}\times \mathrm{d}\boldsymbol{f} &= \int_B ({}^{G}\boldsymbol{d}_B + {}^{G}R_B\,{}^{B}\boldsymbol{r}_{dm})\times \mathrm{d}\boldsymbol{f}\\ &= \int_B {}^{G}\boldsymbol{d}_B \times \mathrm{d}\boldsymbol{f} + \int_B {}^{G}_{B}\boldsymbol{r}_{dm}\times \mathrm{d}\boldsymbol{f}\\ &= {}^{G}\boldsymbol{d}_B \times {}^{G}\boldsymbol{F} + {}^{G}\boldsymbol{M}_C\end{aligned}\tag{9.148}$$

式中，$\boldsymbol{M}_C$ 是外部对质心 C 的合扭矩。式（9.146）的右边为

$$\begin{aligned}&\frac{{}^{G}\mathrm{d}}{\mathrm{d}t}\int_B ({}^{G}\boldsymbol{r}_{dm}\times {}^{G}v_{dm}\mathrm{d}m)\\ &= \frac{{}^{G}\mathrm{d}}{\mathrm{d}t}\int_B \left[({}^{G}\boldsymbol{d}_B + {}^{G}R_B\,{}^{B}\boldsymbol{r}_{dm})\times {}^{G}v_{dm}\mathrm{d}m\right]\\ &= \frac{{}^{G}\mathrm{d}}{\mathrm{d}t}\int_B ({}^{G}\boldsymbol{d}_B \times {}^{G}v_{dm})\mathrm{d}m + \frac{{}^{G}\mathrm{d}}{\mathrm{d}t}\int_B ({}^{G}_{B}\boldsymbol{r}_{dm}\times {}^{G}v_{dm})\mathrm{d}m\\ &= \frac{{}^{G}\mathrm{d}}{\mathrm{d}t}\left({}^{G}\boldsymbol{d}_B \times \int_B {}^{G}v_{dm}\mathrm{d}m\right) + \frac{{}^{G}\mathrm{d}}{\mathrm{d}t}\boldsymbol{L}_C\\ &= {}^{G}\dot{\boldsymbol{d}}_B \times \int_B {}^{G}v_{dm}\mathrm{d}m + {}^{G}\boldsymbol{d}_B \times \int_B {}^{G}\dot{v}_{dm}\mathrm{d}m + \frac{\mathrm{d}}{\mathrm{d}t}\boldsymbol{L}_C\end{aligned}\tag{9.149}$$

用 $\boldsymbol{L}_C$ 表示对刚体质心动量矩，由于连体坐标系在质心位置，所以

$$\int_B {}^{G}\boldsymbol{r}_{dm}\,\mathrm{d}m = m\,{}^{G}\boldsymbol{d}_B = m\,{}^{G}\boldsymbol{r}_C \tag{9.150}$$

$$\int_B {}^{G}v_{dm}\,\mathrm{d}m = m\,{}^{G}\dot{\boldsymbol{d}}_B = m\,{}^{G}v_C \tag{9.151}$$

$$\int_B {}^{G}\dot{v}_{dm}\,\mathrm{d}m = m\,{}^{G}\ddot{\boldsymbol{d}}_B = m\,{}^{G}\boldsymbol{a}_C \tag{9.152}$$

故有

$$\frac{{}^{G}\mathrm{d}}{\mathrm{d}t}\int_B ({}^{G}\boldsymbol{r}_{dm}\times {}^{G}v_{dm}\mathrm{d}m) = {}^{G}\boldsymbol{d}_B \times {}^{G}\boldsymbol{F} + \frac{{}^{G}\mathrm{d}}{\mathrm{d}t}\,{}^{G}\boldsymbol{L}_C \tag{9.153}$$

将式（9.148）和式（9.153）代入式（9.146）可以得到全域坐标系中的欧拉运动方程，表明外部对质心 C 施加的合力矩等于对质心 C 角动量的全域导数。

$${}^{G}\boldsymbol{M}_C = \frac{{}^{G}\mathrm{d}}{\mathrm{d}t}{}^{G}\boldsymbol{L}_C \tag{9.154}$$

连体坐标系中欧拉方程可以通过式（9.154）的转换获得

$$\begin{aligned}{}^{B}\boldsymbol{M}_C &= {}^{G}R_B^{T}\,{}^{G}\boldsymbol{M}_C = {}^{G}R_B^{T}\frac{{}^{G}\mathrm{d}}{\mathrm{d}t}\boldsymbol{L}_C = \frac{{}^{G}\mathrm{d}}{\mathrm{d}t}{}^{G}R_B^{T}\boldsymbol{L}_C = \frac{{}^{G}\mathrm{d}}{\mathrm{d}t}\,{}^{B}\boldsymbol{L}_C\\ &= {}^{B}\dot{\boldsymbol{L}}_C + {}^{B}_{G}\boldsymbol{\omega}_B \times {}^{B}\boldsymbol{L}_C\end{aligned}\tag{9.155}$$

9.4　质量惯性矩矩阵

在刚体的运动分析中，存在两种因物体的几何形状提出的积分方式。第一种用来确定质心，在考虑物体的平动时非常重要。第二类是考虑物体旋转运动时出现的**质量惯性矩**，质量惯性矩又称作**转动惯量**、**离心矩或惯性离心矩**。任何刚体都具有一个 3×3 转动惯量矩阵 I，记为

$$I=\begin{bmatrix} I_{xx} & I_{xy} & I_{xz} \\ I_{yx} & I_{yy} & I_{yz} \\ I_{zx} & I_{zy} & I_{zz} \end{bmatrix} \tag{9.156}$$

对角线上的元素 I_{ij}，$i=j$ 叫作**极点转动惯量**。

$$I_{xx}=I_x=\int_B (y^2+z^2)\mathrm{d}m \tag{9.157}$$

$$I_{yy}=I_y=\int_B (z^2+x^2)\mathrm{d}m \tag{9.158}$$

$$I_{zz}=I_z=\int_B (x^2+y^2)\mathrm{d}m \tag{9.159}$$

非对角线元素 $\boldsymbol{I}_{ij}$，$i\neq j$ 叫作**惯性积**。

$$I_{xy}=I_{yx}=-\int_B xy\mathrm{d}m \tag{9.160}$$

$$I_{yz}=I_{zy}=-\int_B yz\mathrm{d}m \tag{9.161}$$

$$I_{zx}=I_{xz}=-\int_B zx\mathrm{d}m \tag{9.162}$$

刚体转动惯量矩阵 I 的元素由离散的质量点组成，并已在式（9.74）中进行了定义。

因为转动惯量矩阵 I 的元素是在附加于物体质心 C 上的连体坐标系中计算的，I 的值与坐标系相关，所以必须写成 ${}^BI$ 的形式，以表明计算所在的坐标系。

$${}^BI=\int_B \begin{bmatrix} y^2+z^2 & -xy & -zx \\ -xy & z^2+x^2 & -yz \\ -zx & -yz & x^2+y^2 \end{bmatrix}\mathrm{d}m \tag{9.163}$$

$$=\int_B (r^2\boldsymbol{I}-\boldsymbol{r}\boldsymbol{r}^{\mathrm{T}})\mathrm{d}m \tag{9.164}$$

$$=\int_B -\tilde{r}\,\tilde{r}\,\mathrm{d}m \tag{9.165}$$

质量矩可以从一个坐标系 B_1 向另一个坐标系 B_2 转换，两个坐标系均设置在物体的质心处，根据**转动 - 轴理论**的规定

$${}^{B_2}I={}^{B_2}R_{B_1}\,{}^{B_1}I\,{}^{B_2}R_{B_1}^T \tag{9.166}$$

从位于 ${}^{B_2}\boldsymbol{r}_C$ 的中心坐标系 B_1 向平行于 B_1 的坐标系 B_2 转换，根据**平行 - 轴理论**的规定

$${}^{B_2}I={}^{B_1}I+m\,\tilde{r}_C\,\tilde{r}_C^T \tag{9.167}$$

如果局部坐标系 $Oxyz$ 的位置能使惯性积为 0，则该局部坐标系称作**主坐标系**，相关的转动惯量称作**主转动惯量**。I 的主轴和主转动惯量可以通过解下面的方程求出：

$$\begin{vmatrix} I_{xx}-I & I_{xy} & I_{xz} \\ I_{yx} & I_{yy}-I & I_{yz} \\ I_{zx} & I_{zy} & I_{zz}-I \end{vmatrix}=0 \tag{9.168}$$

$$\det([I_{ij}]-I[\delta_{ij}])=0 \tag{9.169}$$

因为式（9.169）是 I 的三次方程，所以可以获得三个特征值。

$$I_1=I_x \qquad I_2=I_y \qquad I_3=I_z \tag{9.170}$$

证明：设在刚体质心处有两个具有共同原点的坐标系，如图9.8a所示。完成刚体角速度和角动量从坐标系 B_1 到 B_2 的转换，根据矢量转换法则

$$^{B_2}\boldsymbol{\omega} = {}^{B_2}R_{B_1}{}^{B_1}\boldsymbol{\omega} \tag{9.171}$$

$$^{B_2}\boldsymbol{L} = {}^{B_2}R_{B_1}{}^{B_1}\boldsymbol{L} \tag{9.172}$$

根据式（9.72）获得 $\boldsymbol{L}$ 和 $\boldsymbol{\omega}$ 的关系

$$^{B_1}\boldsymbol{L} = {}^{B_1}I^{B_1}\boldsymbol{\omega} \tag{9.173}$$

所以

$$^{B_2}\boldsymbol{L} = {}^{B_2}R_{B_1}{}^{B_1}I^{B_2}R_{B_1}^{T}{}^{B_2}\boldsymbol{\omega} = {}^{B_2}\boldsymbol{I}^{B_2}\boldsymbol{\omega} \tag{9.174}$$

上式说明如何将转动惯量从坐标系 B_1 移动到转动过的坐标系 B_2。

$$^{B_2}I = {}^{B_2}R_{B_1}{}^{B_1}I^{B_2}R_{B_1}^{T} \tag{9.175}$$

下面考虑图9.8b中位于$^{B_2}\boldsymbol{r}_C$的中心坐标系 B_1，该坐标系相对于固定坐标系 B_2 的原点进行旋转，以使其坐标轴保持平行。刚体角速度和角动量从坐标系 B_1 到 B_2 的转换通过下式完成。

$$^{B_2}\boldsymbol{\omega} = {}^{B_1}\boldsymbol{\omega} \tag{9.176}$$

$$^{B_2}\boldsymbol{L} = {}^{B_1}\boldsymbol{L} + (\boldsymbol{r}_C \times m\,v_C) \tag{9.177}$$

因此

$$\begin{aligned}^{B_2}\boldsymbol{L} &= {}^{B_1}\boldsymbol{L} + m^{B_2}\boldsymbol{r}_C \times ({}^{B_2}\boldsymbol{\omega} \times {}^{B_2}\boldsymbol{r}_C)\\ &= {}^{B_1}\boldsymbol{L} + (m^{B_2}\tilde{r}_C{}^{B_2}\tilde{r}_C^{T})^{B_2}\boldsymbol{\omega}\\ &= ({}^{B_1}I + m^{B_2}\tilde{r}_C{}^{B_2}\tilde{r}_C^{T})^{B_2}\boldsymbol{\omega}\end{aligned} \tag{9.178}$$

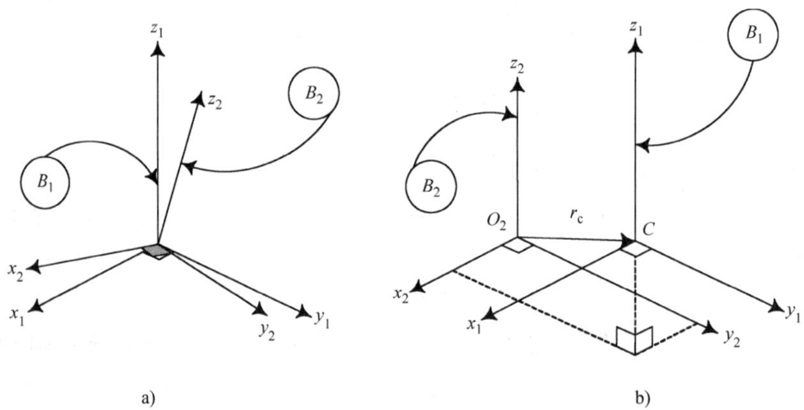

图9.8 刚体质心处具有共同原点的两个坐标系以及质心坐标系 $\dot{B}_1$ 和移动后的坐标系 B_2

上式说明了如何将质量惯性矩从坐标系 B_1 移动到与其平行坐标系 B_2。

$$^{B_2}I = {}^{B_1}I + m\,\tilde{r}_C\,\tilde{r}_C^{T} \tag{9.179}$$

平行－轴理论又称作 Huygens－Steiner **理论**。

参考式（9.175）中旋转坐标系对质量惯性矩转换，始终可以找到一个坐标系使^{B_2}I为对角矩阵。在该坐标系中

$$^{B_2}R_{B_1}{}^{B_1}I = {}^{B_2}I^{B_2}R_{B_1} \tag{9.180}$$

或

$$\begin{bmatrix} r_{11} & r_{12} & r_{13} \\ r_{21} & r_{22} & r_{23} \\ r_{31} & r_{32} & r_{33} \end{bmatrix}\begin{bmatrix} I_{xx} & I_{xy} & I_{xz} \\ I_{yx} & I_{yy} & I_{yz} \\ I_{zx} & I_{zy} & I_{zz} \end{bmatrix} = \begin{bmatrix} I_1 & 0 & 0 \\ 0 & I_2 & 0 \\ 0 & 0 & I_3 \end{bmatrix}\begin{bmatrix} r_{11} & r_{12} & r_{13} \\ r_{21} & r_{22} & r_{23} \\ r_{31} & r_{32} & r_{33} \end{bmatrix} \tag{9.181}$$

上式表明 I_1、I_2 和 I_3 是 ${}^{B_1}I$ 的特征值。可以通过解如下关于 λ 的方程求出这些特征值。

$$\begin{vmatrix} I_{xx}-\lambda & I_{xy} & I_{xz} \\ I_{yx} & I_{yy}-\lambda & I_{yz} \\ I_{zx} & I_{zy} & I_{zz}-\lambda \end{vmatrix} = 0 \tag{9.182}$$

特征值 I_1，I_2 和 I_3 是**主质量惯性矩**，与它们关联的特征向量称作**主方向**，由这三个特征向量构成的坐标系是**主本体坐标系**。在主本体坐标系中，刚体的角动量为

$$\begin{bmatrix} L_1 \\ L_2 \\ L_3 \end{bmatrix} = \begin{bmatrix} I_1 & 0 & 0 \\ 0 & I_2 & 0 \\ 0 & 0 & I_3 \end{bmatrix}\begin{bmatrix} \omega_1 \\ \omega_2 \\ \omega_3 \end{bmatrix} \tag{9.183}$$

例 388 主质量惯性矩

设有质量惯性矩矩阵 I

$$[I] = \begin{bmatrix} 20 & -2 & 0 \\ -2 & 30 & 0 \\ 0 & 0 & 40 \end{bmatrix} \tag{9.184}$$

构建行列式(9.168)

$$\begin{vmatrix} 20-\lambda & -2 & 0 \\ -2 & 30-\lambda & 0 \\ 0 & 0 & 40-\lambda \end{vmatrix} = 0 \tag{9.185}$$

进而获得如下特征方程

$$(20-\lambda)(30-\lambda)(40-\lambda) - 4(40-\lambda) = 0 \tag{9.186}$$

式（9.186）的三个根为

$$I_1 = 30.385 \qquad I_2 = 19.615 \qquad I_3 = 40 \tag{9.187}$$

因此，主质量惯性矩矩阵为

$$I = \begin{bmatrix} 30.385 & 0 & 0 \\ 0 & 19.615 & 0 \\ 0 & 0 & 40 \end{bmatrix} \tag{9.188}$$

例 389 主坐标系

设有惯性矩阵 I

$$I = \begin{bmatrix} 20 & -2 & 0 \\ -2 & 30 & 0 \\ 0 & 0 & 40 \end{bmatrix} \tag{9.189}$$

其主坐标轴 x_i 的方向通过求解下式获得

$$\begin{bmatrix} I_{xx}-I_i & I_{xy} & I_{xz} \\ I_{yx} & I_{yy}-I_i & I_{yz} \\ I_{zx} & I_{zy} & I_{zz}-I_i \end{bmatrix}\begin{bmatrix} \cos\alpha_i \\ \cos\beta_i \\ \cos\gamma_i \end{bmatrix}=\begin{bmatrix} 0 \\ 0 \\ 0 \end{bmatrix} \tag{9.190}$$

对于方向余弦，还必须满足

$$\cos^2\alpha_i+\cos^2\beta_i+\cos^2\gamma_i=1 \tag{9.191}$$

对第一主质量惯性矩 $I_1=30.385$ 有如下关系

$$\begin{bmatrix} 20-30.385 & -2 & 0 \\ -2 & 30-30.385 & 0 \\ 0 & 0 & 40-30.385 \end{bmatrix}\begin{bmatrix} \cos\alpha_1 \\ \cos\beta_1 \\ \cos\gamma_1 \end{bmatrix}=\begin{bmatrix} 0 \\ 0 \\ 0 \end{bmatrix} \tag{9.192}$$

或者

$$-10.385\cos\alpha_1-2\cos\beta_1+0=0 \tag{9.193}$$

$$-2\cos\alpha_1-0.385\cos\beta_1+0=0 \tag{9.194}$$

$$0+0+9.615\ \cos\gamma_1=0 \tag{9.195}$$

这样可以求得

$$\alpha_1=79.1° \qquad \beta_1=169.1° \qquad \gamma_1=90.0° \tag{9.196}$$

用 $I_2=19.615$ 求第二主坐标轴

$$\begin{bmatrix} 20-19.62 & -2 & 0 \\ -2 & 30-19.62 & 0 \\ 0 & 0 & 40-19.62 \end{bmatrix}\begin{bmatrix} \cos\alpha_2 \\ \cos\beta_2 \\ \cos\gamma_2 \end{bmatrix}=\begin{bmatrix} 0 \\ 0 \\ 0 \end{bmatrix} \tag{9.197}$$

求得

$$\alpha_2=10.9° \qquad \beta_2=79.1° \qquad \gamma_2=90.0° \tag{9.198}$$

用 $I_3=40$ 求第三主坐标轴

$$\begin{bmatrix} 20-40 & -2 & 0 \\ -2 & 30-40 & 0 \\ 0 & 0 & 40-40 \end{bmatrix}\begin{bmatrix} \cos\alpha_3 \\ \cos\beta_3 \\ \cos\gamma_3 \end{bmatrix}=\begin{bmatrix} 0 \\ 0 \\ 0 \end{bmatrix} \tag{9.199}$$

求得

$$\alpha_3=90.0° \qquad \beta_3=90.0° \qquad \gamma_3=0.0° \tag{9.200}$$

例 390　长方体刚性杆的质量惯性矩

设有一均匀长方体构件，质量为 m，长度为 l，宽度为 w，高度为 h，如图 9.9a 所示。局部中心坐标系设置于构件的质心，构件的转动惯量矩阵可以通过积分法求得，首先计算 I_{xx}。

$$\begin{aligned} I_{xx} &= \int_B (y^2+z^2)\mathrm{d}m = \int_v (y^2+z^2)\rho \mathrm{d}v = \frac{m}{lwh}\int_v (y^2+z^2)\mathrm{d}v \\ &= \frac{m}{lwh}\int_{-h/2}^{h/2}\int_{-w/2}^{w/2}\int_{-l/2}^{l/2}(y^2+z^2)\mathrm{d}x\mathrm{d}y\mathrm{d}z = \frac{m}{12}(w^2+h^2) \end{aligned} \tag{9.201}$$

相类似的也可以求出 I_{yy} 和 I_{zz}

$$I_{yy}=\frac{m}{12}(h^2+l^2) \qquad I_{zz}=\frac{m}{12}(l^2+w^2) \tag{9.202}$$

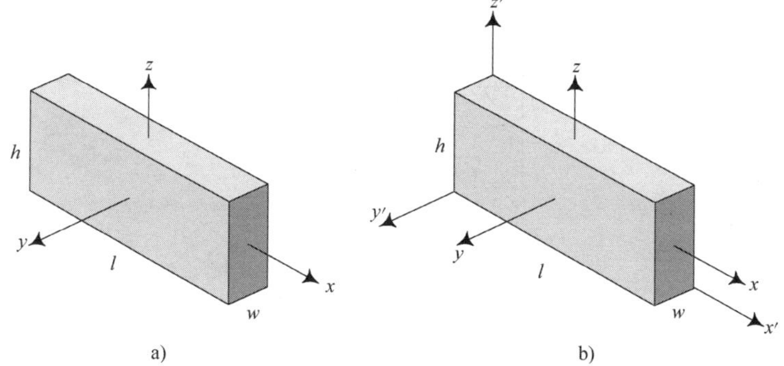

图 9.9　均匀刚性长方体构件以及主坐标系和非主坐标系中的均匀刚性长方体构件

因为坐标系是质心坐标系，所以惯性积必为 0。为了证明这一结论，现取 I_{xy} 来进行验证。

$$I_{xy} = I_{yx} = -\int_B xy\mathrm{d}m = \int_v xy\,\rho\mathrm{d}v$$
$$= \frac{m}{lwh}\int_{-h/2}^{h/2}\int_{-w/2}^{w/2}\int_{-l/2}^{l/2} xy\mathrm{d}x\mathrm{d}y\mathrm{d}z = 0 \tag{9.203}$$

因此，刚性长方体构件在质心坐标系中的质量惯性矩为

$$I = \begin{bmatrix} \frac{m}{12}(w^2+h^2) & 0 & 0 \\ 0 & \frac{m}{12}(h^2+l^2) & 0 \\ 0 & 0 & \frac{m}{12}(l^2+w^2) \end{bmatrix} \tag{9.204}$$

例 391　惯性矩阵的平移

图 9.9b 中刚体在主坐标系 $B(oxyz)$ 中的质量惯性矩矩阵由式（9.204）给出。其非主坐标系 $B'(ox'\ y'\ z')$ 中的质量惯性矩矩阵可以通过应用平行－轴转换公式（9.179）求出。

$$^{B'}I = {}^{B}I + m\,{}^{B'}\tilde{r}_C\,{}^{B'}\tilde{r}_C^T \tag{9.205}$$

其质心位于

$$^{B'}\boldsymbol{r}_C = \frac{1}{2}\begin{bmatrix} l \\ w \\ h \end{bmatrix} \tag{9.206}$$

所以

$$^{B'}\tilde{r}_C = \frac{1}{2}\begin{bmatrix} 0 & -h & w \\ h & 0 & -l \\ -w & l & 0 \end{bmatrix} \tag{9.207}$$

进而求得

$$^{B'}I = \begin{bmatrix} \frac{1}{3}h^2m + \frac{1}{3}mw^2 & -\frac{1}{4}lmw & -\frac{1}{4}hlm \\ -\frac{1}{4}lmw & \frac{1}{3}h^2m + \frac{1}{3}l^2m & \frac{1}{4}hmw \\ -\frac{1}{4}hlm & -\frac{1}{4}hmw & \frac{1}{3}l^2m + \frac{1}{3}mw^2 \end{bmatrix} \tag{9.208}$$

例 392 主旋转矩阵

设有一个物体的质量惯性矩矩阵为

$$I=\begin{bmatrix} 2/3 & -1/2 & -1/2 \\ -1/2 & 5/3 & -1/4 \\ -1/2 & -1/4 & 5/3 \end{bmatrix} \tag{9.209}$$

I 的特征值和特征向量为

$$I_1=0.2413 \quad \boldsymbol{w}_1=[2.351 \quad 1 \quad 1]^{\mathrm{T}} \tag{9.210}$$

$$I_2=1.8421 \quad \boldsymbol{w}_2=[-0.851 \quad 1 \quad 1]^{\mathrm{T}} \tag{9.211}$$

$$I_3=1.9167 \quad \boldsymbol{w}_3=[0 \quad -1 \quad 1]^{\mathrm{T}} \tag{9.212}$$

归一化后的特征向量矩阵 W 与使惯性矩阵成为对角矩阵的转换矩阵的转置矩阵相等。

$$\begin{aligned} W &= [\boldsymbol{w}_1 \quad \boldsymbol{w}_2 \quad \boldsymbol{w}_3] = {}^2R_1^{\mathrm{T}} \\ &= \begin{bmatrix} 0.8569 & -0.5156 & 0.0 \\ 0.36448 & 0.60588 & -0.70711 \\ 0.36448 & 0.60588 & 0.70711 \end{bmatrix} \end{aligned} \tag{9.213}$$

可以验证

$$\begin{aligned} {}^2I &\approx {}^2R_1 {}^1I {}^2R_1^{\mathrm{T}} = W^{\mathrm{T}} {}^1I\, W \\ &= \begin{bmatrix} 0.2413 & -1\times10^{-4} & 0.0 \\ -1\times10^{-4} & 1.8421 & -1\times10^{-19} \\ 0.0 & 0.0 & 1.9167 \end{bmatrix} \end{aligned} \tag{9.214}$$

例 393★ 对角质量惯性矩

应用式（9.157）～式（9.159）对质量惯性矩的定义，可以发现惯性矩阵是对称的，且

$$\int_B (x^2+y^2+z^2)\,\mathrm{d}m = \frac{1}{2}(I_{xx}+I_{yy}+I_{zz}) \tag{9.215}$$

同时

$$I_{xx}+I_{yy}\geqslant I_{zz} \quad I_{yy}+I_{zz}\geqslant I_{xx} \quad I_{zz}+I_{xx}\geqslant I_{yy} \tag{9.216}$$

因为有

$$(y-z)^2\geqslant 0 \tag{9.217}$$

明显有

$$(y^2+z^2)\geqslant 2yz \tag{9.218}$$

所以

$$I_{xx}\geqslant 2I_{yz} \tag{9.219}$$

同理

$$I_{yy}\geqslant 2I_{zx} \qquad I_{zz}\geqslant 2I_{xy} \tag{9.220}$$

例 394★ 特征方程的系数

计算主质量惯性矩的行列式（9.182）

$$\begin{vmatrix} I_{xx}-\lambda & I_{xy} & I_{xz} \\ I_{yx} & I_{yy}-\lambda & I_{yz} \\ I_{zx} & I_{zy} & I_{zz}-\lambda \end{vmatrix} = 0 \tag{9.221}$$

获得一个 λ 的三阶方程，称作**特征方程**。

$$\lambda^3 - a_1 \lambda^2 + a_2 \lambda - a_3 = 0 \tag{9.222}$$

特征方程的系数称作［I］的主不变量。特征方程的系数可以从下式中直接求出：

$$a_1 = I_{xx} + I_{yy} + I_{zz} = \mathrm{tr}[I] \tag{9.223}$$

$$\begin{aligned} a_2 &= I_{xx} I_{yy} + I_{yy} I_{zz} + I_{zz} I_{xx} - I_{xy}^2 - I_{yz}^2 - I_{zx}^2 \\ &= \begin{vmatrix} I_{xx} & I_{xy} \\ I_{yx} & I_{yy} \end{vmatrix} + \begin{vmatrix} I_{yy} & I_{yz} \\ I_{zy} & I_{zz} \end{vmatrix} + \begin{vmatrix} I_{xx} & I_{xz} \\ I_{zx} & I_{zz} \end{vmatrix} \\ &= \frac{1}{2}\left(a_1^2 - \mathrm{tr}\,[I^2]\right) \end{aligned} \tag{9.224}$$

$$\begin{aligned} a_3 &= I_{xx} I_{yy} I_{zz} + I_{xy} I_{yz} I_{zx} + I_{zy} I_{yx} I_{xz} \\ &\quad - (I_{xx} I_{yz} I_{zy} + I_{yy} I_{zx} I_{xz} + I_{zz} I_{xy} I_{yx}) \\ &= I_{xx} I_{yy} I_{zz} + 2 I_{xy} I_{yz} I_{zx} - (I_{xx} I_{yz}^2 + I_{yy} I_{zx}^2 + I_{zz} I_{xy}^2) \\ &= \det[I] \end{aligned} \tag{9.225}$$

例 395★ 主质量惯性矩是坐标不变量

惯性特征方程的根是主质量惯性矩，它们是实数，但是未必不同。主质量惯性矩是一些特殊值，因为它们决定着 I_{ii} 的最大值和最小值。I_{ii} 的最大值和最小值与连体坐标系的选择无关，所以，特征方程的解也不依赖于坐标系。

也就是说，如果 I_1、I_2 和 I_3 是 ${}^{B_1}I$ 的主质量惯性矩，${}^{B_2}I$ 的主质量惯性矩也是 I_1、I_2 和 I_3，其中

$${}^{B_2}I = {}^{B_2}R_{B_1}\, {}^{B_1}I\, {}^{B_2}R_{B_1}^T \tag{9.226}$$

就可以判断 I_1、I_2 和 I_3 是矩阵［I］的坐标系不变量，任何依赖 I_1、I_2 和 I_3 的量也是坐标系不变量。矩阵［I］只有三个独立不变量，其他所有不变量可以由 I_1、I_2 和 I_3 表示。

因为 I_1、I_2 和 I_3 是式（9.222）给出的［I］特征方程的解，所以可以将行列式（9.182）写成如下形式：

$$(\lambda - I_1)(\lambda - I_2)(\lambda - I_3) = 0 \tag{9.227}$$

该方程的展开形式为

$$\lambda^3 - (I_1 + I_2 + I_3)\lambda^2 + (I_1 I_2 + I_2 I_3 + I_3 I_1) a_2 \lambda - I_1 I_2 I_3 = 0 \tag{9.228}$$

对比式（9.228）和式（9.222）可以判定

$$a_1 = I_{xx} + I_{yy} + I_{zz} = I_1 + I_2 + I_3 \tag{9.229}$$

$$\begin{aligned} a_2 &= I_{xx} I_{yy} + I_{yy} I_{zz} + I_{zz} I_{xx} - I_{xy}^2 - I_{yz}^2 - I_{zx}^2 \\ &= I_1 I_2 + I_2 I_3 + I_3 I_1 \end{aligned} \tag{9.230}$$

$$\begin{aligned} a_3 &= I_{xx} I_{yy} I_{zz} + 2 I_{xy} I_{yz} I_{zx} - (I_{xx} I_{yz}^2 + I_{yy} I_{zx}^2 + I_{zz} I_{xy}^2) \\ &= I_1 I_2 I_3 \end{aligned} \tag{9.231}$$

如果能够将系数 a_1、a_2 和 a_3 表示为 I_1、I_2 和 I_3 的函数，即可确定特征方程的系数也是坐标系不变量。

例 396★ 惯性矩阵元素短符号

根据克罗内克 δ 函数式（5.133）的定义，可以写出质量惯性矩矩阵元素 I_{ij} 的简计表示形式，即

$$I_{ij} = \int_B [(x_1^2 + x_2^2 + x_3^3)\delta_{ij} - x_i x_j]\,\mathrm{d}m \tag{9.232}$$

$$I_{ij} = \int_B (r^2 \delta_{ij} - x_i x_j) \mathrm{d}m \tag{9.233}$$

$$I_{ij} = \int_B \left(\sum_{k=1}^{3} x_k x_k \delta_{ij} - x_i x_j \right) \mathrm{d}m \tag{9.234}$$

这里采用如下符号约定：

$$x_1 = x \quad x_2 = y \quad x_3 = z \tag{9.235}$$

例 397★ 对平面、直线和点的质量惯性矩

一组质点对平面、直线和点的质量惯性矩可以分别定义为各质心质量乘以从质点到平面、直线或点的垂直距离平方后的累加和。对于连续性物体，计算累加和时应该在物体总体积上积分。

对 xy，yz 和 zx 平面的质量惯性矩分别为

$$I_{z^2} = \int_B z^2 \mathrm{d}m \quad I_{y^2} = \int_B y^2 \mathrm{d}m \quad I_{x^2} = \int_B x^2 \mathrm{d}m \tag{9.236}$$

对 x，y 和 z 轴的质量惯性矩分别为

$$I_x = \int_B (y^2 + z^2) \mathrm{d}m \tag{9.237}$$

$$I_y = \int_B (z^2 + x^2) \mathrm{d}m \tag{9.238}$$

$$I_z = \int_B (x^2 + y^2) \mathrm{d}m \tag{9.239}$$

所以

$$I_x = I_{y^2} + I_{z^2} \quad I_y = I_{z^2} + I_{x^2} \quad I_z = I_{x^2} + I_{y^2} \tag{9.240}$$

对原点的质量惯性矩为

$$I_o = \int_B (x^2 + y^2 + z^2) \mathrm{d}m = I_{x^2} + I_{y^2} + I_{z^2} = \frac{1}{2}(I_x + I_y + I_z) \tag{9.241}$$

因为可以任意选择坐标系，所以可以认为，对一条直线的质量惯性矩是对两个互相垂直并都通过该直线的平面的质量惯性矩之和。类似的，对一点的质量惯性矩等于对三个互相垂直又相交于该点的平面的质量矩惯性之和。

9.5 牛顿运动方程的拉格朗日形式

牛顿运动方程可以变成如下形式

$$\frac{\mathrm{d}}{\mathrm{d}t}\left(\frac{\partial K}{\partial \dot{q}_r}\right) - \frac{\partial K}{\partial q_r} = F_r \quad r = 1, 2, \cdots, n \tag{9.242}$$

式中

$$F_r = \sum_{i=1}^{n} \left(F_{xi} \frac{\partial f_i}{\partial q_1} + F_{yi} \frac{\partial g_i}{\partial q_2} + F_{zi} \frac{\partial h_i}{\partial q_n} \right) \tag{9.243}$$

式（9.242）称作拉格朗日运动方程，式中 K 是 n 自由度系统的动能，q_r，$r = 1$，2，…，n 是系统的广义坐标，$F = [F_{xi} \quad F_{yi} \quad F_{zi}]^{\mathrm{T}}$ 是作用在系统第 i 个质点上的外力，F_r 是与 q_r 有关的广义力。

证明：令 m_i 为系统某一质点的质量，并令（x_i，y_i，z_i）为其在固定的全域坐标系中的笛卡儿坐标。假设每个质点的坐标都是另外一组坐标 q_1，q_2，q_3，…，q_n 的函数，例如是时间坐标 t 的函数。

$$x_i = f_i(q_1, q_2, q_3, \cdots, q_n, t) \tag{9.244}$$

$$y_i = g_i(q_1, q_2, q_3, \cdots, q_n, t) \tag{9.245}$$

$$z_i = h_i(q_1, q_2, q_3, \cdots, q_n, t) \tag{9.246}$$

如果 F_{xi}，F_{yi}，F_{zi}是作用在质点 m_i 上的合力的分力，则该质点的牛顿运动方程应为

$$F_{xi} = m_i \ddot{x}_i \tag{9.247}$$

$$F_{yi} = m_i \ddot{y}_i \tag{9.248}$$

$$F_{zi} = m_i \ddot{z}_i \tag{9.249}$$

分别对等式的两边乘以如下偏导数

$$\frac{\partial f_i}{\partial q_r} \quad \frac{\partial g_i}{\partial q_r} \quad \frac{\partial h_i}{\partial q_r} \tag{9.250}$$

再将其对各质点进行累加后得到

$$\sum_{i=1}^{n} m_i\left(\ddot{x}_i \frac{\partial f_i}{\partial q_r} + \ddot{y}_i \frac{\partial g_i}{\partial q_r} + \ddot{z}_i \frac{\partial h_i}{\partial q_r}\right) = \sum_{i=1}^{n}\left(F_{xi} \frac{\partial f_i}{\partial q_r} + F_{yi} \frac{\partial g_i}{\partial q_r} + F_{zi} \frac{\partial h_i}{\partial q_r}\right) \tag{9.251}$$

式中，n 是质点的总数。

对式（9.244）求时间的导数有

$$\ddot{x}_i = \frac{\partial f_i}{\partial q_1}\dot{q}_1 + \frac{\partial f_i}{\partial q_2}\dot{q}_2 + \frac{\partial f_i}{\partial q_3}\dot{q}_3 + \cdots + \frac{\partial f_i}{\partial q_n}\dot{q}_n + \frac{\partial f_i}{\partial t} \tag{9.252}$$

可以求出

$$\frac{\partial \dot{x}_i}{\partial \dot{q}_r} = \frac{\partial}{\partial \dot{q}_r}\left(\frac{\partial f_i}{\partial q_1}\dot{q}_1 + \frac{\partial f_i}{\partial q_2}\dot{q}_2 + \cdots + \frac{\partial f_i}{\partial q_n}\dot{q}_n + \frac{\partial f_i}{\partial t}\right) = \frac{\partial f_i}{\partial q_r} \tag{9.253}$$

所以

$$\ddot{x}_i \frac{\partial f_i}{\partial q_r} = \ddot{x}_i \frac{\partial \dot{x}_i}{\partial \dot{q}_r} = \frac{\mathrm{d}}{\mathrm{d}t}\left(\dot{x}_i \frac{\partial \dot{x}_i}{\partial \dot{q}_r}\right) - \dot{x}_i \frac{\mathrm{d}}{\mathrm{d}t}\left(\frac{\partial \dot{x}_i}{\partial \dot{q}_r}\right) \tag{9.254}$$

同时

$$\begin{aligned} x_i \frac{\mathrm{d}}{\mathrm{d}t}\left(\frac{\partial \dot{x}_i}{\partial \dot{q}_r}\right) &= \dot{x}_i \frac{\mathrm{d}}{\mathrm{d}t}\left(\frac{\partial f_i}{\partial q_r}\right) \\ &= \dot{x}_i\left(\frac{\partial^2 f_i}{\partial q_1 \partial q_r}\dot{q}_1 + \frac{\partial^2 f_i}{\partial q_2 \partial q_r}\dot{q}_2 + \cdots + \frac{\partial^2 f_i}{\partial q_n \partial q_r}\dot{q}_n + \frac{\partial^2 f_i}{\partial t \partial q_r}\right) \\ &= \dot{x}_i \frac{\partial}{\partial q_r}\left(\frac{\partial f_i}{\partial q_1}\dot{q}_1 + \frac{\partial f_i}{\partial q_2}\dot{q}_2 + \cdots + \frac{\partial f_i}{\partial q_n}\dot{q}_n + \frac{\partial f_i}{\partial t}\right) \\ &= \dot{x}_i \frac{\partial \dot{x}_i}{\partial q_r} \end{aligned} \tag{9.255}$$

进而得到

$$\ddot{x}_i \frac{\partial \dot{x}_i}{\partial \dot{q}_r} = \frac{\mathrm{d}}{\mathrm{d}t}\left(\dot{x}_i \frac{\partial \dot{x}_i}{\partial \dot{q}_r}\right) - \dot{x}_i \frac{\partial \dot{x}_i}{\partial q_r} \tag{9.256}$$

等于

$$\ddot{x}_i \frac{\partial \dot{x}_i}{\partial \dot{q}_r} = \frac{\mathrm{d}}{\mathrm{d}t}\left[\frac{\partial}{\partial \dot{q}_r}\left(\frac{1}{2}\dot{x}_i^2\right)\right] - \frac{\partial}{\partial q_r}\left(\frac{1}{2}\dot{x}_i^2\right) \tag{9.257}$$

下面将式（9.254）和式（9.257）带入式（9.251）的左边，得到

$$
\begin{aligned}
&\sum_{i=1}^{n} m_i\left(\ddot{x}_i \frac{\partial f_i}{\partial q_r}+\ddot{y}_i \frac{\partial g_i}{\partial q_r}+\ddot{z}_i \frac{\partial h_i}{\partial q_r}\right) \\
=&\sum_{i=1}^{n} m_i \frac{\mathrm{d}}{\mathrm{d} t}\left[\frac{\partial}{\partial \dot{q}_r}\left(\frac{1}{2} \dot{x}_i^2+\frac{1}{2} \dot{y}_i^2+\frac{1}{2} \dot{z}_i^2\right)\right] \\
&-\sum_{i=1}^{n} m_i \frac{\partial}{\partial q_r}\left(\frac{1}{2} \dot{x}_i^2+\frac{1}{2} \dot{y}_i^2+\frac{1}{2} \dot{z}_i^2\right) \\
=&\frac{1}{2} \sum_{i=1}^{n} m_i \frac{\mathrm{d}}{\mathrm{d} t}\left[\frac{\partial}{\partial \dot{q}_r}\left(\dot{x}_i^2+\dot{y}_i^2+\dot{z}_i^2\right)\right] \\
&-\frac{1}{2} \sum_{i=1}^{n} m_i \frac{\partial}{\partial q_r}\left(\dot{x}_i^2+\dot{y}_i^2+\dot{z}_i^2\right)
\end{aligned} \tag{9.258}
$$

式中

$$\frac{1}{2} \sum_{i=1}^{n} m_i\left(\dot{x}_i^2+\dot{y}_i^2+\dot{z}_i^2\right)=K \tag{9.259}$$

是系统的动能，因此，牛顿运动方程式（9.247）~式（9.249）转变为

$$\frac{\mathrm{d}}{\mathrm{d} t}\left(\frac{\partial K}{\partial \dot{q}_r}\right)-\frac{\partial K}{\partial q_r}=\sum_{i=1}^{n}\left(F_{xi} \frac{\partial f_i}{\partial q_r}+F_{yi} \frac{\partial g_i}{\partial q_r}+F_{zi} \frac{\partial h_i}{\partial q_r}\right) \tag{9.260}$$

根据式(9.244)~式(9.246)，动能是 q_1，q_2，q_3，…，q_n 和时间 t 的函数。式(9.260)的左边包括系统的总动能，右边是广义力。该式表明坐标从 x_i 变换到 q_j 后对外力的影响。假设 q_r 坐标变为 $q_r+\delta q_r$，其他坐标 q_1，q_2，q_3，…，q_{r-1}，q_{r+1}，…，q_n 和时间 t 坐标不变，则 m_i 的坐标变为

$$x_i+\frac{\partial f_i}{\partial q_r} \delta q_r \qquad y_i+\frac{\partial g_i}{\partial q_r} \delta q_r \qquad z_i+\frac{\partial h_i}{\partial q_r} \delta q_r \tag{9.261}$$

这种位移称作虚位移。系统质点上作用的全部力在虚位移过程中所做的功为

$$\delta W=\sum_{i=1}^{n}\left(F_{xi} \frac{\partial f_i}{\partial q_r}+F_{yi} \frac{\partial g_i}{\partial q_r}+F_{zi} \frac{\partial h_i}{\partial q_r}\right) \delta q_r \tag{9.262}$$

因为内力做的功成对出现，且符号相反，所以式（9.262）中仅含外力做的功，记虚功为

$$\delta W=F_r\left(q_1, q_2, q_3, \cdots, q_n, t\right) \delta q_r \tag{9.263}$$

并得到

$$\frac{\mathrm{d}}{\mathrm{d} t}\left(\frac{\partial K}{\partial \dot{q}_r}\right)-\frac{\partial K}{\partial q_r}=F_r \tag{9.264}$$

式中

$$F_r=\sum_{i=1}^{n}\left(F_{xi} \frac{\partial f_i}{\partial q_r}+F_{yi} \frac{\partial g_i}{\partial q_r}+F_{zi} \frac{\partial h_i}{\partial q_r}\right) \tag{9.265}$$

式（9.264）是拉格朗日运动方程，该方程对 r 从1到 n 时均能适用。这样就存在 n 个二次常差分方程，其中 q_1，q_2，q_3，…，q_n 是因变量，t 是自变量。q_1，q_2，q_3，…，q_n 的坐标称作**广义坐标**，可以是描述系统结构的任何可以测量的参数。因为方程数与因变量数相等，所以，理论上讲，方程组能够确定所有 m_i 的运动。

例 398 单摆的运动方程

图 9.10 是一个单摆，x 和 y 表示 m 的位置，$\theta = q$表示其广义坐标，则

$$x = f(\theta) = l\sin\theta \tag{9.266}$$

$$y = g(\theta) = l\cos\theta \tag{9.267}$$

$$K = \frac{1}{2}m(\dot{x}^2 + \dot{y}^2) = \frac{1}{2}ml^2\dot{\theta}^2 \tag{9.268}$$

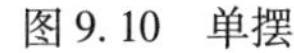

图 9.10 单摆

因而，

$$\frac{\mathrm{d}}{\mathrm{d}t}\left(\frac{\partial K}{\partial \dot{\theta}}\right) - \frac{\partial K}{\partial \theta} = \frac{\mathrm{d}}{\mathrm{d}t}(ml^2\dot{\theta}) = ml^2\ddot{\theta} \tag{9.269}$$

作用在 m 上的外力的分力为

$$F_x = 0 \qquad F_y = mg \tag{9.270}$$

故有

$$F_\theta = F_x\frac{\partial f}{\partial \theta} + F_y\frac{\partial g}{\partial \theta} = -mgl\sin\theta \tag{9.271}$$

所以，单摆的运动方程为

$$ml^2\ddot{\theta} = -mgl\sin\theta \tag{9.272}$$

例 399 连接在振动质量块上的单摆

图 9.11 所示为一个悬挂着单摆的振动质量块，单摆可以通过合理设计用作减振器，该系统有两个自由度，因此需要两个广义坐标。

采用 x 和 θ 作为广义坐标，并建立如下坐标关系

$$x_M = f_M = x \qquad y_M = g_M = 0 \tag{9.273}$$

$$x_m = f_m = x + l\sin\theta \qquad y_m = g_m = l\cos\theta \tag{9.274}$$

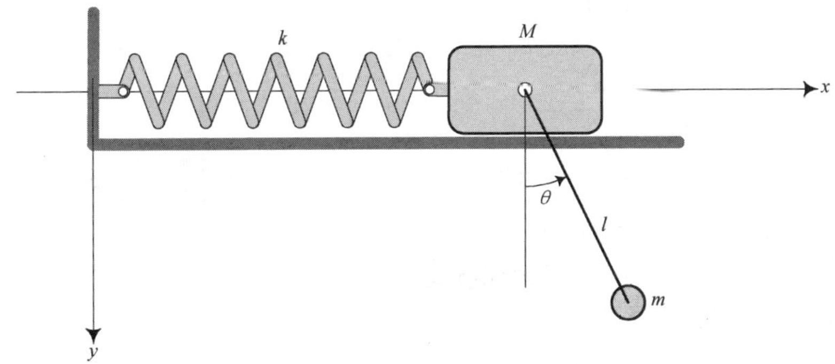

图 9.11 悬挂单摆的振动质量块

可以求出用 x 和 θ 表示的动能

$$\begin{aligned} K &= \frac{1}{2}M(\dot{x}_M^2 + \dot{y}_M^2) + \frac{1}{2}m(\dot{x}_m^2 + \dot{y}_m^2) \\ &= \frac{1}{2}M\dot{x}^2 + \frac{1}{2}m(\dot{x}^2 + l^2\dot{\theta}^2 + 2l\dot{x}\dot{\theta}\cos\theta) \end{aligned} \tag{9.275}$$

拉格朗日方程的左边为

$$\frac{\mathrm{d}}{\mathrm{d}t}\left(\frac{\partial K}{\partial \dot{x}}\right)-\frac{\partial K}{\partial x}=(M+m)\ddot{x}+ml\,\ddot{\theta}\cos\theta-ml\,\dot{\theta}^2\sin\theta \tag{9.276}$$

$$\frac{\mathrm{d}}{\mathrm{d}t}\left(\frac{\partial K}{\partial \dot{\theta}}\right)-\frac{\partial K}{\partial \theta}=ml^2\ddot{\theta}+ml\ddot{x}\cos\theta \tag{9.277}$$

作用在 M 和 m 上的外力为

$$F_{x_M}=-kx \qquad F_{y_M}=0 \qquad F_{x_m}=0 \qquad F_{y_m}=mg \tag{9.278}$$

所以广义力为

$$\begin{aligned}F_x&=F_{x_M}\frac{\partial f_M}{\partial x}+F_{y_M}\frac{\partial g_M}{\partial x}+F_{x_m}\frac{\partial f_m}{\partial x}+F_{y_m}\frac{\partial g_m}{\partial x}\\&=-kx\end{aligned} \tag{9.279}$$

$$\begin{aligned}F_\theta&=F_{x_M}\frac{\partial f_M}{\partial \theta}+F_{y_M}\frac{\partial g_M}{\partial \theta}+F_{x_m}\frac{\partial f_m}{\partial \theta}+F_{y_m}\frac{\partial g_m}{\partial \theta}\\&=-mgl\sin\theta\end{aligned} \tag{9.280}$$

最后求得拉格朗日运动方程为

$$(M+m)\ddot{x}+ml\,\ddot{\theta}\cos\theta-ml\,\dot{\theta}^2\sin\theta=-kx \tag{9.281}$$

$$ml^2\ddot{\theta}+ml\,\ddot{x}\cos\theta=-mgl\sin\theta \tag{9.282}$$

例 400 地球的动能

地球可以近似地看作是一个绕固定轴旋转的刚体，地球的两种运动包括绕太阳的**公转**，和绕近似固定的地轴的**自传**。地球因自转产生的动能为

$$\begin{aligned}K_1&=\frac{1}{2}I\omega_1^2\\&=\frac{1}{2}\frac{2}{5}(5.9742\times10^{24})\left(\frac{6356912+6378388}{2}\right)^2\left(\frac{2\pi}{24\times3600}\frac{366.25}{365.25}\right)^2\\&=2.5762\times10^{29}\mathrm{J}\end{aligned} \tag{9.283}$$

式中，$I=2MR^2/5$ 为地球的质量矩；ω_1 是绕地轴旋转的角速度。因公转产生的动能为

$$\begin{aligned}K_2&=\frac{1}{2}Mr^2\omega_2^2\\&=\frac{1}{2}(5.9742\times10^{24})(1.49475\times10^{11})^2\left(\frac{2\pi}{24\times3600}\frac{1}{365.25}\right)^2\\&=2.6457\times10^{33}\mathrm{J}\end{aligned} \tag{9.284}$$

式中，r 是地球与太阳的距离；ω_2 是地球绕太阳运动的角速度。地球的总动能是 $K=K_1+K_2$，公转动能与自转动能的比为

$$\frac{K_2}{K_1}=\frac{2.6457\times10^{33}}{2.5762\times10^{29}}\approx10000 \tag{9.285}$$

所以，地球自转动能只占地球总动能的0.1%。

例 401★ 拉格朗日方程的显示形式

假设每个质点的坐标都是 q_1，q_2，q_3，…，q_n 坐标的函数，但不是时间 t 的函数。由大量质点组成的系统的动能可以表示为

$$K=\frac{1}{2}\sum_{i=1}^{n}m_i(\dot{x}_i^2+\dot{y}_i^2+\dot{z}_i^2)=\frac{1}{2}\sum_{j=1}^{n}\sum_{k=1}^{n}a_{jk}\dot{q}_j\dot{q}_k \tag{9.286}$$

系数 a_{jk} 是 q_1，q_2，q_3，…，q_n 的函数，且

$$a_{jk}=a_{kj} \tag{9.287}$$

拉格朗日运动方程为

$$\frac{\mathrm{d}}{\mathrm{d}t}\left(\frac{\partial K}{\partial \dot{q}_r}\right)-\frac{\partial K}{\partial q_r}=F_r \qquad r=1,2,\cdots,n \tag{9.288}$$

等于

$$\frac{\mathrm{d}}{\mathrm{d}t}\sum_{m=1}^{n}a_{mr}\dot{q}_m-\frac{1}{2}\sum_{j=1}^{n}\sum_{k=1}^{n}\frac{\partial a_{jk}}{\partial q_r}\dot{q}_j\dot{q}_k=F_r \tag{9.289}$$

或者

$$\sum_{m=1}^{n}a_{mr}\ddot{q}_m+\sum_{k=1}^{n}\sum_{n=1}^{n}\Gamma_{k,n}^{r}\dot{q}_k\dot{q}_n=F_r \tag{9.290}$$

$\Gamma_{j,k}^{i}$ 称作克里斯托弗算子（Christoffel Operator）。

$$\Gamma_{j,k}^{i}=\frac{1}{2}\left(\frac{\partial a_{ij}}{\partial q_k}+\frac{\partial a_{ik}}{\partial q_j}-\frac{\partial a_{kj}}{\partial q_i}\right) \tag{9.291}$$

9.6 拉格朗日力学

设对某些力 $\boldsymbol{F}=[F_{ix} \quad F_{iy} \quad F_{iz}]^{\mathrm{T}}$ 存在一个称作**势能**的函数 V，可以由 V 推导出力

$$\boldsymbol{F}=-\nabla V \tag{9.292}$$

这样的力称为**势能力**或**守恒力**，此时拉格朗日运动方程可以写作

$$\frac{\mathrm{d}}{\mathrm{d}t}\left(\frac{\partial \mathcal{L}}{\partial \dot{q}_r}\right)-\frac{\partial \mathcal{L}}{\partial q_r}=Q_r \qquad r=1,2,\cdots,n \tag{9.293}$$

式中

$$\mathcal{L}=K-V \tag{9.294}$$

是系统的拉格朗日函数，Q_r 是非势能广义力。

证明：假设作用在系统上的外力 $\boldsymbol{F}=[F_{xi} \quad F_{yi} \quad F_{zi}]^{\mathrm{T}}$ 是守恒力，即

$$\boldsymbol{F}=-\nabla V \tag{9.295}$$

这些力在任意虚拟位移 δq_1，δq_2，δq_3，…，δq_n 上做的功是

$$\partial W=-\frac{\partial V}{\partial q_1}\delta q_1-\frac{\partial V}{\partial q_2}\delta q_2-\cdots\frac{\partial V}{\partial q_n}\delta q_n \tag{9.296}$$

拉格朗日方程变为

$$\frac{\mathrm{d}}{\mathrm{d}t}\left(\frac{\partial K}{\partial \dot{q}_r}\right)-\frac{\partial K}{\partial q_r}=-\frac{\partial V}{\partial q_r} \qquad r=1,\ 2,\ \cdots,\ n \tag{9.297}$$

引入拉格朗日函数 $\mathcal{L}=K-V$，拉格朗日方程变为

$$\frac{\mathrm{d}}{\mathrm{d}t}\left(\frac{\partial \mathcal{L}}{\partial \dot{q}_r}\right)-\frac{\partial \mathcal{L}}{\partial q_r}=0 \qquad r=1,\ 2,\ \cdots,\ n \tag{9.298}$$

对于守恒系统，拉格朗日函数 $\mathcal{L}$ 又称作**动势能**。

如果力不是守恒力，则该力所做的虚功为

$$\delta W=\sum_{i=1}^{n}\left(F_{xi}\frac{\partial f_i}{\partial q_r}+F_{yi}\frac{\partial g_i}{\partial q_r}+F_{zi}\frac{\partial h_i}{\partial q_r}\right)\delta q_r=Q_r\delta q_r \tag{9.299}$$

运动方程应为

$$\frac{\mathrm{d}}{\mathrm{d}t}\left(\frac{\partial \mathcal{L}}{\partial \dot{q}_r}\right)-\frac{\partial \mathcal{L}}{\partial q_r}=Q_r \qquad r=1,\ 2,\ \cdots,\ n \tag{9.300}$$

式中，Q_r 是非势能广义力。该力在第 r 个广义坐标 q_r 上的位移内做虚功。

例 402　球形摆

图 9.12 所示为一个质量为 m、长度为 l 的球形摆，并用角度 φ 和 θ 描述系统的坐标。

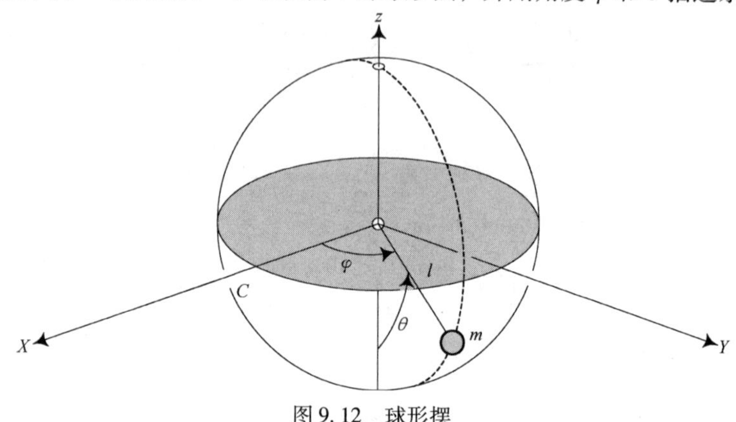

图 9.12　球形摆

质量 m 的笛卡儿坐标是广义坐标的函数，即

$$\begin{bmatrix} X \\ Y \\ Z \end{bmatrix}=\begin{bmatrix} r\cos\varphi\sin\theta \\ r\sin\theta\sin\varphi \\ -r\cos\theta \end{bmatrix} \tag{9.301}$$

因为有以下条件

$$\dot{X}^2+\dot{Y}^2+\dot{Z}^2-r^2=0 \tag{9.302}$$

使三个因变量坐标 r，θ，φ 变为两个自变量坐标。令 θ，φ 作为两个广义坐标，则摆的动能和势能为

$$K=\frac{1}{2}m(l^2\dot{\theta}^2+l^2\dot{\varphi}^2\sin^2\theta) \tag{9.303}$$

$$V=-mgl\cos\theta \tag{9.304}$$

系统的动能势能函数等于

$$\mathcal{L}=\frac{1}{2}m\ (l^2\dot{\theta}^2+l^2\dot{\varphi}^2\sin^2\theta)\ +mgl\cos\theta \tag{9.305}$$

从而得出如下运动方程：

$$\ddot{\theta}-\dot{\varphi}^2\sin\theta\cos\theta+\frac{g}{l}\sin\theta=0 \tag{9.306}$$

$$\ddot{\varphi}\sin^2\theta+2\dot{\varphi}\dot{\theta}\sin\theta\cos\theta=0 \tag{9.307}$$

例 403　受控复摆

如图 9.13 所示，一个有质量的摆臂通过关节销 O 连接到平顶上。假设在关节处存在黏滞摩擦，同时一个理想电机以转矩 Q 驱动摆臂运动，设理想电机转子的质量惯性矩为 0。

该机械臂的动能和势能为

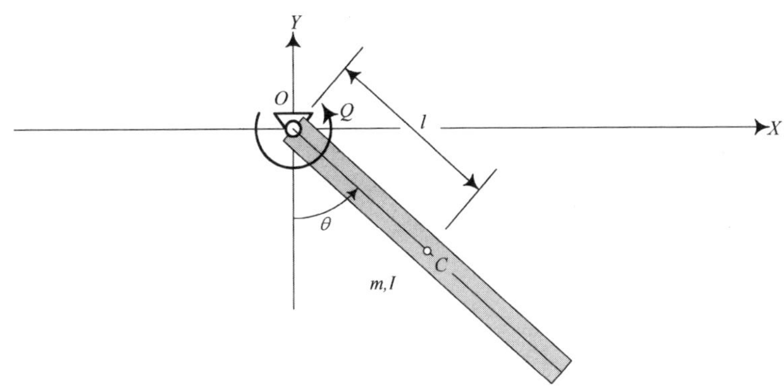

图 9.13　受控复摆

$$K = \frac{1}{2} I \dot{\theta}^2 = \frac{1}{2} (I_C + ml^2) \dot{\theta}^2 \tag{9.308}$$

$$V = -mgl\cos\theta \tag{9.309}$$

式中，m 是摆的质量；I 是摆对关节 O 的质量惯性矩。该机械臂的拉格朗日函数为

$$\mathcal{L} = K - V = = \frac{1}{2} I \dot{\theta}^2 + mgl\cos\theta \tag{9.310}$$

所以，摆的运动方程为

$$M = \frac{\mathrm{d}}{\mathrm{d}t} \left(\frac{\partial \mathcal{L}}{\partial \dot{\theta}} \right) - \frac{\partial \mathcal{L}}{\partial \theta} = I\ddot{\theta} + mgl\sin\theta \tag{9.311}$$

广义力 M 是电机转矩 Q 和黏滞摩擦扭矩 $-c\dot{\theta}$ 的共同作用，因此，机械臂的运动方程为

$$Q = I\ddot{\theta} + c\dot{\theta} + mgl\sin\theta \tag{9.312}$$

例 404　理想 $2R$ 平面机械臂动力学

如图 9.14 所示为一个 $2R$ 平面机械臂的理想模型，理想的含义是假设构件没有质量，且系统中没有摩擦。固定在地面上的一个电机对构件 1 施加转矩 Q_1，第二个构件的质量为 m_1，它驱动构件 2 和质量为 m_2 的末端负载，现取绝对角 θ_1 和相对角 θ_2 作为广义坐标表示机械臂的结构。

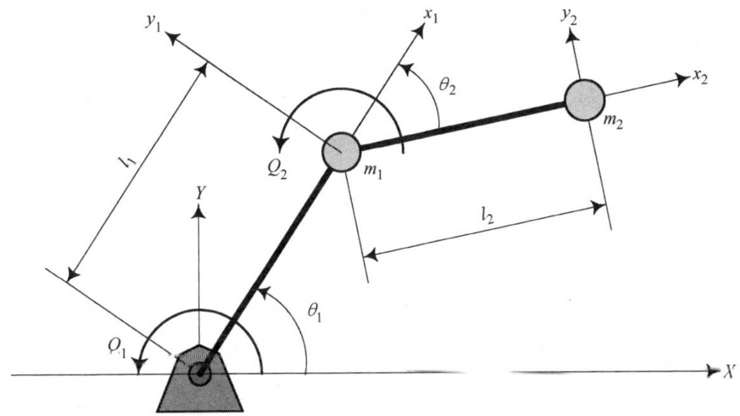

图 9.14　2R 平面机械臂模型

m_1 和 m_2 的全域坐标系位置为

$$\begin{bmatrix} X_1 \\ Y_1 \end{bmatrix} = \begin{bmatrix} l_1\cos\theta_1 \\ l_1\sin\theta_1 \end{bmatrix} \tag{9.313}$$

$$\begin{bmatrix} X_2 \\ Y_2 \end{bmatrix} = \begin{bmatrix} l_1\cos\theta_1 + l_2\cos(\theta_1+\theta_2) \\ l_1\sin\theta_1 + l_2\sin(\theta_1+\theta_2) \end{bmatrix} \tag{9.314}$$

所以，各部分的全域坐标速度为

$$\begin{bmatrix} \dot{X}_1 \\ \dot{Y}_1 \end{bmatrix} = \begin{bmatrix} -l_1\dot{\theta}_1\sin\theta_1 \\ l_1\dot{\theta}_1\cos\theta_1 \end{bmatrix} \tag{9.315}$$

$$\begin{bmatrix} \dot{X}_2 \\ \dot{Y}_2 \end{bmatrix} = \begin{bmatrix} -l_1\dot{\theta}_1\sin\theta_1 - l_2(\dot{\theta}_1+\dot{\theta}_2)\sin(\theta_1+\theta_2) \\ l_1\dot{\theta}_1\cos\theta_1 + l_2(\dot{\theta}_1+\dot{\theta}_2)\cos(\theta_1+\theta_2) \end{bmatrix} \tag{9.316}$$

该机械臂的动能由各质量块的动能相加，且等于

$$\begin{aligned} K &= K_1 + K_2 = \frac{1}{2}m_1(\dot{X}_1^2+\dot{Y}_1^2) + \frac{1}{2}m_2(\dot{X}_2^2+\dot{Y}_2^2) \\ &= \frac{1}{2}m_1 l_1^2\dot{\theta}_1^2 \\ &\quad + \frac{1}{2}m_2[l_1^2\dot{\theta}_1^2 + l_2^2(\dot{\theta}_1+\dot{\theta}_2)^2 + 2l_1l_2\dot{\theta}_1(\dot{\theta}_1+\dot{\theta}_2)\cos\theta_2] \end{aligned} \tag{9.317}$$

机械臂的势能为

$$\begin{aligned} V &= V_1 + V_2 = m_1gY_1 + m_2gY_2 \\ &= m_1gl_1\sin\theta_1 + m_2g[l_1\sin\theta_1 + l_2\sin(\theta_1+\theta_2)] \end{aligned} \tag{9.318}$$

由式（9.317）和式（9.318）可以求出拉格朗日函数

$$\begin{aligned} \mathcal{L} &= K - V \\ &= \frac{1}{2}m_1 l_1^2\dot{\theta}_1^2 \\ &\quad + \frac{1}{2}m_2(l_1^2\dot{\theta}_1^2 + l_2^2(\dot{\theta}_1+\dot{\theta}_2)^2 + 2l_1l_2\dot{\theta}_1(\dot{\theta}_1+\dot{\theta}_2)\cos\theta_2) \\ &\quad - \{m_1gl_1\sin\theta_1 + m_2g[l_1\sin\theta_1 + l_2\sin(\theta_1+\theta_2)]\} \end{aligned} \tag{9.319}$$

上式取偏微分后得到如下结果：

$$\frac{\partial\mathcal{L}}{\partial\theta_1} = -(m_1+m_2)gl_1\cos\theta_1 - m_2gl_2\cos(\theta_1+\theta_2) \tag{9.320}$$

$$\begin{aligned} \frac{\partial\mathcal{L}}{\partial\dot{\theta}_1} &= (m_1+m_2)l_1^2\dot{\theta}_1 + m_2l_2^2(\dot{\theta}_1+\dot{\theta}_2) \\ &\quad + m_2l_1l_2(2\dot{\theta}_1+\dot{\theta}_2)\cos\theta_2 \end{aligned} \tag{9.321}$$

$$\begin{aligned} \frac{\mathrm{d}}{\mathrm{d}t}\left(\frac{\partial\mathcal{L}}{\partial\dot{\theta}_1}\right) &= (m_1+m_2)l_1^2\ddot{\theta}_1 + m_2l_2^2(\ddot{\theta}_1+\ddot{\theta}_2) \\ &\quad + m_2l_1l_2(2\ddot{\theta}_1+\ddot{\theta}_2)\cos\theta_2 \\ &\quad - m_2l_1l_2\dot{\theta}_2(2\dot{\theta}_1+\dot{\theta}_2)\sin\theta_2 \end{aligned} \tag{9.322}$$

$$\frac{\partial \mathcal{L}}{\partial \theta_2} = -m_2 l_1 l_2 \dot{\theta}_1 (\dot{\theta}_1 + \dot{\theta}_2)\sin\theta_2 - m_2 g l_2 \cos(\theta_1 + \theta_2) \tag{9.323}$$

$$\frac{\partial \mathcal{L}}{\partial \dot{\theta}_2} = m_2 l_2^2 (\dot{\theta}_1 + \dot{\theta}_2) + m_2 l_1 l_2 \dot{\theta}_1 \cos\theta_2 \tag{9.324}$$

$$\frac{\mathrm{d}}{\mathrm{d}t}\left(\frac{\partial \mathcal{L}}{\partial \dot{\theta}_2}\right) = m_2 l_2^2 (\ddot{\theta}_1 + \ddot{\theta}_2) + m_2 l_1 l_2 \ddot{\theta}_1 \cos\theta_2 - m_2 l_1 l_2 \dot{\theta}_1 \dot{\theta}_2 \sin\theta_2 \tag{9.325}$$

所以，该 $2R$ 机械臂的运动方程为

$$\begin{aligned} Q_1 &= \frac{\mathrm{d}}{\mathrm{d}t}\left(\frac{\partial \mathcal{L}}{\partial \dot{\theta}_1}\right) - \frac{\partial \mathcal{L}}{\partial \theta_1} \\ &= (m_1 + m_2) l_1^2 \ddot{\theta}_1 + m_2 l_2^2 (\ddot{\theta}_1 + \ddot{\theta}_2) \\ &\quad + m_2 l_1 l_2 (2\ddot{\theta}_1 + \ddot{\theta}_2)\cos\theta_2 - m_2 l_1 l_2 \dot{\theta}_2 (2\dot{\theta}_1 + \dot{\theta}_2)\sin\theta_2 \\ &\quad + (m_1 + m_2) g l_1 \cos\theta_1 + m_2 g l_2 \cos(\theta_1 + \theta_2) \end{aligned} \tag{9.326}$$

$$\begin{aligned} Q_2 &= \frac{\mathrm{d}}{\mathrm{d}t}\left(\frac{\partial \mathcal{L}}{\partial \dot{\theta}_2}\right) - \frac{\partial \mathcal{L}}{\partial \dot{\theta}_2} \\ &= m_2 l_2^2 (\ddot{\theta}_1 + \ddot{\theta}_2) + m_2 l_1 l_2 \ddot{\theta}_1 \cos\theta_2 - m_2 l_1 l_2 \dot{\theta}_1 \dot{\theta}_2 \sin\theta_2 \\ &\quad + m_2 l_1 l_2 \dot{\theta}_1 (\dot{\theta}_1 + \dot{\theta}_2)\sin\theta_2 + m_2 g l_2 \cos(\theta_1 + \theta_2) \end{aligned} \tag{9.327}$$

广义力 Q_1 和 Q_2 是驱动广义坐标量需要的力，此时，Q_1 是基座电机的转矩，Q_2 是在 m_1 处电机的转矩。

可以将运动方程进一步整理成更为系统的形式：

$$\begin{aligned} Q_1 &= [(m_1 + m_2) l_1^2 + m_2 l_2 (l_2 + 2 l_1 \cos\theta_2)]\ddot{\theta}_1 \\ &\quad + m_2 l_2 (l_2 + l_1 \cos\theta_2)\ddot{\theta}_2 \\ &\quad - 2 m_2 l_1 l_2 \sin\theta_2 \dot{\theta}_1 \dot{\theta}_2 - m_2 l_1 l_2 \sin\theta_2 \dot{\theta}_2^2 \\ &\quad + (m_1 + m_2) g l_1 \cos\theta_1 + m_2 g l_2 \cos(\theta_1 + \theta_2) \end{aligned} \tag{9.328}$$

$$\begin{aligned} Q_2 &= m_2 l_2 (l_2 + l_1 \cos\theta_2)\ddot{\theta}_1 + m_2 l_2^2 \ddot{\theta}_2 \\ &\quad + m_2 l_1 l_2 \sin\theta_2 \dot{\theta}_1^2 + m_2 g l_2 \cos(\theta_1 + \theta_2) \end{aligned} \tag{9.329}$$

例 405 机械能

如果质量系统 m_i 在势能力场中运动

$$\boldsymbol{F}_{m_i} = -\nabla_i V \tag{9.330}$$

这些质量的牛顿运动方程应为

$$m_i \ddot{\boldsymbol{r}}_i = -\nabla_i V \qquad i = 1, 2, \cdots, n \tag{9.331}$$

求运动方程与 $\dot{\boldsymbol{r}}_i$ 的内积，并求方程的累加和

$$\sum_{i=1}^{n} m_i \dot{\boldsymbol{r}}_i \cdot \ddot{\boldsymbol{r}}_i = -\sum_{i=1}^{n} \dot{\boldsymbol{r}}_i \cdot \nabla_i V \tag{9.332}$$

然后对时间积分

$$\frac{1}{2}\sum_{i=1}^{n} m_i \dot{r}_i \cdot \dot{r}_i = -\int \sum_{i=1}^{n} r_i \cdot \nabla_i V \tag{9.333}$$

可以获得

$$K = -\int\sum_{i=1}^{n}\left(\frac{\partial V}{\partial x_i}x_i + \frac{\partial V}{\partial y_i}y_i + \frac{\partial V}{\partial z_i}z_i\right) = -V + E \tag{9.334}$$

式中，E 是积分常数；E 称作系统的机械能，等于动能与势能之和。

$$E = K + V \tag{9.335}$$

例 406 车轮下落

图 9.15 所示为一个在圆柱形凸岭上滚动的车轮，可以用机械能守恒关系求出车轮离开凸岭时的角度。

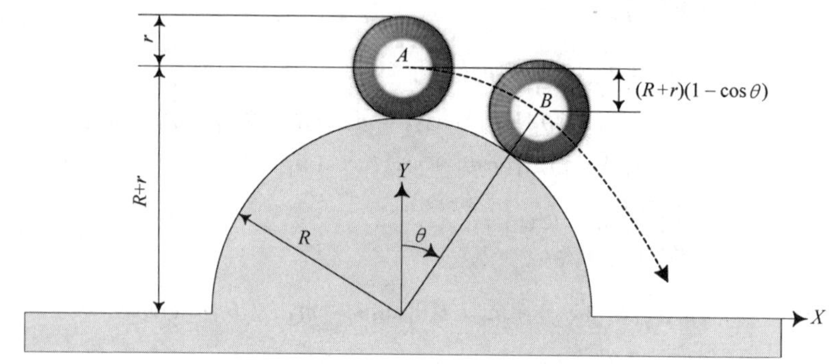

图 9.15 在圆柱形凸岭上做无滑移滚动的车轮

在初始时刻，车轮在点 A 位置，假设初始动能和势能为 0，所以其机械能也为 0。车轮滚过凸岭时，其角速度 ω 为

$$\omega = \frac{v}{r} \tag{9.336}$$

式中，v 是车轮中心的速度。车轮到达在某一点 B 位置时，获得一定的动能，损失掉一部分势能。直至在某一角度，重力的径向分力不能再提供向心力时，即

$$mg\cos\theta = \frac{mv^2}{R+r} \tag{9.337}$$

车轮离开凸岭表面。应用能量守恒定律可得

$$E_A = E_B \tag{9.338}$$

$$K_A + V_A = K_B + V_B \tag{9.339}$$

车轮在分离点 B 位置的动能和势能为

$$K_B = \frac{1}{2}mv^2 + \frac{1}{2}I_C\omega^2 \tag{9.340}$$

$$V_B = -mg(R+r)(1-\cos\theta) \tag{9.341}$$

式中，I_C 是车轮对其中心的质量惯性矩，所以

$$\frac{1}{2}mv^2 + \frac{1}{2}I_C\omega^2 = mg(R+r)(1-\cos\theta) \tag{9.342}$$

将式（3.336）和式（3.337）代入后得到

$$\left(1 + \frac{I_C}{mr^2}\right)(R+r)g\cos\theta = 2g(R+r)(1-\cos\theta) \tag{9.343}$$

因此，分离角为

$$\theta = \arccos \frac{2mr^2}{I_C + 3mr^2} \tag{9.344}$$

接下来验证该公式，设某车轮的质量矩为

$$I_C = \frac{1}{2}mr^2 \tag{9.345}$$

可以求出分离角为

$$\theta = \arccos \frac{4}{7} \approx 0.96\text{rad} \approx 55.15° \tag{9.346}$$

例 407　车轮滚过台阶

图 9.16 所示为一个半径为 R 的车轮以速度 v 通过一个高度 $H<R$ 的台阶。可以应用能量守恒定律求出车轮通过台阶后的速度，能量守恒公式为

$$E_A = E_B \tag{9.347}$$

$$K_A + V_A = K_B + V_B \tag{9.348}$$

$$\frac{1}{2}mv_1^2 + \frac{1}{2}I_C\omega_1^2 + 0 = \frac{1}{2}mv_2^2 + \frac{1}{2}I_C\omega_2^2 + mgH \tag{9.349}$$

$$\left(m + \frac{I_C}{R^2}\right)v_1^2 = \left(m + \frac{I_C}{R^2}\right)v_2^2 + 2mgH \tag{9.350}$$

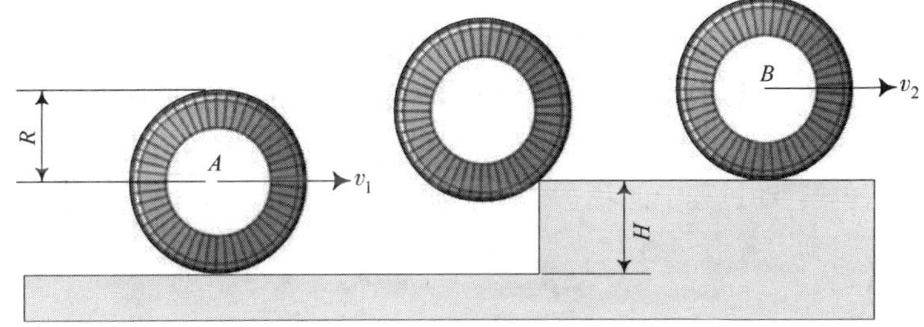

图 9.16　通过台阶的滚动车轮

进而得到

$$v_2 = \sqrt{v_1^2 - \frac{2gH}{1 + \frac{I_C}{mR^2}}} \tag{9.351}$$

v_2 存在一个有意义解的条件是

$$v_1 > \sqrt{\frac{2gH}{1 + \frac{I_C}{mR^2}}} \tag{9.352}$$

对刚性圆盘形物体，速度 v_2 的公式（9.351）和条件公式（9.352）为

$$v_2 = \sqrt{v_1^2 - \frac{4}{3}Hg} \tag{9.353}$$

$$v_1 > \sqrt{\frac{4}{3}Hg} \tag{9.354}$$

这是因为假设刚性圆盘形物体的质量矩为

$$I_C = \frac{1}{2}mR^2 \tag{9.355}$$

例 408 投石器

图 9.17 是投石器的结构简图，投石器是一种通过平衡锤 m_1 下落工作的抛射型战争武器，梁 AB 支撑在底座的枢轴处，并被分为 a 和 b 两段。

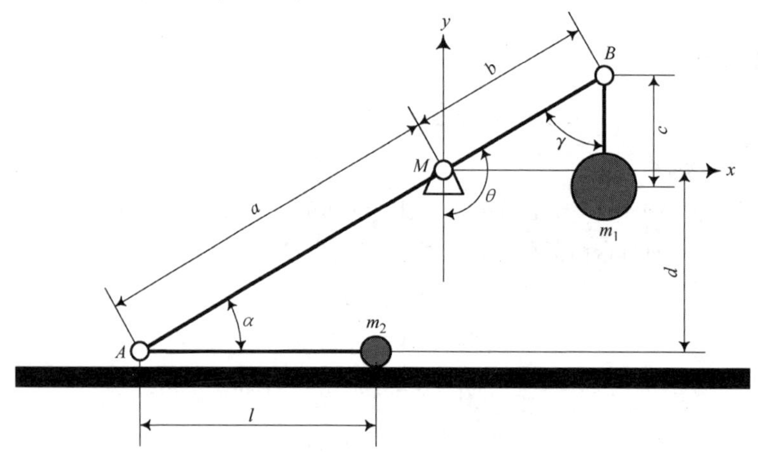

图 9.17 投石器的开始位置

如图所示为该投石器的初始状态，全域坐标系的原点设在枢轴处，平衡锤 m_1 在（x_1，y_1）处，悬在梁的短臂上，与端点 B 的距离为 c。射弹的质量为 m_2，系在长为 l 无质量的绳索上，绳索固定在梁的长臂端。可以用三个角度自变量 α，θ，γ 描述该设备的运动，假设参数 a，b，c，d，l，m_1，m_2 为常数，现用拉格朗日方法确定其运动方程。

图 9.18 是投石器运动过程中的状态，质量 m_1 和 m_2 的位置坐标分别是

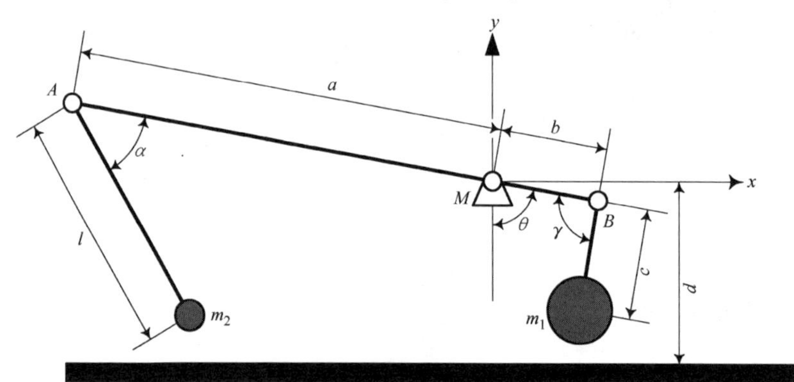

图 9.18 运动中的投石器

$$x_1 = b\sin\theta - c\sin(\theta + \gamma) \tag{9.356}$$

$$y_1 = -b\cos\theta + c\cos(\theta + \gamma) \tag{9.357}$$

和

$$x_2 = -a\sin\theta - l\sin(-\theta + \alpha) \tag{9.358}$$

$$y_2 = -a\cos\theta - l\cos(-\theta + \alpha) \tag{9.359}$$

对其求时间导数后可得速度分量

$$\dot{x}_1 = b\dot{\theta}\cos\theta - c(\dot{\theta} + \dot{\gamma})\cos(\theta + \gamma) \tag{9.360}$$

$$\dot{y}_1 = b\dot{\theta}\sin\theta - c(\dot{\theta} + \dot{\gamma})\sin(\theta + \gamma) \tag{9.361}$$

$$\dot{x}_2 = l(c - \dot{\alpha})\cos(\alpha - \theta) - a\dot{\theta}\cos\theta \tag{9.362}$$

$$\dot{y}_2 = a\dot{\theta}\sin\theta - l(\dot{\theta} - \dot{\alpha})\sin(\alpha - \theta) \tag{9.363}$$

表明系统的动能为

$$\begin{aligned} K &= \frac{1}{2}m_1 v_1^2 + \frac{1}{2}m_2 v_2^2 = \frac{1}{2}m_1(\dot{x}_1^2 + \dot{y}_1^2) + \frac{1}{2}m_2(\dot{x}_2^2 + \dot{y}_2^2) \\ &= \frac{1}{2}m_1[(b^2 + c^2)\dot{\theta}^2 + c^2\dot{\gamma}^2 + 2c^2\dot{\theta}\dot{\gamma}] \\ &\quad - m_1 bc\dot{\theta}(\dot{\theta} + \dot{\gamma})\cos\gamma + \frac{1}{2}m_2[(a^2 + l^2)\dot{\theta}^2 + l^2\dot{\alpha}^2 - 2l^2\dot{\theta}\dot{\alpha}] \\ &\quad - m_2 al\dot{\theta}(\dot{\theta} - \dot{\alpha})\cos(2\theta - \alpha) \end{aligned} \tag{9.364}$$

根据物体质量的位置 y 可以计算系统地势能

$$\begin{aligned} V &= m_1 g y_1 + m_2 g y_2 \\ &= m_1 g[-b\cos\theta + c\cos(\theta + \gamma)] \\ &\quad + m_2 g[-a\cos\theta - l\cos(-\theta + \alpha)] \end{aligned} \tag{9.365}$$

已知能量后，可以构建拉格朗日函数

$$\mathcal{L} = K - V \tag{9.366}$$

采用拉格朗日函数，可以求出三个运动方程

$$\frac{\mathrm{d}}{\mathrm{d}t}\left(\frac{\partial\mathcal{L}}{\partial\dot{\theta}}\right) - \frac{\partial\mathcal{L}}{\partial\theta} = 0 \tag{9.367}$$

$$\frac{\mathrm{d}}{\mathrm{d}t}\left(\frac{\partial\mathcal{L}}{\partial\dot{\alpha}}\right) - \frac{\partial\mathcal{L}}{\partial\alpha} = 0 \tag{9.368}$$

$$\frac{\mathrm{d}}{\mathrm{d}t}\left(\frac{\partial\mathcal{L}}{\partial\dot{\gamma}}\right) - \frac{\partial\mathcal{L}}{\partial\gamma} = 0 \tag{9.369}$$

投石器于公元前500年至公元前400年出现在中国，并于公元前300年左右被波斯军队发展使用，在公元600年至1200年期间，被阿拉伯人用来对抗罗马人。投石器也被称为石弩或弩炮。

9.7 小结

在全域坐标系 G 中表示的刚体的平动和转动运动方程为

$${}^G\boldsymbol{F} = \frac{{}^G\mathrm{d}}{\mathrm{d}t}\,{}^G\boldsymbol{p} \tag{9.370}$$

$${}^G\boldsymbol{M} = \frac{{}^G\mathrm{d}}{\mathrm{d}t}\,{}^G\boldsymbol{L} \tag{9.371}$$

式中，${}^G\boldsymbol{F}$ 和 ${}^G\boldsymbol{M}$ 表示作用在刚体上质心 C 处的外力和外力矩。

${}^G\boldsymbol{p}$ 和 ${}^G\boldsymbol{L}$ 分别是对刚体质心 C 的动量和动量矩。

$$\boldsymbol{p} = m\,v \tag{9.372}$$

$$\boldsymbol{L}=\boldsymbol{r}_C\times\boldsymbol{p} \tag{9.373}$$

连体坐标系中表示的运动方程为

$$^B\boldsymbol{F}={}^G\dot{\boldsymbol{p}}+{}_G^B\boldsymbol{\omega}_B\times{}^B\boldsymbol{p}=m^B\boldsymbol{a}_B+m_G^B\boldsymbol{\omega}_B\times{}^Bv_B \tag{9.374}$$

$$^B\boldsymbol{M}={}^B\dot{\boldsymbol{L}}+{}_G^B\boldsymbol{\omega}_B\times{}^B\boldsymbol{L}={}^BI_G^B\dot{\boldsymbol{\omega}}_B+{}_G^B\boldsymbol{\omega}_B\times{}^BI_G^B\boldsymbol{\omega}_B \tag{9.375}$$

式中，I 是刚体的质量惯性矩

$$I=\begin{bmatrix}I_{xx} & I_{xy} & I_{xz}\\ I_{yx} & I_{yy} & I_{yz}\\ I_{zx} & I_{zy} & I_{zz}\end{bmatrix} \tag{9.376}$$

I 的元素是刚体质量分配的函数，定义为

$$I_{ij}=\int_B(r_i^2\delta_{mn}-x_{im}x_{jn})\mathrm{d}m \qquad i,j=1,2,3 \tag{9.377}$$

式中，δ_{ij}是克罗内克 δ 函数。

每一个刚体都有一个主体坐标系，使其在该坐标系中的质量惯性矩矩阵为对角矩阵

$$^BI=\begin{bmatrix}I_1 & 0 & 0\\ 0 & I_2 & 0\\ 0 & 0 & I_3\end{bmatrix} \tag{9.378}$$

在主坐标系中，旋转运动方程简化为

$$\begin{aligned}M_1&=I_1\dot{\omega}_1-(I_2-I_3)\omega_2\omega_3\\ M_2&=I_2\dot{\omega}_2-(I_3-I_1)\omega_3\omega_1\\ M_3&=I_3\dot{\omega}_3-(I_1-I_2)\omega_1\omega_2\end{aligned} \tag{9.379}$$

可以通过拉格朗日方程求出具有 n 个自由度的机械系统的运动方程，

$$\frac{\mathrm{d}}{\mathrm{d}t}\left(\frac{\partial\mathcal{L}}{\partial\dot{q}_r}\right)-\frac{\partial\mathcal{L}}{\partial q_r}=Q_r \qquad r=1,2,\cdots,n \tag{9.380}$$

$$\mathcal{L}=K-V \tag{9.381}$$

式中，$\mathcal{L}$是系统的拉格朗日函数；K 是系统的动能；V 是系统的势能；Q_r 是非势能广义力。

$$Q_r=\sum_{i=1}^{n}\left(Q_{xi}\frac{\partial f_i}{\partial q_1}+Q_{yi}\frac{\partial g_i}{\partial q_2}+Q_{zi}\frac{\partial h_i}{\partial q_n}\right) \tag{9.382}$$

参数 q_r，$r=1,2,\cdots,n$ 是系统的广义坐标，$\boldsymbol{Q}=[Q_{xi}\quad Q_{yi}\quad Q_{zi}]^{\mathrm{T}}$ 是作用在系统第 i 个质点上的外力，Q_r 是与 q_r 有关的广义力。当 (x_i,y_i,z_i) 是质点 m_i 在静止全域坐标系中的笛卡儿坐标，其坐标可以是另外一组广义坐标 $q_1,q_2,q_3,\cdots,q_n$ 的函数，例如可以是时间 t 的函数。

$$x_i=f_i(q_1,q_2,q_3,\cdots,q_n,t) \tag{9.383}$$

$$y_i=g_i(q_1,q_2,q_3,\cdots,q_n,t) \tag{9.384}$$

$$z_i=h_i(q_1,q_2,q_3,\cdots,q_n,t) \tag{9.385}$$

9.8 主要符号

a,b,w,h	长度	C	质心
$\boldsymbol{a}$	加速度	$\boldsymbol{d}$	连体坐标系位置向量

d$\boldsymbol{f}$	无穷小力	$\boldsymbol{r}$	位置向量
dm	无穷小质量	R	半径
d$\boldsymbol{m}$	无穷小力矩	R	旋转矩阵
E	机械能	t	时间
$\boldsymbol{F}$	力	T	张紧力
F_C	科里奥利力	$\hat{\boldsymbol{u}}$	有方向直线的单位向量
g	重力加速度	v 以及 $\dot{\boldsymbol{x}}$，v	速度
H	高度	V	势能
I	质量惯性矩矩阵	$\boldsymbol{w}$	特征向量
I_1，I_2，I_3	主质量惯性矩	$\boldsymbol{W}$	功，特征向量矩阵
K	动能	x，y，z，$\boldsymbol{x}$	位移
l	直线	δ_{ij}	克罗内克 δ 函数
$\boldsymbol{L}$	动量矩	$\Gamma^i_{j,k}$	克里斯托弗算子
$\mathcal{L}=K-V$	拉格朗日函数	$\boldsymbol{\lambda}$	特征值
m	质量	φ，θ，ψ	欧拉角
$\boldsymbol{M}$	力矩	ω，$\boldsymbol{\omega}$	角速度
$\boldsymbol{p}$	动量	//	平行
P，Q	刚体中的点	$\perp$	垂直
Q	转矩	∇	梯度
r	盘的半径		

习　题

1. 刚性构件的动能

设有一个刚性均匀直杆，该杆质量为 m。试证明该杆的动能可以表示为

$$K=1/6\ m(v_1\cdot v_1+v_1\cdot v_2+v_2\cdot v_2)$$

式中，v_1和v_2是杆两端点的速度矢量点。

2. 离散质点 $m_1=10\text{kg}$，$m_2=20\text{kg}$，$m_3=30\text{kg}$ 分别位于

$$r_1=\begin{bmatrix}1\\-1\\1\end{bmatrix}\qquad r_1=\begin{bmatrix}-1\\-3\\2\end{bmatrix}\qquad r_1=\begin{bmatrix}2\\-1\\-3\end{bmatrix}$$

它们的速度分别为

$$v_1=\begin{bmatrix}2\\1\\1\end{bmatrix}\qquad v_1=\begin{bmatrix}-1\\0\\2\end{bmatrix}\qquad v_1=\begin{bmatrix}3\\-2\\-1\end{bmatrix}$$

试求该系统质心 C 所在的位置和速度；计算系统的动量和动量惯性矩；计算系统的动能并确定动能的旋转部分和平动部分。

3. 连体坐标系中的牛顿运动方程

试证明连体坐标系中的牛顿运动方程是

$$\begin{bmatrix} F_x \\ F_y \\ F_z \end{bmatrix} = m\begin{bmatrix} a_x \\ a_y \\ a_z \end{bmatrix} + \begin{bmatrix} 0 & -\omega_z & \omega_y \\ \omega_z & 0 & -\omega_x \\ -\omega_y & \omega_x & 0 \end{bmatrix}\begin{bmatrix} v_x \\ v_y \\ v_z \end{bmatrix}$$

4. 曲线轨迹上做功

设有一个运动在环形轨迹上的质点 m，运动轨迹为

$${}^G\boldsymbol{r}_P = \cos\theta\,\hat{I} + \sin\theta\,\hat{J} + 4\,\hat{K}$$

试计算质点从 $\theta=0$ 运动到 $\theta=\dfrac{\pi}{2}$的过程中力${}^G\boldsymbol{F}$ 做的功。

(a)

$${}^G\boldsymbol{F} = \frac{z^2-y^2}{(x+y)^2}\hat{I} + \frac{y^2-x^2}{(x+y)^2}\hat{J} + \frac{x^2-y^2}{(x+z)^2}\hat{K}$$

(b)

$${}^G\boldsymbol{F} = \frac{z^2-y^2}{(x+y)^2}\hat{I} + \frac{2y}{x+y}\hat{J} + \frac{x^2-y^2}{(x+z)^2}\hat{K}$$

5. 主质量惯性矩

试求下列惯性矩阵的主质量惯性矩和方向：

(a)

$$[I] = \begin{bmatrix} 3 & 2 & 2 \\ 2 & 2 & 0 \\ 2 & 0 & 4 \end{bmatrix}$$

(b)

$$[I] = \begin{bmatrix} 3 & 2 & 4 \\ 2 & 0 & 2 \\ 4 & 2 & 3 \end{bmatrix}$$

(c)

$$[I] = \begin{bmatrix} 100 & 20\sqrt{3} & 0 \\ 20\sqrt{3} & 60 & 0 \\ 0 & 0 & 10 \end{bmatrix}$$

6. 转动的转动惯量矩阵

已知主转动惯量矩阵${}^{B_2}I$ 为

$$[I] = \begin{bmatrix} 3 & 0 & 0 \\ 0 & 5 & 0 \\ 0 & 0 & 4 \end{bmatrix}$$

主坐标系由初始连体坐标系绕 x 轴旋转 30°，再绕 z 轴旋转 45°得到，试求初始转动惯量矩阵${}^{B_1}I$。

7. 转动惯量矩阵的旋转

欲将转动惯量矩阵［I］转变为对角矩阵，试求能完成该转换的旋转矩阵。

$$[I]=\begin{bmatrix}3 & 2 & 2\\ 2 & 2 & 0.1\\ 2 & 0.1 & 4\end{bmatrix}$$

8. ★三次方程

求解三次方程

$$ax^3+bx^2+cx+d=0$$

式中，$a\neq 0$，该方程可以用系统方法求解。

用判别式 $4p^3+q^2$ 将方程转化为一种新的形式，

$$y^3+3py+q=0$$

用转换公式 $x=y-\dfrac{b}{3a}$，其中

$$p=\frac{3ac-b^2}{9a^2}\qquad q=\frac{2b^3-9abc+27a^2d}{27a^3}$$

其解为

$$y_1=\sqrt[3]{\alpha}-\sqrt[3]{\beta}$$

$$y_2=e^{\frac{2\pi i}{3}}\sqrt[3]{\alpha}-e^{\frac{4\pi i}{3}}\sqrt[3]{\beta}\qquad y_3=e^{\frac{4\pi i}{3}}\sqrt[3]{\alpha}-e^{\frac{2\pi i}{3}}\sqrt[3]{\beta}$$

式中

$$\alpha=\frac{-q+\sqrt{q^2+4p^3}}{2}\qquad \beta=\frac{-q-\sqrt{q^2+4p^3}}{2}$$

对于实数 p 和 q，如果判别式为正，则方程的一个根为实数，另两个根为共轭复数。如果判别式为0，则方程有三个实数根，其中至少有两个根相等。如果判别式为负，则有三个互不相等的实根。对特征方程矩阵［I］应用该理论，证明主质量惯性矩是实数。

9. 在地球上行驶的汽车的运行学

车辆在地球上的位置可以用相对于固定的子午线（比如本初子午线）的经度 φ 和相对于赤道的纬度 θ 描述，如图 9. 19 所示。在地球中心设置坐标系 B，令其 x 轴在赤道平面上，y 轴在指向车辆。还存在两个坐标系 E 和 G，其中 E 固定在地球上，G 为全域坐标系。坐标

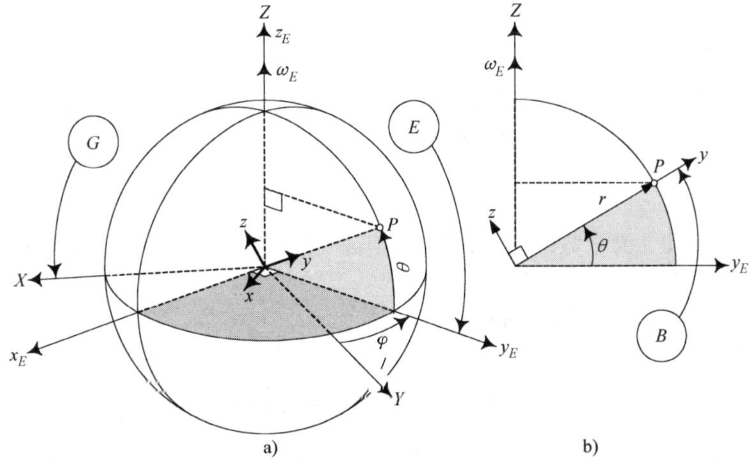

图 9. 19 用经度 φ 和纬度 θ 在地球上确定的位置

系 B 的角速度和车辆的速度分别为

$$ {}_G^B\boldsymbol{\omega}_B = \dot{\theta}\hat{i}_B + (\omega_E + \dot{\varphi})\sin\theta\hat{j}_B + (\omega_E + \dot{\varphi})\cos\theta\hat{k} $$

$$ {}_G^B v_P = -r(\omega_E + \dot{\varphi})\cos\theta\hat{i}_B + r\dot{\theta}\hat{k} $$

试计算车辆的加速度。

10. 角动量的全域微分

将转动惯量 ${}^B I$ 和角速度 ${}_G^B\boldsymbol{\omega}_B$ 转换到全域坐标系，再求角动量的微分，这是另一种证明下式的方法。

$$ \frac{{}^G\mathrm{d}}{\mathrm{d}t}{}^B\boldsymbol{L} = \frac{{}^G\mathrm{d}}{\mathrm{d}t}({}^B I_G^B\boldsymbol{\omega}_B) = {}^B\dot{\boldsymbol{L}} + {}_G^B\boldsymbol{\omega}_B \times {}^B\boldsymbol{L} = \boldsymbol{I}\dot{\boldsymbol{\omega}} + \boldsymbol{\omega} \times (\boldsymbol{I}\boldsymbol{\omega}) $$

11. 拉格朗日方法和非线性振动系统

应用拉格朗日方法求图9.20中摆的运动方程，线性弹簧的刚度为 k。

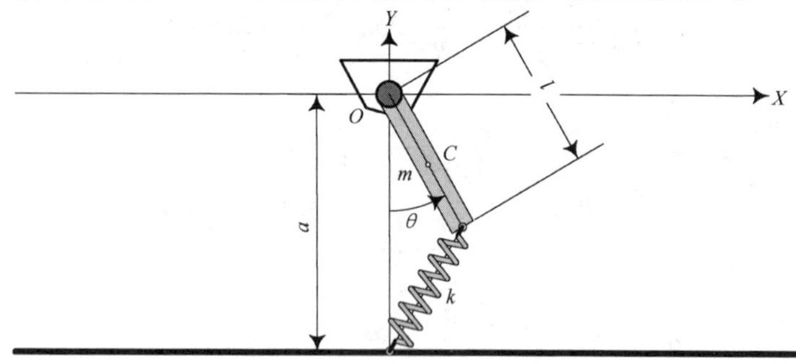

图9.20 一个端部连着线性弹簧的复摆

12. 摆的强迫振动

图9.21所示为一个单摆，其长度为 l，摆锤质量为 m，求下列情况下的运动方程

（a）支点 O 在 X 方向做规定运动

$$ X_O = a\sin\omega t $$

（b）支点 O 在 Y 方向做规定运动

$$ Y_O = b\sin\omega t $$

（c）支点 O 做匀速圆周运动

$$ r_O = R\cos\omega t\hat{I} + R\sin\omega t\hat{J} $$

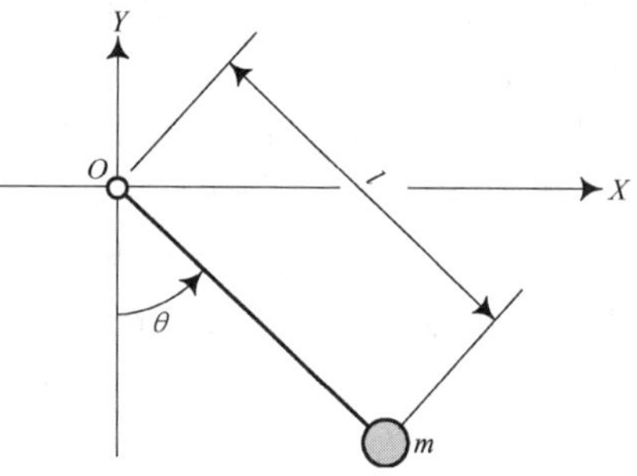

图9.21 一个支点振动的摆

13. 由拉格朗日函数求运动方程

设有一个物理系统的拉格朗日函数为

$$ \mathcal{L} = \frac{1}{2}m(a\dot{x} + b\dot{y})^2 - \frac{1}{2}k(ax + by)^2 $$

式中系数 m，k，a 和 b 为常数，试求其运动方程。

14. 由运动方程求拉格朗日函数

根据下面的运动方程求相关的拉格朗日函数：

（a）

$$ mr^2\ddot{\theta} + k_1 l_1\theta + k_2 l_2\theta + mgl = 0 $$

（b）

$$ \ddot{r} - r\dot{\theta}^2 = 0 \qquad r^2\ddot{\theta} + 2r\dot{r}\dot{\theta} = 0 $$

15. 投石器

试推导图 9. 17 所示投石器的运动方程。

16. 投石器

图 9. 22 ~ 图 9. 24 所示为三个投石器简化模型，试推导并比较它们的运动方程。

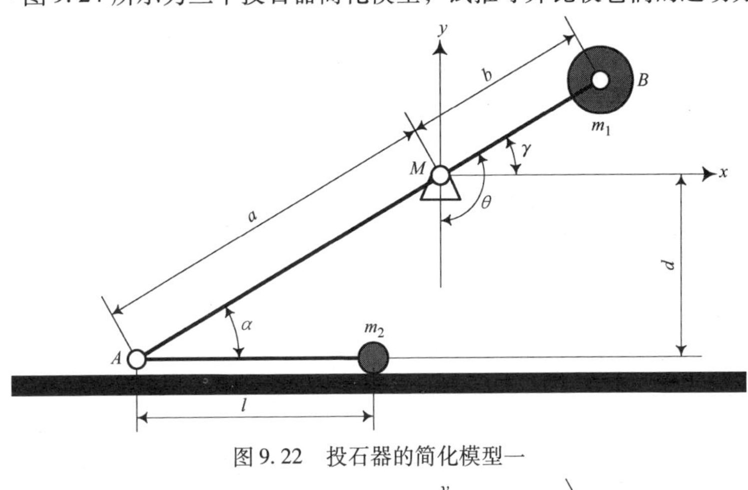

图 9. 22 投石器的简化模型一

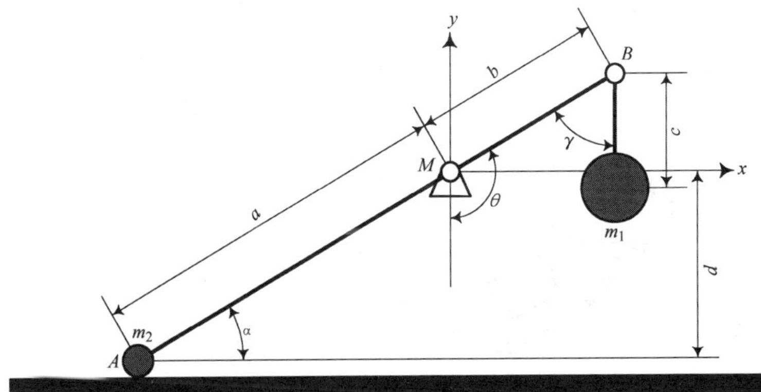

图 9. 23 投石器的简化模型二

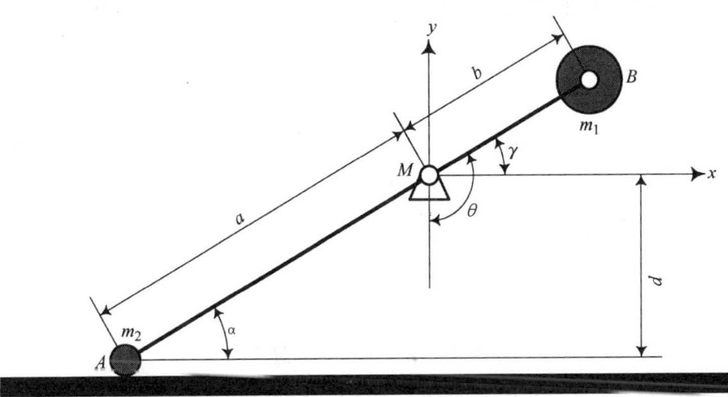

图 9. 24 投石器的简化模型三

10　车辆平面动力学

本章对做平面运动的刚性车辆建立动力学模型，车辆平面动力学模型适用于以前进速度、侧向速度和横摆速度为主并足以考察车辆性能的情况。

10.1　车辆坐标系

车辆动力学的运动方程通常在一组车辆坐标系 $B(Cxyz)$ 中表示，该坐标系设置在车辆质心 C 处，如图 10.1 所示。其 x 轴是一条通过质心并指向车前方的纵向轴，其 y 轴指向驾驶人所处视角的左侧，其 z 轴指向使该坐标系符合右手定则的方向。汽车停放在水平道路上时，z 轴垂直于地面，并与重力加速度 $\boldsymbol{g}$ 的方向相反。

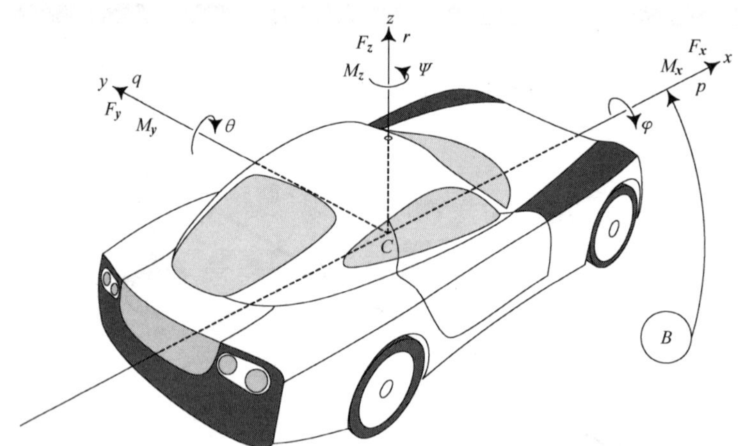

图 10.1　车辆连体坐标系 $B(Cxyz)$

为了说明车辆的姿态，现采用三个角度：绕 x 轴的侧倾角 φ，绕 y 轴的俯仰角 θ，以及绕 z 轴的横摆角 ψ。由于姿态角速率在车辆动力学中非常重要，通常用专用符号表示，并分别称之为侧倾角速度、俯仰角速度和横摆角速度。

$$\dot{\varphi} = p \tag{10.1}$$

$$\dot{\theta} = q \tag{10.2}$$

$$\dot{\psi} = r \tag{10.3}$$

车辆受来自地面与环境的外力合力以及合力矩的作用，这些合力与合力矩共同构成**车辆力系（$\boldsymbol{F}$，$\boldsymbol{M}$）**，车辆力系应在车身坐标系中表示。

$${}^{B}\boldsymbol{F} = F_x\hat{i} + F_y\hat{j} + F_z\hat{k} \tag{10.4}$$

$${}^{B}\boldsymbol{M} = M_x\hat{i} + M_y\hat{j} + M_z\hat{k} \tag{10.5}$$

图 10.1 所示为 $3D$ 车辆力系的各分量，这些分量各自有专用名称，并且十分重要。

1）**纵向力** F_x。该力沿 x 轴作用，车辆加速时，其合力 $F_x > 0$，车辆制动时 $F_x < 0$，纵向力又称作**正向力**或**牵引力**。

2）**侧向力** F_y。该力与 F_x 和 F_z 垂直，当其向驾驶人左侧作用时 $F_y>0$。侧向力通常是转向导致的结果，是产生横摆力矩和车辆转向的主要原因。

3）**法向力** F_z。该力是一个垂直力，与地面正交，向上作用时 $F_z>0$，法向力又称作**垂直力**或**车辆负载**。

4）**侧倾力矩** M_x。该力矩是一个绕 x 轴的纵向力矩，车辆趋向于绕 x 轴滚动时，该力矩 $M_x>0$。侧倾力矩又称作**倾斜力矩、倾斜扭矩**或**倾覆力矩**。

5）**俯仰力矩** M_y。该力矩是绕 y 轴的横向力矩，车辆趋向于绕 y 轴转动并且车头向下时，$M_y>0$。

6）**横摆力矩** M_z。该力矩是一个绕 z 轴向上的力矩，轮胎趋向于绕 z 轴转动时，$M_z>0$，横摆力矩又称作**回正力矩**。

车辆坐标系 $B(Cxyz)$ 的位置和姿态是相对于固定在地面的坐标系 $G(OXYZ)$ 测算的。

车辆坐标系又称作车辆连体坐标系或**车身坐标系**，地面坐标系又称作**全域坐标系**。车辆运动分析也就是在 G（$OXYZ$）中表示 B（$Cxyz$）的位置与姿态，图 10.2 表明如何用车身坐标系 B 在全域坐标系 G 中表示一辆运动的汽车。

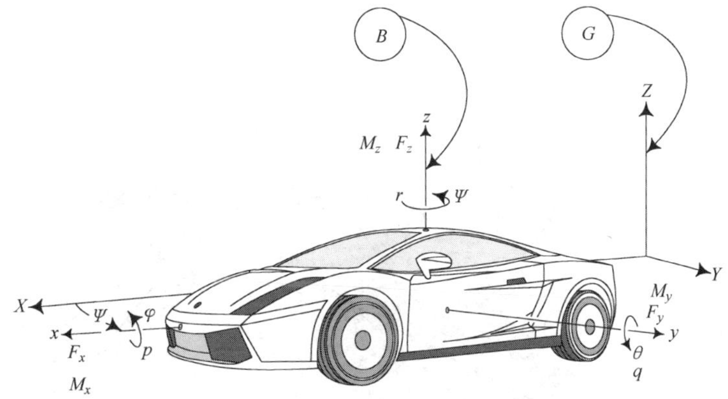

图 10.2 在全域坐标系 G 中用车身坐标系 B 表示的一辆运动汽车

从 X 轴向 x 轴绕 Z 轴测量出的 X 轴和 x 轴之间的夹角是**横摆角** ψ，称作**航向角**。车辆速度矢量 v 与车身坐标系 x 轴构成夹角 β，从 x 轴向 v 绕 Z 轴测量，称作**侧偏角**或**方位角**。车辆速度矢量 v 与全域坐标系 X 轴构成夹角 $\beta+\psi$，从 X 轴向 v 绕 Z 轴测量，称作**巡航角**。图 10.3 所示为这些角在运动车辆俯视图上的正值状态。

很多时候需要对车辆的车轮进行编号，通常约定将车辆左前车轮编为 1，右前车轮编为 2。然后，自此向后逐次对车辆右侧车轮编号，直至右后车轮。接着再转到车辆左侧，从左后车轮向前编号。各个车轮都用位置矢量 r_i 表示，即

$$^B\boldsymbol{r}_i = x_i i + y_i j + z_i k \tag{10.6}$$

该矢量在车身坐标系中表示，图 10.3 所示为一辆四轮车辆的车轮编号情况。

例 409 车轮的编号及其位置矢量

图 10.4 所示为一辆六轮乘用汽车，其车轮编号位于各车轮的一侧。左前车轮为 1 号车轮，右前车轮是 2 号车轮。自右侧向后，依序是 3 号车轮和 4 号车轮，左后车轮是 5 号车轮，在左侧自此向前，仅剩的那个尚未编号的车轮为 6 号车轮。

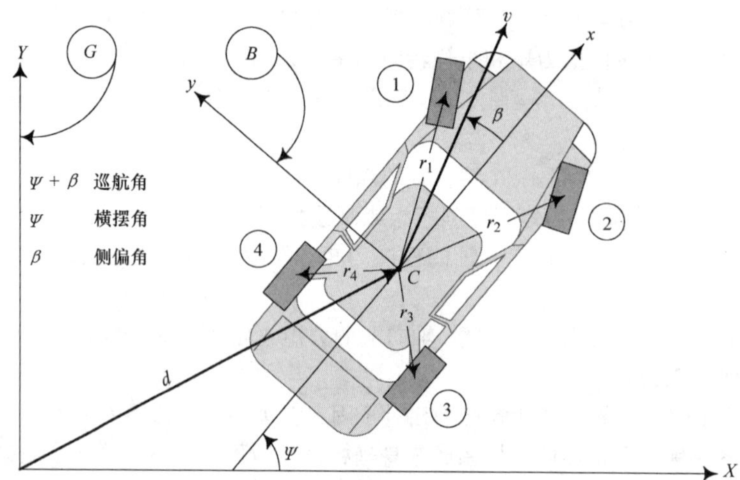

图 10.3　一辆运动汽车的俯视图，显示 X 轴和 x 轴间的横摆角 ψ，x 轴与速度矢量 v 间的侧偏角 β，以及速度矢量 v 与 X 轴间的巡航角 $\beta+\psi$

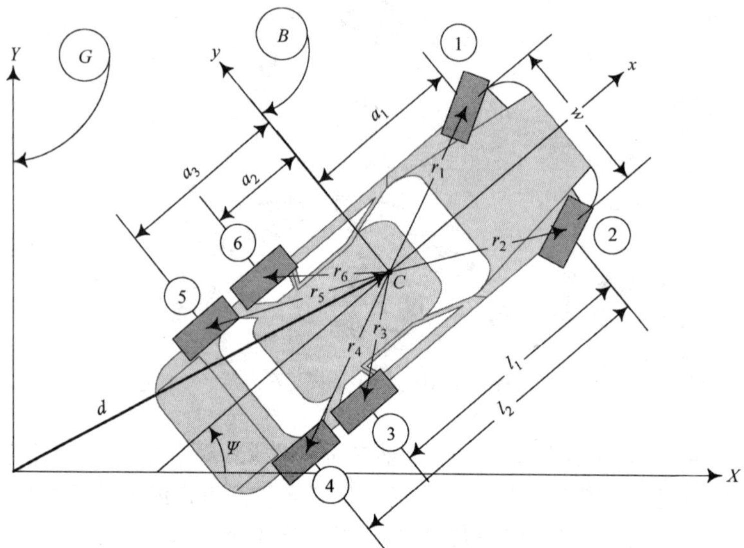

图 10.4　六轮乘用汽车及其车轮编号

如果已知汽车质心的全域坐标系位置矢量为

$$
{}^{G}\boldsymbol{d}=\begin{bmatrix} X_{C} \\ Y_{C} \end{bmatrix} \tag{10.7}
$$

各车轮的车身坐标系位置矢量为

$$
{}^{B}\boldsymbol{r}_{1}=\begin{bmatrix} a_{1} \\ w/2 \end{bmatrix} \qquad {}^{B}\boldsymbol{r}_{2}=\begin{bmatrix} a_{1} \\ -w/2 \end{bmatrix} \tag{10.8}
$$

$$
{}^{B}\boldsymbol{r}_{3}=\begin{bmatrix} -a_{2} \\ -w/2 \end{bmatrix} \qquad {}^{B}\boldsymbol{r}_{4}=\begin{bmatrix} -a_{3} \\ -w/2 \end{bmatrix} \tag{10.9}
$$

$$
{}^{B}\boldsymbol{r}_5=\begin{bmatrix}-a_3\\ w/2\end{bmatrix}\qquad {}^{B}\boldsymbol{r}_6=\begin{bmatrix}-a_2\\ w/2\end{bmatrix} \tag{10.10}
$$

车轮的全域坐标系位置矢量

$$
{}^{G}\boldsymbol{r}_1={}^{G}\boldsymbol{d}+{}^{G}R_B\,{}^{B}\boldsymbol{r}_1=\begin{bmatrix}X_C-\dfrac{1}{2}w\sin\psi+a_1\cos\psi\\ Y_C+\dfrac{1}{2}w\cos\psi+a_1\sin\psi\end{bmatrix} \tag{10.11}
$$

$$
{}^{G}\boldsymbol{r}_2={}^{G}\boldsymbol{d}+{}^{G}R_B\,{}^{B}\boldsymbol{r}_2=\begin{bmatrix}X_C+\dfrac{1}{2}w\sin\psi+a_1\cos\psi\\ Y_C-\dfrac{1}{2}w\cos\psi+a_1\sin\psi\end{bmatrix} \tag{10.12}
$$

$$
{}^{G}\boldsymbol{r}_3={}^{G}\boldsymbol{d}+{}^{G}R_B\,{}^{B}\boldsymbol{r}_3=\begin{bmatrix}X_C+\dfrac{1}{2}w\sin\psi-a_2\cos\psi\\ Y_C-\dfrac{1}{2}w\cos\psi-a_2\sin\psi\end{bmatrix} \tag{10.13}
$$

$$
{}^{G}\boldsymbol{r}_4={}^{G}\boldsymbol{d}+{}^{G}R_B\,{}^{B}\boldsymbol{r}_4=\begin{bmatrix}X_C+\dfrac{1}{2}w\sin\psi-a_3\cos\psi\\ Y_C-\dfrac{1}{2}w\cos\psi-a_3\sin\psi\end{bmatrix} \tag{10.14}
$$

$$
{}^{G}\boldsymbol{r}_5={}^{G}\boldsymbol{d}+{}^{G}R_B\,{}^{B}\boldsymbol{r}_5=\begin{bmatrix}X_C-\dfrac{1}{2}w\sin\psi-a_3\cos\psi\\ Y_C+\dfrac{1}{2}w\cos\psi-a_3\sin\psi\end{bmatrix} \tag{10.15}
$$

$$
{}^{G}\boldsymbol{r}_6={}^{G}\boldsymbol{d}+{}^{G}R_B\,{}^{B}\boldsymbol{r}_6=\begin{bmatrix}X_C-\dfrac{1}{2}w\sin\psi-a_2\cos\psi\\ Y_C+\dfrac{1}{2}w\cos\psi-a_2\sin\psi\end{bmatrix} \tag{10.16}
$$

式中全域坐标系 G 和车身坐标系 B 之间的旋转矩阵为

$$
{}^{G}R_B=\begin{bmatrix}\cos\psi & -\sin\psi\\ \sin\psi & \cos\psi\end{bmatrix} \tag{10.17}
$$

例 410 巡航角、方位角和航向角

图 10.5 所示一辆行驶在路面上的汽车，各角度为

$$
\psi=15^\circ\qquad \beta=16^\circ \tag{10.18}
$$

汽车航向角为

$$
\psi=15^\circ \tag{10.19}
$$

该角为设在路面上的参考轴 X 和汽车纵向轴 x 之间的夹角。汽车方位角为

$$
\beta=16^\circ \tag{10.20}
$$

该角为车体纵向轴 x 和汽车运动方向之间的夹角。汽车巡航角为

$$
\beta+\psi=31^\circ \tag{10.21}
$$

该角为路面上的参考轴 X 和汽车运动方向之间的夹角。

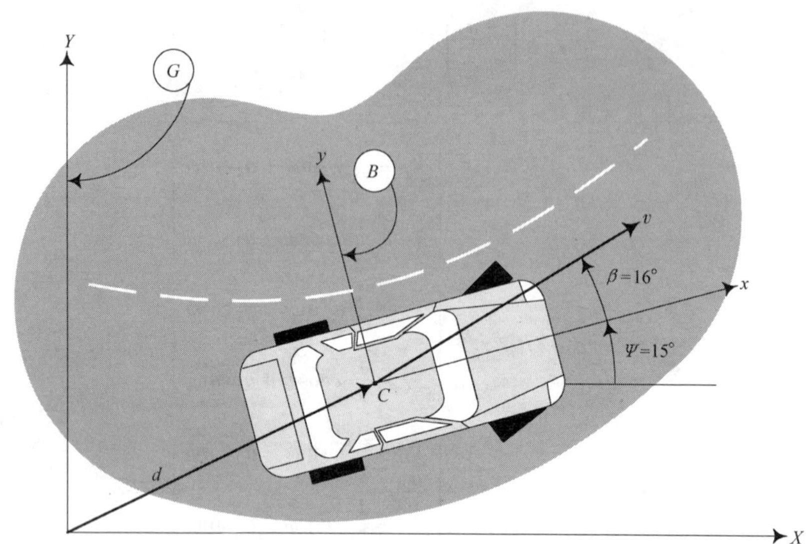

图 10.5 一辆以侧偏角 β 和航向角 ψ 在路面上行驶的汽车

10.2 刚性车辆的牛顿－欧拉动力学

刚性车辆在水平表面的运动与扁平箱体相似，刚性车辆的平面运动有以下三个自由度：在 x 轴和 y 轴方向的平动，绕 z 轴的转动。在设置于车辆质心 C 处的车身坐标系 B 中，刚性车辆的**牛顿－欧拉运动方程**为：

$$F_x = m\dot{v}_x - m\omega_z v_y \tag{10.22}$$

$$F_y = m\dot{v}_y - m\omega_z v_x \tag{10.23}$$

$$M_z = \dot{\omega}_z I_z \tag{10.24}$$

证明：图 10.6 所示为一辆平面运动中的刚性车辆，全域坐标系设置在地面上，车身坐标系设置在车辆的质心 C 上。Z 轴和 z 轴互相平行，坐标系 B 的姿态用 X 轴和 x 轴之间的航向角 ψ 表示，质心的全域位置矢量用 ${}^G\boldsymbol{d}$ 表示。

在车身坐标系中表示的车辆速度矢量为

$${}^B v_C = \begin{bmatrix} v_x \\ v_y \\ 0 \end{bmatrix} \tag{10.25}$$

式中，v_x 和 v_y 分别是v 的正向分量和侧向分量。车身坐标系中的刚体运动方程为：

$$\begin{aligned} {}^B\boldsymbol{F} &= {}^B R_G {}^G\boldsymbol{F} = {}^B R_G (m {}^G\boldsymbol{a}_B) = m {}^B_G\boldsymbol{a}_B \\ &= m {}^B\dot{v}_B + m {}^B_G\boldsymbol{\omega}_B \times {}^B v_B \end{aligned} \tag{10.26}$$

$$\begin{aligned} {}^B\boldsymbol{M} &= \frac{{}^G\mathrm{d}}{\mathrm{d}t} {}^B\boldsymbol{L} = {}^B_G\dot{\boldsymbol{L}}_B = {}^B\dot{\boldsymbol{L}} + {}^B_G\boldsymbol{\omega}_B \times {}^B\boldsymbol{L} \\ &= {}^B I^B_G \dot{\boldsymbol{\omega}}_B + {}^B_G\boldsymbol{\omega}_B \times ({}^B I^B_G \boldsymbol{\omega}_B) \end{aligned} \tag{10.27}$$

刚性车辆的力、力矩和运动学矢量为：

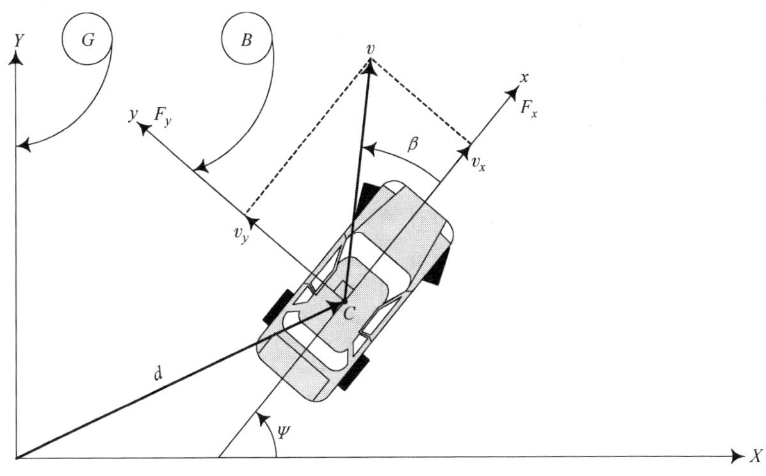

图 10.6　一辆平面运动中的刚性车辆

$$ {}^{B}\boldsymbol{F}_C = \begin{bmatrix} F_x \\ F_y \\ 0 \end{bmatrix} \quad {}^{B}\boldsymbol{M}_C = \begin{bmatrix} 0 \\ 0 \\ M_z \end{bmatrix} \tag{10.28} $$

$$ {}^{B}\dot{v}_C = \begin{bmatrix} \dot{v}_x \\ \dot{v}_y \\ 0 \end{bmatrix} \quad {}_{G}^{B}\boldsymbol{\omega}_B = \begin{bmatrix} 0 \\ 0 \\ \omega_z \end{bmatrix} \tag{10.29} $$

$$ {}_{G}^{B}\dot{\boldsymbol{\omega}}_B = \begin{bmatrix} 0 \\ 0 \\ \dot{\omega}_z \end{bmatrix} \tag{10.30} $$

假设车身坐标系为车辆的主坐标系，并有对角转动惯量矩阵。

$$ {}^{B}I = \begin{bmatrix} I_1 & 0 & 0 \\ 0 & I_2 & 0 \\ 0 & 0 & I_3 \end{bmatrix} \tag{10.31} $$

将上述矢量和矩阵代入式（10.26）~式(10.27）得到如下等式：

$$ \begin{aligned} {}^{B}\boldsymbol{F} &= m\,{}^{B}\dot{v}_B + m\,{}_{G}^{B}\boldsymbol{\omega}_B \times {}^{B}v_B \\ &= m\begin{bmatrix} \dot{v}_x \\ \dot{v}_y \\ 0 \end{bmatrix} + m\begin{bmatrix} 0 \\ 0 \\ \omega_z \end{bmatrix} \times \begin{bmatrix} v_x \\ v_y \\ 0 \end{bmatrix} = \begin{bmatrix} m\dot{v}_x - m\omega_z v_y \\ m\dot{v}_y + m\omega_z v_x \\ 0 \end{bmatrix} \end{aligned} \tag{10.32} $$

$$ \begin{aligned} {}^{B}\boldsymbol{M} &= {}^{B}I_G^B\dot{\boldsymbol{\omega}}_B + {}_{G}^{B}\boldsymbol{\omega}_B \times ({}^{B}I_G^B\boldsymbol{\omega}_B) \\ &= \begin{bmatrix} I_1 & 0 & 0 \\ 0 & I_2 & 0 \\ 0 & 0 & I_3 \end{bmatrix}\begin{bmatrix} 0 \\ 0 \\ \dot{\omega}_z \end{bmatrix} + \begin{bmatrix} 0 \\ 0 \\ \omega_z \end{bmatrix} \times \left(\begin{bmatrix} I_1 & 0 & 0 \\ 0 & I_2 & 0 \\ 0 & 0 & I_3 \end{bmatrix}\begin{bmatrix} 0 \\ 0 \\ \omega_z \end{bmatrix}\right) = \begin{bmatrix} 0 \\ 0 \\ I_3\dot{\omega}_z \end{bmatrix} \end{aligned} \tag{10.33} $$

前两个牛顿运动方程式（10.32）和第三个欧拉运动方程式（10.33）是构成刚性车辆

平面运动方程组式（10.22）~式(10.24）的一组非零方程式。

例411　刚性车辆及拉格朗日方法

平面运动中刚性车辆的动能为

$$K=\frac{1}{2}{}^{G}v_{B}^{\mathrm{T}}m{}^{G}v_{B}+\frac{1}{2}{}_{G}\boldsymbol{\omega}_{B}^{\mathrm{T}}{}^{G}I_{G}\boldsymbol{\omega}_{B}$$
$$=\frac{1}{2}\begin{bmatrix}v_X\\v_Y\\0\end{bmatrix}^{\mathrm{T}}m\begin{bmatrix}v_X\\v_Y\\0\end{bmatrix}+\frac{1}{2}\begin{bmatrix}0\\0\\\omega_Z\end{bmatrix}^{\mathrm{T}}{}^{G}I\begin{bmatrix}0\\0\\\omega_Z\end{bmatrix}$$
$$=\frac{1}{2}mv_X^2+\frac{1}{2}mv_Y^2+\frac{1}{2}I_3\omega_Z^2=\frac{1}{2}m(\dot{X}^2+\dot{Y}^2)+\frac{1}{2}I_z\dot{\psi}^2 \tag{10.34}$$

式中

$${}^{G}I={}^{G}R_{B}{}^{B}I{}^{G}R_{B}^{\mathrm{T}}$$
$$=\begin{bmatrix}\cos\psi&-\sin\psi&0\\\sin\psi&\cos\psi&0\\0&0&1\end{bmatrix}\begin{bmatrix}I_1&0&0\\0&I_2&0\\0&0&I_3\end{bmatrix}\begin{bmatrix}\cos\psi&-\sin\psi&0\\\sin\psi&\cos\psi&0\\0&0&1\end{bmatrix}^{\mathrm{T}}$$
$$=\begin{bmatrix}I_1\cos^2\psi+I_2\sin^2\psi&(I_1-I_2)\sin\psi\cos\psi&0\\(I_1-I_2)\sin\psi\cos\psi&I_2\cos^2\psi+I_1\sin^2\psi&0\\0&0&I_3\end{bmatrix} \tag{10.35}$$

且

$${}^{G}v_{B}=\begin{bmatrix}v_X\\v_Y\\0\end{bmatrix}=\begin{bmatrix}\dot{X}\\\dot{Y}\\0\end{bmatrix} \tag{10.36}$$

$${}_{G}\boldsymbol{\omega}_{B}=\begin{bmatrix}0\\0\\\omega_Z\end{bmatrix}=\begin{bmatrix}0\\0\\r\end{bmatrix}=\begin{bmatrix}0\\0\\\dot{\psi}\end{bmatrix} \tag{10.37}$$

外力系的合力与合力矩为

$${}^{G}\boldsymbol{F}_{C}=\begin{bmatrix}F_X\\F_Y\\0\end{bmatrix}\qquad{}^{G}\boldsymbol{M}_{C}=\begin{bmatrix}0\\0\\M_Z\end{bmatrix} \tag{10.38}$$

应用拉格朗日方法

$$\frac{\mathrm{d}}{\mathrm{d}t}\left(\frac{\partial K}{\partial\dot{q}_i}\right)-\frac{\partial K}{\partial q_i}=F_i\qquad i=1,2,\cdots,n \tag{10.39}$$

将其中的坐标 q_i 换成 X，Y 和 ψ，生成如下全域坐标系中的运动方程：

$$m\dot{v}_x=m\frac{\mathrm{d}}{\mathrm{d}t}\dot{X}=F_X \tag{10.40}$$

$$m\dot{v}_y=m\frac{\mathrm{d}}{\mathrm{d}t}\dot{Y}=F_Y \tag{10.41}$$

$$I_z\dot{\omega}_z = I_z\frac{\mathrm{d}}{\mathrm{d}t}\dot{\psi} = M_Z \tag{10.42}$$

例 412 到车身坐标系的转换

通过在车辆坐标系 B 中表示全域坐标系运动方程式（10.40）~式（10.42），可以应用转换矩阵${}^GR_B$求出刚性车辆的连体坐标系运动方程。

$$^G\boldsymbol{R}_B = \begin{bmatrix} \cos\psi & -\sin\psi & 0 \\ \sin\psi & \cos\psi & 0 \\ 0 & 0 & 1 \end{bmatrix} \tag{10.43}$$

速度矢量的车身坐标系表述为

$$^G_Bv_C = {}^GR_B{}^Bv_C \tag{10.44}$$

$$\begin{bmatrix} v_X \\ v_Y \\ 0 \end{bmatrix} = \begin{bmatrix} \cos\psi & -\sin\psi & 0 \\ \sin\psi & \cos\psi & 0 \\ 0 & 0 & 1 \end{bmatrix}\begin{bmatrix} v_x \\ v_y \\ 0 \end{bmatrix} = \begin{bmatrix} v_x\cos\psi - v_y\sin\psi \\ v_y\cos\psi + v_x\sin\psi \\ 0 \end{bmatrix} \tag{10.45}$$

因此，全域加速度分量为

$$\begin{bmatrix} \dot{v}_X \\ \dot{v}_Y \\ 0 \end{bmatrix} = \begin{bmatrix} (\dot{v}_x - \dot{\psi}v_y)\cos\psi - (\dot{v}_y + \dot{\psi}v_x)\sin\psi \\ (\dot{v}_y + \dot{\psi}v_x)\cos\psi + (\dot{v}_x - \dot{\psi}v_y)\sin\psi \\ 0 \end{bmatrix} \tag{10.46}$$

全域牛顿运动方程为

$$^G\boldsymbol{F}_C = m^G\dot{v}_C \tag{10.47}$$

力的矢量转换如下

$$^G\boldsymbol{F}_C = {}^GR_B{}^B\boldsymbol{F}_C \tag{10.48}$$

所以，运动方程的车身坐标表示为

$$^B\boldsymbol{F}_C = {}^GR_B^{\mathrm{T}}{}^G\boldsymbol{F}_C = m{}^GR_B^{\mathrm{T}}{}^G\dot{v}_C \tag{10.49}$$

代入相关向量后产生车身坐标系中的牛顿运动学方程。

$$\begin{bmatrix} F_x \\ F_y \\ 0 \end{bmatrix} = m{}^GR_B^{\mathrm{T}}\begin{bmatrix} (\dot{v}_x - \dot{\psi}v_y)\cos\psi - (\dot{v}_y + \dot{\psi}v_x)\sin\psi \\ (\dot{v}_y + \dot{\psi}v_x)\cos\psi + (\dot{v}_x - \dot{\psi}v_y)\sin\psi \\ 0 \end{bmatrix} = m\begin{bmatrix} \dot{v}_x - \dot{\psi}v_y \\ \dot{v}_y + \dot{\psi}v_x \\ 0 \end{bmatrix} \tag{10.50}$$

用相同的程序进行力矩转换，即

$$^G\boldsymbol{M}_C = {}^GR_B{}^B\boldsymbol{M}_C \tag{10.51}$$

$$\begin{bmatrix} 0 \\ 0 \\ M_z \end{bmatrix} = \begin{bmatrix} \cos\psi & -\sin\psi & 0 \\ \sin\psi & \cos\psi & 0 \\ 0 & 0 & 1 \end{bmatrix} \begin{bmatrix} 0 \\ 0 \\ M_z \end{bmatrix} = \begin{bmatrix} 0 \\ 0 \\ M_z \end{bmatrix} \tag{10.52}$$

最后求出车身坐标系中的欧拉方程。

$$M_z = \dot{\omega}_z I_z \tag{10.53}$$

例 413　车辆的轨迹

已知刚性车辆的平动速度和转动速度 v_X，v_Y 和 r 时，可以通过积分求出车辆的运动轨迹。

$$\psi = \int \dot{\psi} \mathrm{d}t = \psi_0 + \int r \mathrm{d}t \tag{10.54}$$

$$X = \int \dot{X} \mathrm{d}t = \int (v_x \cos\psi - v_y \sin\psi) \mathrm{d}t \tag{10.55}$$

$$Y = \int \dot{Y} \mathrm{d}t = \int (v_x \sin\psi + v_y \cos\psi) \mathrm{d}t \tag{10.56}$$

例 414★　用主坐标系法求运动方程

平面运动中刚性车辆的运动方程还可以用微分运算原理求出，设一车辆在 t 时刻的侧向速度为 v_y，横摆角速度为 r，前进速度为 v_x。如图 10.7 所示，纵轴 x 与固定的 X 轴之间的夹角为 ψ，点 $P(x, y)$ 表示车辆上的一点，点 P 的速度分量为

$$v_{Px} = v_x - yr \quad v_{Py} = v_y + xr \tag{10.57}$$

由于

$$\begin{aligned} {}_G^B v_P &= {}^B v_C + {}_G^B \boldsymbol{\omega}_B \times {}^B \boldsymbol{r}_P \\ &= \begin{bmatrix} v_x \\ v_y \\ 0 \end{bmatrix} + \begin{bmatrix} 0 \\ 0 \\ r \end{bmatrix} \times \begin{bmatrix} x \\ y \\ 0 \end{bmatrix} \end{aligned} \tag{10.58}$$

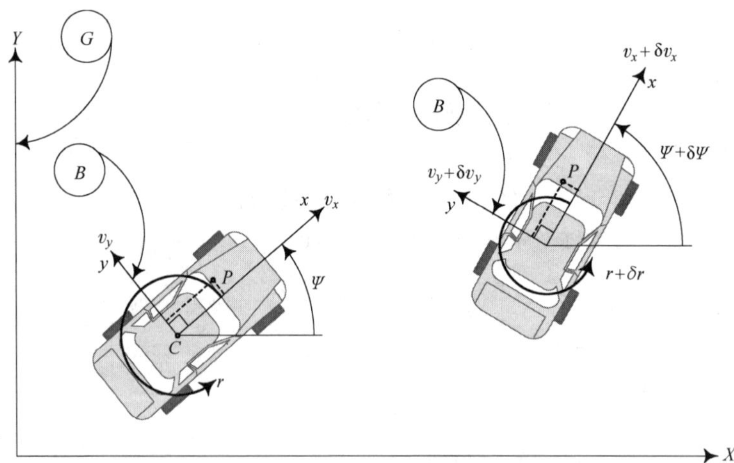

图 10.7　车辆以侧向速度 v_y，横摆角速度 r，前进速度为 v_x 以及航向角 ψ 运动，在时刻 $t=0$ 和 $t=\mathrm{d}t$ 时刻的情况

经过一段时间增量后，在 $t=\mathrm{d}t$ 时，车辆运动到一个新的位置，在第二个位置上点 P 的速度分量为

$$v'_{Px} = (v_x + \mathrm{d}v_x) - y(r + \mathrm{d}r) \tag{10.59}$$

$$v'_{Py} = (v_y + \mathrm{d}v_y) + x(r + \mathrm{d}r) \tag{10.60}$$

同时，

$$v_{Px} + \mathrm{d}v_{Px} = v'_{Px}\cos\mathrm{d}\psi - v'_{Py}\sin\mathrm{d}\psi \tag{10.61}$$

$$v_{Py} + \mathrm{d}v_{Py} = v'_{Px}\sin\mathrm{d}\psi + v'_{Py}\cos\mathrm{d}\psi \tag{10.62}$$

所以有

$$\mathrm{d}v_{Px} = [(v_x + \mathrm{d}v_x) - y(r + \mathrm{d}r)]\cos\mathrm{d}\psi - [(v_y + \mathrm{d}v_y) + x(r + \mathrm{d}r)]\sin\mathrm{d}\psi - (v_x - yr) \tag{10.63}$$

$$\mathrm{d}v_{Py} = [(v_x + \mathrm{d}v_x) - y(r + \mathrm{d}r)]\sin\mathrm{d}\psi + [(v_y + \mathrm{d}v_y) + x(r + \mathrm{d}r)]\cos\mathrm{d}\psi - (v_y + xr) \tag{10.64}$$

简化式（10.63）和式（10.64）并除以 dt，得到

$$\frac{\mathrm{d}v_{Px}}{\mathrm{d}t} = \frac{1}{\mathrm{d}t}[(\mathrm{d}v_x - y\mathrm{d}r)\cos\mathrm{d}\psi] - \frac{1}{\mathrm{d}t}\{[(v_y + \mathrm{d}v_y) + x(r + \mathrm{d}r)]\sin\mathrm{d}\psi\} \tag{10.65}$$

$$\frac{\mathrm{d}v_{Py}}{\mathrm{d}t} = \frac{1}{\mathrm{d}t}[(\mathrm{d}v_y + x\mathrm{d}r)\cos\mathrm{d}\psi] + \frac{1}{\mathrm{d}t}\{[(v_x + \mathrm{d}v_x) - y(r + \mathrm{d}r)]\sin\mathrm{d}\psi\} \tag{10.66}$$

dt→0 时，$\sin\mathrm{d}\psi \to \psi$，$\cos\mathrm{d}\psi \to 1$，代入$\dot{\psi} = r$ 后得到点 P 的加速度分量。

$$\dot{v}_{Px} = a_{Px} = \dot{v}_x - v_y r - y\dot{r} + xr^2 \tag{10.67}$$

$$\dot{v}_{Py} = a_{Py} = \dot{v}_y + v_x r + x\dot{r} - yr^2 \tag{10.68}$$

设点 P 的质量为 dm，令点 P 的加速度分量乘以 dm，并在整个刚性车辆上求积分，结果应该与车辆所受到的外力系相等。

$$F_x = \int_m a_{Px}\mathrm{d}m \tag{10.69}$$

$$F_y = \int_m a_{Py}\mathrm{d}m \tag{10.70}$$

$$M_z = \int_m (xa_{Py} - ya_{Px})\mathrm{d}m \tag{10.71}$$

将加速度代入，并假设车身坐标系是位于质心 C 的主坐标系，则可以求出

$$\begin{aligned} F_x &= \int_m (\dot{v}_x - v_y r - y\dot{r} + xr^2)\mathrm{d}m \\ &= m(\dot{v}_x - v_y r) - \dot{r}\int_m y\mathrm{d}m + r^2\int_m x\mathrm{d}m \\ &= m(\dot{v}_x - v_y r) \end{aligned} \tag{10.72}$$

$$\begin{aligned} F_y &= \int_m (\dot{v}_y + v_x r + x\dot{r} - yr^2)\mathrm{d}m \\ &= m(\dot{v}_y + v_x r) + \dot{r}\int_m x\mathrm{d}m - r^2\int_m y\mathrm{d}m \\ &= m(\dot{v}_y + v_x r) \end{aligned} \tag{10.73}$$

$$\begin{aligned} M_z &= \int_m [x(\dot{v}_y + v_x r + x\dot{r} - yr^2) - y(\dot{v}_x - v_y r - y\dot{r} + xr^2)]\mathrm{d}m \\ &= \dot{r}\int_m (x^2 + y^2)\mathrm{d}m + (\dot{v}_y + v_x r)\int_m x\mathrm{d}m \\ &\quad - (\dot{v}_x - v_y r)\int_m y\mathrm{d}m - 2r^2\int_m xy\mathrm{d}m = I_z\dot{r} \end{aligned} \tag{10.74}$$

因为对主坐标系有

$$\int_m x\mathrm{d}m = 0 \quad \int_m y\mathrm{d}m = 0 \quad \int_m xy\mathrm{d}m = 0 \tag{10.75}$$

10.3 作用在刚性车辆上的力系

为了确定作用在刚性车辆上的力系，首先定义车轮轮胎接地印迹上的力系，然后再将轮胎接地印迹上的力系转移到车身上。

10.3.1 轮胎力系和车身力系

图10.8所示为车辆的车轮1，由于力作用在车轮 i 的轮胎接地印迹上，xy 平面内 C 坐标系中的力系分量为

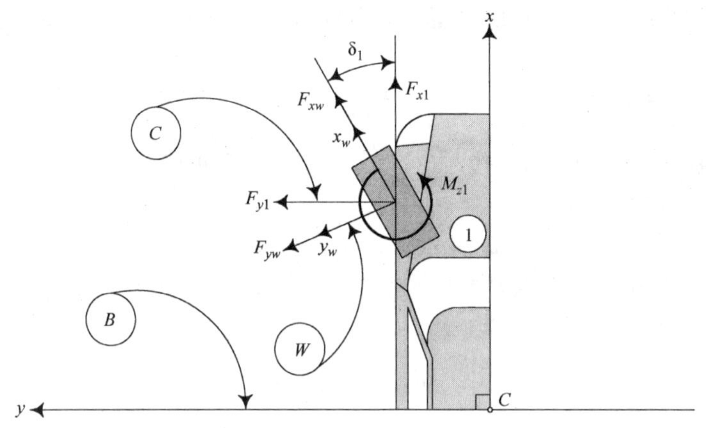

图10.8 车轮1轮胎接地印迹上作用的力系

$$F_{x_i} = F_{x_{w_i}}\cos\delta_i - F_{y_{w_i}}\sin\delta_i \tag{10.76}$$

$$F_{y_i} = F_{y_{w_i}}\cos\delta_i + F_{x_{w_i}}\sin\delta_i \tag{10.77}$$

$$M_{z_i} = M_{z_{w_i}} \tag{10.78}$$

所以作用在刚性车辆上的平面力系合力在车身坐标系中为

$${}^{B}F_x = \sum_i F_{x_i} = \sum_i F_{x_w}\cos\delta_i - \sum_i F_{y_w}\sin\delta_i \tag{10.79}$$

$${}^{B}F_y = \sum_i F_{y_i} = \sum_i F_{y_w}\cos\delta_i + \sum_i F_{x_w}\sin\delta_i \tag{10.80}$$

$${}^{B}M_z = \sum_i M_{z_i} + \sum_i x_i F_{y_i} - \sum_i y_i F_{x_i} \tag{10.81}$$

证明：车轮坐标系 $W(x_w, y_w, z_w)$，或记作 W，是一个设在轮心的局部坐标系，轮胎坐标系 $T(x_t, y_t, z_t)$ 设在轮胎接地印迹的中心。假设车轮坐标系中的力系为

$${}^{W}\boldsymbol{F}_w = [F_{x_w} \quad F_{y_w} \quad F_{z_w}]^{\mathrm{T}} \tag{10.82}$$

$${}^{W}\boldsymbol{M}_w = [M_{x_w} \quad M_{y_w} \quad M_{z_w}]^{\mathrm{T}} \tag{10.83}$$

这是由于轮胎接地印迹中的力系为

$${}^{T}\boldsymbol{F}_w = [F_{x_{w_i}} \quad F_{y_{w_i}} \quad F_{z_{w_i}}]^{\mathrm{T}} \tag{10.84}$$

$$^{T}\boldsymbol{M}_{w}=[M_{x_{w_i}}\quad M_{y_{w_i}}\quad M_{z_{w_i}}]^{\mathrm{T}} \tag{10.85}$$

在 x_w 方向的轮胎力 $F_{x_{w_i}}$，是由式（3.119）或式（4.49）定义的纵向力 $F_{x_{w_1}}$ 和由式（3.38）定义的轮胎滚动阻力的 F_{r_1} 的合成力。在 y_w 方向的轮胎力 $F_{y_{w_i}}$，是由式（3.153）和式（3.177）定义的侧向力 $F_{y_{w_1}}$ 和由式（3.38）定义的轮胎滚动阻力的 F_{r_1} 的合成力。在 z_w 方向的力矩 $M_{z_{w_i}}$，是由式（3.156）和式（3.184）定义的回正力矩 $M_{z_{w_1}}$ 的合成力矩。

车轮坐标系 W 和平行于车辆坐标系 B 的车轮－车身坐标系 C 之间的旋转矩阵为

$$^{C}R_{W}=\begin{bmatrix}\cos\delta_1 & -\sin\delta_1\\ \sin\delta_1 & \cos\delta_1\end{bmatrix} \tag{10.86}$$

所以，平行于车辆坐标系的车轮轮胎接地印迹上的力系为

$$^{C}\boldsymbol{F}_{w}={}^{C}R_{W}\,{}^{W}\boldsymbol{F}_{w} \tag{10.87}$$

$$\begin{aligned}\begin{bmatrix}F_{x_1}\\ F_{y_1}\end{bmatrix}&=\begin{bmatrix}\cos\delta_1 & -\sin\delta_1\\ \sin\delta_1 & \cos\delta_1\end{bmatrix}\begin{bmatrix}F_{x_w}\\ F_{y_w}\end{bmatrix}\\ &=\begin{bmatrix}F_{x_w}\cos\delta_1-F_{y_w}\sin\delta_1\\ F_{y_w}\cos\delta_1+F_{x_w}\sin\delta_1\end{bmatrix}\end{aligned} \tag{10.88}$$

$$^{C}\boldsymbol{M}_{w}={}^{C}R_{W}\,{}^{W}\boldsymbol{M}_{w} \tag{10.89}$$

$$M_{z_1}=M_{z_w} \tag{10.90}$$

将各个轮胎力系转换到位于车身质心 C 的连体坐标系 B 中，生成作用在车辆上的总力系，即

$$^{B}\boldsymbol{F}=\sum_{i}F_{x_i}\hat{i}+\sum_{i}F_{y_i}\hat{j} \tag{10.91}$$

$$^{B}\boldsymbol{M}=\sum_{i}M_{z_i}\hat{k}+\sum_{i}{}^{B}\boldsymbol{r}_i\times{}^{B}\boldsymbol{F}_{w_i} \tag{10.92}$$

式中，$^{B}\boldsymbol{r}_i$ 是车轮 i 的位置矢量。

$$^{B}\boldsymbol{r}_i=x_i\hat{i}+y_i\hat{j}+z_i\hat{k} \tag{10.93}$$

展开式（10.91）和式（10.92）可以获得平面力系的合力。

$$^{B}F_{x}=\sum_{i}F_{x_w}\cos\delta_i-\sum_{i}F_{y_w}\sin\delta_i \tag{10.94}$$

$$^{B}F_{y}=\sum_{i}F_{y_w}\cos\delta_i+\sum_{i}F_{x_w}\sin\delta_i \tag{10.95}$$

$$^{B}M_{z}=\sum_{i}M_{z_i}+\sum_{i}x_iF_{y_i}-\sum_{i}y_iF_{x_i} \tag{10.96}$$

例 415 轮胎接地印迹坐标系和车轮坐标系的区别

为了表示车轮和力系，需要三个坐标系：车轮坐标系 W，车轮－车身坐标系 C 和轮胎坐标系 T。车轮坐标系 $W(x_w, y_w, z_w)$ 设置在轮心，该坐标系除了不旋转外，伴随车轮做所有运动。所以，其 x_w 轴和 z_w 轴始终在轮胎平面上，而 y_w 始终在旋转轴上。

同时还在轮心设置另一个坐标系，车轮－体坐标系 $C(x_c, y_c, z_c)$，该坐标系平行于车辆坐标系 $B(x, y, z)$，并与车辆坐标系相对固定。车轮－车身坐标系不存在相对于车辆坐标系的运动，且不随车轮的运动而改变。当车轮正直时，W 坐标系与 C 坐标系重合，并平行于车辆坐标系。W 坐标系相对于 C 坐标系构成转向角 δ 和车轮外倾角 γ。

轮胎坐标系 $T(x_t, y_t, z_t)$ 设置于轮胎接地印迹的中心，其 z_t 垂直于地面，并平行于 z

轴。其 x_t 轴沿着轮胎平面与地面的交线方向，轮胎坐标系伴随着转向角绕 z_c 轴旋转，但是轮胎坐标系不随轮胎的旋转和外倾改变而转动。

为了明确坐标系 T 和坐标系 W 之间的差别，用${}^{T}\boldsymbol{d}_W$ 代表在 T 中表示的车轮坐标系原点相对轮胎坐标系原点的位置矢量。如果已知点 P 在车轮坐标系中的坐标，则可以用下面的方法求出其在轮胎坐标系中的坐标。

$$ {}^{T}\boldsymbol{r}_P = {}^{T}R_W {}^{W}\boldsymbol{r}_P + {}^{T}\boldsymbol{d}_W \tag{10.97} $$

如果${}^{W}\boldsymbol{r}_P$ 代表点 P 在车轮坐标系中的位置矢量，

$$ {}^{W}\boldsymbol{r}_P = [x_P \quad y_P \quad z_P]^{\mathrm{T}} \tag{10.98} $$

则点 P 在轮胎坐标系${}^{T}\boldsymbol{r}_P$中的坐标是

$$ \begin{aligned} {}^{T}\boldsymbol{r}_P &= {}^{T}R_W {}^{W}\boldsymbol{r}_P + {}^{T}\boldsymbol{d} = {}^{T}R_W {}^{W}\boldsymbol{r}_P + {}^{T}R_W {}^{W}_{T}\boldsymbol{d}_W \\ &= \begin{bmatrix} x_P \\ y_P\cos\gamma - R_{\mathrm{w}}\sin\gamma - z_P\sin\gamma \\ R_{\mathrm{w}}\cos\gamma + z_P\cos\gamma + y_P\sin\gamma \end{bmatrix} \end{aligned} \tag{10.99} $$

因为

$$ {}^{T}R_W = \begin{bmatrix} 1 & 0 & 0 \\ 0 & \cos\gamma & -\sin\gamma \\ 0 & \sin\gamma & \cos\gamma \end{bmatrix} \qquad {}^{W}_{T}\boldsymbol{d}_W = \begin{bmatrix} 0 \\ 0 \\ R_{\mathrm{w}} \end{bmatrix} \tag{10.100} $$

式中，${}^{W}_{T}\boldsymbol{d}_W$ 是车轮坐标系在轮胎坐标系中位置矢量的 W 表示形式；R_{w} 是车轮的半径；${}^{T}R_W$ 是从 W 到 T 的转换矩阵。

轮心${}^{W}\boldsymbol{r}_P = {}^{W}\boldsymbol{r}_o = 0$ 是车轮坐标系 W 的原点，该点在坐标系 T 中应为${}^{T}\boldsymbol{r}_o$。

$$ {}^{T}\boldsymbol{r}_o = {}^{T}\boldsymbol{d}_W = {}^{T}R_W {}^{W}_{T}\boldsymbol{d}_W = \begin{bmatrix} 0 \\ -R_{\mathrm{w}}\sin\gamma \\ R_{\mathrm{w}}\cos\gamma \end{bmatrix} \tag{10.101} $$

如果车轮外倾角 $\gamma=0$，则

$$ {}^{T}\boldsymbol{r}_o = \begin{bmatrix} 0 \\ 0 \\ R_{\mathrm{w}} \end{bmatrix} = {}^{W}_{T}\boldsymbol{d}_W \quad \gamma = 0 \tag{10.102} $$

如果轮胎接地印迹上的力系为${}^{T}\boldsymbol{F}_w$和${}^{T}\boldsymbol{M}_w$，则在车轮坐标系中作用在轮心的力系应为

$$ {}^{W}\boldsymbol{F}_w = {}^{W}R_T {}^{T}\boldsymbol{F}_w = {}^{T}R_W^{\mathrm{T}} {}^{T}\boldsymbol{F}_w \tag{10.103} $$

$$ \begin{bmatrix} F_{x_{w_i}} \\ F_{y_{w_i}} \\ F_{z_{w_i}} \end{bmatrix} = \begin{bmatrix} 1 & 0 & 0 \\ 0 & \cos\gamma & -\sin\gamma \\ 0 & \sin\gamma & \cos\gamma \end{bmatrix}^{\mathrm{T}} \begin{bmatrix} F_{x_{w_i}} \\ F_{y_{w_i}} \\ F_{z_{w_i}} \end{bmatrix} \tag{10.104} $$

$$ \begin{aligned} {}^{W}\boldsymbol{M}_w &= {}^{T}R_W^{\mathrm{T}}({}^{T}\boldsymbol{M}_w - {}^{T}\boldsymbol{r}_o \times {}^{T}\boldsymbol{F}_w) \\ &= \begin{bmatrix} R_{\mathrm{w}}F_{y_{w_i}}\cos\gamma + R_{\mathrm{w}}F_{z_{w_i}}\sin\gamma \\ M_{z_{w_i}}\sin\gamma - R_{\mathrm{w}}F_{x_{w_i}} \\ M_{z_{w_i}}\cos\gamma \end{bmatrix} \end{aligned} \tag{10.105} $$

式中

$$
{}^{T}\boldsymbol{r}_o = \begin{bmatrix} 0 \\ -R_\mathrm{w}\sin\gamma \\ R_\mathrm{w}\cos\gamma \end{bmatrix} \qquad {}^{T}\boldsymbol{M}_w = \begin{bmatrix} 0 \\ 0 \\ M_{z_{w_i}} \end{bmatrix} \tag{10.106}
$$

车轮外倾角为0时，即 $\gamma=0$，车轮力系简化为

$$
{}^{W}\boldsymbol{F}_w = \begin{bmatrix} F_{x_{w_i}} \\ F_{y_{w_i}}\cos\gamma + F_{z_{w_i}}\sin\gamma \\ F_{z_{w_i}}\cos\gamma - F_{y_{w_i}}\sin\gamma \end{bmatrix} \quad {}^{W}\boldsymbol{M}_w = \begin{bmatrix} R_\mathrm{w}F_{y_{w_i}} \\ -R_\mathrm{w}F_{x_{w_i}} \\ M_{z_{w_i}} \end{bmatrix} \tag{10.107}
$$

10.3.2 轮胎侧向力

图10.9所示为一个以侧偏角 α 在速度矢量 v 方向上运动的轮胎，该轮胎的转向角为 δ，如果用 β 表示车辆 x 轴与速度矢量 v 之间的夹角，则

$$
\alpha = \beta - \delta \tag{10.108}
$$

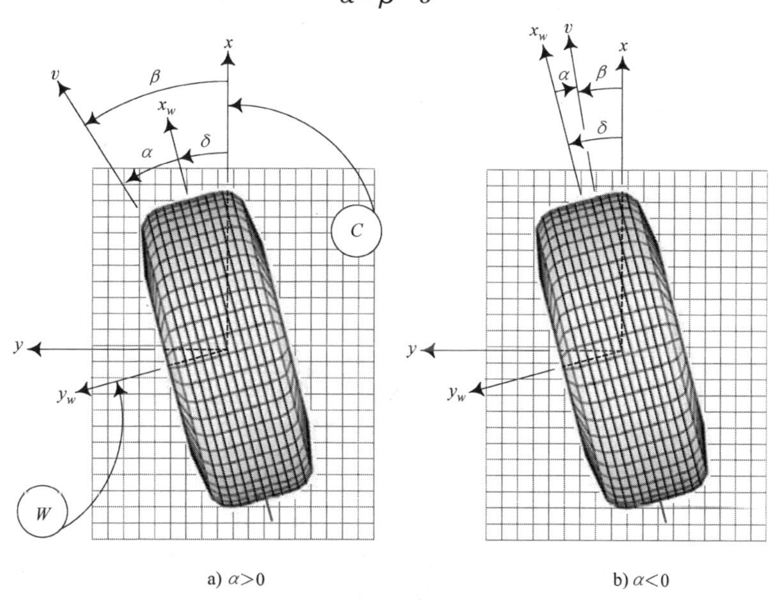

图10.9 以侧偏角 α 和转向角 δ 沿速度矢量v 方向运动的轮胎的角度位置

该角 β 称作**车轮侧偏角**，而角 α 为**轮胎侧偏角**。当单说“侧偏角”这个词时，则是指轮胎侧偏角 α。由轮胎产生的侧向力取决于侧偏角 α 的大小，在 α 很小时与侧偏角成正比。

$$
F_y = -C_\alpha\alpha = -C_\alpha(\beta-\delta) \tag{10.109}
$$

证明：图10.9a中，车轮坐标系 $W(x_w, y_w)$ 设在车轮的轮心。车轮坐标的位置根据与车身坐标系 $B(x, y)$ 平行的车轮－车身坐标系 $W(x_c, y_c)$ 确定，x 轴和 x_w 轴之间的夹角为车轮转向角 δ，该角的正负根据 z_w 轴按右手定则确定。车轮沿速度矢量 v 方向运动，x_w 轴与 v 之间的夹角为轮胎侧偏角 α，车身坐标系的 x 轴与速度矢量 v 之间的夹角为**车轮侧偏角** β。图10.9a中的角 α，β 和 δ 为正值，该图表明

$$
\alpha = \beta - \delta \tag{10.110}
$$

实际上，转向中的车轮在向前运动时，角 α，β 和 δ 的关系应该是速度矢量位于 x 轴和

x_w 之间，图 10.9b 给出了一种实际转向情况。转向角使车轮的前端偏转 δ，但是由于轮胎的弹性，车轮的速度矢量的偏转要落后于车轮前端的偏转，仅偏转 β，$\beta<\delta$。其结果是，一个正的转向角 δ 会生成一个负的侧偏角 α。分析图 10.9b 中的情况，应用正角度方向的定义，表明实际情况中与式（10.108）的关系相同。

根据式（3.154），侧偏角的存在是产生侧向力 F_y 的充分条件，在角度很小时，侧向力与 α 成正比。

$$F_y = -C_\alpha \alpha \tag{10.111}$$

例 416　车轮的特殊速度情况

假设有一个如图 10.9b 所示的车轮，置于无摩擦力的地面上，其滚动角速度 $\omega \neq 0$。则该车轮的质心速度应为 0，即$v=0$。这种车轮的侧偏角亦应为 0，即 $\alpha=0$。

现再假设某车轮以零滚动角速度 $\omega=0$ 和非零平动速度$v\neq 0$ 运动，这时车轮的侧偏角应与图 10.9b 所示一样。故而车轮的侧偏角不是车轮滚动角速度的函数。

10.3.3　两轮模型和车身受力的分量

图 10.10 所示为在 xy 平面上作用在前轮转向四轮车辆车轮中心上的力。忽略车辆的侧倾运动时，车身坐标系的 z 轴与全域坐标系的 Z 轴平行，xy 平面与路面上的 XY 也平行。这样，就可以对车辆建立**两轮模型**，图 10.11 所示为一个没有侧倾运动车辆的两轮模型。两轮模型又称作**自行车模型**，但是，两轮模型的性能与通常所说的自行车并不相同。

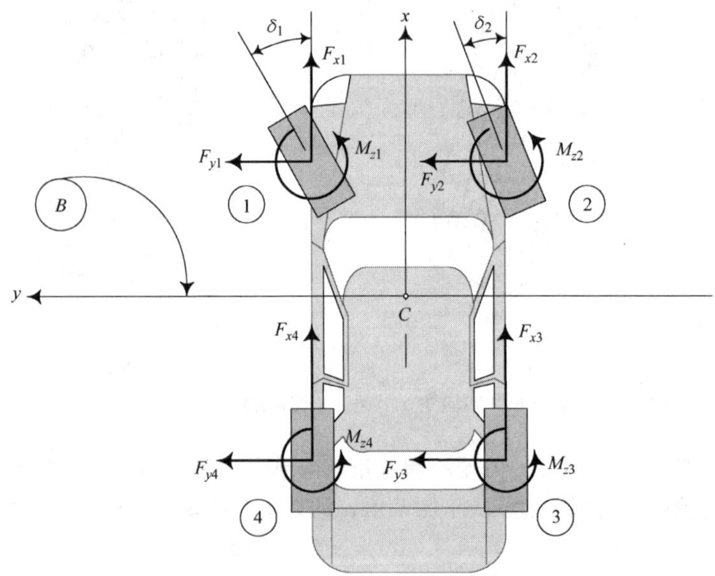

图 10.10　前轮转向的四轮车辆以及在 xy 平面内作用在其车轮中心上的力
（假设这些力等于轮胎接地印迹力）

假设转向角 δ 很小，则作用在前轮转向车辆自行车模型上的力系为

$$F_x \approx F_{x_f} + F_{x_r} \tag{10.112}$$

$$F_y \approx F_{y_f} + F_{y_r} \tag{10.113}$$

$$M_z \approx a_1 F_{y_f} - a_2 F_{y_r} \tag{10.114}$$

式中，（F_{x_f}，F_{y_f}）和（F_{x_r}，F_{y_r}）分别是作用于前车轮和后车轮轮胎接地印迹上的平面力，但是暂假设它们作用在车轮中心上。

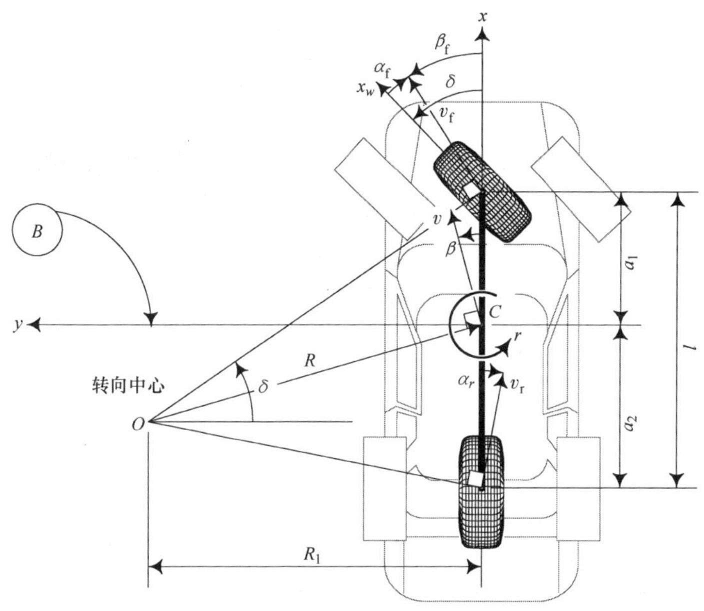

图 10.11　无侧倾运动车辆的两轮模型

车辆的侧向力 F_y 和力矩 M_z 仅与前车轮和后车轮的侧向力 F_{y_f}和 F_{y_r}有关，这两个力分别是轮胎侧偏角 α_f 和 α_r 的函数，可以通过下式近似计算：

$$F_y=\left(-\frac{a_1}{v_x}C_{\alpha f}+\frac{a_2}{v_x}C_{\alpha r}\right)r-(C_{\alpha f}+C_{\alpha r})\beta+C_{\alpha f}\delta \tag{10.115}$$

$$M_z=\left(-\frac{a_1^2}{v_x}C_{\alpha f}-\frac{a_2^2}{v_x}C_{\alpha r}\right)r-(a_1C_{\alpha f}-a_2C_{\alpha r})\beta+a_1C_{\alpha f}\delta \tag{10.116}$$

式中，$C_{\alpha f}$和 $C_{\alpha r}$是前车轮和后车轮左、右侧轮胎的侧偏刚度系数的和，即

$$C_{\alpha f}=C_{\alpha fL}+C_{\alpha fR} \tag{10.117}$$

$$C_{\alpha r}=C_{\alpha rL}+C_{\alpha rR} \tag{10.118}$$

证明：对于两轮车辆，可以用外侧转向角和内侧转向角的平均余切角式（7.4）作为车辆的转向角 δ，即

$$\cot\delta=\frac{\cot\delta_o+\cot\delta_i}{2} \tag{10.119}$$

此外，再对前、后车轮分别定义一个侧偏刚度系数 $C_{\alpha f}$ 和 $C_{\alpha r}$，见式（10.117）和式（10.118）。

应用式（10.79）~式(10.81)，并忽略回正力矩 M_{z_i}，则作用在两轮车辆上的力为：

$$F_x=F_{x_f}\cos\delta+F_{x_r}-F_{y_f}\sin\delta \tag{10.120}$$

$$F_y=F_{y_f}\cos\delta+F_{y_r}+F_{x_f}\sin\delta \tag{10.121}$$

$$M_z=a_1F_{y_f}\cos\delta+a_1F_{x_f}\sin\delta-a_2F_{y_r} \tag{10.122}$$

如果假设 δ 非常小，上述力的方程组可以用如下方程组近似计算：

$$F_x \approx F_{x_f} + F_{x_r} \tag{10.123}$$

$$F_y \approx F_{y_f} + F_{y_r} \tag{10.124}$$

$$M_z \approx a_1 F_{y_f} - a_2 F_{y_r} \tag{10.125}$$

假设刚性车辆上车轮 i 在车身坐标系中位于（x_i，y_i），车轮 i 的速度为

$${}^B v_i = {}^B v + {}^B \dot{\boldsymbol{\psi}} \times {}^B \boldsymbol{r}_i \tag{10.126}$$

式中，${}^B\boldsymbol{r}_i$是车轮 i 的位置矢量；${}^Bv$ 是质心 C 处的速度矢量；${}^B\dot{\boldsymbol{\psi}}$是车辆的横摆角速度。

$${}^B\dot{\boldsymbol{\psi}} = \omega_z \hat{k} = r\hat{k} \tag{10.127}$$

展开式（10.126）可得如下车身坐标系中车轮 i 质心 C 的速度矢量。

$$\begin{bmatrix} v_{x_i} \\ v_{y_i} \\ 0 \end{bmatrix} = \begin{bmatrix} v_x \\ v_x \\ 0 \end{bmatrix} + \begin{bmatrix} 0 \\ 0 \\ r \end{bmatrix} \times \begin{bmatrix} x_i \\ y_i \\ 0 \end{bmatrix} = \begin{bmatrix} v_x - y_i r \\ v_y + x_i r \\ 0 \end{bmatrix} \tag{10.128}$$

车轮 i 的车轮侧偏角 β_i 是车身坐标系 x 轴和车轮速度矢量v_i之间的夹角。

$$\beta_i = \arctan\left(\frac{v_{y_i}}{v_{x_i}}\right) = \arctan\left(\frac{v_y + x_i r}{v_x - y_i r}\right) \tag{10.129}$$

如果车轮 i 的转向角为 δ_i，则导致生成轮胎侧向力 F_{y_w}的轮胎侧偏角 α_i 为

$$\alpha_i = \beta_i - \delta_i = \arctan\left(\frac{v_y + x_i r}{v_x - y_i r}\right) - \delta_i \tag{10.130}$$

两轮车辆模型中前车轮和后车轮的车轮侧偏角 β_i 分别为 β_f 和 β_r，且

$$\beta_f = \arctan\left(\frac{v_{y_f}}{v_{x_f}}\right) = \arctan\left(\frac{v_y + a_1 r}{v_x}\right) \tag{10.131}$$

$$\beta_r = \arctan\left(\frac{v_{y_r}}{v_{x_r}}\right) = \arctan\left(\frac{v_y - a_2 r}{v_x}\right) \tag{10.132}$$

车辆侧偏角为

$$\beta = \arctan\left(\frac{v_y}{v_x}\right) \tag{10.133}$$

假设车轮和车辆的侧偏角 β_f，β_r 和 β 都很小，则前轮和后轮轮胎侧偏角 α_f 和 α_r 可以近似计算如下：

$$\alpha_f = \beta_f - \delta = \frac{1}{v_x}(v_y + a_1 r) - \delta = \beta + \frac{a_1}{v_x} r - \delta \tag{10.134}$$

$$\alpha_r = \beta_r = \frac{1}{v_x}(v_y - a_2 r) = \beta - \frac{a_2}{v_x} r \tag{10.135}$$

侧偏角很小时，相应的侧向力为

$$F_{y_f} = -C_{\alpha f}\alpha_f \tag{10.136}$$

$$F_{y_r} = -C_{\alpha r}\alpha_r \tag{10.137}$$

因此，运动方程组的第二个和第三个方程式（10.113）、式（10.114）可以写作

$$\begin{aligned} F_y &= F_{y_f} + F_{y_r} = -C_{\alpha f}\alpha_f - C_{\alpha r}\alpha_r \\ &= -C_{\alpha f}\left(\beta + \frac{a_1}{v_x} r - \delta\right) - C_{\alpha r}\left(\beta - \frac{a_2}{v_x} r\right) \end{aligned} \tag{10.138}$$

$$M_z = a_1 F_{y_f} - a_2 F_{y_r} = -a_1 C_{\alpha f}\alpha_f + a_2 C_{\alpha r}\alpha_r$$
$$= -a_1 C_{\alpha f}\left(\beta + \frac{a_1}{v_x}r - \delta\right) + a_2 C_{\alpha r}\left(\beta - \frac{a_2}{v_x}r\right) \tag{10.139}$$

上述方程式可以进一步整理得到如下力系方程组：

$$F_y = \left(\frac{a_2}{v_x}C_{\alpha r} - \frac{a_1}{v_x}C_{\alpha f}\right)r - (C_{\alpha f} + C_{\alpha r})\beta + C_{\alpha f}\delta \tag{10.140}$$

$$M_z = \left(-\frac{a_1{}^2}{v_x}C_{\alpha f} - \frac{a_2^2}{v_x}C_{\alpha r}\right)r + (a_2 C_{\alpha r} - a_1 C_{\alpha f})\beta + a_1 C_{\alpha f}\delta \tag{10.141}$$

参数 $C_{\alpha f}$和 $C_{\alpha r}$分别是前、后轮胎的侧偏刚度系数，r 是横摆角速度，δ 是前轮转向角，β 是车辆的侧偏角。

这些关于三个参数 r、β 和 δ 的方程组可以写作

$$F_y = F_y(r, \beta, \delta) = \frac{\partial F_y}{\partial r}r + \frac{\partial F_y}{\partial \beta}\beta + \frac{\partial F_y}{\partial \delta}\delta$$
$$= C_r r + C_\beta \beta + C_\delta \delta \tag{10.142}$$

$$M_z = M_z(r, \beta, \delta) = \frac{\partial M_z}{\partial r}r + \frac{\partial M_z}{\partial \beta}\beta + \frac{\partial M_z}{\partial \delta}\delta$$
$$= D_r r + D_\beta \beta + D_\delta \delta \tag{10.143}$$

力系中的系数为

$$C_r = \frac{\partial F_y}{\partial r} = -\frac{a_1}{v_x}C_{\alpha f} + \frac{a_2}{v_x}C_{\alpha r} \tag{10.144}$$

$$C_\beta = \frac{\partial F_y}{\partial \beta} = -C_{\alpha f} - C_{\alpha r} \tag{10.145}$$

$$C_\delta = \frac{\partial F_y}{\partial \delta} = C_{\alpha f} \tag{10.146}$$

$$D_r = \frac{\partial M_z}{\partial r} = -\frac{a_1^2}{v_x}C_{\alpha f} - \frac{a_2^2}{v_x}C_{\alpha r} \tag{10.147}$$

$$D_\beta = \frac{\partial M_z}{\partial \beta} = a_2 C_{\alpha r} - a_1 C_{\alpha f} \tag{10.148}$$

$$D_\delta = \frac{\partial M_z}{\partial \delta} = a_1 C_{\alpha f} \tag{10.149}$$

系数 C_r、C_β、C_δ、D_r、D_β 和 D_δ 是侧向力 F_y 和横摆力矩 M_z 作为关于 r、β 和 δ 的函数时曲线的斜率。

例 417　力系中系数的物理含义

假设在稳定状态下，r、β、δ、$C_{\alpha f}$和 $C_{\alpha r}$的值为常数，其侧向力 F_y 和横摆力矩 M_z 可以写成三个正比于 r、β 和 δ 的独立力相加的形式。

$$F_y = C_r r + C_\beta \beta + C_\delta \delta \tag{10.150}$$
$$M_z = D_r r + D_\beta \beta + D_\delta \delta \tag{10.151}$$

C_r 表示侧向力 F_y 与横摆角速度 r 之间的比例，C_r 值随正向速度 v_x 的增加而减小。

C_β 表示侧向力 F_y 与车辆侧偏角 β 之间的比例，C_β 始终为负数，表示整个车辆的侧向刚度，其作用类似于轮胎的侧偏刚度系数 C_α。

C_δ 表示侧向力 F_y 与转向角 δ 之间的比例，C_δ 始终为正数，通过放大转向角的作用产生更大的侧向力。

D_r 表示横摆力矩 M_z 与横摆角速度 r 之间的比例，D_r 始终为负数，因为其与 M_z 方向的角速度成正比，所以称作横摆阻尼系数。D_r 值随正向速度 v_x 的增加而减小。

D_β 表示横摆力矩 M_z 与车辆侧偏角 β 之间的比例，D_β 表示车辆的不足转向/过度转向特性，所以代表车辆的方向稳定性。负的 D_β 趋向使车辆与速度矢量方向一致。

D_δ 表示横摆力矩 M_z 与转向角 δ 之间的比例，因为角 δ 是控制车辆行驶的输入指令，所以 D_δ 称作控制力矩系数。D_δ 是正数，随 a_1 和 $C_{\alpha f}$ 的增大而增大。

例 418　两轮车辆模型的运动学转向

对于图 10.12 所示的两轮车辆模型，取外侧和内侧转向角的余切平均角，作为输入转向角，即

$$\cot\delta = \frac{\cot\delta_o + \cot\delta_i}{2} \tag{10.152}$$

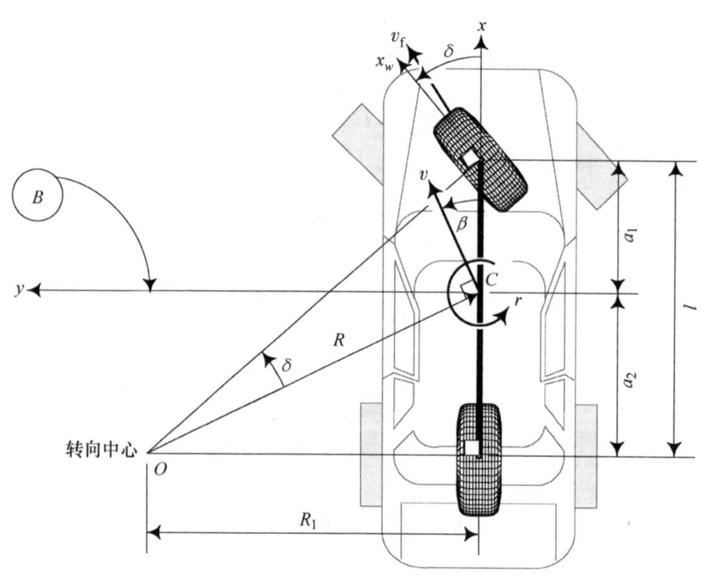

图 10.12　无侧倾运动车辆的两轮模型

$$\tan\delta_i = \frac{l}{R_1 - \frac{w}{2}} \quad \tan\delta_o = \frac{l}{R_1 + \frac{w}{2}} \tag{10.153}$$

该两轮车辆模型的转向半径 R 由式（7.3）给出。

$$R = \sqrt{a_2^2 + l^2\cot^2\delta} \tag{10.154}$$

该值从转向车辆的质心开始测量。

例 419　四轮刚性车辆

车辆平面模型中各个车轮上作用的力为

$$\boldsymbol{F}_1=\begin{bmatrix}F_{x_1}\cos\delta_1-F_{y_1}\sin\delta_1\\F_{x_1}\sin\delta_1+F_{y_1}\cos\delta_1\\0\end{bmatrix}\qquad\boldsymbol{F}_3=\begin{bmatrix}F_{x_3}\\F_{y_3}\\0\end{bmatrix}\tag{10.155}$$

$$\boldsymbol{F}_2=\begin{bmatrix}F_{x_2}\cos\delta_2-F_{y_2}\sin\delta_2\\F_{x_2}\sin\delta_2+F_{y_2}\cos\delta_2\\0\end{bmatrix}\qquad\boldsymbol{F}_4=\begin{bmatrix}F_{x_4}\\F_{y_4}\\0\end{bmatrix}\tag{10.156}$$

车轮的位置矢量为

$$\boldsymbol{r}_1=\begin{bmatrix}a_1\\b_1\\0\end{bmatrix}\qquad\boldsymbol{r}_3=\begin{bmatrix}-a_2\\b_1\\0\end{bmatrix}\tag{10.157}$$

$$\boldsymbol{r}_2=\begin{bmatrix}a_1\\-b_2\\0\end{bmatrix}\qquad\boldsymbol{r}_4=\begin{bmatrix}-a_2\\-b_2\\0\end{bmatrix}\tag{10.158}$$

所以，在平面车辆模型上的力系为

$$\begin{aligned}\boldsymbol{F}&=\sum\boldsymbol{F}_i\\&=\begin{bmatrix}F_{x_1}\cos\delta_1+F_{x_2}\cos\delta_2-F_{y_1}\sin\delta_1-F_{y_2}\sin\delta_2+F_{x_3}+F_{x_4}\\F_{y_1}\cos\delta_1+F_{y_2}\cos\delta_2+F_{y_1}\sin\delta_1+F_{x_2}\sin\delta_2+F_{y_3}+F_{y_4}\\0\end{bmatrix}\end{aligned}\tag{10.159}$$

$$\boldsymbol{M}=\sum\boldsymbol{r}_i\times\boldsymbol{F}_i=\begin{bmatrix}0\\0\\M_z\end{bmatrix}\tag{10.160}$$

$$\begin{aligned}M_z&=a_1F_{y_1}\cos\delta_1+a_1F_{y_2}\cos\delta_2-a_2F_{y_3}-a_2F_{y_4}\\&\quad+b_1F_{y_1}\sin\delta_1-b_2F_{y_2}\sin\delta_2+b_2F_{x_2}\cos\delta_2-b_1F_{x_1}\cos\delta_1\\&\quad+a_1F_{x_1}\sin\delta_1+a_1F_{x_2}\sin\delta_2+b_2F_{x_4}-b_1F_{x_3}\end{aligned}\tag{10.161}$$

假设四轮车辆的平面动力学模型方程可以近似为

$$F_x\approx F_{x_1}+F_{x_2}+F_{x_3}+F_{x_4}\tag{10.162}$$

$$F_y\approx F_{y_1}+F_{y_2}+F_{y_3}+F_{y_4}\tag{10.163}$$

$$M_z\approx a_1F_{y_1}+a_1F_{y_2}-a_2F_{y_3}-a_2F_{y_4}\tag{10.164}$$

上述方程中，假设转向角很小，忽略由纵向力 F_{x_i}的不平衡导致的横摆力矩。已知

$$v_{x_i}=v_x-y_ir\qquad v_{y_i}=v_y+x_ir\tag{10.165}$$

并且相关轮胎角为

$$\beta_i=\arctan\left(\frac{v_{y_i}}{v_{x_i}}\right)=\arctan\left(\frac{v_y+x_ir}{v_x-y_ir}\right)\tag{10.166}$$

$$\alpha_i=\beta_i-\delta_i=\arctan\left(\frac{v_y+x_ir}{v_x-y_ir}\right)-\delta_i\tag{10.167}$$

进一步求得

$$\beta_1 = \arctan\left(\frac{v_{y_1}}{v_{x_1}}\right) = \arctan\left(\frac{v_y + a_1 r}{v_x - b_1 r}\right) \tag{10.168}$$

$$\beta_2 = \arctan\left(\frac{v_{y_2}}{v_{x_2}}\right) = \arctan\left(\frac{v_y + a_1 r}{v_x + b_2 r}\right) \tag{10.169}$$

$$\beta_3 = \arctan\left(\frac{v_{y_3}}{v_{x_3}}\right) = \arctan\left(\frac{v_y - a_2 r}{v_x + b_2 r}\right) \tag{10.170}$$

$$\beta_4 = \arctan\left(\frac{v_{y_4}}{v_{x_4}}\right) = \arctan\left(\frac{v_y - a_2 r}{v_x - b_1 r}\right) \tag{10.171}$$

取车辆侧偏角 $\beta = \arctan(v_y/v_x)$，假设 β_f、β_r 和 β 都很小，轮胎侧偏角应为：

$$\alpha_1 = \beta_1 - \delta_1 = \frac{v_y + a_1 r}{v_x - b_1 r} - \delta_1 = \frac{\beta + \frac{a_1}{v_x} r}{1 - \frac{b_1}{v_x} r} - \delta_1 \tag{10.172}$$

$$\alpha_2 = \beta_2 - \delta_2 = \frac{v_y + a_1 r}{v_x + b_2 r} - \delta_2 = \frac{\beta + \frac{a_1}{v_x} r}{1 + \frac{b_2}{v_x} r} - \delta_2 \tag{10.173}$$

$$\alpha_3 = \beta_3 = \frac{v_y - a_2 r}{v_x + b_2 r} = \frac{\beta - \frac{a_2}{v_x} r}{1 + \frac{b_2}{v_x} r} \tag{10.174}$$

$$\alpha_4 = \beta_4 = \frac{v_y - a_2 r}{v_x - b_1 r} = \frac{\beta - \frac{a_2}{v_x} r}{1 - \frac{b_1}{v_x} r} \tag{10.175}$$

侧向力模型为

$$F_{y_i} = -C_{\alpha_i} \alpha_i \tag{10.176}$$

假设左、右侧车轮具有相同的侧偏刚度系数

$$C_{\alpha_1} = C_{\alpha_2} \quad C_{\alpha_3} = C_{\alpha_4} \tag{10.177}$$

求出第二和第三运动方程

$$\begin{aligned} F_y &= F_{y_1} + F_{y_2} + F_{y_3} + F_{y_4} = -C_{\alpha_1}\alpha_1 - C_{\alpha_1}\alpha_2 - C_{\alpha_4}\alpha_3 - C_{\alpha_4}\alpha_4 \\ &= -C_{\alpha_1}\left(\frac{\beta + \frac{a_1}{v_x} r}{1 - \frac{b_1}{v_x} r} - \delta_1\right) - C_{\alpha_1}\left(\frac{\beta + \frac{a_1}{v_x} r}{1 + \frac{b_2}{v_x} r} - \delta_2\right) \\ &\quad - C_{\alpha_4}\frac{\beta - \frac{a_2}{v_x} r}{1 + \frac{b_2}{v_x} r} - C_{\alpha_4}\frac{\beta - \frac{a_2}{v_x} r}{1 - \frac{b_1}{v_x} r} \end{aligned} \tag{10.178}$$

$$M_z = a_1 F_{y_1} + a_1 F_{y_2} - a_2 F_{y_3} - a_2 F_{y_4}$$

$$= -a_1 C_{\alpha_1}\alpha_1 - a_1 C_{\alpha_1}\alpha_2 + a_2 C_{\alpha_4}\alpha_3 + a_2 C_{\alpha_4}\alpha_4$$

$$= -a_1 C_{\alpha_1}\left(\frac{\beta + \dfrac{a_1}{v_x}r}{1 - \dfrac{b_1}{v_x}r} - \delta_1\right) - a_1 C_{\alpha_1}\left(\frac{\beta + \dfrac{a_1}{v_x}r}{1 + \dfrac{b_2}{v_x}r} - \delta_2\right)$$

$$+ a_2 C_{\alpha_4}\frac{\beta - \dfrac{a_2}{v_x}r}{1 + \dfrac{b_2}{v_x}r} + a_2 C_{\alpha_4}\frac{\beta - \dfrac{a_2}{v_x}r}{1 - \dfrac{b_1}{v_x}r} \tag{10.179}$$

这些方程是非线性方程，所以不能整理成自行车模型。

例 420　四轮刚性车辆的线性化方程

对两个变量的函数 $f(\beta, r)$ 应用泰勒级数展开公式

$$\mathrm{d}f = \frac{\partial f}{\partial \beta}\beta + \frac{\partial f}{\partial r}r + \frac{1}{2}\frac{\partial^2 f}{\partial \beta^2}\beta^2 + \frac{1}{2}\frac{\partial^2 f}{\partial \beta \partial r}\beta r + \frac{1}{2}\frac{\partial^2 f}{\partial r \partial \beta}r\beta + \frac{1}{2}\frac{\partial^2 f}{\partial r^2}r^2 + \cdots \tag{10.180}$$

因为

$$\frac{\beta + \dfrac{a_1}{v_x}r}{1 - \dfrac{b_1}{v_x}r} \approx \beta + \frac{a_1}{v_x}r \qquad \frac{\beta + \dfrac{a_1}{v_x}r}{1 + \dfrac{b_2}{v_x}r} \approx \beta + \frac{a_1}{v_x}r \tag{10.181}$$

$$\frac{\beta - \dfrac{a_2}{v_x}r}{1 + \dfrac{b_2}{v_x}r} \approx \beta - \frac{a_2}{v_x}r \qquad \frac{\beta - \dfrac{a_2}{v_x}r}{1 - \dfrac{b_1}{v_x}r} \approx \beta - \frac{a_2}{v_x}r \tag{10.182}$$

所以，式（10.178）和式（10.179）变为

$$F_y = -C_{\alpha_1}\left(\beta + \frac{a_1}{v_x}r - \delta_1\right) - C_{\alpha_1}\left(\beta + \frac{a_1}{v_x}r - \delta_2\right)$$

$$- C_{\alpha_4}\left(\beta - \frac{a_2}{v_x}r\right) - C_{\alpha_4}\left(\beta - \frac{a_2}{v_x}r\right) \tag{10.183}$$

$$M_z = -a_1 C_{\alpha_1}\left(\beta + \frac{a_1}{v_x}r - \delta_1\right) - a_1 C_{\alpha_1}\left(\beta + \frac{a_1}{v_x}r - \delta_2\right)$$

$$+ a_2 C_{\alpha_4}\left(\beta - \frac{a_2}{v_x}r\right) + a_2 C_{\alpha_4}\left(\beta - \frac{a_2}{v_x}r\right) \tag{10.184}$$

整理为力系形式后得到

$$F_y = 2\left(\frac{a_2}{v_x}C_{\alpha_4} - \frac{a_1}{v_x}C_{\alpha_1}\right)r - 2(C_{\alpha_1} + C_{\alpha_3})\beta$$

$$+ C_{\alpha_1}(\delta_1 + \delta_2) \tag{10.185}$$

$$M_z = -2\left(\frac{a_1^2}{v_x}C_{\alpha_1} + \frac{a_2^2}{v_x}C_{\alpha_4}\right)r + 2(a_2 C_{\alpha_4} - a_1 C_{\alpha_1})\beta$$

$$+ a_1 C_{\alpha_1}(\delta_1 + \delta_2) \tag{10.186}$$

上述方程与式（10.115）和式（10.116）的形式类似。

该分析表明，采用车辆的自行车模型，等同于接受将 α_i 作为 r 和 β 的函数，再对方程进行线性化这一处理方式。

10.4 两轮刚性车辆动力学

将平面运动方程式（10.22）~式(10.24）和式（10.112）~式(10.114）整合起来，可以用下面的一组方程表示无侧倾的两轮刚性车辆的运动：

$$\dot{v}_x = \frac{1}{m}F_x + rv_y = \frac{1}{m}(F_{x_f} + F_{x_r}) + rv_y \tag{10.187}$$

$$\begin{aligned}\begin{bmatrix}\dot{v}_y \\ \dot{r}\end{bmatrix} &= \begin{bmatrix}\dfrac{C_\beta}{mv_x} & \dfrac{C_r}{m} - v_x \\ \dfrac{D_\beta}{I_z v_x} & \dfrac{D_r}{I_z}\end{bmatrix}\begin{bmatrix}v_y \\ r\end{bmatrix} + \begin{bmatrix}\dfrac{C_\delta}{m} \\ \dfrac{D_\delta}{I_z}\end{bmatrix}\delta \\ &= \begin{bmatrix}-\dfrac{C_{\alpha f} + C_{\alpha r}}{mv_x} & \dfrac{-a_1 C_{\alpha f} + a_2 C_{\alpha r}}{mv_x} - v_x \\ -\dfrac{a_1 C_{\alpha f} - a_2 C_{\alpha r}}{I_z v_x} & -\dfrac{a_1^2 C_{\alpha f} + a_2^2 C_{\alpha r}}{I_z v_x}\end{bmatrix}\begin{bmatrix}v_y \\ r\end{bmatrix} \\ &\quad + \begin{bmatrix}\dfrac{C_{\alpha f}}{m} \\ \dfrac{a_1 C_{\alpha f}}{I_z}\end{bmatrix}\delta\end{aligned} \tag{10.188}$$

在车辆以均匀正向速度行驶时，这些方程是线性的。此时 $\dot{v}_x = 0$，式（10.188）与式（10.187）相互独立。车辆的侧向速度 v_y 和横摆角速度 r 将依据耦合方程式（10.188）变化。

假设转向角是输入量，车辆的侧向速度 v_y 和横摆角速度 r 为输出量，则可以将式（10.188）看作一个线性控制系统，并写作

$$\dot{\boldsymbol{q}} = [A]\boldsymbol{q} + \boldsymbol{u} \tag{10.189}$$

式中，$[A]$ 是系数矩阵，$\boldsymbol{q}$ 是控制变量向量，$\boldsymbol{u}$ 是输入向量。

$$[A] = \begin{bmatrix}-\dfrac{C_{\alpha f} + C_{\alpha r}}{mv_x} & \dfrac{-a_1 C_{\alpha f} + a_2 C_{\alpha r}}{mv_x} - v_x \\ -\dfrac{a_1 C_{\alpha f} - a_2 C_{\alpha r}}{I_z v_x} & -\dfrac{a_1^2 C_{\alpha f} + a_2^2 C_{\alpha r}}{I_z v_x}\end{bmatrix} \tag{10.190}$$

$$\boldsymbol{q} = \begin{bmatrix}v_y \\ r\end{bmatrix} \tag{10.191}$$

$$\boldsymbol{u} = \begin{bmatrix}\dfrac{C_{\alpha f}}{m} \\ \dfrac{a_1 C_{\alpha f}}{I_z}\end{bmatrix}\delta \tag{10.192}$$

证明：将局部坐标系 B 设置在车辆的质心，该局部坐标系中刚性车辆的牛顿－欧拉运动方程由式（10.22）~式(10.24）给出，即

$$F_x = m\dot{v}_x - mrv_y \tag{10.193}$$

$$F_y = m\dot{v}_y + mrv_x \tag{10.194}$$

$$M_z = \dot{r}I_z \tag{10.195}$$

作用在两轮刚性车辆上的近似力系在式（10.112）~式(10.114）中给出，即

$$F_x \approx F_{x_f} + F_{x_r} \tag{10.196}$$

$$F_y \approx F_{y_f} + F_{y_r} \tag{10.197}$$

$$M_z \approx a_1 F_{y_f} - a_2 F_{y_r} \tag{10.198}$$

其轮胎参数形式方程为式（10.115）和式（10.116)，即

$$F_x = \frac{T_w}{R_w} \tag{10.199}$$

$$\begin{aligned} F_y &= \left(-\frac{a_1}{v_x}C_{\alpha f} + \frac{a_2}{v_x}C_{\alpha r}\right)r - (C_{\alpha f} + C_{\alpha r})\beta + C_{\alpha f}\delta \\ &= C_r r + C_\beta \beta + C_\delta \delta \end{aligned} \tag{10.200}$$

$$\begin{aligned} M_z &= \left(-\frac{a_1^2}{v_x}C_{\alpha f} - \frac{a_2^2}{v_x}C_{\alpha r}\right)r - (a_1 C_{\alpha f} - a_2 C_{\alpha r})\beta + a_1 C_{\alpha f}\delta \\ &= D_r r + D_\beta \beta + D_\delta \delta \end{aligned} \tag{10.201}$$

将式（10.199）~式(10.201）代入到式（10.193）~式(10.195）生成如下运动方程：

$$m\dot{v}_x - mrv_y = F_x \tag{10.202}$$

$$m\dot{v}_y + mrv_x = C_r r + C_\beta \beta + C_\delta \delta \tag{10.203}$$

$$\dot{r}I_z = D_r r + D_\beta \beta + D_\delta \delta \tag{10.204}$$

解方程组求出 $\dot{v}_x$、$\dot{v}_y$ 和 $\dot{r}$

$$\dot{v}_x = \frac{F_x}{m} + rv_y \tag{10.205}$$

$$\begin{aligned} \dot{v}_y &= \frac{1}{m}(C_r r + C_\beta \beta + C_\delta \delta) - rv_x \\ &= \frac{1}{m}\left(-\frac{a_1}{v_x}C_{\alpha f} + \frac{a_2}{v_x}C_{\alpha r}\right)r \\ &\quad - \frac{1}{m}(C_{\alpha f} + C_{\alpha r})\beta + \frac{1}{m}C_{\alpha f}\delta - rv_x \end{aligned} \tag{10.206}$$

$$\begin{aligned} \dot{r} &= \frac{1}{I_z}(D_r r + D_\beta \beta + D_\delta \delta) \\ &= \frac{1}{I_z}\left(-\frac{a_1^2}{v_x}C_{\alpha f} - \frac{a_2^2}{v_x}C_{\alpha r}\right)r \\ &\quad - \frac{1}{I_z}(a_1 C_{\alpha f} - a_2 C_{\alpha r})\beta + \frac{1}{I_z}a_1 C_{\alpha f}\delta \end{aligned} \tag{10.207}$$

车辆侧偏角 β 可以用车辆速度分量代替，即

$$\beta = \frac{v_y}{v_x} \tag{10.208}$$

这样就可以求出关于 v_x、v_y 和 r 三个变量的运动方程。

$$\dot{v}_x = \frac{F_x}{m} + rv_y \tag{10.209}$$

$$
\begin{aligned}
\dot{v}_y &= \frac{1}{m}\left(C_r r + \frac{C_\beta}{v_x} v_y + C_\delta \delta\right) - r v_x \\
&= \frac{1}{m v_x}(-a_1 C_{\alpha f} + a_2 C_{\alpha r}) r \\
&\quad - \frac{1}{m v_x}(C_{\alpha f} + C_{\alpha r}) v_y + \frac{1}{m} C_{\alpha f}\delta - r v_x
\end{aligned} \tag{10.210}
$$

$$
\begin{aligned}
\dot{r} &= \frac{1}{I_z}\left(D_r r + \frac{D_\beta}{v_x} v_y + D_\delta \delta\right) \\
&= \frac{1}{I_z v_x}(-a_1^2 C_{\alpha f} - a_2^2 C_{\alpha r}) r \\
&\quad - \frac{1}{I_z v_x}(a_1 C_{\alpha f} - a_2 C_{\alpha r}) v_y + \frac{1}{I_z} a_1 C_{\alpha f}\delta
\end{aligned} \tag{10.211}
$$

上述方程是耦合方程，第一个方程式（10.209）和横摆角速度 r 与侧向速度 v_y 有关，这两个变量又是第二个方程式（10.210）和第三个方程式（10.211）的输出量。同样，方程式（10.210）和式（10.211）与 v_x 有关，而 v_x 又是第一个方程的输出量。但是，如果假设车辆以均匀正向速度行驶，即

$$
v_x = \text{常数} \tag{10.212}
$$

则式（10.209）变为代数方程，式（10.210）和式（10.211）与式（10.209）无关。所以可以认为第二个和第三个方程与第一个方程无关。

还可以将式（10.210）和式（10.211）看作两个描述动态系统行为的耦合微分方程，该动态系统将转向角 δ 作为输入量，v_x 作为系统的一个参数，生成两个输出量 v_y 和 r。

$$
\begin{aligned}
\begin{bmatrix} \dot{v}_y \\ \dot{r} \end{bmatrix} &= \begin{bmatrix} -\dfrac{C_{\alpha f} + C_{\alpha r}}{m v_x} & \dfrac{-a_1 C_{\alpha f} + a_2 C_{\alpha r}}{m v_x} - v_x \\ -\dfrac{a_1 C_{\alpha f} - a_2 C_{\alpha r}}{I_z v_x} & -\dfrac{a_1^2 C_{\alpha f} + a_2^2 C_{\alpha r}}{I_z v_x} \end{bmatrix} \begin{bmatrix} v_y \\ r \end{bmatrix} \\
&\quad + \begin{bmatrix} \dfrac{C_{\alpha f}}{m} \\ \dfrac{a_1 C_{\alpha f}}{I_z} \end{bmatrix} \delta
\end{aligned} \tag{10.213}
$$

将式（10.213）整理成如下形式，以表示系统输入－输出关系：

$$
\dot{\boldsymbol{q}} = [A]\boldsymbol{q} + \boldsymbol{u} \tag{10.214}
$$

向量 $\boldsymbol{q}$ 称作**控制变量向量**，$\boldsymbol{u}$ 称作**输入向量**，矩阵 $[A]$ 称作控制变量系数矩阵。

引入式（10.144）~式(10.149) 中的力系数 C_r、C_β、C_δ、D_r、D_β 和 D_δ，对于前轮转向车辆，可以将式（10.213）写作

$$
\begin{bmatrix} \dot{v}_y \\ \dot{r} \end{bmatrix} = \begin{bmatrix} \dfrac{C_\beta}{m v_x} & \dfrac{C_r}{m} - v_x \\ \dfrac{D_\beta}{I_z v_x} & \dfrac{D_r}{I_z} \end{bmatrix} \begin{bmatrix} v_y \\ r \end{bmatrix} + \begin{bmatrix} \dfrac{C_\delta}{m} \\ \dfrac{D_\delta}{I_z} \end{bmatrix} \delta \tag{10.215}
$$

例 421 基于运动学角度的运动学方程

应用式（10.208），可以基于角度 β、r 和 δ 表示运动方程式（10.188）。

v_x 为均匀速度时，对式（10.208）取时间导数。

$$\dot{\beta}=\frac{\dot{v}_y}{v_x} \tag{10.216}$$

将其代入到式（10.206），可以将其转变为关于 $\dot{\beta}$ 的方程：

$$v_x\dot{\beta}=\frac{1}{m}\left(-\frac{a_1}{v_x}C_{\alpha f}+\frac{a_2}{v_x}C_{\alpha r}\right)r-\frac{1}{m}(C_{\alpha f}+C_{\alpha r})\beta+\frac{1}{m}C_{\alpha f}\delta-rv_x \tag{10.217}$$

因此，车辆的运动方程组可以表示为基于车辆角度 β、r 和 δ 的方程组。

$$\begin{bmatrix}\dot{\beta}\\ \dot{r}\end{bmatrix}=\begin{bmatrix}-\dfrac{C_{\alpha f}+C_{\alpha r}}{mv_x} & \dfrac{-a_1C_{\alpha f}+a_2C_{\alpha r}}{mv_x^2}-1\\ -\dfrac{a_1C_{\alpha f}-a_2C_{\alpha r}}{I_z} & -\dfrac{a_1^2C_{\alpha f}+a_2{}^2C_{\alpha r}}{I_zv_x}\end{bmatrix}\begin{bmatrix}\beta\\ r\end{bmatrix}+\begin{bmatrix}\dfrac{C_{\alpha f}}{mv_x}\\ \dfrac{a_1C_{\alpha f}}{I_z}\end{bmatrix}\delta \tag{10.218}$$

引入力系系数 C_r、C_β、C_δ、D_r、D_β 和 D_δ，对于前轮转向车辆，可以将方程组式（10.218）写作

$$\begin{bmatrix}\dot{\beta}\\ \dot{r}\end{bmatrix}=\begin{bmatrix}\dfrac{C_\beta}{mv_x} & \dfrac{C_r}{mv_x}-1\\ \dfrac{D_\beta}{I_z} & \dfrac{D_r}{I_z}\end{bmatrix}\begin{bmatrix}\beta\\ r\end{bmatrix}+\begin{bmatrix}\dfrac{C_\delta}{mv_x}\\ \dfrac{D_\delta}{I_z}\end{bmatrix}\delta \tag{10.219}$$

例 422 四轮转向车辆

设有一辆前后车轮都能转向的车辆，现分别用 δ_f 和 δ_r 表示车辆前轮和后轮的转向角，为了求出平面自行车模型运动方程，首先根据式（10.108）确定 α、β 和 δ 的关系。

$$\alpha=\beta-\delta \tag{10.220}$$

在前轮和后轮上应用该式得到

$$\alpha_f=\beta_f-\delta_f=\frac{1}{v_x}(v_y+a_1r)-\delta_f=\beta+\frac{a_1r}{v_x}-\delta_f \tag{10.221}$$

$$\alpha_r=\beta_r-\delta_r=\frac{1}{v_x}(v_y-a_2r)-\delta_r=\beta-\frac{a_2r}{v_x}-\delta_r \tag{10.222}$$

侧偏角很小时，相应的侧向力为

$$F_{yf}=-C_{\alpha f}\alpha_f\quad F_{yr}=-C_{\alpha r}\alpha_r \tag{10.223}$$

将上述方程代入到第二和第三运动方程式（10.113）和式（10.114）得到：

$$F_y=F_{yf}+F_{yr}=\left(-\frac{a_1}{v_x}C_{\alpha f}+\frac{a_2}{v_x}C_{\alpha r}\right)r-(C_{\alpha f}+C_{\alpha r})\beta+C_{\alpha f}\delta_f+C_{\alpha r}\delta_r \tag{10.224}$$

$$M_z=a_1F_{yf}-a_2F_{yr}=\left(-\frac{a_1^2}{v_x}C_{\alpha f}-\frac{a_2^2}{v_x}C_{\alpha r}\right)r$$

$$-(a_1C_{\alpha f}-a_2C_{\alpha r})\beta+a_1C_{\alpha f}\delta_f-a_2C_{\alpha r}\delta_r \tag{10.225}$$

在式（10.22）~式(10.24）中给出的牛顿－欧拉运动方程为

$$F_x = m\dot v_x - mrv_y \tag{10.226}$$

$$F_y = m\dot v_y + mrv_x \tag{10.227}$$

$$M_z = \dot r I_z \tag{10.228}$$

因此，四轮转向车辆的运动方程为

$$m\dot v_x - mrv_y = F_x \tag{10.229}$$

$$\begin{aligned} m\dot v_y + mrv_x = &\left(-\frac{a_1}{v_x}C_{\alpha f}+\frac{a_2}{v_x}C_{\alpha r}\right)r \\ &-(C_{\alpha f}+C_{\alpha r})\beta+C_{\alpha f}\delta_f+C_{\alpha r}\delta_r \end{aligned} \tag{10.230}$$

$$\begin{aligned} \dot r I_z = &\left(-\frac{a_1^2}{v_x}C_{\alpha f}-\frac{a_2^2}{v_x}C_{\alpha r}\right)r \\ &-(a_1C_{\alpha f}-a_2C_{\alpha r})\beta+a_1C_{\alpha f}\delta_f-a_2C_{\alpha r}\delta_r \end{aligned} \tag{10.231}$$

解方程组求出 $\dot v_x$、$\dot v_y$ 和 $\dot r$，得到三个一次耦合运动方程。

$$\dot v_x = \frac{F_x}{m}+rv_y \tag{10.232}$$

$$\begin{aligned} \dot v_y = &\frac{1}{m}\left(-\frac{a_1}{v_x}C_{\alpha f}+\frac{a_2}{v_x}C_{\alpha r}\right)r \\ &-\frac{1}{m}(C_{\alpha f}+C_{\alpha r})\beta+\frac{1}{m}C_{\alpha f}\delta_f+\frac{1}{m}C_{\alpha r}\delta_r-rv_x \end{aligned} \tag{10.233}$$

$$\begin{aligned} \dot r = &\frac{1}{I_z}\left(-\frac{a_1^2}{v_x}C_{\alpha f}-\frac{a_2^2}{v_x}C_{\alpha r}\right)r \\ &-\frac{1}{I_z}(a_1C_{\alpha f}-a_2C_{\alpha r})\beta+\frac{1}{I_z}a_1C_{\alpha f}\delta_f-\frac{1}{I_z}a_2C_{\alpha r}\delta_r \end{aligned} \tag{10.234}$$

与车辆侧偏角相关的三个变量 v_x、v_y 和 β 的关系

$$\beta = \frac{v_y}{v_x} \tag{10.235}$$

应用上述关系，用 v_y/v_x 代替 β，将前述方程组转变成如下由三个互相耦合的一阶常微分方程构成的方程组：

$$\dot v_x = \frac{F_x}{m}+rv_y \tag{10.236}$$

$$\begin{aligned} \dot v_y = &\frac{1}{mv_x}(-a_1C_{\alpha f}+a_2C_{\alpha r})r \\ &-\frac{1}{mv_x}(C_{\alpha f}+C_{\alpha r})v_y+\frac{1}{m}C_{\alpha f}\delta_f+\frac{1}{m}C_{\alpha r}\delta_r-rv_x \end{aligned} \tag{10.237}$$

$$\begin{aligned} \dot r = &\frac{1}{I_zv_x}(-a_1^2C_{\alpha f}-a_2^2C_{\alpha r})r \\ &-\frac{1}{I_zv_x}(a_1C_{\alpha f}-a_2C_{\alpha r})v_y+\frac{1}{I_z}a_1C_{\alpha f}\delta_f-\frac{1}{I_z}a_2C_{\alpha r}\delta_r \end{aligned} \tag{10.238}$$

第二个方程和第三个方程可以合成为关于$[v_y \quad r]^T$ 的矩阵形式：

$$\begin{bmatrix}\dot{v}_y\\\dot{r}\end{bmatrix}=\begin{bmatrix}-\dfrac{C_{\alpha f}+C_{\alpha r}}{mv_x} & \dfrac{-a_1C_{\alpha f}+a_2C_{\alpha r}}{mv_x}-v_x\\-\dfrac{a_1C_{\alpha f}-a_2C_{\alpha r}}{I_zv_x} & -\dfrac{a_1^2C_{\alpha f}+a_2^2C_{\alpha r}}{I_zv_x}\end{bmatrix}\begin{bmatrix}v_y\\r\end{bmatrix}+\begin{bmatrix}\dfrac{1}{m}C_{\alpha f} & \dfrac{1}{m}C_{\alpha r}\\\dfrac{1}{I_z}a_1C_{\alpha f} & -\dfrac{1}{I_z}a_2C_{\alpha r}\end{bmatrix}\begin{bmatrix}\delta_f\\\delta_r\end{bmatrix}\tag{10.239}$$

或者关于$[\beta \quad r]^T$的矩阵形式：

$$\begin{bmatrix}\dot{\beta}\\\dot{r}\end{bmatrix}=\begin{bmatrix}-\dfrac{C_{\alpha f}+C_{\alpha r}}{mv_x} & \dfrac{-a_1C_{\alpha f}+a_2C_{\alpha r}}{mv_x^2}-1\\-\dfrac{a_1C_{\alpha f}-a_2C_{\alpha r}}{I_z} & -\dfrac{a_1^2C_{\alpha f}+a_2^2C_{\alpha r}}{I_zv_x}\end{bmatrix}\begin{bmatrix}\beta\\r\end{bmatrix}+\begin{bmatrix}\dfrac{1}{mv_x}C_{\alpha f} & \dfrac{1}{mv_x}C_{\alpha r}\\\dfrac{1}{I_z}a_1C_{\alpha f} & -\dfrac{1}{I_z}a_2C_{\alpha r}\end{bmatrix}\begin{bmatrix}\delta_f\\\delta_r\end{bmatrix}\tag{10.240}$$

为了便于运动方程的计算机计算，最好写成下面的形式：

$$\begin{bmatrix}\dot{v}_y\\\dot{r}\end{bmatrix}=\begin{bmatrix}\dfrac{C_\beta}{mv_x} & \dfrac{C_r}{m}-v_x\\\dfrac{D_\beta}{I_zv_x} & \dfrac{D_r}{I_z}\end{bmatrix}\begin{bmatrix}v_y\\r\end{bmatrix}+\begin{bmatrix}\dfrac{C_{\delta_f}}{m} & \dfrac{C_{\delta_r}}{m}\\\dfrac{D_{\delta_f}}{I_z} & \dfrac{D_{\delta_r}}{I_z}\end{bmatrix}\begin{bmatrix}\delta_f\\\delta_r\end{bmatrix}\tag{10.241}$$

或

$$\begin{bmatrix}\dot{\beta}\\\dot{r}\end{bmatrix}=\begin{bmatrix}\dfrac{C_\beta}{mv_x} & \dfrac{C_r}{mv_x}-1\\\dfrac{D_\beta}{I_z} & \dfrac{D_r}{I_z}\end{bmatrix}\begin{bmatrix}\beta\\r\end{bmatrix}+\begin{bmatrix}\dfrac{C_{\delta_f}}{mv_x} & \dfrac{C_{\delta_r}}{mv_x}\\\dfrac{D_{\delta_f}}{I_z} & \dfrac{D_{\delta_r}}{I_z}\end{bmatrix}\begin{bmatrix}\delta_f\\\delta_r\end{bmatrix}\tag{10.242}$$

式中

$$C_r=\frac{\partial F_y}{\partial r}=-\frac{a_1}{v_x}C_{\alpha f}+\frac{a_2}{v_x}C_{\alpha r}\tag{10.243}$$

$$C_\beta=\frac{\partial F_y}{\partial \beta}=-(C_{\alpha f}+C_{\alpha r})\tag{10.244}$$

$$C_{\delta_f}=\frac{\partial F_y}{\partial \delta_f}=C_{\alpha f}\tag{10.245}$$

$$C_{\delta_r}=\frac{\partial F_y}{\partial \delta_r}=C_{\alpha r}\tag{10.246}$$

$$D_r=\frac{\partial M_z}{\partial r}=-\frac{a_1^2}{v_x}C_{\alpha f}-\frac{a_2^2}{v_x}C_{\alpha r}\tag{10.247}$$

$$D_\beta=\frac{\partial M_z}{\partial \beta}=-(a_1C_{\alpha f}-a_2C_{\alpha r})\tag{10.248}$$

$$D_{\delta_{\mathrm{f}}}=\frac{\partial M_z}{\partial \delta_{\mathrm{f}}}=a_1 C_{\alpha \mathrm{f}} \tag{10.249}$$

$$D_{\delta_{\mathrm{r}}}=\frac{\partial M_z}{\partial \delta_{\mathrm{r}}}=-a_2 C_{\alpha \mathrm{r}} \tag{10.250}$$

为了表示系统输入－输出关系，将式（10.239）整理成如下形式：

$$\dot{\boldsymbol{q}}=[A]\boldsymbol{q}+[B]\boldsymbol{u} \tag{10.251}$$

向量 $\boldsymbol{q}$ 称作控制变量向量，且

$$\boldsymbol{q}=\begin{bmatrix} v_y \\ r \end{bmatrix} \tag{10.252}$$

$\boldsymbol{u}$ 称作输入向量，且

$$\boldsymbol{u}=\begin{bmatrix} \delta_{\mathrm{f}} \\ \delta_{\mathrm{r}} \end{bmatrix} \tag{10.253}$$

矩阵$[A]$是控制变量系数矩阵，$[B]$是输入系数矩阵。

为了复核该结果，可以将$\delta_{\mathrm{r}}=0$ 和$\delta_{\mathrm{f}}=\delta$ 代入式（10.239），该方程随即简化为前轮转向车辆的运动方程式（10.213）。

例 423 后轮转向车辆

叉车和施工车辆常常采用后轮转向形式，后轮转向车辆的运动方程与前轮转向车辆运动方程相似，现将 $\delta_f=0$ 代入式（10.239）求出其运动方程。

$$\begin{bmatrix} \dot{v}_y \\ \dot{r} \end{bmatrix}=\begin{bmatrix} -\dfrac{C_{\alpha \mathrm{f}}+C_{\alpha \mathrm{r}}}{m v_x} & \dfrac{-a_1 C_{\alpha \mathrm{f}}+a_2 C_{\alpha \mathrm{r}}}{m v_x}-v_x \\ -\dfrac{a_1 C_{\alpha \mathrm{f}}-a_2 C_{\alpha \mathrm{r}}}{I_z v_x} & -\dfrac{a_1^2 C_{\alpha \mathrm{f}}+a_2^2 C_{\alpha \mathrm{r}}}{I_z v_x} \end{bmatrix}\begin{bmatrix} v_y \\ r \end{bmatrix}+\begin{bmatrix} \dfrac{1}{m} C_{\alpha \mathrm{r}} \\ -\dfrac{1}{I_z} a_2 C_{\alpha \mathrm{r}} \end{bmatrix}\delta_{\mathrm{r}} \tag{10.254}$$

上述方程适用于角度很小的情况，但是，大多数后轮转向的施工车辆转向角都很大，所以，上述方程不能很好地预测施工车辆的性能。

例 424★ 改进的两轮车辆模型

由于转向角的存在，车辆前轮和后轮轮胎接地印迹内将出现一个反作用力矩，构成作用在车轮上的外力矩 M_{f} 和 M_{r}。因此，作用在车辆前轮和后轮上的总转向反作用力矩是

$$M_f \approx 2 D_{\delta_{\mathrm{f}}} M_z \quad M_{\mathrm{r}} \approx 2 D_{\delta_{\mathrm{r}}} M_z \tag{10.255}$$

式中

$$D_{\delta_{\mathrm{f}}}=\frac{\mathrm{d} M_z}{\mathrm{d} \delta_{\mathrm{f}}} \quad D_{\delta_{\mathrm{r}}}=\frac{\mathrm{d} M_z}{\mathrm{d} \delta_{\mathrm{r}}} \tag{10.256}$$

图 10.13 所示一辆有反作用力矩 M_{f} 和 M_{r} 的两轮车辆模型，车辆上作用的力系为

$$F_x \approx F_{x_{\mathrm{f}}}+F_{x_{\mathrm{r}}} \tag{10.257}$$

$$F_y \approx F_{y_{\mathrm{f}}}+F_{y_{\mathrm{r}}} \tag{10.258}$$

$$M_z \approx a_1 F_{y_{\mathrm{f}}}-a_2 F_{y_{\mathrm{r}}}+M_{\mathrm{f}}+M_{\mathrm{r}} \tag{10.259}$$

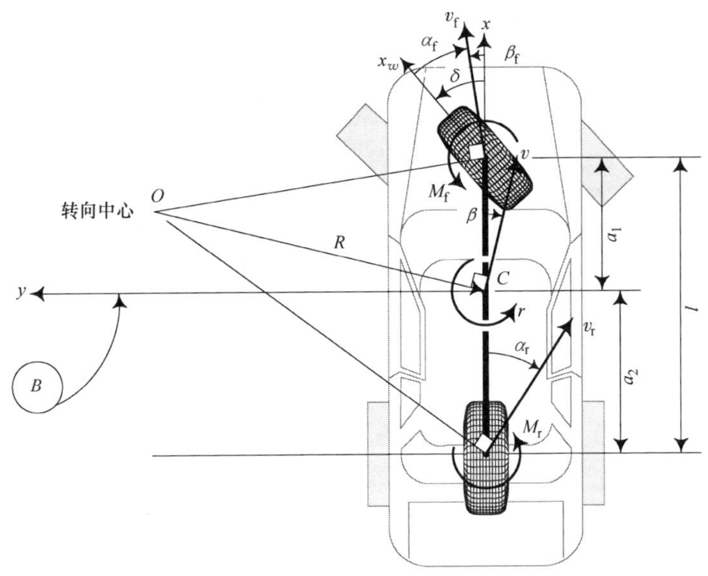

图 10.13 包括转向反作用力矩的两轮车辆模型及其力系

例 425★ 赛车倒车时 180°快速掉头

特技表演中驾驶人能够在车辆倒车时完成 180°快速掉头，下面是其完成该特技的做法。驾驶人驾驶车辆挂倒档倒车行驶。为了在不停车的情况下实现 180°快速掉头，驾驶人可以按下面步骤操作：

1）踩加速踏板以获得足够的速度。

2）松开加速踏板，挂空档。

3）快速将转向盘转过 90°。

4）挂上驱动档。

5）踩加速踏板，在车辆完成 180°掉头时回正转向盘到 0°。

在步骤 2 之前的倒车速度应大约为 20m/s≈70km/h，步骤 2 ~ 步骤 4 应快速操作并尽量同时完成，图 10.14a 所示为车辆倒车时 180°快速掉头的运动过程。

由于安全风险大，本书读者不要模仿本例中的做法。

例 426★ 赛车前进时 180°快速掉头

特技表演中驾驶人能在车辆前进时完成 180°快速掉头，下面是其完成该特技的做法。驾驶人驾驶车辆挂驱动档或某一前进档，向前行驶。为了在不停车的情况下实现 180°快速掉头，驾驶人可以按下面步骤操作：

1）踩加速踏板以获得足够的速度。

2）松开加速踏板，挂空档。

3）快速将转向盘转过 90°，同时拉紧驻车制动器。

4）汽车尾部回转时，回正转向盘到 0°，挂上驱动档。

5）在车辆完成 180°掉头时踩加速踏板。

图 10.14b 所示为车辆前进时 180°快速掉头的运动过程。

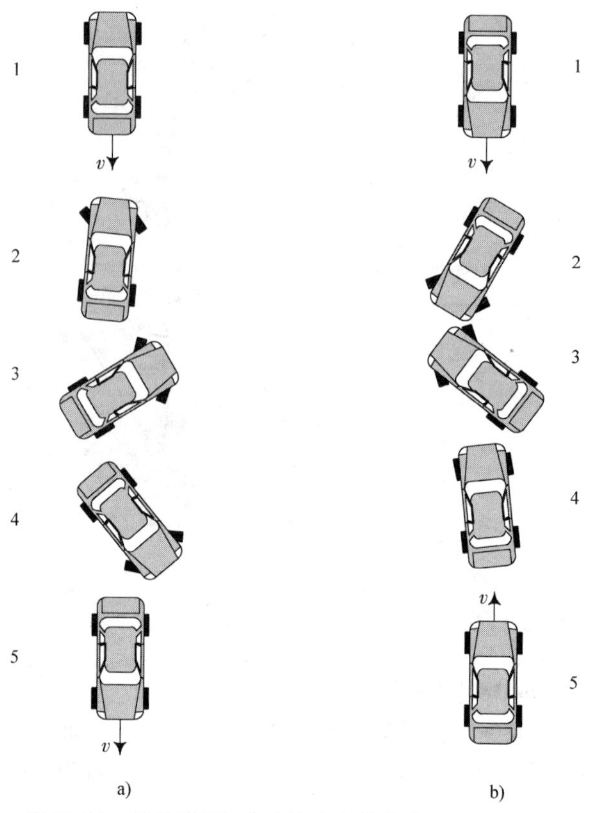

图 10.14 倒车时180°快速掉头和前进时180°快速掉头

在步骤2之前的前进速度应大约为20m/s≈70km/h，步骤2~步骤4中应快速操作并尽量同时完成。前进时180°快速掉头比倒车时180°快速掉头要困难，也是由于驻车制动器连接着后车轮，才可以实现。汽车尾部比前部轻时，其尾部较易滑动，也就更容易实现。道路条件、摩擦力不均匀、光滑表面可能会导致车辆突然转向、横摆并失去控制。

由于安全风险大，本书读者不要模仿本例中的做法。

10.5 稳态转向

前轮转向两轮刚性车辆的稳态转向工况受如下方程控制：

$$F_x = -mrv_y \tag{10.260}$$

$$C_r r + C_\beta \beta + C_\delta \delta = mrv_x \tag{10.261}$$

$$D_r r + D_\beta \beta + D_\delta \delta = 0 \tag{10.262}$$

或等效的

$$F_x = -\frac{m}{R} v_x v_y \tag{10.263}$$

$$C_\beta \beta + (C_r v_x - mv_x^2)\frac{1}{R} = -C_\delta \delta \tag{10.264}$$

$$D_\beta \beta + D_r v_x \frac{1}{R} = -D_\delta \delta \tag{10.265}$$

第一个方程确定了使汽车在圆形轨迹上保持速度 v_x 向前行驶需要的力，第二和第三个方程表示在稳定的前进速度 v_x 和稳态转向输入 δ 下，输出变量的稳态工况值、车辆侧偏角 β 和轨迹曲率。

$$\kappa = \frac{1}{R} = \frac{r}{v_x} \tag{10.266}$$

车辆的稳态输出 - 输入关系由下面响应定义：

1）曲率响应，S_κ

$$S_\kappa = \frac{\kappa}{\delta} = \frac{1}{R\delta} = \frac{C_\delta D_\beta - C_\beta D_\delta}{v_x\ (D_r C_\beta - C_r D_\beta + m v_x D_\beta)} \tag{10.267}$$

2）侧偏角响应，S_β

$$S_\beta = \frac{\beta}{\delta} = \frac{D_\delta (C_r - m v_x) - D_r C_\delta}{D_r C_\beta - C_r D_\beta + m v_x D_\beta} \tag{10.268}$$

3）横摆角速度响应，S_r

$$S_r = \frac{r}{\delta} = \frac{\kappa}{\delta} v_x = S_\kappa v_x = \frac{C_\delta D_\beta - C_\beta D_\delta}{D_r C_\beta - C_r D_\beta + m v_x D_\beta} \tag{10.269}$$

4）向心加速度响应，S_a

$$S_a = \frac{v_x^2/R}{\delta} = \frac{\kappa}{\delta} v_x^2 = S_\kappa v_x^2 = \frac{(C_\delta D_\beta - C_\beta D_\delta) v_x}{D_r C_\beta - C_r D_\beta + m v_x D_\beta} \tag{10.270}$$

5）侧向速度响应，S_y

$$S_y = \frac{v_y}{\delta} = S_\beta v_x = \frac{D_\delta (C_r - m v_x) - D_r C_\delta}{D_r C_\beta - C_r D_\beta + m v_x D_\beta} v_x \tag{10.271}$$

证明：在稳态工况下，所有的变量都为常数，各自的导数均为 0。因此，运动方程式(10.202) ~ 式(10.204) 简化为

$$F_x = -m r v_y \tag{10.272}$$

$$F_y = m r v_x \tag{10.273}$$

$$M_z = 0 \tag{10.274}$$

式中侧向力 F_y 和横摆力矩 M_z 可以从式（10. 142）和式（10.143）得到

$$F_y = C_r r + C_\beta \beta + C_\delta \delta \tag{10.275}$$

$$M_z = D_r r + D_\beta \beta + D_\delta \delta \tag{10.276}$$

所以，描述两轮刚性车辆稳态转向的方程为

$$F_x = -m r v_y \tag{10.277}$$

$$C_r r + C_\beta \beta + C_\delta \delta = m r v_x \tag{10.278}$$

$$D_r r + D_\beta \beta + D_\delta \delta = 0 \tag{10.279}$$

在稳态转向时，车辆质心在半径为 R 的圆弧上运动。其行驶速度为 v_x，横摆角速度为 r，所以 v_x 和 r 有如下近似关系：

$$v_x \approx R r \tag{10.280}$$

将式（10.280）代入式（10.277）~ 式(10.279)，可以写成式（10.263）~ 式(10,265）的形式。式（10.263）可以用于计算为维持运动稳定所需要的牵引力，式（10.264）、式（10.265）可以用于确定车辆的稳态响应。采用曲率定义式（10.266）并将其写成矩阵形式

$$\begin{bmatrix} C_\beta & C_r v_x - m v_x^2 \\ D_\beta & D_r v_x \end{bmatrix} \begin{bmatrix} \beta \\ \kappa \end{bmatrix} = \begin{bmatrix} -C_\delta \\ -D_\delta \end{bmatrix} \delta \tag{10.281}$$

解方程求出β和κ后得到

$$\begin{bmatrix} \beta \\ \kappa \end{bmatrix} = \begin{bmatrix} C_\beta & C_r v_x - m v_x^2 \\ D_\beta & D_r v_x \end{bmatrix}^{-1} \begin{bmatrix} -C_\delta \\ -D_\delta \end{bmatrix} \delta$$

$$= \begin{bmatrix} \dfrac{D_\delta (C_r - m v_x) - D_r C_\delta}{D_r C_\beta - C_r D_\beta + m v_x D_\beta} \\ \dfrac{C_\delta D_\beta - C_\beta D_\delta}{v_x (D_r C_\beta - C_r D_\beta + m v_x D_\beta)} \end{bmatrix} \delta \tag{10.282}$$

根据式(10.282)的解，利用式（10.280），可以定义不同的输出－输入关系与式(10.267)～式(10.270)类似。

应用

$$\beta = \frac{v_y}{v_x} \tag{10.283}$$

式（10.278）和式（10.279）变为

$$C_r r + \frac{C_\beta}{v_x} v_y + C_\delta \delta = m r v_x \tag{10.284}$$

$$D_r r + \frac{D_\beta}{v_x} v_y + D_\delta \delta = 0 \tag{10.285}$$

整理为矩阵形式

$$\begin{bmatrix} \dfrac{C_\beta}{v_x} & C_r v_x - m v_x^2 \\ \dfrac{D_\beta}{v_x} & D_r v_x \end{bmatrix} \begin{bmatrix} v_y \\ \kappa \end{bmatrix} = \begin{bmatrix} -C_\delta \\ -D_\delta \end{bmatrix} \delta \tag{10.286}$$

获得

$$\begin{bmatrix} v_y \\ \kappa \end{bmatrix} = \begin{bmatrix} \dfrac{D_\delta (C_r - m v_x) - D_r C_\delta}{D_r C_\beta - C_r D_\beta + m v_x D_\beta} v_x \\ \dfrac{C_\delta D_\beta - C_\beta D_\delta}{v_x (D_r C_\beta - C_r D_\beta + m v_x D_\beta)} \end{bmatrix} \delta \tag{10.287}$$

则式（10.271）中侧向速度响应S_y应为该结论的一部分。

例427 汽车力系的系数

设有一辆前轮转向四轮汽车，其参数如下：

$$C_{\alpha f_L} = C_{\alpha f_R} = 500\mathrm{N/(°)} \quad \approx 28648\mathrm{N/rad} \tag{10.288}$$

$$C_{\alpha r_L} = C_{\alpha r_R} = 460\mathrm{N/(°)} \quad \approx 26356\mathrm{N/rad} \tag{10.289}$$

$$mg = 9000\mathrm{N} \quad m = 917\mathrm{kg}$$

$$I_z = 1128\mathrm{kgm^2}$$

$$a_1 = 91\mathrm{cm} \quad a_2 = 164\mathrm{cm} \tag{10.290}$$

其等效自行车模型的侧偏刚度系数是

$$C_{\alpha f}=C_{\alpha f_L}+C_{\alpha f_R}=57296\text{N/rad} \tag{10.291}$$

$$C_{\alpha r}=C_{\alpha r_L}+C_{\alpha r_R}=52712\text{N/rad} \tag{10.292}$$

单位为

$$C_r=-\frac{a_1}{v_x}C_{\alpha f}+\frac{a_2}{v_x}C_{\alpha r}=\frac{34308}{v_x}\text{Ns/rad} \tag{10.293}$$

$$C_\beta=-(C_{\alpha f}+C_{\alpha r})=-110008\text{N/rad} \tag{10.294}$$

$$C_\delta=C_{\alpha f}=57296\text{N/rad} \tag{10.295}$$

$$D_r=-\frac{a_1^2}{v_x}C_{\alpha f}-\frac{a_2^2}{v_x}C_{\alpha r}=-\frac{189221}{v_x}\text{Nms/rad} \tag{10.296}$$

$$D_\beta=-(a_1C_{\alpha f}-a_2C_{\alpha r})=34308\text{Nm/rad} \tag{10.297}$$

$$D_\delta=a_1C_{\alpha f}=52139\text{Nm/rad} \tag{10.298}$$

力系系数中，只有系数 C_r 和 D_r 是速度 v_x 的函数，例如，速度为

$$v_x=10\text{m/s}=36\text{km/h} \tag{10.299}$$

C_r 和 D_r 分别为

$$C_r=3430.8\text{Ns/rad} \quad D_r=-18922\text{Nms/rad} \tag{10.300}$$

速度为

$$v_x=30\text{m/s}=108\text{km/h} \tag{10.301}$$

C_r 和 D_r 分别为

$$C_r=1143.6\text{Ns/rad} \quad D_r=-6307.3\text{Nms/rad} \tag{10.302}$$

例 428 不足转向车辆的稳态响应

稳态响应是车辆行驶速度的函数，为了显示车辆速度变化时这些稳态参数的变化，下面计算具有如下参数车辆的 S_κ、S_β、S_r、S_a 和 S_y。

$$C_{\alpha f_L}=C_{\alpha f_R}\approx 3000\text{N/rad} \quad C_{\alpha r_L}=C_{\alpha r_R}\approx 3000\text{N/rad} \tag{10.303}$$

$$m=1000\text{kg} \quad I_z=1650\text{kgm}^2 \tag{10.304}$$

$$a_1=1.0\text{m} \quad a_2=1.5\text{m} \tag{10.305}$$

$$K=\frac{m}{l^2}\left(\frac{a_2}{C_{\alpha f}}-\frac{a_1}{C_{\alpha r}}\right)=1.33\times 10^{-2} \tag{10.306}$$

$$S_\kappa=\frac{30}{75+v_x^2} \quad S_\beta=\frac{45-2v_x^2}{75+v_x^2} \quad S_r=S_\kappa v_x=\frac{30v_x}{75+v_x^2}$$

$$S_\alpha=S_\kappa v_x^2=\frac{30v_x^2}{75+v_x^2} \quad S_y=\frac{45-2v_x^2}{75+v_x^2}v_x \tag{10.307}$$

参数 K 称作稳定性因数，用于确定车辆的不足转向或过度转向特性。正的 K 值表示车辆为不足转向，一般认为，车辆应该具有一定的不足转向。图 10.15 ~ 图 10.19 所示为车辆行驶速度变化时各参数稳态的变化情况。

车速非常低时，$v_x\approx 0$，各稳态响应分别为

$$S_\kappa=0.4 \quad S_\beta=0.6 \quad S_r=0 \quad S_a=0 \tag{10.308}$$

提高车辆速度，S_κ 减小并接近于 0，意味着在 δ 一定的情况下，转向半径会增加。

S_β 的值也会在车速 v_x 提高时减小，并逐渐达到一个稳定的负值，即 $S_\beta\to -2$。因此，$\beta>0$时，转向中心起初位于后轴中心线上的一点，逐渐向远离车辆和车辆前方位置移动，

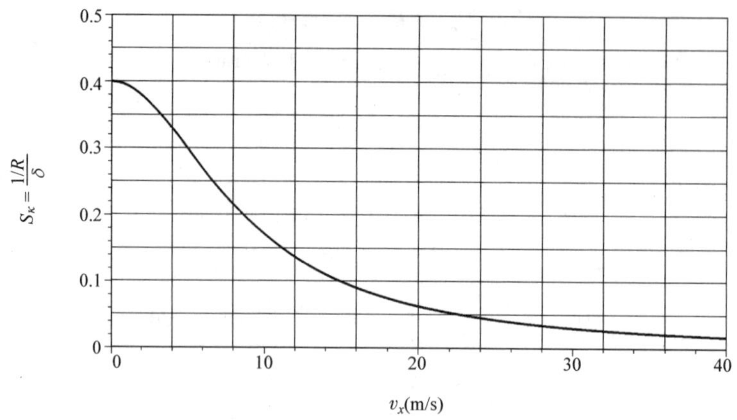

图 10.15 作为车辆行驶速度 v_x 函数的曲率响应 S_κ

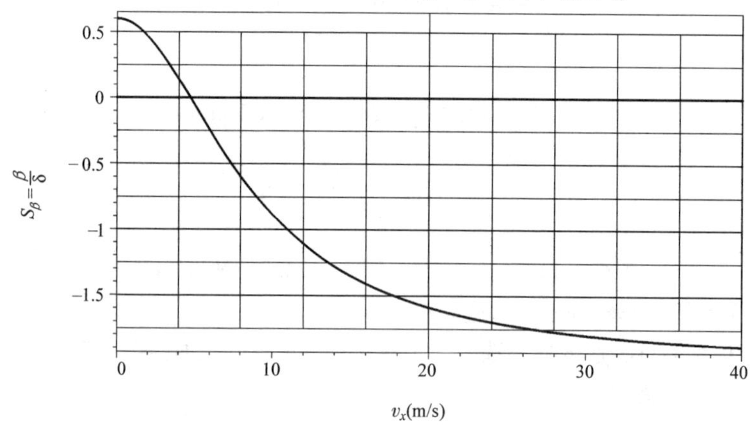

图 10.16 作为车辆行驶速度 v_x 函数的侧偏响应 S_β

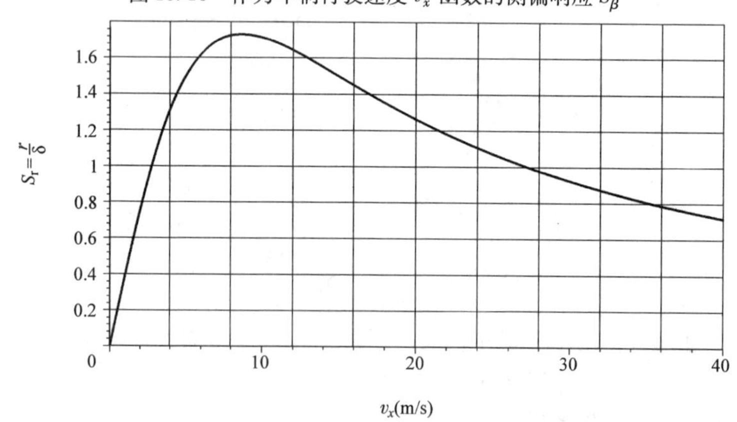

图 10.17 作为车辆行驶速度 v_x 函数的横摆角速度响应 S_r

此时 $\beta<0$。

S_r 的曲线比较特别，其值始于 0，先是随着速度 v_x 的提高而增加，并在 $v_x=\sqrt{75}$ 时达到最大值，然后开始逐渐减小并接近于 0。

S_a 表示车辆在稳定速度下做圆周转向时的向心加速度，在 $v_x=0$ 时，S_a 为 0，随着速度

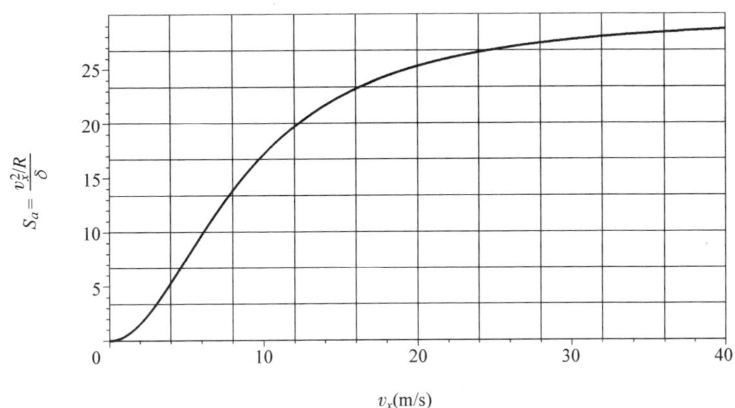

图 10.18 作为车辆行驶速度 v_x 函数的侧向加速度响应 S_a

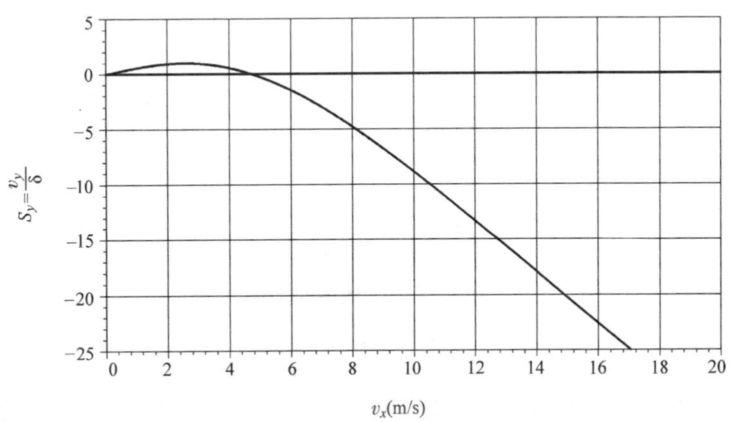

图 10.19 作为车辆行驶速度 v_x 函数的侧向速度响应 S_y

v_x 的提高，迅速增大，并在 $v_x\to\infty$ 时逐渐接近 30，即 $S_a\to 30$。

侧向速度响应 S_y 表示 y 方向的车辆质心速度，该值初始时为 0，随着速度 v_x 的提高，增大到最大值后单调减小为负值。

例 429 达到稳态之前的 S_κ

对于给定车辆，其几何参数 a_1、a_2、m、$C_{\alpha f}$和 $C_{\alpha r}$已确定。转向角 δ 和行驶速度 v_x 为常数时，需要经过一段时间才能使车辆的 S_κ 达到稳态值。现假设 δ 仍保持不变，将 v_x 改变为另一个常数，则车辆的 S_κ 值从曲线上的前一点变化到一个新的取值点。但是，这种从一个点到另外一个点的变化不是沿 S_κ 曲线完成的，这是因为该曲线仅在稳态工况下适用，而在两个稳态工况点之间变化的过程工况是瞬态工况。

在一组参数和变量确定后，如何从 S_κ 曲线上方或下方接近 S_κ 曲线上的点取决于车辆的初始工况。

例 430 曲率响应特性 S_κ

将力系系数式（10.144）~式(10.149）代入到曲率响应 S_κ 的定义公式

$$S_\kappa=\frac{\kappa}{\delta}=\frac{1}{R\delta}=\frac{C_\delta D_\beta-C_\beta D_\delta}{v_x[D_r C_\beta-D_\beta(C_r-mv_x)]} \tag{10.309}$$

得到

$$S_{\kappa}=\frac{lC_{\alpha f}C_{\alpha r}}{m(C_{\alpha r}a_2-C_{\alpha f}a_1)v_x^2+l^2C_{\alpha f}C_{\alpha r}} \tag{10.310}$$

对于一组给定的参数 a_1、a_2、m、$C_{\alpha f}$和 $C_{\alpha r}$，曲率响应开始于

$$\lim_{v_x=0}S_{\kappa}=\frac{1}{a_1+a_2}=\frac{1}{l} \tag{10.311}$$

并终止于

$$\lim_{v_x=\infty}S_{\kappa}=0 \tag{10.312}$$

如果 $C_{\alpha f}=C_{\alpha r}=C_{\alpha}$，且 $a_1=a_2=l/2$，则 S_{κ} 简化为常量，与速度 v_x 无关。

$$S_{\kappa}=\frac{1}{l} \tag{10.313}$$

所以，转向半径也应该为常量，且与速度无关。

$$R=\frac{l}{\delta} \tag{10.314}$$

如果 $C_{\alpha f}=C_{\alpha r}=C_{\alpha}$，且 $a_1\neq a_2$，则 S_{κ} 简化为

$$S_{\kappa}=\frac{lC_{\alpha}}{l^2C_{\alpha}+mv_x^2(a_2-a_1)} \tag{10.315}$$

转向半径与速度相关，即

$$R=\frac{l^2C_{\alpha}+mv_x^2(a_2-a_1)}{lC_{\alpha}\delta} \tag{10.316}$$

给定某速度，随着质心位置的变化，R 应在两个极限值之间变化，在 $a_1=0$ 和 $a_2=0$ 时分别有

$$\frac{lC_{\alpha}+mv_x^2}{lC_{\alpha}}<\frac{R\delta}{l}<\frac{lC_{\alpha}-mv_x^2}{lC_{\alpha}} \tag{10.317}$$

在实际情况中，通常取 $0.4l<a_1<0.6l$ 和 $0.6l>a_2>0.4l$。图 10.20 所示为与质心位置有关的 R 的极限值，其中车辆参数为

$$C_{\alpha f}=6000\text{N/rad}\quad C_{\alpha r}=6000\text{N/rad} \tag{10.318}$$

$$m=1000\text{kg}\qquad I_z=1650\text{kgm}^2 \tag{10.319}$$

$$a_1=1.0\text{m}\quad a_2=1.5\text{m} \tag{10.320}$$

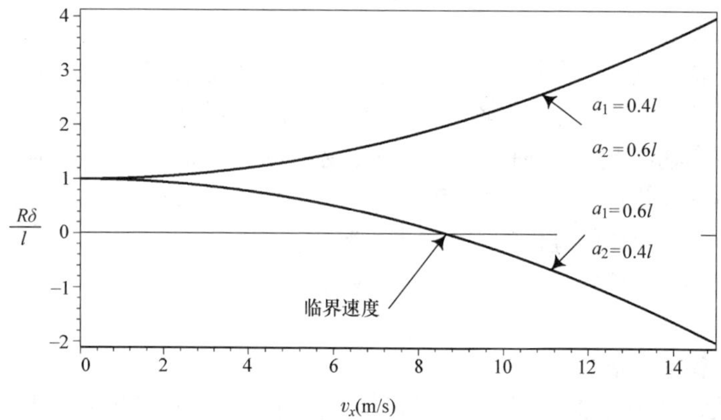

图 10.20 车辆 $R\delta/l$ 的稳态极限，在 $a_1<a_2$ 时出现临界速度

$a_1<a_2$ 时，车辆前部重于后部，其稳态半径 R 随着速度 v_x 的增加而单调增加。$a_1>a_2$ 时，车辆后部重于前部，其稳态半径 R 随着速度 v_x 从某一正值开始的增加而单调减小。所以，对于

后部较重，δ 为正数的车辆，在低速下开始向左转向。提高车速时，稳态半径 R 将逐渐减小，理论上在某一临界速度 v_c 时 R 减小为0。在此速度下，车辆将不稳定，进而失去控制。

$$v_c = \sqrt{\frac{C_\alpha}{m(a_1 - a_2)}l} \qquad a_1 > a_2 \tag{10.321}$$

稳态响应是车辆行驶速度的函数，为了显示车辆速度变化时这些稳态参数的变化，下面计算具有以上所述参数车辆的 S_κ、S_β、S_r、S_a 和 S_y。

例 431 侧偏角响应特性 S_β

将力系系数式（10.144）~式(10.149）代入到侧偏角响应 S_β 的定义公式

$$S_\beta = \frac{\beta}{\delta} = \frac{D_\delta(C_r - mv_x) - D_r C_\delta}{D_r C_\beta - C_r D_\beta + mv_x D_\beta} \tag{10.322}$$

得到

$$S_\beta = \frac{a_2 l C_{\alpha f} C_{\alpha r} - m a_1 v_x^2 C_{\alpha f}}{m\ (C_{\alpha r} a_2 - C_{\alpha f} a_1)\ v_x^2 + l^2 C_{\alpha f} C_{\alpha r}} \tag{10.323}$$

对于一组给定的参数 a_1、a_2、m、$C_{\alpha f}$和 $C_{\alpha r}$，侧偏角响应开始于

$$\lim_{v_x = 0} S_\beta = \frac{a_2}{a_1 + a_2} = \frac{a_2}{l} \tag{10.324}$$

并终止于

$$\lim_{v_x = \infty} S_\beta = \frac{a_1 C_{\alpha f}}{a_1 C_{\alpha f} - a_2 C_{\alpha r}} \tag{10.325}$$

如果 $C_{\alpha f} = C_{\alpha r} = C_\alpha$，且 $a_1 = a_2 = l/2$，则 S_β 简化为

$$S_\beta = \frac{l C_\alpha - m v_x^2}{2 l C_\alpha} \tag{10.326}$$

如果 $C_{\alpha f} = C_{\alpha r} = C_\alpha$，且 $a_1 \neq a_2$，则 S_β 简化为

$$S_\beta = \frac{a_2 l C_\alpha - m a_1 v_x^2}{m(a_2 - a_1) v_x^2 + l^2 C_\alpha} \tag{10.327}$$

S_β 与 β 成正比，β 是车身坐标系纵坐标轴 x 轴至车辆速度矢量的夹角。在速度非常低时，$\beta > 0$，车辆前轮在比后轮运动圆周大的圆周上做转向运动。通过提高车速，车辆侧偏角减小，直到在临界速度时变为0。临界速度为

$$v_c = \sqrt{\frac{a_2 l C_\alpha}{m a_1}} \tag{10.328}$$

$v_x = v_c$ 时，车辆运动中 x 坐标轴在质心处垂直于转向半径。$v_x > v_c$ 时，$\beta < 0$，车辆后轮转向运动圆周大于其前轮转向运动圆周。

例 432 横摆角速度响应特性 S_r

将力系系数式（10.144）~式(10.149）代入到横摆角速度响应 S_r 的定义公式

$$S_r = \frac{r}{\delta} = \frac{\kappa}{\delta} v_x = S_\kappa v_x = \frac{C_\delta D_\beta - C_\beta D_\delta}{D_r C_\beta - C_r D_\beta + m v_x D_\delta} \tag{10.329}$$

得到

$$S_r = \frac{v_x l C_{\alpha f} C_{\alpha r}}{m(C_{\alpha r} a_2 - C_{\alpha f} a_1) v_x^2 + l^2 C_{\alpha f} C_{\alpha r}} \tag{10.330}$$

对于一组给定的参数 a_1、a_2、m、$C_{\alpha f}$和 $C_{\alpha r}$，横摆角速度响应开始于

$$\lim_{v_x=0} S_r = 0 \quad \frac{dS_r}{dx_x} > 0 \tag{10.331}$$

并终止于

$$\lim_{v_x=\infty} S_r = 0 \quad \frac{dS_r}{dx_x} < 0 \tag{10.332}$$

所以在某一临界速度时至少应该存在一个 S_r 的最大值，对其求导得到

$$\frac{dS_r}{dx_x} = lC_{\alpha f}C_{\alpha r}\frac{l^2 C_{\alpha f}C_{\alpha r} - m(C_{\alpha r}a_2 - C_{\alpha f}a_1)v_x^2}{[l^2 C_{\alpha f}C_{\alpha r} + m(C_{\alpha r}a_2 - C_{\alpha f}a_1)v_x^2]^2} \tag{10.333}$$

进一步确定 S_r 取最大值时 v_x 应为

$$v_c = \sqrt{\frac{l^2 C_{\alpha f}C_{\alpha r}}{m(C_{\alpha r}a_2 - C_{\alpha f}a_1)}} \tag{10.334}$$

所以，在 $v_x = v_c$ 时车辆的最大横摆角速度为

$$r = \frac{\delta}{2}\sqrt{\frac{C_{\alpha f}C_{\alpha r}}{m(C_{\alpha r}a_2 - C_{\alpha f}a_1)}} \tag{10.335}$$

如果 $C_{\alpha f} = C_{\alpha r} = C_\alpha$，且 $a_1 = a_2 = l/2$，则 S_r 简化为

$$S_r = \frac{v_x}{l} \tag{10.336}$$

如果 $C_{\alpha f} = C_{\alpha r} = C_\alpha$，且 $a_1 \neq a_2$，则 S_r 简化为

$$S_r = \frac{lv_x C_\alpha}{l^2 C_\alpha + m(a_2 - a_1)v_x^2} \tag{10.337}$$

例 433 向心加速度响应特性 S_a

通过观察图 10.21 可以发现

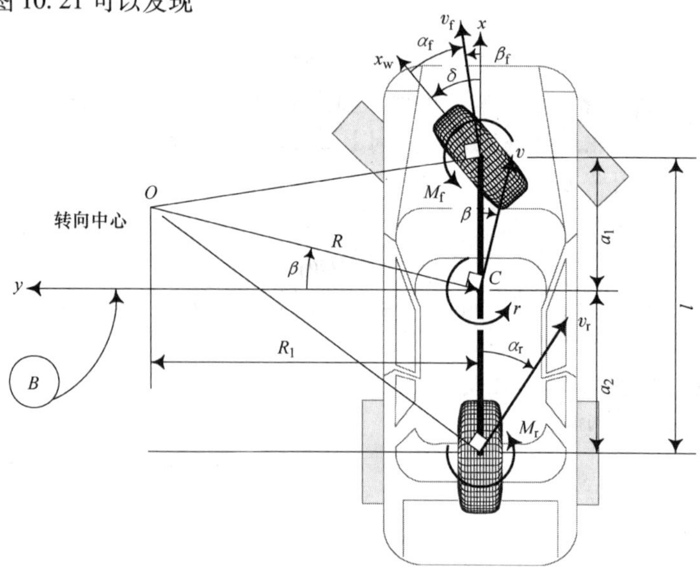

图 10.21 稳态工况下行驶车辆的运动学

$$v_x = v_f\cos\beta_f = v\cos\beta = v_r\cos\alpha_r \tag{10.338}$$

$$R_1 = R\cos\beta \tag{10.339}$$

因此，车辆的向心加速度为 v^2/R，或 v_x^2/R_1，该值与向心加速度响应 S_a 不成正比。

$$\frac{v^2}{R} = \frac{v_x^2}{R\cos^2\beta} = \frac{S_a\delta}{\cos^2\beta} \tag{10.340}$$

但是，对于小 β 角，

$$S_a = \frac{1}{\delta}\frac{v_x^2}{R} = \frac{1}{\delta}\frac{v^2\cos^2\beta}{R} \approx \frac{1}{\delta}\frac{v^2}{R} \tag{10.341}$$

将力系系数式（10.144）~式(10.149）代入到向心加速度响应 S_a 的定义公式

$$S_a = \frac{v_x^2/R}{\delta} = \frac{\kappa}{\delta}v_x^2 = S_\kappa v_x^2 = \frac{(C_\delta D_\beta - C_\beta D_\delta)v_x}{D_r C_\beta - C_r D_\beta + m v_x D_\beta} \tag{10.342}$$

得到

$$S_a = \frac{v_x^2 l C_{\alpha f} C_{\alpha r}}{m(C_{\alpha r}a_2 - C_{\alpha f}a_1)v_x^2 + l^2 C_{\alpha f} C_{\alpha r}} \tag{10.343}$$

对于一组给定的参数 a_1、a_2、m、$C_{\alpha f}$和 $C_{\alpha r}$，向心加速度响应开始于

$$\lim_{v_x=0} S_a = 0 \tag{10.344}$$

并终止于

$$\lim_{v_x=\infty} S_a = \frac{l C_{\alpha f} C_{\alpha r}}{m(C_{\alpha r}a_2 - C_{\alpha f}a_1)} \tag{10.345}$$

如果 $C_{\alpha f} = C_{\alpha r} = C_\alpha$，且 $a_1 = a_2 = l/2$，则 S_a 简化为

$$S_a = \frac{v_x^2}{l} \tag{10.346}$$

如果 $C_{\alpha f} = C_{\alpha r} = C_\alpha$，且 $a_1 \neq a_2$，则 S_a 简化为

$$S_a = \frac{l v_x^2 C_\alpha}{l^2 C_\alpha + m(a_2 - a_1)v_x^2} \tag{10.347}$$

侧向加速度响应 $S_a = (v_x^2/R)/\delta$ 实际上是车辆质心的向心加速度，也正是在 $\beta = 0$ 且 R 垂直于 x 轴时的侧向加速度。只有在此时，向心加速度没有纵向分量。同时，通过把车辆假设为很多以半径 R 绕某一中心点转向的点，可以验证采用侧向加速度这一术语的正确性。

例 434 侧向速度响应特性 S_y

将力系系数式（10.144）~式(10.149）代入到侧向速度响应 S_y 的定义公式

$$S_y = \frac{v_y}{\delta} = S_\beta v_x = \frac{D_\delta(C_r - m v_x) - D_r C_\delta}{D_r C_\beta - C_r D_\beta + m v_x D_\beta}v_x \tag{10.348}$$

得到

$$S_y = \frac{a_2 l C_{\alpha f} C_{\alpha r} - m a_1 v_x^2 C_{\alpha f}}{m(C_{\alpha r}a_2 - C_{\alpha f}a_1)v_x^2 + l^2 C_{\alpha f} C_{\alpha r}}v_x \tag{10.349}$$

对于一组给定的参数 a_1、a_2、m、$C_{\alpha f}$和 $C_{\alpha r}$，侧向速度响应开始于

$$\lim_{v_x=0} S_y = 0 \tag{10.350}$$

并终止于

$$\lim_{v_x=\infty} S_y = \begin{cases} -\infty & a_1 C_{\alpha f} - a_2 C_{\alpha r} < 0 \\ \infty & a_1 C_{\alpha f} - a_2 C_{\alpha r} > 0 \end{cases} \tag{10.351}$$

如果 $C_{\alpha f} = C_{\alpha r} = C_\alpha$，且 $a_1 = a_2 = l/2$，则 S_y 简化为

$$S_y = \frac{lC_\alpha - mv_x^2}{2lC_\alpha} v_x \tag{10.352}$$

如果 $C_{\alpha f} = C_{\alpha r} = C_\alpha$，且 $a_1 \neq a_2$，则 S_y 简化为

$$S_y = \frac{a_2 lC_\alpha - ma_1 v_x^2}{m(a_2 - a_1)v_x^2 + l^2 C_\alpha} v_x \tag{10.353}$$

S_y 与 β 成正比，β 是车身坐标系纵坐标轴 x 轴至车辆速度矢量的夹角。在速度非常低时，$\beta > 0$，车辆前轮在比后轮运动圆周大的圆周上做转向运动。通过提高车速 v_x，车辆侧偏角减小，直到在临界速度时变为0。在该速度下，侧向速度也变为0，临界速度为

$$v_c = \sqrt{\frac{a_2 lC_{\alpha r}}{ma_1}} \tag{10.354}$$

当 $v_x = v_c$ 时，车辆的 x 坐标轴在质心处垂直于转向半径 R。所以，质心处速度矢量的侧向分量变为0。当 $v_x > v_c$ 时，$\beta < 0$，车辆后轮转向运动圆周大于其前轮转向运动圆周。此时，质点 C 处的速度分量有一个负的 y 方向分量。

可见，v_y 不是车辆是否在进行 y 方向转向的合适判别指标，它只是车辆速度矢量 v 在质心 C 处 y 方向的分量。速度矢量和 v_y 在车辆纵轴的其他点处则不相等，v 在 x 轴上任意一点的共同属性是所有点一定有相同的 v_x。车辆转向最好的判别参数是横摆角速度 r，该参数能够表明车辆转向的速度有多快以及向哪个方向转向。

例 435 稳态转向中心

已知稳态响应 $S_\kappa = (1/R)/\delta$ 和 $S_\beta = \beta/\delta$，就可以确定车身坐标系中车辆转向中心的位置。转向中心 (x_O, y_O) 相对于质心的坐标为

$$x_O = -R\sin\beta = -\frac{1}{S_\kappa \delta}\sin(S_\beta \delta) \tag{10.355}$$

$$y_O = R\cos\beta = \frac{1}{S_\kappa \delta}\cos(S_\beta \delta) \tag{10.356}$$

设有一辆汽车的参数如下

$$C_{\alpha f_L} = C_{\alpha f_R} \approx 3000\text{N/rad}$$

$$C_{\alpha r_L} = C_{\alpha r_R} \approx 3000\text{N/rad} \tag{10.357}$$

$$m = 1000\text{kg}$$

$$I_z = 1650\text{kgm}^2 \tag{10.358}$$

$$a_1 = 1.0\text{m}$$

$$a_2 = 1.5\text{m} \tag{10.359}$$

$$K = \frac{m}{l^2}\left(\frac{a_2}{C_{\alpha f}} - \frac{a_1}{C_{\alpha r}}\right) = 1.33 \times 10^{-2} \tag{10.360}$$

$$S_\kappa = \frac{30}{75 + v_x^2}$$

$$S_\beta = \frac{45 - 2v_x^2}{75 + v_x^2} \tag{10.361}$$

图 10.22 所示为 v_x 改变时，x_O，y_O 的变化。

$$x_O = -R\sin\beta = -\frac{75 + v_x^2}{30\delta}\sin\left(\frac{45 - 2v_x^2}{75 + v_x^2}\delta\right) \tag{10.362}$$

$$y_O = R\cos\beta = \frac{75 + v_x^2}{30\delta}\cos\left(\frac{45 - 2v_x^2}{75 + v_x^2}\delta\right) \tag{10.363}$$

x_O 从 $x_O = -a_2$ 开始，速度为 0 时在后轴上，随车速增加向前移动。y_O 从 $y_O = l\cos\delta$ 开始，速度为 0 时在后轴上，随车速增加自车辆向远离车辆方向移动。

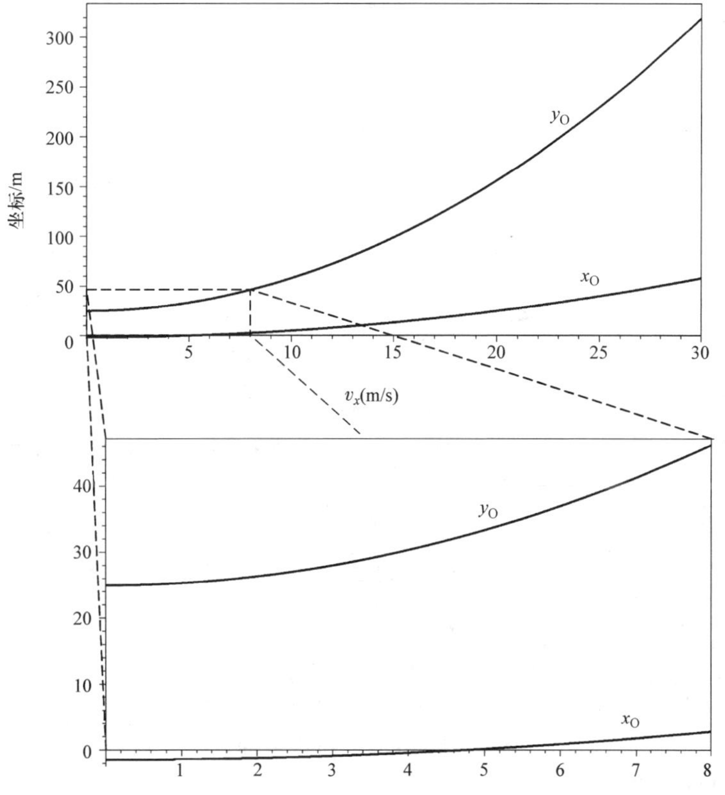

图 10.22　不同车速下转向中心（x_O，y_O）相对于车辆质心的坐标

图 10.23 所示为某车辆在固定转向角下不同速度时稳态转向中心的轨迹。对于该不足转向车辆，通过提高其行驶速度，转向中心将相对车辆向远处和向前移动。该例表明，运动学转向条件仅在汽车速度为 0 时决定其转向中心，汽车速度增加后，实际稳态转向中心将由车辆的动力学参数决定，而非由其运动学转向条件决定。

图 10.24 所示为环形路径运动车辆的三个稳态工况及其速度矢量，即 $\beta=0$ 时，v_x 低于、等于和高于临界速度的三个工况。

例 436　不足转向，过度转向和中性转向

曲率响应 S_κ 表示转向半径随转向角的变化，S_κ 可以表示为

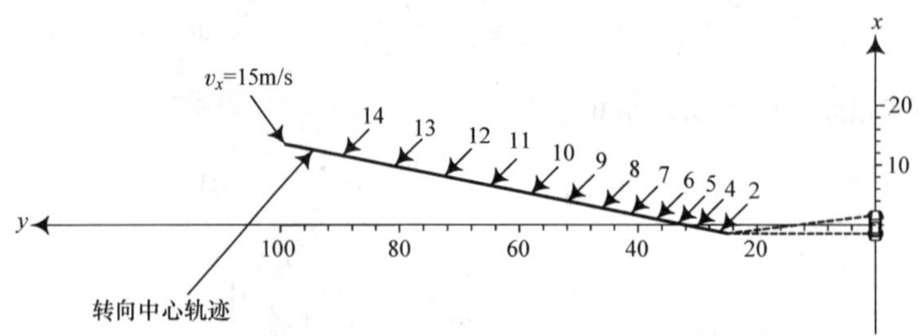

图 10.23 给定车辆在转向角固定时不同车速下的稳态转向中心轨迹

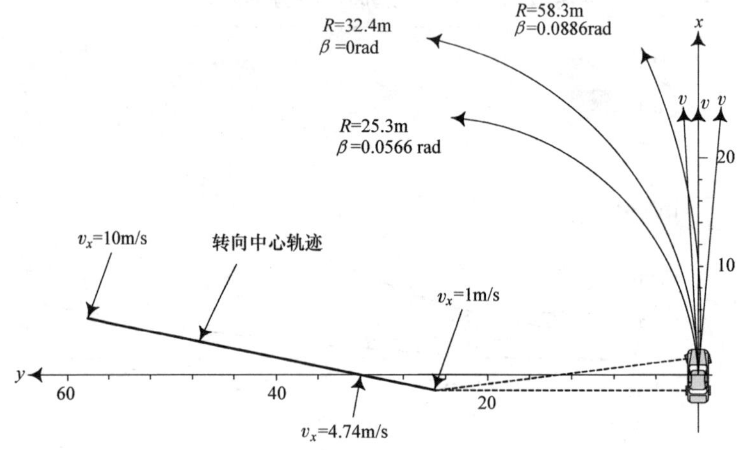

图 10.24 $\beta=0$ 时，车辆速度在低于、等于和高于临界速度时的三个稳态工况

$$S_\kappa=\frac{\kappa}{\delta}=\frac{1/R}{\delta}=\frac{1}{l}\;\frac{1}{1+Kv_x^2} \tag{10.364}$$

$$K=\frac{m}{l^2}\left(\frac{a_2}{C_{\alpha\mathrm{f}}}-\frac{a_1}{C_{\alpha\mathrm{r}}}\right) \tag{10.365}$$

式中，K 称作稳定性因数，用于判定车辆的工况：

$$\begin{gathered}K>0\text{ 时，不足转向}\\K=0\text{ 时，中性转向}\\K<0\text{ 时，过度转向}\end{gathered} \tag{10.366}$$

为了求出 K，可以重写 S_κ 为

$$\begin{aligned}S_\kappa&=\frac{\kappa}{\delta}=\frac{1/R}{\delta}=\frac{C_\delta D_\beta-C_\beta D_\delta}{v_x(D_rC_\beta-C_rD_\beta+mv_xD_\beta)}\\&=\frac{1}{v_x\left(\dfrac{D_rC_\beta-C_rD_\beta}{C_\delta D_\beta-C_\beta D_\delta}+\dfrac{mv_xD_\beta}{C_\delta D_\beta-C_\beta D_\delta}\right)}\\&=\frac{1}{l+\dfrac{mv_x^2D_\beta}{C_\delta D_\beta-C_\beta D_\delta}}=\frac{1}{l}\;\frac{1}{1+\dfrac{m}{l}\dfrac{D_\beta}{C_\delta D_\beta-C_\beta D_\delta}v_x^2}\\&=\frac{1}{l}\;\frac{1}{1+Kv_x^2}\end{aligned} \tag{10.367}$$

故有

$$K=\frac{m}{l}\frac{D_{\beta}}{C_{\delta}D_{\beta}-C_{\beta}D_{\delta}} \tag{10.368}$$

代入力系系数式（10.144）~式（10.149）后等于

$$K=\frac{m}{l^2}\left(\frac{a_2}{C_{\alpha f}}-\frac{a_1}{C_{\alpha r}}\right) \tag{10.369}$$

稳定性因数 K 的符号决定了 S_{κ} 是速度 v_x 的递增函数还是递减函数。K 的符号取决于 $a_2/C_{\alpha f}$ 和 $a_1/C_{\alpha r}$ 的相对大小关系，最终由质心位置 a_1、a_2 和前、后车轮轮胎的侧偏刚度系数 $C_{\alpha f}$、$C_{\alpha r}$ 决定。

如果 $K>0$，则

$$\frac{a_2}{C_{\alpha f}}>\frac{a_1}{C_{\alpha r}} \tag{10.370}$$

同时 $S_{\kappa}=\kappa/\delta$，且 $\mathrm{d}S_{\kappa}/\mathrm{d}v_x>0$。所以 δ 不变时，运动轨迹的曲率 $\kappa=1/R$ 随速度的升高而降低。κ 减小表示稳态圆周半径 R 随速度的 v_x 升高而增大。车辆需要正的稳定性因数，$K>0$ 的车辆为稳定车辆，称作不足转向。对于不足转向车辆，如果在提高车速的同时又要保持相同的转向圆周，则需要增大转向角。

如果 $K<0$，则

$$\frac{a_2}{C_{\alpha f}}<\frac{a_1}{C_{\alpha r}} \tag{10.371}$$

同时 $S_{\kappa}=\kappa/\delta$，且 $\mathrm{d}S_{\kappa}/\mathrm{d}v_x<0$，所以 δ 不变时，运动轨迹的曲率 $\kappa=1/R$ 随速度的升高而增加。κ 增大表示稳态圆周半径 R 随速度的 v_x 升高而减小。车辆不期望有负的稳定性因数，$K<0$ 的车辆为非稳定车辆，称作过度转向。对于过度转向车辆，如果在提高车速的同时又要保持相同的转向圆周，则需要减小转向角。

如果 $K=0$，则

$$\frac{a_2}{C_{\alpha f}}=\frac{a_1}{C_{\alpha r}} \tag{10.372}$$

这时因为 $\mathrm{d}S_{\kappa}/\mathrm{d}v_x=0$，所以 $S_{\kappa}=\kappa/\delta$ 不再是 v_x 的函数。所以无论速度是多少，δ 不变时，运动轨迹的曲率 $\kappa=1/R$ 也将保持不变。κ 为常数表示稳态圆周半径 R 不随速度 v_x 的改化而变化。稳定性因数为 0 是中性状态，$K=0$ 的车辆在稳定性的边界上，称作中性转向。驾驶中性转向车辆时，如果要在提高或降低车速时保持相同的转向圆周，不需要改变转向角。

例如，一辆汽车的参数如下：

$$C_{\alpha f}=57296\mathrm{N/rad}$$

$$C_{\alpha r}=52712\mathrm{N/rad} \tag{10.373}$$

$$m=917\mathrm{kg} \tag{10.374}$$

$$a_1=91\mathrm{cm}$$

$$a_2=164\mathrm{cm} \tag{10.375}$$

汽车的稳定性因数 K 和曲率响应 S_{κ} 分别等于

$$K=\frac{m}{l^2}\left(\frac{a_2}{C_{\alpha f}}-\frac{a_1}{C_{\alpha r}}\right)=1.602\times10^{-3} \tag{10.376}$$

$$S_{\kappa}=\frac{1}{l}\frac{1}{1+Kv_x^2}=\frac{0.39216}{1+1.602\times10^{-3}v_x^2} \tag{10.377}$$

现假设在行李箱中装货，车辆的参数发生了变化。

$$m = 1400\text{kg} \tag{10.378}$$

$$a_1 = 125\text{cm}$$

$$a_2 = 130\text{cm} \tag{10.379}$$

则新的稳定性因数 K 和曲率响应 S_κ 分别等于

$$K = -2.21 \times 10^{-4} \tag{10.380}$$

$$S_\kappa = -\frac{0.39216}{2.21 \times 10^{-4} v_x^2 - 1} \tag{10.381}$$

图 10.25 比较了两种工况和中性转向时的曲率响应 S_κ，假设增加质量不改变轮胎特性参数，其侧偏系数保持不变。

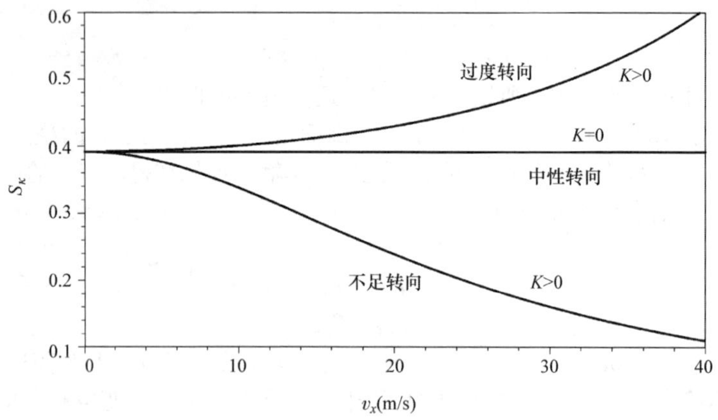

图 10.25 $K=1.602 \times 10^{-3}$、$K=-2.21 \times 10^{-4}$、$K=0$ 时曲率响应 S_κ 的比较

例 437 临界速度 v_c

如果 $K<0$，则 S_κ 随着 v_x 的增大而增大。所以为了保持稳定的轨迹半径，必须减小转向角。临界速度为

$$v_c = \sqrt{-\frac{1}{K}} \tag{10.382}$$

在该速度下，S_κ 的分母部分变为 0，所以

$$S_\kappa \to \infty \tag{10.383}$$

在临界速度下，任何转向角的减小都不能保持原有轨迹。$v_x = v_c$ 时，曲率 κ 不是转向角 δ 的函数。所以，对于某固定转向角，车辆理论上可以在任何转向半径上运动，临界速度下导致系统不稳定。$v_x \to v_c$ 时过度转向车辆将非常难以驾驶，$v_x = v_c$ 时车辆将失去控制。

某过度转向汽车的参数如下：

$$C_{\alpha f} = 57296\text{N/rad}$$

$$C_{\alpha r} = 52712\text{N/rad} \tag{10.384}$$

$$m = 1400\text{kg} \tag{10.385}$$

$$a_1 = 125\text{cm}$$

$$a_2 = 130\text{cm} \tag{10.386}$$

其临界速度为

$$v_c = \sqrt{-\frac{1}{K}} = 67.33\text{m/s} \tag{10.387}$$

由于

$$K = \frac{m}{l^2}\left(\frac{a_2}{C_{\alpha f}} - \frac{a_1}{C_{\alpha r}}\right) = 2.2059 \times 10^{-4} \tag{10.388}$$

例 438　中性转向点

车辆自行车模型的中性转向点是指在纵轴方向上的某个点，当质心处于该点位置时，车辆为中性转向。为了求出中性转向点 P_N，定义一个距前轴的距离 a_N，使 $K=0$，即

$$\frac{l - a_N}{C_{\alpha f}} - \frac{a_N}{C_{\alpha r}} = 0 \tag{10.389}$$

所以

$$a_N = \frac{C_{\alpha r}}{C_{\alpha f} + C_{\alpha r}} l \tag{10.390}$$

中性转向距离为

$$d_N = a_N - a_1 \tag{10.391}$$

表示质心再移动多少距离可以实现中性转向。

例如，某汽车的参数如下：

$$C_{\alpha f} = 57296\text{N/rad}$$
$$C_{\alpha r} = 52712\text{N/rad} \tag{10.392}$$
$$a_1 = 91\text{cm}$$
$$a_2 = 164\text{cm} \tag{10.393}$$

其中性转向点位于

$$a_N = 1.2219\text{m} \tag{10.394}$$

所以，质心在向前移动距离 d_N 时还能保持为不足转向。

$$d_N = a_N - a_1 \approx 31.2\text{cm} \tag{10.395}$$

例 439　过度转向车辆的稳态响应

为了对比不足转向车辆和过度转向车辆的稳态响应，我们考察一下改变某不足转向车辆的速度时，其稳态参数 S_κ、S_β、S_r、S_a 和 S_y 会如何变化。除了质心位置外，本例中的车辆特性指标与例 428 中的车辆特性指标相同。

$$C_{\alpha f_L} = C_{\alpha f_R} \approx 3000\text{N/rad}$$
$$C_{\alpha r_L} = C_{\alpha r_R} \approx 3000\text{N/rad} \tag{10.396}$$
$$m = 1000\text{kg}$$
$$I_z = 1650\text{kgm}^2 \tag{10.397}$$
$$a_1 = 1.28\text{m}$$
$$a_2 = 1.22\text{m} \tag{10.398}$$

$$K = \frac{m}{l^2}\left(\frac{a_2}{C_{\alpha f}} - \frac{a_1}{C_{\alpha r}}\right) = -1.6 \times 10^{-3} \tag{10.399}$$

$$S_\kappa = \frac{250}{625 - v_x^2}$$

$$S_{\beta}=\frac{350-21.33v_x^2}{75-v_x^2}$$

$$S_r=S_{\kappa}v_x=\frac{250v_x}{625-v_x^2}$$

$$S_a=S_{\kappa}v_x^2\ \frac{250v_x^2}{625-v_x^2}$$

$$S_y=\frac{350-21.33v_x^2}{75-v_x^2}v_x \tag{10.400}$$

图10.26～图10.30所示为提高车辆行驶速度时稳态响应的变化情况。

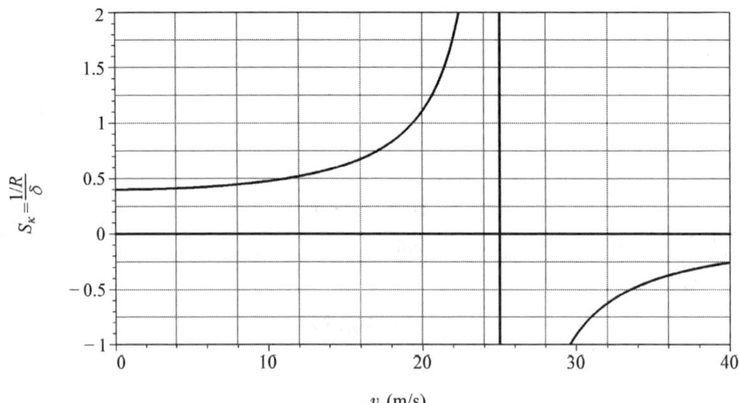

图10.26　作为车辆行驶速度 v_x 函数的曲率响应 S_{κ}

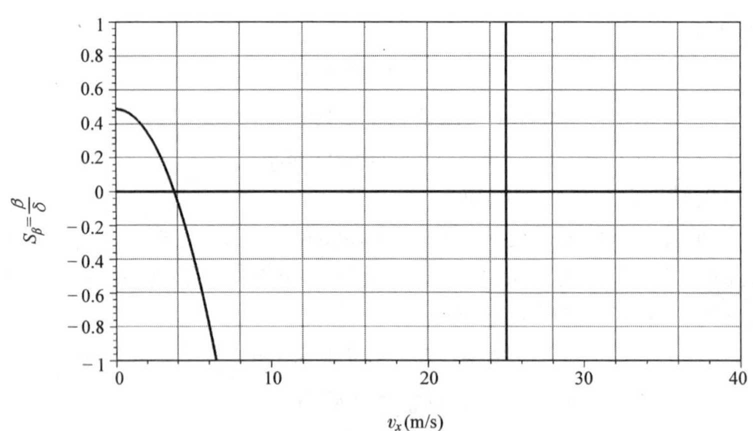

图10.27　某过度转向车辆的侧偏响应 S_{β}（车辆行驶速度 v_x 函数）

提高车辆速度，S_{κ} 随之增加，并在临界速度趋向于达到无穷大，意味着对于固定的 δ，转向半径将随车辆速度增加而减小，S_{β} 值随车辆速度 v_x 的增加而单调减小。

S_r 的初始值为0，然后随着速度的增加 v_x 而增加。S_a 表示车辆在均匀速度下沿圆周转向时的向心加速度，S_a 在 $v_x=0$ 时的初始值为0，然后迅速增加并趋向于无穷大，即 $S_a\to\infty$。侧向速度响应 S_y 表示车辆质心在 y 方向上的速度，该初始值为0，先是随着速度增加增大到最大值，然后再单调减小为负值。

例 440★　固定侧向力下的稳态响应

设某车辆转向角为 0 的情况下受到固定的侧向力 F_y，在稳态工况时，车辆运动由下列方程描述。

$$F_y = C_r r + C_\beta \beta = mrv_x \tag{10.401}$$

$$M_z = D_r r + D_\beta \beta = 0 \tag{10.402}$$

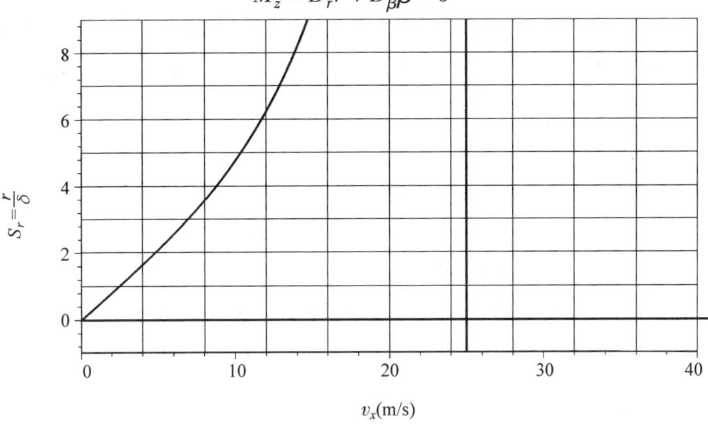

图 10.28　某过度转向车辆的横摆角速度响应 S_r（车辆行驶速度 v_x 函数）

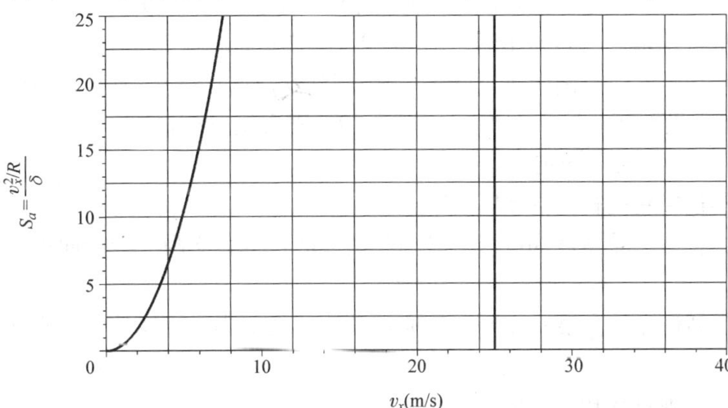

图 10.29　某过度转向车辆的侧向加速度响应 S_a（车辆行驶速度 v_x 函数）

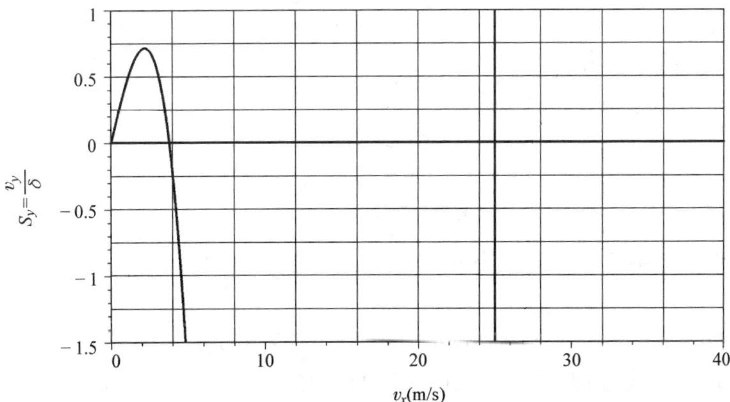

图 10.30　某过度转向车辆的侧向速度响应 S_y（车辆行驶速度 v_x 函数）

式（10.401）和式（10.402）可以用于定义如下稳态响应：

$$S_{y1}=\frac{\kappa}{F_y}=\frac{1/R}{F_y}=\frac{D_\beta}{v_x(C_rD_\beta-C_\beta D_r)} \tag{10.403}$$

$$S_{y2}=\frac{r}{F_y}=\frac{D_\beta}{C_rD_\beta-C_\beta D_r} \tag{10.404}$$

固定侧向力可能会由于车辆在侧倾道路上行驶或受侧向风力作用而产生。非零侧向速度响应 S_{y1} 表示车辆将在 $\delta=0$、$F_y\neq0$ 的情况下发生转向，侧向速度响应可以变换成如下关于稳定性因数函数的方程：

$$\begin{aligned}S_{y1}&=\frac{1}{v_x(C_r-C_\beta D_r/D_\beta)}=\frac{a_1C_{\alpha\mathrm{f}}-a_2C_{\alpha\mathrm{r}}}{v_xC_{\alpha\mathrm{f}}C_{\alpha\mathrm{r}}l^2}\\&=-\frac{1}{v_xl^2}\left(\frac{a_2}{C_{\alpha\mathrm{f}}}-\frac{a_1}{C_{\alpha\mathrm{r}}}\right)=-\frac{1}{mv_x}K\end{aligned} \tag{10.405}$$

为了便于排除道路上的雨水或其他洒水，在修建直行道路时会保留自道路中心向两侧的微小侧倾。设某汽车在一条有侧倾角的直行道路上行驶，由于侧倾角 θ 的存在，重力的侧向分力为

$$F_y=-mg\sin\theta\approx-mg\theta \tag{10.406}$$

该力会沿侧倾方向牵引汽车。如果汽车是不足转向车辆，即 $K>0$，则汽车将朝倾斜角下侧方向转向，如果汽车是过度转向车辆，即 $K<0$，则汽车将朝倾斜角上侧方向转向。

同理，如果在 y 方向有侧向风，汽车在平直路面行驶时，对于不足转向汽车，即 $K>0$，将会绕 z 轴转向，而对于过度转向汽车，即 $K<0$，则会绕 $-z$ 轴转向。

例 441★　SAE 对转向的定义

不足转向和过度转向行为的 SAE 定义如下：

不足转向：转向车轮角度梯度与总转向传动比的比值大于阿克曼转向梯度的车辆为不足转向车辆。

过度转向：转向车轮角度梯度与总转向传动比的比值小于阿克曼转向梯度的车辆为过度转向车辆。

阿克曼转向：阿克曼转向梯度为

$$S_A=\frac{l}{v_x^2}=\frac{\mathrm{d}(l/R)}{\mathrm{d}(v_x^2/R)} \tag{10.407}$$

例 442★　精确稳态响应

两轮刚性车辆的稳态转向表示为

$$F_x=-mrv_y \tag{10.408}$$

$$C_rr+C_\beta\beta+C_\delta\delta=mrv_x \tag{10.409}$$

$$D_rr+D_\beta\beta+D_\delta\delta=0 \tag{10.410}$$

稳态转向中，车辆质心在半径为 R 的圆周上以速度 v_x 行驶，横摆角速度为 r，所以，v_x 与 r 的关系为

$$v_x=Rr\cos\beta\quad v=Rr\quad R_1=R\cos\beta \tag{10.411}$$

将式（10.280）代入式（10.277）~式(10.279）得到

$$C_r \frac{v_x}{R_1} + C_\beta \beta + C_\delta \delta = m \frac{v_x^2}{R_1} \tag{10.412}$$

$$D_r \frac{v_x}{R_1} + D_\beta \beta + D_\delta \delta = 0 \tag{10.413}$$

再根据 R_1 定义一个新的曲率 κ_1

$$\kappa_1 = \frac{1}{R_1} \tag{10.414}$$

写成矩阵形式为

$$\begin{bmatrix} C_\beta & C_r v_x - m v_x^2 \\ D_\beta & D_r v_x \end{bmatrix} \begin{bmatrix} \beta \\ \kappa_1 \end{bmatrix} = \begin{bmatrix} -C_\delta \\ -D_\delta \end{bmatrix} \delta \tag{10.415}$$

解方程后求出 β 和 κ_1

$$\begin{bmatrix} \beta \\ \kappa_1 \end{bmatrix} = \begin{bmatrix} \dfrac{D_\delta (C_r - m v_x) - D_r C_\delta}{D_r C_\beta - C_r D_\beta + m v_x D_\beta} \\ \dfrac{C_\delta D_\beta - C_\beta D_\delta}{v_x (D_r C_\beta - C_r D_\beta + m v_x D_\beta)} \end{bmatrix} \delta \tag{10.416}$$

现在可以定义一组更加准确的稳态响应。

1）曲率响应，S_κ

$$\begin{aligned} S_\kappa &= \frac{\kappa}{\delta} = \frac{1}{R\delta} = \frac{1}{R_1 \delta} \cos\beta \\ &= \frac{C_\delta D_\beta - C_\beta D_\delta}{v_x (D_r C_\beta - C_r D_\beta + m v_x D_\beta)} \cos\beta \end{aligned} \tag{10.417}$$

2）侧偏角响应，S_β

$$S_\beta = \frac{\beta}{\delta} = \frac{D_\delta (C_r - m v_x) - D_r C_\delta}{D_r C_\beta - C_r D_\beta + m v_x D_\beta} \tag{10.418}$$

3）横摆角速度响应，S_r

$$S_r = \frac{r}{\delta} = \frac{\kappa}{\delta} v_x = S_\kappa v_x = \frac{C_\delta D_\beta - C_\beta D_\delta}{D_r C_\beta - C_r D_\beta + m v_x D_\beta} \cos\beta \tag{10.419}$$

4）向心加速度响应，S_a

$$S_a = \frac{v_x^2 / R}{\delta} = \frac{\kappa}{\delta} v_x^2 = S_\kappa v_x^2 = \frac{(C_\delta D_\beta - C_\beta D_\delta) v_x}{D_r C_\beta - C_r D_\beta + m v_x D_\beta} \cos\beta \tag{10.420}$$

5）侧向速度响应，S_y

$$S_y = \frac{v_y}{\delta} = S_\beta v_x = \frac{D_\delta (C_r - m v_x) - D_r C_\delta}{D_r C_\beta - C_r D_\beta + m v_x D_\beta} v_x \tag{10.421}$$

10.6★　两轮车辆的线性化模型

车辆侧偏角 β 非常小时，自行车模型运动方程简化为如下方程：

$$F_x = m\dot{v} - m r v \beta \tag{10.422}$$

$$F_y = m v (r + \dot{\beta}) + m \beta \dot{v} \tag{10.423}$$

$$M_z = I_z \dot{r} \tag{10.424}$$

$$F_y=(-C_{\alpha f}-C_{\alpha r})\beta+\frac{1}{v}(a_2C_{\alpha r}-a_1C_{\alpha f})r+\delta_fC_{\alpha f}+\delta_rC_{\alpha r} \tag{10.425}$$

$$M_z=(a_2C_{\alpha r}-a_1C_{\alpha f})\beta-\frac{1}{v}(a_1^2C_{\alpha f}+a_2^2C_{\alpha r})r+a_1C_{\alpha f}\delta_f-a_2C_{\alpha r}\delta_r \tag{10.426}$$

v 不是常量的情况下这些方程不是线性的，但是因为假设 $\beta<<1$，所以方程称作线性化运动方程。

车辆速度是常量时，方程变为

$$F_x=-mrv\beta \tag{10.427}$$

$$F_y=mv(r+\dot{\beta}) \tag{10.428}$$

$$M_z=I_z\dot{r} \tag{10.429}$$

证明：对于小侧偏角 β，可以假设

$$v_x=v\cos\beta\approx v \tag{10.430}$$

$$v_y=v\sin\beta\approx v\beta \tag{10.431}$$

因此，式（10.193）~式(10.195）简化为

$$F_x=m\dot{v}_x-mrv_y=m\dot{v}-mrv\beta \tag{10.432}$$

$$F_y=m\dot{v}_y+mrv_x=m(\dot{v}\beta+v\dot{\beta})+mrv \tag{10.433}$$

$$M_z=\dot{r}I_z \tag{10.434}$$

速度为常量时，$\dot{v}=0$，代入后方程组与式（10.427）~式(10.429）相等。

轮胎侧偏角也可以简化为

$$\alpha_f=\beta_f-\delta_f=\frac{1}{v_x}(v_y+a_1r)-\delta_f=\beta+\frac{a_1r}{v}-\delta_f \tag{10.435}$$

$$\alpha_r=\beta_r-\delta_r=\frac{1}{v_x}(v_y-a_2r)-\delta_r=\beta-\frac{a_2r}{v}-\delta_r \tag{10.436}$$

前、后轮胎的侧向力为

$$F_{yf}=-C_{\alpha f}\alpha_f \tag{10.437}$$

$$F_{yr}=-C_{\alpha r}\alpha_r \tag{10.438}$$

将上述等式代入式（10.432）~式(10.434)，应用定义

$$F_x\approx F_{xf}+F_{xr} \tag{10.439}$$

$$F_y\approx F_{yf}+F_{yr} \tag{10.440}$$

$$M_z\approx a_1F_{yf}-a_2F_{yr} \tag{10.441}$$

得到力系为

$$\begin{aligned}F_y&=F_{yf}+F_{yr}\\&=(-C_{\alpha f}-C_{\alpha r})\beta+\frac{1}{v}(a_2C_{\alpha r}-a_1C_{\alpha f})r\\&\quad+\delta_fC_{\alpha f}+\delta_rC_{\alpha r}\end{aligned} \tag{10.442}$$

$$\begin{aligned} M_z &= a_1 F_{yf} - a_2 F_{yr} \\ &= (a_2 C_{\alpha r} - a_1 C_{\alpha f})\beta - \frac{1}{v}(a_1^2 C_{\alpha f} + a_2^2 C_{\alpha r}) r \\ &\quad + a_1 C_{\alpha f}\delta_f - a_2 C_{\alpha r}\delta_r \end{aligned} \tag{10.443}$$

例 443★ 前轮转向和均匀速度

大多数情况下，车辆仅用前轮作转向车轮，所以有 $\delta_f = \delta$，$\delta_r = 0$。从而将均匀速度下前轮转向的运动方程简化为

$$F_x = -mrv\beta \tag{10.444}$$

$$\begin{aligned} mv\dot{\beta} &= (-C_{\alpha f} - C_{\alpha r})\beta \\ &\quad + \left(-\frac{1}{v}(a_1 C_{\alpha f} - a_2 C_{\alpha r}) - mv\right) r + C_{\alpha f}\delta \end{aligned} \tag{10.445}$$

$$\begin{aligned} I_z \dot{r} &= (a_2 C_{\alpha r} - a_1 C_{\alpha f})\beta \\ &\quad + \left[-\frac{1}{v}(C_{\alpha f} a_1^2 + C_{\alpha r} a_2^2)\right] r + (a_1 C_{\alpha f})\delta \end{aligned} \tag{10.446}$$

为了简化计算，第二和第三方程可以写成矩阵形式

$$\begin{aligned} \begin{bmatrix} \dot{\beta} \\ \dot{r} \end{bmatrix} &= \begin{bmatrix} \dfrac{-(C_{\alpha f} + C_{\alpha r})}{mv} & \dfrac{a_2 C_{\alpha r} - a_1 C_{\alpha f}}{mv^2} - 1 \\ \dfrac{a_2 C_{\alpha r} - a_1 C_{\alpha f}}{I_z} & \dfrac{-(C_{\alpha f} a_1^2 + C_{\alpha r} a_2^2)}{v I_z} \end{bmatrix} \begin{bmatrix} \beta \\ r \end{bmatrix} \\ &\quad + \begin{bmatrix} \dfrac{C_{\alpha f}}{mv} \\ \dfrac{a_1 C_{\alpha f}}{I_z} \end{bmatrix} \delta \end{aligned} \tag{10.447}$$

例 444★ 稳态工况和线性化系统

式（10.447）给出的四轮车辆前轮转向两轮模型的运动方程可以用于对 β 进行线性化，稳态工况下有

$$\begin{bmatrix} \dot{\beta} \\ \dot{r} \end{bmatrix} = 0 \tag{10.448}$$

所以有

$$\begin{aligned} \begin{bmatrix} \beta \\ r \end{bmatrix} &= \begin{bmatrix} \dfrac{-C_{\alpha f} - C_{\alpha r}}{mv} & \dfrac{a_2 C_{\alpha r} - a_1 C_{\alpha f}}{mv^2} - 1 \\ \dfrac{a_2 C_{\alpha r} - a_1 C_{\alpha f}}{I_z} & \dfrac{-C_{\alpha f} a_1^2 - C_{\alpha r} a_2^2}{v I_z} \end{bmatrix}^{-1} \begin{bmatrix} \dfrac{C_{\alpha f}}{mv}\delta \\ \dfrac{a_1 C_{\alpha f}}{I_z}\delta \end{bmatrix} \\ &= \begin{bmatrix} \dfrac{-(a_2^2 C_{\alpha r} + a_1 a_2 C_{\alpha r} - mv^2 a_1) C_{\alpha f}\delta}{C_{\alpha f} C_{\alpha r}(a_1 + a_2)^2 - mv^2(a_1 C_{\alpha f} - a_2 C_{\alpha r})} \\ \dfrac{-(a_1 + a_2) v C_{\alpha f} C_{\alpha r}\delta}{C_{\alpha f} C_{\alpha r}(a_1 + a_2)^2 - mv^2(a_1 C_{\alpha f} - a_2 C_{\alpha r})} \end{bmatrix} \end{aligned} \tag{10.449}$$

应用式（10.449）可以定义如下稳态响应：

侧偏角响应，S_β

$$S_\beta = \frac{\beta}{\delta} = \frac{-(a_2^2 C_{\alpha r} + a_1 a_2 C_{\alpha r} - mv^2 a_1) C_{\alpha f}}{C_{\alpha f} C_{\alpha r} l^2 - mv^2 (a_1 C_{\alpha f} - a_2 C_{\alpha r})} \tag{10.450}$$

横摆角速度响应，S_r

$$S_r = \frac{r}{\delta} = \frac{-C_{\alpha f} C_{\alpha r} l v}{C_{\alpha f} C_{\alpha r} l^2 - mv^2 (a_1 C_{\alpha f} - a_2 C_{\alpha r})} \tag{10.451}$$

稳态工况下有

$$r = \frac{v}{R} \tag{10.452}$$

式中，R 是车辆运动轨迹的圆周半径。应用式（10.452）可以定义另两个稳态响应：

曲率响应，S_κ

$$\begin{aligned} S_\kappa &= \frac{\kappa}{\delta} = \frac{1}{R\delta} = \frac{r}{v\delta} = \frac{1}{v} S_r \\ &= \frac{-l C_{\alpha f} C_{\alpha r}}{C_{\alpha f} C_{\alpha r} l^2 - mv^2 (a_1 C_{\alpha f} - a_2 C_{\alpha r})} \end{aligned} \tag{10.453}$$

侧向加速度响应，S_a

$$\begin{aligned} S_a &= \frac{v^2/R}{\delta} = \frac{\kappa}{\delta} v^2 = S_\kappa v^2 \\ &= \frac{-l C_{\alpha f} C_{\alpha r} v^2}{C_{\alpha f} C_{\alpha r} l^2 - mv^2 (a_1 C_{\alpha f} - a_2 C_{\alpha r})} \end{aligned} \tag{10.454}$$

上述稳态响应与式（10.267）~式(10.270）中定义的稳态响应1 ~4 相比更具有通用性。

例 445★ 线性化模型的不足转向和过度转向

应用式（10.453）中曲率响应 S_κ 可以定义

$$\begin{aligned} S_\kappa &= \frac{\kappa}{\delta} = \frac{1/R}{\delta} = \frac{-l C_{\alpha f} C_{\alpha r}}{C_{\alpha f} C_{\alpha r} l^2 - mv^2 (a_1 C_{\alpha f} - a_2 C_{\alpha r})} \\ &= \frac{1}{l + \dfrac{mv^2 (a_1 C_{\alpha f} - a_2 C_{\alpha r})}{-l C_{\alpha f} C_{\alpha r}}} \\ &= \frac{1}{l} \frac{1}{1 + \dfrac{mv^2 (a_1 C_{\alpha f} - a_2 C_{\alpha r})}{-l^2 C_{\alpha f} C_{\alpha r}}} = \frac{1}{l} \frac{1}{1 + K v_x^2} \end{aligned} \tag{10.455}$$

$$K = \frac{m}{l^2} \left(\frac{a_2}{C_{\alpha f}} - \frac{a_1}{C_{\alpha r}} \right) \tag{10.456}$$

式中，K 与式（10.369）中给出的稳定性因数相同，所以，线性化方程中的稳定性因数仍然保持不变。

例 446★ 非线性源

刚性车辆的运动学方程中存在三个非线性来源：变量的积、三角函数、力的非线性特征。转向角 δ、侧偏角 α_i 和 β 非常小时，力的作用是线性的，三角函数也可以近似为线性，同时变量的积也由于太小而不足以体现出非线性影响。因此，可以忽略掉各种非线性因素，这种工况又称作小角度工况，适合于小角度转向和正常速度驱动。

10.7★　瞬态响应

为了考察车辆的瞬态响应和车辆对一个转向角输入的反应，需要求解下面一组耦合的常微分方程。

$$\dot{v}_x=\frac{1}{m}F_x+rv_y \tag{10.457}$$

$$\dot{v}_y=\frac{C_\beta}{mv_x}v_y-\left(v_x-\frac{C_r}{m}\right)r+\frac{C_\delta}{m}\delta(t) \tag{10.458}$$

$$\dot{r}=\frac{D_\beta}{I_zv_x}v_y+\frac{D_r}{I_z}r+\frac{D_\delta}{I_z}\delta(t) \tag{10.459}$$

对于给出的与时间有关的转向角，这一组方程的解为

$$v_x=v_x(t) \tag{10.460}$$

$$v_y=v_y(t) \tag{10.461}$$

$$r=r(t) \tag{10.462}$$

这组解称作时间响应或瞬态响应。

假设行驶速度为匀速，式（10.457）简化为一个代数方程。

$$F=-mrv_y \tag{10.463}$$

$$\begin{bmatrix}\dot{v}_y\\ \dot{r}\end{bmatrix}=\begin{bmatrix}\dfrac{C_\beta}{mv_x} & \dfrac{C_r}{m}-v_x\\ \dfrac{D_\beta}{I_zv_x} & \dfrac{D_r}{I_z}\end{bmatrix}\begin{bmatrix}v_y\\ r\end{bmatrix}+\begin{bmatrix}\dfrac{C_\delta}{m}\\ \dfrac{D_\delta}{I_z}\end{bmatrix}\delta(t) \tag{10.464}$$

式（10.464）与第一个方程无关，式（10.464）可以写成矩阵形式

$$\dot{\boldsymbol{q}}=[A]\boldsymbol{q}+\boldsymbol{u} \tag{10.465}$$

式中，$[A]$ 是常系数矩阵；$\boldsymbol{q}$ 是控制变量向量；$\boldsymbol{u}$ 是输入向量。

$$[A]=\begin{bmatrix}-\dfrac{C_{\alpha f}+C_{\alpha r}}{mv_x} & \dfrac{-a_1C_{\alpha f}+a_2C_{\alpha r}}{mv_x}-v_x\\ -\dfrac{a_1C_{\alpha f}-a_2C_{\alpha r}}{I_zv_x} & -\dfrac{a_1^2C_{\alpha f}+a_2^2C_{\alpha r}}{I_zv_x}\end{bmatrix} \tag{10.466}$$

$$=\begin{bmatrix}\dfrac{C_\beta}{mv_x} & \dfrac{C_r}{m}-v_x\\ \dfrac{D_\beta}{I_zv_x} & \dfrac{D_r}{I_z}\end{bmatrix} \tag{10.467}$$

$$\boldsymbol{q}=\begin{bmatrix}v_y\\ r\end{bmatrix} \tag{10.468}$$

$$\boldsymbol{u}=\begin{bmatrix}\dfrac{C_{\alpha f}}{m}\\ \dfrac{a_1 C_{\alpha f}}{I_z}\end{bmatrix}\delta(t)=\begin{bmatrix}\dfrac{C_{\delta}}{m}\\ \dfrac{D_{\delta}}{I_z}\end{bmatrix}\delta(t) \tag{10.469}$$

为了求解逆向动力学问题并求出车辆响应，必须知道转向角函数 $\delta(t)$。

例 447★ 正向动力学问题和逆向动力学问题

两类动力学问题包括：直接动力学或正向动力学；间接动力学或逆向动力学。在正向动力学中，需要构建一组目标函数 $v_x=v_x(t)$、$v_y=v_y(t)$、$r=r(t)$，然后求出 $\delta(t)$。在逆向动力学中，先给定输入函数 $\delta=\delta(t)$，然后求出输出函数 $v_x=v_x(t)$、$v_y=v_y(t)$、$r=r(t)$。

正向动力学问题需要微分计算，逆向动力学问题需要积分计算。通常求解逆向动力学问题比求解正向动力学更加复杂。

例 448★ 阶跃转向角输入的解析解

设某车辆的性能参数如下

$$\begin{aligned}
&C_{\alpha f}=60000\text{N/rad} && C_{\alpha r}=60000\text{N/rad}\\
&m=1000\text{kg} && I_z=1650\text{kgm}^2\\
&a_1=1.0\text{m} && a_2=1.5\text{cm}\\
&v_x=20\text{m/s}
\end{aligned} \tag{10.470}$$

根据式（10.144）~式(10.149）的定义，该车辆的力系系数为

$$\begin{aligned}
&C_r=1500\text{Ns/rad} && C_{\beta}=-120000\text{N/rad}\\
&C_{\delta}=60000\text{N/rad} && D_r=-9750\text{Nms/rad}\\
&D_{\beta}=30000\text{Nm/rad} && D_{\delta}=60000\text{Nm/rad}
\end{aligned} \tag{10.471}$$

假设转向角输入为

$$\delta(t)=\begin{cases}0.1\text{rad}\approx 5.73^{\circ} & t>0\\ 0 & t\leqslant 0\end{cases} \tag{10.472}$$

则可以用稳态响应确定车辆运动学变量稳态值

$$R=\frac{1}{S_{\kappa}\delta}=\frac{D_rC_{\beta}-C_rD_{\beta}+mv_xD_{\beta}}{C_{\delta}D_{\beta}-C_{\beta}D_{\delta}}\frac{v_x}{\delta}=38.33\text{m} \tag{10.473}$$

$$\beta=S_{\beta}\delta=\frac{D_{\delta}(C_r-mv_x)-D_rC_{\delta}}{D_rC_{\beta}-C_rD_{\beta}+mv_xD_{\beta}}\delta=-0.0304\text{rad} \tag{10.474}$$

$$r=S_r\delta=\frac{C_{\delta}D_{\beta}-C_{\beta}D_{\delta}}{D_rC_{\beta}-C_rD_{\beta}+mv_xD_{\beta}}\delta=0.522\text{rad/s} \tag{10.475}$$

$$\frac{v_x^2}{R}=S_a\delta=\frac{C_{\delta}D_{\beta}-C_{\beta}D_{\delta}}{D_rC_{\beta}-C_rD_{\beta}+mv_xD_{\beta}}v_x\delta=10.43\text{m/s}^2 \tag{10.476}$$

$$v_y=S_y\delta=\frac{D_{\delta}(C_r-mv_x)-D_rC_{\delta}}{D_rC_{\beta}-C_rD_{\beta}+mv_xD_{\beta}}v_x\delta=-0.608\text{m/s} \tag{10.477}$$

在零时刻的初始条件

$$\boldsymbol{q}_0=\begin{bmatrix}v_y(0)\\ r(0)\end{bmatrix}=\begin{bmatrix}0\\0\end{bmatrix} \tag{10.478}$$

运动方程为

$$\dot{v}_y + 6v_y + 18.5r = 60\delta(t) = 6 \tag{10.479}$$

$$\dot{r} - 0.909v_y + 5.909r = 36.363\delta(t) = 3.636 \tag{10.480}$$

运动方程的解

$$\begin{bmatrix} v_y(t) \\ r(t) \end{bmatrix} = \begin{bmatrix} -0.609 + e^{-5.95t}(2.347\sin 4.1t + 0.609\cos 4.1t) \\ 0.522 + e^{-5.95t}(0.129\sin 4.1t - 0.522\cos 4.1t) \end{bmatrix} \tag{10.481}$$

为了考察车辆匀速直驶时转向角突然变化的响应，可以绘制车辆的运动学变量曲线，图 10.31 和图 10.32 分别是 $v_y(t)$ 和 $r(t)$ 解的曲线图。

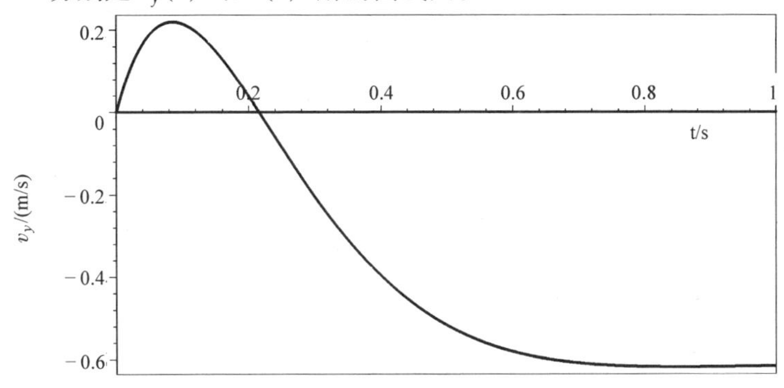

图 10.31　转向角突然变化时的侧向速度响应

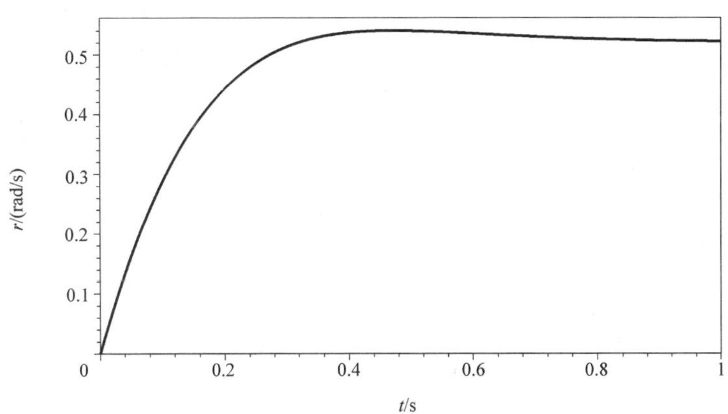

图 10.32　转向角突然变化时的横摆角速度响应

因为转向输入为正，所以车辆应向左转向，即转向 y 轴的正向。图 10.32 中的横摆角速度为正值，表示车辆在绕 z 轴转向。

已知 v_y 和 r 后，还可以求出前轮和后轮的侧向速度。

$$v_{y_f} = v_y + a_1 r \qquad v_{y_r} = v_y - a_2 r \tag{10.482}$$

车辆前轮和后轮的侧向速度如图 10.33 和图 10.34 所示，车辆侧偏角 $\beta = v_y/v_x$ 和转向半径 $R = v_x/r$ 如图 10.35 和图 10.36 所示。

例 449★　时间数列和自由响应

对于零转向角输入时，即

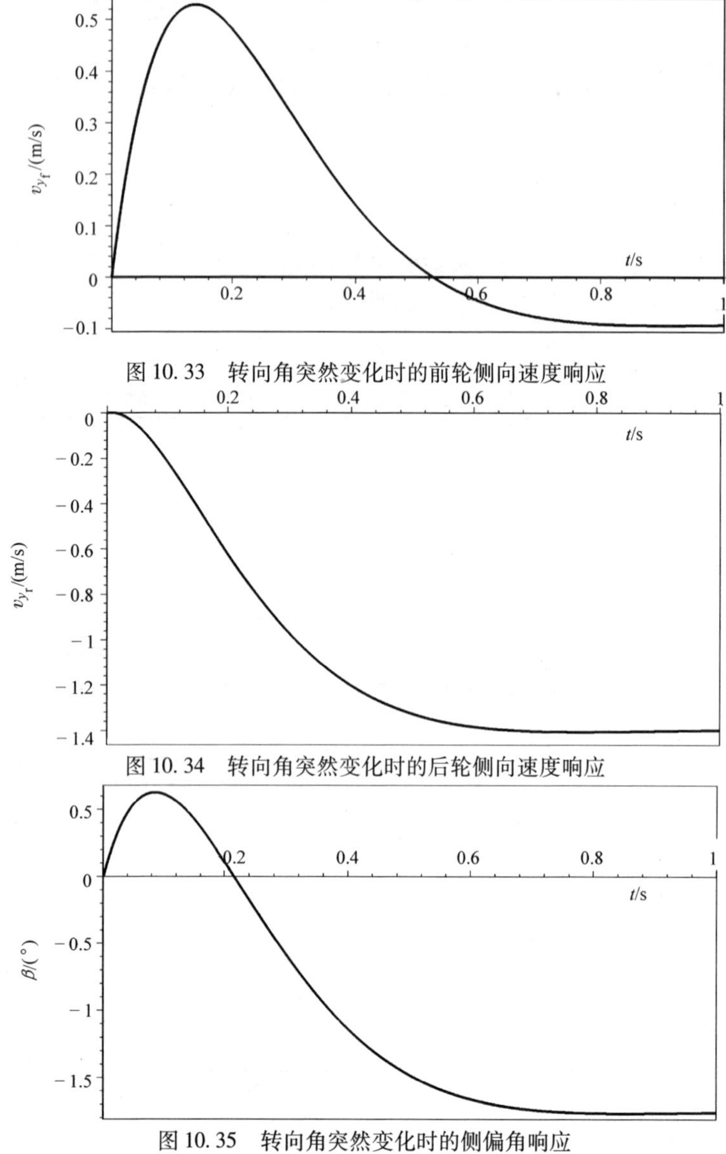

图 10.33 转向角突然变化时的前轮侧向速度响应

图 10.34 转向角突然变化时的后轮侧向速度响应

图 10.35 转向角突然变化时的侧偏角响应

$$\delta(t)=0 \tag{10.483}$$

匀速行驶车辆的响应称作自由响应。自由动力学中的运动方程为

$$\dot{\boldsymbol{q}}=[A]\boldsymbol{q} \tag{10.484}$$

为了便于解方程，假设

$$[A]=\begin{bmatrix} a & b \\ c & d \end{bmatrix} \tag{10.485}$$

所以运动方程为

$$\begin{bmatrix} \dot{v}_y \\ \dot{r} \end{bmatrix}=\begin{bmatrix} a & b \\ c & d \end{bmatrix}\begin{bmatrix} v_y \\ r \end{bmatrix} \tag{10.486}$$

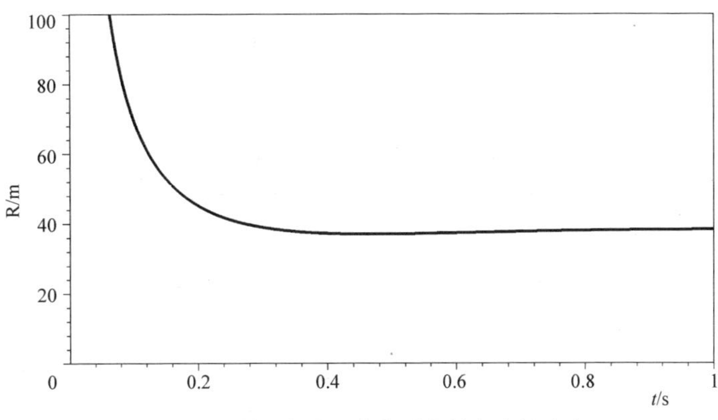

图 10.36　转向角突然变化时的转向半径响应

由于方程为线性方程，其解是指数函数，即

$$v_y = Ae^{\lambda t} \qquad r = Be^{\lambda t} \tag{10.487}$$

将上述解代入运动方程

$$\begin{bmatrix} A\lambda e^{\lambda t} \\ B\lambda e^{\lambda t} \end{bmatrix} = \begin{bmatrix} a & b \\ c & d \end{bmatrix} \begin{bmatrix} Ae^{\lambda t} \\ Be^{\lambda t} \end{bmatrix} \tag{10.488}$$

进而有

$$\begin{bmatrix} a-\lambda & b \\ c & d-\lambda \end{bmatrix} \begin{bmatrix} Ae^{\lambda}t \\ Be^{\lambda}t \end{bmatrix} = 0 \tag{10.489}$$

因此，函数式（10.487）是式（10.486）的解的条件就是指数 λ 是矩阵［A］的特征值，可以展开系数矩阵行列式求出 λ。

$$\det\begin{bmatrix} a-\lambda & b \\ c & d-\lambda \end{bmatrix} = \lambda^2 - (a+d)\lambda + (ad-bc) \tag{10.490}$$

接着求出特征方程

$$\lambda^2 - (a+d)\lambda + (ad-bc) = 0 \tag{10.491}$$

特征方程的解为

$$\lambda_{1,2} = \frac{1}{2}(a+d) \pm \frac{1}{2}\sqrt{(a-d)^2 + 4bc} \tag{10.492}$$

已知特征值 $\lambda_{1,2}$，就可以得到自行车模型自由动力学的通解：

$$v_y = A_1 e^{\lambda_1 t} + A_2 e^{\lambda_2 t} \tag{10.493}$$

$$r = B_1 e^{\lambda_1 t} + B_2 e^{\lambda_2 t} \tag{10.494}$$

系数 A_1、A_2、B_1 和 B_2 应该根据初始条件求出。

例如，设某车辆的性能参数如下：

$$\begin{aligned} &C_{\alpha f} = 57296\text{N/rad} && C_{\alpha r} = 52712\text{N/rad} \\ &m = 1400\text{kg} && I_z = 1128\text{kgm}^2 \\ &a_1 = 125\text{cm} && a_2 = 130\text{cm} \\ &v_x = 20\text{m/s} \end{aligned} \tag{10.495}$$

开始于

$$\boldsymbol{q}_0 = \begin{bmatrix} v_y(0) \\ r(0) \end{bmatrix} = \begin{bmatrix} 1 \\ 0 \end{bmatrix} \tag{10.496}$$

代入后得到

$$\begin{bmatrix} \dot{v}_y \\ \dot{r} \end{bmatrix} = \begin{bmatrix} -3.929 & -31.051 \\ -13.716 & -79170.337 \end{bmatrix} \begin{bmatrix} v_y \\ r \end{bmatrix} \tag{10.497}$$

其解为

$$v_y = -0.173 \times 10^{-3} (e^{-3.93t} - e^{-79170.34t}) \tag{10.498}$$

$$r = e^{-3.93t} + 0.68 \times 10 \times 10^{-7} e^{-79170.34t} \tag{10.499}$$

图10.37和图10.38为时间响应图，图10.39是对图10.38的放大，表明r不会跳变为负值，而是先迅速减小，然后再逐渐接近0。

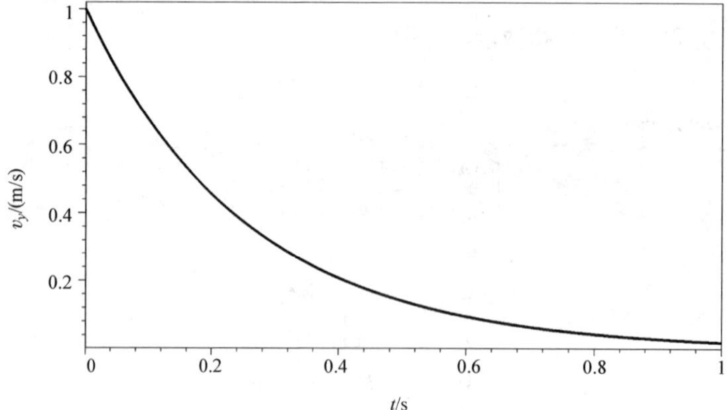

图10.37 例10.449中的侧向速度响应

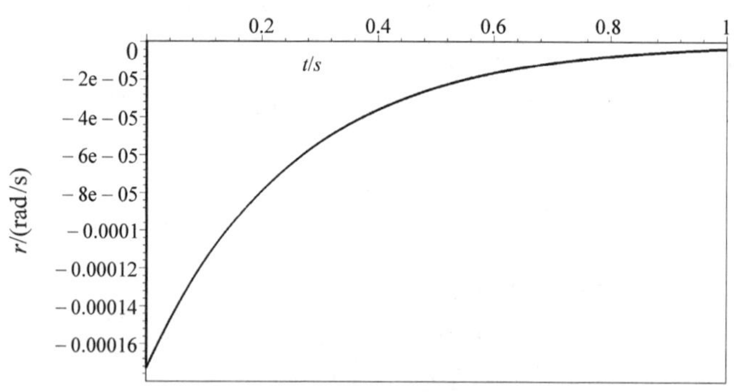

图10.38 例10.449中的横摆角速度响应

例450★ 矩阵指数

指数函数$e^{[A]t}$称作矩阵指数，该函数由矩阵时间数列定义，即

$$e^{[A]t} = I + [A]t + \frac{[A]^2}{2!}t^2 + \frac{[A]^3}{3!}t^3 + \cdots \tag{10.500}$$

该数列是收敛数列，假设

$$[A] = \begin{bmatrix} 0.1 & 0.2 \\ -0.3 & 0.4 \end{bmatrix} \tag{10.501}$$

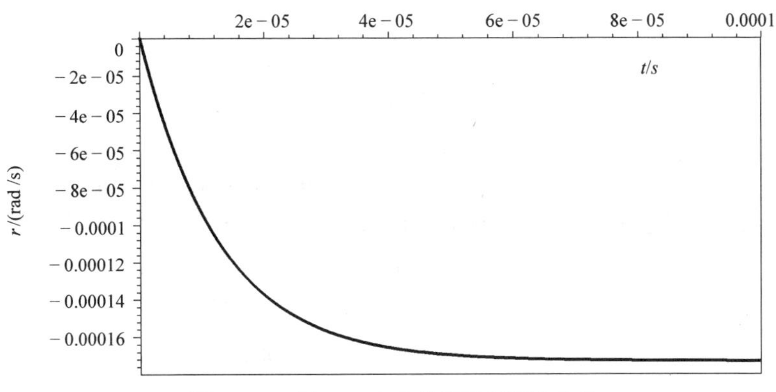

图 10.39 例 10.449 中的横摆角速度响应

则

$$e^{[A]t} \approx \begin{bmatrix} 1 & 0 \\ 0 & 1 \end{bmatrix} + \begin{bmatrix} 0.1 & 0.2 \\ -0.3 & 0.4 \end{bmatrix} t + \frac{1}{2}\begin{bmatrix} 0.1 & 0.2 \\ -0.3 & 0.4 \end{bmatrix}^2 t^2 + \cdots$$
$$\approx \begin{bmatrix} 1 + 0.1t - 0.025t^2 + \cdots & 0.2t + 0.05t^2 + \cdots \\ -0.3t - 0.075t^2 + \cdots & 1 + 0.4t + 0.05t^2 + \cdots \end{bmatrix} \tag{10.502}$$

例 451★ 时间数列和自由响应

对于零转向角输入时，即

$$\delta(t) = 0 \tag{10.503}$$

匀速行驶车辆的响应是自由响应。自由响应的运动方程为

$$\dot{\boldsymbol{q}} = [A]\boldsymbol{q} \tag{10.504}$$

初始条件为

$$\boldsymbol{q}(0) = \boldsymbol{q}_0 \tag{10.505}$$

该微分方程的解为

$$\boldsymbol{q}(t) = e^{[A]t}\boldsymbol{q}_0 \tag{10.506}$$

如果 [A] 的特征值是负值，则对 $\boldsymbol{q}_0$ 有 $\boldsymbol{q}(t) \to \boldsymbol{0}$。

自由响应的数列形式可以表示为

$$\boldsymbol{q}(t) = e^{[A]t}\boldsymbol{q}_0 = \left(I + [A]t + \frac{[A]^2}{2!}t^2 + \frac{[A]^3}{3!}t^3 + \cdots\right)\boldsymbol{q}_0 \tag{10.507}$$

例如，设某车辆的性能参数如下：

$$\begin{aligned} &C_{\alpha f} = 57296\text{N/rad} && C_{\alpha r} = 52712\text{N/rad} \\ &m = 1400\text{kg} && I_z = 1128\text{kgm}^2 \\ &a_1 = 125\text{cm} && a_2 = 130\text{cm} \\ &v_x = 20\text{m/s} \end{aligned} \tag{10.508}$$

开始于

$$\boldsymbol{q}_0 = \begin{bmatrix} v_y(0) \\ r(0) \end{bmatrix} = \begin{bmatrix} 1 \\ 0 \end{bmatrix} \tag{10.509}$$

代入车辆性能参数，可得

$$[A]=\begin{bmatrix}-3.929 & -31.051\\ -13.716 & -79170.337\end{bmatrix} \tag{10.510}$$

所以，车辆的时间响应为

$$\begin{aligned}\begin{bmatrix}v_y(t)\\ r(t)\end{bmatrix}&=\begin{bmatrix}1&0\\0&1\end{bmatrix}\begin{bmatrix}1\\0\end{bmatrix}+\begin{bmatrix}-3.929 & -31.051\\ -13.716 & -79170.337\end{bmatrix}t\begin{bmatrix}1\\0\end{bmatrix}\\ &+\frac{1}{2}\begin{bmatrix}-3.929 & -31.051\\ -13.716 & -79170.337\end{bmatrix}^2t^2\begin{bmatrix}1\\0\end{bmatrix}\\ &+\frac{1}{6}\begin{bmatrix}-3.929 & -31.051\\ -13.716 & -79170.337\end{bmatrix}^3t^3\begin{bmatrix}1\\0\end{bmatrix}\end{aligned} \tag{10.511}$$

对该解截取到三次方水平，得到如下近似解：

$$\begin{bmatrix}v_y(t)\\ r(t)\end{bmatrix}\approx\begin{bmatrix}-5.6203\times10^6t^3+220.67t^2-3.929t+1\\ -1.4329\times10^{10}t^3+5.4298\times10^5t^2-13.716t\end{bmatrix} \tag{10.512}$$

例 452★ 不足转向车辆的阶跃输入响应

动态系统的阶跃输入响应是评估动态系统性能的常用方法，车辆动态系统的阶跃输入是指突然将转向角从 0 变化到某非零常数值。

例如，设某车辆的性能参数如下：

$$\begin{aligned}&C_{\alpha f}=57296\text{N/rad} && C_{\alpha r}=52712\text{N/rad}\\ &m=917\text{kg} && I_z=1128\text{kgm}^2\\ &a_1=0.91\text{m} && a_2=1.64\text{m}\\ &v_x=20\text{m/s}\end{aligned} \tag{10.513}$$

将其转向角输入从 0 突然变为某一常数

$$\delta(t)=\begin{cases}0.1\text{rad}\approx5.7296^\circ & t>0\\ 0 & t\leqslant0\end{cases} \tag{10.514}$$

零初始条件为

$$\boldsymbol{q}_0=\begin{bmatrix}v_y(0)\\ r(0)\end{bmatrix}=\begin{bmatrix}0\\0\end{bmatrix} \tag{10.515}$$

运动方程为

$$\dot{v}_y+5.9983v_y+18.129r=62.482\delta(t)=6.2482 \tag{10.516}$$

$$\dot{r}-1.521v_y+8.387r=46.2228\delta(t)=4.6223 \tag{10.517}$$

式（10.144）~式(10.149）定义的车辆力系系数为

$$C_r=-\frac{a_1}{v_x}C_{\alpha f}+\frac{a_2}{v_x}C_{\alpha r}=1715.416\text{Ns/rad} \tag{10.518}$$

$$C_\beta=-(C_{\alpha f}+C_{\alpha r})=-110008\text{N/rad} \tag{10.519}$$

$$C_\delta=C_{\alpha f}=57296\text{N/rad} \tag{10.520}$$

$$D_r=-\frac{a_1^2}{v_x}C_{\alpha f}-\frac{a_2^2}{v_x}C_{\alpha r}=-9461.05\text{Nms/rad} \tag{10.521}$$

$$D_\beta=-(a_1C_{\alpha f}-a_2C_{\alpha r})=34308.32\text{Nm/rad} \tag{10.522}$$

$$D_\delta = a_1 C_{\alpha f} = 52139.36\text{Nm/rad} \tag{10.523}$$

$t \to \infty$ 时，式（10.267）~式(10.270）表示车辆稳态响应为

$$S_\kappa = \frac{\kappa}{\delta} = \frac{1}{R\delta} = 0.2390051454 \tag{10.524}$$

$$S_\beta = \frac{\beta}{\delta} = -0.2015419091 \tag{10.525}$$

$$S_r = \frac{r}{\delta} = \frac{\kappa}{\delta} v_x = S_\kappa v_x = 4.780102908 \tag{10.526}$$

$$S_a = \frac{v_x^2/R}{\delta} = \frac{\kappa}{\delta} v_x^2 = S_\kappa v_x^2 = 95.60205816 \tag{10.527}$$

$$S_y = \frac{v_y}{\delta} = S_\beta v_x = -4.030838182 \tag{10.528}$$

所以，$\delta = 0.1$ 时，车辆的稳态特征为

$$R = 41.84\text{m} \tag{10.529}$$

$$\beta = -0.02015\text{rad} \approx -1.1545° \tag{10.530}$$

$$r = 0.478\text{rad/s} \tag{10.531}$$

$$\frac{v_x^2}{R} = 9.56\text{m/s}^2 \tag{10.532}$$

代入输入函数式（10.514）并求解方程，获得如下解：

$$\begin{bmatrix} v_y(t) \\ r(t) \end{bmatrix} = \begin{bmatrix} -0.4 + e^{-7.193t}(1.789\sin 5.113t + 0.403\cos 5.113t) \\ 0.478 + e^{-7.193t}(0.232\sin 5.113t + 0.478\cos 5.113t) \end{bmatrix} \tag{10.533}$$

图 10.40 和图 10.41 所示为上述解的曲线。

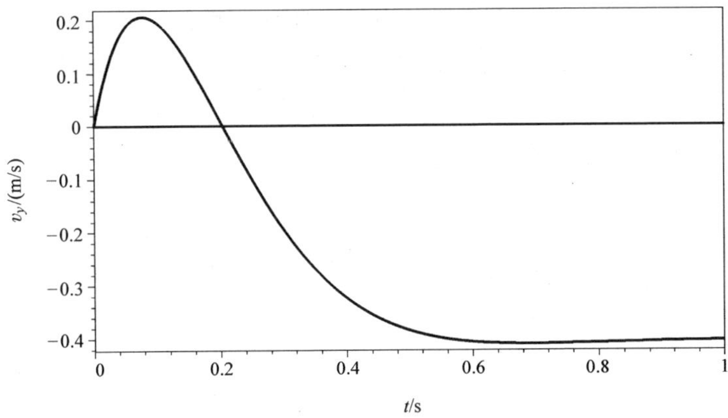

图 10.40 例 10.452 中的侧向速度响应

已知 $v_y(t)$ 和 $r(t)$，足以计算其他运动学变量，也可以计算出使其保持稳定速度所需要的正向力 F_x。

$$F_x = -mrv_y \tag{10.534}$$

图 10.42 和图 10.43 所示为车辆的运动学变量，图 10.44 所示为所需要的力 F_x 随时间变化的函数。

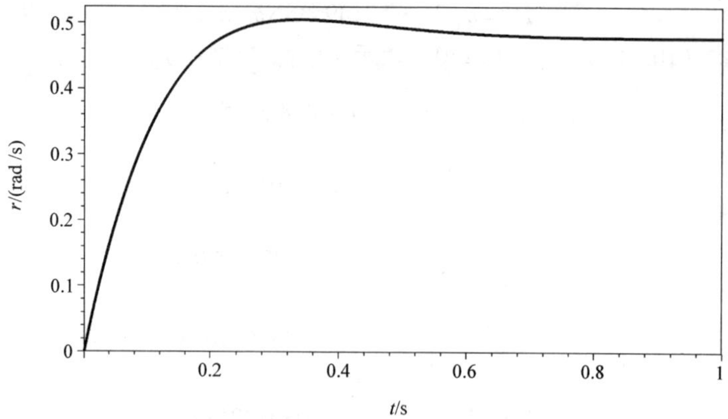

图 10.41　例 10.452 中的横摆角速度响应

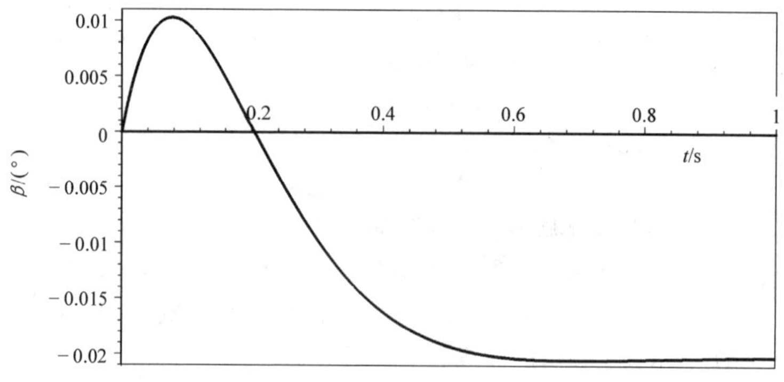

图 10.42　例 10.452 中的侧偏角响应

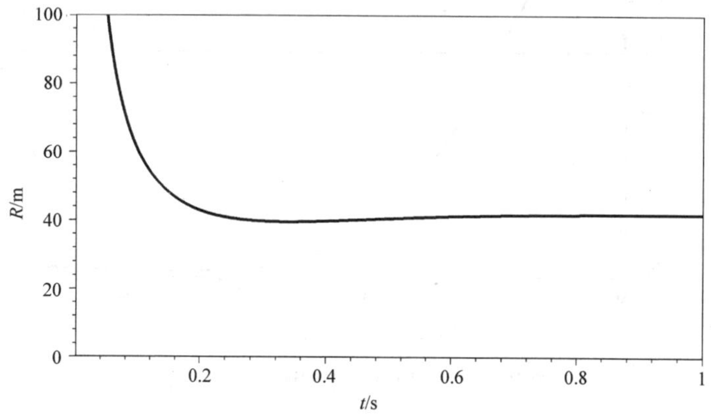

图 10.43　例 10.452 中的转向半径响应

例 453★　过度转向车辆的阶跃输入响应

假设转向角输入为

$$\delta(t)=\begin{cases}0.1\text{rad}\approx 5.7296° & t>0\\ 0 & t\leqslant 0\end{cases} \tag{10.535}$$

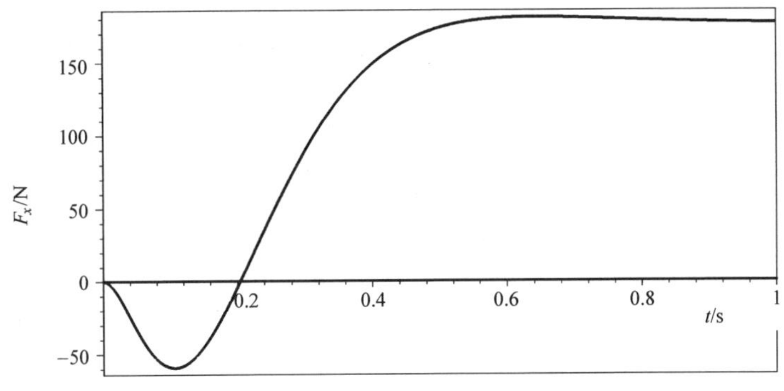

图 10.44　例 10.452 中保持车辆匀速行驶需要的正向力 F_x

车辆的性能参数为：

$$
\begin{aligned}
&C_{\alpha f}=57296\mathrm{N/rad} && C_{\alpha r}=52712\mathrm{N/rad} \\
&m=1400\mathrm{kg} && I_z=1128\mathrm{kgm}^2 \\
&a_1=1.25\mathrm{m} && a_2=1.30\mathrm{m} \\
&v_x=20\mathrm{m/s} &&
\end{aligned}
\tag{10.536}
$$

零初始条件为

$$
\boldsymbol{q}_0=\begin{bmatrix} v_y(0) \\ r(0) \end{bmatrix}=\begin{bmatrix} 0 \\ 0 \end{bmatrix} \tag{10.537}
$$

运动方程为

$$
\begin{aligned}
\dot{v}_y+3.928857143v_y+20.11051429r &=40.925714429\delta(t) \\
&=4.092571429
\end{aligned}
\tag{10.538}
$$

$$
\begin{aligned}
\dot{r}+0.1371631206v_y+7.91703369r &=63.49290078\delta(t) \\
&=6.34929078
\end{aligned}
\tag{10.539}
$$

代入输入函数式（10.535）并求解方程，获得如下解：

$$
\begin{bmatrix} v_y(t) \\ r(t) \end{bmatrix}=\begin{bmatrix} 6.3e^{-3.328t}-2.943e^{-8.518t}-3.361 \\ -0.188e^{-3.328t}-0.672e^{-8.518t}+0.86 \end{bmatrix} \tag{10.540}
$$

图 10.45 和图 10.46 所示为上述解的曲线。

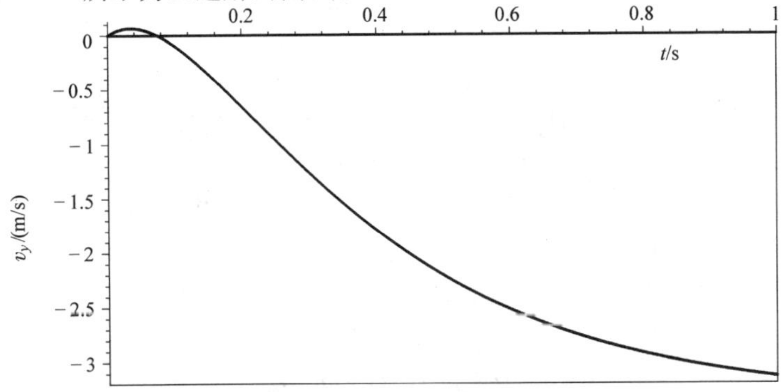

图 10.45　例 10.453 中的侧向速度响应

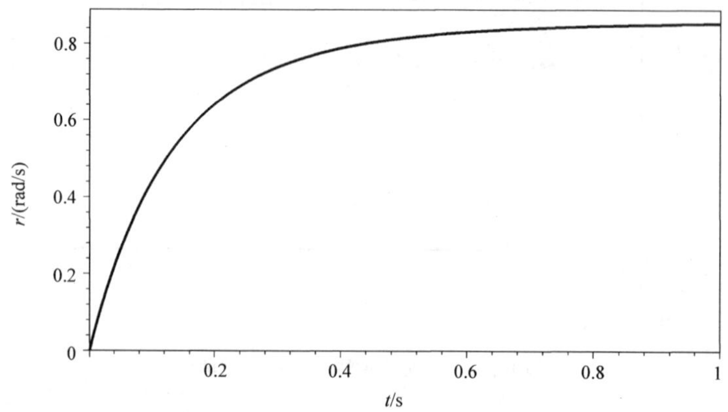

图 10.46　例 10.453 中的横摆角速度响应

例 454★　标准转向输入

阶跃激励和正弦激励输入是评价车辆性能最常用的输入，同时，其他类型的瞬态输入也可以用于分析车辆的动力学特性。单一正弦转向、线性增长转向和半正弦线变化转向是最常用的瞬态转向输入。

例 455★　转向中心的位置

车辆坐标系中转向中心 O 的位置在

$$x_O = -R\sin\beta = -\frac{1}{S_\kappa \delta}\sin(S_\beta \delta) \tag{10.541}$$

$$y_O = R\cos\beta = \frac{1}{S_\kappa \delta}\cos(S_\beta \delta) \tag{10.542}$$

因为 β 在 z 轴正半轴之上时是正数，图 10.21 所示为两轮车辆模型、车辆坐标系和转向中心 O。

在稳态工况，可以根据曲率响应 S_κ 求出转向半径 R，根据侧偏角响应求出车辆侧偏角 β。

$$R = \frac{1}{\delta S_\kappa} = \frac{v_x(D_r C_\beta - C_r D_\beta + m v_x D_\beta)}{(C_\delta D_\beta - C_\beta D_\delta)\delta} \tag{10.543}$$

$$\beta = \delta S_\beta = \frac{D_\delta(C_r - m v_x) - D_r C_\delta}{D_r C_\beta - C_r D_\beta + m v_x D_\beta}\delta \tag{10.544}$$

所以，转向中心 O 的实际位置在

$$x_O = -\frac{v_x(D_r C_\beta - C_r D_\beta + m v_x D_\beta)}{(C_\delta D_\beta - C_\beta D_\delta)\delta}\sin\left(\frac{D_\delta(C_r - m v_x) - D_r C_\delta}{D_r C_\beta - C_r D_\beta + m v_x D_\beta}\delta\right) \tag{10.545}$$

$$y_O = \frac{v_x(D_r C_\beta - C_r D_\beta + m v_x D_\beta)}{(C_\delta D_\beta - C_\beta D_\delta)\delta}\cos\left(\frac{D_\delta(C_r - m v_x) - D_r C_\delta}{D_r C_\beta - C_r D_\beta + m v_x D_\beta}\delta\right) \tag{10.546}$$

如果 β 很小，可以求出 O 的近似位置。

$$x \approx -\frac{D_\delta(C_r - m v_x) - D_r C_\delta}{C_\delta D_\beta - C_\beta D_\delta}v_x \tag{10.547}$$

$$y \approx \frac{D_r C_\beta - C_r D_\beta + m v_x D_\beta}{(C_\delta D_\beta - C_\beta D_\delta)\delta}v_x \tag{10.548}$$

例 456★　v_x 变化的情况

v_x 变化时，运动方程不再是线性方程，所以需要进行数值积分。设某车辆的性能参数为

$$\begin{aligned} &C_{\alpha f}=60000\,\mathrm{N/rad} && C_{\alpha r}=60000\,\mathrm{N/rad} \\ &m=1000\,\mathrm{kg} && I_z=1650\,\mathrm{kgm^2} \\ &a_1=1.0\,\mathrm{m} && a_2=1.5\,\mathrm{m} \end{aligned} \tag{10.549}$$

假设车辆速度从 0 加速到最高速度 $v_x=20\mathrm{m/s}$，然后保持匀速行驶，同时转向角保持在固定值

$$\delta(t)=0.1\,\mathrm{rad}\approx 5.73° \tag{10.550}$$

根据式（10.144）~式(10.149）定义的车辆力系系数为：

$$\begin{aligned} &C_r=\frac{30000}{v_x}\mathrm{Ns/rad} && C_\beta=-120000\,\mathrm{N/rad} \\ &C_\delta=60000\,\mathrm{N/rad} && D_r=-\frac{195000}{v_x}\mathrm{Nms/rad} \\ &D_\beta=30000\,\mathrm{Nm/rad} && D_\delta=60000\,\mathrm{Nm/rad} \end{aligned} \tag{10.551}$$

假设车辆速度 v_x 随时间成线性变化，在 $t=t_0$ 达到最大速度 $v_x=20\mathrm{m/s}$。

$$v_x=\begin{cases} \dfrac{20}{t_0}t\,\mathrm{m/s} & 0<t<t_0 \\ 20\,\mathrm{m/s} & t_0<t \end{cases} \tag{10.552}$$

车辆的运动方程为

$$\dot{v}_y=-\frac{120}{v_x}v_y-r\left(v_x-\frac{30}{v_x}\right)+60\delta(t) \tag{10.553}$$

$$\dot{r}=\frac{18.182}{v_x}v_y-118.18\frac{r}{v_x}+36.364\delta(t) \tag{10.554}$$

图 10.47 和图 10.48 是上述解的图形说明，终止时间为

$$t_0=20\mathrm{s} \tag{10.555}$$

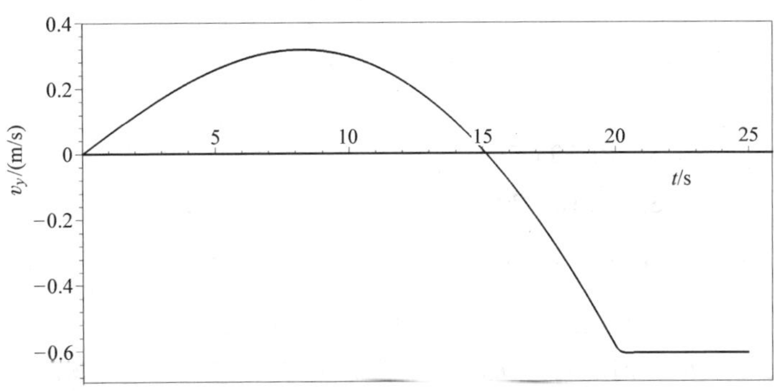

图 10.47　速度可变车辆动力学中的侧向速度

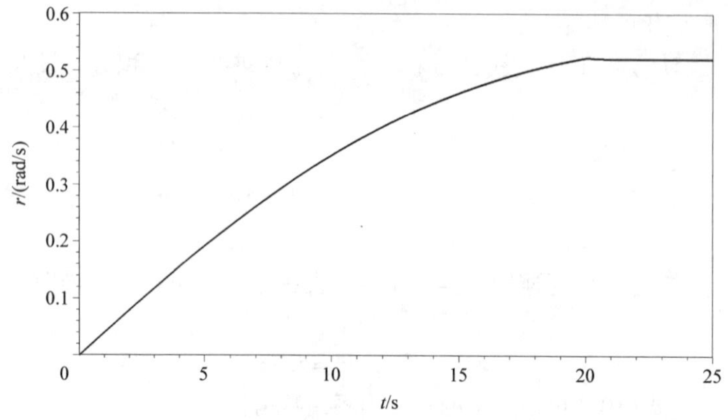

图10.48 速度可变车辆动力学中的横摆角速度

例457★ 两个稳态工况之间的转向中心

设某车辆的性能参数为

$$\begin{aligned} &C_{\alpha f}=60000\mathrm{N/rad} && C_{\alpha r}=60000\mathrm{N/rad} \\ &m=1000\mathrm{kg} && I_z=1650\mathrm{kgm}^2 \\ &a_1=1.0\mathrm{m} && a_2=1.5\mathrm{m} \end{aligned} \tag{10.556}$$

$$K=\frac{m}{l^2}\left(\frac{a_2}{C_{\alpha f}}-\frac{a_1}{C_{\alpha r}}\right)=1.33\times10^{-3}$$

稳态响应 $S_\kappa=1/R/\delta$ 和 $S_\beta=\beta/\delta$ 为

$$S_\kappa=\frac{300}{750+v_x^2} \qquad S_\beta=\frac{450-2v_x^2}{750+v_x^2} \tag{10.557}$$

转向中心在位于车辆质心的车身坐标系里的坐标（x_O，y_O）为

$$x_O=-R\sin\beta=-\frac{1}{S_\kappa\delta}\sin(S_\beta\delta) \tag{10.558}$$

$$y_O=R\cos\beta=\frac{1}{S_\kappa\delta}\cos(S_\beta\delta) \tag{10.559}$$

假设汽车行驶时

$$\delta(t)=0.1\mathrm{rad}\approx5.73° \tag{10.560}$$

稳定行驶速度为

$$v_x=3\mathrm{m/s} \tag{10.561}$$

稳态工况下，车辆有

$$\begin{aligned} &S_\kappa=0.3952569170 && S_\beta=0.5691699605 \\ &S_r=1.185770751 && S_y=1.707509882 \end{aligned} \tag{10.562}$$

$$\begin{aligned} &R=\frac{1}{S_\kappa\delta}=25.3\mathrm{m} && \beta=S_\beta\delta=0.056917\mathrm{rad} \\ &r=S_r\delta=0.118577\mathrm{rad/s} && v_y=0.170751\mathrm{m/s} \end{aligned} \tag{10.563}$$

令车辆速度 v_x 从 $t=0$ 时的 $v_x=3\mathrm{m/s}$ 变化到 $t=t_0$ 时的最大速度 $v_x=20\mathrm{m/s}$，并保持加速度为常数。稳定增速下速度 v_x 的数学表达式为

$$v_x=\frac{20-3}{t_0}tH(t_0-t)+(20-3)H(t-t_0)\mathrm{m/s} \tag{10.564}$$

$H(t-\tau)$为海维赛德函数。

$$H(t-\tau)=\begin{cases}0 & t<\tau\\1 & \tau<t\end{cases}\tag{10.565}$$

如果 t_0 时间很长，加速度很低，则速度从 $v_x=3\mathrm{m/s}$ 变化到 $v_x=20\mathrm{m/s}$ 的瞬态工况接近于中间稳态工况。为了获得较低的速度斜率，令速度变换在下面时间内完成

$$t_0=120\mathrm{s}\tag{10.566}$$

速度变化在这样长的时间内完成，车辆运动将根据稳态值发生变化。图 10.49 所示为行驶速度的变化情况，图 10.50 所示为侧向速度的变化情况，图 10.51 所示为横摆角速度的变化情况，图 10.52 为转向中心（x_O，y_O）的轨迹。

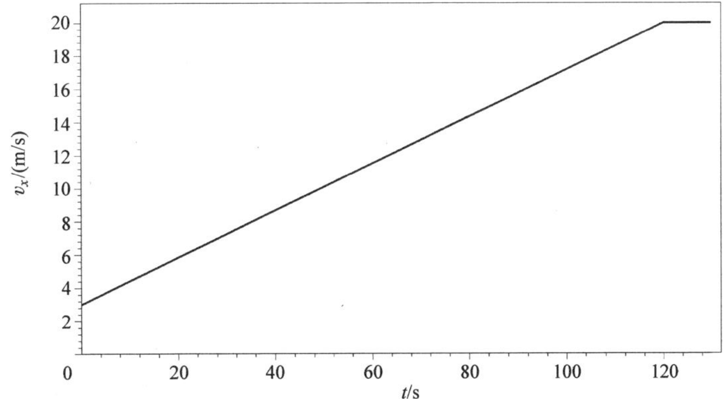

图 10.49　均匀低加速度下车辆的行驶速度 v_x，$3\mathrm{m/s}\leqslant v_x\leqslant 20\mathrm{m/s}$

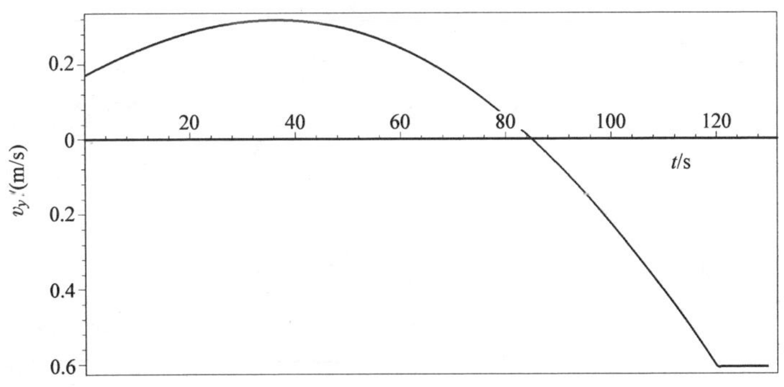

图 10.50　均匀低加速度下车辆的侧向速度 v_y，$3\mathrm{m/s}\leqslant v_y\leqslant 20\mathrm{m/s}$

如果 t_0 较小，加速度变大，车辆的运动将会偏离接近稳态的工况。为了提高速度斜率，令速度变换在下面时间内完成

$$t_0=1\mathrm{s}\tag{10.567}$$

图 10.53 所示为侧向速度 v_y 的变化情况，图 10.54 所示为横摆角速度 r 的变化情况。为了与极低加速度行驶相对比，转向中心坐标（x_O，y_O）的变化情况如图 10.55 所示，转向中心轨迹变化情况如图 10.56 所示。

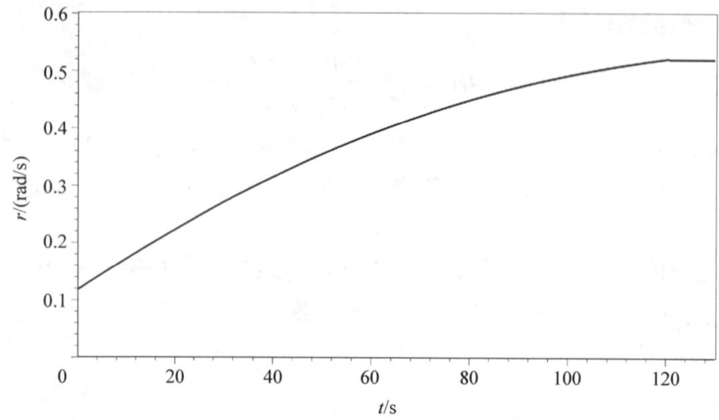

图 10.51　均匀低加速度下车辆的横摆角速度 r，$3\text{m/s} \leqslant v_x \leqslant 20\text{m/s}$

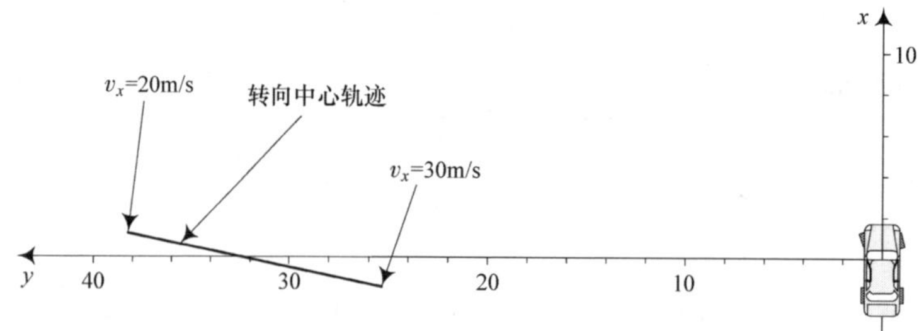

图 10.52　均匀低加速度下车辆转向中心的轨迹，$3\text{m/s} \leqslant v_x \leqslant 20\text{m/s}$

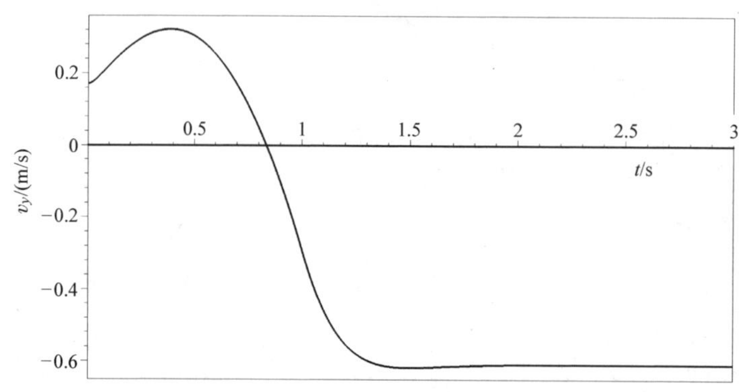

图 10.53　均匀高加速度下车辆侧向速度 v_y，$3\text{m/s} \leqslant v_y \leqslant 20\text{m/s}$

例 458★　稳态工况附近行驶的车辆

车辆动力学模型在其稳态工况中工作的贴近程度很好。

在例 457 中，假设车辆于 $v_x = 3\text{m/s}$，$\delta(t) = 0.1\text{rad}$ 时在稳态工况行驶，然后速度变到 $v_x = 20\text{m/s}$。

车辆加速度非常小时，$a = 0.14167\text{m/s}^2$，速度变化用时 120s。速度变化较慢时，车辆始终在稳态工况下行驶。此时加速度为 0，动力学函数停留在其稳态值，并自此开始保持稳态值。

车辆加速度在很高的值 $a = 17\text{m/s}^2$ 时，是低速时加速度的 120 倍，车辆速度变化用时 1s。停止加速后，车辆用小于 1s 的时间达到其稳态值，如图 10.53 ~ 图 10.55 所示。图

10.57 所示为车辆转向中心如何在高加速度时偏离了稳态工况值，还显示了加速停止后，转向中心距离稳态工况时的转向中心有多远。

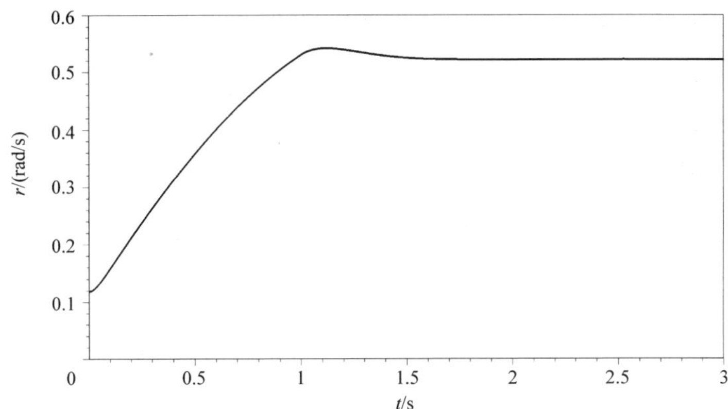

图 10.54　均匀高加速度下车辆横摆角速度 r，$3\mathrm{m/s} \leqslant v_x \leqslant 20\mathrm{m/s}$

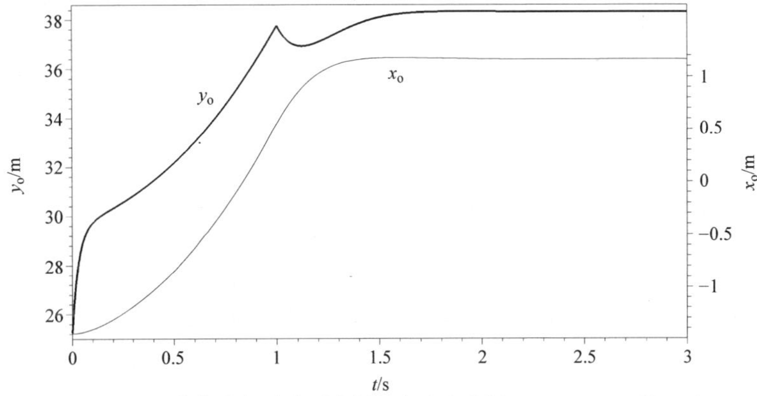

图 10.55　均匀高加速度下车辆转向中心坐标，$3\mathrm{m/s} \leqslant v_x \leqslant 20\mathrm{m/s}$

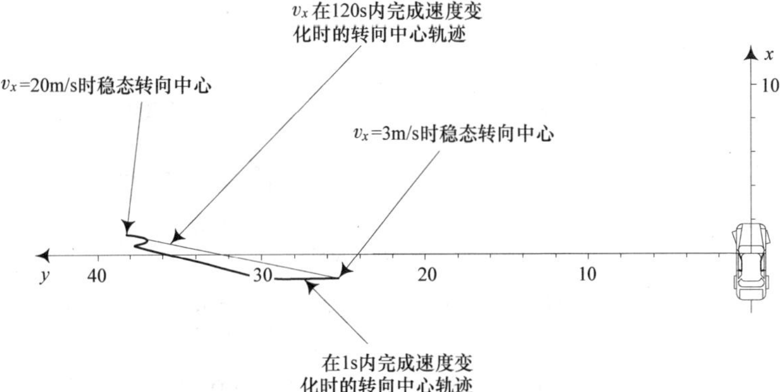

图 10.56　均匀高加速度下车辆转向中心轨迹，$3\mathrm{m/s} \leqslant v_x \leqslant 20\mathrm{m/s}$

例 459★　车辆的全域坐标系位置

设某车辆的性能参数为

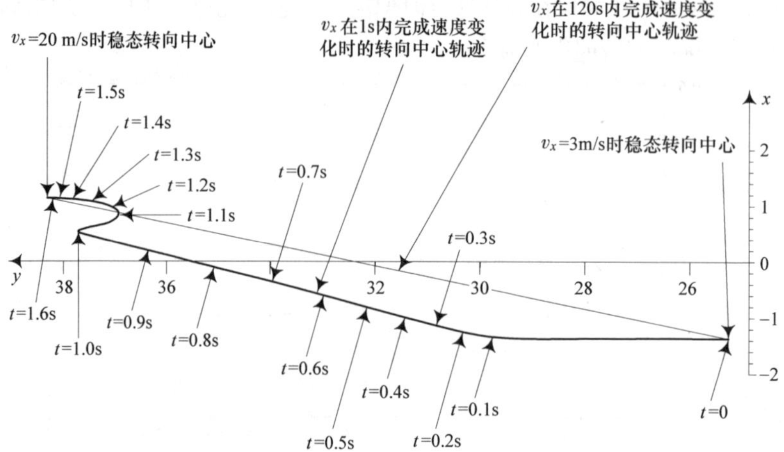

图 10.57　均匀高加速度下车辆转向中心轨迹，$3\text{m/s}\leqslant v_x\leqslant 20\text{m/s}$

$$
\begin{aligned}
&C_{\alpha f}=60000\text{N/rad} && C_{\alpha r}=60000\text{N/rad}\\
&m=1000\text{kg} && I_z=1650\text{kgm}^2\\
&a_1=1.0\text{m} && a_2=1.5\text{m}
\end{aligned}
\tag{10.568}
$$

该车以均匀速度直驶

$$
v_x=20\text{m/s}
\tag{10.569}
$$

$t=0$ 时，汽车处于全域坐标系的原点，突然改变转向角

$$
\delta(t)=\begin{cases}0.1\text{rad}\approx 5.73° & t>0\\ 0 & t\leqslant 0\end{cases}
\tag{10.570}
$$

根据式（10.144）~式(10.149）的定义计算车辆力系系数为：

$$
\begin{aligned}
&C_r=1500\text{Ns/rad} && C_\beta=-120000\text{N/rad}\\
&C_\delta=60000\text{N/rad} && D_r=-9750\text{Nms/rad}\\
&D_\beta=30000\text{Nm/rad} && D_\delta=60000\text{Nm/rad}
\end{aligned}
\tag{10.571}
$$

速度可变车辆运动学的稳态值

$$
\begin{aligned}
&R=\frac{1}{S_\kappa\delta}=38.33\text{m} && \beta=S_\beta\delta=-0.0304\text{rad}\\
&r=S_r\delta=0.522\text{rad/s} && v_y=S_y\delta=-0.608\text{m/s}
\end{aligned}
\tag{10.572}
$$

运动方程的解为

$$
\dot{v}_y+6v_y+18.5r=60\delta(t)=6
\tag{10.573}
$$

$$
\dot{r}-0.909v_y+5.909r=36.363\delta(t)=3.636
\tag{10.574}
$$

对于初始条件

$$
\begin{bmatrix}v_y(t)\\ r(t)\end{bmatrix}=\begin{bmatrix}-0.609+e^{-5.95t}(2.347\sin 4.1t+0.609\cos 4.1t)\\ 0.522+e^{-5.95t}(0.129\sin 4.1t-0.522\cos 4.1t)\end{bmatrix}
\tag{10.575}
$$

车身坐标系相对于固定全域坐标系的角度位置为

$$
\psi=\int_t^0 r(t)\,\mathrm{d}t
\tag{10.576}
$$

车辆在车身坐标系中的速度矢量为

$$^{B}v = \begin{bmatrix} v_x \\ v_y(t) \end{bmatrix} \tag{10.577}$$

所以，车辆在全域坐标系中的速度矢量为

$$\begin{aligned} ^{G}v &= [R]^{B}v = \begin{bmatrix} \cos\psi & -\sin\psi \\ \sin\psi & \cos\psi \end{bmatrix} \begin{bmatrix} v_x \\ v_y(t) \end{bmatrix} \\ &= \begin{bmatrix} v_x\cos\psi - v_y\sin\psi \\ v_y\cos\psi + v_x\sin\psi \end{bmatrix} = \begin{bmatrix} v_X \\ v_Y \end{bmatrix} \end{aligned} \tag{10.578}$$

车辆质心的全域坐标应为

$$X = \int_0^t v_X \mathrm{d}t = \int_0^t (v_x\cos\psi - v_y\sin\psi)\mathrm{d}t \tag{10.579}$$

$$Y = \int_0^t v_Y \mathrm{d}t = \int_0^t (v_y\cos\psi + v_x\sin\psi)\mathrm{d}t \tag{10.580}$$

转向角稳定时，车辆将最终在一个固定半径的圆周上转向行驶。车身坐标系中稳态转向中心位于

$$x_O = -R\sin\beta = 1.1651\mathrm{m} \tag{10.581}$$

$$y_O = R\cos\beta = 38.312\mathrm{m} \tag{10.582}$$

所以转向中心的全域坐标应为

$$\begin{bmatrix} X_O \\ Y_O \end{bmatrix} = {}^{G}_{G}\boldsymbol{r}_B + {}^{G}R_B \begin{bmatrix} x_O \\ y_O \end{bmatrix} \tag{10.583}$$

式中，${}^{G}_{G}\boldsymbol{r}_B$ 是在坐标系 G 中表示的坐标系 B 的原点相对于坐标系 G 的原点的位置矢量，可以是稳态转向圆周上的任意一点。图 10.58 所示为车辆运动路径和稳态转向中心。

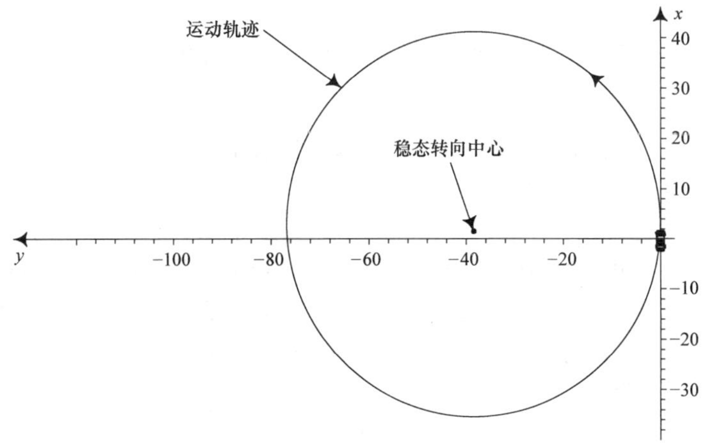

图 10.58 转向角阶跃后车辆在均匀速度下的运动轨迹

例 460★ 二次方程

耦合方程式（10.188）可以整理成只含一个变量的二次微分方程，为此可以将方程写作

$$\dot{v}_y = \frac{1}{mv_x}(v_y C_\beta + rC_r v_x - mrv_x^2 + \delta v_x C_\delta) \tag{10.584}$$

$$\dot{r} = \frac{1}{I_z v_x}(v_y D_\beta + r D_r v_x + \delta v_x D_\delta) \tag{10.585}$$

设匀速前进速度

$$v_x = 常数 \tag{10.586}$$

对式（10.585）求导得到：

$$\ddot{r} = \frac{1}{I_z v_x}(\dot{v}_y D_\beta + \dot{r} D_r v_x) \tag{10.587}$$

将式（10.584）代入式（10.587）

$$\begin{aligned}\ddot{r} = &\frac{1}{I_z v_x}\left(\frac{1}{m v_x}(v_y C_\beta + r C_r v_x - m r v_x^2 + \delta v_x C_\delta)\right) D_\beta \\ &+ \frac{1}{I_z v_x}\dot{r} D_r v_x + \dot{\delta} v_x D_\delta\end{aligned} \tag{10.588}$$

再从式（10.585）中提出 v_y 得到如下方程式：

$$\begin{aligned}&m I_z v_x \ddot{r} - (I_z C_\beta + m D_r v_x)\dot{r} + (D_r C_\beta - C_r D_\beta + m v_x D_\beta) r \\ &= -(\delta C_\delta D_\beta - \delta C_\beta D_\delta + m\,\dot{\delta}\, v_x D_\delta)\end{aligned} \tag{10.589}$$

该方程类似于单自由度受迫振动系统的运动方程

$$m_{eq}\ddot{r} + c_{eq}\dot{r} + k_{eq} r = f_{eq}(t) \tag{10.590}$$

式中等效质量 m_{eq}、阻尼 c_{eq}、刚度 k_{eq}和力f_{eq} （t）分别为

$$m_{eq} = m I_z v_x \tag{10.591}$$

$$c_{eq} = -(I_z C_\beta + m D_r v_x) \tag{10.592}$$

$$k_{eq} = D_r C_\beta - C_r D_\beta + m v_x D_\beta \tag{10.593}$$

$$f_{eq}(t) = -m\frac{\mathrm{d}\delta(t)}{\mathrm{d}t} v_x D_\delta + (C_\delta D_\beta - C_\beta D_\delta)\delta(t) \tag{10.594}$$

可以像分析振动系统一样用式（10.589）确定车辆的性能，方程对阶跃转向输入的响应可以用上升时间、峰值时间、超调时间和沉降时间表示。

10.8 小结

通过忽略车辆侧倾运动将车辆运动简化为刚性自行车在平面的运动，这种车辆在设置于车辆质心 C 处的车身坐标系中存在3个自由度：正向运动、侧向运动和横摆运动。如果车辆是前轮转向车辆，其动力学方程可以表示为关于（v_x，v_y，r）变量的形式，即如下三个耦合的一阶常微分方程。

$$\dot{v}_x = \frac{F_x}{m} + r v_y \tag{10.595}$$

$$\dot{v}_y = \frac{1}{m v_x}(-a_1 C_{\alpha f} + a_2 C_{\alpha r}) r - \frac{1}{m v_x}(C_{\alpha f} + C_{\alpha r}) v_y + \frac{1}{m} C_{\alpha f}\delta - r v_x \tag{10.596}$$

$$\dot{r} = \frac{1}{I_z v_x}(-a_1^2 C_{\alpha f} - a_2^2 C_{\alpha r}) r - \frac{1}{I_z v_x}(a_1 C_{\alpha f} - a_2 C_{\alpha r}) v_y + \frac{1}{I_z} a_1 C_{\alpha f}\delta \tag{10.597}$$

第二个和第三个方程可以写成关于$[v_y \quad r]^{\mathrm{T}}$ 的矩阵形式

$$\begin{bmatrix}\dot{v}_y\\ \dot{r}\end{bmatrix}=\begin{bmatrix}-\frac{C_{\alpha f}+C_{\alpha r}}{mv_x} & \frac{-a_1C_{\alpha f}+a_2C_{\alpha r}}{mv_x}-v_x\\ -\frac{a_1C_{\alpha f}-a_2C_{\alpha r}}{I_zv_x} & -\frac{a_1^2C_{\alpha f}+a_2^2C_{\alpha r}}{I_zv_x}\end{bmatrix}\begin{bmatrix}v_y\\ r\end{bmatrix}+\begin{bmatrix}\frac{C_{\alpha f}}{m}\\ \frac{a_1C_{\alpha f}}{I_z}\end{bmatrix}\delta \tag{10.598}$$

或者可以写成关于$[\beta \quad r]^{\mathrm{T}}$的矩阵形式

$$\begin{bmatrix}\dot{\beta}\\ \dot{r}\end{bmatrix}=\begin{bmatrix}-\frac{C_{\alpha f}+C_{\alpha r}}{mv_x} & \frac{-a_1C_{\alpha f}+a_2C_{\alpha r}}{mv_x^2}-1\\ -\frac{a_1C_{\alpha f}-a_2C_{\alpha r}}{I_z} & -\frac{a_1^2C_{\alpha f}+a_2^2C_{\alpha r}}{I_zv_x}\end{bmatrix}\begin{bmatrix}\beta\\ r\end{bmatrix}+\begin{bmatrix}\frac{C_{\alpha f}}{mv_x}\\ \frac{a_1C_{\alpha f}}{I_z}\end{bmatrix}\delta \tag{10.599}$$

10.9　主要符号

a 以及 $\ddot{x}$	加速度
a_i	车轴 i 距质心的距离
$[A]$	力系数矩阵
b_1	从后轴到铰接点的距离
b_2	从铰接点到拖车轴的距离
$B\ (Cxyz)$	车辆坐标系
C	质心
C_α	轮胎侧偏刚度系数
$C_{\alpha f}$	前轮胎侧偏刚度系数
$C_{\alpha f_L}$	左前轮胎侧偏刚度系数
$C_{\alpha f_R}$	右前轮胎侧偏刚度系数
$C_{\alpha r}$	后轮胎侧偏刚度系数
$C_{\alpha r_L}$	左后轮胎侧偏刚度系数
$C_{\alpha r_R}$	右后轮胎侧偏刚度系数
C_r，…，D_δ	力系系数
C_r	F_y 与 r 的比例系数
C_β	F_y 与 β 的比例系数
C_δ	F_y 与 δ 的比例系数
D_r	M_z 与 r 的比例系数
D_β	M_z 与 β 的比例系数
D_δ	M_z 与 δ 的比例系数
$\boldsymbol{d}$	车身坐标系位置向量
d_N	中性转向距离
$\mathrm{d}m$	质量微元
F_i	广义力
F_x	纵向力，正向力，牵引力
F_y	侧向力
F_{yf}	前轮侧向力
F_{yr}	后轮侧向力
F_z	法向力，垂向力，车辆负载
$\boldsymbol{F}$，$\boldsymbol{M}$	车辆的力系
$\boldsymbol{g}$，g	重力加速度
$G\ (OXYZ)$	全域坐标系
I	质量矩
K	稳定性因数
$\boldsymbol{L}$	动量矩
$\mathcal{L}$	拉格朗日函数
m	质量
M_x	侧倾力矩，倾斜力矩，倾斜扭矩
M_x	俯仰力矩
M_z	横摆力矩，回正力矩
$p=\dot{\varphi}$	侧倾角速度
$\boldsymbol{p}$	动量
P_N	中性转向点
$q=\dot{\theta}$	俯仰角速度
$\boldsymbol{q}$	控制变量向量
q_i	广义坐标
$r=\dot{\psi}$	横摆角速度
$\boldsymbol{r}$	位置向量
R	转向半径
R_w	轮胎半径
${}^GR_B$	从坐标系 B 到坐标系 G 的旋转矩阵

$S_\kappa = \kappa/\delta$	曲率响应	β	车辆侧偏角
$S_\beta = \beta/\delta$	侧偏角响应	β	方位角
$S_r = r/\delta$	横摆角速度响应	$\beta + \psi$	巡航角
$S_a = v_x^2/R/\delta$	向心加速度响应	δ	转向角
S_y	侧向速度响应	δ_{f}	前轮转向角
S_{y_1}，S_{y_2}	稳态响应	δ_{r}	后轮转向角
$S_A = 1/v_x^2$	阿克曼转向梯度	θ	俯仰角
t	时间	$\dot{\theta} = q$	俯仰角速度
T	轮胎坐标系	$\kappa = 1/R$	曲率
T_w	车轮转矩	λ	特征值
$\boldsymbol{u}$	输入向量	φ	侧倾角
v 以及 $\dot{x}$，v	速度	$\dot{\varphi} = p$	侧倾角速度
V	势能	ψ	横摆角，航向角
w	轴距	$\boldsymbol{\omega}$	角速度
x，y，z，$\boldsymbol{x}$	位移	$\dot{\boldsymbol{\omega}}$	角加速度
α	侧偏角		
β	全域侧偏角		

习　　题

1. 力系系数

设某一个前轮转向汽车的参数如下

$$C_{\alpha f_L} = C_{\alpha f_R} = 500\mathrm{N}/(°) \qquad C_{\alpha r_L} = C_{\alpha r_R} = 460\mathrm{N}/(°)$$

$$m = 1245\mathrm{kg} \qquad I_z = 1328\mathrm{kgm}^2$$

$$a_1 = 110\mathrm{cm} \qquad a_2 = 132\mathrm{cm}$$

（a）试确定力系系数 C_r、C_β、C_δ、D_r、D_β 和 D_δ。

（b）试绘出 $0 < v_x < 60\mathrm{m/s}$ 时，作为 v_x 函数的 C_r、D_r 曲线。

2. 力性能系数的量纲

试确定力系系数 C_r、C_β、C_δ、D_r、D_β 和 D_δ 的量纲。

3. 汽车力系及其两轮模型

设某前轮转向汽车的参数为

$$C_{\alpha r_L} = C_{\alpha r_R} = C_{\alpha f_L} = C_{\alpha f_R} = 500\mathrm{N}/(°)$$

$$a_1 = 110\mathrm{cm} \qquad a_2 = 132\mathrm{cm}$$

$$m = 1205\mathrm{kg} \qquad I_z = 1300\mathrm{kgm}^2$$

（a）试确定作用在两轮车辆模型上的力系

$$F_y = C_r r + C_\beta \beta + C_\delta \delta$$

$$M_z = D_r r + D_\beta \beta + D_\delta \delta$$

（b）试写出汽车的运动学方程

$$F_x = m\dot{v}_x + mrv_y$$

$$F_y = m\dot{v}_y + mrv_x$$

$$M_z = \dot{r} I_z$$

（c）试推导力系系数，其中速度单位用 km/h，而非 m/s。

4. 前轮转向汽车的运动方程

设某前轮转向汽车的参数为

$$C_{\alpha r_L} = C_{\alpha r_R} = C_{\alpha f_L} = C_{\alpha f_R} = 500\text{N}/(°)$$

$$a_1 = 110\text{cm} \qquad a_2 = 132\text{cm}$$

$$m = 1245\text{kg} \qquad I_z = 1328\text{kgm}^2$$

$$v_x = 40\text{m/s}$$

试构建运动方程

$$\dot{\boldsymbol{q}} = [A]\ \boldsymbol{q} + \boldsymbol{u}$$

5. 非线性轮胎性能

假设车辆轮胎的侧偏刚度系数是非线性的，在 α 较大时产生侧向力的能力会降低

$$C_\alpha = C_1 - C_2\alpha^2$$

（a）试构建车辆力系。

（b）试推导前轮转向汽车平面自行车模型的运动方程。

6. β 的非近似处理

不用下面近似关系

$$\beta_f = \arctan\left(\frac{v_{y_f}}{v_{x_f}}\right) \approx \frac{v_{y_f}}{v_{x_f}}$$

$$\beta_r = \arctan\left(\frac{v_{y_r}}{v_{x_r}}\right) \approx \frac{v_{y_r}}{v_{x_r}}$$

$$\beta = \arctan\left(\frac{v_y}{v_x}\right) \approx \frac{v_y}{v_x}$$

（a）采用下面的线性化函数

$$F_{y_f} = -C_{\alpha f}\alpha_f \qquad F_{y_r} = -C_{\alpha r}\alpha_r$$

构建汽车的平面自行车模型力系。

（b）假设

$$F_{y_f} = -C_{1f}\alpha_f + C_{2f}\alpha_f^3 \qquad F_{y_r} = -C_{1r}\alpha_r + C_{2r}\alpha_r^3$$

构建汽车的平面自行车模型力系。

7. 关于不同变量的运动方程

设某汽车的参数为

$$C_{\alpha r_L} = C_{\alpha r_R} = C_{\alpha f_L} = C_{\alpha f_R} = 500\text{N}/(°)$$

$$a_1 = 100\text{cm} \qquad a_2 = 120\text{cm}$$

$$m = 1000\text{kg} \qquad I_z = 1008\text{kgm}^2$$

$$v_x = 40\text{m/s}$$

试分别构建下面情况的运动方程

（a）汽车为前轮转向，以（$\dot{v}_x$，$\dot{v}_y$，$\dot{r}$）为变量。

（b）汽车为四轮转向，以（$\dot{v}_x$，$\dot{v}_y$，$\dot{r}$）为变量。

（c）汽车为前轮转向，以（$\dot{v}_x$，$\dot{\beta}$，$\dot{r}$）为变量。

（d）汽车为四轮转向，以（$\dot{v}_x$，$\dot{\beta}$，$\dot{r}$）为变量。

8. 稳态响应参数

设某汽车的参数为

$$C_{\alpha f_L}=C_{\alpha f_R}=500\text{N}/(°) \qquad C_{\alpha r_L}=C_{\alpha r_R}=520\text{N}/(°)$$
$$m=1245\text{kg} \qquad I_z=1328\text{kgm}^2$$
$$a_1=110\text{cm} \qquad a_2=132\text{cm}$$

（a）确定稳态响应 S_κ、S_β、S_r、S_a 和 S_y。

（b）绘出稳态响应关于 v_x 的曲线。

（c）确定各参数在 $v_x=40\text{m/s}$ 时的取值。

9. 稳态运动参数

设某汽车的参数为

$$C_{\alpha f_L}=C_{\alpha f_R}=600\text{N}/(°) \qquad C_{\alpha r_L}=C_{\alpha r_R}=550\text{N}/(°)$$
$$m=1245\text{kg} \qquad I_z=1128\text{kgm}^2$$
$$a_1=120\text{cm} \qquad a_2=138\text{cm}$$
$$v_x=20\text{m/s} \qquad \delta=3°$$

（a）确定 r、R、β 和 v_x^2/R 的稳态值。

（b）求转向中心的坐标。

10. ★惯性和稳态参数

假设某汽车由均匀实体方盒制成，其 $x\times y\times z$ 三维尺寸为 $260\text{cm}\times140\text{cm}\times40\text{cm}$，如果方盒密度为 $\rho=1000\text{kg/m}^3$，其他参数为

$$C_{\alpha f_L}=C_{\alpha f_R}=600\text{N}/(°) \qquad C_{\alpha r_L}=C_{\alpha r_R}=550\text{N}/(°)$$
$$a_1=a_2=\frac{l}{2}=1.25\text{m}$$

（a）求 m、I_z。

（b）将稳态响应作为关于 v_x 的函数，求 S_κ、S_β、S_r、S_a 和 S_y。

（c）汽车转向角 $\delta=4°$时转向半径为 $R=35\text{m}$，求 v_x。

（d）求上题中速度下的稳态参数 r、R、β 和 v_x^2/R 和转向中心。

（e）令汽车速度为

$$v_x=20\text{m/s}$$

绘出稳态响应 S_κ、S_β、S_r、S_α 和 S_y 对变量 R 的函数曲线。

11. 稳定性因数和不足转向性能

（a）如果 $a_1=a_2$，试求汽车为不足转向车辆的条件。

（b）如果 $C_{\alpha f}=C_{\alpha r}$，试求汽车为不足转向车辆的条件。

（c）证明如果前、后轮胎满足 $C_{\alpha f}=C_{\alpha r}$，欲使汽车为不足转向，则其车前部应相对较重。

（d）证明如果 $a_1=a_2$，则欲使汽车为不足转向，其前、后轮胎应满足 $C_{\alpha r}>C_{\alpha f}$。

12. 稳定性因数和汽车质量

用 F_{z_1}、F_{z_2} 和 mg 表示 a_1 和 a_2，并求出 K 的表达式，分析汽车质量分布对稳定性因数的影响。

13. 稳定性因数和汽车性能

某汽车的参数为

$$C_{\alpha f_L}=C_{\alpha f_R}=500\text{N}/(°) \qquad C_{\alpha r_L}=C_{\alpha r_R}=460\text{N}/(°)$$
$$m=1245\text{kg} \qquad I_z=1328\text{kgm}^2$$
$$a_1=110\text{cm} \qquad a_2=132\text{cm}$$
$$v_x=30\text{m/s}$$

求其稳定性因数，并

（a）试确定汽车是不足转向、中性转向还是过度转向。

（b）试确定中性转向距离 d_N。

14. ★汽车的临界速度

比较曲率响应、侧偏角响应和横摆角速度响应的临界速度，并排序。如果各临界速度可能相等，求发生这种情况的条件。

15. 汽车的临界速度

设某汽车的参数为

$$C_{\alpha f_L}=C_{\alpha f_R}=700\text{N}/(°) \qquad C_{\alpha r_L}=C_{\alpha r_R}=520\text{N}/(°)$$
$$m=1245\text{kg} \qquad I_z=1328\text{kgm}^2$$
$$a_1=118\text{cm} \qquad a_2=122\text{cm}$$

（a）试确定汽车是不足转向、中性转向还是过度转向。

（b）在过度转向情况下，试确定汽车的中性转向距离 d_N 和临界速度 v_c。

16. 过度转向车辆的稳态半径 R

设某汽车的参数为

$$C_{\alpha f_L}=C_{\alpha f_R}=500\text{N}/(°) \qquad C_{\alpha r_L}=C_{\alpha r_R}=460\text{N}/(°)$$
$$m=1245\text{kg} \qquad I_z=1328\text{kgm}^2$$
$$a_1=110\text{cm} \qquad a_2=132\text{cm}$$

（a）试求用 v_x 表示的 R，并绘出以 v_x 为自变量，R 为因变量的曲线。

（b）对换 a_1 和 a_2

$$a_1=132\text{cm} \qquad a_2=110\text{cm}$$

试求用 v_x 表示的 R，并绘出以 v_x 为自变量，R 为因变量的曲线。

17. 不同速度下的阶跃输入响应

设某汽车的参数为

$$C_{\alpha f_L}=C_{\alpha f_R}=600\text{N}/(°) \qquad C_{\alpha r_L}=C_{\alpha r_R}=750\text{N}/(°)$$
$$m=1245\text{kg} \qquad I_z=1328\text{kgm}^2$$
$$a_1=110\text{cm} \qquad a_2=132\text{cm}$$

阶跃输入为

$$\delta(t)=\begin{cases}5° & t>0\\ 0 & t\leqslant 0\end{cases}$$

求汽车在下列行驶速度时的时间响应，并绘出 r 对时间的曲线。

（a）$v_x=10\text{m/s}$

（b）$v_x=20\text{m/s}$

（c）$v_x=30\text{m/s}$

（d）$v_x=40\text{m/s}$

（e）求各种情况下的 r_{Max}，确定 r_{Max} 是否与 v_x 是线性正比关系。

（f）求关于 v_x 的 r_{Max} 函数，并根据 r_{Max} 曲线描述关心的车辆性能。

18. 稳态转向中心函数

设某汽车的参数为

$$C_{\alpha f_L}=C_{\alpha f_R}\approx 30000\text{N/rad} \qquad C_{\alpha r_L}=C_{\alpha r_R}\approx 30000\text{N/rad}$$

$$m=1000\text{kg} \qquad I_z=1650\text{kgm}^2$$

$$a_1=1.0m \qquad a_2=1.5\text{m}$$

$$K=\frac{m}{l^2}\left(\frac{a_2}{C_{\alpha f}}-\frac{a_1}{C_{\alpha r}}\right)=1.33\times 10^{-2}>0$$

（a）求转向中心坐标（x_O，y_O）。

（b）验证是否可以消去 v_x 求出 $y_O=f(x_O)$。

（c）用线性函数近似计算 $y_O=f(x_O)$。

19. 稳定性因数分析

设某汽车的参数为

$$C_{\alpha f}=57296\text{N/rad} \qquad C_{\alpha r}=52712\text{N/rad}$$

$$m=917\text{kg} \qquad I_z=1128\text{kgm}^2$$

$$l=2.55\text{m} \qquad a_1=x \qquad a_2=l-x$$

（a）绘出关于 x 的 K 函数曲线。

（b）★绘出关于 x 和 v_x 的 S_κ 函数曲线。

20. ★质心和速度

假设汽车的质心位置可以随着其行驶速度的变化而改变，行驶速度为 $0<v_x<100\text{m/s}$。

$$C_{\alpha f}=57296\text{N/rad} \qquad C_{\alpha r}=52712\text{N/rad}$$

$$m=917\text{kg} \qquad I_z=1128\text{kgm}^2$$

$$l=2.55\text{m} \qquad a_1=1+\frac{v_x}{100} \qquad a_2=l-1-\frac{v_x}{100}$$

（a）绘出关于 x 的 K 函数曲线。

（b）绘出关于 v_x 的 S_κ 函数曲线。

21. ★对不同转向角的阶跃输入响应

设某汽车的参数为

$$C_{\alpha f_L}=C_{\alpha f_R}=600\text{N/(°)} \qquad C_{\alpha r_L}=C_{\alpha r_R}=750\text{N/(°)}$$

$$m=1245\text{kg} \qquad I_z=1328\text{kgm}^2$$

$$a_1=110\text{cm} \qquad a_2=132\text{cm}$$

$$v_x=20\text{m/s}$$

确定阶跃角输入下汽车的时间响应

$$\delta(t)=\begin{cases}\delta & t>0\\ 0 & t\leqslant 0\end{cases}$$

并绘出下列情况下关于 v_x 的 r 函数曲线：

(a) $\delta=2°$、$\delta=3°$、$\delta=4°$、$\delta=5°$、$\delta=6°$、$\delta=7°$、$\delta=8°$、$\delta=9°$、$\delta=10°$。

(b) 求各种情况下的 r_{Max}，确定 r_{Max}是否与 v_x 是线性正比关系。

(c) 求关于 v_x 的 r_{Max}函数，并根据 r_{Max}曲线描述关心的车辆性能。

22. ★特征值和自由响应

设某汽车的参数为

$$C_{\alpha f_L}=C_{\alpha f_R}=600\text{N/(°)}\qquad C_{\alpha r_L}=C_{\alpha r_R}=750\text{N/(°)}$$
$$m=1245\text{kg}\qquad I_z=1328\text{kgm}^2$$
$$a_1=110\text{cm}\qquad a_2=132\text{cm}$$
$$v_x=20\text{m/s}$$

(a) 试求系数矩阵 [A] 的特征值，确定汽车在零转向角时是否稳定。

(b) 求汽车中性稳定转向时的质量分配比 a_1/a_2。

(c) 提出令汽车稳定的质量分配比 a_1/a_2 条件。

23. ★对不同转向函数的时间响应

设某汽车的参数为

$$C_{\alpha f_L}=C_{\alpha f_R}=600\text{N/(°)}\qquad C_{\alpha r_L}=C_{\alpha r_R}=750\text{N/(°)}$$
$$m=1245\text{kg}\qquad I_z=1328\text{kgm}^2$$
$$a_1=110\text{cm}\qquad a_2=132\text{cm}$$
$$v_x=20\text{m/s}$$

求下列情况下的时间响应

(a) $0<t<10\pi$ 时，$\delta(t)=\sin 0.1t$；$t\leqslant 0$ 和 $t\geqslant 10\pi$ 时，$\delta(t)=0$。

(b) $0<t<2\pi$ 时，$\delta(t)=\sin 0.5t$；$t\leqslant 0$ 和 $t\geqslant 2\pi$ 时，$\delta(t)=0$。

(c) $0<t<\pi$ 时，$\delta(t)=\sin t$；$t\leqslant 0$ 和 $t\geqslant \pi$ 时，$\delta(t)=0$。

24. ★两个稳态工况之间的瞬态工况

设某车辆的前轮转向平面自行车模型参数为

$$C_{\alpha f}=57296\text{N/rad}\qquad C_{\alpha r}=52712\text{N/rad}$$
$$m=917\text{kg}\qquad I_z=1128\text{kgm}^2$$
$$a_1=0.91\text{m}\qquad a_2=1.64\text{m}$$

(a) 求 $v_x=10\text{m/s}$ 和 $v_x=30\text{m/s}$ 时 S_κ 的稳态值。

(b) 假设汽车速度突然变化，求车辆在这两个稳态工况之间的瞬态性能。

25. 转向中心的瞬态轨迹

设某车辆的参数为

$$C_{\alpha f_L}=C_{\alpha f_R}\approx 3000\text{N/rad}\qquad C_{\alpha r_L}=C_{\alpha r_R}\approx 3000\text{N/rad}$$
$$m=1000\text{kg}\qquad I_z=1650\text{kgm}^2$$
$$a_1=1.0\text{m}\qquad a_2=1.5\text{m}$$

(a) 求 $v_x=1\text{m/s}$ 和 $v_x=10\text{m/s}$ 时的稳态响应 S_κ、S_β、S_r、S_a。

(b) 求$\beta=0$ 时的临界速度。

（c）分别计算 $v_x=1\text{m/s}$、临界速度、$v_x=10\text{m/s}$ 时转向中心的坐标。

（d）★假设车速为 $v_x=1\text{m/s}$ 时汽车在稳态工况下，速度突然变化到 $v_x=10\text{m/s}$ 并保持不变，求两个稳态工况之间转向中心的轨迹。

26. 线性模型动力学

设某车辆的参数为

$$C_{\alpha f_L}=C_{\alpha f_R}\approx 3000\text{N/rad} \qquad C_{\alpha r_L}=C_{\alpha r_R}\approx 3000\text{N/rad}$$
$$m=1000\text{kg} \qquad I_z=1650\text{kgm}^2$$
$$a_1=1.0\text{m} \qquad a_2=1.5\text{m}$$

对于阶跃转向角变化

$$\delta(t)=\begin{cases}5^\circ & t>0\\ 0 & t\leqslant 0\end{cases}$$

比较车辆平面模型和线性化模型的瞬态性能。

11★　车辆侧倾动力学

本章对具有前进、侧向、横摆和侧倾运动的刚性两轮车辆建立动力学模型，与刚性两轮车辆平面模型相比，带侧倾的刚性车辆模型更准确，也更有效。应用该模型，可以分析车辆的侧倾性能和操纵性。

11.1★　车辆坐标和自由度

图 11.1 所示为设在车辆质心 C 处的车身坐标系 $B(Cxyz)$，其 x 轴是一条通过质心并指向车前方的纵向轴，其 y 轴指向驾驶人所在视角的左侧，其 z 轴指向使该坐标系符合右手定则的方向。一辆汽车停放在水平道路上时，z 轴垂直于地面，并与重力加速度 $\boldsymbol{g}$ 的方向相反，车辆的运动方程应在坐标系 $B(Cxyz)$ 中表示。

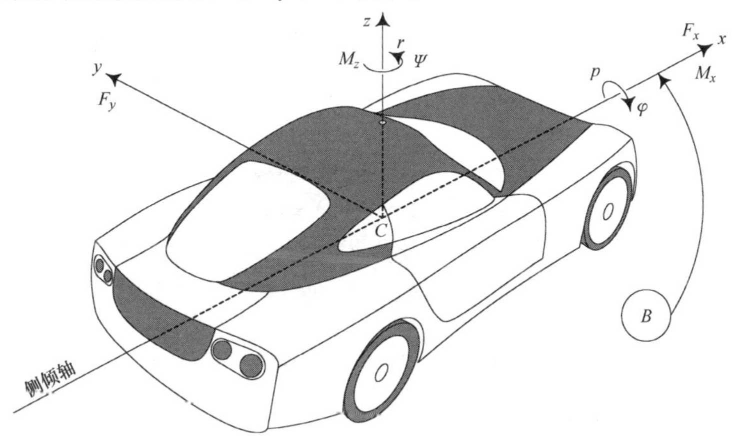

图 11.1　刚性车辆侧倾模型的自由度为：x，y，φ 和 ψ

车辆的姿态角和姿态角速度采用三个角度：侧倾角 φ、俯仰角 θ、横摆角 ψ 以及三个角速率：侧倾角速度 p、俯仰角速度 q 和横摆角速度 r 来描述。

$$p=\dot{\varphi} \tag{11.1}$$

$$q=\dot{\theta} \tag{11.2}$$

$$r=\dot{\psi} \tag{11.3}$$

车辆力系（$\boldsymbol{F}$，$\boldsymbol{M}$）是车辆受到的来自地面和环境的外力和外力矩的共同作用，车辆力系可以在车身坐标系表示为

$${}^{B}\boldsymbol{F}=F_x\,\hat{i}+F_y\,\hat{j}+F_z\,\hat{k} \tag{11.4}$$

$${}^{B}\boldsymbol{M}=M_x\,\hat{i}+M_y\,\hat{j}+M_z\,\hat{k} \tag{11.5}$$

车辆侧倾动力学模型可以用四个运动学变量表示：正向运动 x、侧向运动 y、侧倾角 φ 和横摆角 Ψ。

11.2★　运动方程

具有侧倾和横摆运动的刚性车辆有四个自由度，即 x 方向和 y 方向的平动，绕 x 轴和绕 z 轴的转动。

车身坐标系 B 中侧倾刚性车辆的牛顿－欧拉运动方程为

$$F_x = m\dot{v}_x - mrv_y \tag{11.6}$$

$$F_y = m\dot{v}_y + mrv_x \tag{11.7}$$

$$M_z = I_z\dot{\omega}_z = I_z\dot{r} \tag{11.8}$$

$$M_x = I_x\dot{\omega}_x = I_x\dot{p} \tag{11.9}$$

证明：设某车辆如图11.2所示，全域坐标系 G 设在地面上，车身坐标系 B 设在车辆的质心 C 上。Z 轴和 z 轴互相平行，坐标系 B 的姿态可以用 X 轴和 x 轴之间的航向角 ψ，以及 Z 轴和 z 轴之间侧倾角 φ 表示，质心的全域位置矢量记作 ${}^G\boldsymbol{d}$。

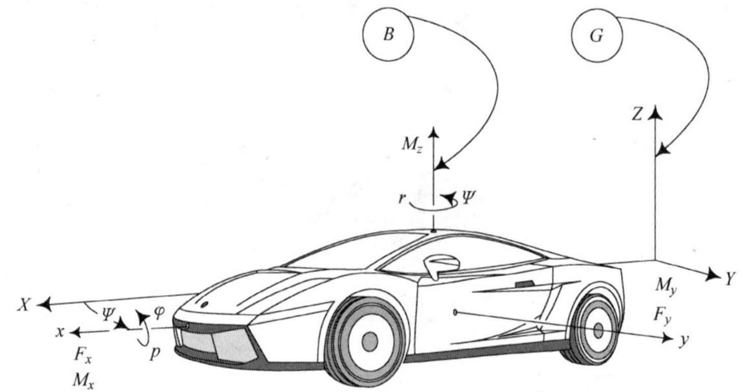

图11.2　有侧倾和横摆运动的车辆

在车身坐标系中刚体的运动方程为

$$\begin{aligned}{}^B\boldsymbol{F} &= {}^BR_G\,{}^G\boldsymbol{F} = {}^BR_G(m\,{}^G\boldsymbol{a}_B) = m{}^B_G\boldsymbol{a}_B \\ &= m\,{}^B\boldsymbol{L}\,\dot{v}_B + m{}^B_G\boldsymbol{\omega}_B \times {}^Bv_B\end{aligned} \tag{11.10}$$

$$\begin{aligned}{}^B\boldsymbol{M} &= \frac{{}^G\mathrm{d}_B}{\mathrm{d}t}\boldsymbol{L} = {}^B_G\dot{\boldsymbol{L}}_B = {}^B\dot{\boldsymbol{L}} + {}^B_G\boldsymbol{\omega}_B \times {}^B\boldsymbol{L} \\ &= {}^BI\,{}^B_G\dot{\boldsymbol{\omega}}_B + {}^B_G\boldsymbol{\omega}_B \times ({}^BI{}^B_G\boldsymbol{\omega}_B)\end{aligned} \tag{11.11}$$

车身坐标系中表示的速度矢量为

$${}^Bv_C = \begin{bmatrix} v_x \\ v_y \\ 0 \end{bmatrix} \tag{11.12}$$

式中，v_x 是v 的正向分量；v_y 是v 的侧向分量。刚性车辆的其他运动矢量为

$${}^B\dot{v}_C = \begin{bmatrix} \dot{v}_x \\ \dot{v}_y \\ 0 \end{bmatrix} \tag{11.13}$$

$$ {}_G^B\boldsymbol{\omega}_B = \begin{bmatrix} \omega_x \\ 0 \\ \omega_z \end{bmatrix} = \begin{bmatrix} p \\ 0 \\ r \end{bmatrix} \tag{11.14} $$

$$ {}_G^B\dot{\boldsymbol{\omega}}_B = \begin{bmatrix} \dot{\omega}_x \\ 0 \\ \dot{\omega}_z \end{bmatrix} = \begin{bmatrix} \dot{p} \\ 0 \\ \dot{r} \end{bmatrix} \tag{11.15} $$

假设车身坐标系是车辆的主坐标系，该坐标系有一个对角转动惯量矩阵。

$$ {}^BI = \begin{bmatrix} I_x & 0 & 0 \\ 0 & I_y & 0 \\ 0 & 0 & I_z \end{bmatrix} = \begin{bmatrix} I_1 & 0 & 0 \\ 0 & I_2 & 0 \\ 0 & 0 & I_3 \end{bmatrix} \tag{11.16} $$

将上述矢量和矩阵代入运动方程式（11.10）和式（11.11）得到如下方程：

$$ {}^B\boldsymbol{F} = m{}^B\dot{v}_B + m{}_G^B\boldsymbol{\omega}_B \times {}^Bv_B \tag{11.17} $$

$$ \begin{bmatrix} F_x \\ F_x \\ F_z \end{bmatrix} = m\begin{bmatrix} \dot{v}_x \\ \dot{v}_y \\ 0 \end{bmatrix} + m\begin{bmatrix} \omega_x \\ 0 \\ \omega_z \end{bmatrix} \times \begin{bmatrix} v_x \\ v_y \\ 0 \end{bmatrix} = \begin{bmatrix} m\dot{v}_x - m\omega_z v_y \\ m\dot{v}_y + m\omega_z v_x \\ m\omega_x v_y \end{bmatrix} \tag{11.18} $$

$$ {}^B\boldsymbol{M} = {}^BI_G^B\dot{\boldsymbol{\omega}}_B + {}_G^B\boldsymbol{\omega}_B \times ({}^BI_G^B\boldsymbol{\omega}_B) \tag{11.19} $$

$$ \begin{aligned} \begin{bmatrix} M_x \\ M_y \\ M_z \end{bmatrix} &= \begin{bmatrix} I_1 & 0 & 0 \\ 0 & I_2 & 0 \\ 0 & 0 & I_3 \end{bmatrix}\begin{bmatrix} \dot{\omega}_x \\ 0 \\ \dot{\omega}_z \end{bmatrix} + \begin{bmatrix} \omega_x \\ 0 \\ \omega_z \end{bmatrix} \times \left(\begin{bmatrix} I_1 & 0 & 0 \\ 0 & I_2 & 0 \\ 0 & 0 & I_3 \end{bmatrix}\begin{bmatrix} \omega_x \\ 0 \\ \omega_z \end{bmatrix}\right) \\ &= \begin{bmatrix} I_1\dot{\omega}_x \\ I_1\omega_x\omega_z - I_3\omega_x\omega_z \\ I_3\dot{\omega}_z \end{bmatrix} \end{aligned} \tag{11.20} $$

式（11.18）的前两个牛顿方程是 x 方向和 y 方向的平动运动方程。

$$ \begin{bmatrix} F_x \\ F_y \end{bmatrix} = \begin{bmatrix} m\dot{v}_x - m\omega_z v_y \\ m\dot{v}_y + m\omega_z v_x \end{bmatrix} \tag{11.21} $$

第三个牛顿方程

$$ m\omega_x v_y = F_z \tag{11.22} $$

给出了使车辆保持在地面的协调性条件，但是，因为忽略了重力和 y 方向的运动以及绕 y 方向的转动，所以 z 方向的方程是不完备的。

式（11.20）的第一个和第三个欧拉方程是绕 x 轴和 z 轴转动的运动方程。

$$ \begin{bmatrix} M_x \\ M_z \end{bmatrix} = \begin{bmatrix} I_1\dot{\omega}_x \\ I_3\dot{\omega}_z \end{bmatrix} \tag{11.23} $$

第二个欧拉方程

$$ I_1\omega_x\omega_z - I_3\omega_x\dot{\omega}_z = M_y \tag{11.24} $$

是使车辆保持在地面所需俯仰力矩的另一个协调性条件。

例461★　六自由度车辆的运动

设某车辆在空间运动，这样的车辆有六个自由度。为了建立这种车辆的运动方程，需要定义如下运动学参数：

$$ {}^{B}v_{C}=\begin{bmatrix} v_x \\ v_y \\ v_z \end{bmatrix} \qquad {}^{B}\dot{v}_{C}=\begin{bmatrix} \dot{v}_x \\ \dot{v}_y \\ \dot{v}_z \end{bmatrix} \tag{11.25} $$

$$ {}_{G}^{B}\boldsymbol{\omega}_{B}=\begin{bmatrix} \omega_x \\ \omega_y \\ \omega_z \end{bmatrix} \qquad {}_{G}^{B}\dot{\boldsymbol{\omega}}_{B}=\begin{bmatrix} \dot{\omega}_x \\ \dot{\omega}_y \\ \dot{\omega}_z \end{bmatrix} \tag{11.26} $$

车辆在车身坐标系中的加速度矢量为

$$ {}^{B}\boldsymbol{a}={}^{B}\dot{v}_{B}+{}_{G}^{B}\boldsymbol{\omega}_{B}\times{}^{B}v_{B}=\begin{bmatrix} \dot{v}_x+\omega_y v_z-\omega_z v_y \\ \dot{v}_y+\omega_z v_x-\omega_x v_z \\ \dot{v}_z+\omega_x v_y-\omega_y v_x \end{bmatrix} \tag{11.27} $$

所以车辆的牛顿运动方程为

$$ \begin{bmatrix} F_x \\ F_y \\ F_z \end{bmatrix}=m\begin{bmatrix} \dot{v}_x+\omega_y v_z-\omega_z v_y \\ \dot{v}_y+\omega_z v_x-\omega_x v_z \\ \dot{v}_z+\omega_x v_y-\omega_y v_x \end{bmatrix} \tag{11.28} $$

为了求出欧拉运动方程

$$ {}^{B}\boldsymbol{M}={}^{B}I_{G}^{B}\,\dot{\boldsymbol{\omega}}_{B}+{}_{G}^{B}\boldsymbol{\omega}_{B}\times({}^{B}I_{G}^{B}\boldsymbol{\omega}_{B}) \tag{11.29} $$

需要定义质量矩矩阵，并进行矩阵运算。假设车身坐标系为主坐标系，则

$$ \begin{aligned} &{}^{B}I_{G}^{B}\,\dot{\boldsymbol{\omega}}_{B}+{}_{G}^{B}\boldsymbol{\omega}_{B}\times({}^{B}I_{G}^{B}\boldsymbol{\omega}_{B}) \\ &=\begin{bmatrix} I_1 & 0 & 0 \\ 0 & I_2 & 0 \\ 0 & 0 & I_3 \end{bmatrix}\begin{bmatrix} \dot{\omega}_x \\ \dot{\omega}_y \\ \dot{\omega}_z \end{bmatrix}+\begin{bmatrix} \omega_x \\ \omega_y \\ \omega_z \end{bmatrix}\times\left(\begin{bmatrix} I_1 & 0 & 0 \\ 0 & I_2 & 0 \\ 0 & 0 & I_3 \end{bmatrix}\begin{bmatrix} \omega_x \\ \omega_y \\ \omega_z \end{bmatrix}\right) \\ &=\begin{bmatrix} \dot{\omega}_x I_1-\omega_y\omega_z I_2+\omega_y\omega_z I_3 \\ \dot{\omega}_y I_2+\omega_x\omega_z I_1-\omega_x\omega_z I_3 \\ \dot{\omega}_z I_3-\omega_x\omega_y I_1+\omega_x\omega_y I_2 \end{bmatrix} \end{aligned} \tag{11.30} $$

因此，车辆的欧拉运动方程为

$$ \begin{bmatrix} M_x \\ M_y \\ M_z \end{bmatrix}=\begin{bmatrix} \dot{\omega}_x I_1-\omega_y\omega_z I_2+\omega_y\omega_z I_3 \\ \dot{\omega}_y I_2+\omega_x\omega_z I_1-\omega_x\omega_z I_3 \\ \dot{\omega}_z I_3-\omega_x\omega_y I_1+\omega_x\omega_y I_2 \end{bmatrix} \tag{11.31} $$

式（11.28）和式（11.31）是有俯仰自由度汽车的运动方程。

例 462★ 从一般运动推导侧倾刚性车辆运动

可以从一般车辆的六自由度运动，式（11.28）和式（11.31），推导出侧倾刚性车辆的运动方程。

设某四轮车辆的自行车模型在道路上行驶，因为车辆不能沿 z 轴方向运动，同时也不能绕 y 轴方向转动，所以

$$v_z = 0 \qquad \dot{v}_z = 0 \qquad \omega_y = 0 \qquad \dot{\omega}_y = 0 \tag{11.32}$$

同时，自行车模型中 z 方向的合力，绕 y 方向的合力矩应该为 0。

$$F_z = 0 \qquad M_y = 0 \tag{11.33}$$

将式（11.32）和式（11.33）代入式（11.28）和式（11.31）得到如下力系。

$$\begin{bmatrix} F_x \\ F_y \\ F_z \end{bmatrix} = m \begin{bmatrix} \dot{v}_x - \omega_z v_y \\ \dot{v}_y + \omega_z v_x \\ \omega_x v_y \end{bmatrix} \tag{11.34}$$

$$\begin{bmatrix} M_x \\ M_y \\ M_z \end{bmatrix} = \begin{bmatrix} \dot{\omega}_x I_1 \\ \omega_x \omega_z I_1 - \omega_x \omega_z I_3 \\ \dot{\omega}_z I_3 \end{bmatrix} \tag{11.35}$$

11.3★ 车辆力系

为了确定作用在刚性车辆上的力系，需要先定义车轮轮胎接地印迹上的力系。轮胎接地印迹上的侧向力取决于轮胎侧偏角，然后将轮胎接地印迹上的力系转移并作用到车辆侧倾模型上。

11.3.1 轮胎力系和车身力系

图 11.3 所示为某车辆的车轮 1。在 C 坐标系中作用的力系分量，由于车轮 i 的轮胎接地印迹上的力是

$$F_{x_i} = F_{x_{wi}} \cos\delta_i - F_{y_{wi}} \sin\delta_i \tag{11.36}$$

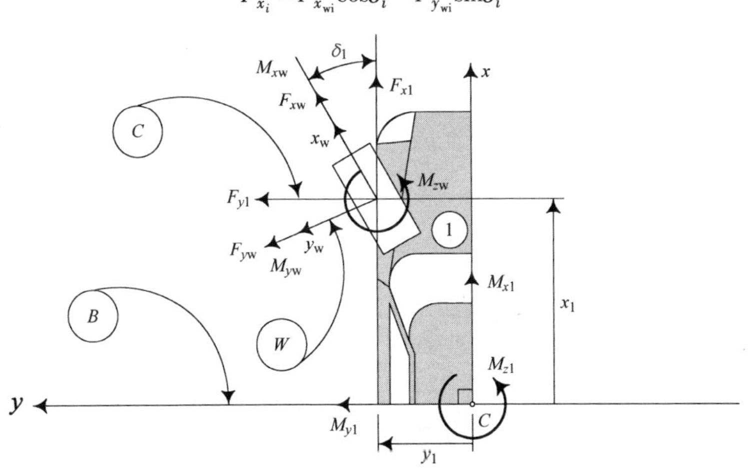

图 11.3 车轮 1 的轮胎接地印迹上的力系以及它们作用在 C 上的合力

$$F_{y_i} = F_{y_{wi}}\cos\delta_i + F_{x_{wi}}\sin\delta_i \tag{11.37}$$

$$M_{x_i} = M_{x_{wi}} \tag{11.38}$$

$$M_{z_i} = M_{z_{wi}} \tag{11.39}$$

式中，(x_i, y_i, z_i) 是车轮 i 的车身坐标系坐标。本例分析中，为了简化方程，忽略了轮胎力矩在轮胎接地印迹上的分量 $M_{y_{wi}}$。

车身坐标系中用于分析刚性车辆侧倾模型的刚性车辆上主要力系的合力为

$$^BF_x = \sum_i F_{x_i} = \sum_i F_{x_w}\cos\delta_i - \sum_i F_{y_w}\sin\delta_i \tag{11.40}$$

$$^BF_y = \sum_i F_{y_i} = \sum_i F_{y_w}\cos\delta_i + \sum_i F_{x_w}\sin\delta_i \tag{11.41}$$

$$^BM_x = \sum_i M_{x_i} + \sum_i y_i F_{z_i} - \sum_i z_i F_{y_i} \tag{11.42}$$

$$^BM_z = \sum_i M_{z_i} + \sum_i x_i F_{y_i} - \sum_i y_i F_{x_i} \tag{11.43}$$

证明：为了简化车辆侧倾动力学模型，忽略掉小侧倾角度时，轮胎接地印迹中心上的轮胎坐标系和车轮中心上的车轮坐标系之间的差别。在车轮坐标系 W 中，某车轮轮胎接地印迹上产生的力系为

$$^W\boldsymbol{F}_w = [F_{x_w} \quad F_{y_w} \quad F_{z_w}]^T \tag{11.44}$$

$$^W\boldsymbol{M}_w = [M_{x_w} \quad M_{y_w} \quad M_{z_w}]^T \tag{11.45}$$

车轮坐标系 W 和平行于车身坐标系 B 的车轮 - 车身坐标系 C 的旋转矩阵为

$$^CR_W = \begin{bmatrix} \cos\delta_1 & -\sin\delta_1 & 0 \\ \sin\delta_1 & \cos\delta_1 & 0 \\ 0 & 0 & 1 \end{bmatrix} \tag{11.46}$$

所以，作用在车轮轮胎接地印迹上与车辆坐标系平行的力系为

$$^C\boldsymbol{F}_w = {^CR_W}\,{^W\boldsymbol{F}_w} \tag{11.47}$$

$$\begin{bmatrix} F_{x_1} \\ F_{y_1} \\ F_{z_1} \end{bmatrix} = \begin{bmatrix} \cos\delta_1 & -\sin\delta_1 & 0 \\ \sin\delta_1 & \cos\delta_1 & 0 \\ 0 & 0 & 1 \end{bmatrix} \begin{bmatrix} F_{x_w} \\ F_{y_w} \\ F_{z_w} \end{bmatrix} = \begin{bmatrix} F_{x_w}\cos\delta_1 - F_{y_w}\sin\delta_1 \\ F_{y_w}\cos\delta_1 + F_{x_w}\sin\delta_1 \\ F_{z_w} \end{bmatrix} \tag{11.48}$$

$$^{B_1}\boldsymbol{M}_w = {^{B_1}R_{B_w}}\,{^{B_w}\boldsymbol{M}_w} \tag{11.49}$$

$$\begin{bmatrix} M_{x_1} \\ M_{y_1} \\ M_{z_1} \end{bmatrix} = \begin{bmatrix} \cos\delta_1 & -\sin\delta_1 & 0 \\ \sin\delta_1 & \cos\delta_1 & 0 \\ 0 & 0 & 1 \end{bmatrix} \begin{bmatrix} M_{x_w} \\ M_{y_w} \\ M_{z_w} \end{bmatrix} = \begin{bmatrix} M_{x_w}\cos\delta_1 - M_{y_w}\sin\delta_1 \\ M_{y_w}\cos\delta_1 + M_{x_w}\sin\delta_1 \\ M_{z_w} \end{bmatrix} \tag{11.50}$$

忽略 M_{y_i}，将各轮胎上的力系平移到设于车辆质心 C 处的车身坐标系 B 上，生成作用在车辆上的总力系

$$^B\boldsymbol{F} = \sum_i {}^{B_i}\boldsymbol{F}_{\mathrm{w}} = \sum_i F_{x_i}\hat{i} + \sum_i F_{y_i}\hat{j} \tag{11.51}$$

$$\begin{aligned} ^B\boldsymbol{M} &= \sum_i {}^{B_i}\boldsymbol{M}_{\mathrm{w}} \\ &= \sum_i M_{x_i}\hat{i} + \sum_i M_{z_i}\hat{k} + \sum_i B_{\boldsymbol{r}_i} \times {}^B\boldsymbol{F}_{\mathrm{w}_i} \end{aligned} \tag{11.52}$$

式中，$B_{\boldsymbol{r}_i}$是车轮 i 的位置矢量。

$$B_{\boldsymbol{r}_i} = x_i\hat{i} + y_i\hat{j} + z_i\hat{k} \tag{11.53}$$

推导式（11.51）时，曾用到方程$\sum_i F_{z_i} - mg = 0$。展开式（11.51）和式（11.52）可以得到车辆的整个力系。

$$^BF_x = \sum_i F_{x_{\mathrm{w}}}\cos\delta_i - \sum_i F_{y_{\mathrm{w}}}\sin\delta_i \tag{11.54}$$

$$^BF_y = \sum_i F_{y_{\mathrm{w}}}\cos\delta_i + \sum_i F_{x_{\mathrm{w}}}\sin\delta_i \tag{11.55}$$

$$^BM_x = \sum_i M_{x_i} + \sum_i y_i F_{z_i} - \sum_i z_i F_{y_i} \tag{11.56}$$

$$^BM_z = \sum_i M_{z_i} + \sum_i x_i F_{y_i} - \sum_i y_i F_{x_i} \tag{11.57}$$

对于两轮车辆模型有

$$\begin{aligned} &x_1 = a_1 \qquad && x_2 = -a_2 \\ &y_1 = y_2 = 0 && \\ &z_1 = R_f && x_2 = R_{\mathrm{w}} \end{aligned} \tag{11.58}$$

对于这样的车辆，忽略轮胎 R_f 和 R_{w} 减小的影响，力系简化为

$$^BF_x = F_{x_1}\cos\delta_1 + F_{x_2}\cos\delta_2 - F_{y_1}\sin\delta_1 - F_{y_2}\sin\delta_2 \tag{11.59}$$

$$^BF_y = F_{y_1}\cos\delta_1 + F_{y_2}\cos\delta_2 + F_{x_1}\sin\delta_1 + F_{x_2}\sin\delta_2 \tag{11.60}$$

$$^BM_x = M_{x_1} + M_{x_2} \tag{11.61}$$

$$^BM_z = M_{z_1} + M_{z_2} + a_1F_{y_1} - a_2F_{y_2} \tag{11.62}$$

11.3.2★ 轮胎侧向力

如果转向机构的转向角记作 δ，侧倾车辆实际转向角 δ_a

$$\delta_a = \delta + \delta_\varphi \tag{11.63}$$

式中，δ_φ 是侧倾转向角。

$$\delta_\varphi = C_{\delta_\varphi}\varphi \tag{11.64}$$

侧倾转向角 δ_φ 与侧倾角 φ 成正比，系数 C_{δ_φ}称作**侧倾转向系数**。发生侧倾转向的原因是悬架机构变形时产生一定的转向角，侧倾车辆各轮胎的轮胎侧偏角为

$$\alpha_i = \beta_i - \delta_a = \beta_i - \delta_i - \delta_\varphi \tag{11.65}$$

式中，β_i 是速度矢量v 和车身 x 轴方向之间的夹角，称作车轮侧偏角。

这样的车轮在小侧偏角时产生的侧向力为

$$F_y = -C_\alpha\alpha_i - C_\varphi\varphi_i = -C_\alpha(\beta_i - \delta_i - C_{\delta_\varphi}\varphi_i) - C_\varphi\varphi \tag{11.66}$$

C_{φ} 是**轮胎外倾推力系数**，该系数源于车辆的侧倾。两轮车辆模型中的车轮侧偏角 β_i 可以近似取为

$$\beta_i = \frac{v_y + x_i r - C_{\beta_i} p}{v_x} \tag{11.67}$$

进而求出用车辆运动学变量表示的侧向力 F_y。

$$F_y = -x_i \frac{C_\alpha}{v_x} r + \frac{C_\alpha C_\beta}{v_x} p - C_\alpha \beta + (C_\alpha C_{\delta_\varphi} - C_\varphi)\varphi + C_\alpha \delta_i \tag{11.68}$$

$$\beta = \frac{v_y}{v_x} \tag{11.69}$$

C_{β_i}为车轮侧倾角速度系数。

证明：车辆侧倾时，轮胎上会发生一些新的作用，从而引入了轮胎性能的新动力学项。最重要的反应是：

1）轮胎外倾推力 $F_{y\varphi}$，是由车辆侧倾引起的侧向力，假设外倾推力与车辆侧倾角 φ 成正比。

$$F_{y\varphi} = -C_\varphi \varphi \tag{11.70}$$

$$C_\varphi = \frac{\mathrm{d}F_y}{\mathrm{d}\varphi} \tag{11.71}$$

2）车轮侧倾转向角 δ_φ，是由车辆侧倾引起的车轮转向角。大多数悬架机构会在车辆侧倾和悬架机构偏转时引起一定的转向角变化，假设车轮侧倾转向角与车辆侧倾角 φ 成正比。

$$\delta_\varphi = C_{\delta_\varphi} \varphi \tag{11.72}$$

$$C_{\delta_\varphi} = \frac{\mathrm{d}\delta}{\mathrm{d}\varphi} \tag{11.73}$$

所以这时轮胎的实际转向角为

$$\delta_a = \delta + \delta_\varphi \tag{11.74}$$

假设刚性车辆的车轮 i 位于

$$^B\boldsymbol{r}_i = [x_i \quad y_i \quad z_i]^{\mathrm{T}} \tag{11.75}$$

车轮 i 的速度为

$$^B v_i = {}^B v + {}^B\boldsymbol{\omega} \times {}^B\boldsymbol{r}_i \tag{11.76}$$

式中，$^B v$ 是车辆质心 C 处的速度矢量；$^B\omega$ 是车辆的角速度。

$$^B\boldsymbol{\omega} = \dot{\varphi}\hat{i} + \dot{\psi}\hat{k} = p\,\hat{i} + r\,\hat{k} \tag{11.77}$$

展开式（11.76）得到下面在车辆坐标系 B 中表示的车轮 i 的速度矢量。

$$\begin{bmatrix} v_{x_i} \\ v_{y_i} \\ v_{z_i} \end{bmatrix} = \begin{bmatrix} v_x \\ v_y \\ 0 \end{bmatrix} + \begin{bmatrix} \dot{\varphi} \\ 0 \\ \dot{\psi} \end{bmatrix} \times \begin{bmatrix} x_i \\ y_i \\ z_i \end{bmatrix} = \begin{bmatrix} v_x - \dot{\psi} y_i \\ v_y - \dot{\varphi} z_i + \dot{\psi} x_i \\ \dot{\varphi} y_i \end{bmatrix} \tag{11.78}$$

设某个侧倾车辆的两轮车辆模型

$$y_i = 0 \tag{11.79}$$

$$x_1 = a_1 \tag{11.80}$$

$$x_2 = -a_2 \tag{11.81}$$

车轮 i 的车轮侧偏角 β_i 是车轮速度矢量v_i和车身 x 轴方向之间的夹角。侧倾角很小时，β_i 为

$$\beta_i = \arctan\left(\frac{v_{y_i}}{v_{x_i}}\right) \approx \frac{v_{y_i}}{v_{x_i}} \approx \frac{v_y - \dot{\varphi} z_i + \dot{\psi} x_i}{v_x} \tag{11.82}$$

如果轮胎 i 的转向角为 δ_i，则在轮胎上引起侧向力 F_{y_w} 的侧偏角 α_i 为

$$\alpha_i = \beta_i - \delta_i \approx \frac{v_y - \dot{\varphi} z_i + \dot{\psi} x_i}{v_x} - \delta_i + \delta_{\varphi_i} \tag{11.83}$$

两轮车辆模型前轮和后轮的车轮侧偏角 β_i，分别为 β_f 和 β_r。

$$\beta_f = \arctan\left(\frac{v_{y_f}}{v_{x_f}}\right) \approx \frac{v_{y_f}}{v_{x_f}} \approx \frac{v_y + a_1 r - z_f p}{v_x} \tag{11.84}$$

$$\beta_r = \arctan\left(\frac{v_{y_r}}{v_{x_r}}\right) \approx \frac{v_{y_r}}{v_{x_r}} \approx \frac{v_y - a_2 r - z_r p}{v_x} \tag{11.85}$$

车辆侧偏角 β

$$\beta = \arctan\left(\frac{v_y}{v_x}\right) \approx \frac{v_y}{v_x} \tag{11.86}$$

尽管车轮的 z_i 坐标不是常数，但其变化量非常小。为了说明 z_i 的影响，将其用系数 C_{β_i} 代替，称作**轮胎侧倾角速度系数**，并定义系数 C_{β_f} 和 C_{β_r} 表示因侧倾角速度 p 引起的 β_i 的变化

$$\beta_i = C_{\beta_i} p \tag{11.87}$$

$$C_{\beta_i} = \frac{d\beta_i}{dp} \tag{11.88}$$

所以

$$\beta_f = \arctan\left(\frac{v_y + a_1 r - C_{\beta_f} p}{v_x}\right) \tag{11.89}$$

$$\beta_r = \arctan\left(\frac{v_y - a_2 r - C_{\beta_r} p}{v_x}\right) \tag{11.90}$$

假设侧偏角 β_f、β 和 β_r 很小，则前车轮和后车轮的轮胎侧偏角 α_f 和 α_r 可以近似计算如下

$$\begin{aligned}\alpha_f &= \frac{1}{v_x}(v_y + a_1 r - z_f p) - \delta - \delta_{\varphi_f} \\ &= \beta + a_1 \frac{r}{v_x} - C_{\beta_f}\frac{p}{v_x} - \delta - C_{\delta_{\varphi f}}\varphi\end{aligned} \tag{11.91}$$

$$\begin{aligned}\alpha_r &= \frac{1}{v_x}(v_y - a_2 r - z_r p) - \delta_{\varphi_r} \\ &= \beta - a_2 \frac{r}{v_x} - C_{\beta_r}\frac{p}{v_x} - C_{\delta_{\varphi_r}}\varphi\end{aligned} \tag{11.92}$$

11.3.3★ 两轮模型上车身受力的分量

图 11.4 所示为某前轮转向四轮汽车及作用在其车轮中心上的力系。分析车辆侧倾运动时，虽然 xy 平面不再与地面的 XY 平面平行，但是我们还可以用两轮车辆模型进行分析。

图 11.5 所示为它的作用力系，图 11.6 所示为有侧倾运动和横摆运动两轮车辆模型的运动学模型，侧倾两轮车辆模型又称作自行车模型。

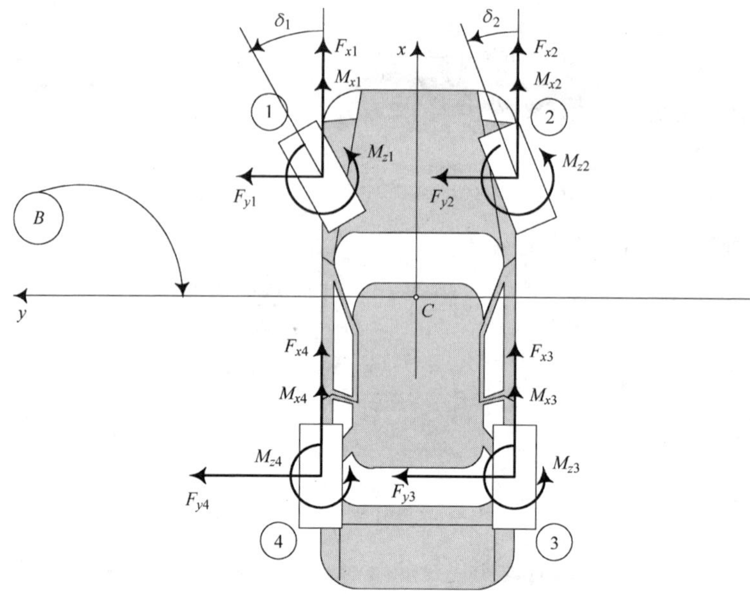

图 11.4 某汽车的顶视图和作用在轮胎接地印迹上的力系

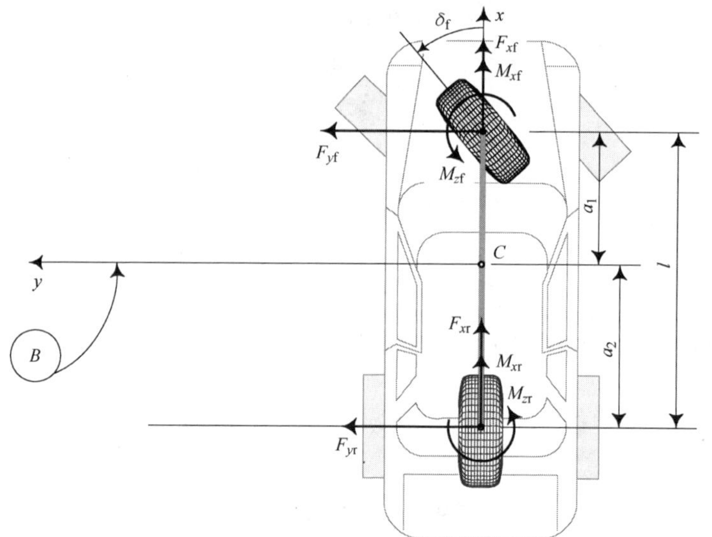

图 11.5 有侧倾和横摆运动汽车转向的两轮车辆模型

作用在前轮转向两轮车辆模型上的力系为

$$F_x = \sum_{i=1}^{2} (F_{x_i}\cos\delta - F_{y_i}\sin\delta) \tag{11.93}$$

$$F_y = \sum_{i=1}^{2} F_{y_i} \tag{11.94}$$

$$M_x = M_{x_f} + M_{x_r} - wc_f\dot{\varphi} - wk_f\varphi \tag{11.95}$$

$$M_z = a_1 F_{y_f} - a_2 F_{y_r} \tag{11.96}$$

（F_{x_f}，F_{x_r}）和（F_{y_f}，F_{y_r}）为作用在前、后车轮上的平面力，对于小转向角 δ，该力系可以用下面的公式近似计算：

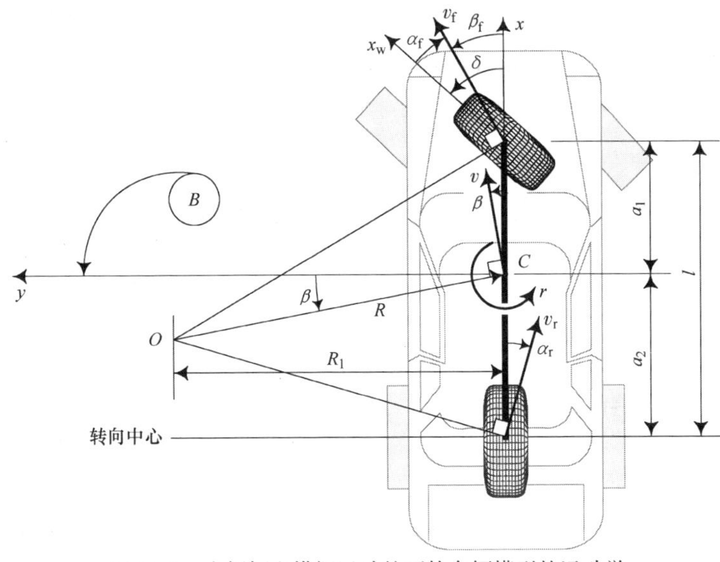

图 11.6　有侧倾和横摆运动的两轮车辆模型的运动学

$$F_x \approx F_{x_f} + F_{x_r} \tag{11.97}$$

$$F_y \approx F_{y_f} + F_{y_r} \tag{11.98}$$

$$M_x \approx C_{T_f} F_{y_f} + C_{T_r} F_{y_r} - k_\varphi \varphi - c_\varphi \dot{\varphi} \tag{11.99}$$

$$M_z \approx a_1 F_{y_f} - a_2 F_{y_r} \tag{11.100}$$

车辆的侧向力 F_y 和力矩 M_z 仅与前轮和后轮上的侧向力 F_{y_f}和 F_{y_r}有关，这两个力又是侧偏角 α_f 和 α_r 和的函数，侧向力 F_y 和力矩 M_z 可以用下面的公式近似计算：

$$\begin{aligned} F_y =& \left(\frac{a_2}{v_x}C_{\alpha r} - \frac{a_1}{v_x}C_{\alpha f}\right)r + \left(\frac{C_{\alpha f}C_{\beta_f}}{v_x} + \frac{C_{\alpha r}C_{\beta_r}}{v_x}\right)p \\ &+ (-C_{\alpha f} - C_{\alpha r})\beta + (C_{\alpha f}C_{\delta_{\varphi f}} - C_{\varphi_r} - C_{\varphi_f} + C_{\alpha r}C_{\delta_{\varphi_r}})\varphi \\ &+ C_{\alpha f}\delta \end{aligned} \tag{11.101}$$

$$\begin{aligned} M_x =& \left(\frac{a_2}{v_x}C_{T_r}C_{\alpha r} - \frac{a_1}{v_x}C_{T_f}C_{\alpha f}\right)r \\ &+ \left(\frac{1}{v_x}C_{\beta_f}C_{T_f}C_{\alpha f} + \frac{1}{v_x}C_{\beta_r}C_{T_r}C_{\alpha r} - c_\varphi\right)p \\ &+ [-C_{T_f}(C_{\varphi_f} - C_{\alpha f}C_{\delta_{\varphi f}}) - C_{T_r}(C_{\varphi_r} - C_{\alpha r}C_{\delta_{\varphi_r}}) - k_\varphi]\varphi \\ &+ C_{T_f}C_{\alpha f}\delta \end{aligned} \tag{11.102}$$

$$\begin{aligned} M_z =& \left(-\frac{a_1^2}{v_x}C_{\alpha f} - \frac{a_2^2}{v_x}C_{\alpha r}\right)r + \left(\frac{a_1}{v_x}C_{\beta_f}C_{\alpha f} - \frac{a_2}{v_x}C_{\beta_r}C_{\alpha r}\right)p \\ &+ (a_2 C_{\alpha r} - a_1 C_{\alpha f})\beta \\ &+ [a_2(C_{\varphi_r} - C_{\alpha r}C_{\delta_{\varphi_r}}) - a_1(C_{\varphi_f} - C_{\alpha f}C_{\delta_{\varphi f}})]\varphi \\ &+ a_1 C_{\alpha f}\delta \end{aligned} \tag{11.103}$$

式中，$C_{\alpha f}$和 $C_{\alpha r}$分别是前、后车轮的左、右两个轮胎侧偏刚度系数之和

$$C_{\alpha f} = C_{\alpha f_L} + C_{\alpha f_R} \tag{11.104}$$

$$C_{\alpha r}=C_{\alpha r_L}+C_{\alpha r_R} \tag{11.105}$$

证明：对于两轮车辆，可以用外侧转向角和内侧转向角的余切平均值，即式（7.4）求出转向角 δ。

$$\cot\delta=\frac{\cot\delta_o+\cot\delta_i}{2} \tag{11.106}$$

同时，定义前、后车轮的侧偏刚度系数 $C_{\alpha f}$ 和 $C_{\alpha r}$，侧偏刚度系数 $C_{\alpha f}$ 和 $C_{\alpha r}$ 分别是各自左、右车轮的侧偏刚度系数之和。

应用式（11.40）~式(11.43)，侧倾自行车模型上的正向力和侧向力分别为

$$F_x=F_{x_f}\cos\delta+F_{x_r}-F_{y_f}\sin\delta \tag{11.107}$$

$$F_y=F_{y_f}+F_{y_r} \tag{11.108}$$

横摆力矩方程不与车辆侧倾相互作用，同时可以忽略力矩 M_{z_i}，并假设前部左、右车轮上的正向力相等，后部左、右侧车轮上的正向力也相等。所以 $\sum_i y_i F_{x_i}$ 项可以消除，横摆力矩简化为

$$M_z=a_1F_{y_f}-a_2F_{y_r} \tag{11.109}$$

车辆侧倾力矩 M_x 是前、后车轮上侧偏力矩和外倾力矩 M_{x_f}、M_{x_r}，以及由左、右车轮垂向负载变化引起的力矩 $y_iF_{z_i}$ 的和。假设侧偏力矩和外倾力矩与车轮侧向力成正比，并写作

$$M_{x_f}=C_{T_f}F_{y_f} \tag{11.110}$$

$$M_{x_r}=C_{T_r}F_{y_r} \tag{11.111}$$

式中，C_{T_f} 和 C_{T_r} 分别是前后车轮的总力矩系数。

$$C_{T_f}=\frac{\mathrm{d}M_{x_f}}{\mathrm{d}F_{y_f}} \tag{11.112}$$

$$C_{T_r}=\frac{\mathrm{d}M_{x_r}}{\mathrm{d}F_{y_r}} \tag{11.113}$$

由左、右侧车轮垂向负载变化引起的侧倾力矩是弹簧和外倾角变化综合作用的结果，这些不平衡的力产生一个与车辆侧倾角成正比的侧倾刚度力矩。

$$M_{x_k}=-k_\varphi\varphi \tag{11.114}$$

$$M_{x_c}=-c_\varphi\dot{\varphi} \tag{11.115}$$

式中，k_φ 和 c_φ 是车辆的侧倾刚度和侧倾阻尼。

$$k_\varphi=wk=w(k_f+k_r\mathrm{v}) \tag{11.116}$$

$$c_\varphi=wc=w(c_f+c_r) \tag{11.117}$$

w 是车辆的轮距，k 和 c 是前、后弹簧刚度之和与前、后减振器阻尼之和。

$$k=k_f+k_r \tag{11.118}$$

$$c=c_f+c_r \tag{11.119}$$

因此，作用在车辆上的侧倾力矩可以合计为

$$\begin{aligned}M_x&=M_{x_f}+M_{x_r}+M_{x_c}+M_{x_k}\\&=C_{T_f}F_{y_f}+C_{T_r}F_{y_r}-w(c_f+c_r)\dot{\varphi}-w(k_f+k_r)\varphi\end{aligned} \tag{11.120}$$

如果假设转向角 δ 很小，车辆力系可以用下面的公式近似计算：

$$F_x\approx F_{x_f}+F_{x_r} \tag{11.121}$$

$$F_y \approx F_{y_f} + F_{y_r} \tag{11.122}$$

$$M_x \approx C_{T_f} F_{y_f} + C_{T_r} F_{y_r} - k_\varphi \varphi - c_\varphi \dot{\varphi} \tag{11.123}$$

$$M_z \approx a_1 F_{y_f} - a_2 F_{y_r} \tag{11.124}$$

从式（11.68）中得到侧向力并代入，展开式（11.121）~式(11.124）得到如下力系。

$$F_x = F_{x_f} + F_{x_r} \tag{11.125}$$

$$\begin{aligned} F_y &= F_{y_f} + F_{y_r} = -C_{\alpha f}\alpha_f - C_{\varphi_f}\varphi - C_{\alpha r}\alpha_r - C_{\varphi_r}\varphi \\ &= -C_{\alpha f}\left(\beta + a_1 \frac{r}{v_x} - C_{\beta_f}\frac{p}{v_x} - \delta - C_{\delta_{\varphi_f}}\varphi\right) - C_{\varphi_f}\varphi \\ &\quad - C_{\alpha r}\left(\beta - a_2 \frac{r}{v_x} - C_{\beta_r}\frac{p}{v_x} - C_{\delta_{\varphi_r}}\varphi\right) - C_{\varphi_r}\varphi \\ &= \left(\frac{a_2}{v_x}C_{\alpha r} - \frac{a_1}{v_x}C_{\alpha f}\right)r + \left(\frac{C_{\alpha f}C_{\beta_f}}{v_x} + \frac{C_{\alpha r}C_{\beta_r}}{v_x}\right)p \\ &\quad + (-C_{\alpha f} - C_{\alpha r})\beta + (C_{\alpha f}C_{\delta_{\varphi_f}} - C_{\varphi_r} - C_{\varphi_f} + C_{\alpha r}C_{\delta_{\varphi_r}})\varphi + C_{\alpha f}\delta \end{aligned} \tag{11.126}$$

$$\begin{aligned} M_x &= C_{T_f}F_{y_f} + C_{T_r}F_{y_r} - k_\varphi\varphi - c_\varphi p \\ &= -C_{T_f}\left[C_{\alpha f}\left(\beta + a_1\frac{r}{v_x} - C_{\beta_f}\frac{p}{v_x} - \delta - C_{\delta_{\varphi_f}}\varphi\right) + C_{\varphi_f}\varphi\right] \\ &\quad - C_{T_r}\left[C_{\alpha r}\left(\beta - a_2\frac{r}{v_x} - C_{\beta_r}\frac{p}{v_x} - C_{\delta_{\varphi_r}}\varphi\right) + C_{\varphi_r}\varphi\right] \\ &\quad - k_\varphi\varphi - c_\varphi p \\ &= \left(\frac{a_2}{v_x}C_{T_r}C_{\alpha r} - \frac{a_1}{v_x}C_{T_f}C_{\alpha_f}\right)r \\ &\quad + \left(\frac{1}{v_x}C_{\beta_f}C_{T_f}C_{\alpha f} + \frac{1}{v_x}C_{\beta_r}C_{T_r}C_{\alpha r} - c_\varphi\right)p \\ &\quad + (-C_{T_f}C_{\alpha f} - C_{T_r}C_{\alpha r})\beta \\ &\quad + [-C_{T_f}(C_{\varphi_f} - C_{\alpha f}C_{\delta_{\varphi_f}}) - C_{T_r}(C_{\varphi_r} - C_{\alpha r}C_{\delta_{\varphi_r}}) - k_\varphi]\varphi \\ &\quad + C_{T_f}C_{\alpha f}\delta \end{aligned} \tag{11.127}$$

$$\begin{aligned} M_z &= a_1F_{y_f} - a_2F_{y_r} \\ &= -a_1\left[C_{\alpha f}\left(\beta + a_1\frac{r}{v_x} - C_{\beta_f}\frac{p}{v_x} - \delta - C_{\delta_{\varphi_f}}\varphi\right) + C_{\varphi_f}\varphi\right] \\ &\quad + a_2\left[C_{\alpha r}\left(\beta - a_2\frac{r}{v_x} - C_{\beta_r}\frac{p}{v_x} - C_{\delta_{\varphi_r}}\varphi\right) + C_{\varphi_r}\varphi\right] \\ &= \left(-\frac{a_1^2}{v_x}C_{\alpha f} - \frac{a_2^2}{v_x}C_{\alpha r}\right)r + \left(\frac{a_1}{v_x}C_{\beta_f}C_{\alpha f} - \frac{a_2}{v_x}C_{\beta_r}C_{\alpha r}\right)p \\ &\quad + (a_2C_{\alpha r} - a_1C_{\alpha f})\beta \\ &\quad + [a_2(C_{\varphi_r} - C_{\alpha r}C_{\delta_{\varphi_r}}) - a_1(C_{\varphi_f} - C_{\alpha f}C_{\delta_{\varphi_f}})]\varphi \\ &\quad + a_1C_{\alpha f}\delta \end{aligned} \tag{11.128}$$

参数 $C_{\alpha f}$和 $C_{\alpha r}$分别是前、后车轮的侧偏刚度，r 是横摆角速度，p 是侧倾角速度，φ 是侧倾角度，δ 是转向角，β 是车辆侧偏角。

上述方程与五个参数：r、p、β、φ 和 δ 有关，可以写作

$$\begin{aligned} F_y &= F_y(r, p, \beta, \varphi, \delta) \\ &= \frac{\partial F_y}{\partial r}r + \frac{\partial F_y}{\partial p}p + \frac{\partial F_y}{\partial \beta}\beta + \frac{\partial F_y}{\partial \varphi}\varphi + \frac{\partial F_y}{\partial \delta}\delta \\ &= C_r r + C_p p + C_\beta \beta + C_\varphi \varphi + C_\delta \delta \end{aligned} \tag{11.129}$$

$$\begin{aligned} M_x &= M_x(r, p, \beta, \varphi, \delta) \\ &= \frac{\partial M_x}{\partial r}r + \frac{\partial M_x}{\partial p}p + \frac{\partial M_x}{\partial \beta}\beta + \frac{\partial M_x}{\partial \varphi}\varphi + \frac{\partial M_x}{\partial \delta}\delta \\ &= E_r r + E_p p + E_\beta \beta + E_\varphi \varphi + E_\delta \delta \end{aligned} \tag{11.130}$$

$$\begin{aligned} M_z &= M_z(r, p, \beta, \varphi, \delta) \\ &= \frac{\partial M_z}{\partial r}r + \frac{\partial M_z}{\partial p}p + \frac{\partial M_z}{\partial \beta}\beta + \frac{\partial M_z}{\partial \varphi}\varphi + \frac{\partial M_z}{\partial \delta}\delta \\ &= D_r r + D_p p + D_\beta \beta + D_\varphi \varphi + D_\delta \delta \end{aligned} \tag{11.131}$$

其中的力系系数为

$$C_r = \frac{\partial F_y}{\partial r} = -\frac{a_1}{v_x}C_{\alpha f} + \frac{a_2}{v_x}C_{\alpha r} \tag{11.132}$$

$$C_p = \frac{\partial F_y}{\partial p} = \frac{C_{\alpha f}C_{\beta_f}}{v_x} + \frac{C_{\alpha r}C_{\beta_r}}{v_x} \tag{11.133}$$

$$C_\beta = \frac{\partial F_y}{\partial \beta} = -(C_{\alpha f} + C_{\alpha r}) \tag{11.134}$$

$$C_\varphi = \frac{\partial F_y}{\partial \varphi} = C_{\alpha f}C_{\delta_{\varphi f}} + C_{\alpha r}C_{\delta_{\varphi r}} - C_{\varphi_f} - C_{\varphi_r} \tag{11.135}$$

$$C_\delta = \frac{\partial F_y}{\partial \delta} = C_{\alpha f} \tag{11.136}$$

$$E_r = \frac{\partial M_x}{\partial r} = -\frac{a_1}{v_x}C_{T_f}C_{\alpha f} + \frac{a_2}{v_x}C_{T_r}C_{\alpha r} \tag{11.137}$$

$$E_p = \frac{\partial M_x}{\partial p} = \frac{1}{v_x}C_{\beta_f}C_{T_f}C_{\alpha f} + \frac{1}{v_x}C_{\beta_r}C_{T_r}C_{\alpha r} - c_\varphi \tag{11.138}$$

$$E_\beta = \frac{\partial M_x}{\partial \beta} = -C_{T_f}C_{\alpha f} - C_{T_r}C_{\alpha r} \tag{11.139}$$

$$E_\varphi = \frac{\partial M_x}{\partial \varphi} = -C_{T_f}(C_{\varphi_f} - C_{\alpha f}C_{\delta_{\varphi f}}) - k_\varphi - C_{T_r}(C_{\varphi_r} - C_{\alpha r}C_{\delta_{\varphi r}}) \tag{11.140}$$

$$E_\delta = \frac{\partial M_x}{\partial \delta} = C_{T_f}C_{\alpha f} \tag{11.141}$$

$$D_r = \frac{\partial M_z}{\partial r} = -\frac{a_1^2}{v_x}C_{\alpha f} - \frac{a_2^2}{v_x}C_{\alpha r} \tag{11.142}$$

$$D_p = \frac{\partial M_z}{\partial p} = \frac{a_1}{v_x}C_{\beta_f}C_{\alpha f} - \frac{a_2}{v_x}C_{\beta_r}C_{\alpha r} \tag{11.143}$$

$$D_\beta = \frac{\partial M_z}{\partial \beta} = -(a_1 C_{\alpha f} - a_2 C_{\alpha r}) \tag{11.144}$$

$$D_{\varphi}=\frac{\partial M_z}{\partial \varphi}=-a_1(C_{\varphi_f}-C_{\alpha f}C_{\delta_{\varphi f}})+a_2(C_{\varphi_r}-C_{\alpha r}C_{\delta_{\varphi_r}}) \tag{11.145}$$

$$D_{\delta}=\frac{\partial M_z}{\partial \delta}=a_1 C_{\alpha f} \tag{11.146}$$

侧向力 F_y、侧倾力矩 M_x、横摆力矩 M_z 分别取作 r、p、β、φ 和 δ 的函数，力系系数是这些函数曲线的斜率。

11.4★ 两轮刚性车辆动力学

将两轮刚性车辆的运动方程式（11.6）~式(11.9）和式（11.97）~式(11.103）合并起来，用下述方程组表示车辆运动。

$$\dot{v}_x=\frac{1}{m}F_x+rv_y=\frac{1}{m}(F_{x_f}+F_{x_r})+rv_y \tag{11.147}$$

$$\begin{bmatrix}\dot{v}_y\\ \dot{p}\\ \dot{\varphi}\\ \dot{r}\end{bmatrix}=\begin{bmatrix}\frac{C_\beta}{mv_x} & \frac{C_p}{m} & \frac{C_\varphi}{m} & \frac{C_r}{m}-v_x\\ \frac{E_\beta}{I_xv_x} & \frac{E_p}{I_x} & \frac{E_\varphi}{I_x} & \frac{E_r}{I_x}\\ 0 & 1 & 0 & 0\\ \frac{D_\beta}{I_zv_x} & \frac{D_p}{I_z} & \frac{D_\varphi}{I_z} & \frac{D_r}{I_z}\end{bmatrix}\begin{bmatrix}v_y\\ p\\ \varphi\\ r\end{bmatrix}+\begin{bmatrix}\frac{C_\delta}{m}\\ \frac{E_\delta}{I_x}\\ 0\\ \frac{D_\delta}{I_z}\end{bmatrix}\delta \tag{11.148}$$

上述方程组对车辆运动分析，尤其对车辆匀速直线行驶运动分析，非常实用。

假设 $\dot{v}_x=0$，式（11.147）变成一个独立代数方程，车辆的侧向速度 v_y、侧倾角速度 p、侧倾角 φ 和横摆角速度 r 根据四个耦合方程式（11.148）变化。假设转向角 δ 是输入信息，将其他变量 v_y、p、φ 和 r 设为输出量，则可以把式（11.148）看作一个线性控制系统，其方程为

$$\dot{\boldsymbol{q}}=[A]\boldsymbol{q}+\boldsymbol{u} \tag{11.149}$$

式中，$[A]$ 是系数矩阵；$\boldsymbol{q}$ 是控制变量向量；$\boldsymbol{u}$ 是输入向量。

$$[A]=\begin{bmatrix}\frac{C_\beta}{mv_x} & \frac{C_p}{m} & \frac{C_\varphi}{m} & \frac{C_r}{m}-v_x\\ \frac{E_\beta}{I_xv_x} & \frac{E_p}{I_x} & \frac{E_\varphi}{I_x} & \frac{E_r}{I_x}\\ 0 & 1 & 0 & 0\\ \frac{D_\beta}{I_zv_x} & \frac{D_p}{I_z} & \frac{D_\varphi}{I_z} & \frac{D_r}{I_z}\end{bmatrix} \tag{11.150}$$

$$\boldsymbol{q}=[v_y \quad p \quad \varphi \quad r]^{\mathrm{T}} \tag{11.151}$$

$$\boldsymbol{u}=\begin{bmatrix}\frac{C_\delta}{m} & \frac{E_\delta}{I_x} & 0 & \frac{D_\delta}{I_z}\end{bmatrix}^{\mathrm{T}}\delta \tag{11.152}$$

证明：局部坐标系 B 设在车辆质心 C 处，刚性车辆在该坐标系内的牛顿－欧拉运动方程在式（11.6）~式(11.9）中给出

$$F_x=m\dot{v}_x-mrv_y \tag{11.153}$$

$$F_y = m\dot{v}_y + mrv_x \tag{11.154}$$

$$M_z = I_z\dot{\omega}_z = I_z\dot{r} \tag{11.155}$$

$$M_x = I_x\dot{\omega}_x = I_x\dot{p} \tag{11.156}$$

作用在两轮车辆上的近似力系可以由式（11.97）~式(11.100）求出

$$F_x \approx F_{x_f} + F_{x_r} \tag{11.157}$$

$$F_y \approx F_{y_f} + F_{y_r} \tag{11.158}$$

$$M_z \approx C_{T_f}F_{y_f} + C_{T_r}F_{y_r} - k_\varphi\varphi - c_\varphi\dot{\varphi} \tag{11.159}$$

$$M_x \approx a_1F_{y_f} - a_2F_{y_r} \tag{11.160}$$

用轮胎性能参数表示的形式为式（11 - 101）~式(11.103)，上述方程可以整合为式(11.129）~式(11.131)，即

$$F_y = C_r r + C_p p + C_\beta\beta + C_\varphi\varphi + C_\delta\delta \tag{11.161}$$

$$M_x = E_r r + E_p p + E_\beta\beta + E_\varphi\varphi + E_\delta\delta \tag{11.162}$$

$$M_z = D_r r + D_p p + D_\beta\beta + D_\varphi\varphi + D_\delta\delta \tag{11.163}$$

将式（11.161）~式(11.163）代入到式（11.153）~式(11.156）得到如下方程组：

$$m\dot{v}_x - mrv_y = F_x \tag{11.164}$$

$$m\dot{v}_y + mrv_x = C_r r + C_p p + C_\beta\beta + C_\varphi\varphi + C_\delta\delta \tag{11.165}$$

$$I_x\dot{p} = E_r r + E_p p + E_\beta\beta + E_\varphi\varphi + E_\delta\delta \tag{11.166}$$

$$\dot{r}I_z = D_r r + D_p p + D_\beta\beta + D_\varphi\varphi + D_\delta\delta \tag{11.167}$$

取

$$\beta = \frac{v_y}{v_x} \tag{11.168}$$

则可以将上述方程组转换成一组关于 v_x、v_y、p 和 r 的微分方程组。

$$\dot{v}_x = \frac{F_x}{m} + rv_y \tag{11.169}$$

$$\dot{v}_y = \left(\frac{C_r}{m} - v_x\right)r + \frac{C_p}{m}p + \frac{C_\beta}{m}\frac{v_y}{v_x} + \frac{C_\varphi}{m}\varphi + \frac{C_\delta}{m}\delta \tag{11.170}$$

$$\dot{p} = \frac{1}{I_x}\left(E_r r + E_p p + E_\beta\frac{v_y}{v_x} + E_\varphi\varphi + E_\delta\delta\right) \tag{11.171}$$

$$\dot{r} = \frac{1}{I_z}\left(D_r r + D_p p + D_\beta\frac{v_y}{v_x} + D_\varphi\varphi + D_\delta\delta\right) \tag{11.172}$$

式（11.169）与横摆角速度 r 和侧向速度 v_y 有关，这两个变量是式（11.170）~式(11.172）等其他方程的输出量。如果假设车辆以匀速直线向前行驶，即

$$v_x = 常数 \tag{11.173}$$

则式（11.170）~式(11.172）变为与式（11.169）无关的方程组，因此可以将其作为与第一个方程无关的方程组处理。

式（11.170）~式(11.172）可以看作是描述动态系统行为的三个耦合微分方程，该动态系统将转向角 δ 作为输入量，将 v_x 作为一个参数，并产生四个输出量：v_y、p、φ 和 r。

$$\begin{bmatrix}\dot{v}_y\\ \dot{p}\\ \dot{\varphi}\\ \dot{r}\end{bmatrix}=\begin{bmatrix}\frac{C_\beta}{mv_x} & \frac{C_p}{m} & \frac{C_\varphi}{m} & \frac{C_r}{m}-v_x\\ \frac{E_\beta}{I_xv_x} & \frac{E_p}{I_x} & \frac{E_\varphi}{I_x} & \frac{E_r}{I_x}\\ 0 & 1 & 0 & 0\\ \frac{D_\beta}{I_zv_x} & \frac{D_p}{I_z} & \frac{D_\varphi}{I_z} & \frac{D_r}{I_z}\end{bmatrix}\begin{bmatrix}v_y\\ p\\ \varphi\\ r\end{bmatrix}+\begin{bmatrix}\frac{C_\delta}{m}\\ \frac{E_\delta}{I_x}\\ 0\\ \frac{D_\delta}{I_z}\end{bmatrix}\delta \tag{11.174}$$

式（11.174）可以整理成如下表示输入－输出关系的形式。

$$\dot{\boldsymbol{q}}=[A]\boldsymbol{q}+\boldsymbol{u} \tag{11.175}$$

向量 $\boldsymbol{q}$ 称作控制变量向量，$\boldsymbol{u}$ 称作输入向量，矩阵［A］是控制变量系数矩阵。

例 463　基于运动学角度的运动方程

应用式（11.168），可以将运动方程式（11.174）表示为基于角度 β、p、φ、r 和 δ 的形式。

令 v_x 为常数，对式（11.168）求导

$$\dot{\beta}=\frac{\dot{v}_y}{v_x} \tag{11.176}$$

代入式（11.165）可以将其转变为关于 $\dot{\beta}$ 的形式。

$$mv_x\dot{\beta}+mrv_x=C_rr+C_pp+C_\beta\beta+C_\varphi\varphi+C_\delta\delta \tag{11.177}$$

这样，运动方程组就可以表示成基于车辆角度变量的形式。

$$\begin{bmatrix}\dot{\beta}\\ \dot{p}\\ \dot{\varphi}\\ \dot{r}\end{bmatrix}=\begin{bmatrix}\frac{C_\beta}{mv_x} & \frac{C_p}{mv_x} & \frac{C_\varphi}{mv_x} & \frac{C_r}{mv_x}-1\\ \frac{E_\beta}{I_x} & \frac{E_p}{I_x} & \frac{E_\varphi}{I_x} & \frac{E_r}{I_x}\\ 0 & 1 & 0 & 0\\ \frac{D_\beta}{I_z} & \frac{D_p}{I_z} & \frac{D_\varphi}{I_z} & \frac{D_r}{I_z}\end{bmatrix}\begin{bmatrix}\beta\\ p\\ \varphi\\ r\end{bmatrix}+\begin{bmatrix}\frac{C_\delta}{mv_x}\\ \frac{E_\delta}{I_x}\\ 0\\ \frac{D_\delta}{I_z}\end{bmatrix}\delta \tag{11.178}$$

11.5★　稳态运动

两轮侧倾刚性车辆前轮转向稳态工况的控制方程为

$$F_x=-mrv_y \tag{11.179}$$

$$C_rr+C_\beta\beta+C_\varphi\varphi+C_\delta\delta=mrv_x \tag{11.180}$$

$$E_rr+E_\beta\beta+E_\varphi\varphi+E_\delta\delta=0 \tag{11.181}$$

$$D_rr+D_\beta\beta+D_\varphi\varphi+D_\delta\delta=0 \tag{11.182}$$

或等效为如下方程：

$$F_x=-\frac{m}{R}v_xv_y \tag{11.183}$$

$$(C_rv_x-mv_x^2)\frac{1}{R}+C_\beta\beta+C_\varphi\varphi=-C_\delta\delta \tag{11.184}$$

$$E_r v_x \frac{1}{R} + E_\beta \beta + E_\varphi \varphi = -E_\delta \delta \tag{11.185}$$

$$D_r v_x \frac{1}{R} + D_\beta \beta + D_\varphi \varphi = -D_\delta \delta \tag{11.186}$$

第一个方程决定了保持 v_x 稳定所需要的正向力，后三个方程表示输出变量的稳态值，其中有轨迹曲率 κ

$$\kappa = \frac{1}{R} = \frac{r}{v_x} \tag{11.187}$$

均匀速度 v_x 下稳定转向输入角 δ 时的车辆侧偏角 β、车辆侧倾角速度 p 和车辆侧倾角 φ，其输出 - 输入关系由下面的响应确定：

1）曲率响应，S_κ

$$S_\kappa = \frac{\kappa}{\delta} = \frac{1}{R\delta} = -\frac{Z_1}{v_x Z_0} \tag{11.188}$$

2）侧偏角响应，S_β

$$S_\beta = \frac{\beta}{\delta} = \frac{Z_2}{Z_0} \tag{11.189}$$

3）横摆角速度响应，S_r

$$S_r = \frac{r}{\delta} = \frac{\kappa}{\delta} v_x = S_\kappa v_x = -\frac{Z_1}{Z_0} \tag{11.190}$$

4）向心加速度响应，S_a

$$S_a = \frac{v_x^2/R}{\delta} = \frac{\kappa}{\delta} v_x^2 = S_\kappa v_x^2 = -\frac{v_x Z_1}{Z_0} \tag{11.191}$$

5）侧向速度响应，S_y

$$S_y = \frac{v_y}{\delta} = S_\beta v_x = \frac{v_x Z_2}{Z_0} \tag{11.192}$$

6）侧倾角响应，S_φ

$$S_\varphi = \frac{\varphi}{\delta} = -\frac{Z_3}{Z_0} \tag{11.193}$$

$$\begin{aligned} Z_0 = {} & E_\beta (D_r C_\varphi - C_r D_\varphi + m v_x D_\varphi) \\ & + E_\varphi (C_r D_\beta - D_r C_\beta - m v_x D_\beta) + E_r (C_\beta D_\varphi - D_\beta C_\varphi) \end{aligned} \tag{11.194}$$

$$\begin{aligned} Z_1 = {} & E_\beta (C_\varphi D_\delta - v_x C_\delta D_\varphi) - E_\varphi (C_\beta D_\delta - v_x C_\delta D_\beta) \\ & + E_\delta (C_\beta D_\varphi - D_\beta C_\varphi) \end{aligned} \tag{11.195}$$

$$\begin{aligned} Z_2 = {} & E_\varphi (m v_x D_\delta - C_r D_\delta + D_r v_x C_\delta) + E_r (C_\varphi D_\delta - v_x C_\delta D_\varphi) \\ & - E_\delta (D_r C_\varphi - C_r D_\varphi + m v_x D_\varphi) \end{aligned} \tag{11.196}$$

$$\begin{aligned} Z_3 = {} & E_\beta (m v_x D_\delta - C_r D_\delta + D_r v_x C_\delta) + E_r (C_\beta D_\delta - v_x C_\delta D_\beta) \\ & - E_\delta (D_r C_\beta - C_r D_\beta + m v_x D_\beta) \end{aligned} \tag{11.197}$$

证明：在稳态工况，所有变量是固定量，它们的导数为0。所以，运动方程式(11.153)~式(11.156) 简化为

$$F_x = -m r v_y \tag{11.198}$$

$$F_y = mrv_x \tag{11.199}$$

$$M_x = 0 \tag{11.200}$$

$$M_z = 0 \tag{11.201}$$

从式（11.161）~式(11.163）中可以获得侧向力 F_y、侧倾力矩 M_x 和横摆力矩 M_z，即

$$F_y = C_r r + C_\beta \beta + C_\varphi \varphi + C_\delta \delta \tag{11.202}$$

$$M_x = E_r r + E_\beta \beta + E_\varphi \varphi + E_\delta \delta \tag{11.203}$$

$$M_z = D_r r + D_\beta \beta + D_\varphi \varphi + D_\delta \delta \tag{11.204}$$

因此，描述两轮刚性车辆稳态转向的方程为

$$F_x = -mrv_y \tag{11.205}$$

$$C_r r + C_\beta \beta + C_\varphi \varphi + C_\delta \delta = mrv_x \tag{11.206}$$

$$E_r r + E_\beta \beta + E_\varphi \varphi + E_\delta \delta = 0 \tag{11.207}$$

$$D_r r + D_\beta \beta + D_\varphi \varphi + D_\delta \delta = 0 \tag{11.208}$$

式（11.205）可以用于计算保持稳态运动所需要的牵引力，同时，式（11.206）~式（11.208）可以用于确定车辆的稳态响应。

$$C_r \frac{v_x}{R} + C_\beta \beta + C_\varphi \varphi + C_\delta \delta = m \frac{v_x}{R} v_x \tag{11.209}$$

$$E_r \frac{v_x}{R} + E_\beta \beta + E_\varphi \varphi + E_\delta \delta = 0 \tag{11.210}$$

$$D_r \frac{v_x}{R} + D_\beta \beta + D_\varphi \varphi + D_\delta \delta = 0 \tag{11.211}$$

稳态转向中，车辆以速度 v_x 和角速度 r 在半径为 R 的圆周上运动，所以

$$v_x \approx Rr \tag{11.212}$$

把式（11.212）代入到式（11.206）~式(11.208)，并应用曲率的定义式（11.187），可以将上述方程写成矩阵形式

$$\begin{bmatrix} C_\beta & C_r v_x - mv_x^2 & C_\varphi \\ E_\beta & E_r v_x & E_\varphi \\ D_\beta & D_r v_x & D_\varphi \end{bmatrix} \begin{bmatrix} \beta \\ \kappa \\ \varphi \end{bmatrix} = \begin{bmatrix} -C_\delta \\ -E_\delta \\ -D_\delta \end{bmatrix} \delta \tag{11.213}$$

解关于 β、κ 和 φ 的方程，并应用

$$\beta \approx \frac{v_y}{v_x} \tag{11.214}$$

即可确定像式（11.188）~式(11.193）一样的输出－输入关系。

例 464 汽车的力系系数

设某前轮转向四轮汽车的参数如下

$$C_{\alpha f_L} = C_{\alpha f_R} \approx 28648\text{N/rad} \qquad C_{\alpha r_L} = C_{\alpha r_R} \approx 26356\text{N/rad} \tag{11.215}$$

$$\begin{aligned} &m = 917\text{kg} \qquad I_x = 300\text{kgm}^2 \qquad I_z = 1128\text{kgm}^2 \\ &a_1 = 0.91\text{m} \qquad a_2 = 1.64\text{m} \\ &k_\varphi = 20000\text{N/rad} \qquad c_\varphi = 1000\text{Ns/rad} \end{aligned} \tag{11.216}$$

$$C_{\beta_f}=0.01 \quad C_{\beta_r}=0.01 \quad C_{T_f}=0.02$$
$$C_{T_r}=0.2 \quad C_{\delta_{\varphi f}}=0.01 \quad C_{\delta_{\varphi_r}}=0 \tag{11.217}$$
$$C_{\varphi_f}=2 \quad C_{\varphi_r}=1$$

$$v_x=40\text{m/s} \quad \delta=0.1\text{rad} \tag{11.218}$$

其等效自行车模型的侧偏刚度系数为

$$C_{\alpha f}=C_{\alpha f_L}+C_{\alpha f_R}=57296\text{N/rad} \tag{11.219}$$

$$C_{\alpha r}=C_{\alpha r_L}+C_{\alpha r_R}=52712\text{N/rad} \tag{11.220}$$

如果速度 v_x 的单位是 m/s，则力系系数如下：

$$C_r=857.708 \quad C_p=27.502 \quad C_\beta=-110008$$
$$C_\varphi=569.96 \quad C_\delta=57296 \tag{11.221}$$

$$E_r=17.15416 \quad E_p=-999.44996 \quad E_\beta=-2200.16$$
$$E_\varphi=-19988.6008 \quad E_\delta=1145.92 \tag{11.222}$$

$$D_r=-4730.52532 \quad D_p=-8.57708 \quad D_\beta=34308.32$$
$$D_\varphi=521.2136 \quad D_\delta=52139.36 \tag{11.223}$$

参数 Z_i 和车辆稳态响应为

$$Z_0=0.3493155774\times10^{14}$$
$$Z_1=-0.1683862164\times10^{16}$$
$$Z_2=0.1793365332\times10^{15} \tag{11.224}$$
$$Z_3=0.1629203858\times10^{14}$$

$$S_\kappa=\frac{\kappa}{\delta}=\frac{1/R}{\delta}=1.205115283$$
$$S_\beta=\frac{\beta}{\delta}=5.133940334$$
$$S_r=\frac{r}{\delta}=48.20461133 \tag{11.225}$$
$$S_a=\frac{v_x^2/R}{\delta}=-1928.184453$$
$$S_\varphi=\frac{\varphi}{\delta}=-0.4663988563$$

获得了稳态响应后，就可以据此计算出运动的稳态性能。

$$R=8.298\text{m} \tag{11.226}$$

$$\beta=0.5138\text{rad}\approx29.415° \tag{11.227}$$

$$r=4.82\text{rad/s} \tag{11.228}$$

例 465★ 外倾推力

车辆侧倾时，几乎所有类型的悬架都会引起与侧倾方向相同的外倾角，车轮外倾角始终小于侧倾角。

稳态工况下，前轮外倾会增加车辆的不足转向特性，后轮外倾则会增加车辆的过度转向特性。为此，大多数公路车辆会设计成在转向工况下后轮正直、前轮外倾，这种车辆能够在侧倾时获得更大的不足转向，更为稳定。

例 466★　侧倾转向

正的侧倾转向是指车辆绕 x 轴侧倾时导致的车轮绕 z 轴的转动，所以，车辆向右转向时，正的侧倾转向车轮将向左转动。

前轮的正侧倾转向将会增加车辆的不足转向特性，后轮的正侧倾转向会增加车辆的过度转向特性。多数公路车辆悬架会设计成转向工况下前轮具有正的侧倾转向，这种车辆能够在侧倾时获得更大的不足转向，更为稳定。

11.6★　时间响应

为了分析车辆的时间响应和评估车辆对转向输入的响应，应该对运动方程进行解析或者数值积分，运动方程是下面的一组耦合常微分方程。

$$\dot{v}_x = \frac{1}{m}F_x + rv_y \tag{11.229}$$

$$\begin{bmatrix} \dot{v}_y \\ \dot{p} \\ \dot{\varphi} \\ \dot{r} \end{bmatrix} = \begin{bmatrix} \frac{C_\beta}{mv_x} & \frac{C_p}{m} & \frac{C_\varphi}{m} & \frac{C_r}{m} - v_x \\ \frac{E_\beta}{I_x v_x} & \frac{E_p}{I_x} & \frac{E_\varphi}{I_x} & \frac{E_r}{I_x} \\ 0 & 1 & 0 & 0 \\ \frac{D_\beta}{I_z v_x} & \frac{D_p}{I_z} & \frac{D_\varphi}{I_z} & \frac{D_r}{I_z} \end{bmatrix} \begin{bmatrix} v_y \\ p \\ \varphi \\ r \end{bmatrix} + \begin{bmatrix} \frac{C_\delta}{m} \\ \frac{E_\delta}{I_x} \\ 0 \\ \frac{D_\delta}{I_z} \end{bmatrix} \delta(t) \tag{11.230}$$

这些方程对给定的随时间变化的转向角 $\delta(t)$ 的解为

$$v_x = v_x(t) \tag{11.231}$$

$$v_y = v_y(t) \tag{11.232}$$

$$p = p(t) \tag{11.233}$$

$$\varphi = \varphi(t) \tag{11.234}$$

$$r = r(t) \tag{11.235}$$

这种解称作时间响应或瞬态响应。

假设行驶速度为匀速，则第一个方程式（11.229）简化为

$$F_x = -mrv_y \tag{11.236}$$

式（11.230）与第一个方程无关，可以写成如下形式

$$\dot{\boldsymbol{q}} = [A]\boldsymbol{q} + \boldsymbol{u} \tag{11.237}$$

式中，$[A]$ 是常系数矩阵；$\boldsymbol{q}$ 是控制变量向量；$\boldsymbol{u}$ 是输入向量。

为了求解逆动力学问题，并求出车辆响应，转向角函数必须事先给出。

例 467★　自由动力学和自由响应

车辆对均匀速度下零转向角 $\delta(t)=0$ 的响应称作**自由响应**，**自由动力学**条件下的运动学方程是

$$\dot{\boldsymbol{q}} = [A]\boldsymbol{q} \tag{11.238}$$

为了解该方程，假设

$$[A]=\begin{bmatrix} a_{11} & a_{12} & a_{13} & a_{14} \\ a_{21} & a_{22} & a_{23} & a_{24} \\ a_{21} & a_{22} & a_{33} & a_{34} \\ a_{21} & a_{22} & a_{43} & a_{44} \end{bmatrix} \tag{11.239}$$

所以运动方程为

$$\begin{bmatrix} \dot{v}_y \\ \dot{p} \\ \dot{\varphi} \\ \dot{r} \end{bmatrix}=\begin{bmatrix} a_{11} & a_{12} & a_{13} & a_{14} \\ a_{21} & a_{22} & a_{23} & a_{24} \\ a_{21} & a_{22} & a_{33} & a_{34} \\ a_{21} & a_{22} & a_{43} & a_{44} \end{bmatrix}\begin{bmatrix} v_y \\ p \\ \varphi \\ r \end{bmatrix} \tag{11.240}$$

因为该方程是线性方程，所以其解是指数函数

$$v_y=A_1 e^{\lambda t} \tag{11.241}$$

$$p=A_2 e^{\lambda t} \tag{11.242}$$

$$\varphi=A_3 e^{\lambda t} \tag{11.243}$$

$$r=A_4 e^{\lambda t} \tag{11.244}$$

代入该解表明，函数式（11.241）~式(11.244）为式（11.240）解的条件是指数 λ 为［A］的特征值。为了求 λ，展开上述系数矩阵的行列式，并求出特征方程。

$$\det[A]=0 \tag{11.245}$$

有了特征值 $\lambda_{1,2,3,4}$，即可得到如下车辆自由动力学的通解：

$$v_y=A_{11}e^{\lambda_1 t}+A_{12}e^{\lambda_2 t}+A_{13}e^{\lambda_3 t}+A_{14}e^{\lambda_4 t} \tag{11.246}$$

$$p=A_{21}e^{\lambda_1 t}+A_{22}e^{\lambda_2 t}+A_{23}e^{\lambda_3 t}+A_{24}e^{\lambda_4 t} \tag{11.247}$$

$$\varphi=A_{31}e^{\lambda_1 t}+A_{32}e^{\lambda_2 t}+A_{33}e^{\lambda_3 t}+A_{34}e^{\lambda_4 t} \tag{11.248}$$

$$r=A_{41}e^{\lambda_1 t}+A_{42}e^{\lambda_2 t}+A_{43}e^{\lambda_3 t}+A_{44}e^{\lambda_4 t} \tag{11.249}$$

系数 A_{ij}需要根据初始条件求解，只要特征值的实数部分是负值，车辆就是稳定的。

例如，某车具有式（11.215）~式(11.257）中给出的参数和如下转向角与前进速度。

$$v_x=40\text{m/s} \tag{11.250}$$

$$\delta=0.1\text{rad} \tag{11.251}$$

代入这些值后得到如下自由动力学运动方程。

$$\begin{bmatrix} \dot{v}_y \\ \dot{p} \\ \dot{\varphi} \\ \dot{r} \end{bmatrix}=\begin{bmatrix} -3 & 0.03 & 0.621 & -39.06 \\ -0.18335 & -3.3315 & -66.63 & 0.05718 \\ 0 & 1 & 0 & 0 \\ 0.76038 & -0.0076 & 0.4621 & -4.194 \end{bmatrix}\begin{bmatrix} v_y \\ p \\ \varphi \\ r \end{bmatrix} \tag{11.252}$$

系数矩阵的特征值为

$$\begin{aligned} \lambda_1 &= -3.593983044+5.409888448i \\ \lambda_2 &= -3.593983044-5.409888448i \\ \lambda_3 &= -1.668194745+7.995670961i \\ \lambda_4 &= -1.668194745-7.995670961i \end{aligned} \tag{11.253}$$

因为所有特征值的实数部分都是负值，表明车辆稳定。

将特征值代入式（11.246）~式(11.249）后，得到包含位置系数的解。下面检验非零初始条件下车辆的自由动力学性能。

$$\boldsymbol{q}_0=\begin{bmatrix} v_y(0) \\ p(0) \\ \varphi(0) \\ r(0) \end{bmatrix}=\begin{bmatrix} 0 \\ 0.1 \\ 0 \\ 0 \end{bmatrix} \tag{11.254}$$

图 11.7 ~图 11.10 所示为该车的时间响应。

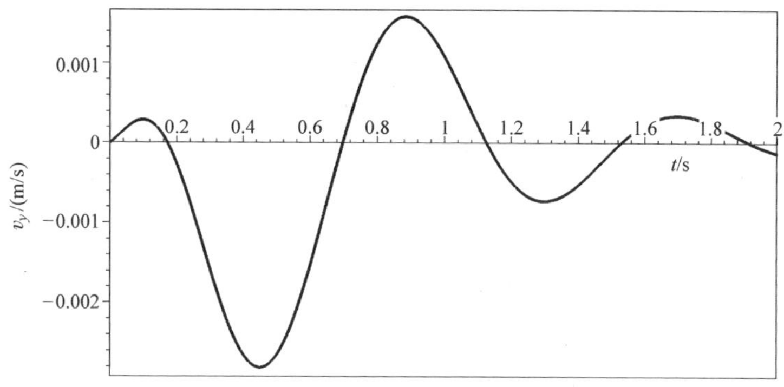

图 11.7　某车自由动力学侧向速度响应

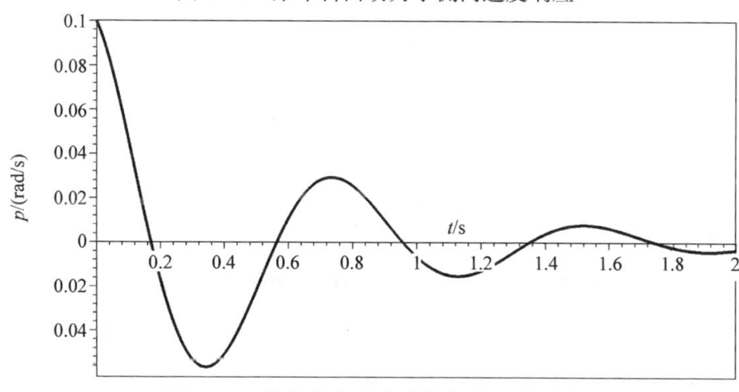

图 11.8　某车自由动力学侧倾角速度响应

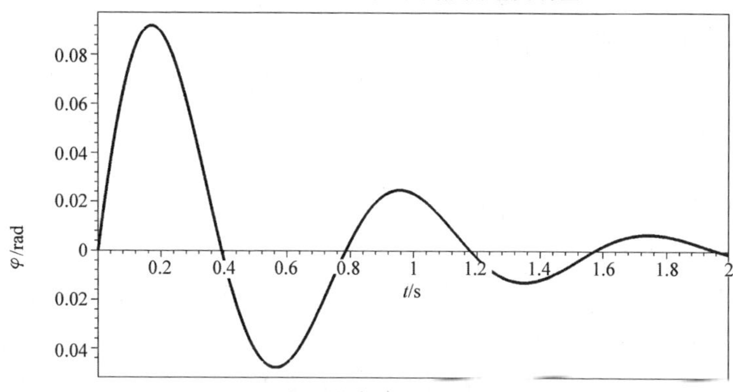

图 11.9　某车自由动力学侧倾角响应

例 468★　阶跃输入响应

动态系统的阶跃输入响应是检验系统性能的标准实验，车辆动力学中的阶跃输入是指车

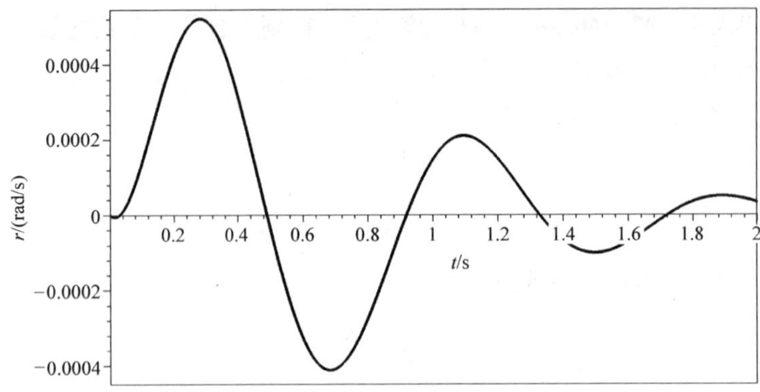

图 11.10　某车自由动力学横摆角速度响应

辆转向角从零突然变为非零稳定值。

设某车辆匀速直线行驶速度为

$$v_x = 40\text{m/s} \tag{11.255}$$

其性能参数在式（11.215）~式(11.217）中给出，其转向角突然变化情况如下：

$$\delta(t) = \begin{cases} 0.2\text{rad} \approx 11.459° & t > 0 \\ 0 & t \leqslant 0 \end{cases} \tag{11.256}$$

非零初始条件是

$$\boldsymbol{q}_0 = \begin{bmatrix} v_y(0) \\ p(0) \\ \varphi(0) \\ r(0) \end{bmatrix} = \begin{bmatrix} 0 \\ 0.1 \\ 0 \\ 0 \end{bmatrix} \tag{11.257}$$

其运动方程为

$$\dot{v}_y + 6.91v_y + 1.62p - 10.01\varphi + 16.99r = 62\delta(t) \tag{11.258}$$

$$\dot{p} - 5.6v_y + 4.06p + 99.91\varphi + 0.192r = -69.33\delta(t) \tag{11.259}$$

$$\dot{\varphi} - p = 0 \tag{11.260}$$

$$\dot{r} - 1.81v_y + 0.3p - 5.19\varphi + 6.46r = 32.11\delta(t) \tag{11.261}$$

图 11.11 ~ 图 11.14 所示为上述解曲线。

已知 $v_y(t)$、$p(t)$、$\varphi(t)$ 和 $r(t)$ 后，就可以计算其他任意运动学变量，如保持匀速正向行驶速度所需要的力 F_x。

$$F_x = -mrv_y \tag{11.262}$$

图 11.15 所示为正向力 $F_x(t)$ 的曲线。

例 469★　变道行驶

超车和变道行驶是检验车辆动态响应的另外两种标准实验，变道可以用半正弦或正弦-平方函数作为转向输入，例如

$$\delta(t) = \begin{cases} \delta_0 \sin\omega t & t_1 < t < \dfrac{\pi}{\omega} \\ 0 & \dfrac{\pi}{\omega} < t < t_1 \end{cases} \quad \text{rad} \tag{11.263}$$

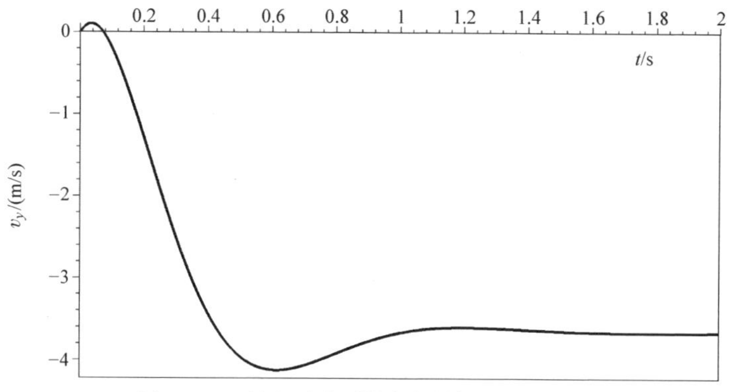

图 11.11 某车对阶跃转向角的侧向速度响应

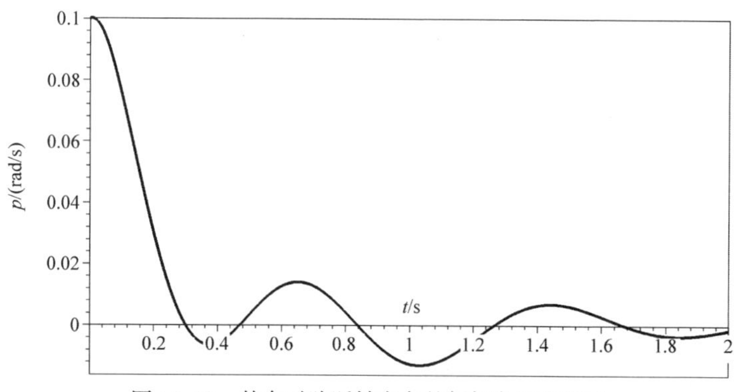

图 11.12 某车对阶跃转向角的侧倾角速度响应

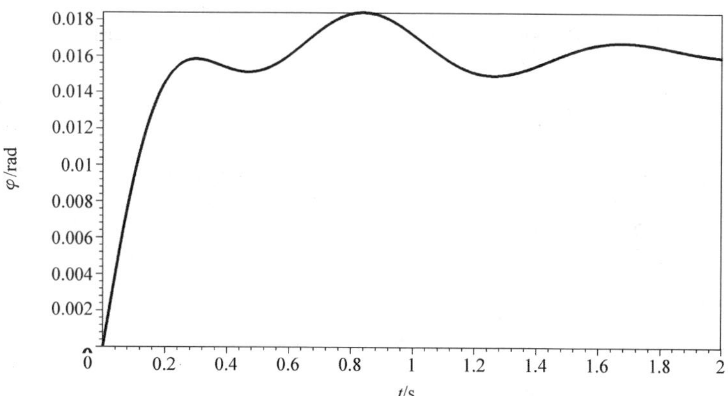

图 11.13 某车对阶跃转向角的侧倾角响应

$$\delta(t)=\begin{cases}\delta_0\sin^2\omega t & t_1<t<\dfrac{\pi}{\omega}\\ 0 & \dfrac{\pi}{\omega}<t<t_1\end{cases}\quad \text{rad} \tag{11.264}$$

$$\omega=\frac{\pi L}{v_x} \tag{11.265}$$

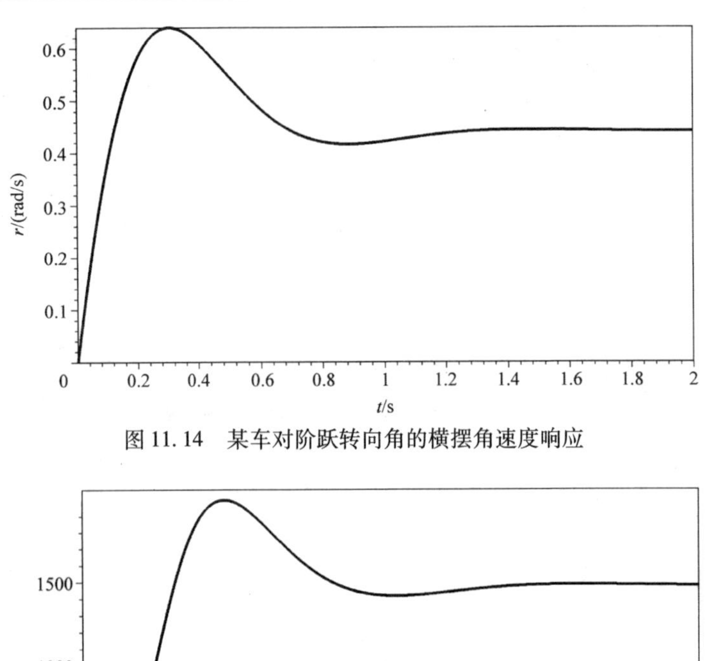

图 11.14 某车对阶跃转向角的横摆角速度响应

图 11.15 某车在阶跃转向角输入时保持匀速行驶需要的正向力 F_x

式中，L 是变道过程中的行驶长度；v_x 是车辆的正向速度。变道汽车的运动轨迹应该与图 11.16 中所示曲线相似。

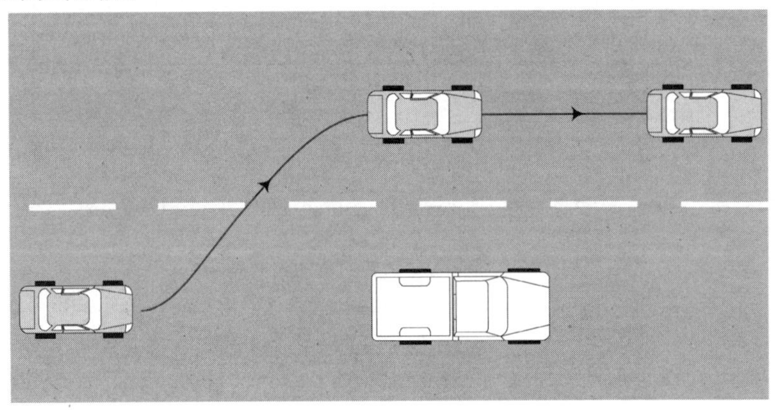

图 11.16 变道行驶

某车辆的参数在式（11.215）~式(11.217）给出，接下来考察该车在半正弦转向角输入$\delta(t)$下的响应。

$$\delta(t)=\begin{cases}0.2\sin\dfrac{\pi L}{v_x}t & 0<t<\dfrac{v_x}{L}\\ 0 & \dfrac{v_x}{L}<t<0\end{cases}\ \text{rad} \tag{11.266}$$

$$L=100\text{m}\qquad v_x=40\text{m/s} \tag{11.267}$$

令初始条件下的运动方程由式（11.258）~式(11.261）给出。

图 11.17 ~ 图 11.20 所示为转向角输入函数式（11.266）输入下车辆的响应。

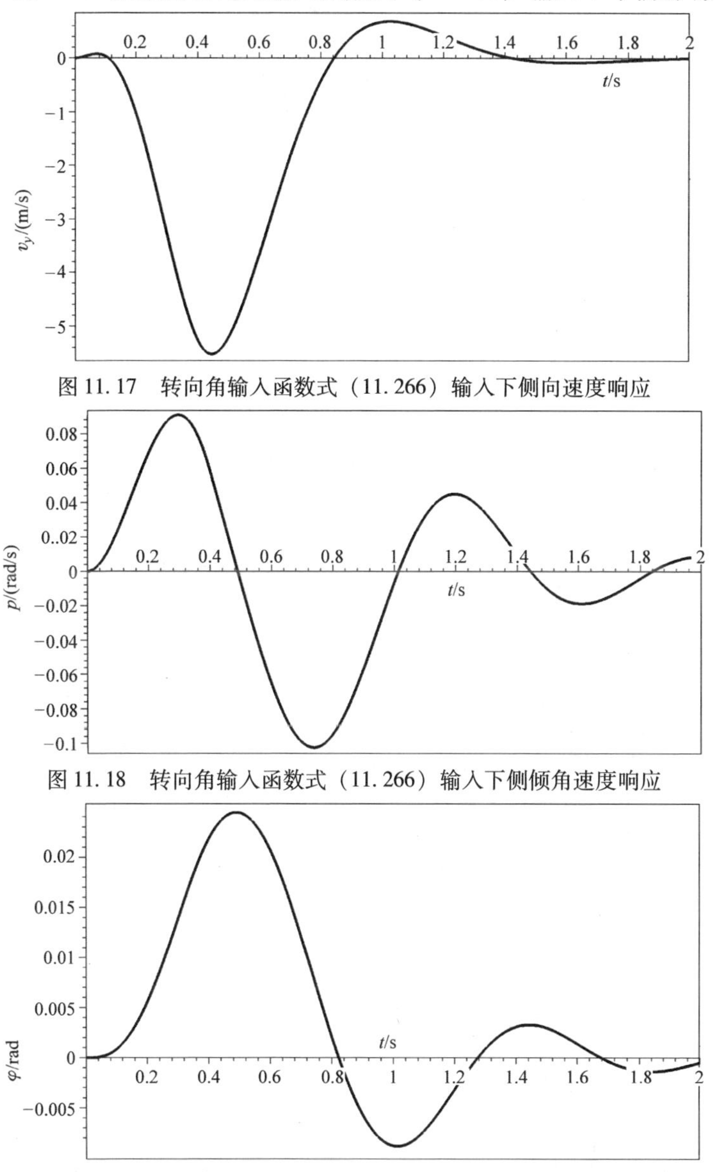

图 11.17　转向角输入函数式（11.266）输入下侧向速度响应

图 11.18　转向角输入函数式（11.266）输入下侧倾角速度响应

图 11.19　转向角输入函数式（11.266）输入下侧倾角响应

例 470★　正弦平方转向角函数输入的变道

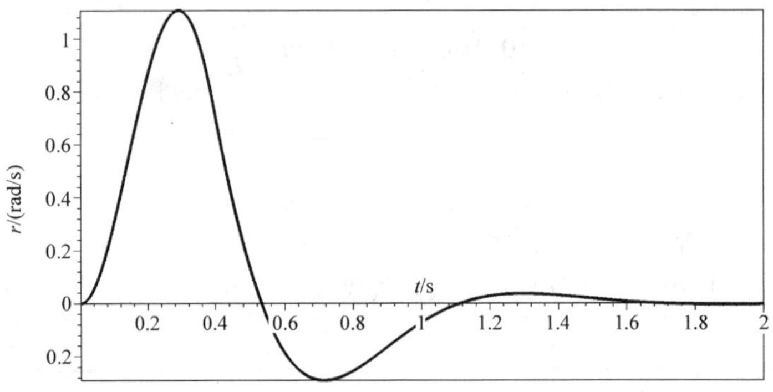

图 11.20 转向角输入函数式（11.266）输入下横摆角速度响应

优秀的驾驶人应该尽量平滑地改变转向角，从而使不期望出现的侧倾角和侧倾摇摆最小，设正弦平方转向角函数为

$$\delta(t)=\begin{cases}\delta_0\sin^2\omega t & t_1<t<\dfrac{\pi}{\omega}\\ 0 & \dfrac{\pi}{\omega}<t<\dfrac{1}{\omega}\end{cases}\quad \text{rad} \tag{11.268}$$

$$\omega=\frac{\pi L}{v_x}\qquad L=100\text{m}\qquad v_x=40\text{m/s} \tag{11.269}$$

该函数来自式（11.264），产生较平滑的变道转向。例 469 中的车辆对转向输入函数式（11.268）的响应如图 11.21～图 11.24 所示。

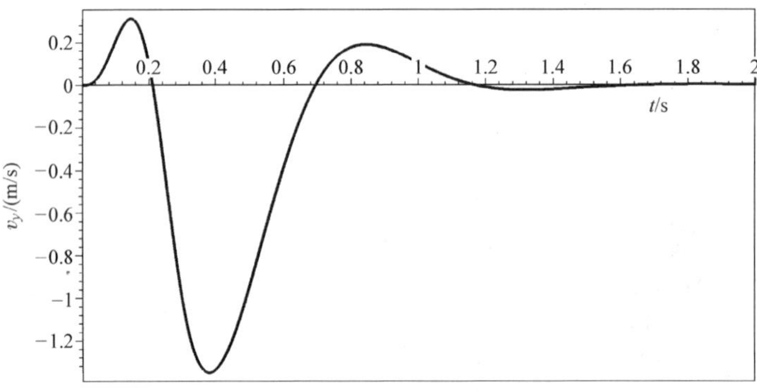

图 11.21 转向角输入函数式（11.268）输入下侧向速度响应

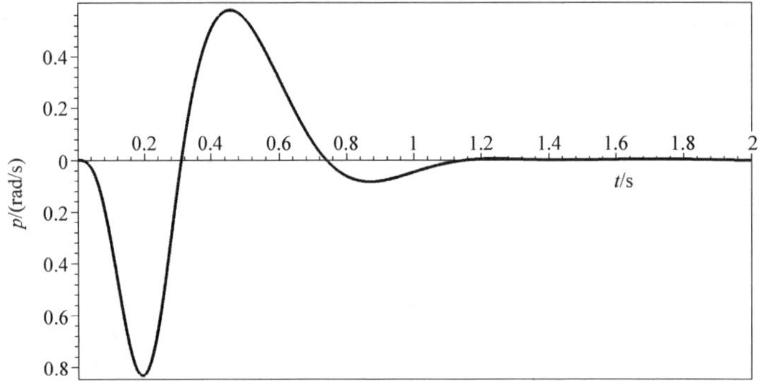

图 11.22 转向角输入函数式（11.268）输入下侧倾角速度响应

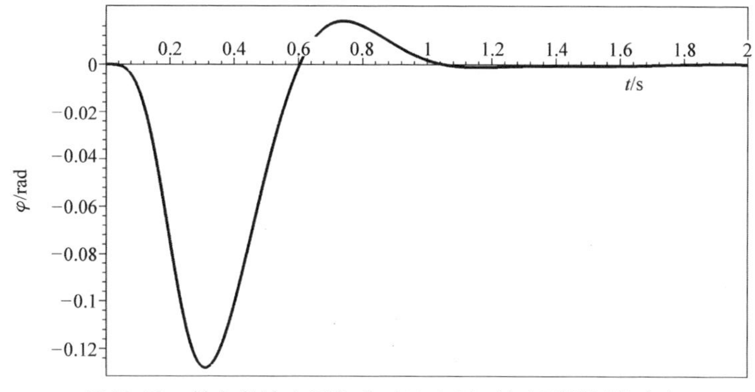

图 11.23 转向角输入函数式（11.268）输入下侧倾角响应

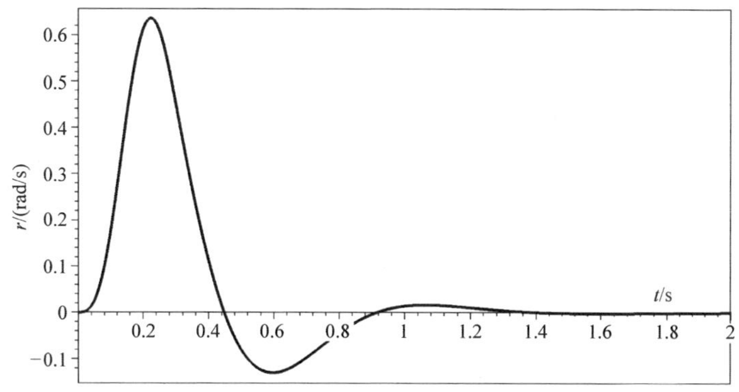

图 11.24 转向角输入函数式（11.268）输入下横摆角速度响应

例 471★ 车辆驱动与经典反馈控制

驱动车辆类似于一个反馈控制问题，驾驶人比较预期方向、速度和加速度与实际方向、速度和加速度，并通过汽车仪表和测试设备配合人本身的感官感知汽车的实际方向、速度和加速度。当实际数据与预期值不同时，驾驶人用控制设备，如加速踏板、制动踏板、转向盘和变速杆等，修正实际数据。

例 472★ 同底盘的两厢车、三厢车和旅行车型

车辆生产企业常常会在相同底盘上配置不同的车身，以便于实现多种车型。设某车的两厢车、三厢车和旅行车型采用同一个底盘，为了比较三个车型的动态性能，可以考察它们在某匀速行驶速度下对阶跃角函数的响应。

$$\delta(t) = 0.1\text{rad} \qquad v_x = 40\text{m/s} \tag{11.270}$$

汽车的共用参数为

$$C_{\alpha f_L} = C_{\alpha f_R} \approx 26000\text{N/rad} \tag{11.271}$$

$$C_{\alpha r_L} = C_{\alpha r_R} \approx 32000\text{N/rad} \tag{11.272}$$

$$\begin{aligned}
& l = 2.345\text{m} \\
& C_{\beta_f} = -0.4 \qquad C_{\beta_r} = -0.1 \qquad C_{T_f} = -0.4 \\
& C_{T_r} = -0.4 \qquad C_{\delta_{\varphi f}} = 0.01 \qquad C_{\delta_{\varphi_r}} = 0.01 \\
& C_{\varphi_f} = 3200 \qquad C_{\varphi_r} = 0 \\
& k_\varphi = 26612\text{N/rad} \qquad c_\varphi = 1700\text{Ns/rad}
\end{aligned} \tag{11.273}$$

对于两厢车型，采用下面的参数

$$m = 837.7\text{kg} \qquad I_x = 300\text{kgm}^2 \qquad I_z = 1391\text{kgm}^2 \tag{11.274}$$
$$a_1 = 0.859\text{m} \qquad a_2 = 1.486\text{m}$$

对于三厢车型，采用下面的参数

$$m = 845.4\text{kg} \qquad I_x = 350\text{kgm}^2 \qquad I_z = 1490\text{kgm}^2 \tag{11.275}$$
$$a_1 = 0.909\text{m} \qquad a_2 = 1.436\text{m}$$

对于旅行车型，采用下面的参数

$$m = 859\text{kg} \qquad I_x = 400\text{kgm}^2 \qquad I_z = 1680\text{kgm}^2 \tag{11.276}$$
$$a_1 = 0.945\text{m} \qquad a_2 = 1.4\text{m}$$

图 11.25 所示为三种车型侧向速度响应的比较，可以看出，旅行车型的侧向速度稳态值高于另两个车型。

图 11.26 所示为三种车型侧倾角速度响应的比较，两厢车型的纵向质量矩最小，所以其侧倾角速度响应最快，该车型达到零稳态值的速度也比另外两个车型快。

图 11.27 所示为三种车型侧倾角响应的比较，旅行车型纵向质量惯性矩最大，所以其侧倾角最大，该车型达到稳态侧倾角的时间也比另外两种车型晚。

图 11.28 所示为三种车型横摆角速度响应的比较，因为旅行车型的垂向质量矩最大，所以其横摆角速度最高，该车型达到稳态横摆角速度的时间也比另外两种车型晚。

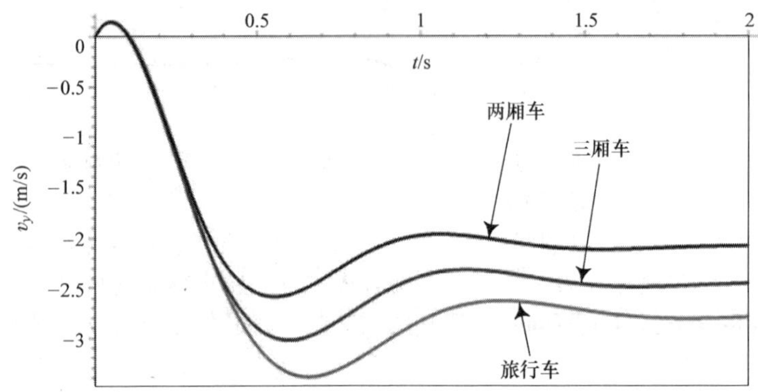

图 11.25　阶跃转向角输入下侧向速度响应：两厢车、三厢车和旅行车型

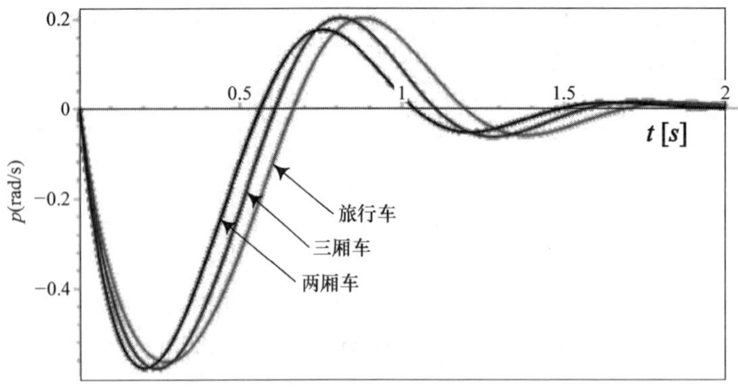

图 11.26　阶跃转向角输入下侧倾角速度响应：两厢车、三厢车和旅行车型

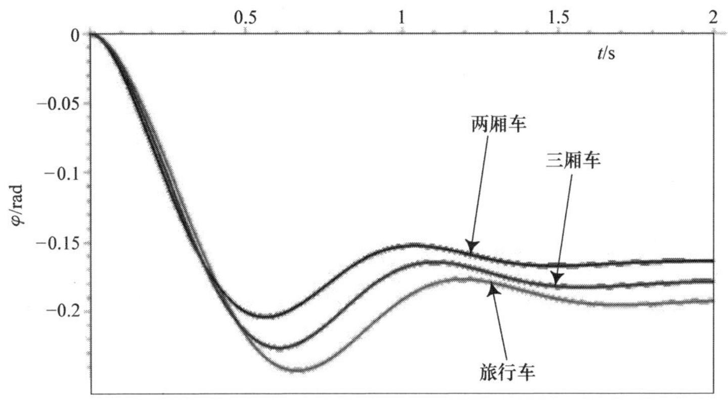

图 11.27　阶跃转向角输入下侧倾角响应：两厢车，三厢车和旅行车型

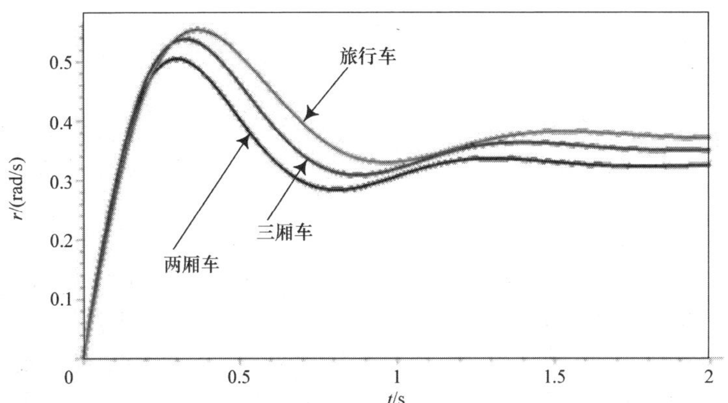

图 11.28　阶跃转向角输入下横摆角速度响应：两厢车、三厢车和旅行车型

11.7　小结

最常用的动力学车辆模型，含 x 方向、y 方向平动以及横摆和侧倾自由度的自行车模型，称作刚性车辆侧倾模型，可以用下面五个微分方程表示。

$$\dot{v}_x = \frac{1}{m}F_x + rv_y$$

$$\begin{bmatrix} \dot{v}_y \\ \dot{p} \\ \dot{\varphi} \\ \dot{r} \end{bmatrix} = \begin{bmatrix} \dfrac{C_\beta}{mv_x} & \dfrac{C_p}{m} & \dfrac{C_\varphi}{m} & \dfrac{C_r}{m} - v_x \\ \dfrac{E_\beta}{I_x v_x} & \dfrac{E_p}{I_x} & \dfrac{E_\varphi}{I_x} & \dfrac{E_r}{I_x} \\ 0 & 1 & 0 & 0 \\ \dfrac{D_\beta}{I_z v_x} & \dfrac{D_p}{I_z} & \dfrac{D_\varphi}{I_z} & \dfrac{D_r}{I_z} \end{bmatrix} \begin{bmatrix} v_y \\ p \\ \varphi \\ r \end{bmatrix} + \begin{bmatrix} \dfrac{C_\delta}{m} \\ \dfrac{E_\delta}{I_x} \\ 0 \\ \dfrac{D_\delta}{I_z} \end{bmatrix} \delta$$

车辆将转向角 δ 作为输入量，产生五个输出量：v_x、v_y、p、φ 和 r，令 v_x 为稳定速度时，即 v_x = 常数，可以将其用作一个参数，使第一个方程与其他方程解耦。最后，在很多车辆动力学性能检验中都用到均匀速度假设。

11.8 主要符号

a，$\ddot{x}$，$\boldsymbol{a}$，$\dot{v}$	加速度
a_{fwd}	前轮驱动加速度
a_{rwd}	后轮驱动加速度
$a_1 = x_1$	第一轴到质心的距离
$a_2 = -x_2$	第二轴到质心的距离
A，B，C	常数参数
$[A]$	控制变量系数矩阵
b_1	从质心到左车轮的距离
b_2	从质心到右车轮的距离
c	阻尼
c_{f}	前悬架阻尼
c_{r}	后悬架阻尼
$c_{\varphi} = \mathrm{d}M_{x_k}/\mathrm{d}\dot{\varphi}$	车辆侧倾阻尼
C	车辆质心
$C_{\alpha_i} = \mathrm{d}F_y/\mathrm{d}\alpha_i$	轮胎侧偏刚度系数
$C_{\beta_i} = v_x\mathrm{d}\beta_i/\mathrm{d}p$	轮胎侧倾角速度系数
$C_{\delta\varphi_i} = \mathrm{d}\delta/\mathrm{d}\varphi_i$	轮胎侧倾转向系数
$C_{\varphi_i} = \mathrm{d}F_y/\mathrm{d}\varphi_i$	轮胎外倾推力系数
$C_{T_i} = \mathrm{d}M_x/\mathrm{d}F_y$	轮胎转矩系数
$C_r = \partial F_y/\partial r$	车辆横摆角速度侧向力系数
$C_p = \partial F_y/\partial p$	车辆侧倾角速度侧向力系数
$C_\beta = \partial F_y/\partial\beta$	车辆侧偏角侧向力系数
$C_\varphi = \partial F_y/\partial\varphi$	车辆横摆角侧向力系数
$C_\delta = \partial F_y/\partial\delta$	车辆转向角侧向力系数
$D_r = \partial M_z/\partial r$	车辆横摆角速度横摆力矩系数
$D_p = \partial M_z/\partial p$	车辆侧倾角速度横摆力矩系数
$D_\beta = \partial M_z/\partial\beta$	车辆侧偏角横摆力矩系数
$D_\varphi = \partial M_z/\partial\varphi$	车辆横摆角横摆力矩系数
$D_\delta = \partial M_z/\partial\delta$	车辆转向角横摆力矩系数
$E_r = \partial M_x/\partial r$	车辆横摆角速度侧倾力矩系数
$E_p = \partial M_x/\partial p$	车辆侧倾角速度侧倾力矩系数
$E_\beta = \partial M_x/\partial\beta$	车辆侧偏角侧倾力矩系数
$E_\varphi = /\partial M_x/\partial\varphi$	车辆横摆角侧倾力矩系数
$E_\delta = \partial M_x/\partial\delta$	车辆转向角侧倾力矩系数
F，$\boldsymbol{F}$	力
F_x	车轮上的牵引力或制动力
F_{x_1}	前轮上的牵引力或制动力
F_{x_2}	后轮上的牵引力或制动力
F_{x_t}	铰接点处的水平力
F_z	车轮上的垂向力
F_{z_1}	前轮上的垂向力
F_{z_2}	后轮上的垂向力
F_{z_3}	拖车车轮上的垂向力
F_{z_t}	铰接点处的垂向力
g，$\boldsymbol{g}$	重力加速度
h	质心 C 的高度
H	高度
I	质量惯性矩
I_1，I_2，I_3	主质量惯性矩
k	刚度
k_{f}	前悬架的刚度
k_{r}	后悬架的刚度
$k_\varphi = \mathrm{d}M_{x_k}/\mathrm{d}\varphi$	车辆侧倾刚度
l	轴距
L	道路波长
m	汽车质量
M，$\boldsymbol{M}$	力矩
$p = \dot{\varphi}$	侧倾角速度
$\boldsymbol{p}$	平动动量
$q = \dot{\theta}$	俯仰角速度
$\boldsymbol{q}$	控制变量向量
$\boldsymbol{q}_0$	初始条件向量
$\boldsymbol{u}$	控制输入向量
$r = \dot{\psi}$	横摆角速度
$\boldsymbol{r}$	位置向量［矢量］
R	轮胎半径
R	旋转矩阵
R_{f}	前轮轮胎半径
R_H	曲率半径

R_r	后轮轮胎半径
$S_a = v_x^2/R/\delta$	侧向向心加速度响应
$S_r = r/\delta$	横摆角速度响应
$S_\beta = \beta/\delta$	侧偏角响应
$S_\kappa = \kappa/\delta$	曲率响应
$S_\varphi = \varphi/\delta$	侧倾角响应
t	时间
v，$\dot{x}$，v	速度
v_c	临界速度
v_x	正向速度
v_y	侧向速度
w	轮距
z_i	轴 i 的偏移量
x，y，z	车辆坐标轴
x_i，y_i，z_i	车轮 i 在坐标系 B 中的坐标
x_w，y_w，z_w	车轮坐标系的坐标轴
X，Y，Z	全域坐标系的坐标轴
Z_0，Z_1，Z_2，Z_3	稳态响应参数
α	v_w 和 x_w 轴之间的轮胎侧偏角
$\beta = v_y/v_x$	v 和 x 轴之间的车轮侧偏角
β_f	前轮侧偏角
β_i	v 和 x 轴之间的轮胎侧偏角
β_r	后轮侧偏角
δ	转向角
δ_0	稳定转向角值
δ_w	x_w 轴和 x 轴之间的轮胎转向角
δ_1，δ_f	前轮转向角
δ_2，δ_r	后轮转向角
δ_a	实际转向角
δ_φ	侧倾转向角
η	atan2（a，b）
θ	俯仰角
$\kappa = 1/R$	曲率
λ	特征值
μ	摩擦系数
ϕ	倾斜角
ϕ_M	最大倾斜角
φ	侧倾角
ψ	横摆角
ω	角频率
ω，$\boldsymbol{\omega}$	角速度
$\dot{\omega}$，$\dot{\boldsymbol{\omega}}$	角加速度

下标：

下标	含义
dyn	dynamic，动态
f	front，前
fwd	front - wheel - drive，前轮驱动
i	车轮编号
L	left，左
M	maximum，最大
rwd	rear - wheel - drive，后轮驱动
st	statics，静态
w	wheel，车轮

习　题

1. ★力系系数

（a）设某前轮转向汽车的参数如下

$$C_{\alpha f_L} = C_{\alpha f_R} = 600\text{N}/(°) \qquad C_{\alpha r_L} = C_{\alpha r_R} = 560\text{N}/(°)$$

$$m = 1245\text{kg} \qquad I_x = 300\text{kgm}^2 \qquad I_z = 1328\text{kgm}^2$$

$$a_1 = 110\text{cm} \qquad a_2 = 132\text{cm}$$

$$k_\varphi = 26612\text{N/rad} \qquad c_\varphi = 1700\text{Ns/rad}$$

$$v_x = 30\text{m/s}$$

$$C_{\beta_f} = -0.4 \qquad C_{\beta_r} = -0.1 \qquad C_{T_f} = -0.4$$
$$C_{T_r} = -0.2 \qquad C_{\delta_{\varphi f}} = 0.01 \qquad C_{\delta_{\varphi_r}} = 0.01$$
$$C_{\varphi_f} = -3200 \qquad C_{\varphi_r} = -300$$

（b）试确定力系系数 C_r、C_p、C_β、C_φ、C_δ、E_r、E_p、E_β、E_φ、E_δ、D_r、D_p、D_β、D_φ 和 D_δ。

（c）试推导该车辆的两轮车辆侧倾模型的运动学方程。

2. ★汽车力系及其两轮车辆模型

设某前轮转向汽车的参数为

$$C_{\alpha r_L} = C_{\alpha r_R} = C_{\alpha f_L} = C_{\alpha f_R} = 500\text{N}/°$$
$$I_x = 300\text{kgm}^2 \qquad I_z = 1328\text{kgm}^2$$
$$a_1 = 110\text{cm} \qquad a_2 = 132\text{cm}$$
$$m = 1205\text{kg}$$
$$k_\varphi = 26612\text{N/rad} \qquad c_\varphi = 1700\text{Ns/rad}$$
$$v_x = 30\text{m/s}$$
$$C_{\beta_f} = -0.4 \qquad C_{\beta_r} = -0.1$$
$$C_{T_f} = -0.4 \qquad C_{T_r} = -0.2$$
$$C_{\delta_{\varphi f}} = 0.01 \qquad C_{\delta_{\varphi_r}} = 0.01$$
$$C_{\varphi_f} = -3200 \qquad C_{\varphi_r} = -300$$

试确定作用在该汽车两轮模型上的力系。

$$F_y = C_r r + C_p p + C_\beta \beta + C_\varphi \varphi + C_\delta \delta$$
$$M_x = E_r r + E_p p + E_\beta \beta + E_\varphi \varphi + E_\delta \delta$$
$$M_z = D_r r + D_p p + D_\beta \beta + D_\varphi \varphi + D_\delta \delta$$

再将汽车运动学方程写作

$$F_x = m\dot{v}_x - mrv_y$$
$$F_y = m\dot{v}_y + mrv_x$$
$$M_z = I_z \dot{r}$$
$$M_x = I_x \dot{p}$$

3. ★前轮转向汽车的运动方程

设某前轮转向汽车的参数为

$$a_1 = 110\text{cm} \qquad a_2 = 132\text{cm}$$
$$m = 1245\text{kg} \qquad I_z = 1328\text{kgm}^2 \qquad I_x = 300\text{kgm}^2$$
$$v_x = 40\text{m/s}$$
$$C_{\alpha r_L} = C_{\alpha r_R} = C_{\alpha f_L} = C_{\alpha f_R} = 500\text{N}/°$$
$$k_\varphi = 26612\text{N/rad} \qquad c_\varphi = 1700\text{Ns/rad}$$
$$C_{\beta_f} = -0.4 \qquad C_{\beta_r} = -0.1$$
$$C_{T_f} = -0.4 \qquad C_{T_r} = -0.2$$
$$C_{\delta_{\varphi f}} = 0.01 \qquad C_{\delta_{\varphi_r}} = 0.01$$
$$C_{\varphi_f} = -3200 \qquad C_{\varphi_r} = -300$$

试构建运动方程

$$\dot{\boldsymbol{q}} = [A]\boldsymbol{q} + \boldsymbol{u}$$

4. ★关于不同变量的运动方程

设某汽车的参数为

$C_{\alpha r_L} = C_{\alpha r_R} = C_{\alpha f_L} = C_{\alpha f_R} = 500\text{N}/°$

$a_1 = 100\text{cm}$ $a_2 = 120\text{cm}$

$m = 1000\text{kg}$ $I_z = 1008\text{kgm}^2$

$v_x = 40\text{m/s}$ $I_x = 300\text{kgm}^2$

$k_\varphi = 26612\text{N/rad}$ $c_\varphi = 1700\text{Ns/rad}$

$C_{\beta_f} = -0.4$ $C_{\beta_r} = -0.1$

$C_{T_f} = -0.4$ $C_{T_r} = -0.2$

$C_{\delta_{\varphi f}} = 0.01$ $C_{\delta_{\varphi_r}} = 0.01$

$C_{\varphi_f} = -3200$ $C_{\varphi_r} = -300$

试分别构建下面情况的运动方程：

(a)汽车为前轮转向，以（$\dot{v}_x$，$\dot{v}_y$，$\dot{p}$，$\dot{\varphi}$，$\dot{r}$）为变量。

(b) 汽车为前轮转向，以（$\dot{v}_x$，$\dot{\beta}$，$\dot{p}$，$\dot{\varphi}$，$\dot{r}$）为变量。

5. ★稳态响应参数

设某汽车的参数为

$C_{\alpha f_L} = C_{\alpha f_R} = 500\text{N}/°$ $C_{\alpha r_L} = C_{\alpha r_R} = 520\text{N}/°$

$m = 1245\text{kg}$ $I_z = 1328\text{kgm}^2$

$a_1 = 110\text{cm}$ $a_2 = 132\text{cm}$

$v_x = 40\text{m/s}$

$I_x = 300\text{kgm}^2$

$k_\varphi = 26612\text{N/rad}$ $C_\varphi = 1700\text{Ns/rad}$

$C_{\beta_f} = -0.4$ $C_{\beta_r} = -0.1$

$C_{T_f} = -0.4$ $C_{T_r} = -0.2$

$C_{\delta_{\varphi f}} = 0.01$ $C_{\delta_{\varphi_r}} = 0.01$

$C_{\varphi_f} = -3200$ $C_{\varphi_r} = -300$

试确定稳态曲率响应 S_κ、侧偏角响应 S_β、横摆角速度响应 S_r、侧倾角响应 S_φ 和侧向加速度响应 S_a。

6. 稳态运动参数

设某汽车的参数为

$C_{\alpha f_L} = C_{\alpha f_R} = 600\text{N}/°$ $C_{\alpha r_L} = C_{\alpha r_R} = 550\text{N}/°$

$m = 1245\text{kg}$ $I_z = 1328\text{kgm}^2$ $I_x = 300\text{kgm}^2$

$a_1 = 120\text{cm}$ $a_2 = 138\text{cm}$

$v_x = 20\text{m/s}$ $\delta = 3°$

$k_\varphi = 26612\text{N/rad}$ $C_\varphi = 1700\text{Ns/rad}$

$C_{\beta_f} = -0.4$ $C_{\beta_r} = -0.1$

$C_{T_f} = -0.4$ $C_{T_r} = -0.2$

$$C_{\delta_{\varphi f}} = 0.01 \qquad C_{\delta_{\varphi r}} = 0.01$$

$$C_{\varphi_f} = -3200 \qquad C_{\varphi_r} = -300$$

试确定 r、R、β、φ 和 v_x^2/R 的稳态值。

7. ★质量矩和稳态参数

假设某汽车为均匀实体方盒，其 $x \times y \times z$ 三维尺寸为 260cm × 140cm × 40cm，如果方盒密度为 $\rho = 1000\text{kg/m}^3$，其他参数为

$$C_{\alpha f_L} = C_{\alpha f_R} = 600\text{N/}^\circ \qquad C_{\alpha r_L} = C_{\alpha r_R} = 550\text{N/}^\circ$$

$$a_1 = a_2 = \frac{l}{2}$$

$$k_\varphi = 26612\text{N/rad} \qquad c_\varphi = 1700\text{Ns/rad}$$

$$C_{\beta_f} = -0.4 \qquad C_{\beta_r} = -0.1$$

$$C_{T_f} = -0.4 \qquad C_{T_r} = -0.2$$

$$C_{\delta_{\varphi f}} = 0.01 \qquad C_{\delta_{\varphi r}} = 0.01$$

$$C_{\varphi_f} = -3200 \qquad C_{\varphi_r} = -300$$

（a）求 m、I_z。

（b）求稳态响应 S_κ、S_β、S_r 和 S_a 关于 v_x 的函数。

（c）汽车转向角 $\delta = 4^\circ$时转向半径为 $R = 35\text{m}$，求 v_x。

（d）求上题中速度下的稳态参数 r、R、β、φ 和 v_x^2/R。

（e）令汽车速度为

$$v_x = 20\text{m/s}$$

绘出稳态响应 S_κ、S_β、S_r 和 S_a 对变量 R 的函数曲线。

8. ★稳定性因数和不足转向性能

试确定车辆侧倾模型的稳定性因数。

9. ★稳定性因数和汽车质量

用 F_{z_1}、F_{z_2}和 mg 表示 a_1 和 a_2，并求出 K 的表达式，分析汽车质量分布对稳定性因数的影响。

10. ★稳定性因数和汽车性能

某汽车的参数为

$$C_{\alpha f_L} = C_{\alpha f_R} = 500\text{N/}^\circ \qquad C_{\alpha r_L} = C_{\alpha r_R} = 460\text{N/}^\circ$$

$$m = 1245\text{kg} \qquad I_z = 1328\text{kgm}^2 \qquad I_x = 300\text{kgm}^2$$

$$a_1 = 110\text{cm} \qquad a_2 = 132\text{cm}$$

$$v_x = 30\text{m/s}$$

$$k_\varphi = 26612\text{N/rad} \qquad c_\varphi = 1700\text{Ns/rad}$$

$$C_{\beta_f} = -0.4 \qquad C_{\beta_r} = -0.1$$

$$C_{T_f} = -0.4 \qquad C_{T_r} = -0.2$$

$$C_{\delta_{\varphi f}} = 0.01 \qquad C_{\delta_{\varphi r}} = 0.01$$

$$C_{\varphi_f} = -3200 \qquad C_{\varphi_r} = -300$$

求其稳定性因数，并确定汽车是不足转向、中性转向还是过度转向。

11. ★汽车的临界速度

设某汽车的参数为

$C_{\alpha f_L} = C_{\alpha f_R} = 700\text{N}/°$　　$C_{\alpha r_L} = C_{\alpha r_R} = 520\text{N}/°$

$m = 1245\text{kg}$　　$I_z = 1328\text{kgm}^2$　　$I_x = 300\text{kgm}^2$

$a_1 = 118\text{cm}$　　$a_2 = 122\text{cm}$

$k_\varphi = 26612\text{N/rad}$　　$c_\varphi = 1700\text{Ns/rad}$

$C_{\beta_f} = -0.4$　　$C_{\beta_r} = -0.1$

$C_{T_f} = -0.4$　　$C_{T_r} = -0.2$

$C_{\delta_{\varphi f}} = 0.01$　　$C_{\delta_{\varphi r}} = 0.01$

$C_{\varphi_f} = -3200$　　$C_{\varphi_r} = -300$

（a）试确定汽车过度转向工况的临界速度。

（b）试确定汽车是不足转向、中性转向还是过度转向。

12. ★不同速度下的转向角阶跃输入响应

设某汽车的参数为

$C_{\alpha f_L} = C_{\alpha f_R} = 600\text{N}/°$　　$C_{\alpha r_L} = C_{\alpha r_R} = 750\text{N}/°$

$m = 1245\text{kg}$　　$I_z = 1328\text{kgm}^2$　　$I_x = 300\text{kgm}^2$

$a_1 = 110\text{cm}$　　$a_2 = 132\text{cm}$

$k_\varphi = 26612\text{N/rad}$　　$c_\varphi = 1700\text{Ns/rad}$

$C_{\beta_f} = -0.4$　　$C_{\beta_r} = -0.1$

$C_{T_f} = -0.4$　　$C_{T_r} = -0.2$

$C_{\delta_{\varphi f}} = 0.01$　　$C_{\delta_{\varphi r}} = 0.01$

$C_{\varphi_f} = -3200$　　$C_{\varphi_r} = -300$

转向角阶跃输入为

$$\delta(t) = \begin{cases} 5° & t > 0 \\ 0 & t \leqslant 0 \end{cases}$$

求汽车在下面行驶速度的时间响应：

（a）$v_x = 10\text{m/s}$

（b）$v_x = 20\text{m/s}$

（c）$v_x = 30\text{m/s}$

（d）$v_x = 40\text{m/s}$

13. ★对不同转向角的阶跃输入响应

设某汽车的参数为

$C_{\alpha f_L} = C_{\alpha f_R} = 600\text{N}/°$　　$C_{\alpha r_L} = C_{\alpha r_R} = 750\text{N}/°$

$m = 1245\text{kg}$　　$I_z = 1328\text{kgm}^2$　　$I_x = 300\text{kgm}^2$

$a_1 = 110\text{cm}$　　$a_2 = 132\text{cm}$　　$v_x = 20\text{m/s}$

$k_\varphi = 26612\text{N/rad}$　　$c_\varphi = 1700\text{Ns/rad}$

$C_{\beta_f} = -0.4$　　$C_{\beta_r} = -0.1$　　$C_{T_f} = -0.4$　　$C_{T_r} = -0.2$

$C_{\delta_{\varphi f}} = 0.01$　　$C_{\delta_{\varphi r}} = 0.01$　　$C_{\varphi_f} = -3200$　　$C_{\varphi_r} = -300$

确定不同转向角阶跃输入下汽车的时间响应

$$\delta(t) = \begin{cases} \delta & t > 0 \\ 0 & t \leqslant 0 \end{cases}$$

（a）$\delta=3°$

（b）$\delta=5°$

（c）$\delta=10°$

14. ★特征值和自由响应

设某汽车的参数为

$C_{\alpha f_L}=C_{\alpha f_R}=600\text{N}/°$　　$C_{\alpha r_L}=C_{\alpha r_R}=750\text{N}/°$

$m=1245\text{kg}$　　$I_z=1328\text{kgm}^2$　　$I_x=300\text{kgm}^2$

$a_1=110\text{cm}$　　$a_2=132\text{cm}$　　$v_x=20\text{m/s}$

$k_\varphi=26612\text{N/rad}$　　$c_\varphi=1700\text{Ns/rad}$

$C_{\beta_f}=-0.4$　　$C_{\beta_r}=-0.1$　　$C_{T_f}=-0.4$　　$C_{T_r}=-0.2$

$C_{\delta_{\varphi f}}=0.01$　　$C_{\delta_{\varphi r}}=0.01$　　$C_{\varphi_f}=-3200$　　$C_{\varphi_r}=-300$

（a）试求系数矩阵［A］的特征值，确定汽车在零转向角时是否稳定。

（b）若不稳定，求汽车中性稳定时的质量分配比 a_1/a_2。

（c）提出令汽车稳定的质量分配比 a_1/a_2 条件。

15. ★对不同转向函数的时间响应

设某汽车的参数为

$C_{\alpha f_L}=C_{\alpha f_R}=600\text{N}/°$　　$C_{\alpha r_L}=C_{\alpha r_R}=750\text{N}/°$

$m=245\text{kg}$　　$I_z=1328\text{kgm}^2$　　$I_x=300\text{kgm}^2$

$a_1=110\text{cm}$　　$a_2=132\text{cm}$　　$v_x=20\text{m/s}$

$k_\varphi=26612\text{N/rad}$　　$c_\varphi=1700\text{Ns/rad}$

$C_{\beta_f}=-0.4$　　$C_{\beta_r}=-0.1$　　$C_{T_f}=-0.4$　　$C_{T_r}=-0.2$

$C_{\delta_{\varphi f}}=0.01$　　$C_{\delta_{\varphi r}}=0.01$　　$C_{\varphi_f}=-3200$　　$C_{\varphi_r}=-300$

阶跃输入为

$$\delta(t)=\begin{cases}5° & t>0\\ 0 & t\leqslant 0\end{cases}$$

求下列情况下的时间响应

（a）$0<t<10\pi$ 时，$\delta(t)=\sin 0.1t$；$t\leqslant 0$ 和 $t\geqslant 10\pi$ 时，$\delta(t)=0$。

（b）$0<t<2\pi$ 时，$\delta(t)=\sin 0.5t$；$t\leqslant 0$ 和 $t\geqslant 2\pi$ 时，$\delta(t)=0$。

（c）$0<t<\pi$ 时，$\delta(t)=\sin t$；$t\leqslant 0$ 和 $t\geqslant \pi$ 时，$\delta(t)=0$。

16. ★研究练习1

在汽车的自行车模型中假设轮胎正直向上并始终保持垂直于路面，试建立汽车侧倾模型。

17. ★研究练习2

应用设在轮胎接地印迹上的轮胎坐标系 T、设在车轮中心的车轮坐标系 W 和设在 $\delta=0$ 和 $\gamma=0$ 时的车轮中心上，且与车辆坐标系 B 始终保持平行的车轮－车身坐标系 C。对在坐标系 T 中轮胎接地印迹上产生的力，建立 W、C 和 B 坐标系表达公式，并构建更好的汽车侧倾模型的方程。

18. ★研究练习3

应用主销后倾角理论，在给出主销后倾角 φ 和内倾角 θ 时，求转向角为 δ 时的外倾角 γ，再构建更好的汽车侧倾模型的方程。

Ⅳ　车辆振动

12　应用振动学

振动是车辆动力学中必须考虑的因素，本章中，将学习振动原理、分析方法及其应用，以及振动系统频率和时间响应等内容。因为大多数车辆悬架和车辆振动部件的优化方法基于频率响应，所以本章将对频率响应分析进行重点讨论。

12.1　机械振动基础

机械振动是动能 K 与势能 V 连续反复转换的结果，当势能在其最大值时，动能为 0，反之亦然。因为动能的周期性波动类似于有质量物体的周期运动，所以将这种能量转换称作**机械振动**。

储存动能的机械单元称作**质量**，储存势能的单元称作**弹簧**。如果机械能总量在振动过程中减少，则存在机械单元消耗能量，该消耗能量的单元称作**阻尼器**。质量、弹簧和阻尼器通常用图 12.1 所示的符号表示。

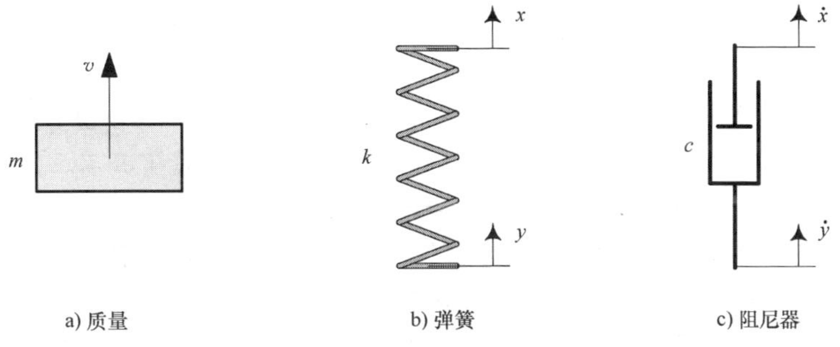

图 12.1　质量 m、弹簧 k 和阻尼器 c

一定质量中能够储存动能的量与速度的平方 v^2 成正比，速度 v 或 $\dot{x}$ 可以是位置和时间的函数。

$$K=\frac{1}{2}mv^2 \tag{12.1}$$

推动质量 m 运动需要的力 f_m 与其加速度 a 或 $\ddot{x}$ 成正比。

$$f_m=ma \tag{12.2}$$

弹簧的特性用刚度 k 表示，使弹簧产生变形的力 f_k 与弹簧末端的相对变化距离成正比，弹簧的刚度 k 可以是位置和时间的函数。

$$f_k=-kz=-k(x-y) \tag{12.3}$$

如果 k 不随时间变化，则弹簧存储的势能等于弹簧力在弹簧变形过程中所做的功。

$$V = -\int f_k \mathrm{d}z = -\int -kz\mathrm{d}z \tag{12.4}$$

弹簧势能也变成弹簧长度变化量的函数。如果弹簧刚度 k 不是长度变化量的函数，则称其为线性弹簧。其势能为

$$V = \frac{1}{2}kz^2 \tag{12.5}$$

阻尼器的阻尼用一个循环内的机械能损失测算，等效于在阻尼器中产生单位运动所需要的力 f_c。如果 f_c 与阻尼端部的相对速度成正比，则阻尼器是具有常阻尼 c 的线性阻尼器。

$$f_c = -c\dot{z} = -c(\dot{x} - \dot{y}) \tag{12.6}$$

这种阻尼又称作**黏性阻尼**。

振动运动特性 x 用**周期** T 表示，是指完成一个完整的振动循环所需要的时间，周期开始和结束于（$\dot{x}=0$，$\ddot{x}<0$）。**频率** f 是指1s时间内发生的循环次数。

$$f = \frac{1}{T} \tag{12.7}$$

在理论振动中，常用**角频率** ω（单位 rad/s），在应用振动中，常用**周期频率** f（单位 Hz）。

$$\omega = 2\pi f \tag{12.8}$$

在没有对振动系统施加外力或外部**激励**时，系统的任何运动称作**自由振动**。如果自由振动系统的 x，$\dot{x}$ 或 $\ddot{x}$ 中任何一项运动学状态不是零，则系统将会发生振荡。如果对系统施加任意外部激励，则由此引起的系统运动称作**受迫振动**。常见的有四种激励：简谐激励、周期激励、瞬态激励和随机激励。与周期激励和随机激励相比较而言，简谐激励和瞬态激励更为常用，也更便于预测。激励是时间的正弦函数时，即为**简谐激励**。激励在短时间内消失，或保持稳定的，即为**瞬态激励**。随机激励没有短期模式，但是，可以定义一些长期平均模式描述随机激励的特性。

f 用于表示振幅为 F 的简谐－变量力，等同于 x 用于表示振幅为 X 的简谐运动。f 还用于表示周期频率，但是在不明确指出是表示频率时，f 就是表示力。

例473　串联弹簧和串联阻尼器

串联弹簧的力等于单个弹簧的力，其变形量是各弹簧变形量之和。图12.2表示连接着

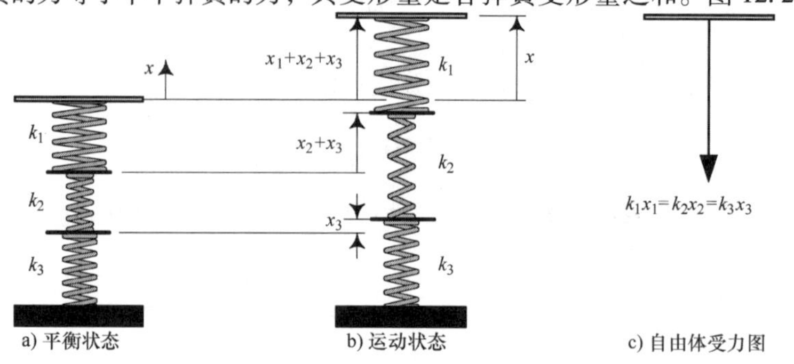

图12.2　三根弹簧串联

无质量模块和地面的三根串联着的弹簧。

弹簧的平衡位置在图 12. 2a 所示的未拉伸状态，在上面增加一个变形量 x，如图 12. 2b 所示，则可以生成如图 12. 2c 所示的自由体受力图。各弹簧产生的力为 $f_i = -k_i x_i$，式中，x_i 是弹簧 i 的长度变化。弹簧的总变形量 x 是三根弹簧各自变形量之和，即 $x = \sum x_i$。

$$x = x_1 + x_2 + x_3 \tag{12.9}$$

可以用一根等效弹簧代替一组串联弹簧，该等效弹簧的刚度为 k_{eq}，在同一作用力 f_k 下可以产生相同的变形量 x。

$$f_k = -k_1 x_1 = -k_2 x_2 = -k_3 x_3 = -k_{eq} x \tag{12.10}$$

将式（12. 10）代入到式（12. 09）

$$\frac{f_s}{k_{eq}} = \frac{f_s}{k_1} + \frac{f_s}{k_2} + \frac{f_s}{k_3} \tag{12.11}$$

表明串联弹簧等效刚度的倒数，$1/k_{eq}$，是各弹簧刚度倒数之和，即 $\sum 1/k_i$。

$$\frac{1}{k_{eq}} = \frac{1}{k_1} + \frac{1}{k_2} + \frac{1}{k_3} \tag{12.12}$$

前提是速度 $\dot{x}$ 不对线性弹簧的力产生影响。

串联阻尼器的力等于单个阻尼器的力，其速度 $\dot{x}$ 是各阻尼器速度之和，即 $\sum \dot{x}_i$。可以用一个等效阻尼器代替一组串联阻尼器，该等效阻尼器的阻尼为 c_{eq}，在同一作用力 f_c 下产生相同的速度 $\dot{x}$。三个串联阻尼器的速度和力的平衡方程为

$$\dot{x} = \dot{x}_1 + \dot{x}_2 + \dot{x}_3 \tag{12.13}$$

$$f_c = -c_1 \dot{x} = -c_2 \dot{x} = -c_3 \dot{x} = -c_{eq} \dot{x} \tag{12.14}$$

可见，等效阻尼为

$$\frac{1}{c_{eq}} = \frac{1}{c_1} + \frac{1}{c_2} + \frac{1}{c_3} \tag{12.15}$$

前提是变形量 x 不对线性阻尼器的力产生影响。

例 474 并联弹簧和并联阻尼器

并联弹簧的变形量等于单个弹簧的变形量，其合力是各弹簧力之和，即 $\sum f_i$。图 12. 3 所示为连接着无质量模块和地面的三根并联着的弹簧。

弹簧的平衡位置在图 12. 3a 所示的未拉伸状态，在上面增加一个变形量 x，如图 12. 3b 所示，则可以生成如图 12. 3c 所示的自由体受力图。每个弹簧都产生一个与变形方向相反的力，$f_i = -k_i x_i$，整个弹簧组的合力为

$$f_k = -k_1 x - k_2 x - k_3 x \tag{12.16}$$

可以用一根等效弹簧代替一组并联弹簧，该等效弹簧的刚度为 k_{eq}，在同一变形量 x 下将产生相同的作用力 f_k。

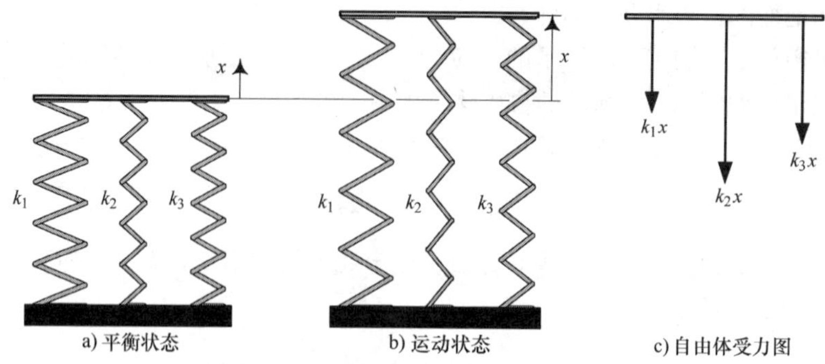

图 12.3　三根弹簧并联

$$f_k = -k_{eq}x \tag{12.17}$$

因此，并联弹簧的等效刚度是各弹簧刚度之和

$$k_{eq} = k_1 + k_2 + k_3 \tag{12.18}$$

并联阻尼器中的各个阻尼器速度均为$\dot{x}$，并联阻尼器的合力f_c是各阻尼器阻尼力之和。可以用一个等效阻尼器代替一个并联阻尼器，该等效阻尼器的阻尼为c_{eq}，在同一速度下将产生相同的阻尼力f_c。

设有如图 12.4 所示的三个并联的阻尼器，其阻尼力平衡和等效阻尼关系为

$$f_c = -c_1\dot{x} - c_2\dot{x} - c_3\dot{x} \tag{12.19}$$

$$f_c = -c_{eq}\dot{x} \tag{12.20}$$

$$c_{eq} = c_1 + c_2 + c_3 \tag{12.21}$$

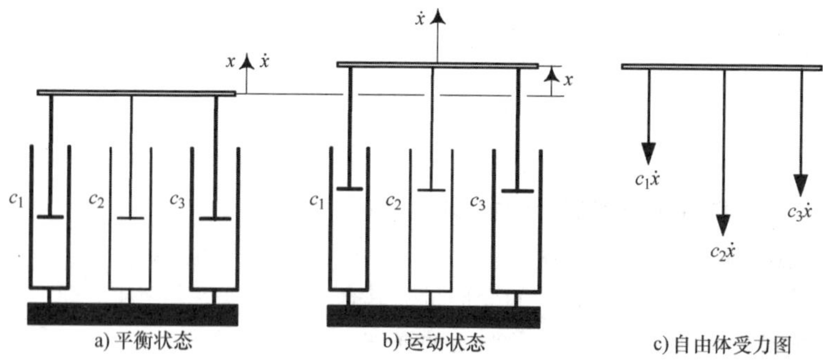

图 12.4　三个阻尼器并联

例 475　柔性框架

图 12.5 所示为一个悬挂在框架上的质量 m，该框架是弹性的，所以可以用相互关联的一组弹簧来建模，如图 12.6a 所示。如果假设各个梁是简单支撑的，则各梁跨中位置向下挠动的等效刚度为

$$k_5 = \frac{48E_5I_5}{l_5^{\ 3}} \qquad k_4 = \frac{48E_4I_4}{l_4^{\ 3}} \qquad k_3 = \frac{48E_3I_3}{l_3^{\ 3}} \tag{12.22}$$

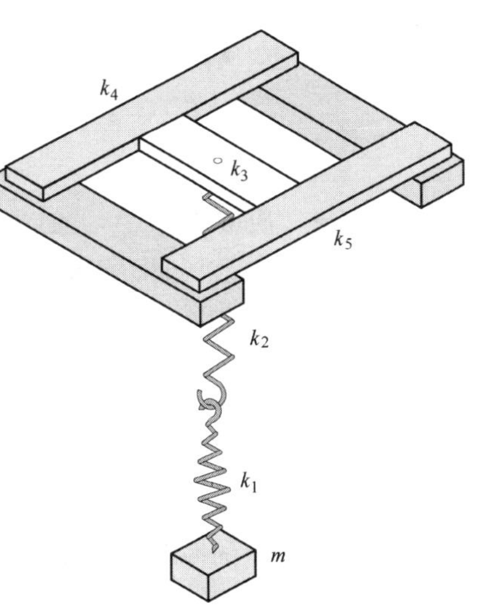

图 12.5　质量 m 悬挂在弹性框架上

质量 m 振动时，各弹簧的伸长如图 12.6b 所示。假设将质量和弹簧分开，并在弹簧 k_1 的下端施加力 f，如图 12.6c 所示。由于 k_1、k_2 和 k_3 是串联关系，各弹簧上的力相等，而总变形量等于各弹簧变形量之和。

弹簧 k_4 和 k_5 既不是并联关系，也不是串联关系。为了对它们进行等效处理，假设弹簧 k_4 和 k_5 各自承受一个等于 $f/2$ 的力，因此可进行如下运算。

$$\delta_4 = \frac{f}{2k_4} \qquad \delta_5 = \frac{f}{2k_5} \tag{12.23}$$

横梁跨中的位置变化为

$$\delta_{45} = \frac{\delta_4 + \delta_5}{2} \tag{12.24}$$

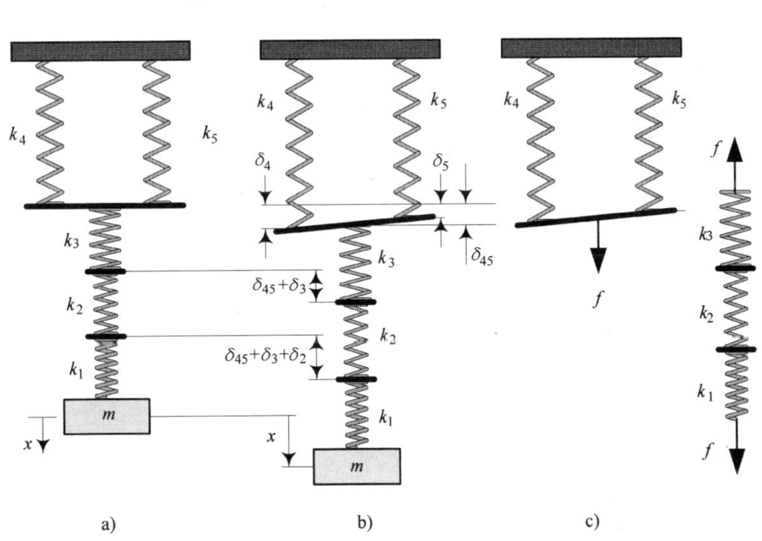

图 12.6　有质量弹簧的振动系数

设

$$\delta_{45} = \frac{f}{k_{45}} \tag{12.25}$$

对 k_4 和 k_5 定义等效刚度 k_{45}

$$\frac{1}{k_{45}} = \frac{1}{2}\left(\frac{1}{2k_4} + \frac{1}{2k_5}\right) = \frac{1}{4}\left(\frac{1}{k_4} + \frac{1}{k_5}\right) \tag{12.26}$$

则等效弹簧 k_{45} 与已为串联关系的弹簧 k_1、k_2、k_3 串联，所以总的等效弹簧刚度 k_{eq} 为

$$\frac{1}{k_{eq}}=\frac{1}{k_1}+\frac{1}{k_2}+\frac{1}{k_3}+\frac{1}{k_{45}}$$
$$=\frac{1}{k_1}+\frac{1}{k_2}+\frac{1}{k_3}+\frac{1}{4k_4}+\frac{1}{4k_5} \tag{12.27}$$

例 476★　质量弹簧

在对振动系统建模时，忽略了弹簧和阻尼器的质量。这种假设在弹簧和阻尼器的质量远小于它们所支撑的物体的质量时是适用的。但是，当弹簧质量 m_s 或阻尼器质量 m_d 与物体质量 m 相近时，则可以定义一个新的系统，令其等效质量为 m_{eq}

$$m_{eq}=m+\frac{1}{3}m_s \tag{12.28}$$

而该系统由没有质量的弹簧和阻尼器支撑。

设含质量弹簧的振动系统如图 12.7a 所示，弹簧质量为 m_s，系统在平衡状态时的长度为 l。弹簧的质量在长度方向均匀分布，所以可以定义一个长度密度

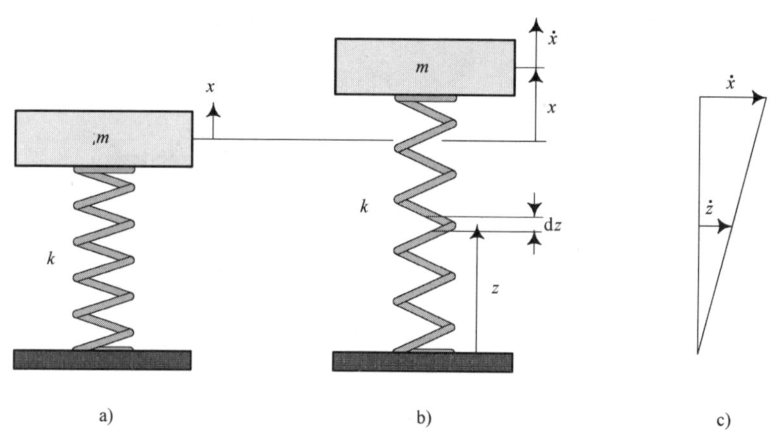

图 12.7　含有质量弹簧的振动系统

$$\rho=\frac{m}{l} \tag{12.29}$$

为了证明式（12.28），寻找一个包含质量 m_{eq} 和一根无质量弹簧的系统，使其保证具有与原系统相同的动能。图 12.7b 表示质量 m 在位置 x 时的速度为 $\dot{x}$，弹簧位于质量块与地面之间。所以弹簧的下端没有速度，而另一端的速度则与 m 的速度相同。下面自弹簧与地面结合的下基点到弹簧上端定义一个坐标 z，在 z 上的一个弹簧单元的长度为 dz，质量为 dm

$$dm=\rho dz \tag{12.30}$$

设弹簧单元的速度分布是线性的，如图 12.7c 所示，则可求出 dm 的速度 $\dot{z}$ 为

$$\dot{z}=\frac{z}{l}\dot{x} \tag{12.31}$$

系统动能是质量 m 的动能与弹簧动能的总和。

$$
\begin{aligned}
K &= \frac{1}{2}m\dot{x}^2 + \frac{1}{2}\int_0^l (\mathrm{d}m\,\dot{z}^2) = \frac{1}{2}m\dot{x}^2 + \frac{1}{2}\int_0^l \rho\left(\frac{z}{l}\dot{x}\right)^2 \mathrm{d}z \\
&= \frac{1}{2}m\dot{x}^2 + \frac{1}{2}\frac{\rho}{l^2}\dot{x}^2\int_0^l z^2\mathrm{d}z = \frac{1}{2}m\dot{x}^2 + \frac{1}{2}\frac{\rho}{l^2}\dot{x}^2\left(\frac{1}{3}l^3\right) \\
&= \frac{1}{2}m\dot{x}^2 + \frac{1}{2}\left(\frac{1}{3}\rho l\right)\dot{x}^2 = \frac{1}{2}\left(m + \frac{1}{3}m_s\right)\dot{x}^2 \\
&= \frac{1}{2}m_{eq}\dot{x}^2
\end{aligned}
\tag{12.32}
$$

因此，等效系统应该包括一个无质量弹簧和一个质量为 $m_{eq} = m + \frac{1}{3}m_s$ 的质量块，以保证其具有与原系统相同的动能。

12.2　牛顿方法和振动

每个振动系统都可以建立一个由若干质量 m_i、阻尼器 c_i 和弹簧 k_i 组成的模型，这样的模型称为系统的离散模型或集总模型。具有如下运动方程的单自由度振动系统如图 12.8 所示。

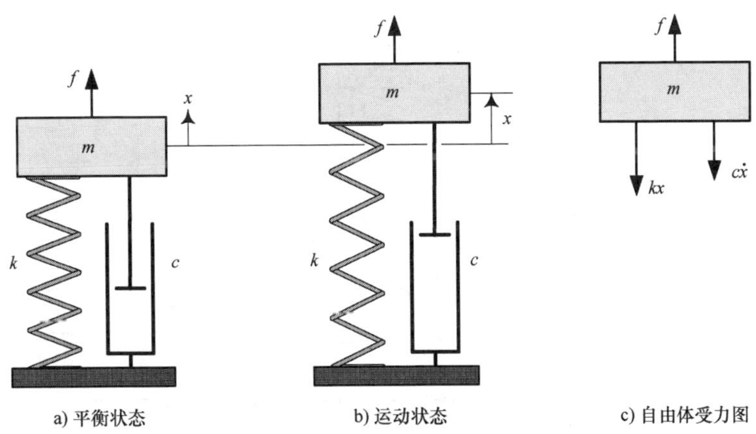

图 12.8　单自由度振动系统

$$ma = -cv - kx + f(x, v, t) \tag{12.33}$$

为了应用牛顿方法求运动方程，假设各质量 m_i 在离开平衡状态位置 x_i 处，速度为 $\dot{x}_i$，如图 12.8b 所示。图 12.8c 中的自由体受力图给出了受力情况，则可以由牛顿方程式(9.11)

$${}^G\boldsymbol{F} = \frac{{}^G\mathrm{d}}{\mathrm{d}t}{}^G P = \frac{{}^G\mathrm{d}}{\mathrm{d}t}(m\,{}^G v) \tag{12.34}$$

获得其运动方程。

振动系统的平衡位置在系统势能 V 的极值位置。

$$\frac{\partial V}{\partial x}=0 \tag{12.35}$$

通常在平衡位置设 $V=0$，定刚度线性系统有一个平衡位置或无穷多个平衡位置，而非线性系统可能有多个平衡位置。如果在某平衡位置有

$$\frac{\partial^2 V}{\partial x^2}>0 \tag{12.36}$$

则该位置为**稳定平衡位置**。如果在某平衡位置有

$$\frac{\partial^2 V}{\partial x^2}<0 \tag{12.37}$$

则该位置是**不稳定平衡位置**。

可以根据离散振动系统单元的数量和布局对系统进行分类，质量单元的数量乘以每个质量单元的自由度数，即为振动系统的总自由度数 n，最终的方程组应为关于 n 个广义坐标的 n 个二阶微分方程。每个质量单元只有一个自由度时，系统的自由度数等于质量单元数，自由度还可以通过定义系统结构的最小独立坐标数目来确定。

分析车辆垂直振动的单自由度、二自由度和三自由度模型如图12.9所示。图12.9a中的系统称作四分之一车辆模型，其 m_s 表示车身质量的四分之一，m_u 表示一个车轮的质量。

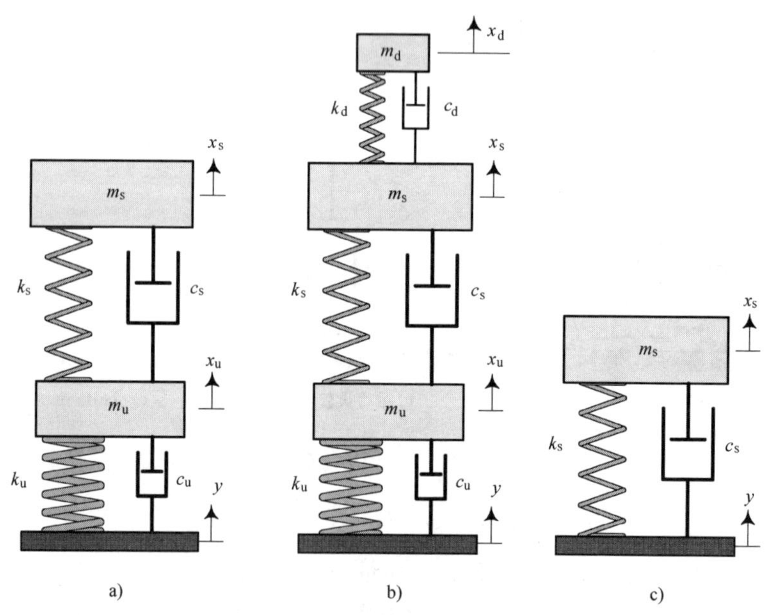

图12.9 车辆垂直振动的单自由度、二自由度和三自由度模型

参数 k_u 和 c_u 表示轮胎的刚度和阻尼，同样，参数 k_s 和 c_s 表示车辆主悬架的刚度和阻尼。图12.9c称作1/8车辆模型，该模型中没有关于车轮的表述。图12.9b是一个四分之一车辆模型和一个驾驶人模型，驾驶人质量为 m_d，驾驶人座椅用 k_d 和 c_d 表示。

例 477　1/8 车辆模型

图 12.9c 和图 12.10a 所示为最简单的车辆垂直振动模型，有时称该模型为 1/8 车辆模型。m_s 表示汽车车身质量的四分之一，装在由弹簧 k_s 和阻尼器 c_s 构成的悬架上。当质量 m_s 在某一位置振动时，如图 12.10b 所示，其自由体受力图如图 12.10c 所示。

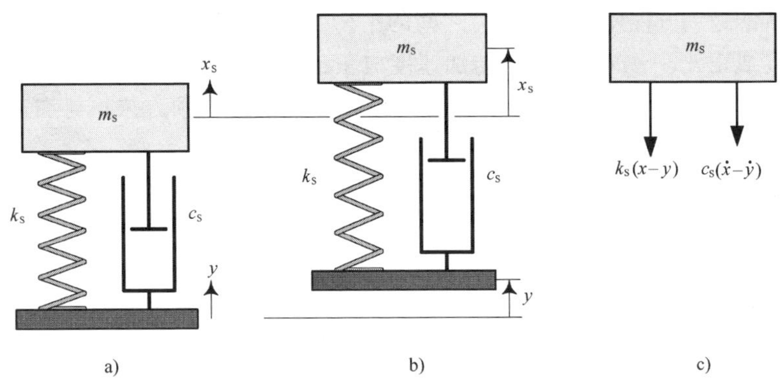

图 12.10　1/8 车辆模型及其自由体受力图

应用牛顿方法后运动方程为

$$m_s\ddot{x}=-k_s(x_s-y)-c_s(\dot{x}_s-\dot{y}) \tag{12.38}$$

分开输入量 y 和输出量 x 后，方程可以简化为

$$m_s\ddot{x}+c_s\dot{x}_s+k_sx_s=k_sy+c_s\dot{y} \tag{12.39}$$

例 478　等效质量和等效弹簧

图 12.11a 是一个由质量为 m 的点连在长度为 l 的杆上构成单摆，坐标 θ 表示杆的角度位置。该单摆的运动方程可以应用欧拉方程并结合图 12.11b 中的自由体受力图求出。

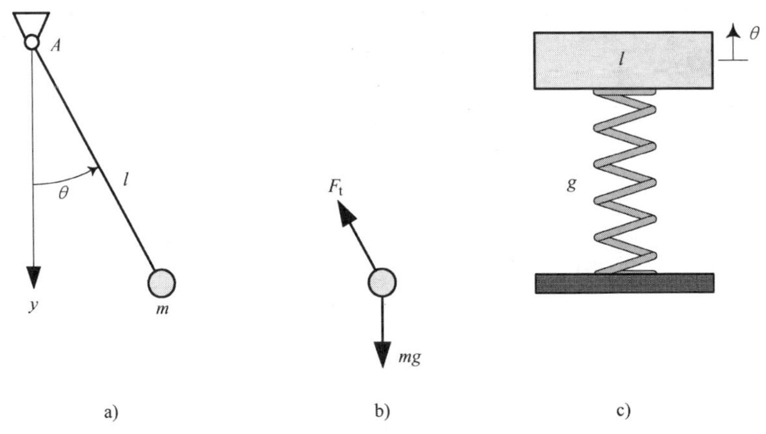

图 12.11　单摆的等效质量－弹簧振动器

$$ml^2\ddot{\theta}=-mgl\sin\theta \tag{12.40}$$

简化运动方程并假设摆动角很小，得到：

$$l\ddot{\theta}+g\theta=0 \tag{12.41}$$

该方程相当于一个质量－弹簧系统的运动方程，其中质量 m 对应 l，弹簧刚度 k 对应 g。质量的位移量 x 对应 θ，图 12.11c 所示为这个等效质量－弹簧系统。

例 479 力的正比

振动系统的运动方程是四个不同力之间的平衡，其中，一个力与变形量成正比，$-kx$；一个力与速度成正比，$-cv$；一个力与加速度成正比，ma；还有一个是施加于系统的外力 $f(x, v, t)$，该力可以是变形量、速度和时间的函数。根据牛顿方法，与加速度成正比的力，ma，始终等于其他各力的和。

$$ma=-cv-kx+f(x,v,t) \tag{12.42}$$

例 480 二自由度基座激励系统

图 12.12a～c 显示了图12.9a 所示二自由度系统的平衡状态、运动状态和自由体受力图，采用该自由体受力图的前提是

$$x_s>x_u>y \tag{12.43}$$

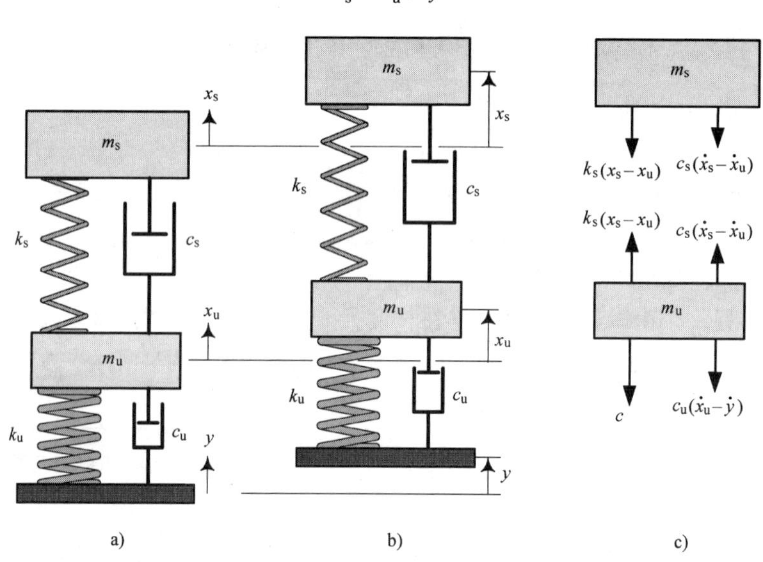

图 12.12　1/4 车辆模型及其自由体受力图

应用牛顿方法后得到下面两个运动方程。

$$m_s\ddot{x}_s=-k_s(x_s-x_u)-c_s(\dot{x}_s-\dot{x}_u) \tag{12.44}$$

$$\begin{aligned}m_u\ddot{x}_u&=k_s(x_s-x_u)+c_s(\dot{x}_s-\dot{x}_u)\\&\quad-k_u(x_u-y)-c_u(\dot{x}_u-\dot{y})\end{aligned} \tag{12.45}$$

式（12.43）中的假设不是必要条件，用其他假设也可以求出式（12.44）和式（12.45），如 $x_s<x_u>y$、$x_s>x_u<y$ 或 $x_s<x_u<y$。但是，提出此假设有助于获得一致性自由体受力图。

为了便于进行矩阵计算，通常将线性系统运动方程整理成矩阵形式。

$$[M]\ddot{\boldsymbol{x}}+[c]\dot{\boldsymbol{x}}+[k]\boldsymbol{x}=\boldsymbol{F} \tag{12.46}$$

整理式（12.44）和式（12.45）后得到如下方程组：

$$\begin{bmatrix} m_s & 0 \\ 0 & m_u \end{bmatrix}\begin{bmatrix} \ddot{x}_s \\ \ddot{x}_u \end{bmatrix}+\begin{bmatrix} c_s & -c_s \\ -c_s & c_s+c_u \end{bmatrix}\begin{bmatrix} \dot{x}_s \\ \dot{x}_u \end{bmatrix}$$

$$+\begin{bmatrix} k_s & -k_s \\ -k_s & k_s+k_u \end{bmatrix}\begin{bmatrix} x_s \\ x_u \end{bmatrix}=\begin{bmatrix} 0 \\ k_u y+c_u\dot{y} \end{bmatrix} \tag{12.47}$$

例 481★　倒立摆

图 12.13a 所示为一个带有头部质量 m、长度为 l 的倒立摆，该倒立摆连接着两根独立的支撑弹簧，弹簧连接在点 B 处，与支点 A 的距离为 $a<l$。该倒立摆的自由体受力图如图 12.13b 所示，对点 A 取力矩可以获得如下运动方程。

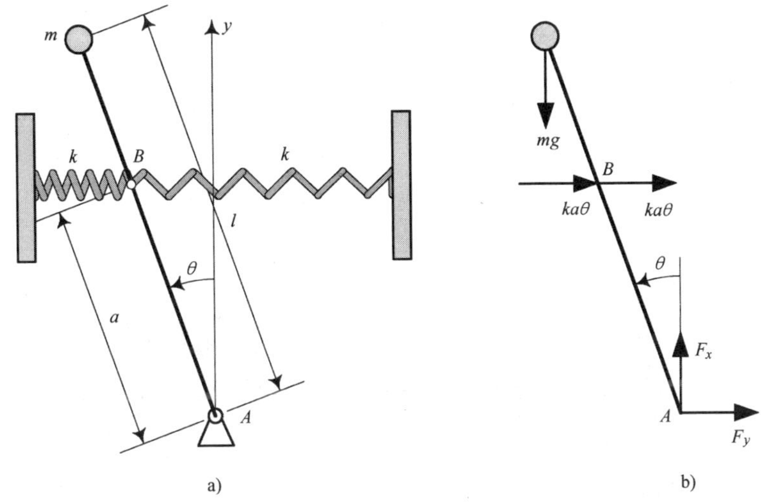

图 12.13　带头部质量 m 和两个支撑弹簧的倒立摆

$$\sum M_A = I_A\ddot{\theta} \tag{12.48}$$

$$mg(l\sin\theta)-2ka\theta(a\cos\theta)=ml^2\ddot{\theta} \tag{12.49}$$

推导式（12.49）时，为了在倒立摆振荡时使弹簧接近平直，假设弹簧长度足够长。重新整理方程，并假设 θ 非常小，则非线性运动方程式（12.49）可以近似处理为

$$ml^2\ddot{\theta}+(mgl-2ka^2)\theta=0 \tag{12.50}$$

上式等效于线性振动器

$$m_{eq}\ddot{\theta}+k_{eq}\theta=0 \tag{12.51}$$

式中，m_{eq} 为等效质量；k_{eq} 为等效刚度。

$$m_{eq}=ml^2 \qquad k_{eq}=mgl-2ka^2 \tag{12.52}$$

倒立摆的势能可以表示为

$$V = -mgl(1-\cos\theta) + ka^2\theta^2 \tag{12.53}$$

上式在 $\theta=0$ 时结果为0。如果 θ 非常小，则势能 V 近似等于

$$V \approx -\frac{1}{2}mgl\theta^2 + ka^2\theta^2 \tag{12.54}$$

因为

$$\cos\theta \approx 1 - \frac{1}{2}\theta^2 + O(\theta^4) \tag{12.55}$$

所以，为了求出系统的平衡位置，还应解下面的方程，找到满足要求的 θ

$$\frac{\partial V}{\partial x} = -2mgl\theta + 2ka^2\theta = 0 \tag{12.56}$$

方程的解为

$$\theta = 0 \tag{12.57}$$

这表明，θ 很小时，竖直位置是倒立摆的唯一平衡位置。但是，如果

$$mgl = ka^2 \tag{12.58}$$

则任何 $\theta=0$ 附近的位置都可以是平衡位置，也就是说，倒立摆存在无穷多个平衡位置。

势能的二次导数

$$\frac{\partial^2 V}{\partial x^2} = -2mgl + 2ka^2 \tag{12.59}$$

表示如果满足

$$ka^2 > mgl \tag{12.60}$$

则平衡位置 $\theta=0$ 是稳定平衡位置。如果系统偏离平衡位置，稳定平衡位置会拉回系统使其恢复到平衡态，而不稳定平衡位置则会将系统推离平衡位置，振动只会在稳定平衡状态发生。

12.3 振动系统的频率响应

频率响应是系统受简谐激励时运动方程的稳态解，稳态响应是指在初始条件的影响逐渐消失之后，某确定频率上的等幅振动。简谐激励是作用在振动系统上的任意正弦函数的组合，如果系统是线性系统，则对系统的简谐激励产生简谐响应，其振幅与频率有关。在频率响应分析中，需要建立振动的稳态振幅与激励频率的函数。

车辆动力学中有非常多的振动系统可以用单自由度系统建模，单自由度质量-弹簧-阻尼器系统即为其中的一种。单自由度简谐激励系统有四种：基座激励、偏心激励、偏心基座激励和力作用激励。

这样的四个系统的符号简图如图12.14所示。

基座激励是车辆垂向振动的最常见模型。偏心激励模型适用于装在悬架上的旋转装置，例如发动机基座上的发动机。偏心基座激励模型适用于安装在发动机上的设备的振动，力作用激励几乎没有实际的应用，但是该模型是研究受迫振动的最简单的模型，适合于教学使用。

为简便起见，首先考察一个简谐受迫振动系统的频率响应。

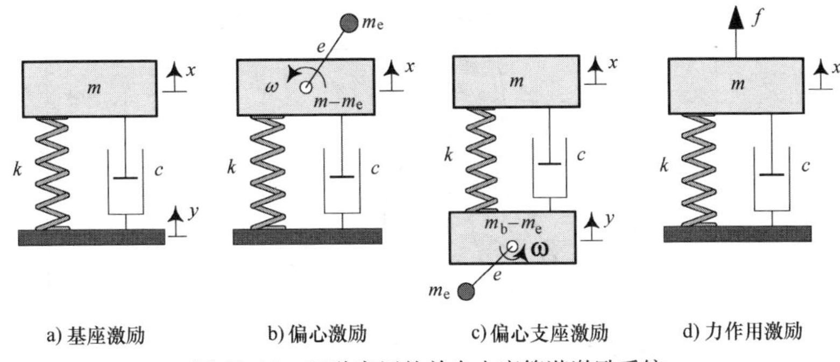

a) 基座激励　b) 偏心激励　c) 偏心支座激励　d) 力作用激励

图 12.14　四种实用的单自由度简谐激励系统

12.3.1　力作用激励

图 12.15 所示为一个在刚度为 k 的弹簧和阻尼系数为 c 阻尼器支撑下的单自由度振动质量 m。m 相对于平衡位置的绝对运动用坐标 x 表示，正弦激励作用力

$$f = F\sin\omega t \tag{12.61}$$

作用在质量单元上，产生系统振动。

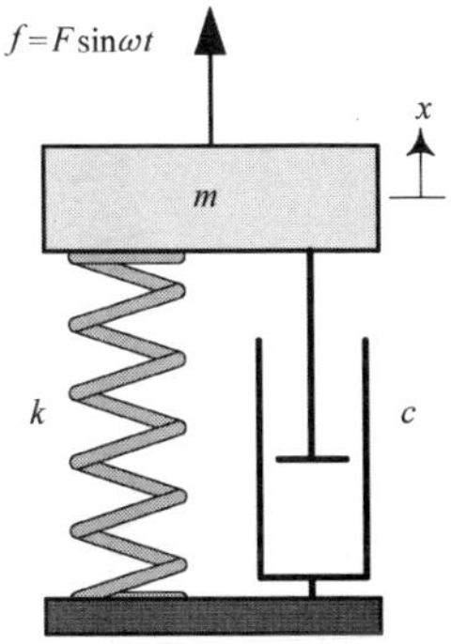

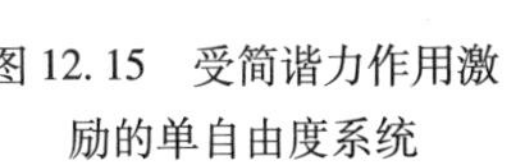

图 12.15　受简谐力作用激励的单自由度系统

系统的运动方程为

$$m\ddot{x} + c\dot{x} + kx = F\sin\omega t \tag{12.62}$$

从而产生等于如下某一函数的频率响应：

$$x = A_1\sin\omega t + B_1\cos\omega t \tag{12.63}$$

$$= X\sin(\omega t - \varphi_x) \tag{12.64}$$

其稳态响应的振幅为 X

$$\frac{X}{F/k} = \frac{1}{\sqrt{(1-r^2)^2 + (2\xi r)^2}} \tag{12.65}$$

相位角为 φ_x

$$\varphi_x = \arctan\frac{2\xi r}{1-r^2} \tag{12.66}$$

另外还有频率比 r、固有频率 ω_n 和阻尼比 ξ。

$$r = \frac{\omega}{\omega_n} \tag{12.67}$$

$$\xi = \frac{c}{2\sqrt{km}} \tag{12.68}$$

$$\omega_n = \sqrt{\frac{k}{m}} \tag{12.69}$$

相位角 φ_x 表示响应 x 相对于激励 f 的角度滞后，由于函数 $X = X(\omega)$ 的重要性，常称该函数为系统的**频率响应**。而且频率响应可以应用于所有的系统特征量，这些特征量应为激励频率的函数，如速度频率响应 $\dot{X} = \dot{X}(\omega)$ 和传递力频率响应 $f_T = f_T(\omega)$。

X 和 φ_x 作为 r 和 ξ 的函数，图 12.16 和图 12.17 所示为 X 和 φ_x 的频率响应曲线。

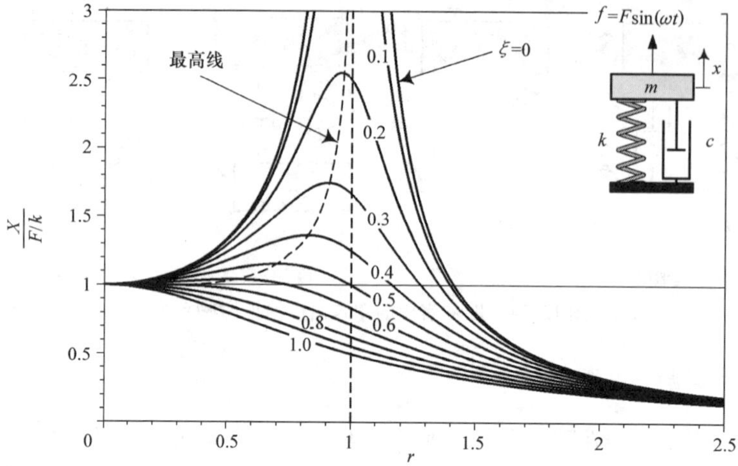

图 12.16　$\frac{X}{F/k}$的位置频率响应

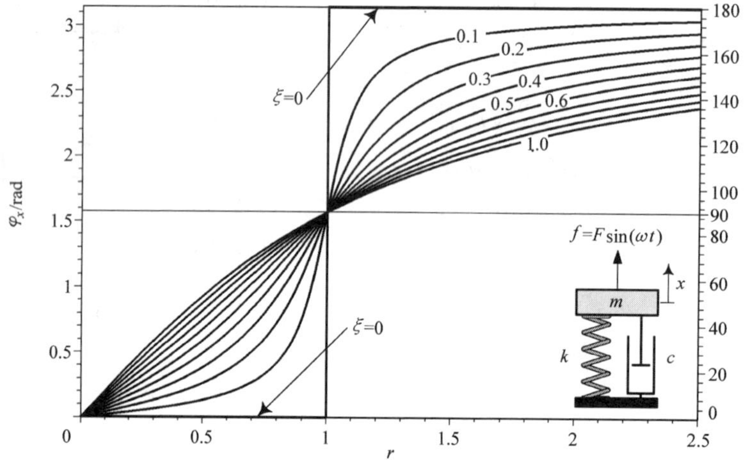

图 12.17　相位角 φ_x 的频率响应

证明：应用牛顿方法和图 12.18 中的自由体受力图，生成运动方程式（12.62），该运动方程是线性微分方程。线性方程的稳态解是与激励函数相同的函数，函数振幅和相位角未知。因此，解可能是式（12.63）或式（12.64），把解代入运动方程后，可以求出响应的振幅和相位。考察式（12.63）的解并求出如下方程：

$$-m\omega^2(A_1\sin\omega t+B_1\cos\omega t)+c\omega(A_1\cos\omega t-B_1\sin\omega t)+k(A_1\sin\omega t+B_1\cos\omega t)=F\sin\omega t \tag{12.70}$$

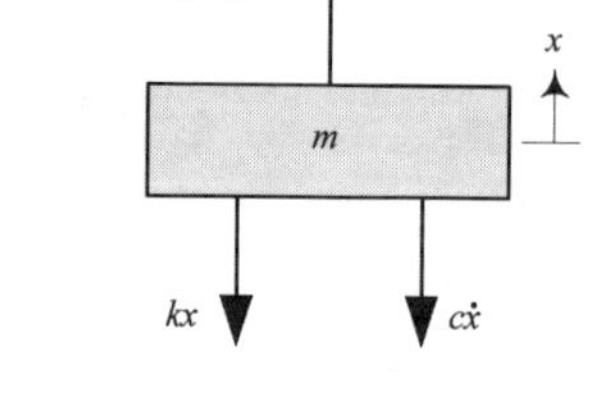

图 12.18　图 12.15 中受简谐力作用激励的单自由度系统的自由体受力图

函数 $\sin\omega t$ 和 $\cos\omega t$ 正交，因此它们的系数应在等号两边平衡，函数 $\sin\omega t$ 和 $\cos\omega t$ 的平衡过程可以获得关于 A_1 和 B_1

的两个方程。

$$\begin{bmatrix} k-m\omega^2 & -c\omega \\ c\omega & k-m\omega^2 \end{bmatrix}\begin{bmatrix} A_1 \\ B_1 \end{bmatrix}=\begin{bmatrix} F \\ 0 \end{bmatrix} \tag{12.71}$$

解后得到系数 A_1 和 B_1

$$\begin{aligned}\begin{bmatrix} A_1 \\ B_1 \end{bmatrix}&=\begin{bmatrix} k-m\omega^2 & -c\omega \\ c\omega & k-m\omega^2 \end{bmatrix}^{-1}\begin{bmatrix} F \\ 0 \end{bmatrix} \\ &=\begin{bmatrix} \dfrac{k-m\omega^2}{(k-m\omega^2)^2+c^2\omega^2}F \\ \dfrac{-c\omega}{(k-m\omega^2)^2+c^2\omega^2}F \end{bmatrix}\end{aligned} \tag{12.72}$$

从而获得了稳态解式（12.63）。

可以通过令式（12.63）和式（12.64）相等求出振幅 X 和相位角 φ_x。

$$\begin{aligned} A_1\sin\omega t+B_1\cos\omega t&=X\sin(\omega t-\varphi_x) \\ &=X\cos\varphi_x\sin\omega t-X\sin\varphi_x\cos\omega t \end{aligned} \tag{12.73}$$

表明

$$A_1=X\cos\varphi_x \tag{12.74}$$

$$B_1=-X\sin\varphi_x \tag{12.75}$$

因此

$$X=\sqrt{A_1^2+B_1^2} \tag{12.76}$$

$$\tan\varphi_x=\frac{-B_1}{A_1} \tag{12.77}$$

从式（12.72）中取 A_1 和 B_1 代入后得到如下解

$$X=\frac{1}{\sqrt{(k-m\omega^2)^2+c^2\omega^2}}F \tag{12.78}$$

$$\tan\varphi_x=\frac{c\omega}{k-m\omega^2} \tag{12.79}$$

还可以采用式（12.65）和式（12.66）中的 r 和 ξ 表示振幅 X 和相位角 φ_x，这种方法更为实用。

对 m 施加恒力 $f=F$ 后产生变形量 δ_s。

$$\delta_s=\frac{F}{k} \tag{12.80}$$

若称 δ_s 为"静态振幅"，称 X 为"动态振幅"，则 X/δ_s 为动态振幅与静态振幅的比。在 $r=0$ 时，动态振幅等于静态振幅，即 $X=\delta_s$；在 $r\to\infty$ 时，动态振幅接近于 0，即 $X\to 0$。但是，在 $r\to 1$，$\omega\to\omega_n$ 时，X 获得较大值。理论上讲，$r=1$ 时，如果 $\xi=0$，则 $X\to\infty$。固有频率附近的频率域称作共振区，可以通过引入阻尼减小共振区内的振幅。

例 482　受迫振动系统示例

设一质量 - 弹簧 - 阻尼系统参数为

$$m=2\text{kg}\qquad k=100000\text{N/m}\qquad c=100\text{Ns/m} \tag{12.81}$$

系统的固有频率和阻尼比为

$$\omega_{\rm n}=\sqrt{\frac{k}{m}}=\sqrt{\frac{100000}{2}}=223.61\,\text{rad/s}\approx 35.6\,\text{Hz} \tag{12.82}$$

$$\xi=\frac{c}{2\sqrt{km}}=\frac{100}{2\sqrt{100000\times 2}}=0.1118 \tag{12.83}$$

如果简谐力f为

$$f=100\sin 100t \tag{12.84}$$

作用在m上，则该质量振动的稳态振幅X为

$$X=\frac{F/k}{\sqrt{(1-r^2)^2+(2\xi r)^2}}=1.24\times 10^{-3}\,\text{m} \tag{12.85}$$

由于

$$r=\frac{\omega}{\omega_{\rm n}}=0.44721 \tag{12.86}$$

振动的相位角φ_x为

$$\varphi_x=\arctan\frac{2\xi r}{1-r^2}=0.124\,\text{rad}\approx 7.12° \tag{12.87}$$

因此，m的稳态振动可以用如下函数表示：

$$x=1.24\times 10^{-3}\sin(100t-0.124) \tag{12.88}$$

X和φ_x的值也可以在图12.16和图12.17中近似找到。

例483 速度频率响应和加速度频率响应

计算位置频率响应时

$$x=A_1\sin\omega t+B_1\cos\omega t=X\sin(\omega t-\varphi_x) \tag{12.89}$$

也可以通过求导计算速度频率响应和加速度频率响应。

$$\begin{aligned}\dot{x}&=A_1\omega\cos\omega t-B_1\omega\sin\omega t=X\omega\cos(\omega t-\varphi_x)\\&=\dot{X}\cos(\omega t-\varphi_x)\end{aligned} \tag{12.90}$$

$$\begin{aligned}\ddot{x}&=-A_1\omega^2\sin\omega t-B_1\omega^2\cos\omega t=-X\omega^2\sin(\omega t-\varphi_x)\\&=\ddot{X}\sin(\omega t-\varphi_x)\end{aligned} \tag{12.91}$$

速度频率响应和加速度频率响应的振幅用$\dot{X}$和$\ddot{X}$表示

$$\dot{X}=\frac{\omega}{\sqrt{(k-m\omega^2)^2+c^2\omega^2}}F \tag{12.92}$$

$$\ddot{X}=\frac{\omega^2}{\sqrt{(k-m\omega^2)^2+c^2\omega^2}}F \tag{12.93}$$

可以写作

$$\frac{\dot{X}}{F/\sqrt{km}}=\frac{r}{\sqrt{(1-r^2)^2+(2\xi r)^2}} \tag{12.94}$$

$$\frac{\ddot{X}}{F/m}=\frac{r^2}{\sqrt{(1-r^2)^2+(2\xi r)^2}} \tag{12.95}$$

速度和加速度的频率响应式（12.94）和式（12.95）的曲线如图12.19和图12.20所示。

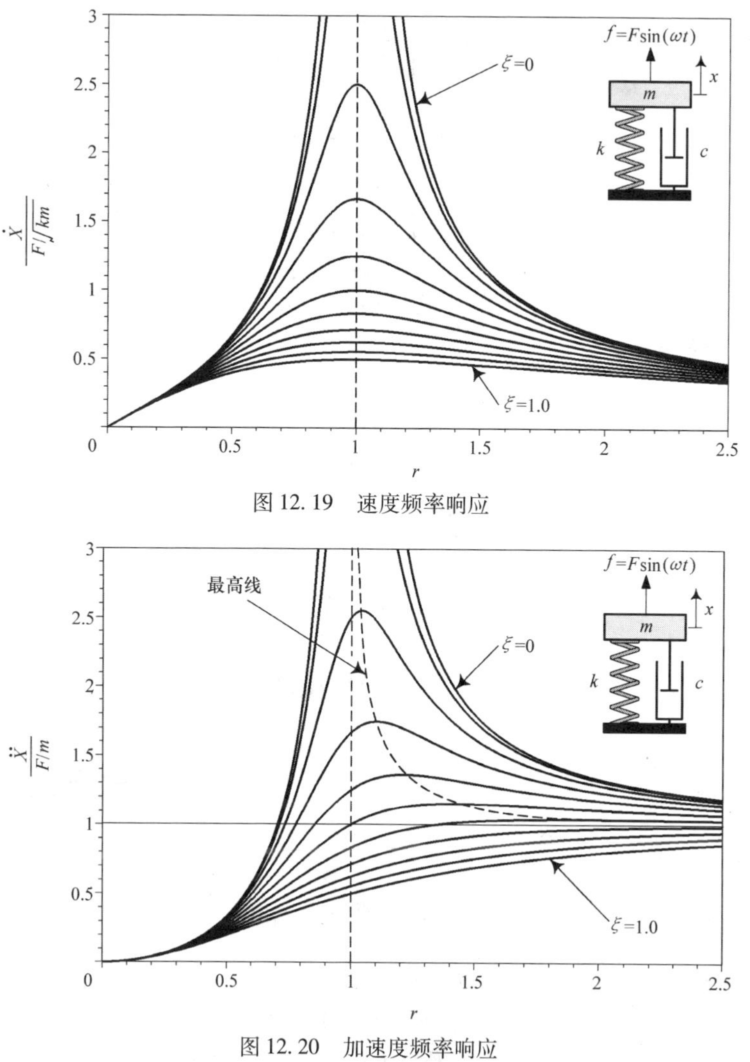

图 12.19　速度频率响应

图 12.20　加速度频率响应

例 484　传递到基座上的力

受迫激励系统，如图 12.15 所示，将力 f_T 传递一个地面。传递的力等于弹簧和阻尼器上作用力的合力

$$f_T = f_k + f_c = kx + c\,\dot{x} \tag{12.96}$$

从式（12.63）中提取 x，从式（12.72）中提取 A_1 和 B_1。表明传递力的频率响应为

$$\begin{aligned} f_T &= k(A_1\sin\omega t + B_1\cos\omega t) + c\omega(A_1\cos\omega t - B_1\sin\omega t) \\ &= (kA_1 - c\omega B_1)\sin\omega t + (kB_1 + c\omega A_1)\cos\omega t \\ &= F_T\sin(\omega t - \varphi_{F_T}) \end{aligned} \tag{12.97}$$

f_T 的振幅 F_T 和相位角 φ_{F_T} 为

$$\frac{F_T}{F} = \frac{\sqrt{k + c^2\omega^2}}{\sqrt{(k - m\omega^2)^2 + c^2\omega^2}} \tag{12.98}$$

$$= \frac{\sqrt{1+(2\xi r)^2}}{\sqrt{(1-r^2)^2+(2\xi r)^2}} \tag{12.99}$$

$$\tan\varphi_{F_T} = \frac{c\omega}{k-m\omega^2} = \frac{2\xi r}{1-r^2} \tag{12.100}$$

因为

$$F_T = \sqrt{(kA_1 - c\omega B_1)^2 + (kB_1 + c\omega A_1)^2} \tag{12.101}$$

$$\tan\varphi_{F_T} = \frac{-(kB_1 + c\omega A_1)}{kA_1 - c\omega B_1} \tag{12.102}$$

传递力频率响应 F_T/F 的曲线如图 12.21 所示，因为 φ_{F_T} 与式（12.66）相同，所以 φ_{F_T} 的曲线图与图 12.17 中的一样。

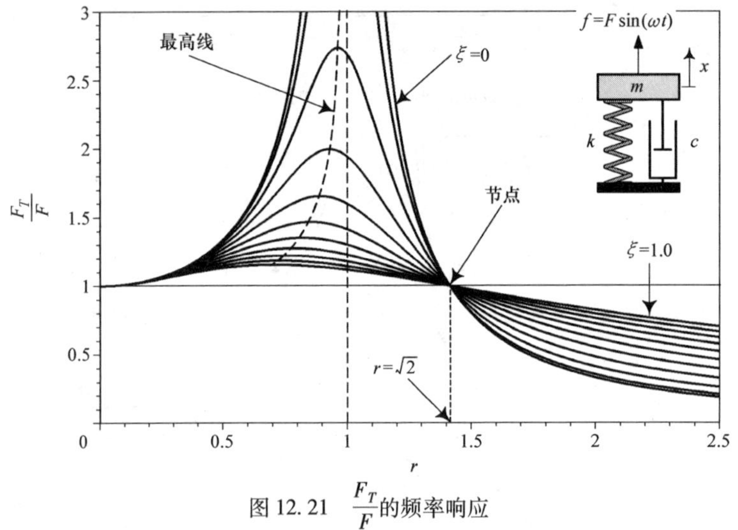

图 12.21　$\frac{F_T}{F}$的频率响应

例 485　求传递力 f_T 的另一种办法

还可以用运动方程和从式(12.63)提取 x 的方法求传递力 f_T 的频率响应,即

$$\begin{aligned} f_T &= F\sin\omega t - m\ddot{x} = F\sin\omega t + m\omega^2(A_1\sin\omega t + B_1\cos\omega t) \\ &= (mA_1\omega^2 + F)\sin\omega t + m\omega^2 B_1\cos\omega t \\ &= F_T\sin(\omega t - \varphi_x) \end{aligned} \tag{12.103}$$

因为

$$\begin{aligned} F_T &= \sqrt{(mA_1\omega^2 + F)^2 + (m\omega^2 B_1)^2} \\ &= \frac{\sqrt{k + c^2\omega^2}}{\sqrt{(k-m\omega^2)^2 + c^2\omega^2}} \end{aligned} \tag{12.104}$$

$$\varphi_{F_T} = \arctan\frac{-m\omega^2 B_1}{m\omega^2 A_1 + F} = \arctan\frac{c\omega}{k-m\omega^2} \tag{12.105}$$

所以振幅 F_T 和 φ_{F_T}应该与式（12.99）和式（12.100）相同。

例 486　非机械简谐受迫振动

在机械学中，没有办法在不接触目标时对机械装置施加周期性作用力并使其产生变形，所以图 12.15 所示的受迫振动系统在现实中没有实际的应用。但是，可以用铁磁性物质制造 m，并用磁性物质施加力或周期性磁性力。

例 487 ★函数 $\sin\omega t$ 和 $\cos\omega t$ 的正交性

设有两个定义域在 $[a, b]$ 中的函数 $f(t)$ 和 $g(t)$，如果

$$\int_a^b f(t)g(t)\,\mathrm{d}t = 0 \tag{12.106}$$

则函数 $\sin\omega t$ 和 $\cos\omega t$ 在周期 $T=[0, 2\pi/\omega]$ 内正交，即

$$\int_0^{2\pi/\omega} \sin\omega t\cos\omega t\,\mathrm{d}t = 0 \tag{12.107}$$

例 488★ 线性系统的拍振

设在如下两个简谐力 f_1 和 f_2 作用下形成位移量 $x(t)$。

$$f_1 = F_1\cos\omega_1 t \qquad f_2 = F_2\cos\omega_2 t \tag{12.108}$$

f_1 的稳态响应为

$$x_1(t) = X_1\cos(\omega_1 t + \varphi_1) \tag{12.109}$$

f_2 的稳态响应为

$$x_2(t) = X_2\cos(\omega_2 t + \varphi_2) \tag{12.110}$$

因为系统是线性特性，所以系统对 f_1+f_2 的响应应该为

$$\begin{aligned} x(t) &= x_1(t) + x_2(t) \\ &= X_1\cos(\omega_1 t + \varphi_1) + X_2\cos(\omega_2 t + \varphi_2) \end{aligned} \tag{12.111}$$

把 $x(t)$ 表达成另一种更为简便的形式

$$\begin{aligned} x(t) &= \frac{1}{2}(X_1 + X_2)[\cos(\omega_1 t + \varphi_1) + \cos(\omega_2 t + \varphi_2)] \\ &\quad + \frac{1}{2}(X_1 - X_2)[\cos(\omega_1 t + \varphi_1) - \cos(\omega_2 t + \varphi_2)] \end{aligned} \tag{12.112}$$

再把和转换成积的形式

$$\begin{aligned} x(t) = (X_1 + X_2)&\cos\left(\frac{\omega_1+\omega_2}{2}t - \frac{\varphi_1+\varphi_2}{2}\right) \\ &\times\cos\left(\frac{\omega_1-\omega_2}{2}t - \frac{\varphi_1-\varphi_2}{2}\right) \\ &-(X_1 - X_2)\sin\left(\frac{\omega_1+\omega_2}{2}t - \frac{\varphi_1+\varphi_2}{2}\right) \\ &\times\sin\left(\frac{\omega_1-\omega_2}{2}t - \frac{\varphi_1-\varphi_2}{2}\right) \end{aligned} \tag{12.113}$$

该方程还可以再整理成下面的形式

$$\begin{aligned} x(t) &= (X_1 + X_2)\cos(\Omega_1 t - \Phi_1)\cos(\Omega_2 t - \Phi_2) \\ &\quad -(X_1 - X_2)\sin(\Omega_1 t - \Phi_1)\sin(\Omega_2 t - \Phi_2) \end{aligned} \tag{12.114}$$

式中符号的含义如下

$$\Omega_1 = \frac{\omega_1+\omega_2}{2} \qquad \Omega_2 = \frac{\omega_1-\omega_2}{2} \tag{12.115}$$

$$\Phi_1 = \frac{\varphi_1+\varphi_2}{2} \qquad \Phi_2 = \frac{\varphi_1-\varphi_2}{2} \tag{12.116}$$

图 12.22 所示为下面参数的 $x(t)$ 曲线

$$X_1 = 1 \qquad X_2 = 0.8 \qquad \omega_1 = 10 \qquad \omega_2 = 11 \qquad \varphi_1 = 0 \qquad \varphi_2 = 0 \tag{12.117}$$

位移 $x(t)$ 在（$X_1 + X_2$）和（$X_1 - X_2$）之间振动，其高频 Ω_1 振动在低频 Ω_2 振动的包络线之内，这种振动称作拍振。

$X_1 = X_2 = X$ 时，

$$x(t) = 2X\cos(\Omega_1 t - \Phi_1)\cos(\Omega_2 t - \Phi_2) \tag{12.118}$$

每半周期 $T = 2\pi/\Omega_2$ 时，$x(t)$ 变为 0。

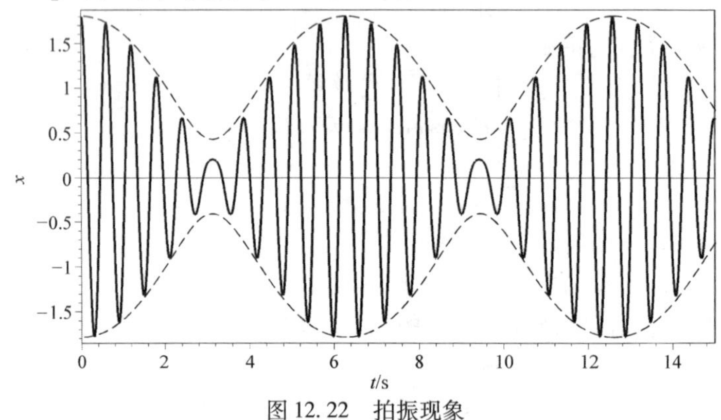

图 12.22　拍振现象

12.3.2　基座激励

图 12.23 所示为一个受简谐基座激励的单自由度系统，其中弹簧 k 和阻尼器 c 支撑着质量单元 m。基座激励系统模型很适合于研究车辆悬架系统，或其他安装在振动支座上的设备，m 相对于平衡位置的绝对运动用坐标 x 表示，正弦激励运动

$$y = Y\sin\omega t \tag{12.119}$$

施加在悬架基座上，使系统产生振动。

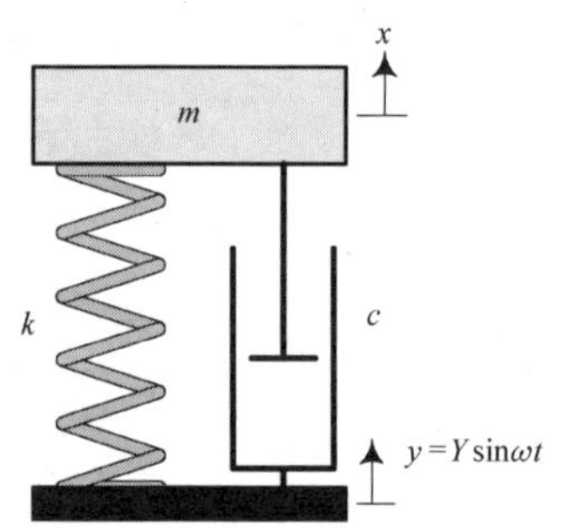

图 12.23　受简谐基座激励的单自由度系统

系统的运动方程可以用下面任意一个绝对位移量 x 的方程表示

$$m\ddot{x} + c\dot{x} + kx = cY\omega\cos\omega t + kY\sin\omega t \tag{12.120}$$

$$\ddot{x} + 2\xi\omega_n\dot{x} + \omega_n^2 x = 2\xi\omega_n\omega Y\cos\omega t + \omega_n^2 Y\sin\omega t \tag{12.121}$$

或用下面任意一个相对位移量 z 表示

$$m\ddot{z} + c\dot{z} + kz = m\omega^2 Y\sin\omega t \tag{12.122}$$

$$\ddot{z} + 2\xi\omega_n\dot{z} + \omega_n^2 z = \omega^2 Y\sin\omega t \tag{12.123}$$

$$z = x - y \tag{12.124}$$

运动方程产生如下绝对频率响应和相对频率响应。

$$x = A_2\sin\omega t + B_2\cos\omega t \tag{12.125}$$

$$= X\sin(\omega t - \varphi_x) \tag{12.126}$$

$$z = A_3 \sin\omega t + B_3 \cos\omega t \tag{12.127}$$

$$= Z\sin\ (\omega t - \varphi_z) \tag{12.128}$$

x 频率响应的振幅为 X，z 频率响应的振幅为 Z。

$$\frac{X}{Y} = \frac{\sqrt{1 + (2\xi r)^2}}{\sqrt{(1 - r^2)^2 + (2\xi r)^2}} \tag{12.129}$$

$$\frac{Z}{Y} = \frac{r^2}{\sqrt{(1 - r^2)^2 + (2\xi r)^2}} \tag{12.130}$$

x 和 z 的相位角分别为 φ_x 和 φ_z。

$$\varphi_x = \arctan \frac{2\xi r^3}{1 - r^2 + (2\xi r)^2} \tag{12.131}$$

$$\varphi_z = \arctan \frac{2\xi r}{1 - r^2} \tag{12.132}$$

相位角 φ_x 表示响应 x 相对于激励 y 的**角度滞后**。图 12.24 ~ 图 12.26 是频率响应 X、Z 和 φ_x 的曲线，X、Z 和 φ_x 均为 r 和 ξ 的函数。

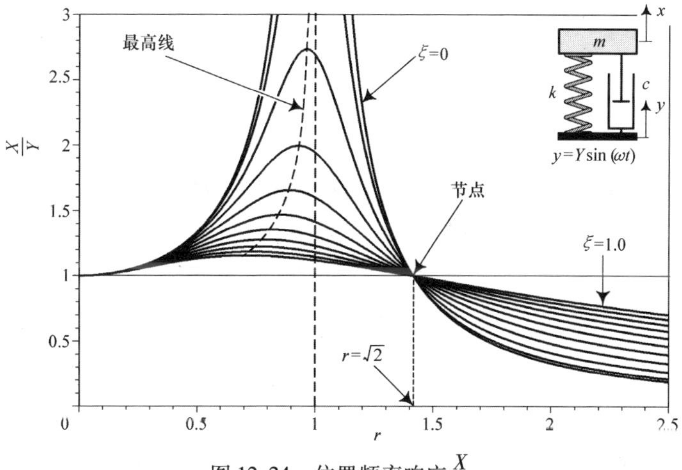

图 12.24　位置频率响应$\frac{X}{Y}$

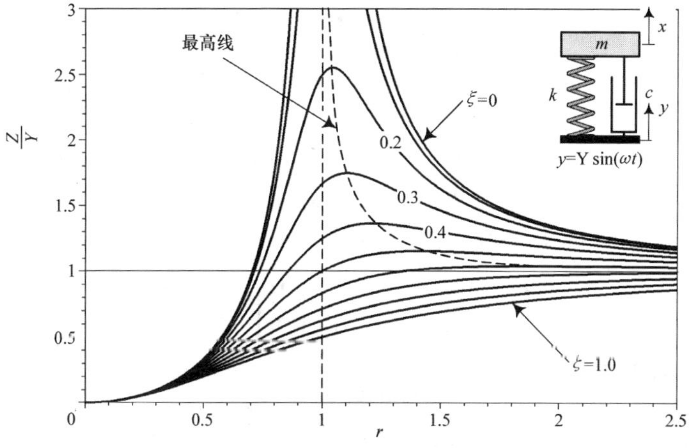

图 12.25　位置频率响应$\frac{Z}{Y}$

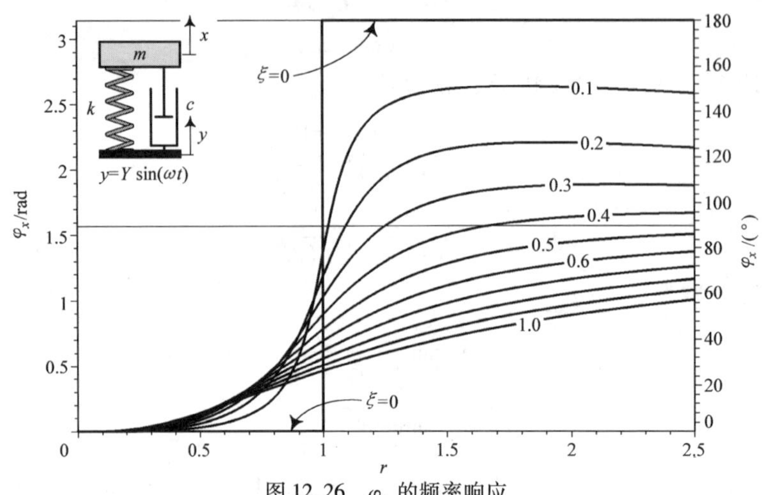

图 12.26　φ_x 的频率响应

证明：应用牛顿方法和图 12.27 中的自由体受力图后，生成运动方程

$$m\ddot{x} = -c(\dot{x}-\dot{y}) - k(x-y) \tag{12.133}$$

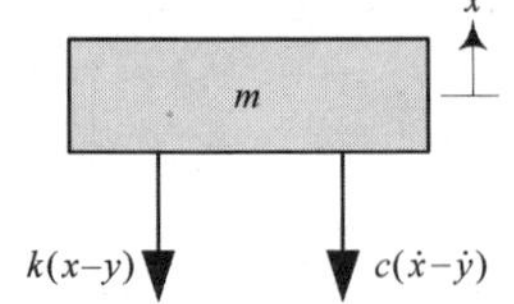

图 12.27　受简谐基座激励的单自由度系统

基座激励系统中实际用到的是相对位移量

$$z = x - y \tag{12.134}$$

相对位移量之所以重要，是因为对于像车身这样装在悬架上的任何装置，都需要控制基座与装置之间的最大行程和最小行程。对式（12.134）求导得到

$$\ddot{z} = \ddot{x} - \ddot{y} \tag{12.135}$$

代入式（12.133）后得到

$$m(\ddot{z}+\ddot{y}) = -c\dot{z} - kz \tag{12.136}$$

可以转化成式（12.122）和式（12.123）。

式（12.120）的稳态解可能是式（12.125），也可能是式（12.126），为了求出响应的振幅和相位角，把式（12.125）代入到运动方程。

$$\begin{aligned} &-m\omega^2(A_2\sin\omega t + B_2\cos\omega t) + c\omega(A_2\cos\omega t - B_2\sin\omega t)\\ &+k(A_2\sin\omega t + B_2\cos\omega t) = cY\omega\cos\omega t + kY\sin\omega t \end{aligned} \tag{12.137}$$

函数 $\sin\omega t$ 和 $\cos\omega t$ 的系数必须在等式两边平衡。

$$kA_2 - mA_2\omega^2 - cB_2\omega = Yk \tag{12.138}$$

$$kB_2 - m\omega^2 B_2 + c\omega A_2 = Yc\omega \tag{12.139}$$

因此，可以求出计算 A_2 和 B_2 的两个代数方程。

$$\begin{bmatrix} k-m\omega^2 & -c\omega \\ c\omega & k-m\omega^2 \end{bmatrix}\begin{bmatrix} A_2 \\ B_2 \end{bmatrix} = \begin{bmatrix} Yk \\ Yc\omega \end{bmatrix} \tag{12.140}$$

解方程求出系数 A_2 和 B_2

$$\begin{bmatrix} A_2 \\ B_2 \end{bmatrix} = \begin{bmatrix} k - m\omega^2 & -c\omega \\ c\omega & k - m\omega^2 \end{bmatrix}^{-1} \begin{bmatrix} Yk \\ Yc\omega \end{bmatrix}$$

$$= \begin{bmatrix} \dfrac{k(k - m\omega^2) + c^2\omega^2}{(k - m\omega^2)^2 + c^2\omega^2} Y \\ \dfrac{c\omega(k - m\omega^2) - ck\omega}{(k - m\omega^2)^2 + c^2\omega^2} Y \end{bmatrix} \tag{12.141}$$

即可获得稳态解式（12.125）。

振幅 X 和相位 φ_x 可以用下面的公式求出

$$X = \sqrt{A_2^2 + B_2^2} \tag{12.142}$$

$$\tan\varphi_x = \frac{-B_2}{A_2} \tag{12.143}$$

从式（12.141）中提出 A_2 和 B_2，代入后得到如下结果：

$$X = \frac{\sqrt{k^2 + c^2\omega^2}}{\sqrt{(k - m\omega^2)^2 + c^2\omega^2}} Y \tag{12.144}$$

$$\tan\varphi_x = \frac{-\mathrm{c}m\omega^3}{k(k - m\omega^2) + c^2\omega^2} \tag{12.145}$$

用 r 和 ξ 求出的 X 和 φ_x 的表达式（12.129）和式（12.131）更为实用。

为了求出相对位移的频率响应式（12.130），将式（12.127）代入式（12.122）。

$$-m\omega^2(A_3\sin\omega t + B_3\cos\omega t) + c\omega(A_3\cos\omega t - B_3\sin\omega t) + k(A_3\sin\omega t + B_3\cos\omega t) = m\omega^2 Y\sin\omega t \tag{12.146}$$

函数 $\sin\omega t$ 和 $\cos\omega t$ 的系数平衡

$$kA_3 - mA_3\omega^2 - cB_3\omega = m\omega^2 Y \tag{12.147}$$

$$kB_3 - m\omega^2 B_3 + c\omega A_3 = 0 \tag{12.148}$$

得到可以用于求 A_3 和 B_3 的两个代数方程。

$$\begin{bmatrix} k - m\omega^2 & -c\omega \\ c\omega & k - m\omega^2 \end{bmatrix} \begin{bmatrix} A_3 \\ B_3 \end{bmatrix} = \begin{bmatrix} m\omega^2 Y \\ 0 \end{bmatrix} \tag{12.149}$$

解之得到系数 A_3 和 B_3

$$\begin{bmatrix} A_3 \\ B_3 \end{bmatrix} = \begin{bmatrix} k - m\omega^2 & -c\omega \\ c\omega & k - m\omega^2 \end{bmatrix}^{-1} \begin{bmatrix} m\omega^2 Y \\ 0 \end{bmatrix}$$

$$= \begin{bmatrix} \dfrac{m\omega^2(k - m\omega^2)}{(k - m\omega^2)^2 + c^2\omega^2} Y \\ -\dfrac{mc\omega^3}{(k - m\omega^2)^2 + c^2\omega^2} Y \end{bmatrix} \tag{12.150}$$

即可获得稳态解式（12.127）。振幅和相位角为

$$Z = \sqrt{{A_3}^2 + {B_3}^2} \tag{12.151}$$

$$\tan\varphi_z = \frac{-B_3}{A_3} \tag{12.152}$$

代入式（12.150）中的 A_3 和 B_3 后得到：

$$Z=\frac{m\omega^2}{\sqrt{(k-m\omega^2)^2+c^2\omega^2}}Y \tag{12.153}$$

$$\tan\varphi_z=\frac{c\omega}{k-m\omega^2} \tag{12.154}$$

式（12.130）和式（12.132）中 X 和 φ_z 的表达更为实用。

例 489 基座激励系统

设某质量－弹簧－阻尼器系统的参数为

$$m=2\text{kg} \qquad k=100000\text{N/m} \qquad c=100\text{Ns/m} \tag{12.155}$$

如果作用在该系统上的简谐基座激励 y 为

$$y=0.002\sin 350t \tag{12.156}$$

则质量单元振动的绝对稳态振幅 X 和相对稳态振幅 Z 为

$$X=\frac{Y\sqrt{1+(2\xi r)^2}}{\sqrt{(1-r^2)^2+(2\xi r)^2}}=1.9573\times10^{-3}\text{m} \tag{12.157}$$

$$Z=\frac{Yr^2}{\sqrt{(1-r^2)^2+(2\xi r)^2}}=9.589\times10^{-4}\text{m} \tag{12.158}$$

因为

$$\omega_\text{n}=\sqrt{\frac{k}{m}}=223.61\text{rad/s}\approx35.6\text{Hz} \tag{12.159}$$

$$\xi=\frac{c}{2\sqrt{km}}=0.1118 \tag{12.160}$$

$$r=\frac{\omega}{\omega_\text{n}}=1.5652 \tag{12.161}$$

x 和 z 的相位角 φ_x 和 φ_z 为

$$\varphi_x=\arctan\frac{2\xi r^3}{1-r^2+(2\xi r)^2}=0.489\text{rad}\approx28.02° \tag{12.162}$$

$$\varphi_z=\arctan\frac{2\xi r}{1-r^2}=1.8585\text{rad}\approx106.48° \tag{12.163}$$

所以质量单元 m 的稳态振动可以用如下函数表示。

$$x=1.9573\times10^{-3}\sin(350t-0.489) \tag{12.164}$$

$$z=9.589\times10^{-4}\sin(350t-1.8585) \tag{12.165}$$

例 490 频率响应的比较

通过比较可知式（12.130）与式（12.94）等效，因此，基座激励系统的相对频率响应 $\frac{Z}{Y}$ 与力作用激励系统的加速度频率响应 $\frac{\ddot{X}}{F/m}$ 相同，同时，φ_z 的图形也与图 12.17 相同。

比较式（12.129）与式（12.99）可知，基座激励系统的振幅频率响应 $\frac{X}{Y}$，与简谐力作用激励系统的传递力频率响应 $\frac{F_T}{F}$ 的振幅相同，但是两种响应的相位角不同。

例 491　基座激励系统的绝对速度和加速度

已知某基座激励系统的位置频率响应为

$$x = A_2 \sin\omega t + B_2 \cos\omega t = X\sin(\omega t - \varphi_x) \tag{12.166}$$

则可以计算速度和加速度频率响应。

$$\begin{aligned}\dot{x} &= A_2\omega\cos\omega t - B_2\omega\sin\omega t \\ &= X\omega\cos(\omega t - \varphi_x) \\ &= \dot{X}\cos(\omega t - \varphi_x)\end{aligned} \tag{12.167}$$

$$\begin{aligned}\ddot{x} &= -A_2\omega^2\sin\omega t - B_2\omega^2\cos\omega t \\ &= -X\omega^2\sin(\omega t - \varphi_x) \\ &= \ddot{X}\sin(\omega t - \varphi_x)\end{aligned} \tag{12.168}$$

速度和加速度频率响应的振幅为$\dot{X}$和$\ddot{X}$

$$\dot{X} = \frac{\omega\sqrt{k^2 + c^2\omega^2}}{\sqrt{(k - m\omega^2)^2 + c^2\omega^2}}Y \tag{12.169}$$

$$\ddot{X} = \frac{\omega^2\sqrt{k^2 + c^2\omega^2}}{\sqrt{(k - m\omega^2)^2 + c^2\omega^2}}Y \tag{12.170}$$

可以写作

$$\frac{\dot{X}}{\omega_n Y} = \frac{r\sqrt{1 + (2\xi r)^2}}{\sqrt{(1 - r^2)^2 + (2\xi r)^2}} \tag{12.171}$$

$$\frac{\ddot{X}}{\omega_n^2 Y} = \frac{r^2\sqrt{1 + (2\xi r)^2}}{\sqrt{(1 - r^2)^2 + (2\xi r)^2}} \tag{12.172}$$

图 12.28 和图 12.29 分别是速度频率响应式（12.171）和加速度频率响应式（12.172）的曲线图。

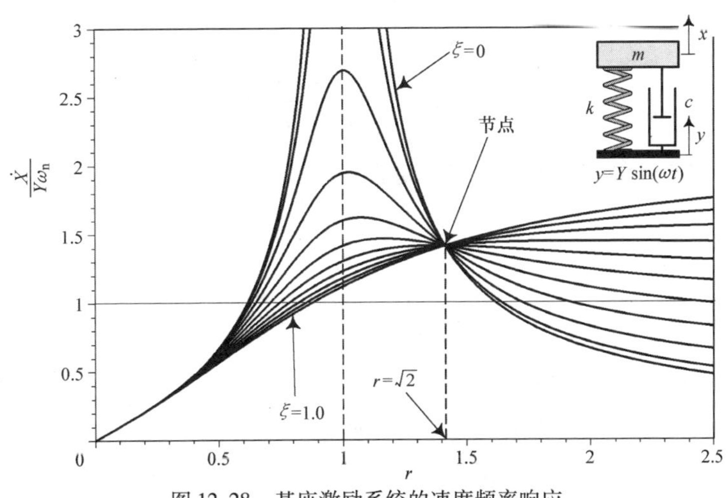

图 12.28　基座激励系统的速度频率响应

在两个图中都存在一个点，称作节点或转折点，在节点处，作为 ξ 函数的$\dot{X}$和$\ddot{X}$出现转

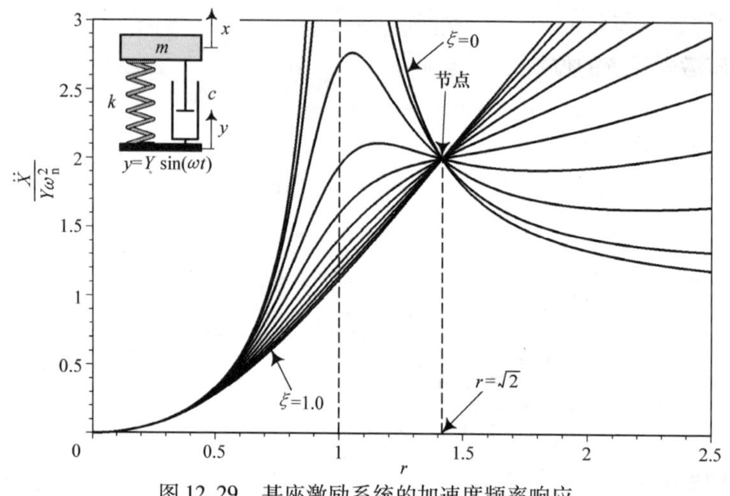

图 12.29　基座激励系统的加速度频率响应

折，在节点之前，$\dot{X}$和$\ddot{X}$随着ξ的增加而增加，在节点之后，则随着ξ的增加而减小。可以通过找$\xi=0$和$\xi=\infty$频率响应曲线的交点找到节点，还可以用同样的方法找到加速度频率响应的节点。

$$\lim_{\xi\to 0}\frac{\ddot{X}}{\omega_n^2 Y}=\pm\frac{r^2}{1-r^2} \tag{12.173}$$

$$\lim_{\xi\to\infty}\frac{\ddot{X}}{\omega_n^2 Y}=\pm r^2 \tag{12.174}$$

因此，两个极限的交点处的频率比即为方程的解

$$r^2(r^2-2)=0 \tag{12.175}$$

节点处的频率响应等于

$$r=\sqrt{2} \tag{12.176}$$

节点处的加速度频率响应不是ξ的函数。

$$\lim_{\xi\to\sqrt{2}}\frac{\ddot{X}}{\omega_n^2 Y}=\frac{2\sqrt{8\xi^2+1}}{\sqrt{8\xi^2+1}}=2 \tag{12.177}$$

采用和速度频率响应相同的方法，获得相同的节点频率比$r=\sqrt{2}$，但是频率响应在节点处的值不同。

$$\lim_{r\to\sqrt{2}}\frac{\dot{X}}{\omega_n Y}=\sqrt{2}\frac{\sqrt{8\xi^2+1}}{\sqrt{8\xi^2+1}}=\sqrt{2} \tag{12.178}$$

例 492　基座激励系统的相对速度和加速度

可以应用基座激励系统的相对位移频率响应

$$z=A_3\sin\omega t+B_3\cos\omega t=Z\sin(\omega t-\varphi_z) \tag{12.179}$$

计算相对速度和加速度频率响应。

$$\begin{aligned}\dot{z}&=A_3\omega\cos\omega t-B_3\omega\sin\omega t=Z\omega\cos(\omega t-\varphi_z)\\&=\dot{Z}\cos(\omega t-\varphi_z)\end{aligned} \tag{12.180}$$

$$\ddot{z} = -A_3\omega^2\sin\omega t - B_3\omega^2\cos\omega t = -Z\omega^2\sin(\omega t - \varphi_z) \\ = \ddot{Z}\sin(\omega t - \varphi_z) \tag{12.181}$$

相对速度和加速度频率响应的振幅分别为$\dot{Z}$和$\ddot{Z}$

$$\dot{Z} = \frac{m\omega^3}{\sqrt{(k - m\omega^2)^2 + c^2\omega^2}}Y \tag{12.182}$$

$$\ddot{Z} = \frac{m\omega^4}{\sqrt{(k - m\omega^2)^2 + c^2\omega^2}}Y \tag{12.183}$$

可以写作

$$\frac{\dot{Z}}{\omega_n Y} = \frac{r^3}{\sqrt{(1 - r^2)^2 + (2\xi r)^2}} \tag{12.184}$$

$$\frac{\ddot{Z}}{\omega_n^2 Y} = \frac{r^4}{\sqrt{(1 - r^2)^2 + (2\xi r)^2}} \tag{12.185}$$

例 493　基座激励系统传递到基座的力

基座激励系统对地面的传递力f_T等于弹簧和阻尼器上力的和，如图 12. 23 所示。

$$f_T = f_k + f_c = k(x - y) + c(\dot{x} - \dot{y}) \tag{12.186}$$

根据运动方程式（12. 140）等于

$$f_T = -m\ddot{x} \tag{12.187}$$

从式（12. 168）和式（12. 172）中提取$\ddot{x}$并代入，可知传递力的频率响应可以写作

$$\frac{F_T}{kY} = \frac{\omega^2\sqrt{k^2 + c^2\omega^2}}{\sqrt{(k - m\omega^2)^2 + c^2\omega^2}} = \frac{r^2\sqrt{1 + (2\xi r)^2}}{\sqrt{(1 - r^2)^2 + (2\xi r)^2}} \tag{12.188}$$

频率响应$\frac{F_T}{kY}$与图 12. 29 所示的频率响应相同。

例 494★　X/Y的最大极值线

绝对位移频率响应X/Y的峰值会根据ξ的情况在不同的r值时出现，为了找到其中的关系，对式（12. 129）给出的X/Y求对r的导数，并解方程。

$$\frac{\mathrm{d}}{\mathrm{d}r}\frac{X}{Y} = \frac{2r(1 - r^2 - 2r^4\xi^2)}{\sqrt{1 + 4r^2\xi^2}\left[(1 - r^2)^2 + (2\xi r)^2\right]^{\frac{3}{2}}} = 0 \tag{12.189}$$

下面用$X_{\max}$表示振幅峰值，用$r_{\max}$表示相对应的频率，则$r_{\max}^2$的值为

$$r_{\max}^2 = \frac{1}{4\xi^2}\left(-1 \pm \sqrt{1 + 8\xi^2}\right) \tag{12.190}$$

该式只是ξ的函数。

将式（12. 190）中的加号结果代入到式（12. 129）就可以求出振幅峰值$X_{\max}$

$$\frac{X_{\max}}{Y} = \frac{2\sqrt{2}\xi^2\sqrt[4]{8\xi^2 + 1}}{\sqrt{8\xi^2 + (8\xi^4 - 4\xi^2 - 1)\sqrt{8\xi^2 + 1} + 1}} \tag{12.191}$$

图 12. 30 所示为$X_{\max}$和$r_{\max}$对ξ的函数关系曲线。

例 495★　Z/Y的最大极值线

相对位移频率响应Z/Y的峰值会根据ξ的情况在$r > 1$时出现，为了找到其中的关系，对式（12. 130）给出的Z/Y求对r的导数，并解方程。

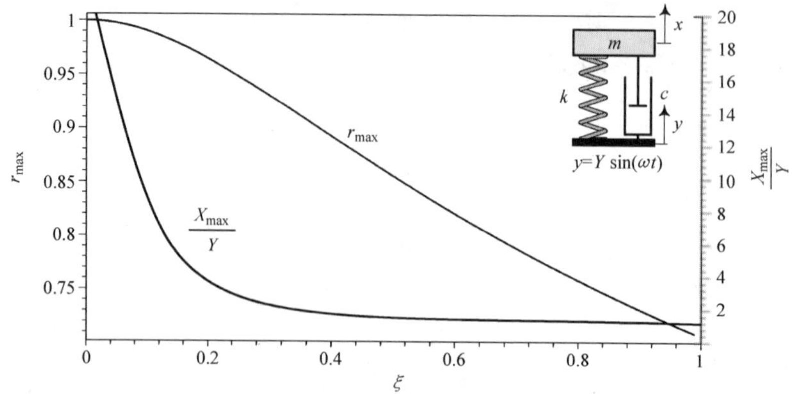

图 12.30 振幅峰值 X_{max} 和对应的频率 r_{max} 对 ζ 的函数关系

$$\frac{d}{dr}\frac{Z}{Y}=\frac{2r(1-r^2-2r^4\xi^2)}{[(1-r^2)^2+(2\xi r)^2]^{\frac{3}{2}}}=0 \tag{12.192}$$

下面用 Z_{max} 表示峰值振幅，用 r_{max} 表示相对应的频率，则 r_{max}^2 的值为

$$r_{max}^2=\frac{1}{\sqrt{1-2\xi^2}} \tag{12.193}$$

该式在下面条件下有一个实数值

$$\xi<\frac{\sqrt{2}}{2} \tag{12.194}$$

将式（12.193）代入式（12.130）就可以求出峰值振幅 Z_{max}

$$\frac{Z_{max}}{Y}=\frac{1}{2\xi\sqrt{1-2\xi^2}} \tag{12.195}$$

下面是一个例子，系统的参数为

$$\begin{array}{lll} m=2\text{kg} & k=100000\text{N/m} & c=100\text{Ns/m} \\ \omega_n=223.61\text{rad/s} & \xi=0.1118 & Y=0.002\text{m} \end{array} \tag{12.196}$$

其最大振幅为

$$Z_{max}=\frac{Y}{2\xi\sqrt{1-2\xi^2}}=9.0585\times10^{-3}\text{m} \tag{12.197}$$

最大振幅发生在

$$r_{max}=\frac{1}{\sqrt[4]{1-2\xi^2}}=1.0063 \tag{12.198}$$

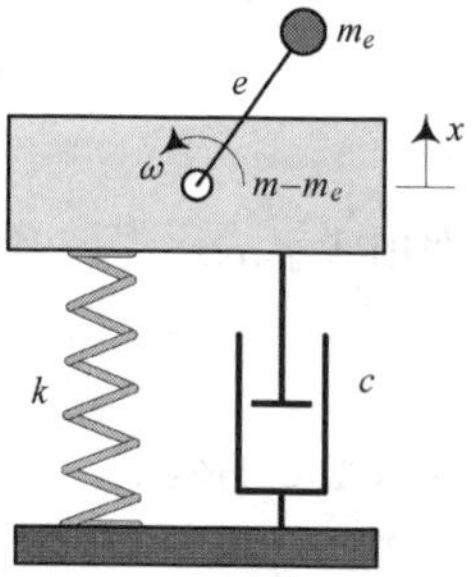

12.3.3 偏心激励

图 12.31 所示为一个单自由度偏心激励振动系统，其中弹簧 k 和阻尼器 c 支撑着质量单元 m，一个不平衡质量 m_e 在距离 e 处以角速度 ω 旋转。偏心激励振动系统模型很适合于研究车辆发动机，或其他安装在有弹性悬架静止基座上的旋转机件。

图 12.31 受偏心激励的单自由度系统

m 相对于平衡位置的绝对运动用坐标 x 表示，不考虑 m 的侧向运动，简谐激励力为

$$f_x = m_e e\omega^2 \sin\omega t \tag{12.199}$$

作用在 m 上使系统振动，距离 e 称作偏心距，m_e 称作偏心质量。

系统的运动方程为

$$m\ddot{x} + c\dot{x} + kx = m_e e\omega^2 \sin\omega t \tag{12.200}$$

或

$$\ddot{x} + 2\xi\omega_n \dot{x} + \omega_n^2 x = \varepsilon e\omega^2 \sin\omega t \tag{12.201}$$

$$\varepsilon = \frac{m_e}{m} \tag{12.202}$$

系统的绝对位移响应为

$$x = A_4 \sin\omega t + B_4 \cos\omega t \tag{12.203}$$

$$= X\sin(\omega t - \varphi_e) \tag{12.204}$$

振幅为 X，相位角为 φ_e

$$\frac{X}{e\varepsilon} = \frac{r^2}{\sqrt{(1-r^2)^2 + (2\xi r)^2}} \tag{12.205}$$

$$\varphi_e = \arctan\frac{2\xi r}{1-r^2} \tag{12.206}$$

相位角 φ_e 表示响应 x 相对于激励 $m_e e\omega^2\sin\omega t$ 角度滞后，图 12.32 和图 12.33 是 X 和 φ_e 的频率响应曲线，X 和 φ_e 均为 r 和 ξ 的函数。

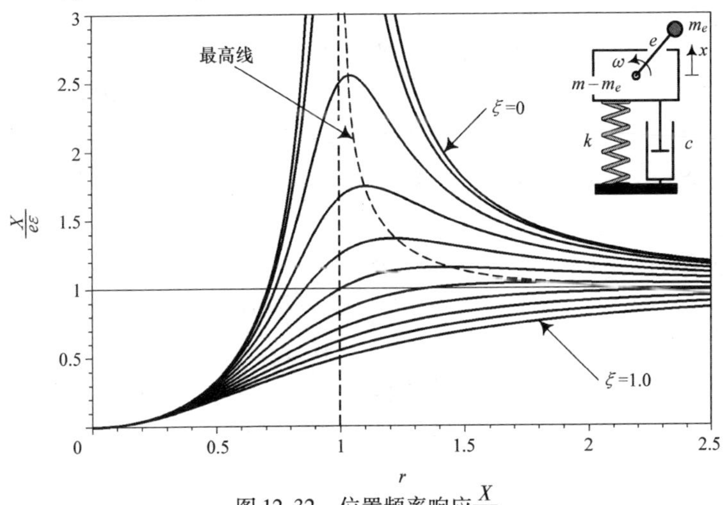

图 12.32 位置频率响应$\frac{X}{e\varepsilon}$

证明:应用 x 方向的牛顿方法和图 12.34 中的自由体受力图,生成运动方程

$$m\ddot{x} = -c\dot{x} - kx + m_e e\omega^2 \sin\omega t \tag{12.207}$$

式（12.200）除以 m，并采用下面有关定义后可以转换成式（12.201）。固有频率、阻尼比和频率比的定义为

$$\omega_n = \sqrt{\frac{k}{m}} \tag{12.208}$$

$$\xi = \frac{c}{2\sqrt{km}} \tag{12.209}$$

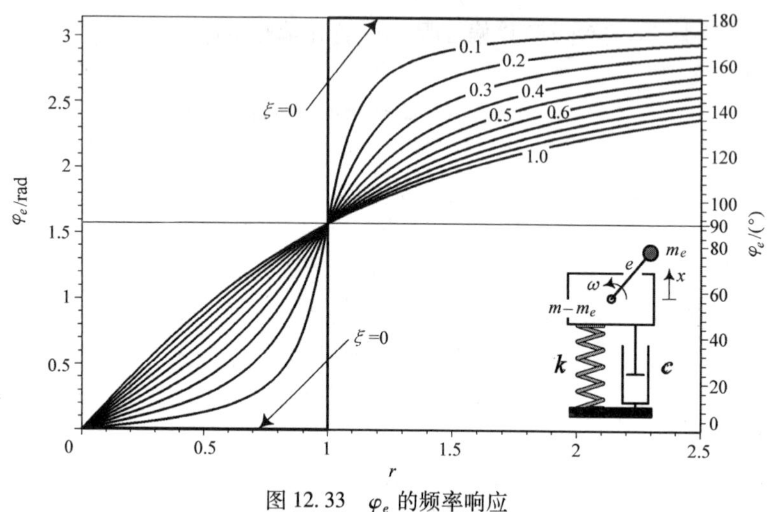

图 12.33　φ_e 的频率响应

$$r=\frac{\omega}{\omega_{\mathrm{n}}} \tag{12.210}$$

参数 $\varepsilon=\dfrac{m_e}{m}$称作质量比，表示偏心质量 m_e 和总质量 m 的比。

式(12.200)的稳态解可能是式(12.203)，也可能是式(12.204)，为了求出响应的振幅和相位角，把式(12.203)代入到运动方程。

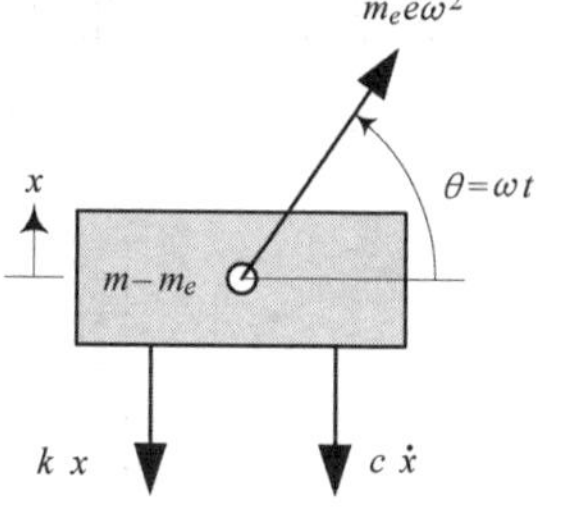

图 12.34　受偏心激励的单自由度系统自由体受力图

$$-m\omega^2(A_4\sin\omega t+B_4\cos\omega t)+c\omega(A_4\cos\omega t-B_4\sin\omega t)$$
$$+k(A_4\sin\omega t+B_4\cos\omega t)=m_e e\omega^2\sin\omega t \tag{12.211}$$

函数 $\sin\omega t$ 和 $\cos\omega t$ 的系数必须在等式两边平衡。

$$kA_4-mA_4\omega^2-cB_4\omega=m_e e\omega^2 \tag{12.212}$$

$$kB_4-m\omega^2B_4+c\omega A_4=0 \tag{12.213}$$

因此，可以求出计算 A_4 和 B_4 的两个代数方程。

$$\begin{bmatrix} k-m\omega^2 & -c\omega \\ c\omega & k-m\omega^2 \end{bmatrix}\begin{bmatrix} A_4 \\ B_4 \end{bmatrix}=\begin{bmatrix} m_e e\omega^2 \\ 0 \end{bmatrix} \tag{12.214}$$

解方程求出系数 A_4 和 B_4

$$\begin{bmatrix} A_4 \\ B_4 \end{bmatrix}=\begin{bmatrix} k-m\omega^2 & -c\omega \\ c\omega & k-m\omega^2 \end{bmatrix}^{-1}\begin{bmatrix} e\omega^2m_e \\ 0 \end{bmatrix}$$
$$=\begin{bmatrix} \dfrac{k-m\omega^2-\omega^2m_e}{(k-\omega^2m)^2+c^2\omega^2}e\omega^2m_e \\ \dfrac{-c\omega}{(k-\omega^2m)^2+c^2\omega^2}e\omega^2m_e \end{bmatrix} \tag{12.215}$$

即可获得稳态解式（12.203）。

振幅 X 和相位 φ_e 为

$$X=\sqrt{{A_4}^2+{B_4}^2} \tag{12.216}$$

$$\tan\varphi_e=\frac{-B_4}{A_4} \tag{12.217}$$

从式（12.215）中提取 A_4 和 B_4，代入后得到如下结果：

$$X=\frac{\omega^2 em_e}{\sqrt{(k-m\omega^2)^2+c^2\omega^2}} \tag{12.218}$$

$$\tan\varphi_e=\frac{c\omega}{k-m\omega^2} \tag{12.219}$$

用 r 和 ξ 求出的 X 和 φ_x 的表达式（12.205）和式（12.206）更为实用。

例 496　偏心激励系统

设某发动机的质量为

$$m=110\text{kg} \tag{12.220}$$

该发动机安装在四个支座上，各发动机支座的等效刚度和阻尼均为

$$k=100000\text{N/m}\qquad c=1000\text{Ns/m} \tag{12.221}$$

发动机转速为

$$\omega=5000\text{r/min}\approx523.60\text{rad/s}\approx83.333\text{Hz} \tag{12.222}$$

偏心参数为

$$m_e=0.001\text{kg}\qquad e=0.12\text{m} \tag{12.223}$$

系统的固有频率 ω_n、阻尼比 ξ 和质量比 ε，以及频率比 r 为

$$\omega_n=\sqrt{\frac{4k}{m}}=\sqrt{\frac{400000}{110}}=60.302\text{rad/s}\approx9.6\text{Hz} \tag{12.224}$$

$$\xi=\frac{4c}{2\sqrt{4km}}=0.30151 \tag{12.225}$$

$$\varepsilon=\frac{m_e}{m}=\frac{0.001}{110}=9.0909\times10^{-6} \tag{12.226}$$

$$r=\frac{\omega}{\omega_n}=\frac{523.60}{60.302}=8.683 \tag{12.227}$$

发动机的振幅为

$$X=\frac{r^2 e\varepsilon}{\sqrt{(1-r^2)^2+(2\xi r)^2}}=1.1028\times10^{-6}\text{m} \tag{12.228}$$

但是，如果发动机的转速处在系统的固有频率上，即

$$\omega=576.0\text{r/min}\approx60.302\text{rad/s}\approx9.6\text{Hz} \tag{12.229}$$

则发动机振动的振幅增长为

$$X=\frac{r^2 e\varepsilon}{\sqrt{(1-r^2)^2+(2\xi r)^2}}=1.8091\times10^{-6}\text{m} \tag{12.230}$$

例 497　施加偏心激励的系统

任何旋转机械，如发动机、涡轮，发电机和转动机械的旋转部件，都可能会存在缺陷或质量分布不均匀现象，从而产生动态不平衡。当这些不平衡部件旋转时，将会在结构上产生

偏心载荷。该载荷可以分解成旋转平面上沿悬架法向和侧向方向上互相垂直的两个简谐力，如果侧向力分量因其反作用力被抵消，法向力分量会生成一个简谐力变量，该简谐力变量的振幅取决于偏心距 e。不平衡旋转机械是常见的激励源。

例498 偏心激励系统的速度和加速度

应用偏心激励系统的位置频率响应

$$x = A_4\sin\omega t + B_4\cos\omega t = X\sin(\omega t - \varphi_x) \tag{12.231}$$

可以求出速度和加速度频率响应

$$\begin{aligned}\dot{x} &= A_4\omega\cos\omega t - B_4\omega\sin\omega t = X\omega\cos(\omega t - \varphi_x)\\ &= \dot{X}\cos(\omega t - \varphi_x)\end{aligned} \tag{12.232}$$

$$\begin{aligned}\ddot{x} &= -A_4\omega^2\sin\omega t - B_4\omega^2\cos\omega t = -X\omega^2\sin(\omega t - \varphi_x)\\ &= \ddot{X}\sin(\omega t - \varphi_x)\end{aligned} \tag{12.233}$$

速度和加速度频率响应的振幅$\dot{X}$和$\ddot{X}$分别是

$$\frac{\dot{X}}{e\varepsilon} = \frac{\omega^3 em_e}{\sqrt{(k - m\omega^2)^2 + c^2\omega^2}} \tag{12.234}$$

$$\frac{\ddot{X}}{e\varepsilon} = \frac{\omega^4 em_e}{\sqrt{(k - m\omega^2)^2 + c^2\omega^2}} \tag{12.235}$$

还可以写作

$$\frac{\dot{X}}{e\varepsilon\omega_{\mathrm{n}}} = \frac{r^3}{\sqrt{(1 - r^2)^2 + (2\xi r)^2}} \tag{12.236}$$

$$\frac{\ddot{X}}{e\varepsilon\omega_{\mathrm{n}}^2} = \frac{r^4}{\sqrt{(1 - r^2)^2 + (2\xi r)^2}} \tag{12.237}$$

例499 偏心激励系统基座上的传递力

偏心激励系统对地面作用的传递力

$$f_T = F_T\sin(\omega t - \varphi_T) \tag{12.238}$$

等于弹簧和阻尼器上力的和。

$$f_T = f_k + f_c = kx + c\dot{x} \tag{12.239}$$

代入式（12.203）中的 x 和$\dot{x}$得到

$$f_T = (kA_4 - c\omega B_4)\sin\omega t + (kB_4 + c\omega A_4)\cos\omega t \tag{12.240}$$

因此，传递力的振幅为

$$\begin{aligned}F_T &= \sqrt{(kA_4 - c\omega B_4)^2 + (kB_4 + c\omega A_4)^2}\\ &= e\omega^2 m_e\sqrt{\frac{c^2\omega^2 + k^2}{(k - \omega^2 m)^2 + c^2\omega^2}}\end{aligned} \tag{12.241}$$

传递力的频率响应可以简化为如下实用公式。

$$\frac{F_T}{e\omega^2 m_e} = \frac{\sqrt{1 + (2\xi r)^2}}{\sqrt{(1 - r^2)^2 + (2\xi r)^2}} \tag{12.242}$$

12.3.4★　偏心基座激励

图 12.35 所示为一个单自由度偏心基座激励振动系统，其中弹簧 k 和阻尼器 c 支撑着质量单元 m，安装在质量为 m_b 的基座，基座上有一个不平衡质量单元 m_e，在距离 e 处以角速度 ω 旋转。偏心基座激励振动系统模型很适合于分析车辆发动机上安装的各种设备或安装在回转马达上设备的振动。

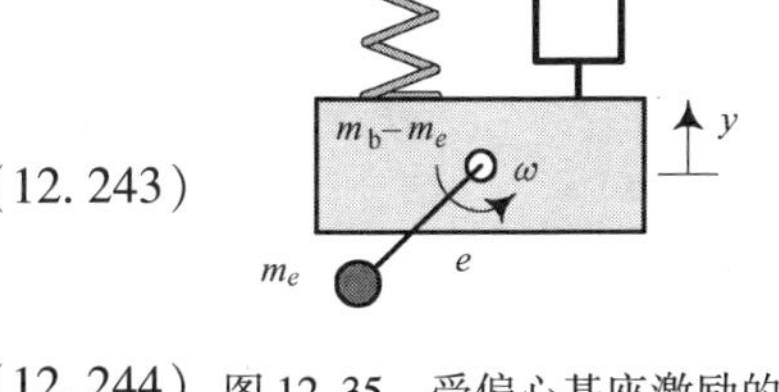

图 12.35　受偏心基座激励的单自由度系统

m 相对于基座运动为

$$z = x - y \tag{12.243}$$

建立如下运动方程

$$\frac{mm_b}{m_b + m}\ddot{z} + c\dot{z} + kz = \frac{mm_e}{m_b + m}e\omega^2\sin\omega t \tag{12.244}$$

或

$$\ddot{z} + 2\xi\omega_n\dot{z} + \omega_n^2 z = \varepsilon e\omega^2\sin\omega t \tag{12.245}$$

$$\varepsilon = \frac{m_e}{m_b} \tag{12.246}$$

系统的相对位移响应为

$$z = A_5\sin\omega t + B_5\cos\omega t \tag{12.247}$$

$$= Z\sin(\omega t - \varphi_b) \tag{12.248}$$

式中振幅 Z 和相位角 φ_b 为

$$\frac{Z}{e\varepsilon} = \frac{r^2}{\sqrt{(1 - r^2)^2 + (2\xi r)^2}} \tag{12.249}$$

$$\varphi_b = \arctan\frac{2\xi r}{1 - r^2} \tag{12.250}$$

Z 和 φ_b 的频率响应均为 r 和 ξ 的函数，频率响应曲线如图 12.36 和图 12.37 所示。

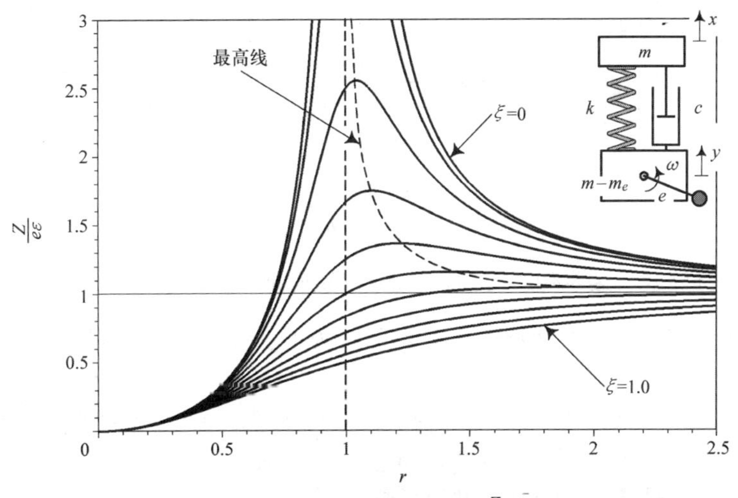

图 12.36　位置频率响应 $\frac{Z}{e\varepsilon}$

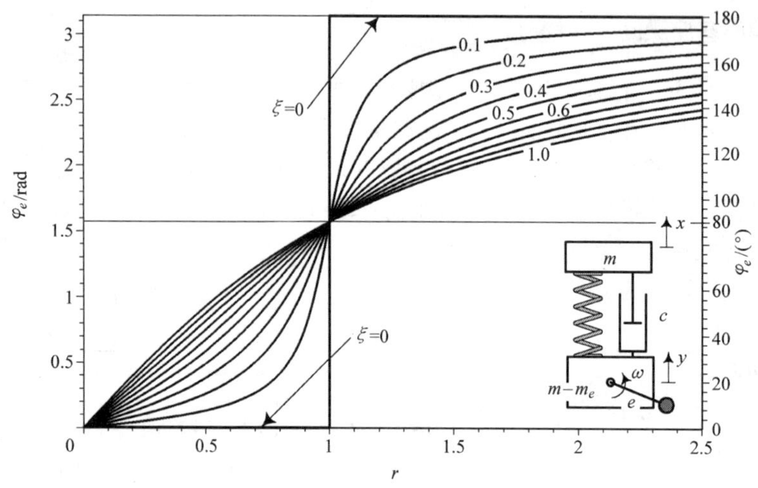

图 12.37　φ_b 的频率响应

证明：x 方向的牛顿方法和图 12.38 中的自由体受力图可用于求运动方程。

$$m\ddot{x} = -c(\dot{x}-\dot{y}) - k(x-y) \tag{12.251}$$

$$m_b\ddot{y} = c(\dot{x}-\dot{y}) + k(x-y) - m_e e\omega^2\sin\omega t \tag{12.252}$$

取 $z = x - y$，且有

$$\ddot{z} = \ddot{x} - \ddot{y} \tag{12.253}$$

把式（12.251）和式（12.252）组合起来求出相对运动方程。

$$\frac{mm_b}{m_b+m}\ddot{z} + c\dot{z} + kz = \frac{mm_e}{m_b+m}e\omega^2\sin\omega t \tag{12.254}$$

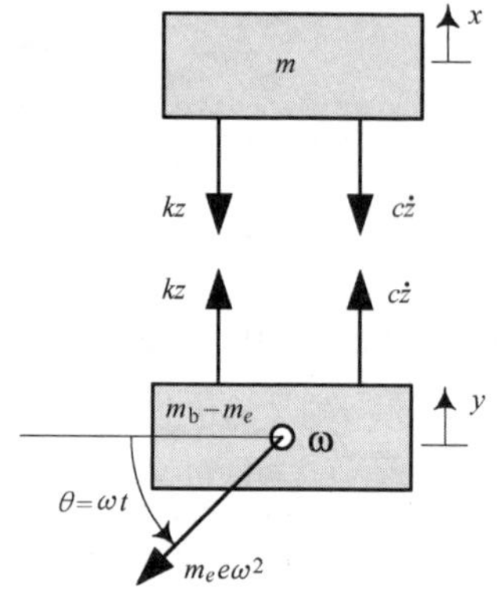

图 12.38　受偏心基座激励单自由度系统的自由体受力图

式（12.254）除以$\frac{mm_b}{m_b+m}$后可以转换为式（12.245），应用下面的定义：

$$\xi = \frac{c}{2\sqrt{k\frac{mm_b}{m_b+m}}} \tag{12.255}$$

$$\omega_n = \sqrt{k\frac{m_b+m}{mm_b}} \tag{12.256}$$

参数 $\varepsilon = \frac{m_e}{m_b}$称作质量比，表示偏心质量 m_e 和基座总质量 m_b 之比。

式（12.245）的稳态解可能是式（12.247），为了求出响应的振幅和相位角，把该解代入到运动方程。

$$\begin{aligned}&-\omega^2(A_5\sin\omega t + B_5\cos\omega t) + 2\xi\omega_n\omega(A_5\cos\omega t - B_5\sin\omega t)\\&+\omega_n^2(A_5\sin\omega t + B_5\cos\omega t) = \varepsilon e\omega^2\sin\omega t\end{aligned} \tag{12.257}$$

函数 $\sin\omega t$ 和 $\cos\omega t$ 的系数必须在等式两边平衡。

$$\omega_n^2 A_5 - \omega^2 A_5 - 2\xi\omega\omega_n B_5 = \varepsilon\omega^2 e \tag{12.258}$$

$$2\xi A_5 \omega\omega_n - B_5\omega^2 + B_5\omega_n^2 = 0 \tag{12.259}$$

因此，可以求出计算 A_5 和 B_5 的两个代数方程。

$$\begin{bmatrix} \omega_n^2-\omega^2 & -2\xi\omega\omega_n \\ 2\xi\omega\omega_n & \omega_n^2-\omega^2 \end{bmatrix}\begin{bmatrix} A_5 \\ B_5 \end{bmatrix} = \begin{bmatrix} \varepsilon\omega^2 e \\ 0 \end{bmatrix} \tag{12.260}$$

解方程求出系数 A_5 和 B_5。

$$\begin{bmatrix} A_5 \\ B_5 \end{bmatrix} = \begin{bmatrix} \omega_n^2-\omega^2 & -2\xi\omega\omega_n \\ 2\xi\omega\omega_n & \omega_n^2-\omega^2 \end{bmatrix}^{-1}\begin{bmatrix} \varepsilon\omega^2 e \\ 0 \end{bmatrix}$$

$$= \begin{bmatrix} \dfrac{\omega_n^2-\omega^2}{(\omega_n^2-\omega^2)^2+(2\xi\omega\omega_n)^2}\varepsilon\omega^2 e \\ \dfrac{-2\xi\omega\omega_n}{(\omega_n^2-\omega^2)^2+(2\xi\omega\omega_n)^2}\varepsilon\omega^2 e \end{bmatrix} \tag{12.261}$$

即可获得稳态解式（12.245）。

振幅 Z 和相位 φ_b 可以通过下面的公式求出

$$X = \sqrt{A_5^2 + B_5^2} \tag{12.262}$$

$$\tan\varphi_b = \frac{-B_5}{A_5} \tag{12.263}$$

从式（12.261）中提取 A_5 和 B_5 并代入，得到如下结果：

$$Z = \frac{\omega^2 e\varepsilon}{\sqrt{(\omega_n^2-\omega^2)^2+(2\xi\omega\omega_n)^2}} \tag{12.264}$$

$$\tan\varphi_b = \frac{2\xi\omega\omega_n}{\omega_n^2-\omega^2} \tag{12.265}$$

取 $r=\dfrac{\omega}{\omega_n}$，可以把式（12.264）和式（12.265）简化为更实用的表达式（12.249）和式（12.250）。

例 500★　偏心基座激励系统

设某发动机的质量为

$$m = 110\text{kg} \tag{12.266}$$

其进气装置质量为

$$m_b = 2\text{kg} \tag{12.267}$$

并用一个弹性支座安装在发动机上，支座的等效刚度和等效阻尼分别为

$$k = 10000\text{N/m} \qquad c = 100\text{Ns/m} \tag{12.268}$$

发动机转速为

$$\omega = 576.0\text{r/min} \approx 60.302\text{rad/s} \approx 9.6\text{Hz} \tag{12.269}$$

偏心参数为

$$m_e = 0.001\text{kg} \qquad e = 0.12\text{m} \tag{12.270}$$

系统的固有频率 ω_n、阻尼比 ξ 和质量比 ε，以及频率比 r 为

$$\omega_n = \sqrt{k\frac{m_b+m}{mm_b}} = 100\text{rad/s} \approx 15.9\text{Hz} \tag{12.271}$$

$$\xi=\frac{c}{2\sqrt{k\frac{mm_{\rm b}}{m_{\rm b}+m}}}=0.49995 \tag{12.272}$$

$$\varepsilon=\frac{m_e}{m_{\rm b}}=9.0909\times10^{-6} \tag{12.273}$$

$$r=\frac{\omega}{\omega_{\rm n}}=0.60302 \tag{12.274}$$

进气装置的相对振幅为

$$Z=\frac{e\varepsilon r^2}{\sqrt{(1-r^2)^2+(2\xi r)^2}}=4.525\times10^{-7}\,{\rm m} \tag{12.275}$$

例 501 上部质量的绝对位移

根据式（12.251）

$$\ddot{x}=-\frac{c}{m}(\dot{x}-\dot{y})-\frac{k}{m}(x-y)=-\frac{c}{m}\dot{z}-\frac{k}{m}z \tag{12.276}$$

及式（12.247）可以用于计算图 12.35 中偏心基座激励系统上部质量 m 的位移频率响应。设稳态位移为

$$x=A_6\sin\omega t+B_6\cos\omega t=X\sin(\omega t-\varphi_{bx}) \tag{12.277}$$

则有

$$\begin{aligned}-\omega^2(A_6\sin\omega t+B_6\cos\omega t)&=-\frac{c}{m}\dot{z}-\frac{k}{m}z\\&=-\frac{c}{m}\omega(A_5\cos\omega t-B_5\sin\omega t)-\frac{k}{m}(A_5\sin\omega t+B_5\cos\omega t)\\&=\left(\frac{c}{m}\omega B_5-\frac{k}{m}A_5\right)\sin t\omega+\left(-\frac{k}{m}B_5-\frac{c}{m}\omega A_5\right)\cos t\omega\end{aligned} \tag{12.278}$$

因此，

$$-\omega^2A_6=\frac{c}{m}\omega B_5-\frac{k}{m}A_5 \tag{12.279}$$

$$-\omega^2B_6=-\frac{k}{m}B_5-\frac{c}{m}\omega A_5 \tag{12.280}$$

从式（12.261）中提取 A_5 和 B_5 并代入得

$$X=\sqrt{A_6{}^2+B_6{}^2}\qquad\tan\varphi_{bx}=\frac{-B_6}{A_6} \tag{12.281}$$

进而得到

$$A_6=-\frac{2c\xi\omega^2\omega_{\rm n}+k(\omega_{\rm n}^2-\omega^2)}{(\omega_{\rm n}^2-\omega^2)^2+(2\xi\omega\omega_{\rm n})^2}\frac{1}{m}\varepsilon e \tag{12.282}$$

$$B_6=\frac{-c(\omega_{\rm n}^2-\omega^2)+2k\xi\omega_{\rm n}}{(\omega_{\rm n}^2-\omega^2)^2+(2\xi\omega\omega_{\rm n})^2}\frac{1}{m}\varepsilon\omega e \tag{12.283}$$

则偏心基座激励系统上部质量的稳态振动振幅 X 为

$$X=\frac{\sqrt{c^2\omega^2+k^2}}{\sqrt{(\omega_{\rm n}^2-\omega^2)^2+(2\xi\omega\omega_{\rm n})^2}}\frac{\varepsilon}{m}e \tag{12.284}$$

12.3.5★　单自由度受迫振动系统频率响应的分类

受简谐激励的单自由度系统可能是图 12.39 所示的四种系统中的一种，这些系统的稳态响应振幅值是下面式（12.285）~ 式（12.292）中的一种，其相位角是式（12.293）~ 式（12.296）中的一种。

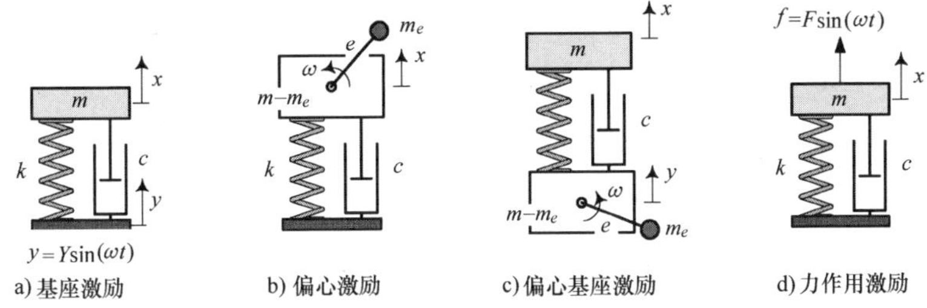

图 12.39　四种实用的单自由度简谐激励系统

$$S_0 = \frac{1}{\sqrt{(1-r^2)^2 + (2\xi r)^2}} \tag{12.285}$$

$$S_1 = \frac{r}{\sqrt{(1-r^2)^2 + (2\xi r)^2}} \tag{12.286}$$

$$S_2 = \frac{r^2}{\sqrt{(1-r^2)^2 + (2\xi r)^2}} \tag{12.287}$$

$$S_3 = \frac{r^3}{\sqrt{(1-r^2)^2 + (2\xi r)^2}} \tag{12.288}$$

$$S_4 = \frac{r^4}{\sqrt{(1-r^2)^2 + (2\xi r)^2}} \tag{12.289}$$

$$G_0 = \frac{\sqrt{1 + (2\xi r)^2}}{\sqrt{(1-r^2)^2 + (2\xi r)^2}} \tag{12.290}$$

$$G_1 = \frac{r\sqrt{1 + (2\xi r)^2}}{\sqrt{(1-r^2)^2 + (2\xi r)^2}} \tag{12.291}$$

$$G_2 = \frac{r^2\sqrt{1 + (2\xi r)^2}}{\sqrt{(1-r^2)^2 + (2\xi r)^2}} \tag{12.292}$$

$$\Phi_0 = \arctan\frac{2\xi r}{1-r^2} \tag{12.293}$$

$$\Phi_1 = \arctan\frac{1-r^2}{-2\xi r} \tag{12.294}$$

$$\Phi_2 = \arctan\frac{-2\xi r}{1-r^2} \tag{12.295}$$

$$\Phi_3 = \arctan\frac{2\xi r^3}{(1-r^2)^2 + (2\xi r)^2} \tag{12.296}$$

函数 S_0 和 G_0 占所有振幅频率响应的主要部分，为了直观地分析各种响应的性能，通常把 r 和 ξ 作为参数，绘出各响应关于 r 和 ξ 的函数曲线。系统的质量 m、刚度 k 和阻尼 c 是常量，所以激励频率 ω 是唯一的变量。将 m、k、c 和 ω 组合起来定义两个参数 r 和 ξ，用含有这两个变量的函数表示频率响应。

为了区分明确，下面用下标表示与图（12.39）中各系统对应的频率响应：

1）基座激励系统，通常用 Z_B、$\dot{Z}_B$、$\ddot{Z}_B$、X_B、$\dot{X}_B$、$\ddot{X}_B$ 等相对运动学和绝对运动学变量的频率响应和传递力频率响应 F_{T_B} 表示。

2）偏心激励系统，通常用 X_E、$\dot{X}_E$、$\ddot{X}_E$ 等绝对运动学变量的频率响应和传递力频率响应 F_{T_E} 表示。

3）偏心基座激励系统，通常用 Z_R、$\dot{Z}_R$、$\ddot{Z}_R$、X_R、$\dot{X}_R$、$\ddot{X}_R$、Y_R、$\dot{Y}_R$、$\ddot{Y}_R$ 等相对运动学和绝对运动学变量的频率响应和传递力频率响应 F_{T_R} 表示。

4）力作用激励系统，通常用 X_F、$\dot{X}_F$、$\ddot{X}_F$ 等绝对运动学变量的频率响应和传递力频率响应 F_{T_F} 表示。

图12.39所示的四类不同特征系统的频率响应可以总结并标记如下：

$$S_0=\frac{X_F}{F/k} \tag{12.297}$$

$$S_1=\frac{\dot{X}_F}{F/\sqrt{km}} \tag{12.298}$$

$$S_2=\frac{\ddot{X}_F}{F/m}=\frac{Z_B}{Y}=\frac{X_E}{e\varepsilon_E}=\frac{Z_R}{e\varepsilon_R} \tag{12.299}$$

$$S_3=\frac{\dot{Z}_B}{\omega_{\mathrm{n}}Y}=\frac{\dot{X}_E}{e\varepsilon_E\omega_{\mathrm{n}}}=\frac{\dot{Z}_R}{e\varepsilon_R\omega_{\mathrm{n}}} \tag{12.300}$$

$$S_4=\frac{\ddot{Z}_B}{\omega_{\mathrm{n}}^2Y}=\frac{\ddot{X}_E}{e\varepsilon_E\omega_{\mathrm{n}}^2}=\frac{\ddot{Z}_R}{e\varepsilon_R\omega_{\mathrm{n}}^2} \tag{12.301}$$

$$G_0=\frac{F_{T_F}}{F}=\frac{X_B}{Y} \tag{12.302}$$

$$G_1=\frac{\dot{X}_B}{\omega_{\mathrm{n}}Y} \tag{12.303}$$

$$G_2=\frac{\ddot{X}_B}{\omega_{\mathrm{n}}^2Y}=\frac{F_{T_B}}{kY}=\frac{F_{T_E}}{e\omega_{\mathrm{n}}^2m_e}=\frac{F_{T_R}}{e\omega_{\mathrm{n}}^2m_e}\left(1+\frac{m_{\mathrm{b}}}{m}\right) \tag{12.304}$$

证明：单自由度简谐受迫振动系统的运动方程始终等于

$$m\ddot{q}+c\dot{q}+kq=f(q,\dot{q},t) \tag{12.305}$$

式中，变量 q 是表示绝对位移 x 或相对位移 $z=x-y$ 的广义坐标；作用力项 $f(x,\dot{x},t)$ 是简谐函数，在一般情况下可以由 $\sin\omega t$ 和 $\cos\omega t$ 组合获得，其中 ω 为激励频率。

$$f(q,\ddot{q},t)=a\sin\omega t+b\cos\omega t \tag{12.306}$$

根据系统和要求解频率响应的不同，系数 a 和 b 可能为0、常数或与 ω，ω^2，ω^3，ω^4，…，

ω^n 成正比。为了涵盖所有实际的简谐受迫振动系统，假设

$$a=a_0+a_1\omega+a_2\omega^2 \tag{12.307}$$

$$b=b_0+b_1\omega+b_2\omega^2 \tag{12.308}$$

令式（12.305）除以 m，并用 ξ 和 ω_n 表示

$$\begin{aligned}\ddot{q}+2\xi\omega_n\dot{q}+\omega_n^2 q=&(A_0+A_1\omega+A_2\omega^2)\sin\omega t\\&+(B_0+B_1\omega+B_2\omega^2)\cos\omega t\end{aligned} \tag{12.309}$$

式中

$$A_0+A_1\omega+A_2\omega^2=\frac{1}{m}(a_0+a_1\omega+a_2\omega^2) \tag{12.310}$$

$$B_0+B_1\omega+B_2\omega^2=\frac{1}{m}(b_0+b_1\omega+b_2\omega^2) \tag{12.311}$$

运动方程的解应该是一个含未知系数的简谐响应

$$q=A\sin\omega t+B\cos\omega t \tag{12.312}$$

$$=Q\sin(\omega t-\varphi) \tag{12.313}$$

为了求出响应的稳态振幅 Q 和相位角 φ

$$Q=\sqrt{A^2+B^2} \tag{12.314}$$

$$\varphi=\arctan\frac{-B}{A} \tag{12.315}$$

应该把上述解代入到运动方程。

$$\begin{aligned}&-\omega^2(A\sin\omega t+B\cos\omega t)+2\xi\omega_n\omega(A\cos\omega t-B\sin\omega t)\\&+\omega_n^2(A\sin\omega t+B\cos\omega t)\\&=(A_0+A_1\omega+A_2\omega^2)\sin\omega t+(B_0+B_1\omega+B_2\omega^2)\cos\omega t\end{aligned} \tag{12.316}$$

公式两边 $\sin\omega t$ 和 $\cos\omega t$ 函数的系数应该平衡，即

$$\omega_n^2A-\omega^2A-2\xi\omega\omega_nB=A_0+A_1\omega+A_2\omega^2 \tag{12.317}$$

$$2\xi A\omega\omega_n-B\omega^2+B\omega_n^2=B_0+B_1\omega+B_2\omega^2 \tag{12.318}$$

因此，总可以找到两个求解 A 和 B 的代数方程。

$$\begin{bmatrix}\omega_n^2-\omega^2 & -2\xi\omega\omega_n\\ 2\xi\omega\omega_n & \omega_n^2-\omega^2\end{bmatrix}\begin{bmatrix}A\\B\end{bmatrix}=\begin{bmatrix}A_0+A_1\omega+A_2\omega^2\\B_0+B_1\omega+B_2\omega^2\end{bmatrix} \tag{12.319}$$

解之得到系数 A 和 B

$$\begin{aligned}\begin{bmatrix}A\\B\end{bmatrix}&=\begin{bmatrix}\omega_n^2-\omega^2 & -2\xi\omega\omega_n\\ 2\xi\omega\omega_n & \omega_n^2-\omega^2\end{bmatrix}^{-1}\begin{bmatrix}A_0+A_1\omega+A_2\omega^2\\B_0+B_1\omega+B_2\omega^2\end{bmatrix}\\&=\begin{bmatrix}\dfrac{Z_1}{\sqrt{(1-r^2)^2+(2\xi r)^2}}\\ \dfrac{Z_2}{\sqrt{(1-r^2)^2+(2\xi r)^2}}\end{bmatrix}\end{aligned} \tag{12.320}$$

$$Z_1 = 2\xi r \frac{1}{\omega_n^2}(B_2\omega^2 + B_1\omega + B_0) + \frac{1}{\omega_n^2}(1-r^2)(A_2\omega^2 + A_1\omega + A_0) \tag{12.321}$$

$$Z_2 = \frac{1}{\omega_n^2}(1-r^2)(B_2\omega^2 + B_1\omega + B_0) - 2\xi r \frac{1}{\omega_n^2}(A_2\omega^2 + A_1\omega + A_0) \tag{12.322}$$

进而得到稳态解的振幅 Q 和相位角 φ。

$$Q = \sqrt{A^2 + B^2} \tag{12.323}$$

$$\tan\varphi = \frac{-B}{A} \tag{12.324}$$

通过设置合适的系数 A_0、A_1、A_2、B_0、B_1 和 B_2，可以用上述方法求出任何稳态响应 S_i 和 G_i。

例 502★　基座激励频率响应

单自由度基座激励振动系统如图 12.23 所示，含简谐激励 $y = Y\sin\omega t$ 的相对运动 $z = x - y$ 的方程为

$$\ddot{z} + 2\xi\omega_n\dot{z} + \omega_n^2 z = \omega^2 Y\sin\omega t \tag{12.325}$$

如果满足

$$\begin{aligned} &A_0 = 0 \quad A_1 = 0 \quad A_2 = Y \\ &B_0 = 0 \quad B_1 = 0 \quad B_2 = 0 \end{aligned} \tag{12.326}$$

则该方程可以根据式（12.309）求解。又因为

$$\begin{bmatrix} A \\ B \end{bmatrix} = \begin{bmatrix} \dfrac{Z_1}{\sqrt{(1-r^2)^2 + (2\xi r)^2}} \\ \dfrac{Z_2}{\sqrt{(1-r^2)^2 + 2(\xi r)^2}} \end{bmatrix} \tag{12.327}$$

$$Z_1 = r^2(1-r^2)Y \tag{12.328}$$

$$Z_2 = 2\xi r^3 Y \tag{12.329}$$

所以，系统的频率响应为

$$Z = Q = \sqrt{A^2 + B^2} = \frac{r^2}{\sqrt{(1-r^2)^2 + (2\xi r)^2}} Y \tag{12.330}$$

12.4　振动系统的时间响应

用于考察线性振动系统瞬态响应的运动方程为

$$[m]\ddot{\boldsymbol{x}} + [c]\dot{\boldsymbol{x}} + [k]\boldsymbol{x} = \boldsymbol{F} \tag{12.331}$$

$$\boldsymbol{x}(0) = \boldsymbol{x}_0 \tag{12.332}$$

$$\dot{\boldsymbol{x}}(0) = \dot{\boldsymbol{x}}_0 \tag{12.333}$$

式中，假设质量矩阵［m］、刚度矩阵［k］和阻尼矩阵［c］为常数矩阵；系统的时间响应

是耦合常微分方程组 $\boldsymbol{x}=\boldsymbol{x}(t)$，$t>0$ 的解。这类问题称作**初始值问题**。

设单自由度振动系统的运动方程为

$$m\ddot{x}+c\dot{x}+kx=f(x,\dot{x},t) \tag{12.334}$$

初始条件为

$$x(0)=x_0 \tag{12.335}$$

$$\dot{x}(0)=\dot{x}_0 \tag{12.336}$$

假设系数 m、c 和 k 是常数，实际上这些量可能在很多情况下是时间的函数。则问题 $x=x(t)$，$t>0$ 的解唯一。

方程的次数是求导的最高次数，在集总参数模型的机械振动中，则要用到二次微分方程组。如果 $x_1(t)$，$x_2(t)$，…，$x_n(t)$是一个 n 次方程的解，则其通解为

$$x(t)=a_1x_1(t)+a_2x_2(t)+\cdots+a_nx_n(t) \tag{12.337}$$

$f=0$ 时，方程称作齐次方程，

$$m\ddot{x}+c\dot{x}+kx=0 \tag{12.338}$$

否则称作非齐次方程，非齐次方程式（12.334）的解为

$$x(t)=x_h(t)+x_p(t) \tag{12.339}$$

式中，$x_h(t)$是齐次解；$x_p(t)$是特解。在机械振动中，齐次方程称作自由振动，其解称作自由振动响应。非齐次方程称作受迫振动，其解称作受迫振动响应。

指数函数

$$x=\mathrm{e}^{\lambda t} \tag{12.340}$$

满足所有齐次线性微分方程，所以，二次方程式（12.338）的齐次响应为

$$x_h(t)=a_1\mathrm{e}^{\lambda_1 t}+a_2\mathrm{e}^{\lambda_2 t} \tag{12.341}$$

式中，常数 a_1 和 a_2 由初始条件决定，参数 λ_1 和 λ_2 称作系统的**特征参数**或**特征值**。特征值是某称作**特征方程**的代数方程的解，该代数方程通过将式（12.340）代入式（12.338）获得，特征方程则是使式（12.340）满足运动方程式（12.338）的条件。

很难找到受迫方程的通用特解，但是，如果作用力函数$f=f(t)$是下面函数的组合：

1）常数，如$f=a$。

2）t 的多项式，如$f=a_0+a_1t+a_2t^2+\cdots+a_nt^n$。

3）指数函数，如$f=e^{at}$。

4）简谐函数，如$f=F_1\sin at+F_2\cos at$。

则特解 $x_p(t)$将会与作用力项有相同的形式：

1）$x_p(t)$是一个常数，如 $x_p(t)=C$。

2）$x_p(t)$是一个同阶多项式，如 $x_p(t)=C_0+C_1t+C_2t^2+\cdots+C_nt^n$。

3）$x_p(t)$是一个指数函数，如 $x_p(t)=C\mathrm{e}^{at}$。

4）$x_p(t)$是一个简谐函数，如$f=A\sin at+B\cos at$。

如果系统不受力，或者力作用时间很短，方程的解称作**时间响应**，或**瞬态响应**。瞬态响应中，初始条件非常重要。

系统存在阻尼时，无论系统是瞬态响应还是受迫振动响应，初始条件的影响经过一定时

间后就消失，仅保持稳态响应。如果作用力项是简谐作用，则其稳态解称作频率响应。

例503 二次线性方程的齐次解

设某系统的运动方程为

$$\ddot{x}+\dot{x}-2x=0 \quad x_0=1 \quad \dot{x}_0=7 \tag{12.342}$$

将指数解 $x=e^{\lambda t}$ 代入运动方程，求出特征方程。

$$\lambda^2+\lambda-2=0 \tag{12.343}$$

特征值为

$$\lambda_{1,2}=1,-2 \tag{12.344}$$

因此，运动方程的解为

$$x=a_1e^t+a_2e^{-2t} \tag{12.345}$$

求导得

$$\dot{x}=a_1e^t-2a_2e^{-2t} \tag{12.346}$$

应用初始条件

$$1=a_1+a_2 \tag{12.347}$$

$$7=a_1-2a_2 \tag{12.348}$$

求得常数 a_1 和 a_2，以及解 $x=x(t)$

$$a_1=3 \quad a_2=-2 \tag{12.349}$$

$$x=3e^t-2e^{-2t} \tag{12.350}$$

例504 固有频率

设有如图12.40所示的某自由质量－弹簧系统，该系统没有阻尼，不受力的激励作用，所以其运动方程为

$$m\ddot{x}+kx=0 \tag{12.351}$$

为了求该系统的解，先用一个未知频率的简谐解试算。

$$x=A\sin\Omega t+B\cos\Omega t \tag{12.352}$$

将式（12.352）代入式（12.351）得

$$-\Omega^2m(A\sin\Omega t+B\cos\Omega t)+k(A\sin\Omega t+B\cos\Omega t)=0 \tag{12.353}$$

合并同类项后有

$$(Bk-Bm\Omega^2)\cos\Omega t+(Ak-Am\Omega^2)\sin\Omega t=0 \tag{12.354}$$

$\sin\Omega t$ 和 $\cos\Omega t$ 的系数应该为0，所以

$$\Omega=\sqrt{\frac{k}{m}} \tag{12.355}$$

$$x=A\sin\sqrt{\frac{k}{m}}t+B\cos\sqrt{\frac{k}{m}}t \tag{12.356}$$

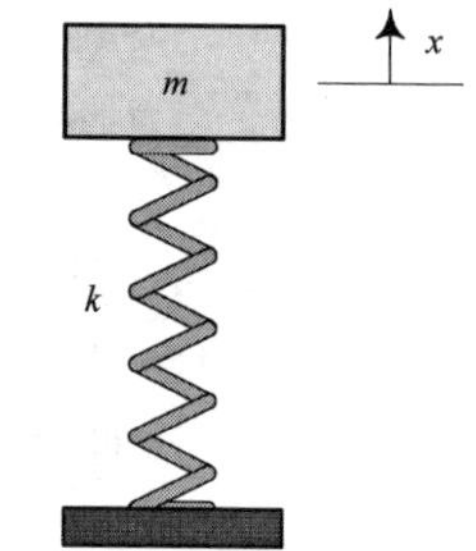

图12.40 质量－弹簧单自由度振动系统

频率 $\Omega=\sqrt{k/m}$ 为自由无阻尼质量－弹簧系统的振动频率，称作固有频率，用专用符号 ω_n 表示。

$$\omega_{\mathrm{n}}=\sqrt{\frac{k}{m}} \tag{12.357}$$

系统固有频率的数量与其自由度的数量相等。

例 505 单自由度系统的自由振动

最简单的自由振动运动方程为

$$m\ddot{x}+c\dot{x}+kx=0 \tag{12.358}$$

该式等价于

$$\ddot{x}+2\xi\omega_{\mathrm{n}}\dot{x}+\omega_{\mathrm{n}}^{2}x=0 \tag{12.359}$$

系统对自由振动的响应称作瞬态响应，该响应仅与初始条件 $x_0=x(0)$ 和 $\dot{x}_0=\dot{x}(0)$ 有关。

为了求出线性方程式（12.358）的解，可以先用一个指数形式的解试算。

$$x=A\mathrm{e}^{\lambda t} \tag{12.360}$$

将式（12.360）代入式（12.359）后得到特征方程

$$\lambda^{2}+2\xi\omega_{\mathrm{n}}\lambda+\omega_{\mathrm{n}}^{2}=0 \tag{12.361}$$

求得特征值 $\lambda_{1,2}$

$$\lambda_{1,2}=-\xi\omega_{\mathrm{n}}\pm\omega_{\mathrm{n}}\sqrt{\xi^{2}-1} \tag{12.362}$$

所以，式（12.359）的通解为

$$\begin{aligned}x&=A_{1}\mathrm{e}^{\lambda_{1}t}+A_{2}\mathrm{e}^{\lambda_{2}t}\\&=A_{1}\mathrm{e}^{(-\xi\omega_{\mathrm{n}}+\omega_{\mathrm{n}}\sqrt{\xi^{2}-1})t}+A_{2}\mathrm{e}^{(-\xi\omega_{\mathrm{n}}-\omega_{\mathrm{n}}\sqrt{\xi^{2}-1})t}\\&=\mathrm{e}^{-\xi\omega_{\mathrm{n}}t}(A_{1}\mathrm{e}^{i\omega_{\mathrm{d}}t}+A_{2}\mathrm{e}^{-i\omega_{\mathrm{d}}t})\end{aligned} \tag{12.363}$$

$$\omega_{\mathrm{d}}=\omega_{\mathrm{n}}\sqrt{1-\xi^{2}} \tag{12.364}$$

式中，ω_{d} 称作有阻尼的固有频率。

应用欧拉方程

$$\mathrm{e}^{i\alpha}=-\cos\alpha+i\sin\alpha \tag{12.365}$$

把式（12.363）整理成下面的形式：

$$x=\mathrm{e}^{-\xi\omega_{\mathrm{n}}t}(B_{1}\sin\omega_{\mathrm{d}}t+B_{2}\cos\omega_{\mathrm{d}}t) \tag{12.366}$$

$$x=B\mathrm{e}^{-\xi\omega_{\mathrm{n}}t}\sin(\omega_{\mathrm{d}}t+\phi) \tag{12.367}$$

式中

$$B_{1}=i(A_{1}-A_{2}) \tag{12.368}$$

$$B_{2}=A_{1}+A_{2} \tag{12.369}$$

$$B=\sqrt{B_{1}^{2}+B_{2}^{2}} \tag{12.370}$$

$$\phi=\arctan\frac{B_{2}}{B_{1}} \tag{12.371}$$

因为位移 x 是实际的物理量，所以式（12.366）中系数 B_1 和 B_2 也必须是实数，这就要求 A_1 和 A_2 是共轭复数。式（12.367）所描述的简谐运动的频率是 $\omega_{\mathrm{d}}=\omega_{\mathrm{n}}\sqrt{1-\xi^{2}}$，逐渐衰减的振幅为 $B\mathrm{e}^{-\xi\omega_{\mathrm{n}}t}$。

例 506 欠阻尼、临界阻尼和过阻尼系统

有阻尼单自由度系统的时间响应由式（12.363）给出，在 $\xi<1$ 时，方程的解可以转变

为式（12.366）。

阻尼比的值决定着单自由度系统的时间响应类型，根据阻尼比的不同，可以把解分为三类：欠阻尼、临界阻尼和过阻尼。

$\xi<1$ 时为**欠阻尼**系统。对于这一类系统，式（12.362）中的特征参数为共轭复数。

$$\lambda_{1,2}=-\xi\omega_n\pm i\omega_n\sqrt{1-\xi^2} \tag{12.372}$$

通解式（12.363）

$$x=A_1\mathrm{e}^{\lambda_1 t}+A_2\mathrm{e}^{\lambda_2 t} \tag{12.373}$$

可以转变为式（12.366）

$$x=\mathrm{e}^{-\xi\omega_n t}(B_1\sin\omega_d t+B_2\cos\omega_d t) \tag{12.374}$$

欠阻尼系统的振动时间响应振幅逐渐衰减，如图12.41所示。其 $\xi=0.15$，$\omega_n=20\pi$ rad，$x_0=1$，$\dot{x}_0=0$，且指数函数 $X\mathrm{e}^{\pm\xi\omega_n t}$ 曲线是响应函数曲线的包络线。

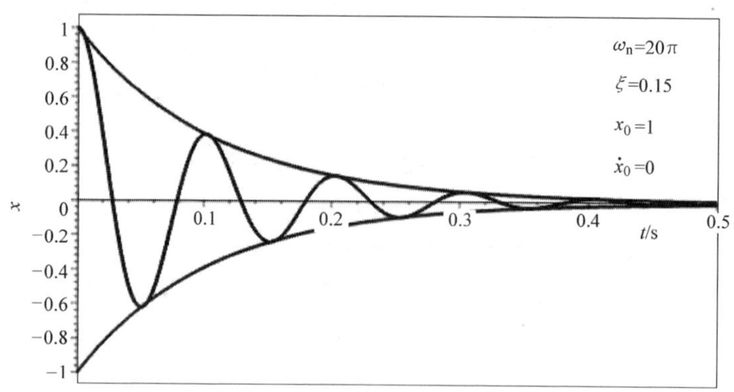

图12.41　某欠阻尼系统的时间响应示例

$\xi=1$ 时为**临界阻尼系统**。对于这一类系统，式（12.362）中的两特征参数相等。

$$\lambda=\lambda_{1,2}=-\omega_n \tag{12.375}$$

参数值相等时，系统的时间响应为

$$x=A_1\mathrm{e}^{\lambda t}+A_2t\mathrm{e}^{\lambda t} \tag{12.376}$$

等于

$$x=\mathrm{e}^{-\xi\omega_n t}(A_1+A_2t) \tag{12.377}$$

图12.42所示为一个 $\xi=1$，$\omega_n=5\pi$ rad，$x_0=1$，$\dot{x}_0=0$ 时的临界阻尼系统响应曲线。

$\xi>1$ 时为**过阻尼系统**。对于这一类系统，式（12.362）中的特征参数为两个实数。

$$\lambda_{1,2}=-\xi\omega_n\pm\omega_n\sqrt{\xi^2-1} \tag{12.378}$$

因此，其指数解不能被转变为简谐函数。

$$x=A_1\mathrm{e}^{\lambda_1 t}+A_2\mathrm{e}^{\lambda_2 t} \tag{12.379}$$

所以，无论系统从怎样的初始条件开始，过阻尼系统的时间响应都会成指数速度趋向于0。图12.43所示为一个 $\xi=2$，$\omega_n=10\pi$ rad，$x_0=1$，$\dot{x}_0=0$ 时的过阻尼系统响应曲线。

例507　自由振动和初始条件

设有一个自由振动的单自由度质量－弹簧－阻尼器系统，由式（12.366）给出的系统通解为

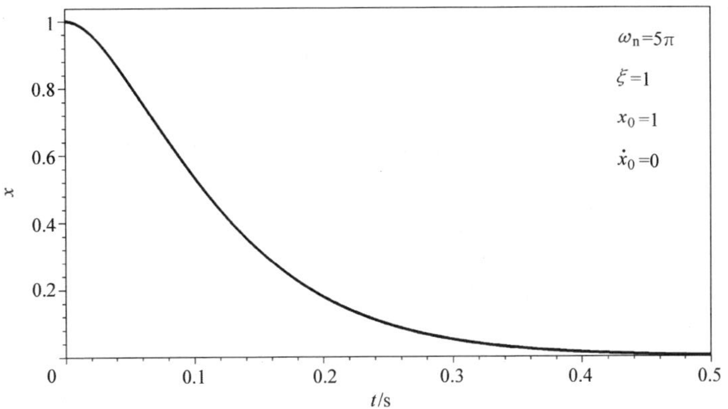

图 12.42 某临界阻尼系统的时间响应示例

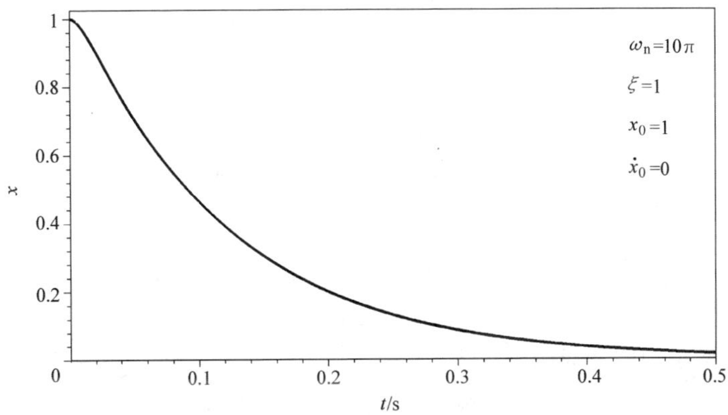

图 12.43 某过阻尼系统的时间响应示例

$$x = e^{-\xi\omega_n t}(B_1 \sin\omega_d t + B_2 \cos\omega_d t) \tag{12.380}$$

如果系统的初始条件为

$$x(0) = x_0 \quad \dot{x}(0) = \dot{x}_0 \tag{12.381}$$

则

$$x_0 = B_2 \quad \dot{x}_0 = -\xi\omega_n B_2 + B_1\omega_d \tag{12.382}$$

因此

$$B_1 = \frac{\dot{x}_0 + \xi\omega_n x_0}{\omega_d} \quad B_2 = x_0 \tag{12.383}$$

把 B_1 和 B_2 代入通解式（12.380）中，生成单自由度系统自由振动的通解。

$$x = e^{-\xi\omega_n t}\left(\frac{\dot{x}_0 + \xi\omega_n x_0}{\omega_d}\sin\omega_d t + x_0\cos\omega_d t\right) \tag{12.384}$$

该解还可以写成

$$x = e^{-\xi\omega_n t}\left(x_0\left(\cos\omega_d t + \frac{\xi}{\omega_d}\omega_n \sin\omega_d t\right) + \frac{\dot{x}_0}{\omega_d}\sin\omega_d t\right) \tag{12.385}$$

如果把系统的初始条件代入式（12.367）

$$x = B\mathrm{e}^{-\xi\omega_{\mathrm{n}}t}\sin(\omega_{\mathrm{d}}t + \phi) \tag{12.386}$$

则有

$$x_0 = B\sin\phi \quad \dot{x}_0 = -B\xi\omega_{\mathrm{n}}\sin\phi + B\omega_{\mathrm{d}}\cos\phi \tag{12.387}$$

为了求出 B 和 ϕ，将其整理成

$$B = \frac{x_0}{\sin\phi} \quad \tan\phi = \frac{\omega_{\mathrm{d}}x_0}{\dot{x}_0 + \xi\omega_{\mathrm{n}}x_0} \tag{12.388}$$

因此有

$$B = \frac{1}{\omega_{\mathrm{d}}}\sqrt{(\omega_{\mathrm{d}}x_0)^2 + (\dot{x}_0 + \xi\omega_{\mathrm{n}}x_0)^2} \tag{12.389}$$

则式（12.386）变为

$$x = \frac{\mathrm{e}^{-\xi\omega_{\mathrm{n}}t}}{\omega_{\mathrm{d}}}\sqrt{(\omega_{\mathrm{d}}x_0)^2 + (\dot{x}_0 + \xi\omega_{\mathrm{n}}x_0)^2} \times \sin\left(\omega_{\mathrm{d}}t + \arctan\frac{\omega_{\mathrm{d}}x_0}{\dot{x}_0 + \xi\omega_{\mathrm{n}}x_0}\right) \tag{12.390}$$

例 508　自由振动、初始条件和临界阻尼

如果某系统是临界阻尼系统，其自由振动的时间响应为

$$x = \mathrm{e}^{-\xi\omega_{\mathrm{n}}t}(A_1 + A_2t) \tag{12.391}$$

应用初始条件 $x(0) = x_0$ 和 $\dot{x}(0) = \dot{x}_0$，则可以求出系数 A_1 和 A_2

$$A_1 = x_0 \quad A_2 = \dot{x}_0 + \xi\omega_{\mathrm{n}}x_0 \tag{12.392}$$

因此，临界阻尼系统响应的通用函数为

$$x = \mathrm{e}^{-\xi\omega_{\mathrm{n}}t}[x_0 + (\dot{x}_0 + \xi\omega_{\mathrm{n}}x_0)t] \tag{12.393}$$

例 509　自由振动、初始条件和过阻尼

如果某系统是过阻尼系统，其特性 λ_1 和 λ_2 为实数，且对自由振动的时间响应是实指数函数。

$$x = A_1\mathrm{e}^{\lambda_1t} + A_2\mathrm{e}^{\lambda_2t} \tag{12.394}$$

应用初始条件 $x(0) = x_0$ 和 $\dot{x}(0) = \dot{x}_0$

$$x_0 = A_1 + A_2 \quad \dot{x}_0 = \lambda_1A_1 + \lambda_2A_2 \tag{12.395}$$

可以求出系数 A_1 和 A_2

$$A_1 = \frac{\dot{x}_0 - \lambda_2x_0}{\lambda_1 - \lambda_2} \quad A_2 = \frac{\lambda_1x_0 - \dot{x}_0}{\lambda_1 - \lambda_2} \tag{12.396}$$

所以，过阻尼通响应的通用函数为

$$x = \frac{\dot{x}_0 - \lambda_2x_0}{\lambda_1 - \lambda_2}\mathrm{e}^{\lambda_1t} + \frac{\lambda_1x_0 - \dot{x}_0}{\lambda_1 - \lambda_2}\mathrm{e}^{\lambda_2t} \tag{12.397}$$

例 510　简谐力做功

简谐力

$$f(t) = F\sin(\omega t + \varphi) \tag{12.398}$$

作用在物体上并使其发生简谐位移

$$x(t) = X\sin(\omega t) \tag{12.399}$$

在一个周期

$$T = \frac{2\pi}{\omega} \tag{12.400}$$

做的功等于

$$\begin{aligned} W &= \int_0^{2\pi/\omega} f(t)\,\mathrm{d}x = \int_0^{2\pi/\omega} f(t)\,\frac{\mathrm{d}x}{\mathrm{d}t}\mathrm{d}t \\ &= FX\omega\int_0^{2\pi/\omega}\sin(\omega t+\varphi)\cos(\omega t)\,\mathrm{d}t \\ &= FX\int_0^{2\pi}\sin(\omega t+\varphi)\cos(\omega t)\,\mathrm{d}(\omega t) \\ &= FX\int_0^{2\pi}(\sin\varphi\cos^2\omega t+\cos\varphi\sin\omega t\cos\omega t)\,\mathrm{d}(\omega t) \\ &= \pi FX\sin\varphi \end{aligned} \tag{12.401}$$

功 W 是相位角 φ 的函数，$\varphi = \frac{\pi}{2}$时，做的功最大

$$W_{\mathrm{Max}} = \pi F_0 X_0 \tag{12.402}$$

$\varphi = 0$ 时，做的功最小

$$W_{\min} = 0 \tag{12.403}$$

例 511★ 对阶跃输入的响应

阶跃输入是考察和比较振动系统的标准激励类型，也是最重要的瞬态激励类型。设某线性二阶系统的运动方程为

$$\ddot{x} + 2\xi\omega_{\mathrm{n}}\dot{x} + \omega_{\mathrm{n}}^2 x = f(t) \tag{12.404}$$

$$\xi < 1 \tag{12.405}$$

阶跃输入是指力从 0 到某一常数稳定值的突然变化，如果该值为单位力，则

$$f(t) = \begin{cases} 1\ \mathrm{N/kg} & t>0 \\ 0 & t\leqslant 0 \end{cases} \tag{12.406}$$

这种激励称为**单位阶跃输入**，系统响应称为**单位阶跃响应**。运动方程的线性性质保证非单位阶跃输入响应与单位阶跃输入相应成正比。

设力函数为

$$f(t) = \begin{cases} F_0\ \mathrm{N/kg} & t>0 \\ 0 & t\leqslant 0 \end{cases} \tag{12.407}$$

式（12.404）和式（12.407）的通解等于齐次解和特解的和，即 $x = x_h + x_p$，齐次解在例 505 中由式（12.363）给出，因为输入为常量，即 $f(t) = F_0$，所以其特解应为常数 $x_p = C$。把 $x_p = C$ 代入式（12.404）得到

$$C = \frac{F_0}{\omega_{\mathrm{n}}^2} \tag{12.408}$$

式（12.404）的通解为

$$x = x_h + x_p$$

$$=\frac{F_0}{\omega_n^2}+e^{-\xi\omega_n t}(A\cos\omega_d t+B\sin\omega_d t)\quad t\geqslant 0 \tag{12.409}$$

$$\omega_d=\omega_n\sqrt{1-\xi^2} \tag{12.410}$$

零初始条件最适合于研究系统的固有性能，设置初始条件为

$$x(0)=0\quad \dot{x}(0)=0 \tag{12.411}$$

得到关于 A 和 B 的两个方程

$$\frac{F_0}{\omega_n^2}+A=0 \tag{12.412}$$

$$\xi\omega_n A+\omega_d B=0 \tag{12.413}$$

其解为

$$A=-\frac{F_0}{\omega_n^2}\quad B=-\frac{\xi F_0}{\omega_d\,\omega_n} \tag{12.414}$$

所以，阶跃响应为

$$x=\frac{F_0}{\omega_n^2}\left(1-e^{-\xi\omega_n t}\left(\cos\omega_d t+\frac{\xi\omega_n}{\omega_d}\sin\omega_d t\right)\right) \tag{12.415}$$

图 12.44 所示为有如下计算值的阶跃响应曲线。

$$\xi=0.3\quad \omega_n=1\quad F_0=1 \tag{12.416}$$

阶跃响应有几个特征参数：上升时间 t_r，峰值时间 t_P、峰值 x_P、超调量 $S=x_P-\frac{F_0}{\omega_n^2}$和沉降时间 t_s。

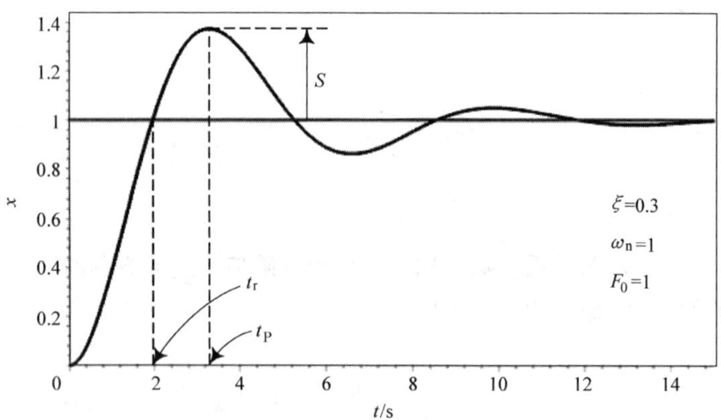

图 12.44 某单自由度振动系统的阶跃响应

上升时间 t_r 是指响应 $x(t)$ 第一次达到阶跃输入$\frac{F_0}{\omega_n^2}$的时间。

$$t_r=\frac{2}{\omega_d}\arctan\frac{\xi+1}{\sqrt{1-\xi^2}} \tag{12.417}$$

上升时间还可以定义为阶跃响应最大斜率的倒数，或者定义为从稳态值的 10% 增加到稳态值的 90% 所需要的时间。

峰值时间 t_P 是指响应 $x(t)$ 第一次达到最大值的时间。

$$t_{\mathrm{P}}=\frac{\pi}{\omega_{\mathrm{d}}} \tag{12.418}$$

峰值 x_{P} 是指 $t=t_{\mathrm{P}}$ 时响应 $x(t)$ 的值。

$$x_{\mathrm{P}}=\frac{F_0}{\omega_{\mathrm{n}}^2}\left(1+e^{-\xi\omega_{\mathrm{n}}\frac{\pi}{\omega_{\mathrm{d}}}}\right)=\frac{F_0}{\omega_{\mathrm{n}}^2}\left(1+\mathrm{e}^{-\xi\frac{\pi}{\sqrt{1-\xi^2}}}\right) \tag{12.419}$$

超调量 S 表示响应 $x(t)$ 超出阶跃输入的量

$$S=x_{\mathrm{P}}-\frac{F_0}{\omega_{\mathrm{n}}^2}=\frac{F_0}{\omega_{\mathrm{n}}^2}\mathrm{e}^{-\xi\frac{\pi}{\sqrt{1-\xi^2}}} \tag{12.420}$$

沉降时间 t_{s} 定义为指数函数 $\mathrm{e}^{-\xi\omega_{\mathrm{n}}t}$ 的时间常数的四倍。

$$t_{\mathrm{s}}=\frac{4}{\xi\omega_{\mathrm{n}}} \tag{12.421}$$

沉降时间还可以定义为阶跃响应 $x(t)$ 在 $\pm p\%$ 阶跃输入窗口之内的沉降需要的时间，通常取 $p\approx 2$。

$$t_{\mathrm{s}}\approx\frac{\ln\left(p\sqrt{1-\xi^2}\right)}{\xi\omega_{\mathrm{n}}} \tag{12.422}$$

对于在式（12.416）中给定数据，可以求出如下特性参数值。

$$t_{\mathrm{r}}=1.996\quad t_{\mathrm{P}}=3.2933\quad t_{\mathrm{s}}=13.333$$

$$x_{\mathrm{P}}=1.3723\quad S=0.3723 \tag{12.423}$$

12.5　振动的应用和测量

可测量振动参数，如周期 T 和振幅 X，可以用于区分振动系统的机械特性。大多数振动测试和试验方法中会考察其瞬态或稳态简谐振动。振幅和响应周期可以用时间和运动学测试仪器测量，并用解析方程求出所需数据。

例 512　阻尼比的确定

欠阻尼单自由度系统可以用下面方法根据 $x=x(t)$ 曲线和峰值振幅 x_i 求出

$$\xi=\frac{1}{\sqrt{4(n-1)^2\pi^2+\ln^2\frac{x_1}{x_{\mathrm{n}}}}}\ln\frac{x_1}{x_{\mathrm{n}}}\approx\frac{1}{2(n-1)\pi}\ln\frac{x_1}{x_{\mathrm{n}}} \tag{12.424}$$

为了推导出这个方程，设该欠阻尼单自由度振动系统的运动方程为

$$\ddot{x}+2\xi\omega_{\mathrm{n}}\dot{x}+\omega_{\mathrm{n}}^2x=0 \tag{12.425}$$

系统的时间响应由式（12.366）给出

$$x=X\mathrm{e}^{-\xi\omega_{\mathrm{n}}t}\cos(\omega_{\mathrm{d}}t+\phi) \tag{12.426}$$

式中常数 X 和 ϕ 与初始条件有关。

图 12.45 所示为欠阻尼单自由度系统自由振动的 x－响应示例，峰值振幅 x_i 为

$$x_1=\mathrm{e}^{-\xi\omega_{\mathrm{n}}t_1}\left[X\cos(\omega_{\mathrm{d}}t_1+\phi)\right] \tag{12.427}$$

$$x_2=\mathrm{e}^{-\xi\omega_{\mathrm{n}}t_2}\left[X\cos(\omega_{\mathrm{d}}t_2+\phi)\right] \tag{12.428}$$

$$\vdots$$

$$x_{\mathrm{n}}=\mathrm{e}^{-\xi\omega_{\mathrm{n}}t_{\mathrm{n}}}\left[X\cos(\omega_{\mathrm{d}}t_{\mathrm{n}}+\phi)\right] \tag{12.429}$$

前两个波峰之比为

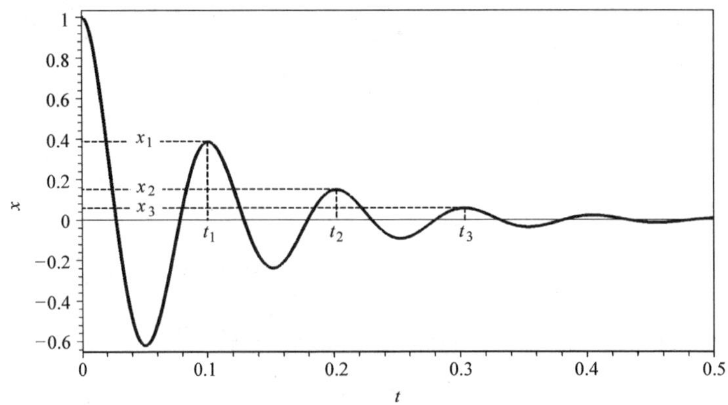

图 12.45 欠阻尼单自由度系统自由振动的 x 响应

$$\frac{x_1}{x_2}=\mathrm{e}^{-\xi\omega_n(t_1-t_2)}\frac{\cos(\omega_d t_1+\phi)}{\cos(\omega_d t_2+\phi)} \tag{12.430}$$

因为 t_1 和 t_2 之间的时间差就是振动周期

$$T_d=t_1-t_2=\frac{2\pi}{\omega_d}=\frac{2\pi}{\omega_n\sqrt{1-\xi^2}} \tag{12.431}$$

将式（12.430）简化为

$$\begin{aligned}\frac{x_1}{x_2}&=\mathrm{e}^{\xi\omega_n T_d}\frac{\cos(\omega_d t_1+\phi)}{\cos[\omega_d(t_1+T_d)+\phi]}=\mathrm{e}^{\xi\omega_n T_d}\frac{\cos(\omega_d t_1+\phi)}{\cos(\omega_d t_1+2\pi+\phi)}\\&=\mathrm{e}^{\xi\omega_n T_d}\end{aligned} \tag{12.432}$$

该方程表明

$$\ln\frac{x_1}{x_2}=\xi\omega_n T_d=\frac{2\pi}{\sqrt{1-\xi^2}} \tag{12.433}$$

可以用上式估算阻尼比 ξ

$$\xi\approx\frac{1}{\sqrt{4\pi^2+\ln^2\frac{x_1}{x_2}}}\ln\frac{x_1}{x_2} \tag{12.434}$$

测量 x_1 与任意其他 x_n 的比，可以用如下方程更好地估算阻尼比：

$$\xi\approx\frac{1}{\sqrt{4(n-1)^2\pi^2+\ln^2\frac{x_1}{x_n}}}\ln\frac{x_1}{x_n} \tag{12.435}$$

如果 $\xi \ll 1$，$\sqrt{1-\xi^2}\approx 1$，则可以根据式（12.433）用一个更简单的公式计算 ξ。

$$\xi\approx\frac{1}{2(n-1)\pi}\ln\frac{x_1}{x_n} \tag{12.436}$$

例 513 固有频率的确定

质量－弹簧－阻尼器系统的固有频率可以通过测量系统的静态变形求出，设有一个刚刚接触地面的单自由度系统，如图 12.46a 所示。弹簧在接触地面之前既没有被拉长，也没有被压缩。系统放在地面上后，如图 12.46b 所示，弹簧因为重力的存在被压缩产生静态变形 $\delta_s=mg/k$，通过测量 δ_s 可以确定系统的固有频率。

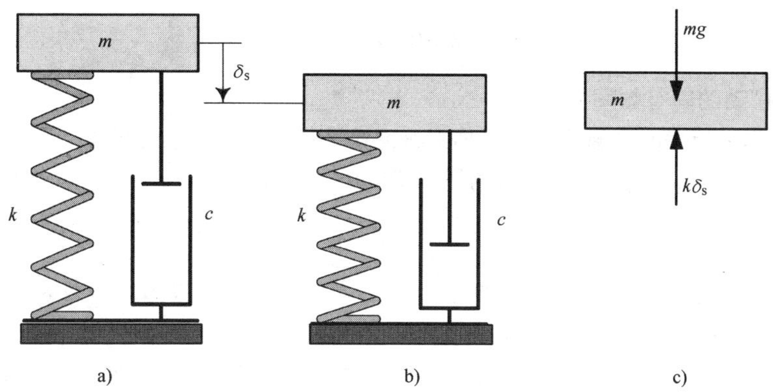

图 12.46　静态变形和固有频率确定

$$\omega_n = \sqrt{\frac{g}{\delta_s}} \tag{12.437}$$

式中

$$\delta_s = \frac{mg}{k} = \frac{g}{\omega_n^2} \tag{12.438}$$

例 514　质量矩的确定

质量矩是影响车辆动力学性能的重要特性，主质量矩 I_x、I_y 和 I_z 可以通过摆动实验进行计算。

图 12.47 所示为一个悬挂在点 A 处的摆动平板，假设平台的质量为 M，绕支点 A 的质量矩为 I_0。忽略绳子的质量，可以写出关于 A 点的欧拉方程。

$$\sum M_y = I_0\ddot{\theta} = -Mgh_1\sin\theta \tag{12.439}$$

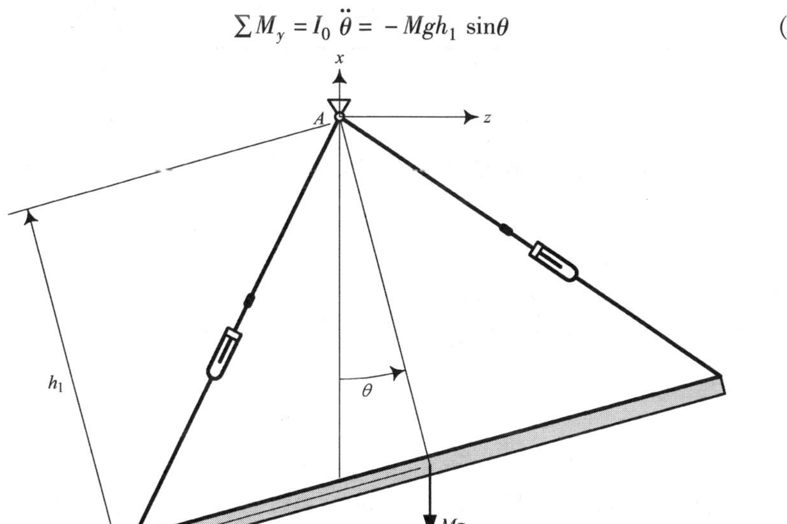

图 12.47　悬挂在点 A 处的摆动平板

并推导出运动方程

$$I_0\ddot{\theta} + Mgh_1\sin\theta = 0 \tag{12.440}$$

如果摆动角 θ 非常小，则 $\sin\theta \approx \theta$，所以，式（12.440）简化为线性方程

$$\ddot{\theta} + \omega_n^2 \theta = 0 \quad \omega_n = \sqrt{\frac{Mgh_1}{I_0}} \tag{12.441}$$

式中，ω_n 是摆动的固有频率。

把 ω_n 看作平板偏离平衡位置一个小距离再松开后绕点 A 进行小幅摆动的固有频率，摆动的固有周期 $T_n = 2\pi/\omega_n$ 是可以测得的量，所以质量矩 I_0 为

$$I_0 = \frac{1}{4\pi^2} Mgh_1 T_n^2 \tag{12.442}$$

固有周期 T_n 可以通过测量几个循环的平均周期获得，或者用加速度计进行更精确的测量。

下面考虑图 12.48 所示的摆动情况，一辆质量为 m、质心在 C 处的汽车放在平板上，并令汽车的质心正好在平板质心之上。因为已知汽车质心 C 位置，所以质心 C 和支点 A 之间的距离也已知，记为 h_2。

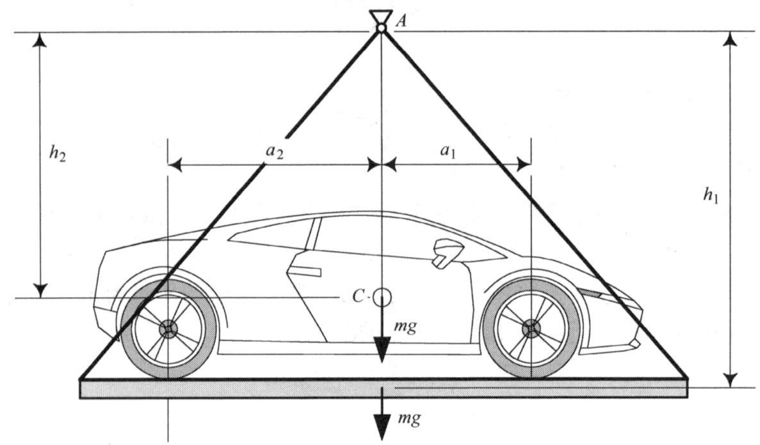

图 12.48 放置在悬挂于点 A 的摆动平板上质量为 m 的汽车

为了求出汽车绕 C 点的俯仰质量矩 I_y，选取摆动系统离开平衡状态时，绕点 A 建立欧拉方程。

$$\sum M_y = I_A \ddot{\theta} \tag{12.443}$$

$$-Mgh_1 \sin\theta - mgh_2 \sin\theta = I_0 + I_y + mh_2^2 \tag{12.444}$$

假设摆动量非常小，所以用 $\sin\theta \approx \theta$，式（12.444）简化为线性摆动。

$$\ddot{\theta} + \omega_n^2 \theta = 0 \tag{12.445}$$

$$\omega_n = \sqrt{\frac{(Mh_1 + mh_2)g}{I_0 + I_y + mh_2^2}} \tag{12.446}$$

因此，可以通过测量摆动的固有周期 $T_n = 2\pi/\omega_n$，再根据下面的公式计算俯仰质量矩 I_y。

$$I_y = \frac{1}{4\pi^2}(Mh_1 + mh_2)gT_n^2 - I_0 - mh_2^2 \tag{12.447}$$

为了确定侧倾质量矩，可以将车按照图 12.49 所示放置。

已知 I_x、I_y 后，可以把汽车呈角度 α 放在平板上，并求出绕通过质心 C 又平行于摆动轴线的质量矩，则质量矩积 I_{xy} 可以经过转换计算求出。

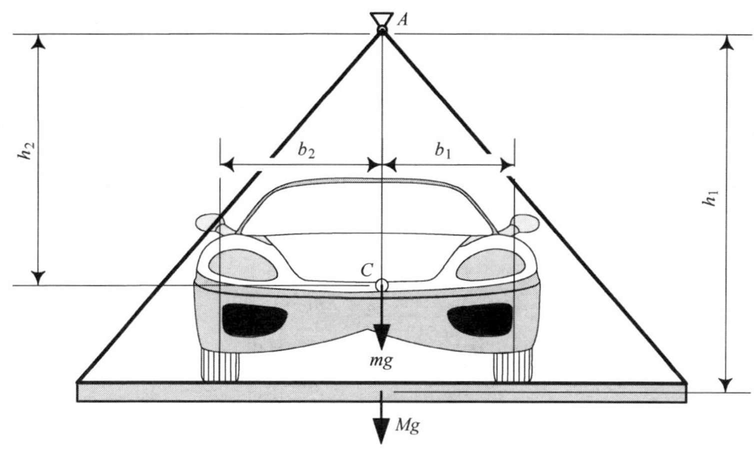

图 12.49　用摆动平板测量侧倾惯性矩

例 515　示例数据

以下为一个示例数据，给出了某民用车的质心位置、质量矩和几何尺寸，该数据与奔驰 A – Class 相似，见表 12.1。

表 12.1　与奔驰 A – Class 相似的某民用车示例数据

轴距	2424mm
前轮距	1492mm
后轮距	1426mm
质量	1245kg
a_1	1100mm
a_2	1323mm
h	580mm
I_x	335kgm^2
I_y	1095kgm^2
I_z	1200kgm^2

12.6★　振动优化理论

振动优化的首要目标是把系统在受迫振动时主质量的振幅降为 0，降低主质量振幅的措施主要有两种：减振器和隔振器。

在主系统的悬架不容易改变时，可以再增设一个振动系统，称作减振器或二级系统，来吸收主系统的振动。减振器增加了系统的自由度，是一种降低频域振动的实用方法。减振器在几个特定频率上工作非常有效，所以可以设计成适用于某一频率范围的减振装置。

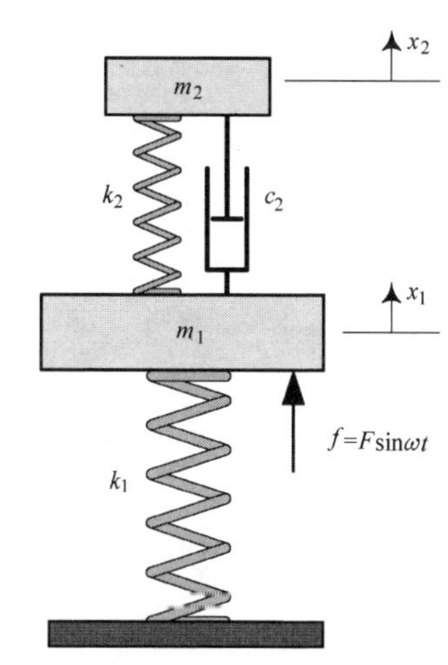

图 12.50　设置在主振动系统（m_1，k_1）上的二级减振器（m_2，c_2，k_2）

设某一质量单元 m_1 支撑在只由一个弹簧 k_1 组成的悬架上，如图 12.50 所示。一个简谐力 $f = F\sin\omega t$ 作用在 m_1 上，下面在主质量 m_1 上增加另一个系统（m_2，c_2，k_2），构成一个二自由度振动系统，有时这种系统称作**弗拉姆减振器**或**弗拉姆阻尼器**。

可以通过设计二级系统的悬架（c_2，k_2），使其在所有特定激励频率 ω 上都能令 m_1 的振幅减小到0。同时，如果激励频率是变量，则可以调整 k_2，使其取优化值 k_2^*

$$k_2^* = \frac{m_1 m_2}{(m_1 + m_2)^2} k_1 \tag{12.448}$$

在下面范围内选择 c_2

$$2m_2 \omega_1 \xi_1^* < c_2 < 2m_2 \omega_1 \xi_2^* \tag{12.449}$$

在整个频率范围内使 m_1 振幅最小。优化值 ξ_1^* 和 ξ_2^* 为正数。

$$\xi_1^* = \sqrt{\frac{-B - \sqrt{B^2 - 4AC}}{2A}} \tag{12.450}$$

$$\xi_2^* = \sqrt{\frac{-B + \sqrt{B^2 - 4AC}}{2A}} \tag{12.451}$$

式中

$$A = 16Z_8 - 4r^2(4Z_4 + 8Z_5) \tag{12.452}$$

$$B = 4Z_9 - 4Z_6 r^2 - Z_7(4Z_4 + 8Z_5) + 4Z_3 Z_8 \tag{12.453}$$

$$C = Z_3 Z_9 - Z_6 Z_7 \tag{12.454}$$

$$Z_3 = 2(r^2 - \alpha^2) \tag{12.455}$$

$$Z_4 = [r^2(1 + \varepsilon) - 1]^2 \tag{12.456}$$

$$Z_5 = r^2(1 + \varepsilon)[r^2(1 + \varepsilon) - 1] \tag{12.457}$$

$$\begin{aligned} Z_6 &= 2[\varepsilon\alpha^2 r^2 - (r^2 - \alpha^2)(r^2 - 1)] \\ &\quad \times [\varepsilon\alpha^2 - (r^2 - \alpha^2) - (r^2 - 1)] \end{aligned} \tag{12.458}$$

$$Z_7 = (r^2 - \alpha^2)^2 \tag{12.459}$$

$$Z_8 = r^2[r^2(1 + \varepsilon) - 1]^2 \tag{12.460}$$

$$Z_9 = [\varepsilon\alpha^2 r^2 - (r^2 - 1)(r^2 - \alpha^2)]^2 \tag{12.461}$$

$$\varepsilon = \frac{m_2}{m_1} \tag{12.462}$$

$$\omega_1 = \sqrt{\frac{k_1}{m_1}} \tag{12.463}$$

$$\omega_2 = \sqrt{\frac{k_2}{m_2}} \tag{12.464}$$

$$\alpha = \frac{\omega_2}{\omega_1} \tag{12.465}$$

$$r = \frac{\omega}{\omega_1} \tag{12.466}$$

$$\xi = \frac{c_2}{2m_2 \omega_1} \tag{12.467}$$

$$\mu = \frac{X_1}{F/k_1} \tag{12.468}$$

证明：图 12.50 中系统的运动方程为

$$m_1 \ddot{x}_1 + c_2(\dot{x}_1 - \dot{x}_2) + k_1 x_1 + k_2(x_1 - x_2) = F\sin\omega t \tag{12.469}$$

$$m_2 \ddot{x}_2 - c_2(\dot{x}_1 - \dot{x}_2) - k_2(x_1 - x_2) = 0 \tag{12.470}$$

为了求出系统的频率响应，将下列解带入到运动方程：

$$x_1 = A_1\cos\omega t + B_1\sin\omega t \tag{12.471}$$

$$x_2 = A_2\cos\omega t + B_2\sin\omega t \tag{12.472}$$

假设在某一稳态工况，可以找到下面的一组关于 A_1、A_2、B_1 和 B_2 的方程

$$\begin{bmatrix} a_{11} & c_2\omega & -k_2 & -c_2\omega \\ -c_2\omega & a_{22} & c_2\omega & -k_2 \\ -k_2 & -c_2\omega & a_{33} & c_2\omega \\ c_2\omega & -k_2 & -c_2\omega & a_{44} \end{bmatrix} \begin{bmatrix} A_1 \\ B_1 \\ A_2 \\ B_2 \end{bmatrix} = \begin{bmatrix} 0 \\ F \\ 0 \\ 0 \end{bmatrix} \tag{12.473}$$

$$a_{11} = a_{22} = k_1 + k_2 - m_1\omega^2 \tag{12.474}$$

$$a_{33} = a_{44} = k_2 - m_2\omega^2 \tag{12.475}$$

主质量 m_1 振动的稳态振幅 X_1

$$X_1 = \sqrt{A_1^2 + B_1^2} \tag{12.476}$$

等于

$$\left(\frac{X_1}{F}\right)^2 = \frac{(k_2 - \omega^2 m_2)^2 + \omega^2 c_2^2}{Z_1^2 + \omega^2 c_2^2 Z_2^2} \tag{12.477}$$

式中

$$Z_1 = (k_1 - \omega^2 m_1)(k_2 - \omega^2 m_2) - \omega^2 m_2 k_2 \tag{12.478}$$

$$Z_2 = k_1 - \omega^2 m_1 - \omega^2 m_2 \tag{12.479}$$

引入式(12.462)～式(12.468)，可以把式（12.477）整理成

$$\mu^2 = \frac{4\xi^2 r^2 + (r^2 - \alpha^2)^2}{4\xi^2 r^2[r^2(1+\varepsilon) - 1]^2 + [\varepsilon\alpha^2 r^2 - (r^2 - 1)(r^2 - \alpha^2)]^2} \tag{12.480}$$

参数 ε 是 m_2 与 m_1 的质量比，ω_1 是主系统的角度固有频率，ω_2 是减振器系统的角度固有频率，α 是固有频率比，ξ 是阻尼比，μ 是动态振幅 X_1 与静态变形量 F/k_1的振幅比。

图 12.51 所示为频率响应 μ 的性能。其中

$$\varepsilon = 0.1 \tag{12.481}$$

$$\alpha = 1 \tag{12.482}$$

并有

$$\xi = 0 \tag{12.483}$$

$$\xi = 0.2 \tag{12.484}$$

$$\xi = 0.3 \tag{12.485}$$

$$\xi = \infty \tag{12.486}$$

所有的曲线都通过两个节点 P 和 Q，其位置与阻尼比 ξ 无关。要求出控制节点位置的参数，只需求出 $\xi = 0$ 和 $\xi = \infty$ 时曲线交点，令出 $\xi = 0$ 和 $\xi = \infty$ ，得到：

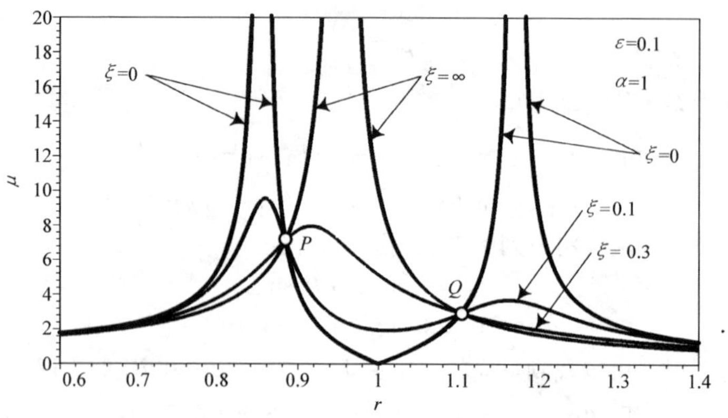

图 12.51　一组参数和不同阻尼比下的频率响应 μ 的性能

$$\mu^2=\frac{(r^2-\alpha^2)^2}{[\varepsilon\alpha^2r^2-(r^2-1)(r^2-\alpha^2)]^2}\tag{12.487}$$

$$\mu^2=\frac{1}{[r^2(1+\varepsilon)-1]^2}\tag{12.488}$$

$\xi=0$ 时，该系统是一个有两个固有频率的欠阻尼线性二自由度系统，当激励频率达到任意一个固有频率时，系统振幅达到无穷大，即 $\mu\to\infty$。$\xi\to\infty$ 时，m_1 和 m_2 之间将不会有相对运动，该系统简化为一个有一个固有频率的欠阻尼线性单自由度系统。

$$\omega_n=\sqrt{\frac{k_1}{m_1+m_2}}\tag{12.489}$$

或

$$r_n=\frac{1}{\sqrt{1+\varepsilon}}\tag{12.490}$$

激励频率达到固有频率，即 $\omega\to\omega_n$ 或 $r\to1/(1+\varepsilon)$ 时，系统振幅达到无穷大，即 $\mu\to\infty$。

应用式（12.487）和式（12.488）可知

$$\frac{(r^2-\alpha^2)^2}{[\varepsilon\alpha^2r^2-(r^2-1)(r^2-\alpha^2)]^2}=\frac{1}{[r^2(1+\varepsilon)-1]^2}\tag{12.491}$$

上式可以简化为

$$\varepsilon\alpha^2r^2-(r^2-1)(r^2-\alpha^2)=\pm(r^2-\alpha^2)[r^2(1+\varepsilon)-1]\tag{12.492}$$

方程右侧取负号时等效于

$$r^4\varepsilon=0$$

表明在 $r=0$ 时存在一个共同点。方程右则取正号时会形成一个关于 r^2 的二次方程。

$$(2+\varepsilon)r^4-r^2[2+2\alpha^2(1+\varepsilon)]+2\alpha^2=0\tag{12.493}$$

该方程的两个正值解分别对应着两个节点 P 和 Q。

$$r_{1,2}^2=\frac{1}{\varepsilon+2}[\alpha^2\pm\sqrt{(\varepsilon^2+2\varepsilon+1)\alpha^4-2\alpha^2+1}+\alpha^2\varepsilon+1]\tag{12.494}$$

$$r_1<r_n<r_2\tag{12.495}$$

由于频率响应曲线都会通过节点 P 和 Q，则最优解应该在 P 和 Q 等高时出现。即

$$\mu(P)=\mu(Q) \tag{12.496}$$

又因为μ^2 在 P 和 Q 处的值与 ξ 无关，所以可以把 r_1 和 r_2 代入式（12.488）求 $\xi=\infty$ 时对应的 μ 值。但是，求解式（12.488）

$$\mu=\frac{1}{r^2(1+\varepsilon)-1} \tag{12.497}$$

可以在 $r<r_n$ 时得到一个正值解，在 $r>r_n$ 时得到一个负值解。所以有

$$\mu(r_1)=-\mu(r_2) \tag{12.498}$$

并有等式

$$\frac{1}{1-r_1^2(1+\varepsilon)}=\frac{-1}{1-r_2^2(1+\varepsilon)} \tag{12.499}$$

上式可以简化为

$$r_1^2+r_2^2=\frac{2}{1+\varepsilon} \tag{12.500}$$

式（12.493）中根的和为

$$r_1^2+r_2^2=\frac{2+2\alpha^2(1+\varepsilon)}{1+\varepsilon} \tag{12.501}$$

所以

$$\frac{2}{1+\varepsilon}=\frac{2+2\alpha^2(1+\varepsilon)}{1+\varepsilon} \tag{12.502}$$

进而得到

$$\alpha=\frac{1}{1+\varepsilon} \tag{12.503}$$

式（12.503）是使节点 P 和 Q 高度相等需要的条件，并据此求出最优 α。求最优 α 等同于对二级悬架系统设计最优刚度 k_2，因为

$$\alpha=\frac{\omega_2}{\omega_1}=\sqrt{\frac{m_1}{m_2}}\sqrt{\frac{k_2}{k_1}} \tag{12.504}$$

并将式（12.503）简化为

$$\alpha=\frac{m_1}{m_1+m_2} \tag{12.505}$$

进而得到最优刚度 k_2^* 的条件

$$k_2^*=k_1\frac{m_1 m_2}{(m_1+m_2)^2} \tag{12.506}$$

为了确定最优阻尼比 ξ，令在节点 P 或 Q 处取 μ 的最大值，在节点 P 处取最大值 μ_{Max} 确保 $\mu(r_1)$ 在频域 r_1 附近取得最大值。在节点 Q 处取最大值 μ_{Max} 确保 $\mu(r_2)$ 在频域 r_2 附近取得最大值。μ_{Max} 取最大值的位置受 ξ 的控制，所以可以在 μ_{Max} 取 $\mu(r_1)$ 和 $\mu(r_2)$ 时得到两个最优 ξ。图 12.52 为这种情况的一个示例。

取式（12.503）中最优 α 时的节点频率为

$$r_{1,2}^2=\frac{1}{1+\varepsilon}\left(1\pm\sqrt{\frac{\varepsilon}{2+\varepsilon}}\right) \tag{12.507}$$

令节点频率下的偏导 $\partial\mu^2/\partial r^2$ 等于 0

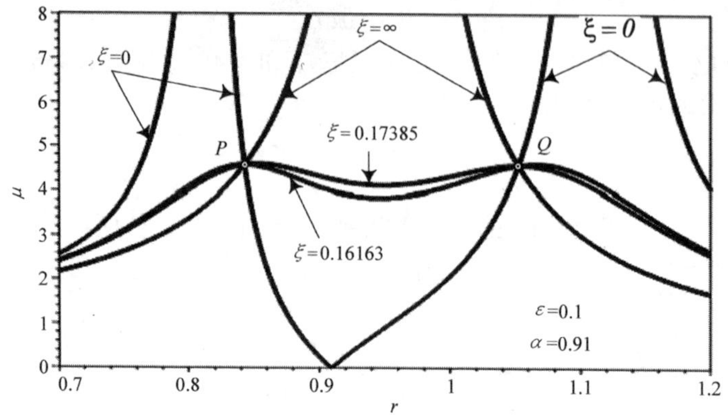

图12.52　最大μ时节点P或Q处最优阻尼比ξ

$$\left.\frac{\partial\mu^2}{\partial r^2}\right|_{r_1^2}=0 \tag{12.508}$$

$$\left.\frac{\partial\mu^2}{\partial r^2}\right|_{r_2^2}=0 \tag{12.509}$$

把μ^2用$N(r)$作分子，$D(r)$作分母表示

$$\mu^2=\frac{N(r)}{D(r)} \tag{12.510}$$

可以使求导更方便。

$$\frac{\partial\mu^2}{\partial r^2}=\frac{1}{D^2}\left(D\frac{\partial N}{\partial r^2}-N\frac{\partial D}{\partial r^2}\right)=\frac{1}{D}\left(\frac{\partial N}{\partial r^2}-\frac{N}{D}\frac{\partial D}{\partial r^2}\right) \tag{12.511}$$

求微分后得

$$\frac{\partial N}{\partial r^2}=4\xi^2+Z_3 \tag{12.512}$$

$$\frac{\partial D}{\partial r^2}=4\xi^2 Z_4+8\xi^2 Z_5+Z_6 \tag{12.513}$$

把式（12.512）、式（12.513）和式（12.507）代入式（12.511）解得ξ，代入后，方程$\partial\mu^2/\partial r^2=0$应为

$$\begin{aligned}\frac{\partial N}{\partial r^2}-\frac{N}{D}\frac{\partial D}{\partial r^2}&=(4\xi^2+Z_3)(4\xi^2 Z_8+Z_9)\\&\quad-(4\xi^2 r^2+Z_7)(4\xi^2 Z_4+8\xi^2 Z_5+Z_6)=0\end{aligned} \tag{12.514}$$

因为

$$\frac{N}{D}=\frac{4\xi^2 r^2+Z_7}{4\xi^2 Z_8+Z_9} \tag{12.515}$$

式（12.514）是ξ^2的二次方程，即

$$\begin{aligned}&[16Z_8-4r^2(4Z_4+8Z_5)]\xi^4\\&+[4Z_9-4Z_6 r^2-Z_7(4Z_4+8Z_5)+4Z_3 Z_8]\xi^2+(Z_3 Z_9-Z_6 Z_7)\\&=A(\xi^2)^2+B\xi^2+C=0\end{aligned} \tag{12.516}$$

其解为

$$\xi^2 = \frac{-B \pm \sqrt{B^2 - 4AC}}{2A} \tag{12.517}$$

从 $r=r_1$ 和 $r=r_2$ 时式（12.517）中的 ξ 的正数值可以求出极限值 ξ_1^* 和 ξ_2^*，图 12.52 所示为最优 α 和 $\xi=0$、ξ_1^*、ξ_2^* 及∞时 μ 的性能曲线。

例 516★ $\varepsilon=0.1$ 时的最优弹簧刚度与阻尼系数

设弗拉姆减振器参数为

$$\varepsilon = \frac{m_1}{m_2} = 0.1 \tag{12.518}$$

取式（12.503）中的最优频率比 α。

$$\alpha^* = \frac{1}{1+\varepsilon} \approx 0.9091 \tag{12.519}$$

根据式（12.507）求出节点频率 $r_{1,2}^2$。

$$r_{1,2}^2 = \frac{1}{1+\varepsilon}\left(1 \pm \sqrt{\frac{\varepsilon}{2+\varepsilon}}\right) = 0.71071 \text{ 或 } 1.1075 \tag{12.520}$$

令 $r=r_1=\sqrt{0.71071} \approx 0.843$，并根据式（12.455）~式（12.461）计算参数 $Z_3 \sim Z_9$

$$\begin{aligned} &Z_3 = -0.231470544 \quad Z_4 = 0.0476190476 \\ &Z_5 = -0.1705988426 \quad Z_6 = 0.0246326501 \\ &Z_7 = 0.0133946532 \quad Z_8 = 0.03384338136 \\ &Z_9 = 0.0006378406298 \end{aligned} \tag{12.521}$$

根据式（12.452）~式（12.454）计算系数 A、B 和 C。

$$\begin{aligned} A &= 3.879887219 \\ B &= -0.08308086729 \\ C &= -0.0004775871233 \end{aligned} \tag{12.522}$$

然后求出第一个最优阻尼比 ξ_1

$$\xi_1^* = 0.1616320694 \tag{12.523}$$

令 $r=r_2=\sqrt{1.1075} \approx 1.05236$，计算下列参数和系数

$$\begin{aligned} &Z_3 = 0.562049056 \quad Z_4 = 0.04761904752 \\ &Z_5 = 0.265836937 \quad Z_6 = -0.375123324 \\ &Z_7 = 0.078974785 \quad Z_8 = 0.05273670508 \\ &Z_9 = 0.003760704084 \end{aligned} \tag{12.524}$$

$$\begin{aligned} A &= -9.421012739 \\ B &= 0.1167823931 \\ C &= 0.005076228579 \end{aligned} \tag{12.525}$$

然后求出第二个最优阻尼比 ξ_2

$$\xi_2^* = 0.1738496023 \tag{12.526}$$

因此，最优频率比 α 是 $\alpha^* = 0.9091$，最优阻尼比 ξ 的取值区间为 $0.1616320694 < \xi^* < 0.1738496023$。

例 517★ $r=\alpha=1$ 时减振器效率最高

$\xi=0$ 时，在 $r=1$ 处有 $\mu=1$，表明如果主系统和二级系统的固有频率与激励频率相等，即 $r=\alpha=1$，则主质量的振幅会减小为0。

例518★　最优节点振幅

把式（12.503）中的最优 α 代入式（12.493）

$$r^4-\frac{2}{2+\varepsilon}r^2+\frac{2}{(2+\varepsilon)(1+\varepsilon)^2}=0 \tag{12.527}$$

进而得到如下节点频率

$$r_{1,2}^2=\frac{1}{1+\varepsilon}\left(1\pm\sqrt{\frac{\varepsilon}{2+\varepsilon}}\right) \tag{12.528}$$

在式（12.497）中代入 $r_{1,2}$，求出共同节点的振幅 μ（$r_{1,2}$）为

$$\mu=\sqrt{\frac{2+\varepsilon}{\varepsilon}} \tag{12.529}$$

例519★　最优固有频率比 α 和质量比 ε

固有频率比 α 的最优值仅是质量比 ε 的函数，并由式（12.503）确定，图12.53所示为 α 作为 ε 函数的曲线。最优 α，连同最优 k_2，将随着 $\varepsilon=m_2/m_1$ 的增加而减小。因此，减振器上的质量较轻时，需要配刚度较大的弹簧。

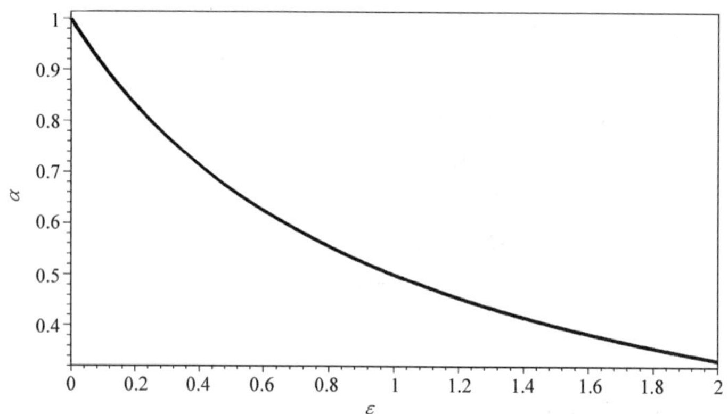

图12.53　固有频率比 α 的最优值关于质量比 ε 的函数曲线

例520★　节点频率 $r_{1,2}$ 和质量比 ε

由式（12.507）可知，取最优 α 值时式（12.503）中节点频率 $r_{1,2}$ 仅是质量比 ε 的函数。

$$r_{1,2}^2=\frac{1}{1+\varepsilon}\left(1\pm\sqrt{\frac{\varepsilon}{2+\varepsilon}}\right) \tag{12.530}$$

图12.54所示为 $r_{1,2}$ 作为 ε 函数的曲线。$\varepsilon\to0$ 时，减振器的 m_2 变为0，所以系统变成一个单自由度主振荡器。从式（12.490）可以看出，这种系统只有一个固有频率，$r_n=1$。m_2 逐渐减小为0时，$r_{1,2}$ 也逐渐接近该频率。

节点频率 $r_{1,2}$ 总是在单自由度系统固有频率的两侧，即

$$r_1<r_n<r_2 \tag{12.531}$$

这些频率都是质量比 ε 的减函数。

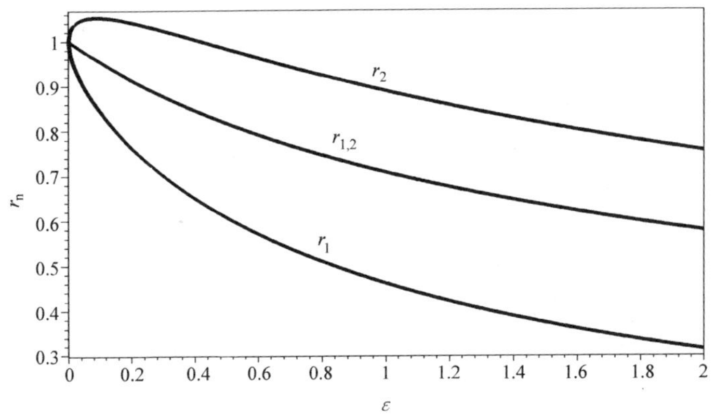

图 12.54　节点频率 $r_{1,2}$ 关于质量比 ε 的函数曲线

例 521★　超大阻尼的固有频率

令 $\xi=0$，$\varepsilon=0.1$，可以求出

$$\mu=\left|\frac{r^2-1}{0.1r^2-(r^2-1)^2}\right| \tag{12.532}$$

令 $\xi=\infty$，可以求出

$$\mu=\left|\frac{1}{1.1r^2-1}\right| \tag{12.533}$$

$\xi=\infty$ 意味着系统中没有阻尼，系统中没有阻尼时，μ 在分母取其实根 r_{n_1} 和 r_{n_2} 时达到无穷大，r_{n_1} 和 r_{n_2} 是系统固有频率。例如，$\varepsilon=0.1$ 时，系统的固有频率 r_{n_1} 和 r_{n_2} 为

$$0.1r^2-(r^2-1)^2=0 \tag{12.534}$$

$$r_{n_1}=0.85431 \tag{12.535}$$

$$r_{n_2}=1.1705 \tag{12.536}$$

$\xi=0$ 意味着 m_1 和 m_2 之间是刚性连接，系统只有一个自由度，所以，μ 在分母取其唯一的根 r_n 时达到无穷大

$$1.1r^2-1=0 \tag{12.537}$$

$$r_n=0.953 \tag{12.538}$$

这里的 r_n 始终在 r_{n_1} 和 r_{n_2} 之间，即

$$r_{n_1}<r_n<r_{n_2} \tag{12.539}$$

12.7　小结

一般而言，振动是一种有害的和不期望发生的现象。无振动系统与振动系统连接时，振动的影响非常重要。为了尽量减小振动的影响，需要把有振动系统与一个弹性阻尼隔振器连接起来。为了分析方便，把弹性阻尼隔振器简化为互相平行的弹簧和阻尼器，这样的系统称作悬架。

振动可以从物理意义上表示为能量转换的结果，可以用一组微分方程的解进行数学表达。如果系统是线性的，则总能够把运动方程整理成下面的矩阵形式：

$$[M]\ddot{\boldsymbol{x}}+[c]\dot{\boldsymbol{x}}+[k]\boldsymbol{x}=\boldsymbol{F}(\boldsymbol{x},\dot{\boldsymbol{x}},t) \tag{12.540}$$

振动可以分为 $\boldsymbol{F}=0$ 时的**自由振动**和 $\boldsymbol{F}\neq 0$ 时的**受迫振动**。但是，在实用振动中，通常按运动方程的解分为**瞬态**和**稳态**两类。瞬态响应是 $\boldsymbol{F}=0$ 或 $\boldsymbol{F}$ 短时间主动作用下运动方程的解。因为很多工业机械上装有旋转马达，所以周期激励和简谐激励非常普遍，频率响应是系统在简谐激励下运动方程的稳态解。频率分析中，人们寻求初始条件的影响消失后系统的稳态响应。

机械系统的频率响应，例如车辆，受系统固有频率和激励频率的控制。激励频率达到系统的某一固有频率时，系统振幅会增大。固有频率附近的频率区域称作**共振区域**，共振区域的振幅可以通过加入阻尼使之减小。

单自由度简谐激励系统可以分为**基座激励**、**偏心激励**、**偏心基座激励和力作用激励**四类，每一类频率响应都有其特殊性能，且可以用 S_i、G_i 和 Φ_i 中的一个函数表示。通常把系统的频率响应看作频率比 $r=\omega/\omega_n$ 和阻尼比 $\xi=c/\sqrt{4km}$ 的函数，并借助图形对系统频率响应进行分析。

12.8 主要符号

a 以及 $\ddot{x}$	加速度
$a_1=x_1$	从前轴到质心的距离
$a_2=-x_2$	从后轴到质心的距离
$[a]$，$[A]$	系数矩阵
A，B，C	频率响应的未知系数
b_1	从质心到左车轮的距离
b_2	从质心到右车轮的距离
c	阻尼
c^*	最优阻尼
c_{eq}	等效阻尼
c_{ij}	阻尼矩阵中的第 i 行，第 j 列元素
$[c]$	阻尼矩阵
D	分母
e	偏心摇臂
e	指数函数
E	机械能
E	初期弹性模量
$f=1/T$	循环周期
f，$\boldsymbol{F}$	力
f_c	阻尼力
f_{eq}	等效力
f_k	弹簧力
f_m	驱动质量 m 需要的力
F	简谐力 $f=F\sin\omega t$ 的振幅
F_0	常力
F_t	张紧力
F_T	传递力
g	重力加速度
G_0，G_1，G_2	频率响应的振幅
I	梁的面积惯性矩
I	车辆的质量矩
$\boldsymbol{I}$	单位矩阵
k	刚度
k^*	最优刚度
k_{eq}	等效刚度
k_{ij}	刚度矩阵中的第 i 行，第 j 列元素
k_R	防侧倾杆扭转刚度
$[k]$	刚度矩阵
K	动能
l	长度
m	质量
m_b	设备质量
m_e	偏心质量
m_{ij}	质量矩阵中的第 i 行，第 j 列元素

m_s	簧载质量
m_s	弹簧质量
m_u	非簧载质量
$[m]$	质量矩阵
M	底盘的质量
N	分子
$\boldsymbol{p}$	动量
Q	广义振幅
$r=\omega/\omega_n$	频率比
r，R	半径
r_1，r_2	节点上的频率比
$r_n=\omega_n/\omega_1$	无量纲固有频率
S	超调
S	积
S_0，S_1，…，S_4	振幅频率响应
t	时间
t_p	峰值时间
t_r	上升时间
t_s	沉降时间
T	周期
T_n	固有周期
v 及 $\dot{x}$，v	速度
V	势能
w	汽车轮距
w_f	汽车前轮距
w_r	汽车后轮距
x，y，z，$\boldsymbol{x}$	位移
x_0	初始位移
x_h	齐次解
x_p	特解
x_P	峰值位移
$\dot{x}_0$	初始速度
X，Y，Z	振幅
Z_i，$i=1$，2，…	参数
$\alpha=\omega_2/\omega_1$	固有频率比
δ	变形
δ_s	静态变形
ε	质量比
θ	角运动
Θ	角振动振幅
λ	特征值
μ	振幅频率响应
ϕ	相位角
Φ_0，Φ_1，…，Φ_3	相位频率响应
$\omega=2\pi f$	角频率［rad/s］
ω_n	固有频率
ξ	阻尼比
ξ^*	最优阻尼比
下标：	
d	drive，驱动
f	front，前
M	maximum，最大
r	rear，后
s	spung mass，簧载质量
u	unspung mass，非簧载质量

习　题

1. 固有频率和阻尼比

某单自由度质量 - 弹簧 - 阻尼器的质量 $m=1\text{kg}$，刚度 $k=1000\text{N/m}$，阻尼 $c=100\text{Ns/m}$。试确定系统的固有频率和阻尼比。

2. 等效弹簧

试求图 12.55 所示振动系统的等效弹簧。

3. ★质量弹簧的等效质量

图 12.56 所示某末端带有质量 m 的弹性悬臂梁，该梁的参数：弹性 E，面积惯性矩 I，质量 m_s。假设末端质量做侧向摆动时，该梁获得简谐波形

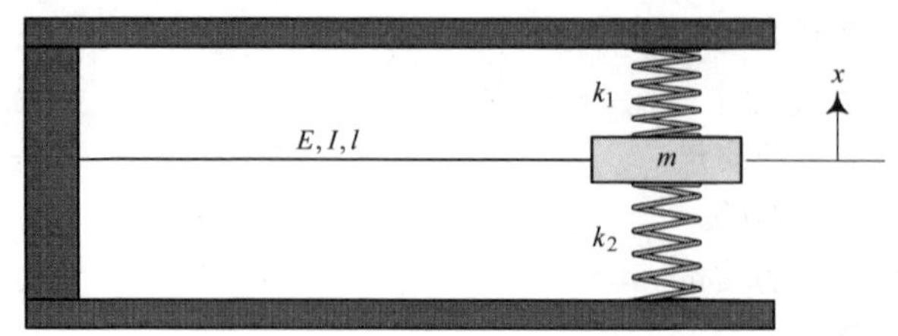

图 12.55　与悬臂梁连接的弹簧

$$y = Y\sin\frac{\pi x}{2l}$$

求 E、I、l 不变的情况下，无质量梁末端的等效质量 m_e

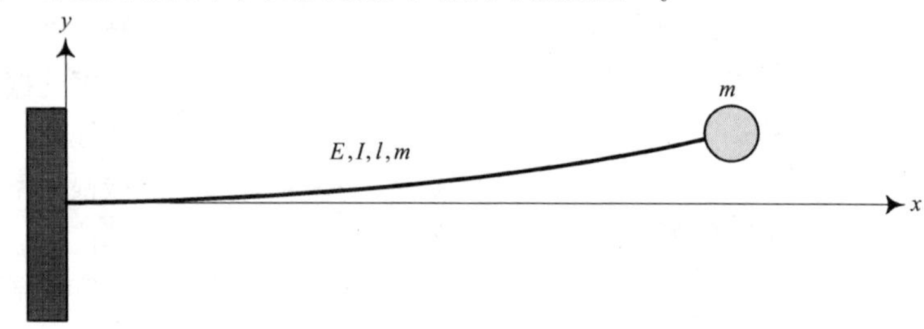

图 12.56　某末端质量为 m 的弹性有质量悬臂梁

4. 连接有理想弹簧的摆

求图 12.57 中任意角 θ 时摆的动能和势能，弹簧的自由长度为 $l=a-b$。

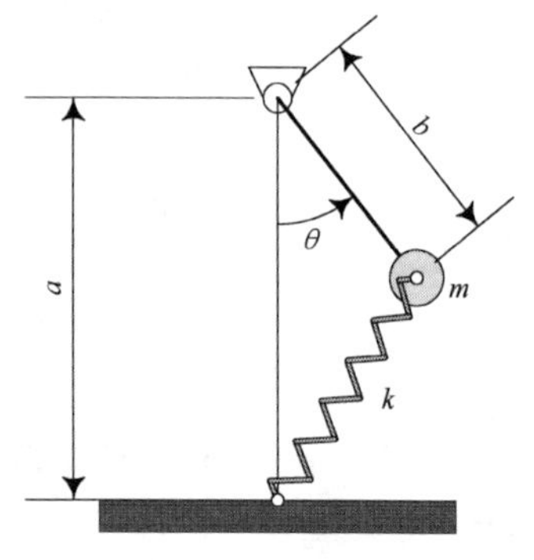

图 12.57　连接有弹簧的摆

5. ★连接有一般弹簧的摆

求下列条件下图 12.57 中角为 θ 时摆的势能：

（a）弹簧的自由长度为 $l=a-1.2b$。

（b）弹簧的自由长度为 $l=a-0.8b$。

6. ★连接有弹簧的直线振荡器。

求图 12.58 中振荡器的动能和势能，弹簧的自由长度为 a。

（a）用关于变量角 θ 的形式表示答案。

（b）用关于变量距离 x 的形式表示答案。

（c）求角度 θ 为小角度和大角度时的运动方程。

（d）求距离 x 为小距离和大距离时的运动方程。

7. ★ 座垫的数学模型

图 12.59 所示为某座垫悬架机构的数学模型，该模型可以用于分析驾驶人的座椅或橡胶垫悬架。

（a）用 y 为已知输入函数，推导以 x 和 z 为变量的运动方程。

（b）消去 z，推导关于 x 的三次方程。

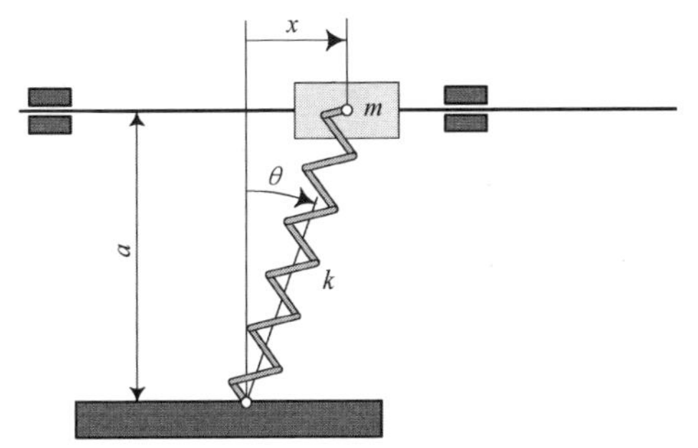

图 12.58　连接有弹簧的直线振荡器

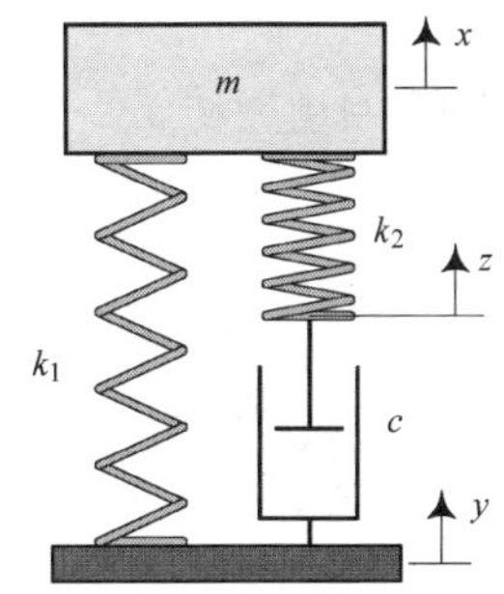

图 12.59　座垫悬架机构的数学模型

8. 力作用激励和弹簧刚度

某力作用激励的质量－弹簧－阻尼器系统参数为

$$m=200\text{kg}\quad c=1000\text{N s/m}$$

求使系统固有频率为 1Hz 的弹簧刚度 k。如果给质量 m 施加作用力 F，

$$F=100\ \sin 10t$$

求质量 m 的位移、速度和加速度的振幅。

9. 力作用激励和系统参数

某力作用激励的质量－弹簧－阻尼器系统受力 f 的作用

$$F=100\ \sin 10t$$

如果质量 $m=200\text{kg}$ 在固有频率下受激励，并且不会有大于 2 的无量纲稳态振幅，试求出 c、k、φ_x 和 F_T。

10. 基座激励和弹簧刚度

某基座激励的质量－弹簧－阻尼器系统参数为

$$m=200\text{kg}\quad c=1000\text{N s/m}$$

系统固有频率时的基座激励为

$$y=0.05\sin 2\pi t$$

求弹簧刚度 k 和 m 的稳态振幅。

11. 基座激励系统和绝对加速度

假设某基座激励的质量－弹簧－阻尼器系统，在绝对加速度频率响应的节点处振动，如果基座受到的激励为

$$y=0.05\sin 2\pi t$$

求 ω_n、$\ddot{X}$、X。

12. 偏心激励和传递力

某发动机的质量 $m=175\text{kg}$，偏心 $m_e e=0.4\times 0.1\text{kgm}$，同时转速 $\omega=4000\text{r/min}$

(a) 如果有四个发动机支座，每个支座 $k=10000\text{N/m}$，$c=100\text{N s/m}$，求该振动的稳态振幅。

(b) 求传递到基座的力。

13. ★偏心基座激励和绝对位移

某偏心基座激励系统的参数：$m=3\text{kg}$，$m_b=175\text{kg}$，$m_e e=0.4\times 0.1\text{kgm}$，同时 $\omega=$

4000r/min。如果 $r=1$ 时，$Z/(e\varepsilon)=2$，计算 X 和 Y。

14. 特征值和自由振动

设某质量－弹簧－阻尼器系统参数为

$$m=250\text{kg}\quad k=8000\text{N/m}\quad c=1000\text{N s/m}$$

试对 $x(0)=1$，$\dot{x}(0)=0$ 时，求系统的特征值和自由振动响应。

15. ★对阶跃输入的响应

设某质量－弹簧－阻尼器系统参数为

$$m=250\text{kg}\quad k=8000\text{N/m}\quad c=1000\text{N s/m}$$

求2%窗口的阶跃输入参数 t_{r}、t_{P}、x_{P}、S 和 t_{s}。

16. 阻尼比的确定

设某振动系统经过100次振动后，峰值振幅降低了2%，试求 ξ 的准确值和估计值。

17. 汽车的侧向惯性矩

设某汽车的参数如下：

b_1	746mm
b_2	740mm
质量	1245kg
a_1	1100mm
a_2	1323mm
h	580mm
I_x	335kgm^2
I_y	1095kgm^2

汽车放在实体钢质平板上，平板尺寸为2000mm×3800mm×35mm，并且 $h_1=3100\text{mm}$ 求摆动周期

（a）侧向

（b）纵向

18. ★最优减振器

设某主系统质量 $m_1=250\text{kg}$，刚度 $k=8000\text{N/m}$。确定 $m_2=1\text{kg}$ 时用作减振器的二级系统最佳悬架。

19. ★频率响应

证明如下等式：

$$G_2=\frac{F_{T_B}}{kY}$$

$$G_2=\frac{F_{T_E}}{e\omega_{\mathrm{n}}^2 m_e}$$

$$G_2=\frac{F_{T_R}}{e\omega_{\mathrm{n}}^2 m_e}\left(1+\frac{m_{\mathrm{b}}}{m}\right)$$

13 车辆振动

车辆是如图 13.1 所示的多自由度系统。车辆的振动性能，称作乘适性或平顺性，与车辆的固有频率和振型高度关联。本章讨论和考察不同类型车辆运动方程、固有频率和振型的实用计算方法。

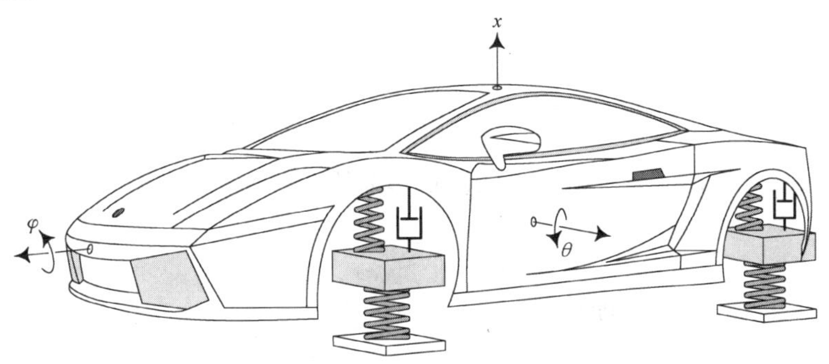

图 13.1 车辆的整车振动模型

13.1 拉格朗日方法和耗散函数

拉格朗日方程

$$\frac{\mathrm{d}}{\mathrm{d}t}\left(\frac{\partial K}{\partial \dot{q}_r}\right)-\frac{\partial K}{\partial q_r}=F_r \quad r=1,2,\cdots n \tag{13.1}$$

或

$$\frac{\mathrm{d}}{\mathrm{d}t}\left(\frac{\partial \mathcal{L}}{\partial \dot{q}_r}\right)-\frac{\partial \mathcal{L}}{\partial q_r}=Q_r \quad r=1,2,\cdots n \tag{13.2}$$

由式（9.243）和式（9.298）给出，两个方程都可以用于求振动系统的运动方程。但是，对于轻度线性振动，可以采用更为简单实用的特殊拉格朗日方程。

$$\frac{\mathrm{d}}{\mathrm{d}t}\left(\frac{\partial K}{\partial \dot{q}_r}\right)-\frac{\partial K}{\partial q_r}+\frac{\partial D}{\partial \dot{q}_r}+\frac{\partial V}{\partial q_r}=f_r \quad r=1,2,\cdots n \tag{13.3}$$

式中，K 是系统动能；V 是系统势能；D 是系统的耗散函数；f_r 是施加在质量 m_r 上的作用力。

$$K=\frac{1}{2}\dot{\boldsymbol{x}}^{\mathrm{T}}[m]\dot{\boldsymbol{x}}=\frac{1}{2}\sum_{i=1}^{n}\sum_{j=1}^{n}\dot{x}_i m_{ij}\dot{x}_j \tag{13.4}$$

$$V=\frac{1}{2}\boldsymbol{x}^{\mathrm{T}}[k]\boldsymbol{x}=\frac{1}{2}\sum_{i-1}^{n}\sum_{j-1}^{n}x_i k_{ij} x_j \tag{13.5}$$

$$D=\frac{1}{2}\dot{\boldsymbol{x}}^{\mathrm{T}}[c]\dot{\boldsymbol{x}}=\frac{1}{2}\sum_{i=1}^{n}\sum_{j=1}^{n}\dot{x}_i c_{ij}\dot{x}_j \tag{13.6}$$

证明：设有一个单自由度质量－弹簧－阻尼器振动系统，系统中的阻尼器仅有黏性阻

尼，可以应用瑞利耗散函数计算耗散能

$$D=\frac{1}{2}c\dot{x}^2 \tag{13.7}$$

用微分求阻尼力f_c

$$f_c=-\frac{\partial D}{\partial \dot{x}} \tag{13.8}$$

弹性力f_k可以根据势能V中求出

$$f_k=-\frac{\partial V}{\partial x} \tag{13.9}$$

则广义力F可以分解成

$$F=f_c+f_k+f=-\frac{\partial D}{\partial \dot{x}}-\frac{\partial V}{\partial x}+f \tag{13.10}$$

式中，f是作用在m上的非守恒作用力。把式（13.10）代入到式（13.1）中

$$\frac{\mathrm{d}}{\mathrm{d}t}\left(\frac{\partial K}{\partial \dot{x}}\right)-\frac{\partial K}{\partial x}=-\frac{\partial D}{\partial \dot{x}}-\frac{\partial V}{\partial x}+f \tag{13.11}$$

得到黏性阻尼振动系统的拉格朗日方程。

$$\frac{\mathrm{d}}{\mathrm{d}t}\left(\frac{\partial K}{\partial \dot{x}}\right)-\frac{\partial K}{\partial x}+\frac{\partial D}{\partial \dot{x}}+\frac{\partial V}{\partial x}=f \tag{13.12}$$

当振动系统有n个自由度时，其系统动能K、势能V和耗散函数D即为式(13.4)~式(13.6)。

例522　单自由度受迫质量－弹簧－阻尼器系统

图13.2所示的单自由度质量－弹簧－阻尼器系统，外力f作用在质量m上，系统运动时，其动能和势能为

$$K=\frac{1}{2}m\dot{x}^2 \tag{13.13}$$

$$V=\frac{1}{2}kx^2 \tag{13.14}$$

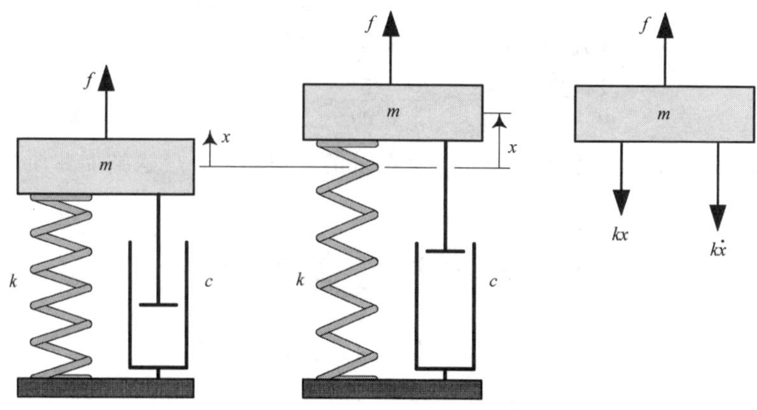

图13.2　单自由度受迫质量－弹簧－阻尼器系统

其耗散函数为

$$D=\frac{1}{2}c\dot{x}^2 \tag{13.15}$$

把式（13.13）~式（13.15）代入拉格朗日方程式（13.3），得到如下运动方程

$$\frac{\mathrm{d}}{\mathrm{d}t}(m\dot{x})+c\dot{x}+kx=f \tag{13.16}$$

这是由于

$$\frac{\partial K}{\partial\dot{x}}=m\dot{x}\quad \frac{\partial K}{\partial x}=0\quad \frac{\partial D}{\partial\dot{x}}=c\dot{x}\quad \frac{\partial D}{\partial x}=kx \tag{13.17}$$

例 523 无阻尼三自由度系统

图 13.3 所示是一个无阻尼三自由度线性振动系统，系统的动能和势能为

$$K=\frac{1}{2}m_1\dot{x}_1^2+\frac{1}{2}m_2\dot{x}_2^2+\frac{1}{2}m_3\dot{x}_3{}^2 \tag{13.18}$$

$$V=\frac{1}{2}k_1x_1^2+\frac{1}{2}k_2(x_1-x_2)^2+\frac{1}{2}k_3(x_2-x_3)^2+\frac{1}{2}k_4x_3{}^2 \tag{13.19}$$

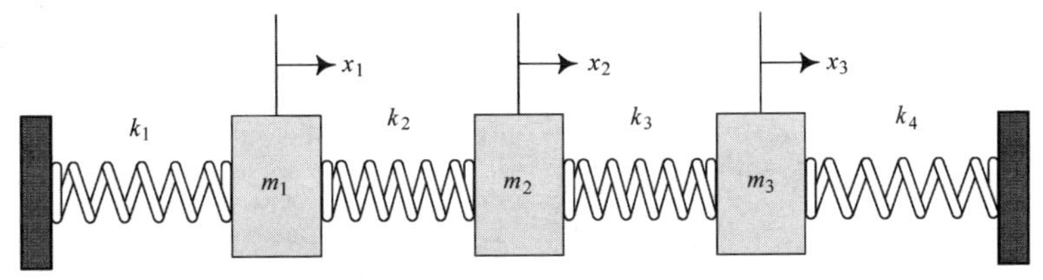

图 13.3 无阻尼三自由度系统

因为系统中没有阻尼，所以可以求出拉格朗日函数

$$\mathcal{L}=K-V \tag{13.20}$$

应用式（13.2），取 $Q_r=0$

$$\frac{\partial\mathcal{L}}{\partial x_1}=-k_1x_1-k_2(x_1-x_2) \tag{13.21}$$

$$\frac{\partial\mathcal{L}}{\partial x_2}=k_2(x_1-x_2)-k_3(x_2-x_3) \tag{13.22}$$

$$\frac{\partial\mathcal{L}}{\partial x_3}=k_3(x_2-x_3)-k_4x_3 \tag{13.23}$$

$$\frac{\partial\mathcal{L}}{\partial\dot{x}_1}=m_1\dot{x}_1\quad \frac{\partial\mathcal{L}}{\partial\dot{x}_2}=m_2\dot{x}_2\quad \frac{\partial\mathcal{L}}{\partial\dot{x}_3}=m_3\dot{x}_3 \tag{13.24}$$

求出运动方程

$$m_1\ddot{x}_1+k_1x_1+k_2(x_1-x_2)=0 \tag{13.25}$$

$$m_2\ddot{x}_2-k_2(x_1-x_2)+k_3(x_2-x_3)=0 \tag{13.26}$$

$$m_3\ddot{x}_3-k_3(x_2-x_3)+k_4x_3=0 \tag{13.27}$$

为了便于计算，把上述方程写成矩阵形式

$$\begin{bmatrix} m_1 & 0 & 0\\ 0 & m_2 & 0\\ 0 & 0 & m_3\end{bmatrix}\begin{bmatrix}\ddot{x}_1\\ \ddot{x}_2\\ \ddot{x}_3\end{bmatrix}+\begin{bmatrix} k_1+k_2 & -k_2 & 0\\ -k_2 & k_2+k_3 & -k_3\\ 0 & -k_3 & k_3+k_4\end{bmatrix}\begin{bmatrix}x_1\\ x_2\\ x_3\end{bmatrix}=0 \tag{13.28}$$

例 524 偏心激励单自由度系统

图 12.31 所示为偏心激励单自由度系统，其质量单元 m 被一个由弹簧 k 和阻尼器 c 构成的悬架支撑，在距离 e 处还有一个以角速度 ω 旋转的质量单元 m_e，应用拉格朗日法可以求系统的运动方程。

系统的动能为

$$K=\frac{1}{2}(m-m_e)\dot{x}^2+\frac{1}{2}m_e(\dot{x}+e\omega\cos\omega t)^2+\frac{1}{2}m_e(-e\omega\sin\omega t)^2 \tag{13.29}$$

主振动质量 $m-m_e$ 的速度是 $\dot{x}$，偏心质量的速度有两个分量，即 $\dot{x}+e\omega\cos\omega t$ 和 $-e\omega\sin\omega t$，则系统的势能和耗散函数为

$$V=\frac{1}{2}kx^2 \quad D=\frac{1}{2}c\dot{x}^2 \tag{13.30}$$

应用拉格朗日方程

$$\frac{\partial K}{\partial \dot{x}}=m\dot{x}+m_e e\omega\cos\omega t \tag{13.31}$$

$$\frac{\mathrm{d}}{\mathrm{d}t}\left(\frac{\partial K}{\partial \dot{x}}\right)=m\ddot{x}-m_e e\omega^2\sin\omega t \tag{13.32}$$

$$\frac{\partial D}{\partial \dot{x}}=c\dot{x} \tag{13.33}$$

$$\frac{\partial V}{\partial x}=kx \tag{13.34}$$

得到运动方程

$$m\ddot{x}+c\dot{x}+kx=m_e e\omega^2\sin\omega t \tag{13.35}$$

该方程与式（12.208）相同。

例 525 偏心基座激励振动系统

图 12.35 所示单自由度偏心基座激励振动系统，其质量单元 m 装在一个受偏心激励的基座上，由弹簧 k 和阻尼器 c 支撑。基座质量为 m_{b}，在距离 e 处连接着一个不平衡质量单元 m_e，质量单元 m_e 以角速度 ω 旋转。

应用拉格朗日方法可以推导出系统的运动方程，需要的函数为

$$\begin{aligned}K&=\frac{1}{2}m\dot{x}^2+\frac{1}{2}(m_{\mathrm{b}}-m_e)\dot{y}^2\\&\quad+\frac{1}{2}m_e(\dot{y}-e\omega\cos\omega t)^2+\frac{1}{2}m_e(e\omega\sin\omega t)^2\end{aligned} \tag{13.36}$$

$$V=\frac{1}{2}k(x-y)^2 \tag{13.37}$$

$$D=\frac{1}{2}c(\dot{x}-\dot{y})^2 \tag{13.38}$$

应用拉格朗日方法可得

$$m\ddot{x}+c(\dot{x}-\dot{y})+k(x-y)=0 \tag{13.39}$$

$$m_{\mathrm{b}}\ddot{y}+m_e e\omega^2\sin\omega t-c(\dot{x}-\dot{y})-k(x-y)=0 \tag{13.40}$$

由于

$$\frac{\partial K}{\partial \dot{x}} = m\dot{x} \tag{13.41}$$

$$\frac{\mathrm{d}}{\mathrm{d}t}\left(\frac{\partial K}{\partial \dot{x}}\right) = m\ddot{x} \tag{13.42}$$

$$\frac{\partial D}{\partial \dot{x}} = c(\dot{x} - \dot{y}) \tag{13.43}$$

$$\frac{\partial V}{\partial x} = k(x - y) \tag{13.44}$$

$$\frac{\partial K}{\partial \dot{y}} = m_{\mathrm{b}}\dot{y} - m_e e\omega\cos\omega t \tag{13.45}$$

$$\frac{\mathrm{d}}{\mathrm{d}t}\left(\frac{\partial K}{\partial \dot{y}}\right) = m_{\mathrm{b}}\ddot{y} + m_e e\omega^2\sin\omega t \tag{13.46}$$

$$\frac{\partial D}{\dot{y}} = -c(\dot{x} - \dot{y}) \tag{13.47}$$

$$\frac{\partial V}{\partial y} = -k(x - y) \tag{13.48}$$

应用 $z = x - y$，联立式（13.39）和式（13.40）求相对运动方程

$$\frac{mm_{\mathrm{b}}}{m_{\mathrm{b}} + m}\ddot{z} + c\dot{z} + kz = \frac{mm_e}{m_{\mathrm{b}} + m}e\omega^2\sin\omega t \tag{13.49}$$

该方程等于

$$\ddot{z} + 2\xi\omega_{\mathrm{n}}\dot{z} + \omega_{\mathrm{n}}^2 z = \varepsilon e\omega^2\sin\omega t \tag{13.50}$$

$$\varepsilon = \frac{m_e}{m_{\mathrm{b}}} \tag{13.51}$$

例 526　在圆周轨迹上滚动的圆盘

图 13.4 所示为一个质量为 m、半径为 r 的均匀圆盘，该圆盘在半径为 R 的圆周轨迹上做无滑动的纯滚动，则圆盘相对于 $\theta = 0$ 作自由摆动。

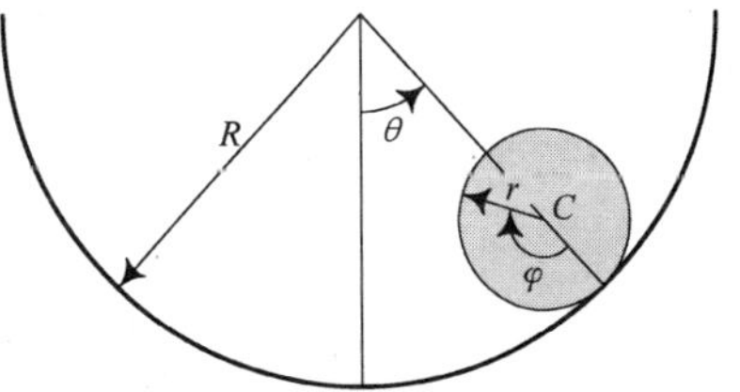

图 13.4　均匀圆盘在圆周轨迹上滚动

摆动很小时，可以用等效的质量 - 弹簧 - 阻尼器系统代替该摆动圆盘。下面采用拉格朗日方法求出其运动方程，系统的能量为

$$K = \frac{1}{2}mv_C^2 + \frac{1}{2}I_c\omega^2$$
$$= \frac{1}{2}m(R-r)^2\dot{\theta}^2 + \frac{1}{2}\left(\frac{1}{2}mr^2\right)(\dot{\varphi} - \dot{\theta})^2 \tag{13.52}$$

$$V = -mg(R-r)\cos\theta \tag{13.53}$$

没有滑动时，在 θ 和 φ 之间存在着下面的约束关系

$$R\theta = r\varphi \tag{13.54}$$

可以据此从 K 中消掉 φ

$$K = \frac{3}{4}m(R-r)^2\dot{\theta}^2 \tag{13.55}$$

根据下面的偏导数

$$\frac{\mathrm{d}}{\mathrm{d}t}\left(\frac{\partial \mathcal{L}}{\partial \dot{\theta}}\right)=\frac{3}{2}\ m(R-r)^2\ \ddot{\theta} \tag{13.56}$$

$$\frac{\partial \mathcal{L}}{\partial \theta}=-mg(R-r)\ \sin\theta \tag{13.57}$$

即可以求出摆动圆盘的运动方程

$$\frac{3}{2}\ (R-r)\ \ddot{\theta}+g\ \sin\theta=0 \tag{13.58}$$

θ 很小时，方程等效于一个 $m_{\mathrm{eq}}=3(R-r)$，$k_{\mathrm{eq}}=2g$ 的质量－弹簧系统。

例 527★　双摆

图 13.5 所示是一个由两个摆串联而成的双摆。两个无质量杆的长度分别为 l_1 和 l_2，两个质点质量单元分别为 m_1 和 m_2，变量 θ_1 和 θ_2 可以用来表示系统结构的广义坐标。为了计算系统的拉格朗日函数，并求其运动方程，首先定义质量单元的全域位置。

$$x_1=l_1\ \sin\ \theta_1 \tag{13.59}$$

$$y_1=-l_1\ \cos\ \theta_1 \tag{13.60}$$

$$x_2=l_1\ \sin\ \theta_1+l_2\ \sin\ \theta_2 \tag{13.61}$$

$$y_2=-l_1\ \cos\ \theta_1-l_2\ \cos\ \theta_2 \tag{13.62}$$

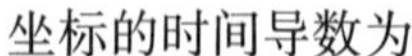

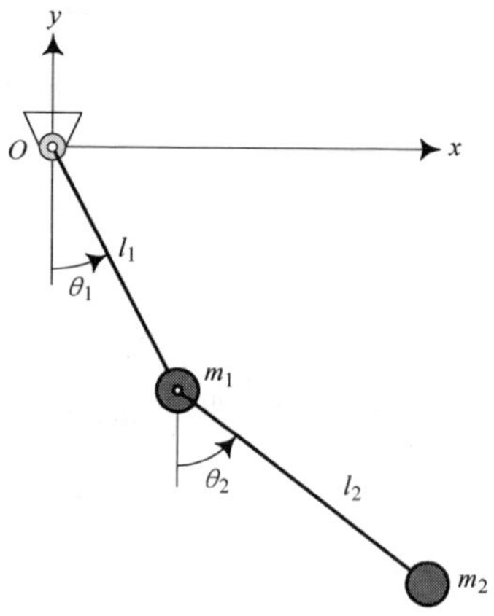

坐标的时间导数为

$$\dot{x}_1=l_1\dot{\theta}_1\cos\theta_1 \tag{13.63}$$

$$\dot{y}_1=l_1\dot{\theta}_1\sin\theta_1 \tag{13.64}$$

图 13.5　双摆

$$\dot{x}_2=l_1\dot{\theta}_1\cos\theta_1+l_2\dot{\theta}_2\cos\ \theta_2 \tag{13.65}$$

$$\dot{y}_2=l_1\dot{\theta}_1\sin\theta_1+l_2\dot{\theta}_2\sin\theta_2 \tag{13.66}$$

所以质量单元速度的平方为

$$v_1^2=\dot{x}_1^2+\dot{y}_1^2=l_1^2\ \dot{\theta}_1^2 \tag{13.67}$$

$$v_2^2=\dot{x}_2^2+\dot{y}_2^2=l_1^2\ \dot{\theta}_1^2+l_2^2\ \dot{\theta}_2^2+2l_1\ l_2\ \dot{\theta}_1\ \dot{\theta}_2\ \cos\ (\theta_1-\theta_2) \tag{13.68}$$

双摆的动能为

$$\begin{aligned} K&=\frac{1}{2}m_1\ v_1^2+\frac{1}{2}m_2\ v_2^2\\ &=\frac{1}{2}m_1\ l_1^2\ \dot{\theta}_1^2+\frac{1}{2}m_2[\ l_1^2\ \dot{\theta}_1^2+l_2^2\ \dot{\theta}_2^2+2l_1\ l_2\ \dot{\theta}_1\ \dot{\theta}_2\ \cos(\theta_1-\theta_2)\ ] \end{aligned} \tag{13.69}$$

双摆的势能等于各质量单元势能的和。

$$\begin{aligned} V&=m_1\ gy_1+m_2\ gy_2\\ &=-m_1\ gl_1\ \cos\theta_1-m_2\ g\ (l_1\ \cos\theta_1+l_2\ \cos\theta_2) \end{aligned} \tag{13.70}$$

动能和势能构成如下拉格朗日函数

$$\begin{aligned} \mathcal{L}&=K-V\\ &=\frac{1}{2}m_1\ l_1^2\ \dot{\theta}_1^2+\frac{1}{2}m_2[\ l_1^2\ \dot{\theta}_1^2+l_2^2\ \dot{\theta}_2^2+2l_1\ l_2\ \dot{\theta}_1\ \dot{\theta}_2\ \cos(\theta_1-\theta_2)\ ] \end{aligned}$$

$$+m_1 g l_1 \cos\theta_1 + m_2 g(l_1 \cos\theta_1 + l_2 \cos\theta_2) \tag{13.71}$$

采用拉格朗日方法用式（13.2）求出如下运动方程：

$$\begin{aligned}\frac{\mathrm{d}}{\mathrm{d}t}\left(\frac{\partial\mathcal{L}}{\partial\dot{\theta}_1}\right)-\frac{\partial\mathcal{L}}{\partial\theta_1} &= (m_1+m_2)\, l_1^2\, \ddot{\theta}_1 + m_2\, l_1\, l_2\, \ddot{\theta}_2 \cos(\theta_1-\theta_2) \\ &\quad + m_2\, l_1\, l_2\, \dot{\theta}_2^2 \sin(\theta_1-\theta_2) + (m_1+m_2)\, l_1\, g \sin\theta_1 \\ &= 0\end{aligned} \tag{13.72}$$

$$\begin{aligned}\frac{\mathrm{d}}{\mathrm{d}t}\left(\frac{\partial\mathcal{L}}{\partial\dot{\theta}_2}\right)-\frac{\partial\mathcal{L}}{\partial\theta_2} &= m_2\, l_2^2\, \ddot{\theta}_2 + m_2\, l_1\, l_2\, \ddot{\theta}_1 \cos(\theta_1-\theta_2) \\ &\quad - m_2\, l_1\, l_2\, \dot{\theta}_1^2 \sin(\theta_1-\theta_2) + m_2\, l_2\, g \sin\theta_2 \\ &= 0\end{aligned} \tag{13.73}$$

例 528★ 链摆

考虑图 13.6 所示的一个 n 节链摆，每一节摆都有一个长为 l_i 的无质量杆、一个质量为 m_i 的质点和一个从垂直方向测量的广义角坐标 θ_i。

质量单元 m_i 的坐标分量 x_i 和 y_i 为

$$x_i = \sum_{j=1}^{i} l_j \sin\theta_j \quad y_i = -\sum_{j=1}^{i} l_j \cos\theta_j \tag{13.74}$$

求其时间导数

$$\dot{x}_i = \sum_{j=1}^{i} l_j\, \dot{\theta}_j \cos\theta_j \quad \dot{y}_i = \sum_{j=1}^{i} l_j\, \dot{\theta}_j \sin\theta_j \tag{13.75}$$

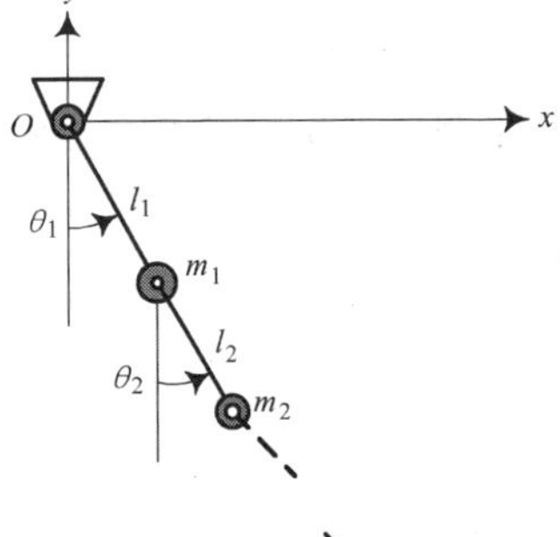

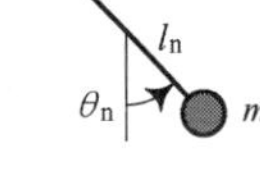

图 13.6 链摆

$\dot{x}_i$ 和 $\dot{y}_i$ 的平方为

$$\begin{aligned}\dot{x}_i^2 &= \left(\sum_{j=1}^{i} l_j\, \dot{\theta}_j \cos\theta_j\right)\left(\sum_{k=1}^{i} l_k\, \dot{\theta}_k \cos\theta_k\right) \\ &= \sum_{j=1}^{i}\sum_{k=1}^{i} l_j\, l_k\, \dot{\theta}_j\, \dot{\theta}_k \cos\theta_j \cos\theta_k\end{aligned} \tag{13.76}$$

$$\begin{aligned}\dot{y}_i^2 &= \left(\sum_{j=1}^{i} l_j\, \dot{\theta}_j \sin\theta_j\right)\left(\sum_{k=1}^{i} l_k\, \dot{\theta}_k \sin\theta_k\right) \\ &= \sum_{j=1}^{i}\sum_{k=1}^{i} l_j\, l_k\, \dot{\theta}_j\, \dot{\theta}_k \sin\theta_j \sin\theta_k\end{aligned} \tag{13.77}$$

计算质量单元 m_i 的速度 v_i 的平方

$$\begin{aligned}v_i^2 &= \dot{x}_i^2 + \dot{y}_i^2 \\ &= \sum_{j=1}^{i}\sum_{k=1}^{i} l_j\, l_k\, \dot{\theta}_j\, \dot{\theta}_k (\cos\theta_j \cos\theta_k + \sin\theta_j \sin\theta_k) \\ &= \sum_{j=1}^{i}\sum_{k=1}^{i} l_j\, l_k\, \dot{\theta}_j\, \dot{\theta}_k \cos(\theta_j - \theta_k) \\ &= \sum_{r=1}^{i} l_r^2\, \dot{\theta}_r^2 + 2\sum_{j=1}^{i}\sum_{k=j+1}^{i} l_j\, l_k\, \dot{\theta}_j\, \dot{\theta}_k \cos(\theta_j - \theta_k)\end{aligned} \tag{13.78}$$

现在可以计算链摆的动能 K

$$K = \frac{1}{2}\sum_{i=1}^{n} m_i v_i^2$$
$$= \frac{1}{2}\sum_{i=1}^{n} m_i \left(\sum_{r=1}^{i} l_r^2 \dot{\theta}_r^2 + 2\sum_{j=1}^{i}\sum_{k=j+1}^{i} l_j l_k \dot{\theta}_j \dot{\theta}_k \cos(\theta_j - \theta_k)\right)$$
$$= \frac{1}{2}\sum_{i=1}^{n}\sum_{r=1}^{i} m_i l_r^2 \dot{\theta}_r^2 + \sum_{i=1}^{n}\sum_{j=1}^{i}\sum_{k=j+1}^{i} m_i l_j l_k \dot{\theta}_j \dot{\theta}_k \cos(\theta_j - \theta_k) \tag{13.79}$$

第 i 个摆的势能与 m_i 有关

$$V_i = m_i g y_i = -m_i g \sum_{j=1}^{i} l_j \cos\theta_j \tag{13.80}$$

所以，链摆的总势能为

$$V = \sum_{i=1}^{n} m_i g y_i = -\sum_{i=1}^{n}\sum_{j=1}^{i} m_i g l_j \cos\theta_j \tag{13.81}$$

用拉格朗日函数$\mathcal{L}$求链摆的运动方程

$$\mathcal{L} = K - V \tag{13.82}$$

应用拉格朗日方程

$$\frac{\mathrm{d}}{\mathrm{d}t}\left(\frac{\partial \mathcal{L}}{\partial \dot{q}_s}\right) - \frac{\partial \mathcal{L}}{\partial q_s} = 0 \quad s = 1, 2, \cdots n \tag{13.83}$$

或

$$\frac{\mathrm{d}}{\mathrm{d}t}\left(\frac{\partial K}{\partial \dot{q}_s}\right) - \frac{\partial K}{\partial q_s} + \frac{\partial V}{\partial q_s} = 0 \quad s = 1, 2, \cdots n \tag{13.84}$$

13.2★　求积

如果 $[m]$ 是一个 $n \times n$ 矩阵，$\boldsymbol{x}$ 是一个 $n \times 1$ 向量，S 是一个标量函数，称作积，定义为

$$S = \boldsymbol{x}^{\mathrm{T}}[m]\boldsymbol{x} \tag{13.85}$$

积 S 对向量 $\boldsymbol{x}$ 的导数为

$$\frac{\partial S}{\partial \boldsymbol{x}} = ([m] + [m]^{\mathrm{T}})\boldsymbol{x} \tag{13.86}$$

动能 K、势能 V 和耗散函数 D 用积表示

$$K = \frac{1}{2}\dot{\boldsymbol{x}}^{\mathrm{T}}[m]\dot{\boldsymbol{x}} \tag{13.87}$$

$$V = \frac{1}{2}\boldsymbol{x}^{\mathrm{T}}[k]\boldsymbol{x} \tag{13.88}$$

$$D = \frac{1}{2}\dot{\boldsymbol{x}}^{\mathrm{T}}[c]\dot{\boldsymbol{x}} \tag{13.89}$$

因此

$$\frac{\partial K}{\partial \dot{\boldsymbol{x}}} = \frac{1}{2}([m] + [m]^{\mathrm{T}})\dot{\boldsymbol{x}} \tag{13.90}$$

$$\frac{\partial V}{\partial \boldsymbol{x}} = \frac{1}{2}([k] + [k]^{\mathrm{T}})\boldsymbol{x} \tag{13.91}$$

$$\frac{\partial D}{\partial \dot{\boldsymbol{x}}}=\frac{1}{2}\left([c]+[c]^{\mathrm{T}}\right)\dot{\boldsymbol{x}} \tag{13.92}$$

对积求导并应用拉格朗日方法

$$\frac{\mathrm{d}}{\mathrm{d}t}\frac{\partial K}{\partial \dot{x}}+\frac{\partial K}{\partial x}+\frac{\partial D}{\partial \dot{x}}+\frac{\partial V}{\partial x}=\boldsymbol{F} \tag{13.93}$$

线性 n 自由度振动系统的运动方程变为

$$[\underline{m}]\ddot{\boldsymbol{x}}+[\underline{c}]\dot{\boldsymbol{x}}+[\underline{k}]\boldsymbol{x}=\boldsymbol{F} \tag{13.94}$$

式中的 $[\underline{m}]$、$[\underline{c}]$ 和 $[\underline{k}]$ 是对称矩阵。

$$[\underline{m}]=\frac{1}{2}\left([m]+[m]^{\mathrm{T}}\right) \tag{13.95}$$

$$[\underline{c}]=\frac{1}{2}\left([c]+[c]^{\mathrm{T}}\right) \tag{13.96}$$

$$[\underline{k}]=\frac{1}{2}\left([k]+[k]^{\mathrm{T}}\right) \tag{13.97}$$

积又称作埃尔米特形式。

证明：定义一般对称积如下

$$S=\boldsymbol{x}^{\mathrm{T}}[a]\boldsymbol{y}=\sum_i\sum_j x_i a_{ij} y_j \tag{13.98}$$

如果积是对称的，则 $\boldsymbol{x}=\boldsymbol{y}$，且有

$$S=\boldsymbol{x}^{\mathrm{T}}[a]\boldsymbol{x}=\sum_i\sum_j x_i a_{ij} x_j \tag{13.99}$$

向量 $\boldsymbol{x}$ 和 $\boldsymbol{y}$ 是 n 个广义坐标 q_i 和时间 t 的函数。

$$\boldsymbol{x}=x(q_1,q_2,\cdots,q_n,t) \tag{13.100}$$

$$\boldsymbol{y}=y(q_1,q_2,\cdots,q_n,t) \tag{13.101}$$

$$\boldsymbol{q}=[q_1\quad q_2\quad\cdots\quad q_n]^{\mathrm{T}} \tag{13.102}$$

$\boldsymbol{x}$ 对 $\boldsymbol{q}$ 的导数是方形矩阵

$$\frac{\partial \boldsymbol{x}}{\partial \boldsymbol{q}}=\begin{bmatrix}\frac{\partial x_1}{\partial q_1} & \frac{\partial x_2}{\partial q_1} & \cdots & \frac{\partial x_n}{\partial q_1}\\ \frac{\partial x_1}{\partial q_2} & \frac{\partial x_2}{\partial q_2} & \cdots & \cdots\\ \cdots & \cdots & \cdots & \cdots\\ \frac{\partial x_1}{\partial q_n} & \cdots & \cdots & \frac{\partial x_n}{\partial q_n}\end{bmatrix} \tag{13.103}$$

还可以表示为

$$\frac{\partial \boldsymbol{x}}{\partial \boldsymbol{q}}=\begin{bmatrix}\frac{\partial \boldsymbol{x}}{\partial q_1}\\ \frac{\partial \boldsymbol{x}}{\partial q_2}\\ \vdots\\ \frac{\partial \boldsymbol{x}}{\partial q_n}\end{bmatrix} \tag{13.104}$$

或

$$\frac{\partial \boldsymbol{x}}{\partial \boldsymbol{q}}=\left[\frac{\partial x_1}{\partial \boldsymbol{q}} \quad \frac{\partial x_2}{\partial \boldsymbol{q}} \quad \cdots \quad \frac{\partial x_n}{\partial \boldsymbol{q}}\right] \tag{13.105}$$

则 S 对某一元素 q_k 的导数为

$$\begin{aligned}\frac{\partial S}{\partial q_k} &= \frac{\partial}{\partial q_k}\sum_i\sum_j x_i a_{ij} y_j \\ &= \sum_i\sum_j \frac{\partial x_i}{\partial q_k} a_{ij} y_j + \sum_i\sum_j x_i a_{ij}\frac{\partial y_j}{\partial q_k} \\ &= \sum_j\sum_i \frac{\partial x_i}{\partial q_k} a_{ij} y_j + \sum_i\sum_j \frac{\partial y_j}{\partial q_k} a_{ij} x_i \\ &= \sum_j\sum_i \frac{\partial x_i}{\partial q_k} a_{ij} y_i + \sum_j\sum_i \frac{\partial y_j}{\partial q_k} a_{ji} x_j\end{aligned} \tag{13.106}$$

所以 S 对 $\boldsymbol{q}$ 的导数为

$$\frac{\partial S}{\partial \boldsymbol{q}}=\frac{\partial x}{\partial \boldsymbol{q}}[a]\boldsymbol{y}+\frac{\partial \boldsymbol{y}}{\partial \boldsymbol{q}}[a]^{\mathrm{T}}\boldsymbol{x} \tag{13.107}$$

如果 $\boldsymbol{S}$ 是对称积，则

$$\frac{\partial S}{\partial \boldsymbol{q}}=\frac{\partial}{\partial \boldsymbol{q}}(\boldsymbol{x}^{\mathrm{T}}[a]\boldsymbol{x})=\frac{\partial \boldsymbol{x}}{\partial \boldsymbol{q}}[a]\boldsymbol{x}+\frac{\partial \boldsymbol{x}}{\partial \boldsymbol{q}}[a]^{\mathrm{T}}\boldsymbol{x} \tag{13.108}$$

进而，如果 $\boldsymbol{q}=\boldsymbol{x}$，则对称的 S 对 $\boldsymbol{x}$ 的导数为

$$\begin{aligned}\frac{\partial S}{\partial \boldsymbol{x}} &= \frac{\partial}{\partial \boldsymbol{x}}(\boldsymbol{x}^{\mathrm{T}}[a]\boldsymbol{x})=\frac{\partial \boldsymbol{x}}{\partial \boldsymbol{x}}[a]\boldsymbol{x}+\frac{\partial \boldsymbol{x}}{\partial \boldsymbol{x}}[a]^{\mathrm{T}}\boldsymbol{x} \\ &= [a]\boldsymbol{x}+[a]^{\mathrm{T}}\boldsymbol{x}=([a]+[a]^{\mathrm{T}})\boldsymbol{x}\end{aligned} \tag{13.109}$$

如果 $[a]$ 是一个对称矩阵，则

$$[a]+[a]^{\mathrm{T}}=2[a] \tag{13.110}$$

在 $[a]$ 不是对称矩阵时，$[\underline{a}]=[a]+[a]^{\mathrm{T}}$ 是对称矩阵，这是因为

$$\underline{a}_{ij}=a_{ij}+a_{ji}=a_{ji}+a_{ij}=\underline{a}_{ji} \tag{13.111}$$

因此

$$[\underline{a}]=[\underline{a}]^{\mathrm{T}} \tag{13.112}$$

动能 K、势能 V 和耗散函数 D 可以用积表示。

$$K=\frac{1}{2}\dot{\boldsymbol{x}}^{\mathrm{T}}[m]\dot{\boldsymbol{x}} \tag{13.113}$$

$$V=\frac{1}{2}\boldsymbol{x}^{\mathrm{T}}[k]\boldsymbol{x} \tag{13.114}$$

$$D=\frac{1}{2}\dot{\boldsymbol{x}}^{\mathrm{T}}[c]\dot{\boldsymbol{x}} \tag{13.115}$$

把 K、V 和 D 带入拉格朗日方程后得到运动方程。

$$\begin{aligned}\boldsymbol{F} &= \frac{\mathrm{d}}{\mathrm{d}t}\frac{\partial K}{\partial \dot{\boldsymbol{x}}}+\frac{\partial K}{\partial \boldsymbol{x}}+\frac{\partial D}{\partial \dot{\boldsymbol{x}}}+\frac{\partial V}{\partial \boldsymbol{x}} \\ &= \frac{1}{2}\frac{\mathrm{d}}{\mathrm{d}t}\frac{\partial}{\partial \dot{\boldsymbol{x}}}(\dot{\boldsymbol{x}}^{\mathrm{T}}[m]\dot{\boldsymbol{x}})+\frac{1}{2}\frac{\partial}{\partial \dot{\boldsymbol{x}}}(\dot{\boldsymbol{x}}^{\mathrm{T}}[c]\dot{\boldsymbol{x}})+\frac{1}{2}\frac{\partial}{\partial \boldsymbol{x}}(\boldsymbol{x}^{\mathrm{T}}[k]\boldsymbol{x}) \\ &= \frac{1}{2}\left\{\frac{\mathrm{d}}{\mathrm{d}t}[([m]+[m]^{\mathrm{T}})\dot{\boldsymbol{x}}]+([c]+[c]^{\mathrm{T}})\dot{\boldsymbol{x}}+([k]+[k]^{\mathrm{T}})\boldsymbol{x}\right\}\end{aligned}$$

$$=\frac{1}{2}([m]+[m]^{\mathrm{T}})\ddot{\boldsymbol{x}}+\frac{1}{2}([c]+[c]^{\mathrm{T}})\dot{\boldsymbol{x}}+\frac{1}{2}([k]+[k]^{\mathrm{T}})\boldsymbol{x}$$

$$=[\underline{m}]\ddot{\boldsymbol{x}}+[\underline{c}]\dot{\boldsymbol{x}}+[\underline{k}]\boldsymbol{x} \tag{13.116}$$

式中

$$[\underline{m}]=\frac{1}{2}([m]+[m]^{\mathrm{T}}) \tag{13.117}$$

$$[\underline{c}]=\frac{1}{2}([c]+[c]^{\mathrm{T}}) \tag{13.118}$$

$$[\underline{k}]=\frac{1}{2}([k]+[k]^{\mathrm{T}}) \tag{13.119}$$

现在假设每一个用拉格朗日方法求出的运动方程都有一个对称系数矩阵，则把运动方程写为

$$[m]\ddot{\boldsymbol{x}}+[c]\dot{\boldsymbol{x}}+[k]\boldsymbol{x}=\boldsymbol{F} \tag{13.120}$$

并用 $[m]$、$[c]$ 和 $[k]$ 代替 $[\underline{m}]$、$[\underline{c}]$ 和 $[\underline{k}]$

$$[m]=[\underline{m}] \tag{13.121}$$

$$[c]=[\underline{c}] \tag{13.122}$$

$$[k]=[\underline{k}] \tag{13.123}$$

例 529★　有驾驶人的四分之一车辆模型

图 13.7 所示为一个有驾驶人的四分之一车辆模型，驾驶人的模型为一个被簧载质量 m_s 上的线性缓冲器支撑的质量单元 m_d。

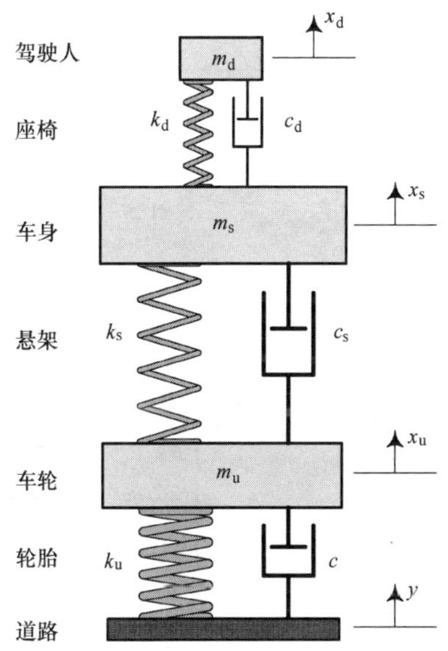

图 13.7　有驾驶人的四分之一车辆模型

假设

$$y=0 \tag{13.124}$$

则用拉格朗日方法和积的导数求自由振动运动方程。

系统动能可以表示为

$$K=\frac{1}{2}m_u\dot{x}_u^2+\frac{1}{2}m_s\dot{x}_s^2+\frac{1}{2}m_d\dot{x}_d^2$$

$$=\frac{1}{2}\begin{bmatrix}\dot{x}_u & \dot{x}_s & \dot{x}_d\end{bmatrix}\begin{bmatrix}m_u & 0 & 0\\ 0 & m_s & 0\\ 0 & 0 & m_d\end{bmatrix}\begin{bmatrix}\dot{x}_u\\ \dot{x}_s\\ \dot{x}_d\end{bmatrix}$$

$$=\frac{1}{2}\dot{\boldsymbol{x}}^{\mathrm{T}}[m]\dot{\boldsymbol{x}} \tag{13.125}$$

系统势能 V 可以表示为

$$V=\frac{1}{2}k_u x_u^2+\frac{1}{2}k_s(x_s-x_u)^2+\frac{1}{2}k_d(x_d-x_s)^2$$

$$=\frac{1}{2}\begin{bmatrix}x_u & x_s & x_d\end{bmatrix}\begin{bmatrix}k_u+k_s & -k_s & 0\\ -k_s & k_s+k_d & -k_d\\ 0 & -k_d & k_d\end{bmatrix}\begin{bmatrix}x_u\\ x_s\\ x_d\end{bmatrix}$$

$$=\frac{1}{2}\boldsymbol{x}^{\mathrm{T}}[k]\boldsymbol{x} \tag{13.126}$$

同理，系统耗散函数 D 可以表示为

$$D=\frac{1}{2}c_u\dot{x}_u^2+\frac{1}{2}c_s(\dot{x}_s-\dot{x}_u)^2+\frac{1}{2}c_d(\dot{x}_d-\dot{x}_s)^2$$

$$=\frac{1}{2}[\dot{x}_u\quad\dot{x}_s\quad\dot{x}_d]\begin{bmatrix}c_u+c_s & -c_s & 0\\ -c_s & c_s+k_d & -c_d\\ 0 & -c_d & c_d\end{bmatrix}\begin{bmatrix}\dot{x}_u\\ \dot{x}_s\\ \dot{x}_d\end{bmatrix}$$

$$=\frac{1}{2}\dot{\boldsymbol{x}}^{\mathrm{T}}[c]\dot{\boldsymbol{x}} \tag{13.127}$$

应用积求导方法，就可以求出 K、V 和 D 的关于各自变量向量的导数：

$$\frac{\partial K}{\partial\dot{\boldsymbol{x}}}=\frac{1}{2}([m]+[m]^{\mathrm{T}})\dot{\boldsymbol{x}}=\frac{1}{2}([m]+[m]^{\mathrm{T}})\begin{bmatrix}\dot{x}_u\\ \dot{x}_s\\ \dot{x}_d\end{bmatrix}$$

$$=\begin{bmatrix}m_u & 0 & 0\\ 0 & m_s & 0\\ 0 & 0 & m_d\end{bmatrix}\begin{bmatrix}\dot{x}_u\\ \dot{x}_s\\ \dot{x}_d\end{bmatrix} \tag{13.128}$$

$$\frac{\partial V}{\partial x}=\frac{1}{2}([k]+[k]^{\mathrm{T}})\boldsymbol{x}=\frac{1}{2}([k]+[k]^{\mathrm{T}})\begin{bmatrix}x_u\\ x_s\\ x_d\end{bmatrix}$$

$$=\begin{bmatrix}k_u+k_s & -k_s & 0\\ -k_s & k_s+k_d & -k_d\\ 0 & -k_d & k_d\end{bmatrix}\begin{bmatrix}x_u\\ x_s\\ x_d\end{bmatrix} \tag{13.129}$$

$$\frac{\partial D}{\partial\dot{\boldsymbol{x}}}=\frac{1}{2}([c]+[c]^{\mathrm{T}})\dot{\boldsymbol{x}}=\frac{1}{2}([c]+[c]^{\mathrm{T}})\begin{bmatrix}\dot{x}_u\\ \dot{x}_s\\ \dot{x}_d\end{bmatrix}$$

$$=\begin{bmatrix}c_u+c_s & -c_s & 0\\ -c_s & c_s+c_d & -c_d\\ 0 & -c_d & c_d\end{bmatrix}\begin{bmatrix}\dot{x}_u\\ \dot{x}_s\\ \dot{x}_d\end{bmatrix} \tag{13.130}$$

因此，系统的自由振动运动方程为

$$[m]\ddot{\boldsymbol{x}}+[c]\dot{\boldsymbol{x}}+[k]\boldsymbol{x}=0 \tag{13.131}$$

$$\begin{bmatrix}m_u & 0 & 0\\ 0 & m_s & 0\\ 0 & 0 & m_d\end{bmatrix}\begin{bmatrix}\dot{x}_u\\ \dot{x}_s\\ \dot{x}_d\end{bmatrix}+\begin{bmatrix}c_u+c_s & -c_s & 0\\ -c_s & c_s+k_d & -c_d\\ 0 & -c_d & c_d\end{bmatrix}\begin{bmatrix}\dot{x}_u\\ \dot{x}_s\\ \dot{x}_d\end{bmatrix}$$

$$
+\begin{bmatrix} k_u+k_s & -k_s & 0 \\ -k_s & k_s+k_d & -k_d \\ 0 & -k_d & k_d \end{bmatrix}\begin{bmatrix} x_u \\ x_s \\ x_d \end{bmatrix}=0 \tag{13.132}
$$

例 530★ [m]、[c] 和 [k] 的不同配置

系统的总动能 K、势能 V 和耗散函数 D 不变的情况下，振动系统可以有多种质量矩阵 [m]、阻尼矩阵 [c] 和刚度矩阵 [k] 的配置方式。例如，图 13.7 中四分之一汽车模型的势能 V 可以用多种刚度矩阵 [k] 表示。

$$
V=\frac{1}{2}k_u x_u^2+\frac{1}{2}k_s(x_s-x_u)^2+\frac{1}{2}k_d(x_d-x_s)^2 \tag{13.133}
$$

$$
V=\frac{1}{2}\boldsymbol{x}^{\mathrm{T}}\begin{bmatrix} k_u+k_s & -k_s & 0 \\ -k_s & k_s+k_d & -k_d \\ 0 & -k_d & k_d \end{bmatrix}\boldsymbol{x} \tag{13.134}
$$

$$
V=\frac{1}{2}\boldsymbol{x}^{\mathrm{T}}\begin{bmatrix} k_u+k_s & -2k_s & 0 \\ 0 & k_s+k_d & -2k_d \\ 0 & 0 & k_d \end{bmatrix}\boldsymbol{x} \tag{13.135}
$$

$$
V=\frac{1}{2}\boldsymbol{x}^{\mathrm{T}}\begin{bmatrix} k_u+k_s & 0 & 0 \\ -2k_s & k_s+k_d & 0 \\ 0 & -2k_d & k_d \end{bmatrix}\boldsymbol{x} \tag{13.136}
$$

尽管$\partial K/\partial \dot{\boldsymbol{x}}$、$\partial D/\partial \dot{\boldsymbol{x}}$ 和$\partial V/\partial \boldsymbol{x}$ 方程中的 [$\underline{m}$]、[$\underline{c}$] 和 [$\underline{k}$] 矩阵是对称矩阵，K、D 和 V 方程中 [m]、[c] 和 [k] 却未必是对称矩阵。

若某矩阵 [a] 是对角矩阵，则该矩阵是对称矩阵，且

$$
[a]=[\underline{a}] \tag{13.137}
$$

对角矩阵没有其他形式写法，例 529 中的矩阵 [m] 是一个对角矩阵，所以 K 方程只有式（13.125）这一种形式。

例 531★ 正定矩阵

如果矩阵 [a] 在 $\boldsymbol{x}\neq 0$ 时始终满足 $\boldsymbol{x}^{\mathrm{T}}[a]\boldsymbol{x}>0$，则称该矩阵为正定矩阵。如果矩阵 [$a$] 对所有的 $\boldsymbol{x}$ 始终满足 $\boldsymbol{x}^{\mathrm{T}}[a]\geqslant 0$，则称该矩阵为半正定矩阵。动能是正定的，即除非 $\boldsymbol{x}=0$，不可能存在 $K=0$ 的情况。势能是半正定的，即只要 $\boldsymbol{x}>0$，就有 $V\geqslant 0$。但是也有可能存在 $\boldsymbol{x}_0>0$ 而 $V=0$ 的情况。

13.3 固有频率和振型

系统的非受迫、无阻尼振动是表征系统固有性能的基本响应，没有阻尼和外部激励的系统称作**自由系统**，自由系统服从下面的微分方程。

$$
[m]\ddot{\boldsymbol{x}}+[k]\boldsymbol{x}=\boldsymbol{0} \tag{13.138}
$$

自由系统的响应是简谐振动

$$
\boldsymbol{x}=\sum_{i=1}^{n}\boldsymbol{u}_i(A_i\sin\omega_i t+B_i\cos\omega_i t)\quad i=1,2,3,\cdots n
$$

$$= \sum_{i=1}^{n} C_i \boldsymbol{u}_i \sin(\omega_i t - \varphi_i) \quad i = 1,2,3,\cdots n \tag{13.139}$$

式中，ω_i 为系统固有频率；$\boldsymbol{u}_i$ 为系统振型。

固有频率 ω_i 是系统特征方程的解

$$\det[[k] - \omega^2[m]] = 0 \tag{13.140}$$

与 ω_i 对应的振型 $\boldsymbol{u}_i$ 是式（13.141）的解

$$[[k] - \omega_i^2[m]]\boldsymbol{u}_i = 0 \tag{13.141}$$

未知系数矩阵 A_i 和 B_i 或 C_i 和 φ_i 需要由初始条件来确定。

证明：在一般运动方程中去掉力和阻尼项

$$[m]\ddot{\boldsymbol{x}} + [c]\dot{\boldsymbol{x}} + [k]\boldsymbol{x} = \boldsymbol{F} \tag{13.142}$$

得到自由系统的方程

$$[m]\ddot{\boldsymbol{x}} + [k]\boldsymbol{x} = \boldsymbol{0} \tag{13.143}$$

并寻求下面形式的可能解

$$\boldsymbol{x} = \boldsymbol{u}q(t) \tag{13.144}$$

$$x_i = u_i q(t) \quad i = 1,2,3,\cdots n \tag{13.145}$$

此解显示运动中两个坐标的振幅比与时间无关，把式（13.144）代入到式（13.143）

$$[m]\boldsymbol{u}\ddot{q}(t) + [k]\boldsymbol{u}q(t) = \boldsymbol{0} \tag{13.146}$$

并离散时间相关项，得到

$$-\frac{\ddot{q}(t)}{q(t)} = [[m]\boldsymbol{u}]^{-1}[[k]\boldsymbol{u}] = \frac{\sum_{j=1}^{n} k_{ij} u_j}{\sum_{j=1}^{n} m_{ij} u_j} \quad i = 1,2,3,\cdots n \tag{13.147}$$

因为方程右侧与时间无关，方程左侧与序号 i 无关，两侧均应等于一个常数，假设该常数是一个正数 ω^2，所以式（13.147）可以分解为两个方程

$$\ddot{q}(t) + \omega^2 q(t) = 0 \tag{13.148}$$

和

$$[[k] - \omega^2[m]]\boldsymbol{u} = 0 \tag{13.149}$$

或

$$\sum_{j=1}^{n} (k_{ij} - \omega^2 m_{ij}) u_j = 0 \quad i = 1,2,3,\cdots n \tag{13.150}$$

式（13.148）的解为

$$q(t) = \sin\omega t + \cos\omega t = \sin(\omega t - \varphi) \tag{13.151}$$

表明系统上所有的坐标点，x_i，以等频率 ω 和等相位角 φ 做简谐运动。频率 ω 由式（13.149）确定，式（13.149）为一组关于未知量 $\boldsymbol{u}$ 的齐次方程。

式（13.149）有一个解 $\boldsymbol{u} = \boldsymbol{0}$，在该位置系统没有运动，称作**静止位置**。该解称作零解，该解不是很重要。要获得非零解，系数矩阵的行列式必须为 0。

$$\det[[k] - \omega^2[m]] = 0 \tag{13.152}$$

求使式（13.149）具有非零解的稳定 ω 的问题，称作**特征值问题**。展开式（13.152）得到一个代数方程，该代数方程称作特征方程。特征方程是关于 ω^2 的 n 阶方程，并可以解出 n 个固有频率 ω_i，固有频率 ω_i 可以按顺序排列如下。

$$\omega_1 \leqslant \omega_2 \leqslant \omega_3 \leqslant \cdots \leqslant \omega_n \tag{13.153}$$

ω 有 n 个值，表示式（13.151）可能有 n 个不同的频率 ω_i，$i=1, 2, 3, \cdots n$。

再用 $[m]^{-1}$乘以式（13.143）

$$\ddot{\boldsymbol{x}}+[m]^{-1}[k]\boldsymbol{x}=\boldsymbol{0} \tag{13.154}$$

进而求出特征方程式（13.152）

$$\det[[A]-\lambda\boldsymbol{I}]=0 \tag{13.155}$$

式中

$$[A]=[m]^{-1}[k] \tag{13.156}$$

所以，求固有频率 ω_i 也就是求矩阵$[m]^{-1}[k]$的特征值，

$$\lambda_i={\omega_i}^2 \tag{13.157}$$

求满足式（3.149）的向量 $\boldsymbol{u}_i$ 的问题称作**特征向量问题**。可以通过对式（3.149）求出与各 ω_i 对应的 $\boldsymbol{u}_i$ 解

$$[[k]-{\omega_i}^2[m]]\boldsymbol{u}_i=0 \tag{13.158}$$

最后获得 n 个不同的 $\boldsymbol{u}_i$。在振动和车辆动力学中，与特征值 ω_i 相对应的特征向量 $\boldsymbol{u}_i$ 称作振型。

或者，可以求矩阵$[A]=[m]^{-1}[k]$的特征向量

$$[[A]-\lambda_i\boldsymbol{I}]\boldsymbol{u}_i=0 \tag{13.159}$$

而不必求式（13.158）中的振型。

式（13.158）是齐次方程，所以，如果 $\boldsymbol{u}_i$ 是一个方程的解，则 $a\boldsymbol{u}_i$ 也是方程的一个解。因此，特征向量并不是唯一的，它可以表示为任意长度。但是，特征向量中任意两个元素之间的比值是唯一的，所以 $\boldsymbol{u}_i$ 的振型也是唯一的。如果 $\boldsymbol{u}_i$ 的某一个元素确定了，则剩余的其他 $n-1$ 个元素也可以被唯一地确定。特征向量的振型表示振动系统坐标的相对振幅。

因为特征向量的长度并没有统一的定义，所以可以用多种方式表示 $\boldsymbol{u}_i$。最常用的表示方式包括：

1）归一化。

2）标准形式。

3）最大值归一。

4）首值归一。

5）末值归一。

在用归一化表示时，需要调整 $\boldsymbol{u}_i$ 的长度使

$$\boldsymbol{u}_i^{\mathrm{T}}[m]\boldsymbol{u}_i=1 \tag{13.160}$$

或者

$$\boldsymbol{u}_i^{\mathrm{T}}[k]\boldsymbol{u}_i=1 \tag{13.161}$$

并分别称 $\boldsymbol{u}_i$ 为相对$[m]$和$[k]$的归一化振型。

在用标准形式表示时，需要调整 $\boldsymbol{u}_i$ 的长度并使其长度为单位值。

在用最大值归一表示时，调整 $\boldsymbol{u}_i$ 的长度以使最大元素为单位值。

在用首值归一表示时，调整 $\boldsymbol{u}_i$ 的长度以使第一个元素为单位值。

在用末值归一表示时，调整 $\boldsymbol{u}_i$ 的长度以使最后一个元素为单位值。

例 532★ 正定矩阵的特征值和特征向量

设有一个 2×2 矩阵

$$[A]=\begin{bmatrix}5 & 3\\3 & 6\end{bmatrix} \tag{13.162}$$

为了求得［A］的特征值 λ_i，通过用主对角线减去未知量 λ 求出矩阵的特征方程，并取行列式。

$$\begin{aligned}\det[[A]-\lambda\boldsymbol{I}] &= \det\left[\begin{bmatrix}5 & 3\\3 & 6\end{bmatrix}-\lambda\begin{bmatrix}1 & 0\\0 & 1\end{bmatrix}\right]\\ &= \det\begin{bmatrix}5-\lambda & 3\\3 & 6-\lambda\end{bmatrix}\\ &= \lambda^2-11\lambda+21\end{aligned} \tag{13.163}$$

特征方程式（13.163）的解为

$$\lambda_1=8.5414 \quad \lambda_2=2.4586 \tag{13.164}$$

为了求出对应的特征向量 $\boldsymbol{u}_1$ 和 $\boldsymbol{u}_2$，需要解下面的方程。

$$[[A]-\lambda_1 \boldsymbol{I}]\,\boldsymbol{u}_1=0 \quad [[A]-\lambda_2 \boldsymbol{I}]\,\boldsymbol{u}_2=0 \tag{13.165}$$

将特征向量记作

$$\boldsymbol{u}_1=\begin{bmatrix}u_{11}\\u_{12}\end{bmatrix} \quad \boldsymbol{u}_2=\begin{bmatrix}u_{21}\\u_{22}\end{bmatrix} \tag{13.166}$$

所以

$$\begin{aligned}[[A]-\lambda_1\boldsymbol{I}]\,\boldsymbol{u}_1 &= \left[\begin{bmatrix}5 & 3\\3 & 6\end{bmatrix}-8.5414\begin{bmatrix}1 & 0\\0 & 1\end{bmatrix}\right]\begin{bmatrix}u_{11}\\u_{12}\end{bmatrix}\\ &= \begin{bmatrix}3u_{12}-3.5414u_{11}\\3u_{11}-2.5414u_{12}\end{bmatrix}=0\end{aligned} \tag{13.167}$$

$$\begin{aligned}[[A]-\lambda_2\boldsymbol{I}]\,\boldsymbol{u}_2 &= \left[\begin{bmatrix}5 & 3\\3 & 6\end{bmatrix}-2.4586\begin{bmatrix}1 & 0\\0 & 1\end{bmatrix}\right]\begin{bmatrix}u_{21}\\u_{22}\end{bmatrix}\\ &= \begin{bmatrix}2.5414u_{21}+3u_{22}\\3u_{21}+3.5414u_{22}\end{bmatrix}=0\end{aligned} \tag{13.168}$$

采用末值归一表示特征向量

$$u_{12}=1 \quad u_{22}=1 \tag{13.169}$$

整理得到

$$\boldsymbol{u}_1=\begin{bmatrix}-1.1805\\1.0\end{bmatrix} \quad \boldsymbol{u}_2=\begin{bmatrix}0.84713\\1.0\end{bmatrix} \tag{13.170}$$

例 533★ 特征值元素比的唯一性

为了证明特征值元素比的唯一性，下面考察例 532 中的特征值

$$\boldsymbol{u}_1=\begin{bmatrix}3u_{12}-3.5414u_{11}\\3u_{11}-2.5414u_{12}\end{bmatrix} \tag{13.171}$$

$$\boldsymbol{u}_2=\begin{bmatrix}2.5414u_{21}+3u_{22}\\3u_{21}+3.5414u_{22}\end{bmatrix} \tag{13.172}$$

比值 u_{11}/u_{12} 可以从式（13.171）中 $\boldsymbol{u}_1$ 的第一行求出

$$\frac{u_{11}}{u_{12}}=\frac{3}{3.5414}=0.84712 \tag{13.173}$$

或者从 $\boldsymbol{u}_1$ 的第二行求出

$$\frac{u_{11}}{u_{12}}=\frac{2.5414}{3}=0.84713 \tag{13.174}$$

验证其唯一性。

也可以从式（13.172）中 $\boldsymbol{u}_2$ 的第一行或第二行求出比值 u_{21}/u_{22} 来验证其唯一性。

$$\frac{u_{21}}{u_{22}}=-\frac{3}{2.5414}=-\frac{3.5414}{3}=-1.1805 \tag{13.175}$$

例 534★ 自由系统的特性

自由系统有两个特性：固有频率及振型。

一个 n 自由度振动系统有 n 个固有频率 ω_i 和 n 个振型 u_i，固有频率 ω_i 是系统共振区的中心，特征向量 $\boldsymbol{u}_i$ 表示在共振频率 ω_i 下系统不同位置物体的相对振动。每种振型 $\boldsymbol{u}_i$ 的最高元素，表示系统中振动频率最接近 ω_i 的位置或分量。

例 535★ 自由系统的重要性

自由系统的响应是系统其他所有响应的中心，当系统存在阻尼时，其响应的边界是系统的自由无阻尼解。当存在作用力函数时，自由系统的固有频率表示共振区，在该区域，如果固有频率与作用力函数的激励频率匹配，则响应的振幅将变为无穷大。

例 536★ 分离常数 ω^2 的符号

式（13.147）的左边和右边都应该等于一个常数，常数的符号由物理条件决定。自由无阻尼振动系统是守恒系统，含有稳定的机械能，所以在 $t\to\infty$ 时，振幅应为有限值。如果常数是正数，则响应是固定振幅的简谐曲线。如果常数是负数，则响应是振幅成指数增长的双曲线。

例 537★ 四分之一车辆的固有频率和振型

图 13.8 所示是一个四分之一车辆模型，模型由实体质量 m_s 和 m_u 组成，m_s 和 m_u 分别表示簧载质量和非簧载质量。簧载质量 m_s 表示 1/4 车辆车身的质量，非簧载质量 m_u 表示车辆的一个车轮。刚度为 k_s 的弹簧和黏性阻尼系数为 c_s 的减振器支撑着簧载质量。非簧载质量 m_u 通过弹簧 k_u 和阻尼器 c_u 直接与地面接触，弹簧 k_u 和阻尼器 c_u 分别代表轮胎的刚度和阻尼。

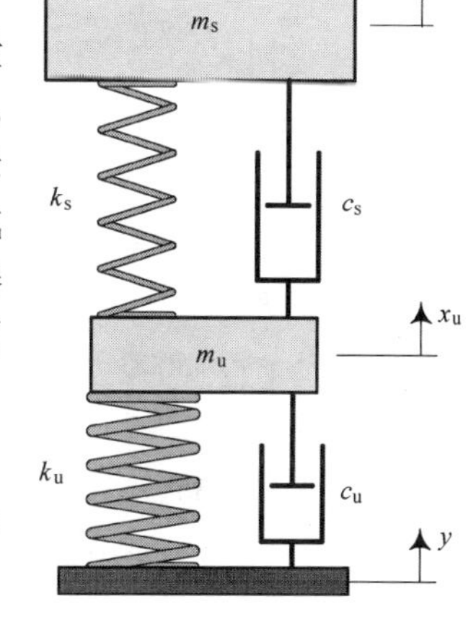

图 13.8 四分之一车辆模型

四分之一车辆模型的控制微分运动方程为

$$m_s\ddot{x}_s=-k_s(x_s-x_u)-c_s(\dot{x}_s-\dot{x}_u) \tag{13.176}$$

$$\begin{aligned}m_u\ddot{x}_u=&k_s(x_s-x_u)-c_s(\dot{x}_s-\dot{x}_u)\\&-k_u(x_u-y)-c_u(\dot{x}_u-\dot{y})\end{aligned} \tag{13.177}$$

上述方程可以表示成矩阵形式：

$$[m]\ddot{\boldsymbol{x}}+[c]\dot{\boldsymbol{x}}+[k]\boldsymbol{x}=\boldsymbol{F} \tag{13.178}$$

$$\begin{bmatrix} m_s & 0 \\ 0 & m_u \end{bmatrix}\begin{bmatrix} \ddot{x}_s \\ \ddot{x}_u \end{bmatrix}+\begin{bmatrix} c_s & -c_s \\ -c_s & c_s+c_u \end{bmatrix}\begin{bmatrix} \dot{x}_s \\ \dot{x}_u \end{bmatrix}+\begin{bmatrix} k_s & -k_s \\ -k_s & k_s+k_u \end{bmatrix}\begin{bmatrix} x_s \\ x_u \end{bmatrix}=\begin{bmatrix} 0 \\ k_u y+c_u \dot{y} \end{bmatrix} \tag{13.179}$$

为了求出四分之一车辆模型的固有频率和振型，需要去掉关于阻尼和力的项并分析下面的方程。

$$\begin{bmatrix} m_s & 0 \\ 0 & m_u \end{bmatrix}\begin{bmatrix} \ddot{x}_s \\ \ddot{x}_u \end{bmatrix}+\begin{bmatrix} k_s & -k_s \\ -k_s & k_s+k_u \end{bmatrix}\begin{bmatrix} x_s \\ x_u \end{bmatrix}=0 \tag{13.180}$$

设某车有如下参数

$$\begin{gathered} m_s=375\text{kg} \quad m_u=75\text{kg} \\ k_u=193000\text{N/m} \quad k_s=35000\text{N/m} \end{gathered} \tag{13.181}$$

车辆的运动方程为

$$\begin{bmatrix} 375 & 0 \\ 0 & 75 \end{bmatrix}\begin{bmatrix} \ddot{x}_s \\ \ddot{x}_u \end{bmatrix}+\begin{bmatrix} 35000 & -35000 \\ -35000 & 2.28\times10^5 \end{bmatrix}\begin{bmatrix} x_s \\ x_u \end{bmatrix}=0 \tag{13.182}$$

通过解特征方程可以求出汽车的固有频率

$$\begin{aligned} \det[[k]-\omega^2[m]] &= \det\left[\begin{bmatrix} 35000 & -35000 \\ -35000 & 2.28\times10^5 \end{bmatrix}-\omega^2\begin{bmatrix} 375 & 0 \\ 0 & 75 \end{bmatrix}\right] \\ &= \det\left[\begin{bmatrix} 35000-375\omega^2 & -35000 \\ -35000 & 2.28\times10^5-75\omega^2 \end{bmatrix}\right] \\ &= 28125\omega^4-8.8125\times10^7\omega^2+6.755\times10^9 \end{aligned} \tag{13.183}$$

$$\omega_1=8.8671\text{rad/s}\approx1.41\text{Hz} \tag{13.184}$$

$$\omega_2=55.269\text{rad/s}\approx8.79\text{Hz} \tag{13.185}$$

用式（13.158）求对应的振型。

$$\begin{aligned} &[[k]-\omega_1^2[m]]\boldsymbol{u}_1 \\ &=\left[\begin{bmatrix} 35000 & -35000 \\ -35000 & 2.28\times10^5 \end{bmatrix}-3054.7\begin{bmatrix} 375 & 0 \\ 0 & 75 \end{bmatrix}\right]\begin{bmatrix} u_{11} \\ u_{12} \end{bmatrix} \\ &=\begin{bmatrix} -1.1105\times10^6u_{11}-35000u_{12} \\ -35000u_{11}-1102.5u_{12} \end{bmatrix}=0 \end{aligned} \tag{13.186}$$

$$\begin{aligned} &[[k]-\omega_2^2[m]]\boldsymbol{u}_2 \\ &=\left[\begin{bmatrix} 35000 & -35000 \\ -35000 & 2.28\times10^5 \end{bmatrix}-78.625\begin{bmatrix} 375 & 0 \\ 0 & 75 \end{bmatrix}\right]\begin{bmatrix} u_{21} \\ u_{22} \end{bmatrix} \\ &=\begin{bmatrix} 5515.6u_{21}-35000u_{22} \\ 2.221\times10^5u_{22}-35000u_{21} \end{bmatrix}=0 \end{aligned} \tag{13.187}$$

找到 $\boldsymbol{u}_1$ 和 $\boldsymbol{u}_2$ 首值归一表达式，得到下面的振型。

$$\boldsymbol{u}_1=\begin{bmatrix} 1 \\ 0.15758 \end{bmatrix} \tag{13.188}$$

$$\boldsymbol{u}_2=[-3.1729\times10^{-3}] \tag{13.189}$$

所以四分之一汽车的自由振动为

$$\boldsymbol{x} = \sum_{i=1}^{n} \boldsymbol{u}_i (A_i \sin\omega_i t + B_i \cos\omega_i t) \quad i = 1,2 \tag{13.190}$$

$$\begin{bmatrix} x_s \\ x_u \end{bmatrix} = \begin{bmatrix} 1 \\ -3.1729 \times 10^{-3} \end{bmatrix} (A_1 \sin 8.8671 t + B_i \cos 8.8671 t) + \begin{bmatrix} 1 \\ 0.15758 \end{bmatrix} (A_2 \sin 55.269 t + B_2 \cos 55.269 t) \tag{13.191}$$

13.4　两轮车辆模型和车身俯仰振型

四分之一车辆模型在检验和优化车身颠簸振型方面非常出色，但是，为了使其同时包含俯仰和其他振动类型，还需要对该车辆振动模型进行扩展。图 13.9 所示是一个两轮车辆振动模型，该模型包括车身颠簸 x、车身俯仰 θ、车轮跳动 x_1 和 x_2 以及独立的道路激励 y_1 和 y_2。

两轮车辆振动模型运动方程为：

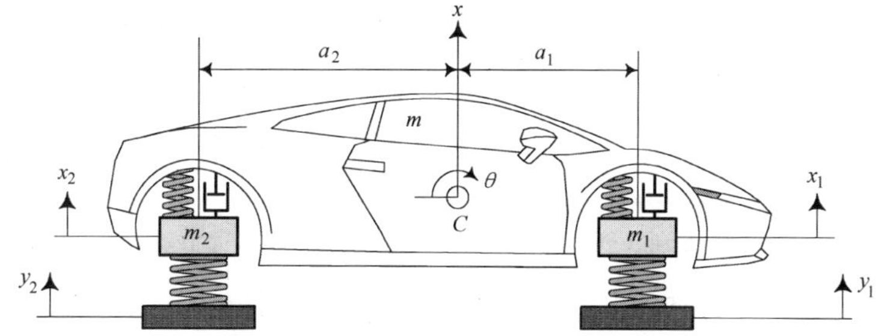

图 13.9　两轮车辆振动模型

$$m\ddot{x} + c_1(\dot{x} - \dot{x}_1 - a_1\dot{\theta}) + c_2(\dot{x} - \dot{x}_2 + a_2\dot{\theta}) + k_1(x - x_1 - a_1\theta) + k_2(x - x_2 + a_2\theta) = 0 \tag{13.192}$$

$$I_y\ddot{\theta} - a_1 c_1(\dot{x} - \dot{x}_1 - a_1\dot{\theta}) + a_2 c_2(\dot{x} - \dot{x}_2 + a_2\dot{\theta}) - a_1 k_1(x - x_1 - a_1\theta) + a_2 k_2(x - x_2 + a_2\theta) = 0 \tag{13.193}$$

$$m_1\ddot{x}_1 - c_1(\dot{x} - \dot{x}_1 - a_1\dot{\theta}) + k_{t_1}(x_1 - y_1) - k_1(x - x_1 - a_1\theta) = 0 \tag{13.194}$$

$$m_2\ddot{x}_2 - c_2(\dot{x} - \dot{x}_2 + a_2\dot{\theta}) + k_{t_2}(x_2 - y_2) - k_2(x - x_2 + a_2\theta) = 0 \tag{13.195}$$

作为提示，式中用到的参数和变量的含义见表 13.1。

表 13.1　两轮车辆振动模型的参数

参数	含义
m	车身质量的一半
m_1	前轮质量
m_2	后轮质量
x	车身垂直运动坐标
x_1	前轮垂直运动坐标
x_2	后轮垂直运动坐标

（续）

参数	含义
θ	车身俯仰运动坐标
y_1	道路对前轮的激励
y_2	道路对后轮的激励
I_y	车身一半的侧向惯性质量矩
a_1	从前轴到质心 C 的距离
a_2	从后轴到质心 C 的距离

证明：图13.10所示为系统的振动模型，设车辆的车身为一个刚性杆，杆的质量为 m，表示整车车身质量的一半，其侧向质量矩为 I_y，是车身质量矩的一半。其前轮和后轮的质量分别为 m_1 和 m_2，轮胎刚度用参数 k_{t_1} 和 k_{t_2} 表示，因为通常后轮胎刚度比前轮胎大，所以前、后车轮轮胎刚度用不同符号代表，但是在简单模型中，可以假设 $k_{t_1}=k_{t_2}$。轮胎的阻尼比减振器的阻尼小得多，所以，为了便于计算可以忽略轮胎阻尼。

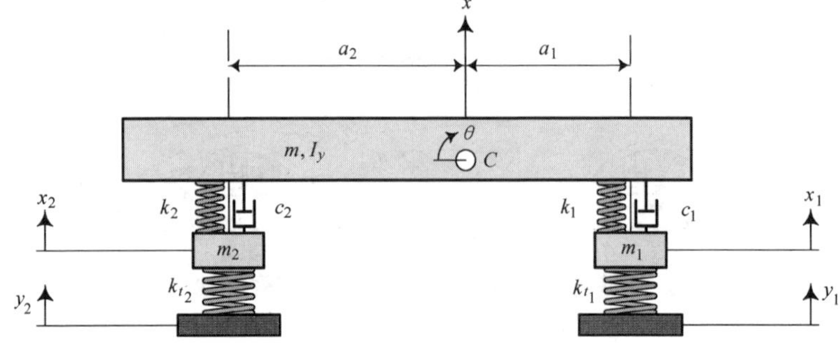

图13.10 两轮车辆的振动模型

为了求出两轮车辆振动模型的运动方程，采用拉格朗日方法，系统的动能和势能为

$$K=\frac{1}{2}m\dot{x}^2+\frac{1}{2}m_1\dot{x}_1^2+\frac{1}{2}m_2\dot{x}_2^2+\frac{1}{2}I_y\dot{\theta}^2 \tag{13.196}$$

$$\begin{aligned}V&=\frac{1}{2}k_{t_1}(x_1-y_1)^2+\frac{1}{2}k_{t_2}(x_2-y_2)^2\\&\quad+\frac{1}{2}k_1(x-x_1-a_1\theta)^2+\frac{1}{2}k_2(x-x_2+a_2\theta)\end{aligned} \tag{13.197}$$

耗散函数为

$$D=\frac{1}{2}c_1(\dot{x}-\dot{x}_1-a_1\dot{\theta})^2+\frac{1}{2}c_2(\dot{x}-\dot{x}_2+a_2\dot{\theta}) \tag{13.198}$$

应用拉格朗日方法

$$\frac{\mathrm{d}}{\mathrm{d}t}\left(\frac{\partial K}{\partial\dot{q}_r}\right)-\frac{\partial K}{\partial q_r}+\frac{\partial D}{\partial\dot{q}_r}+\frac{\partial V}{\partial q_r}=f_r\quad r=1,2,\cdots 4 \tag{13.199}$$

得到运动方程式（13.192）~式（13.195），方程可以写成矩阵的形式。

$$[m]\ddot{\boldsymbol{x}}+[c]\dot{\boldsymbol{x}}+[k]\boldsymbol{x}=\boldsymbol{F} \tag{13.200}$$

式中

$$\boldsymbol{x} = \begin{bmatrix} x \\ \theta \\ x_1 \\ x_2 \end{bmatrix} \tag{13.201}$$

$$[m] = \begin{bmatrix} m & 0 & 0 & 0 \\ 0 & I_y & 0 & 0 \\ 0 & 0 & m_1 & 0 \\ 0 & 0 & 0 & m_2 \end{bmatrix} \tag{13.202}$$

$$[c] = \begin{bmatrix} c_1 + c_2 & a_2 c_2 - a_1 c_1 & -c_1 & -c_2 \\ a_2 c_2 - a_1 c_1 & c_1 a_1^2 + c_2 a_2^2 & a_1 c_1 & -a_2 c_2 \\ -c_1 & a_1 c_1 & c_1 & 0 \\ -c_2 & -a_2 c_2 & 0 & c_2 \end{bmatrix} \tag{13.203}$$

$$[k] = \begin{bmatrix} k_1 + k & a_2 k_2 - a_1 k_1 & -k_1 & -k_2 \\ a_2 k_2 - a_1 k_1 & k_1 a_1^2 + k_2 a_2^2 & a_1 k_1 & -a_2 k_2 \\ -k_1 & a_1 k_1 & k_1 + k_{t_1} & 0 \\ -k_2 & -a_2 k_2 & 0 & k_2 + k_{t_2} \end{bmatrix} \tag{13.204}$$

$$\boldsymbol{F} = \begin{bmatrix} 0 \\ 0 \\ y_1 k_{t_1} \\ y_2 k_{t_2} \end{bmatrix} \tag{13.205}$$

例 538 两轮车辆模型的固有频率和振型

设某车辆的后部为重型整体桥悬架，前部为独立悬架，车辆参数如下

$$m = \frac{840}{2}\text{kg} \quad m_1 = 53\text{kg}$$

$$m_2 = \frac{152}{2}\text{kg} \quad I_y = \frac{1100}{2}\text{kg m}^2 \tag{13.206}$$

$$a_1 = 1.4\text{m} \quad a_2 = 1.47\text{m} \tag{13.207}$$

$$k_1 = 10000\text{N/m} \quad k_2 = 13000\text{N/m}$$

$$k_{t_1} = k_{t_2} = 200000\text{N/m} \tag{13.208}$$

其固有频率用无阻尼自由振动运动方程求解，系统的特征方程为

$$\begin{aligned} \det[[k] - \omega^2[m]] &= 8609 \times 10^9 \omega^8 - 1.2747 \times 10^{13}\omega^6 \\ &+ 2.1708 \times 10^{16}\omega^4 - 1.676 \times 10^{18}\omega^2 + 2.9848 \times 10^{19} \end{aligned} \tag{13.209}$$

因为

$$[m] = \begin{bmatrix} 420 & 0 & 0 & 0 \\ 0 & 550 & 0 & 0 \\ 0 & 0 & 53 & 0 \\ 0 & 0 & 0 & 76 \end{bmatrix} \tag{13.210}$$

$$[k]=\begin{bmatrix}23000 & 5110 & -10000 & -13000\\ 5110 & 47692 & 14000 & -19110\\ -10000 & 14000 & 210000 & 0\\ -13000 & -19110 & 0 & 213000\end{bmatrix} \tag{13.211}$$

解特征方程式（13.209）或求$[A]=[m]^{-1}[k]$特征值，进而求出固有频率。

$$\begin{aligned}[A]&=[m]^{-1}[k]\\&=\begin{bmatrix}54.762 & 12.167 & -23.810 & -30.953\\ 9.291 & 86.712 & 25.454 & -34.745\\ -188.68 & 264.15 & 3962.3 & 0\\ -171.05 & -251.45 & 0 & 2802.6\end{bmatrix}\end{aligned} \tag{13.212}$$

$[A]$的特征值为

$$\lambda_1=48.91 \quad \lambda_2=84.54 \quad \lambda_3=2807.78 \quad \lambda_4=3965.14 \tag{13.213}$$

所以，两轮车辆模型的固有频率为

$$\begin{aligned}\omega_1&=\sqrt{\lambda_1}=6.7\text{rad/s}\approx 1.11\text{Hz}\\ \omega_2&=\sqrt{\lambda_2}=9.19\text{rad/s}\approx 1.46\text{Hz}\\ \omega_3&=\sqrt{\lambda_3}=52.99\text{rad/s}\approx 8.43\text{Hz}\\ \omega_4&=\sqrt{\lambda_4}=62.96\text{rad/s}\approx 10.02\text{Hz}\end{aligned} \tag{13.214}$$

系统振型的标准化格式为

$$\boldsymbol{u}_1=\begin{bmatrix}1.000\\ -0.254\\ 0.065\\ 0.039\end{bmatrix} \quad \boldsymbol{u}_2=\begin{bmatrix}0.332\\ 1.000\\ -0.052\\ 0.113\end{bmatrix} \tag{13.215}$$

$$\boldsymbol{u}_3=\begin{bmatrix}0.0113\\ -0.0128\\ 0.00108\\ 1.000\end{bmatrix} \quad \boldsymbol{u}_4=\begin{bmatrix}-0.00606\\ 0.0065\\ 1.000\\ -0.00052\end{bmatrix} \tag{13.216}$$

第四个振型 $\boldsymbol{u}_4$ 中最大的元素在 x_1 上发生，这表明 $\omega_4\approx 10.02\text{Hz}$ 时在前轮上产生的第四个振型的振幅最大，其他部分的振幅为

$$\Theta=\frac{u_{42}}{u_{43}}=0.0065X_1 \tag{13.217}$$

$$X=\frac{u_{41}}{u_{43}}=-0.00606X_1 \tag{13.218}$$

$$X_2=\frac{u_{44}}{u_{43}}=-0.00052X_1 \tag{13.219}$$

本例中，第一个振型 $\boldsymbol{u}_1$ 的最大元素发生在 x 上，第二个振型 $\boldsymbol{u}_2$ 的最大元素发生在 θ 上，第三个振型 $\boldsymbol{u}_3$ 的最大元素发生在 x_2 上。与第四个振型 $\boldsymbol{u}_4$ 中类似，可以获得不同位置处每个振型的相对振幅。

设有一辆汽车在颠簸道路上以极小的加速度开始行驶，随着速度的增加，第一个共振在

$\omega_1 \approx 1.11\text{Hz}$ 时发生，此时，颠簸振动是最显著的振动。第二个共振在 $\omega_2 \approx 1.46\text{Hz}$ 时发生，此时，车身的俯仰振动是最显著的振动。第三个和第四个共振分别在 $\omega_3 \approx 8.43\text{Hz}$ 和 $\omega_4 \approx 10.02\text{Hz}$ 时发生，此时的振动分别与后车轮和前车轮相关。

对多自由度系统的激励频率增加时，显著振动会按照固有频率和对应振型的顺序从一个位置转换到另一个位置。当激励频率正好是固有频率时，振动的相对振幅也会与对应振型的振幅比精确相似。如果激励频率不等于固有频率，系统的振动是所有振型的组合，但是与固有频率接近的振型所占的权重系数较高。

13.5　二分之一车辆模型和车身侧倾振型

在检验和优化车身侧倾振动时应用二分之一车辆振动模型，一个二分之一车辆模型如图 13.11 所示。该模型包括车身颠簸 x、车身侧倾 φ、车轮跳动 x_1 和 x_2 以及独立的道路激励 y_1 和 y_2。

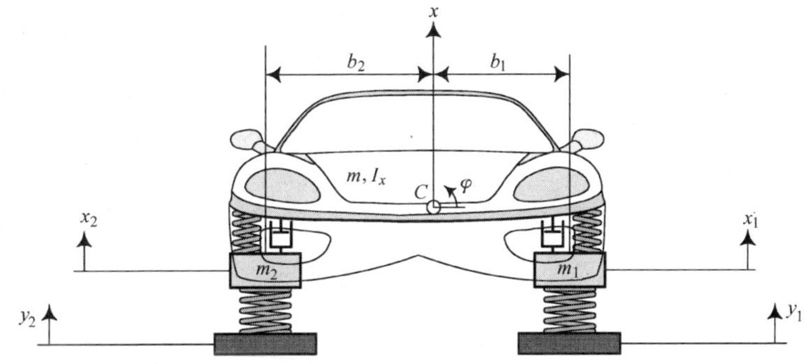

图 13.11　二分之一车辆振动模型

二分之一车辆振动模型运动方程为

$$m\ddot{x} + c(\dot{x} - \dot{x}_1 + b_1\dot{\varphi}) + c(\dot{x} - \dot{x}_2 - b_2\dot{\varphi}) + k(x - x_1 + b_1\varphi) + k(x - x_2 - b_2\varphi) = 0 \tag{13.220}$$

$$I_x\ddot{\varphi} + b_1 c(\dot{x} - \dot{x}_1 + b_1\dot{\varphi}) - b_2 c(\dot{x} - \dot{x}_2 - b_2\dot{\varphi}) + b_1 k(x - x_1 + b_1\varphi) - b_2 k(x - x_2 - b_2\varphi) + k_R\varphi = 0 \tag{13.221}$$

$$m_1\ddot{x}_1 - c(\dot{x} - \dot{x}_1 + b_1\dot{\varphi}) + k_t(x_1 - y_1) - k(x - x_1 + b_1\varphi) = 0 \tag{13.222}$$

$$m_2\ddot{x}_2 - c(\dot{x} - \dot{x}_2 - b_2\dot{\varphi}) + k_t(x_2 - y_2) - k(x - x_2 - b_2\varphi) = 0 \tag{13.223}$$

车辆前半部分和后半部分的二分之一车辆模型会因悬架和质量分布不同而不同，同时，车辆的前、后部分也可能会采用不同扭转刚度的防侧倾杆。

证明：图 13.12 所示是一个更为实用的系统振动模型。设车辆的车身为一个刚性杆，杆的质量为 m，表示全车身质量的前半部分质量或后半部分质量。其纵向质量惯性矩为 I_x，是车身质量惯性矩的一半。左车轮和右车轮的质量分别为 m_1 和 m_2（两个质量通常相等）。轮胎刚度用参数 k_t 表示，轮胎的阻尼比减振器的阻尼小得多，所以，为了便于计算可以忽略轮胎阻尼。车辆的左、右车轮悬架通常是对称的，所以两侧的阻尼和刚度均相等，设阻尼为 c，刚度为 k。但是对于二分之一车辆模型，车辆前部的 k、c 和 k_t 和后部的 k、c 和 k_t 并不相同。

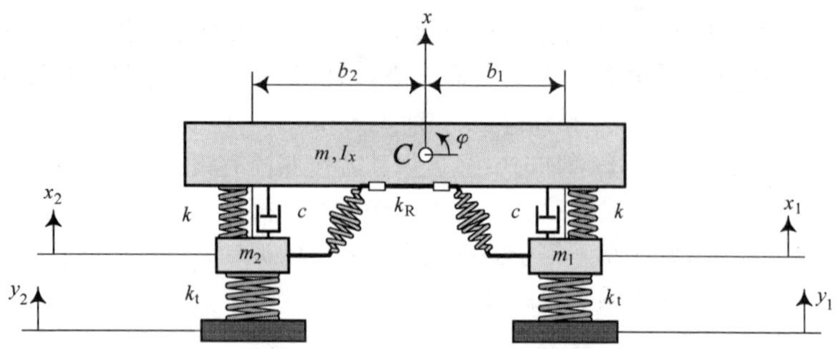

图 13.12 二分之一车辆振动模型

对于前部或者后部装有扭转刚度为 k_R 的防侧倾杆车辆，采用简单模型，防侧倾杆的扭矩 M_R 与侧倾角 φ 成正比。

$$M_R = -k_R\varphi \tag{13.224}$$

比上述模型更准确的防侧倾杆作用模型为

$$M_R = -k_R\left(\varphi - \frac{x_1 - x_2}{\omega}\right) \tag{13.225}$$

应用拉格朗日方法求二分之一车辆振动模型的运动方程，系统的动能和势能为

$$K = \frac{1}{2}m\dot{x}^2 + \frac{1}{2}m_1\dot{x}_1^2 + \frac{1}{2}m_2\dot{x}_2^2 + \frac{1}{2}I_x\dot{\varphi}^2 \tag{13.226}$$

$$V = \frac{1}{2}k_t(x_1 - y_1)^2 + \frac{1}{2}k_t(x_2 - y_2)^2 + \frac{1}{2}k_R\varphi^2 + \frac{1}{2}k(x - x_1 + b_1\varphi)^2 + \frac{1}{2}k(x - x_2 - b_2\varphi) \tag{13.227}$$

耗散函数为

$$D = \frac{1}{2}c(\dot{x} - \dot{x}_1 + b_1\dot{\varphi})^2 + \frac{1}{2}c(\dot{x} - \dot{x}_2 - b_2\dot{\varphi}) \tag{13.228}$$

应用拉格朗日方法

$$\frac{\mathrm{d}}{\mathrm{d}t}\left(\frac{\partial K}{\partial \dot{q}_r}\right) - \frac{\partial K}{\partial q_r} + \frac{\partial D}{\partial \dot{q}_r} + \frac{\partial V}{\partial q_r} = f_r \quad r = 1, 2, \cdots, 4 \tag{13.229}$$

从上式可以获得运动方程式（13.220）~式（13.223），该运动方程组经整理可以写成矩阵形式。

$$[m]\ddot{\boldsymbol{x}} + [c]\dot{\boldsymbol{x}} + [k]\boldsymbol{x} = \boldsymbol{F} \tag{13.230}$$

式中

$$\boldsymbol{x} = \begin{bmatrix} x \\ \varphi \\ x_1 \\ x_2 \end{bmatrix} \tag{13.231}$$

$$[m] = \begin{bmatrix} m & 0 & 0 & 0 \\ 0 & I_x & 0 & 0 \\ 0 & 0 & m_1 & 0 \\ 0 & 0 & 0 & m_2 \end{bmatrix} \tag{13.232}$$

$$[c]=\begin{bmatrix} 2c & cb_1-cb_2 & -c & -c \\ cb_1-cb_2 & cb_1^2+cb_2^2 & -cb_1 & cb_2 \\ -c & -cb_1 & c & 0 \\ -c & cb_2 & 0 & c \end{bmatrix} \tag{13.233}$$

$$[k]=\begin{bmatrix} 2k & kb_1-kb_2 & -k & -k \\ kb_1-kb_2 & kb_1^2+kb_2^2+k_R & -kb_1 & kb_2 \\ -k & -kb_1 & k+k_t & 0 \\ -k & kb_2 & 0 & k+k_t \end{bmatrix} \tag{13.234}$$

$$\boldsymbol{F}=\begin{bmatrix} 0 \\ 0 \\ y_1\ k_t \\ y_2\ k_t \end{bmatrix} \tag{13.235}$$

例 539 二分之一车辆模型的固有频率和振型

设某车辆参数如下

$$m=\frac{840}{2}\text{kg} \quad I_x=\frac{820}{2}\text{kg m}^2$$

$$m_1=53\text{kg} \quad m_2=53\text{kg} \tag{13.236}$$

$$b_1=0.7\text{m} \quad b_2=0.75\text{m} \tag{13.237}$$

$$k=10000\text{N/m} \quad k_t=k_t=200000\text{N/m} \quad k_R=0\text{Nm/rad} \tag{13.238}$$

用无阻尼自由振动运动方程求该车辆的固有频率

$$[m]\ddot{\boldsymbol{x}}+[k]\boldsymbol{x}=\boldsymbol{0} \tag{13.239}$$

系统的［m］矩阵和［k］矩阵为

$$[m]=\begin{bmatrix} 420 & 0 & 0 & 0 \\ 0 & 410 & 0 & 0 \\ 0 & 0 & 53 & 0 \\ 0 & 0 & 0 & 53 \end{bmatrix} \tag{13.240}$$

$$[k]=\begin{bmatrix} 20000 & -500 & -10000 & -10000 \\ -500 & 10525 & -7000 & 7500 \\ -10000 & -7000 & 210000 & 0 \\ -10000 & 7500 & 0 & 210000 \end{bmatrix} \tag{13.241}$$

解特征方程式（13.209）或求$[A]=[m]^{-1}[k]$的特征值获得系统的固有频率。

$$\begin{aligned}[A]&=[m]^{-1}[k] \\ &=\begin{bmatrix} 47.619 & -1.1905 & -23.81 & -23.81 \\ -1.219 & 25.67 & -17.07 & 18.29 \\ -188.68 & -132.08 & 3962.3 & 0 \\ -188.68 & -141.51 & 0 & 3962.3 \end{bmatrix}\end{aligned} \tag{13.242}$$

$[A]$的特征值为

$$\lambda_1=24.38 \quad \lambda_2=45.39$$

$$\lambda_3 = 3963.49 \quad \lambda_4 = 3964.56 \tag{13.243}$$

因此，该二分之一车辆模型的固有频率为

$$\begin{aligned} \omega_1 &= \sqrt{\lambda_1} = 4.93\text{rad/s} \approx 0.78\text{Hz} \\ \omega_2 &= \sqrt{\lambda_2} = 6.73\text{rad/s} \approx 1.07\text{Hz} \\ \omega_3 &= \sqrt{\lambda_3} = 62.95\text{rad/s} \approx 10.02\text{Hz} \\ \omega_4 &= \sqrt{\lambda_4} = 62.96\text{rad/s} \approx 10.03\text{Hz} \end{aligned} \tag{13.244}$$

其系统振型的标准化格式为

$$\boldsymbol{u}_1 = \begin{bmatrix} 0.054 \\ 1.000 \\ 0.036 \\ -0.033 \end{bmatrix} \quad \boldsymbol{u}_2 = \begin{bmatrix} 1.000 \\ -0.0554 \\ 0.0463 \\ 0.0502 \end{bmatrix} \tag{13.245}$$

$$\boldsymbol{u}_3 = \begin{bmatrix} -0.46 \times 10^{-3} \\ -0.86 \times 10^{-2} \\ 1.000 \\ -0.923 \end{bmatrix} \quad \boldsymbol{u}_4 = \begin{bmatrix} -0.0117 \\ 0.65 \times 10^{-3} \\ 0.923 \\ 1.000 \end{bmatrix} \tag{13.246}$$

例 540　二分之一车辆模型振型的对比

例 539 中，第一个振型 $\boldsymbol{u}_1$ 的最大元素发生在 φ 上，第二个振型 $\boldsymbol{u}_2$ 的最大元素发生在 x 上，第三个振型 $\boldsymbol{u}_3$ 的最大元素发生在 x_1 上，第四个振型 $\boldsymbol{u}_4$ 的最大元素发生在 x_2 上。

设有一辆汽车在颠簸道路上以极小的加速度开始行驶，随着速度的增加，第一个共振在 $\omega_1 \approx 0.78\text{Hz}$ 时发生，此时，侧倾振动是最显著的振动。第二个共振在 $\omega_2 \approx 1.07\text{Hz}$ 时发生，此时，车身的颠簸振动是最显著的振动。第三个和第四个共振分别在 $\omega_3 \approx 10.02\text{Hz}$ 和 $\omega_4 \approx 10.03\text{Hz}$ 时发生，此时的共振分别与左侧车轮和右侧车轮相关。

例 541　防侧倾杆只影响侧倾振型

例 539 中，假设防侧倾杆扭转刚度为

$$k_{\mathrm{R}} = 10000\text{Nm/rad} \tag{13.247}$$

二分之一车辆模型的固有频率和振型应为

$$\begin{aligned} \lambda_1 &= 44.983 \quad \lambda_2 = 49.165 \\ \lambda_3 &= 3963.498 \quad \lambda_4 = 3964.561 \end{aligned} \tag{13.248}$$

$$\begin{aligned} \omega_1 &= \sqrt{\lambda_1} = 6.707\text{rad/s} \approx 1.0674\text{Hz} \\ \omega_2 &= \sqrt{\lambda_2} = 7.012\text{rad/s} \approx 1.1159\text{Hz} \\ \omega_3 &= \sqrt{\lambda_3} = 62.9563\text{rad/s} \approx 10.0198\text{Hz} \\ \omega_4 &= \sqrt{\lambda_4} = 62.9647\text{rad/s} \approx 10.0211\text{Hz} \end{aligned} \tag{13.249}$$

$$\boldsymbol{u}_1 = \begin{bmatrix} 1.000 \\ 0.9988 \\ 0.05835 \\ 0.03725 \end{bmatrix} \quad \boldsymbol{u}_2 = \begin{bmatrix} -0.29488 \\ 1.000 \\ 0.01953 \\ -0.05038 \end{bmatrix} \tag{13.250}$$

$$\boldsymbol{u}_3=\begin{bmatrix}-0.4723\times10^{-3}\\-0.8671\times10^{-2}\\1.000\\-0.922\end{bmatrix}\quad\boldsymbol{u}_4=\begin{bmatrix}-0.01168\\0.655\times10^{-3}\\0.9219\\1.000\end{bmatrix}\tag{13.251}$$

将上述结果与例 539 中的结果进行对比，可见防侧倾杆的作用仅对侧倾振型有影响，二分之一车辆模型需要选用适当的防侧倾杆提高其侧倾固有频率。

因为规避窄幅共振区较为容易做到，所以建议尽量选择与车身颠簸固有频率接近的侧倾振型，以使车身颠簸共振区的相邻频率区尽量狭窄。

13.6 整车振动模型

完整的车辆振动模型称作整车振动模型，该模型如图 13.13 所示，包括车身颠簸 x，车身侧倾 φ，车身俯仰 θ，车轮跳动 x_1、x_2、x_3 和 x_4，以及独立的道路激励 y_1、y_2、y_3 和 y_4。

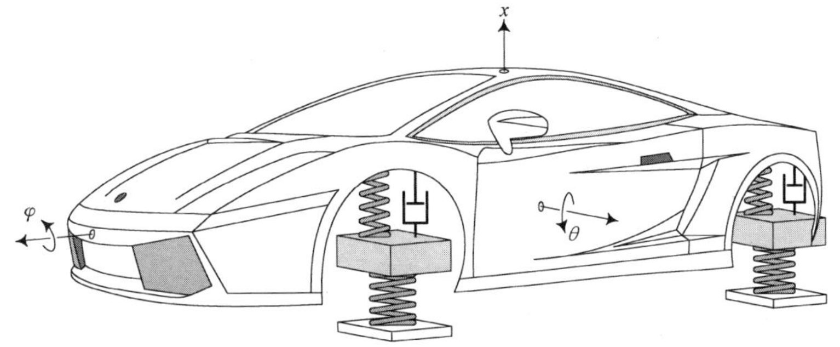

图 13.13 车辆的整车振动模型

整车振动模型有七个自由度，其运动方程如下。

$$\begin{aligned}&m\ddot{x}+c_{\mathrm{f}}(\dot{x}-\dot{x}_1+b_1\dot{\varphi}-a_1\dot{\theta})+c_{\mathrm{f}}(\dot{x}-\dot{x}_2-b_2\dot{\varphi}-a_1\dot{\theta})\\&+c_{\mathrm{r}}(\dot{x}-\dot{x}_3+b_1\dot{\varphi}+a_2\dot{\theta})+c_{\mathrm{r}}(\dot{x}-\dot{x}_4+b_2\dot{\varphi}+a_2\dot{\theta})\\&+k_{\mathrm{f}}(x-x_1+b_1\varphi-a_1\theta)+k_{\mathrm{f}}(x-x_2-b_2\varphi-a_1\theta)\\&+k_{\mathrm{r}}(x-x_3-b_1\varphi+a_2\theta)+k_{\mathrm{r}}(x-x_4+b_2\varphi+a_2\theta)=0\end{aligned}\tag{13.252}$$

$$\begin{aligned}&I_x\ddot{\varphi}+b_1c_{\mathrm{f}}(\dot{x}-\dot{x}_1+b_1\dot{\varphi}-a_1\dot{\theta})-b_2c_{\mathrm{f}}(\dot{x}-\dot{x}_2-b_2\dot{\varphi}-a_1\dot{\theta})\\&-b_1c_{\mathrm{r}}(\dot{x}-\dot{x}_3-b_1\dot{\varphi}+a_2\dot{\theta})+b_2c_{\mathrm{r}}(\dot{x}-\dot{x}_4+b_2\dot{\varphi}+a_2\dot{\theta})\\&+b_1k_{\mathrm{f}}(x-x_1+b_1\varphi-a_1\theta)-b_2k_{\mathrm{f}}(x-x_2-b_2\varphi-a_1\theta)\\&-b_1k_{\mathrm{r}}(x-x_3-b_1\varphi+a_2\theta)+b_2k_{\mathrm{r}}(x-x_4+b_2\varphi+a_2\theta)\\&+k_{\mathrm{R}}\left(\varphi-\frac{x_1-x_2}{w}\right)=0\end{aligned}\tag{13.253}$$

$$\begin{aligned}&I_y\ddot{\theta}-a_1c_{\mathrm{f}}(\dot{x}-\dot{x}_1+b_1\dot{\varphi}-a_1\dot{\theta})-a_1c_{\mathrm{f}}(\dot{x}-\dot{x}_2-b_2\dot{\varphi}-a_1\dot{\theta})\\&+a_2c_{\mathrm{r}}(\dot{x}-\dot{x}_3-b_1\dot{\varphi}+a_2\dot{\theta})+a_2c_{\mathrm{r}}(\dot{x}-\dot{x}_4+b_2\dot{\varphi}+a_2\dot{\theta})\\&-a_1k_{\mathrm{f}}(x-x_1+b_1\varphi-a_1\theta)-a_1k_{\mathrm{f}}(x-x_2-b_2\varphi-a_1\theta)\\&+a_2k_{\mathrm{r}}(x-x_3-b_1\varphi+a_2\theta)+a_2k_{\mathrm{r}}(x-x_4+b_2\varphi+a_2\theta)=0\end{aligned}\tag{13.254}$$

$$m_{\mathrm{f}}\ddot{x}_1-c_{\mathrm{f}}(\dot{x}-\dot{x}_1+b_1\dot{\varphi}-a_1\dot{\theta})-k_{\mathrm{f}}(x-x_1+b_1\varphi-a_1\theta)-k_{\mathrm{R}}\frac{1}{w}\left(\varphi-\frac{x_1-x_2}{w}\right)+k_{t_{\mathrm{f}}}(x_1-y_1)=0\tag{13.255}$$

$$m_f \ddot{x}_2 - c_f(\dot{x} - \dot{x}_2 - b_2\dot{\varphi} - a_1\dot{\theta}) - k_f(x - x_2 - b_2\varphi - a_1\theta) + k_R\frac{1}{w}\left(\varphi - \frac{x_1 - x_2}{w}\right) + k_{t_f}(x_2 - y_2) = 0 \tag{13.256}$$

$$m_r \ddot{x}_3 - c_r(\dot{x} - \dot{x}_3 - b_1\dot{\varphi} + a_2\dot{\theta}) - k_r(x - x_3 - b_1\varphi + a_2\theta) + k_{t_r}(x_3 - y_3) = 0 \tag{13.257}$$

$$m_r \ddot{x}_4 - c_r(\dot{x} - \dot{x}_4 + b_2\dot{\varphi} + a_2\dot{\theta}) - k_r(x - x_4 + b_2\varphi + a_2\theta) + k_{t_r}(x_4 - y_4) = 0 \tag{13.258}$$

证明：图 13.14 所示是一个系统振动模型。设车辆的车身为一个刚性厚板，该厚板的质量为 m，表示全车身质量。其纵向质量惯性矩为 I_x，侧向质量惯性矩为 I_y，这里的质量惯性矩仅是车身的质量惯性矩，而不是整车的质量惯性矩。各车轮的质量分别为 m_1、m_2、m_3 和 m_4，通常四个车轮质量有如下关系：

$$m_1 = m_2 = m_f \tag{13.259}$$

$$m_3 = m_4 = m_r \tag{13.260}$$

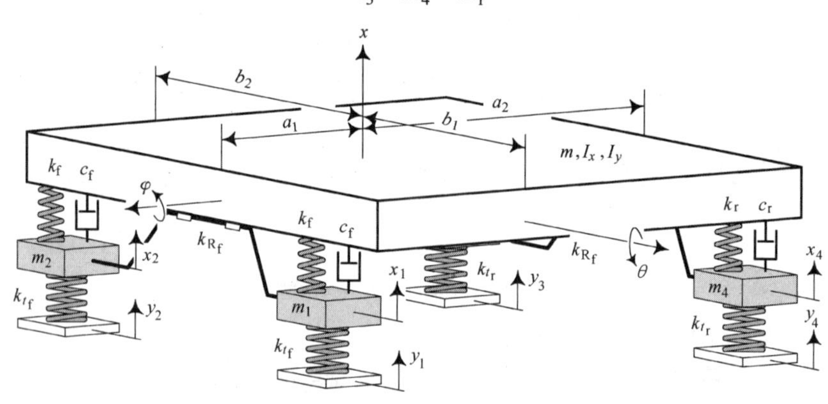

图 13.14　车辆振动的整车模型

前轮轮胎和后轮轮胎的刚度分别用 k_{t_f} 和 k_{t_r} 表示，因为轮胎的阻尼比减振器的阻尼小得多，所以，为了便于计算忽略轮胎阻尼。

车辆前部悬架的刚度和阻尼分别为 k_f 和 c_f，后部悬架的刚度和阻尼分别为 k_r 和 c_r。一般情况下车辆的左侧悬架和右侧悬架相同，所以它们的刚度和阻尼也想等。车辆前部和后部都可以装配防侧倾杆，各自的扭转刚度分别为 k_{R_f} 和 k_{R_r}。在简单模型中，侧倾杆的扭矩 M_R 与侧倾角成正比。

$$M_R = -(k_{R_f} + k_{R_r})\varphi = -k_R\varphi \tag{13.261}$$

比上述模型更准确的防侧倾杆作用模型为

$$M_R = -k_{R_f}\left(\varphi - \frac{x_1 - x_2}{w_f}\right) - k_{R_f}\left(\varphi - \frac{x_4 - x_3}{w_r}\right) \tag{13.262}$$

多数车辆只在前部安装有防侧倾杆，这种车辆的防侧倾杆力矩模型简化为

$$M_R = -k_R\left(\varphi - \frac{x_1 - x_2}{w}\right) \tag{13.263}$$

上式中 k_R 和 w 来自

$$w_f = w = b_1 + b_2 \tag{13.264}$$

$$k_{R_f} = k_R \tag{13.265}$$

用拉格朗日方法求整车振动模型的运动方程，系统的动能和势能分别为

$$K = \frac{1}{2}m\dot{x}^2 + \frac{1}{2}I_x\dot{\varphi}^2 + \frac{1}{2}I_y\dot{\theta}^2 + \frac{1}{2}m_f(\dot{x}_1^2 + \dot{x}_1^2) + \frac{1}{2}m_r(\dot{x}_3^2 + \dot{x}_4^2) \tag{13.266}$$

$$\begin{aligned} V = &\frac{1}{2}k_f(x - x_1 + b_1\varphi - a_1\theta)^2 + \frac{1}{2}k_f(x - x_2 - b_2\varphi - a_1\theta)^2 \\ &+ \frac{1}{2}k_r(x - x_3 - b_1\varphi + a_2\theta)^2 + \frac{1}{2}k_r(x - x_4 + b_2\varphi + a_2\theta)^2 \\ &+ \frac{1}{2}k_R\left(\varphi - \frac{x_1 - x_2}{w}\right)^2 + \frac{1}{2}k_{t_f}(x_1 - y_1)^2 + \frac{1}{2}k_{t_f}(x_2 - y_2)^2 \\ &+ \frac{1}{2}k_{t_r}(x_3 - y_3)^2 + \frac{1}{2}k_{t_r}(x_4 - y_4)^2 \end{aligned} \tag{13.267}$$

耗散函数为

$$\begin{aligned} D = &\frac{1}{2}c_f(\dot{x} - \dot{x}_1 + b_1\dot{\varphi} - a_1\dot{\theta})^2 + \frac{1}{2}c_f(\dot{x} - \dot{x}_2 - b_2\dot{\varphi} - a_1\dot{\theta})^2 \\ &+ \frac{1}{2}c_r(\dot{x} - \dot{x}_3 - b_1\dot{\varphi} + a_2\dot{\theta})^2 \\ &+ \frac{1}{2}c_r(\dot{x} - \dot{x}_4 + b_2\dot{\varphi} + a_2\dot{\theta})^2 \end{aligned} \tag{13.268}$$

应用拉格朗日方法

$$\frac{\mathrm{d}}{\mathrm{d}t}\left(\frac{\partial K}{\partial \dot{q}_r}\right) - \frac{\partial K}{\partial q_r} + \frac{\partial D}{\partial \dot{q}_r} + \frac{\partial V}{\partial q_r} = f_r \quad r = 1, 2, \cdots 7 \tag{13.269}$$

即可得出运动方程式（13.252）~式（13.258）。

运动方程组经整理可以写成矩阵形式

$$[m]\ddot{\boldsymbol{x}} + [c]\dot{\boldsymbol{x}} + [k]\boldsymbol{x} = \boldsymbol{F} \tag{13.270}$$

式中

$$\boldsymbol{x} = [x \quad \varphi \quad \theta \quad x_1 \quad x_2 \quad x_3 \quad x_4]^{\mathrm{T}} \tag{13.271}$$

$$[m] = \begin{bmatrix} m & 0 & 0 & 0 & 0 & 0 & 0 \\ 0 & I_x & 0 & 0 & 0 & 0 & 0 \\ 0 & 0 & I_y & 0 & 0 & 0 & 0 \\ 0 & 0 & 0 & m_f & 0 & 0 & 0 \\ 0 & 0 & 0 & 0 & m_f & 0 & 0 \\ 0 & 0 & 0 & 0 & 0 & m_r & 0 \\ 0 & 0 & 0 & 0 & 0 & 0 & m_r \end{bmatrix} \tag{13.272}$$

$$[c]=\begin{bmatrix} c_{11} & c_{12} & c_{13} & -c_{\mathrm{f}} & -c_{\mathrm{f}} & -c_{\mathrm{r}} & -c_{\mathrm{r}} \\ c_{21} & c_{22} & c_{23} & -b_1 c_{\mathrm{f}} & b_2 c_{\mathrm{f}} & b_1 c_{\mathrm{r}} & -b_2 c_{\mathrm{r}} \\ c_{31} & c_{32} & c_{33} & a_1 c_{\mathrm{f}} & a_1 c_{\mathrm{f}} & -a_2 c_{\mathrm{r}} & -a_2 c_{\mathrm{r}} \\ -c_{\mathrm{f}} & -b_1 c_{\mathrm{f}} & a_1 c_{\mathrm{f}} & c_{\mathrm{f}} & 0 & 0 & 0 \\ -c_{\mathrm{f}} & b_2 c_{\mathrm{f}} & a_1 c_{\mathrm{f}} & 0 & c_{\mathrm{f}} & 0 & 0 \\ -c_{\mathrm{r}} & b_1 c_{\mathrm{r}} & -a_2 c_{\mathrm{r}} & 0 & 0 & c_{\mathrm{r}} & 0 \\ -c_{\mathrm{r}} & -b_2 c_{\mathrm{r}} & -a_2 c_{\mathrm{r}} & 0 & 0 & 0 & c_{\mathrm{r}} \end{bmatrix} \tag{13.273}$$

$$\begin{aligned} c_{11} &= 2c_{\mathrm{f}}+2c_{\mathrm{r}} \\ c_{21} &= c_{12}=b_1 c_{\mathrm{f}}-b_2 c_{\mathrm{f}}-b_1 c_{\mathrm{r}}+b_2 c_{\mathrm{r}} \\ c_{31} &= c_{13}=2a_2 c_{\mathrm{r}}-2a_1 c_{\mathrm{f}} \\ c_{22} &= b_1^2 c_{\mathrm{f}}+b_2^2 c_{\mathrm{f}}+b_1^2 c_{\mathrm{r}}+b_2^2 c_{\mathrm{r}} \\ c_{32} &= c_{23}=a_1 b_2 c_{\mathrm{f}}-a_1 b_1 c_{\mathrm{f}}-a_2 b_1 c_{\mathrm{r}}+a_2 b_2 c_{\mathrm{r}} \\ c_{33} &= 2c_{\mathrm{f}} a_1^2+2c_{\mathrm{r}} a_2^2 \end{aligned} \tag{13.274}$$

$$[k]=\begin{bmatrix} k_{11} & k_{12} & k_{13} & -k_{\mathrm{f}} & -k_{\mathrm{f}} & -k_{\mathrm{r}} & -k_{\mathrm{r}} \\ k_{21} & k_{22} & k_{23} & k_{24} & k_{25} & b_1 k_{\mathrm{r}} & -b_2 k_{\mathrm{r}} \\ k_{31} & k_{32} & k_{33} & a_1 k_{\mathrm{f}} & a_1 k_{\mathrm{f}} & -a_2 k_{\mathrm{r}} & -a_2 k_{\mathrm{r}} \\ -k_{\mathrm{f}} & k_{42} & a_1 k_{\mathrm{f}} & k_{44} & -k_{\mathrm{R}}/w^2 & 0 & 0 \\ -k_{\mathrm{f}} & k_{52} & a_1 k_{\mathrm{f}} & -k_{\mathrm{R}}/w^2 & k_{55} & 0 & 0 \\ -k_{\mathrm{r}} & b_1 k_{\mathrm{r}} & -a_2 k_{\mathrm{r}} & 0 & 0 & k_{\mathrm{r}}+k_{t_{\mathrm{r}}} & 0 \\ -k_{\mathrm{r}} & -b_2 k_{\mathrm{r}} & -a_2 k_{\mathrm{r}} & 0 & 0 & 0 & k_{\mathrm{r}}+k_{t_{\mathrm{r}}} \end{bmatrix} \tag{13.275}$$

$$\begin{aligned} k_{11} &= 2k_{\mathrm{f}}+2k_{\mathrm{r}} \\ k_{21} &= k_{12}=b_1 k_{\mathrm{f}}-b_2 k_{\mathrm{f}}-b_1 k_{\mathrm{r}}+b_2 k_{\mathrm{r}} \\ k_{31} &= k_{13}=2a_2 k_{\mathrm{r}}-2a_1 k_{\mathrm{f}} \\ k_{22} &= k_{\mathrm{R}}+b_1^2 k_{\mathrm{f}}+b_2^2 k_{\mathrm{f}}+b_1^2 k_{\mathrm{r}}+b_2^2 k_{\mathrm{r}} \\ k_{32} &= k_{23}=a_1 b_2 k_{\mathrm{f}}-a_1 b_1 k_{\mathrm{f}}-a_2 b_1 k_{\mathrm{r}}+a_2 b_2 k_{\mathrm{r}} \end{aligned} \tag{13.276}$$

$$\begin{aligned} k_{42} &= k_{24}=-b_1 k_{\mathrm{f}}-\frac{1}{w} k_{\mathrm{R}} \\ k_{52} &= k_{25}=b_2 k_{\mathrm{f}}+\frac{1}{w} k_{\mathrm{R}} \end{aligned} \tag{13.277}$$

$$\begin{aligned} k_{33} &= 2k_{\mathrm{f}} a_1^2+2k_{\mathrm{r}} a_2^2 \\ k_{44} &= k_{\mathrm{f}}+k_{t_{\mathrm{f}}}+\frac{1}{w^2} k_{\mathrm{R}} \\ k_{55} &= k_{\mathrm{f}}+k_{t_{\mathrm{f}}}+\frac{1}{w^2} k_{\mathrm{R}} \end{aligned} \tag{13.278}$$

$$\boldsymbol{F}=[0 \quad 0 \quad 0 \quad y_1 k_{t_{\mathrm{f}}} \quad y_2 k_{t_{\mathrm{f}}} \quad y_3 k_{t_{\mathrm{r}}} \quad y_4 k_{t_{\mathrm{r}}}]^{\mathrm{T}} \tag{13.279}$$

例 542　整车模型的固有频率和振型

设某车辆参数如下

$$m = 840\text{kg} \quad m_{\text{f}} = 53\text{kg} \quad m_{\text{r}} = 76\text{kg}$$

$$I_x = 820\text{kg m}^2 \quad I_y = 1100\text{kg m}^2 \tag{13.280}$$

$$a_1 = 1.4\text{m} \quad a_2 = 1.47\text{m}$$

$$b_1 = 0.7\text{m} \quad b_2 = 0.75\text{m} \tag{13.281}$$

$$k_{\text{f}} = 10000\text{N/m} \quad k_{\text{r}} = 13000\text{N/m}$$

$$k_{t_{\text{f}}} = k_{t_{\text{r}}} = 200000\text{N/m} \quad k_{\text{R}} = 10000\text{N m/rad} \tag{13.282}$$

用矩阵$[A]=[m]^{-1}[k]$解相关特征值和特征向量问题，获得如下整车模型的固有频率和振型。

$$\omega_1 = 0.989\text{Hz} \quad \omega_2 = 1.113\text{Hz} \quad \omega_3 = 1.464\text{Hz}$$

$$\omega_4 = 8.427\text{Hz} \quad \omega_5 = 8.433\text{Hz} \quad \omega_6 = 10.021\text{Hz}$$

$$\omega_7 = 10.245\text{Hz} \tag{13.283}$$

$$\boldsymbol{u}_1 = \begin{bmatrix} 0.0177 \\ 1.000 \\ -0.0361 \\ 0.0671 \\ -0.06297 \\ -0.0455 \\ 0.0442 \end{bmatrix} \quad \boldsymbol{u}_2 = \begin{bmatrix} 1.000 \\ -0.0303 \\ -0.253 \\ 0.0633 \\ 0.0673 \\ 0.0403 \\ 0.0376 \end{bmatrix} \tag{13.284}$$

$$\boldsymbol{u}_3 = \begin{bmatrix} 0.332 \\ 0.0424 \\ 1.000 \\ -0.0492 \\ -0.0548 \\ 0.1115 \\ 0.1154 \end{bmatrix} \quad \boldsymbol{u}_4 = \begin{bmatrix} -0.989\times10^{-4} \\ 0.822\times10^{-2} \\ -0.1086\times10^{-3} \\ 0.1616\times10^{-2} \\ 1.000 \\ -0.982 \end{bmatrix} \tag{13.285}$$

$$\boldsymbol{u}_5 = \begin{bmatrix} -0.0112 \\ -0.366\times10^{-3} \\ -0.01268 \\ 0.998\times10^{-3} \\ 0.1145\times10^{-2} \\ 0.982 \\ 1.000 \end{bmatrix} \quad \boldsymbol{u}_6 = \begin{bmatrix} -0.606\times10^{-2} \\ 0.156\times10^{-3} \\ 0.655\times10^{-2} \\ 1.000 \\ 0.999 \\ -0.509\times10^{-3} \\ -0.542\times10^{-3} \end{bmatrix} \tag{13.286}$$

$$\boldsymbol{u}_7 = \begin{bmatrix} -0.725\times10^{-6} \\ 0.841\times10^{-2} \\ 0.477\times10^{-5} \\ -0.999 \\ 1 \\ 0.75\times10^{-3} \\ -0.805\times10^{-3} \end{bmatrix} \tag{13.287}$$

各振型的直观表示如图 13.15 ~ 图 13.21 所示，振型 $\boldsymbol{u}_1$ 至 $\boldsymbol{u}_7$ 中最大的元素分别与 φ、x、θ、x_3、x_4、x_1 和 x_2 相对应，这些图显示了整车模型在共振频率上各位置的相对振幅。

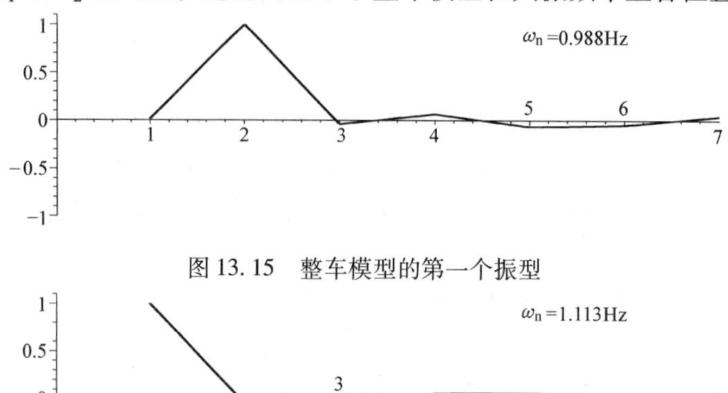

图 13.15 整车模型的第一个振型

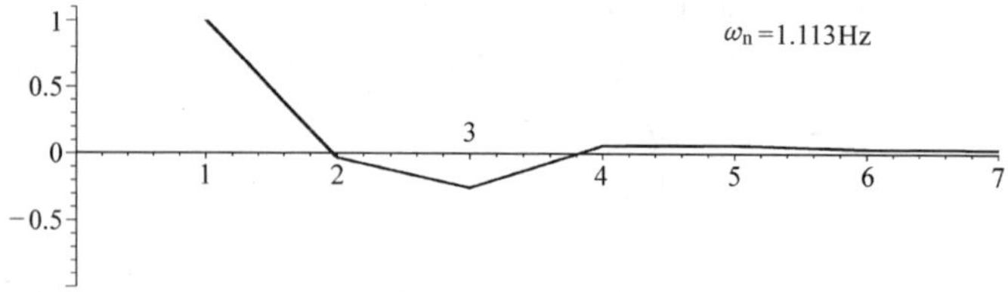

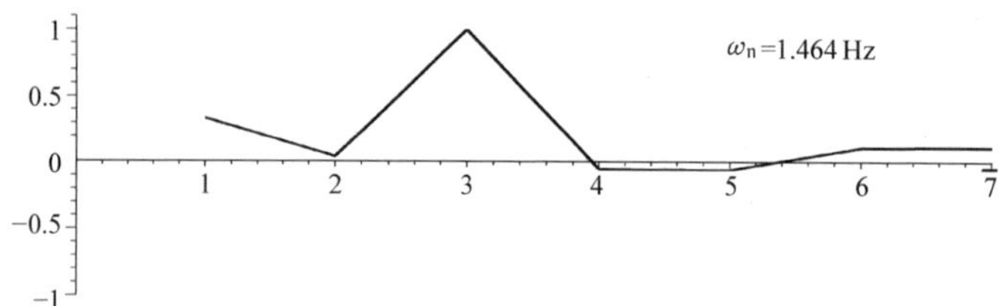

图 13.16 整车模型的第二个振型

整车模型的固有频率可以分为两类，第一类是车身的固有频率：车身颠簸、车身侧倾和车身俯仰，与车身相关的频率始终在 1Hz 左右。第二类是车轮颠簸的固有频率，与车轮相关的固有频率始终在 10Hz 左右。

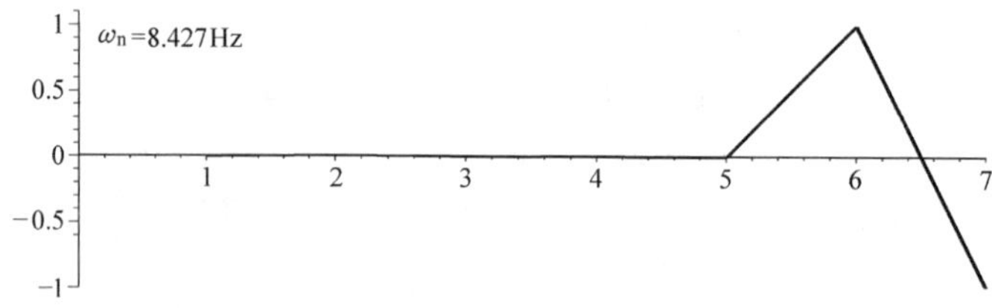

图 13.17 整车模型的第三个振型

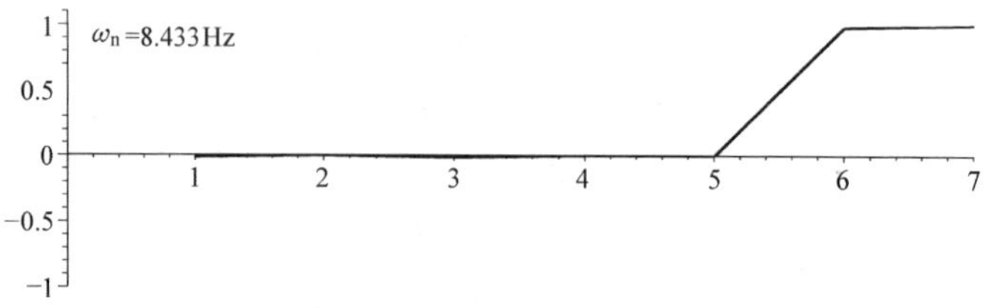

图 13.18 整车模型的第四个振型

图 13.19 整车模型的第五个振型

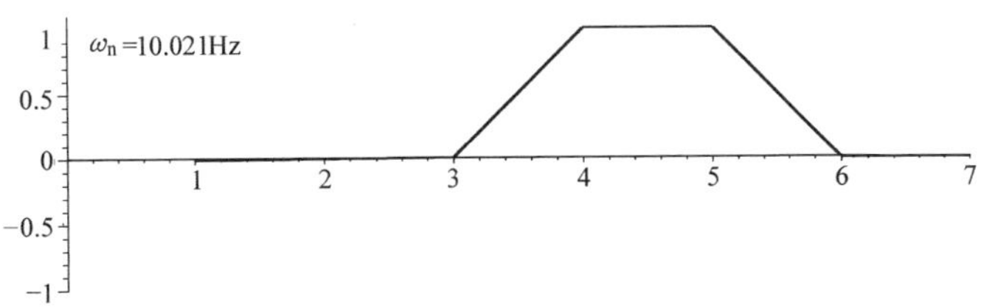

图 13.20 整车模型的第六个振型

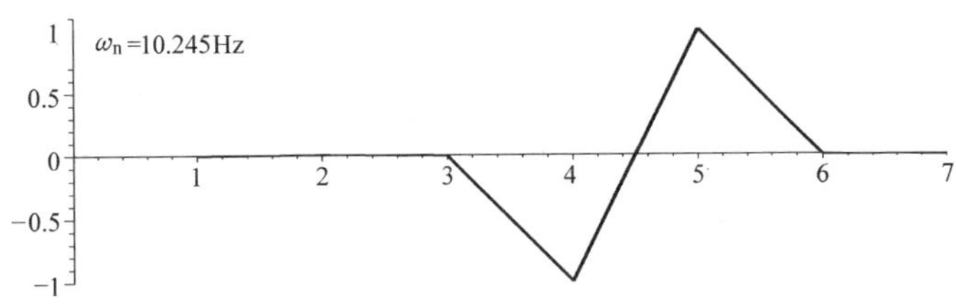

图 13.21 整车模型的第七个振型

本例中，假设汽车的前、后悬架为独立悬架，因此各车轮只有垂直方向的位移。在某些采用整体桥非独立悬架的车辆中，左、右侧车轮在侧倾和颠簸运动时作为一个整体运动，所以，为了表示整体桥的颠簸和侧倾运动，应该用能量和运动方程进行修正。

13.7 小结

车辆是相互连接的多体动力学系统，所以其振动模型也包含多自由度系统。多自由度系统的振动性能与其固有频率和振型强烈相关，这些特性可以通过求解特征值和特征向量确定。

最实用的车辆振动模型，按照从最简单到复杂的顺序依次为：八分之一车辆模型、四分之一车辆模型、两轮车辆模型、二分之一车辆模型和整车车辆模型。

如果多自由度系统的质量、刚度和阻尼矩阵为对称矩阵，则特征值和特征向量的计算会得到简化。有了对称系数矩阵，就可以用积定义系统的动能、势能和耗散函数，并用拉格朗日方法推导运动方程。

13.8 主要符号

a，$\ddot{x}$	加速度
a_1	从质心到前轴的距离
a_2	从质心到后轴的距离
$[a]$，$[A]$	系数矩阵
$[A]=[m]^{-1}[k]$	特征方程的系数矩阵
b_1	从质心到左车轮的距离
b_2	从质心到右车轮的距离
c	阻尼
c_{eq}	等效阻尼
c_{ij}	阻尼矩阵$[c]$中的第i行，第j列元素
$[c]$	阻尼矩阵
$[\underline{c}]$	对称阻尼矩阵
C	质心
D	耗散函数
e	偏心摇臂
E	机械能
f，$\boldsymbol{F}$	简谐力
$f=1/T$	循环周期
f_c	阻尼力

f_k	弹簧力
F	简谐力 $f=F\sin\omega t$ 的振幅
F_r，Q_r	广义力
g	重力加速度
G_0，G_1，G_2	频率响应的振幅
I	质量惯性矩
$\boldsymbol{I}$	单位矩阵
k	刚度系数
k_{eq}	有效刚度系数
k_{ij}	刚度矩阵中的第 i 行，第 j 列元素
k_R	防侧倾杆扭转刚度
$[k]$	刚度矩阵
$[\underline{k}]$	对称刚度矩阵
K	动能
l	长度
l	轴距
m	质量
m_e	偏心质量
m_{ij}	质量矩阵中的第 i 行，第 j 列元素
m_s	簧载质量
m_u	非簧载质量
$[m]$	质量矩阵
$[\underline{m}]$	对称质量矩阵
n	自由度数
$\boldsymbol{p}$	动量
q_i，Q_i	广义力
$r=\omega/\omega_n$	频率比
r，R	半径
S	积
t	时间
T	周期
u_{ij}	第 i 个振型的第 j 个元素
$\boldsymbol{u}$	振型，特征向量
$\boldsymbol{u}_i$	第 i 个特征向量
v，$\boldsymbol{v}$，$\dot{x}$，$\dot{\boldsymbol{x}}$	速度
V	势能
w	轮距
x	绝对位移
X	x 的稳态振幅
y	基座激励位移
Y	y 的稳态振幅
z	相对位移
Z	z 的稳态振幅
Z_i	短符号表示法参数
δ	变形
$\xi=\dfrac{c}{2\sqrt{km}}$	阻尼比
λ	特征值
λ_i	第 i 个特征值
$\omega=2\pi f$	角频率
ω_n	固有频率
ω_i	第 i 个固有频率
下标：	
d	driver，驾驶人
f	front，前
r	rear，后
s	spung mass，簧载质量
u	unspung mass，非簧载质量

习　题

1. 多自由度系统的运动方程

图 13.22 所示为一个二自由度振动系统。

（a）试求 K、V 和 D 函数。

（b）试用拉格朗日方法求其运动方程。

（c）★ 用积的形式写出 K、V 和 D 函数。

（d）求系统的固有频率和振型。

2. 绝对位置坐标和相对位置坐标

图 13.23 所示是两个相同的双摆，用绝对坐标 θ_1 和 θ_2 表示左边双摆的运动，再用绝对坐标 θ_1 和相对坐标 θ_2 表示右边双摆的运动。

（a）求双摆的绝对坐标运动方程。

（b）求双摆的相对坐标运动方程。

（c）比较二者的质量矩阵和刚度矩阵。

（d）假设 θ_1 和 θ_2 非常小，试对两组运动方程线性化。

（e）用矩阵形式重新写出运动方程。

（f）两个系统中的质量和刚度是否相等？如果两者不相等，解释原因。

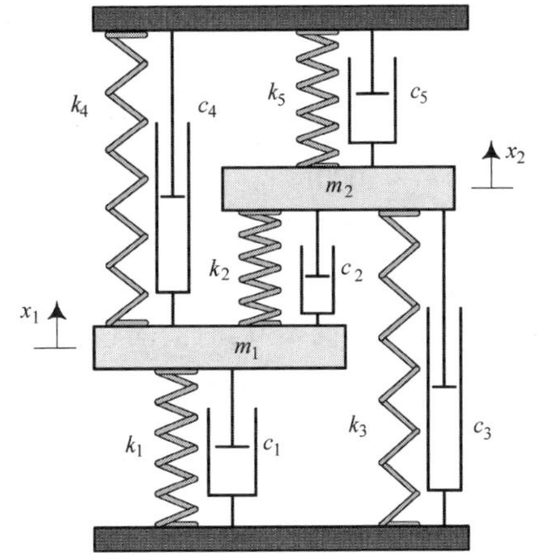

图 13.22　一个二自由度振动系统

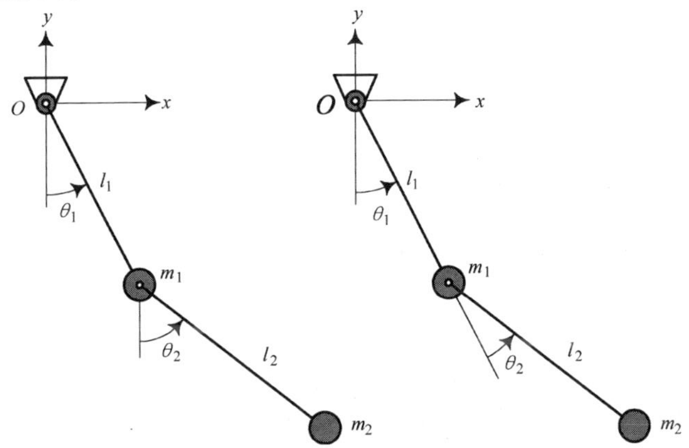

图 13.23　用绝对坐标和相对坐标表示的两个相同的双摆

3. 八分之一车辆模型

考虑与基座激励的单自由度系统相似的八分之一车辆模型，试求其固有频率 ω_n 和有阻尼时的固有频率 ω_d。参数如下

$$m = 1245\text{kg} \quad k = 60000\text{N/m} \quad c = 2400\text{N s/m}$$

4. 四分之一车辆模型

设某汽车的参数如下

$$m_s = 1085/4\text{kg} \quad m_u = 40\text{kg}$$
$$k_s = 10000\text{N/m} \quad k_u = 150000\text{N/m}$$
$$c_s = 800\text{N s/m}$$

用四分之一车辆模型求汽车的固有频率和振型。

5. 两轮车辆模型

设某汽车的参数如下

$$m = 1085/2\text{kg} \quad I_y = 1100\text{kg m}^2$$
$$m_1 = 40\text{kg} \quad m_2 = 40\text{kg}$$

$$a_1=1.4\text{m}\quad a_2=1.47\text{m}$$

$$k_1=10000\text{N/m}\quad k_{t_1}=k_{t_2}=150000\text{N/m}$$

试用两轮车辆模型求下面情况下汽车的固有频率和振型。

(a) $k_2=8000\text{N/m}$

(b) $k_2=10000\text{N/m}$

(c) $k_2=12000\text{N/m}$.

(d) 比较不同 k_1/k_2 时的固有频率，并表示出增加刚度比对俯仰振型的影响。

6. 二分之一车辆模型

设某汽车的参数如下

$$m=1085/2\text{kg}\quad I_x=820\text{kg m}^2$$

$$m_1=40\text{kg}\quad m_2=40\text{kg}$$

$$b_1=0.7\text{m}\quad b_2=0.75\text{m}$$

$$k_1=10000\text{N/m}\quad k_{t_1}=k_{t_2}=150000\text{N/m}$$

试用二分之一车辆模型求下面情况下汽车的固有频率和振型。

(a) $k_R=0$

(b) $k_R=10000\text{Nm/rad}$

(c) $k_R=50000\text{Nm/rad}$.

(d) 比较不同 k_R 时固有频率，并求出增加侧倾刚度对侧倾振型的影响。

(e) 试求 k_R，使侧倾固有频率等于颠簸固有频率，并确定 k_R 下二分之一车辆的振型。

7. 整车模型

设某汽车参数如下

$$m=1085\text{kg}\quad m_f=40\text{kg}\quad m_r=40\text{kg}$$

$$I_x=820\text{kg m}^2\quad I_y=1100\text{kg m}^2$$

$$a_1=1.4\text{m}\quad a_2=1.47\text{ m}$$

$$b_1=0.7\text{m}\quad b_2=0.75\text{m}$$

$$k_f=10000\text{N/m}\quad k_r=10000\text{N/m}$$

$$k_{t_f}=k_{t_r}=150000\text{N/m}\quad k_R=20000\text{N m/rad}$$

试用整车模型

(a) 确定固有频率和振型。

(b) 调整 k_R，使侧倾振型和俯仰振型的频率尽量相近。

(c) 在上面的 k_R 下，求汽车的振型。

14 悬架优化

本章主要研究一种线性单自由度基座激励减振系统,如最简单的车辆减振器和悬架模型。基于均方根(*RMS*)优化方法,提出一种设计图方法,通过确定最优的减振器和弹簧来获得最佳的减振性能和平顺性。

14.1 数学模型

图 14.1 所示的是一个单自由度的基座激励线性振动系统。用它可以代表车辆的垂直振动模型。

将四分之一的车身质量建模为一刚性质量块 m,用来表示簧载质量;用刚度系数为 k 的弹簧和阻尼系数为 c 的减振器承载簧载质量,这一模型代表了车辆的主要悬架机构。悬架机构的参数 k 和 c 等效于在车轮中心测量的车轮的刚度和阻尼。因为忽略了车轮的质量和轮胎的刚度,这一模型又被称为八分之一车辆模型。

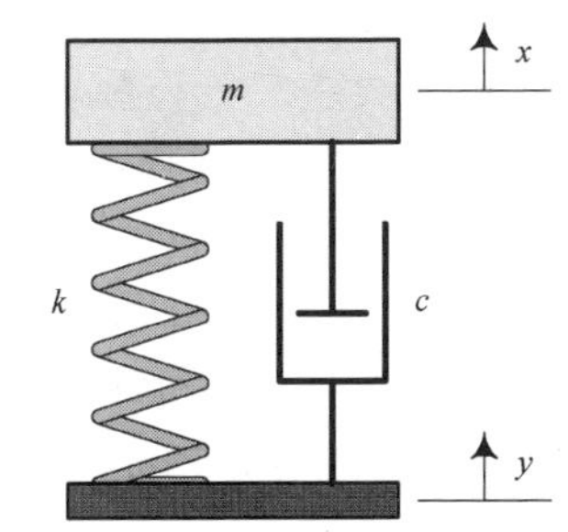

图 14.1 一基座激励线性悬架系统

系统的运动方程为

$$m\ddot{x} + c\dot{x} + kx = c\dot{y} + ky \tag{14.1}$$

可转化为

$$m\ddot{z} + c\dot{z} + kz = -m\ddot{y} \tag{14.2}$$

使用相对位移变量 z

$$z = x - y \tag{14.3}$$

变量 x 是车身的绝对位移,y 是地面的绝对位移。

运动方程式(14.1)和式(14.2),通过三个参数(m,c,k)可转化为以下方程:

$$\ddot{x} + 2\xi\omega_{\mathrm{n}}\dot{x} + \omega_{\mathrm{n}}^2 x = 2\xi\omega_{\mathrm{n}}\dot{y} + \omega_{\mathrm{n}}^2 y \tag{14.4}$$

$$\ddot{z} + 2\xi\omega_{\mathrm{n}}\dot{z} + \omega_{\mathrm{n}}^2 z = -\ddot{y} \tag{14.5}$$

代入固有频率 ω_{n} 和阻尼比 ξ

$$\xi = \frac{c}{2\sqrt{km}} \tag{14.6}$$

$$\omega_{\mathrm{n}} = \sqrt{\frac{k}{m}} = 2\pi f_{\mathrm{n}} \tag{14.7}$$

证明: 系统的动能、势能和耗散函数分别是

$$K = \frac{1}{2}m\dot{x}^2 \tag{14.8}$$

$$V = \frac{1}{2}k(x - y)^2 \tag{14.9}$$

$$D = \frac{1}{2}c(\dot{x} - \dot{y})^2 \tag{14.10}$$

采用拉格朗日方法

$$\frac{\mathrm{d}}{\mathrm{d}t}\left(\frac{\partial K}{\partial \dot{x}}\right) - \frac{\partial K}{\partial x} + \frac{\partial D}{\partial \dot{x}} + \frac{\partial V}{\partial x} = 0 \tag{14.11}$$

得到运动方程

$$\frac{\mathrm{d}}{\mathrm{d}t}(m\dot{x}) + c(\dot{x} - \dot{y}) + k(x - y) = 0 \tag{14.12}$$

可以转化为式（14.1）。引入相对位置变量，$z = x - y$，得到

$$\dot{z} = \dot{x} - \dot{y} \tag{14.13}$$

$$\ddot{z} = \ddot{x} - \ddot{y} \tag{14.14}$$

将式（14.12）写为

$$m\frac{\mathrm{d}}{\mathrm{d}t}(\ddot{z} + \ddot{y}) + c\dot{z} + kz = 0 \tag{14.15}$$

其等价于式（14.2）。

用式（14.6）和式（14.7）分别消掉式（14.1）和式（14.2）中的 m，分别得到等价的式（14.4）和式（14.5）。

例 543　车辆前部和后部的不同模型

假设一车辆参数如下：

$$\text{整车质量} = 1500\text{kg} \quad \text{车轮质量} = 50\text{kg} \tag{14.16}$$

$$F_{z_1} = 3941.78\text{N} \quad F_{z_2} = 3415.6\text{N} \tag{14.17}$$

F_{z_1} 和 F_{z_2} 分别是前、后轮胎受到的载荷。对于车辆前部，1/8 振动模型的质量 m 为

$$\begin{aligned} m &= \frac{F_{z_1}}{F_{z_1} + F_{z_2}} \times (1500 - 4 \times 50) \\ &= 696.49\text{kg} \end{aligned} \tag{14.18}$$

对于车辆后部，质量 m 为

$$\begin{aligned} m &= \frac{F_{z_2}}{F_{z_1} + F_{z_2}} \times (1500 - 4 \times 50) \\ &= 603.51\text{kg} \end{aligned} \tag{14.19}$$

例 544　倾斜弹簧

如图 14.2a 所示，是一个弹簧与质量块平移轴线有夹角 α 的弹簧 - 质量系统。可用一个刚度系数为 k_e，在质量块平移轴线上运动的等效弹簧来代替这一倾斜弹簧，如图 14.2b 所示。

$$F_{eq} \approx k\cos^2\alpha \tag{14.20}$$

当质量块 m 进行如图 14.3a 所示的运动时，其自由刚体运动如图 14.3b 所示。假如质量块 m 的运动距离非常小，$x \ll 1$，如图 14.3c 所示，可以忽略角 α 的变化，则弹簧的伸长量为

$$\delta \approx x\cos\alpha \tag{14.21}$$

此时的弹簧力为

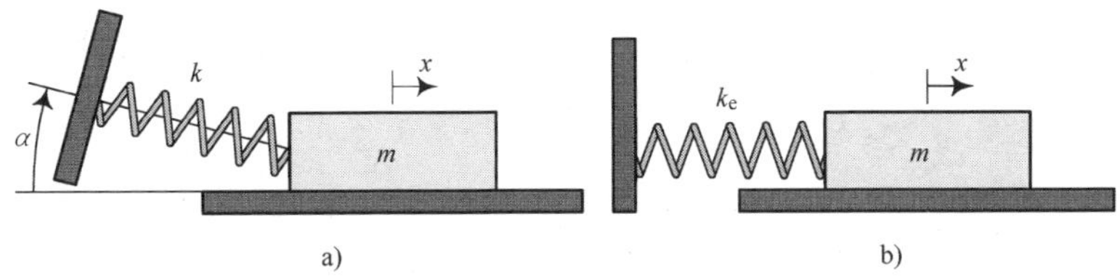

图 14.2　倾斜弹簧及其等效刚度

$$f_k = k\delta \approx kx\cos\alpha \tag{14.22}$$

可以将弹簧力投影在 x 轴上，获得作用在质量块 m 上，沿 x 轴的分量 f_x 为

$$\begin{aligned} f_x &= f_k \cos\alpha \\ &\approx (k\cos^2\alpha)\ x \end{aligned} \tag{14.23}$$

倾斜弹簧可以被一个刚度系数为 k_{eq}，在 x 轴上运动的等效弹簧来代替，在质量块运动时两者需要相同的作用力 f_x 和弹簧伸长量。

$$f_x = k_{eq}\,x \quad k_{eq} \approx k\cos^2\alpha \tag{14.24}$$

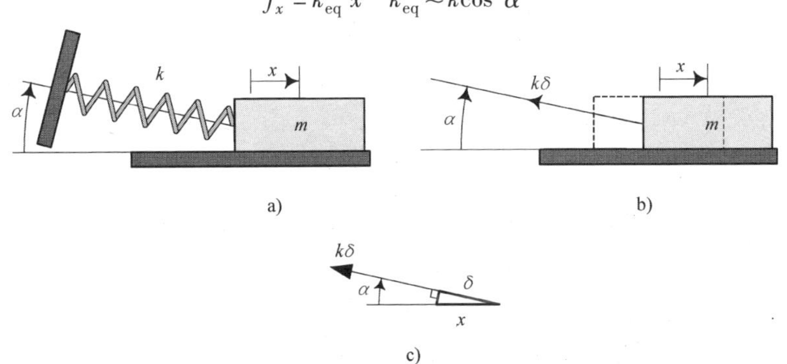

图 14.3　一个弹簧与质量块平移轴线有夹角 α 的弹簧质量系统

例 545　对倾斜弹簧的另一种证明

如图 14.3a 所示，弹簧与质量块运动方向有夹角 α，当质量块平移距离为 x 时，弹簧的伸长量是

$$\delta \approx x\cos\alpha \tag{14.25}$$

此时，弹簧的势能为

$$V = \frac{1}{2}k\delta^2 = \frac{1}{2}(k\cos^2\alpha)\ x^2 \tag{14.26}$$

刚度为 k_{eq} 的等效弹簧在相同的运动距离 x 上必须获得相同的势能。

$$V = \frac{1}{2}k_{eq}\,x^2 \tag{14.27}$$

式中的等效刚度 k_{eq} 为

$$k_{eq} = k\cos^2\alpha \tag{14.28}$$

例 546　代位弹簧

图 14.4a 所示的是一质量块 m 连接在一长度为 b 的无质量连杆顶端，连杆的另一端铰接在墙上，一刚度为 k 的弹簧与连杆相连接，连接点距铰接点的距离为 a。

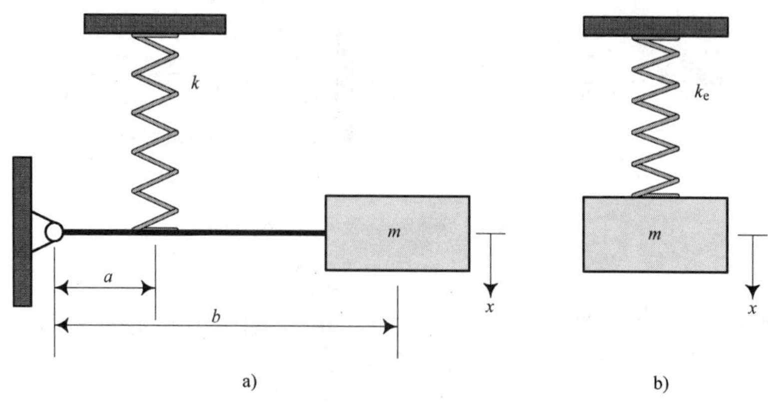

图 14.4　一质量块 m 连接在一长度为 b 的无质量连杆顶端

当质量块的振动范围为 $x \ll 1$ 时，弹簧的伸长量 δ 为

$$\delta \approx \frac{a}{b} x \tag{14.29}$$

可用图 14.4b 所示的一个平动的弹簧 - 质量系统来代替上一系统。这个新系统具有相同的质量 m 和等效弹簧刚度 k_{eq}

$$k_{eq} = \left(\frac{a}{b}\right)^2 k \tag{14.30}$$

当质量块移动时，等效弹簧提供了与原弹簧相同的势能。

$$V = \frac{1}{2} k_{eq} x^2 = \frac{1}{2} k \delta^2 = \frac{1}{2} k \left(\frac{a}{b} x\right)^2 = \frac{1}{2} k \left(\frac{a}{b}\right)^2 x^2 \tag{14.31}$$

例 547　麦弗逊悬架的等效弹簧和减振器

图 14.5 所示为一个麦弗逊滑柱机构和其等效振动系统。

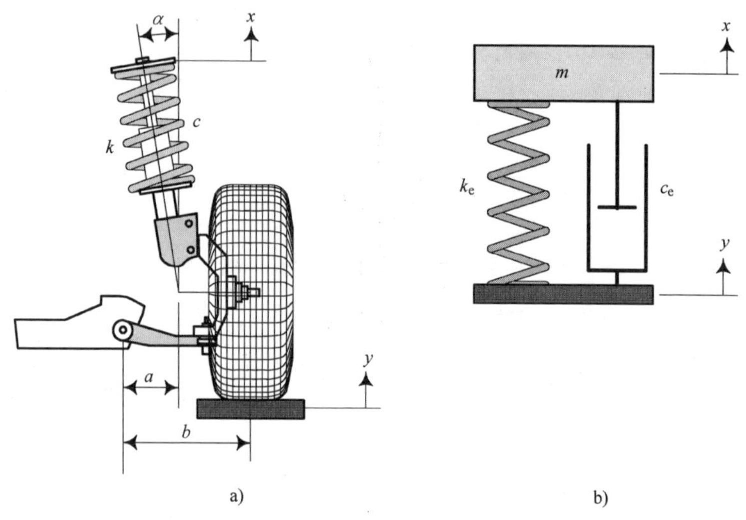

图 14.5　麦弗逊悬架和其等效振动系统

假设轮胎是刚性的，则车轮中心具有相同的运动 y；进一步假设车轮和车身只在垂直方

向上运动。

为了获得1/8振动模型的等效参数，设 m 等于1/4车身质量。弹簧 k 和阻尼器 c 与车轮运动方向的夹角为 α，与车轮中心的距离为 $b-a$，所以，等效弹簧刚度 k_{eq} 和阻尼系数 c_{eq} 分别为

$$k_{eq}=k\left(\frac{a}{b}\cos\alpha\right)^2 \qquad c_{eq}=c\left(\frac{a}{b}\cos\alpha\right)^2 \tag{14.32}$$

例如，假设按照优化结果确定了如下的刚度和阻尼系数：

$$k_{eq}=9869.6\text{N/m} \qquad c_{eq}=87.965\text{N s/m} \tag{14.33}$$

在以下参数情况下

$$a=19\text{cm} \quad b=32\text{cm} \quad \alpha=27° \tag{14.34}$$

麦弗逊悬架的 k 和 c 为

$$k=28489\text{N/m} \quad c=253.9\text{N s/m} \tag{14.35}$$

例548 起伏路和激振频率

图14.6所示的是一个1/8车辆模型以速度 v 在一起伏波长度为 d_1、起伏高度为 d_2 的路面上行驶。假设刚性轮胎的半径相对路面的起伏而言非常小，则可以把 y 视为路面的起伏。

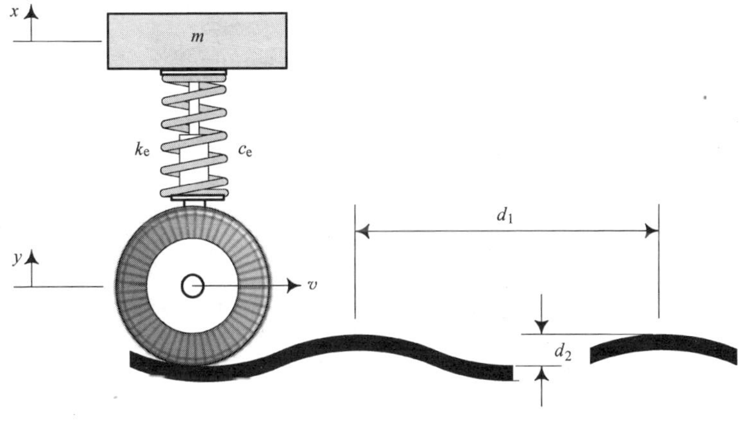

图14.6

通过长度 d_1 所需的时间就是地面激励的周期

$$T=\frac{d_1}{v} \tag{14.36}$$

可进一步获得激励的频率

$$\omega=\frac{2\pi}{T}=\frac{2\pi v}{d_1} \tag{14.37}$$

因此，激励 $y=Y\sin\omega t$ 等于

$$y=\frac{d_2}{2}\sin\frac{2\pi v}{d_1}t \tag{14.38}$$

例549 减振器的功用

减振器的作用是同时在时间和频域内，降低从振动源向设备传递振动的幅度，或减小设备对其基座的作用力。

用最简化的方法对悬架机构进行分析时，将参数 m、k 和 c 均设为定值，并且不受激振频率和基座性能的影响。这一假设相当于认为存在一个刚性无限大的巨型基座。对于橡胶支座，随着激励频率增大，阻尼系数会减小，刚度系数会增大。此外，在高频情况下，无论是发动机还是车身都不能够假设成为一个刚性无限大的刚体。

14.2 频率响应

1/8 车辆模型的最重要的频率响应，如图 14.1 所示，分别为绝对位移 G_0、相对位移 S_2 和绝对加速度 G_2。

$$G_0 = \left|\frac{X}{Y}\right| = \frac{\sqrt{1+(2\xi r)^2}}{\sqrt{(1-r^2)^2+(2\xi r)^2}} \tag{14.39}$$

$$S_2 = \left|\frac{Z}{Y}\right| = \frac{r^2}{\sqrt{(1-r^2)^2+(2\xi r)^2}} \tag{14.40}$$

$$G_2 = \left|\frac{\ddot{X}}{Y\omega_n^2}\right| = \frac{r^2\sqrt{1+(2\xi r)^2}}{\sqrt{(1-r^2)^2+(2\xi r)^2}} \tag{14.41}$$

式中

$$r = \frac{\omega}{\omega_n} \quad \xi = \frac{c}{2\sqrt{km}} \quad \omega_n = \sqrt{\frac{k}{m}} \tag{14.42}$$

证明：应用简谐激励

$$y = Y\sin\omega t \tag{14.43}$$

将式（14.5）简化成为

$$\ddot{z} + 2\xi\omega_n\dot{z} + \omega_n^2 z = \omega^2 Y\sin\omega t \tag{14.44}$$

则可以考虑一个简谐解如下

$$z = A_3\sin\omega t + B_3\cos\omega t \tag{14.45}$$

代入运动方程得到

$$\begin{aligned}&-A_3\omega^2\sin\omega t - B_3\omega^2\cos\omega t + 2\xi\omega_n(A_3\omega\cos\omega t - B_3\omega\sin\omega t)\\&+\omega_n^2(A_3\sin\omega t + B_3\cos\omega t) = \omega^2 Y\sin\omega t\end{aligned} \tag{14.46}$$

利用一组方程计算 A_3 和 B_3

$$\begin{bmatrix}\omega_n^2-\omega^2 & -2\xi\omega\omega_n\\ 2\xi\omega\omega_n & \omega_n^2-\omega^2\end{bmatrix}\begin{bmatrix}A_3\\ B_3\end{bmatrix} = \begin{bmatrix}Y\omega^2\\ 0\end{bmatrix} \tag{14.47}$$

式（14.47）的第一行是 $\sin\omega t$ 在式（14.46）中的平衡系数，第二行是 $\cos\omega t$ 的平衡系数。因此，系数 A_3 和 B_3 可以等于

$$\begin{aligned}\begin{bmatrix}A_3\\ B_3\end{bmatrix} &= \begin{bmatrix}\omega_n^2-\omega^2 & -2\xi\omega\omega_n\\ 2\xi\omega\omega_n & \omega_n^2-\omega^2\end{bmatrix}^{-1}\begin{bmatrix}Y\omega^2\\ 0\end{bmatrix}\\ &= \begin{bmatrix}-\dfrac{\omega^2-\omega_n^2}{4\xi^2\omega^2\omega_n^2+\omega^4-2\omega^2\omega_n^2+\omega_n{}^4}Y\omega^2\\ -\dfrac{2\xi\omega\omega_n}{4\xi^2\omega^2\omega_n^2+\omega^4-2\omega^2\omega_n^2+\omega_n{}^4}Y\omega^2\end{bmatrix}\end{aligned} \tag{14.48}$$

利用 r 和 ξ，可将方程简化为

$$\begin{bmatrix} A_3 \\ B_3 \end{bmatrix} = \begin{bmatrix} \dfrac{1-r^2}{(1-r^2)^2+(2\xi r)^2} r^2 Y \\ \dfrac{-2\xi r}{(1-r^2)^2+(2\xi r)^2} r^2 Y \end{bmatrix} \tag{14.49}$$

相对位移的幅值 Z 则等于

$$\begin{aligned} Z &= \sqrt{A_3{}^2 + B_3{}^2} \\ &= \frac{r^2}{\sqrt{(1-r^2)^2 + (2\xi r)^2}} Y \end{aligned} \tag{14.50}$$

在式（14.40）中 $S_2 = |X/Y|$。

为了获得绝对频率响应 G_0，可以假设

$$\begin{aligned} x &= A_2 \sin\omega t + B_2 \cos\omega t \\ &= X \sin(\omega t - \varphi_x) \end{aligned} \tag{14.51}$$

代入得到

$$z = x - y \tag{14.52}$$

$$A_3 \sin\omega t + B_3 \cos\omega t = A_2 \sin\omega t + B_2 \cos\omega t - Y\sin\omega t \tag{14.53}$$

且

$$A_2 = A_3 + Y \tag{14.54}$$

$$B_2 = B_3 \tag{14.55}$$

绝对位移的幅值等于

$$\begin{aligned} X &= \sqrt{A_2^2 + B_2^2} \\ &= \sqrt{(A_3+Y)^2 + B_3{}^2} \\ &= \frac{\sqrt{1+(2\xi r)^2}}{\sqrt{(1-r^2)^2 + (2\xi r)^2}} Y \end{aligned} \tag{14.56}$$

在式（14.39）中 $G_0 = |X/Y|$。

绝对加速度的频率响应为

$$\ddot{x} = -X\omega^2 \sin(\omega t - \varphi_x) = -\ddot{X} \sin(\omega t - \varphi_x) \tag{14.57}$$

可通过式（14.51）的位移频率响应函数的二次微分获得。如果用 $\ddot{X}$ 来表示绝对加速度幅值，则可以定义 $\ddot{X}$ 为

$$\left| \frac{\ddot{X}}{Y\omega_n^2} \right| = \frac{r^2 \sqrt{1+(2\xi r)^2}}{\sqrt{(1-r^2)^2 + (2\xi r)^2}} \tag{14.58}$$

在式（14.41）中 $G_2 = |\ddot{X}/(\omega_n^2 Y)|$。

例 550 求绝对运动 X 的重要方法

为了获得绝对频率响应 G_0，将

$$y = Y \sin\omega t \tag{14.59}$$

和

$$x = A_2 \sin\omega t + B_2 \cos\omega t \tag{14.60}$$

代入式（14.4）

$$\ddot{x}+2\xi\omega_{\mathrm{n}}\dot{x}+\omega_{\mathrm{n}}^{2}x=2\xi\omega_{\mathrm{n}}\dot{y}+\omega_{\mathrm{n}}^{2}y \tag{14.61}$$

对 $X=\sqrt{A_2^2+B_2^2}$ 求解

$$\begin{aligned}&-\omega^2A_2\sin\omega t-\omega^2B_2\cos\omega t+2\xi\omega_{\mathrm{n}}\omega(A_2\cos\omega t-B_2\sin\omega t)\\&+\omega_{\mathrm{n}}^2(A_2\sin\omega t+B_2\cos\omega t)\\&=2\xi\omega_{\mathrm{n}}\omega Y\cos\omega t+\omega_{\mathrm{n}}^2Y\sin\omega t\end{aligned} \tag{14.62}$$

从 $\sin\omega t$ 和 $\cos\omega t$ 的系数得到 A_2 和 B_2 的一组等式

$$\begin{bmatrix}\omega_{\mathrm{n}}^2-\omega^2 & -2\xi\omega\omega_{\mathrm{n}}\\ 2\xi\omega\omega_{\mathrm{n}} & \omega_{\mathrm{n}}^2-\omega^2\end{bmatrix}\begin{bmatrix}A_2\\B_2\end{bmatrix}=\begin{bmatrix}Y\omega_{\mathrm{n}}^2\\2Y\xi\omega\omega_{\mathrm{n}}\end{bmatrix} \tag{14.63}$$

其结果如下：

$$\begin{aligned}\begin{bmatrix}A_2\\B_2\end{bmatrix}&=\begin{bmatrix}\omega_{\mathrm{n}}^2-\omega^2 & -2\xi\omega\omega_{\mathrm{n}}\\ 2\xi\omega\omega_{\mathrm{n}} & \omega_{\mathrm{n}}^2-\omega^2\end{bmatrix}^{-1}\begin{bmatrix}Y\omega_{\mathrm{n}}^2\\2Y\xi\omega\omega_{\mathrm{n}}\end{bmatrix}\\&=\begin{bmatrix}\dfrac{-(\omega^2-\omega_{\mathrm{n}}^2)\ \omega_{\mathrm{n}}^2+4\xi^2\ \omega^2\ \omega_{\mathrm{n}}^2}{4\xi^2\ \omega^2\ \omega_{\mathrm{n}}^2+\omega^4-2\omega^2\ \omega_{\mathrm{n}}^2+\omega_{\mathrm{n}}{}^4}Y\\ \dfrac{2\xi\omega\omega_{\mathrm{n}}{}^3}{4\xi^2\ \omega^2\ \omega_{\mathrm{n}}^2+\omega^4-2\omega^2\ \omega_{\mathrm{n}}^2+\omega_{\mathrm{n}}{}^4}Y\end{bmatrix}\\&=\begin{bmatrix}\dfrac{(2\xi r)^2-(1-r^2)}{(1-r^2)^2+(2\xi r)^2}Y\\ \dfrac{-2\xi r^3}{(1-r^2)^2+(2\xi r)^2}Y\end{bmatrix}\end{aligned} \tag{14.64}$$

因此，绝对位移 X 的振幅与式（14.56）相同。

例 551 $G_0\neq S_2+1$

可以从 S_2 的结果获得绝对频率响应 $G_0=|X/Y|$，频率响应 S_2 为

$$S_2=\frac{Z}{Y} \tag{14.65}$$

然而

$$S_2\neq\frac{X}{Y}-1\neq G_0-1 \tag{14.66}$$

因为，相对位移的幅值 Z 不等于绝对位移的幅值 X 减去路面激励的幅值 Y。

$$Z\neq X-Y \tag{14.67}$$

例 552 频率响应案例

设某车辆有如下给定的固有频率 f_{n} 和阻尼比 ξ：

$$f_{\mathrm{n}}=10.2\mathrm{Hz}\qquad \xi=0.08 \tag{14.68}$$

车辆的绝对和相对位移频率响应如图 14.7 所示。相对位移从 0 开始，到 1 结束；绝对位移从 1 开始，到 0 结束。

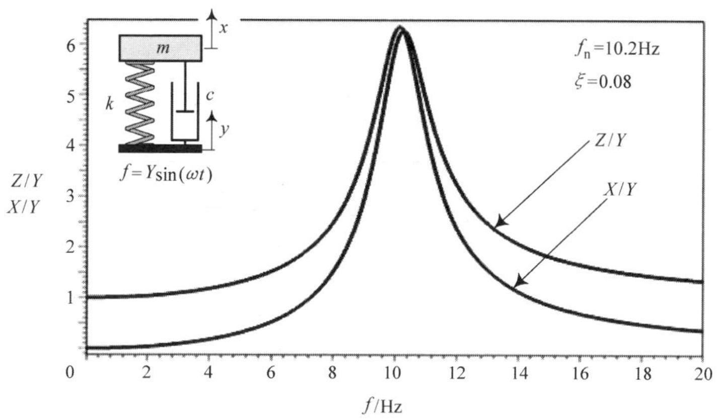

图 14.7 车辆的绝对和相对位移频率响应

14.3 *RMS* 优化

图 14.8 为基座激励系统悬架参数优化设计图。其中横轴是相对位移的均方根，$S_Z=RMS(S_2)$；纵轴是绝对加速度的均方根，$S_{\ddot{X}}=RMS(G_2)$。由两组曲线构成了一个曲面网格。第一组曲线在图表的右端几乎平行，代表的是不变的固有频率f_n；第二组曲线从 $S_Z=1$ 这点开始发散，代表的是不变的阻尼比ξ。还有一条曲线，称为优化设计曲线，代表的是最佳的悬架参数。

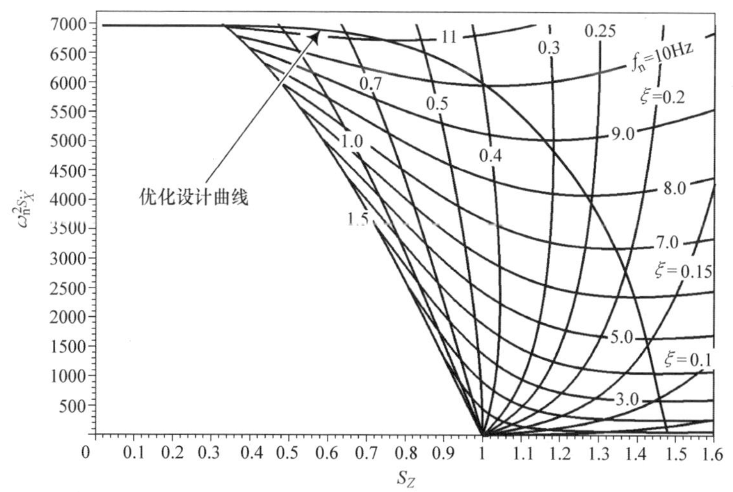

图 14.8 设备悬架参数优化设计图

车辆上安装的大多数设备的固有频率均在$f_n=10$Hz 左右，而车辆的主要固有频率$f_n=1$Hz 左右。所以，可以用图 14.8 所示的曲线来设计受基座激励设备的悬架，并用图 14.9 所示的放大图设计车辆的悬架。

优化设计曲线是以下优化策略的结果：

$$\text{相对 } S_Z \text{的最小 } S_{\ddot{X}} \tag{14.69}$$

这是最小绝对加速度相对于相对位移的变化状态，只要有可能，就可以对悬架进行优化。在

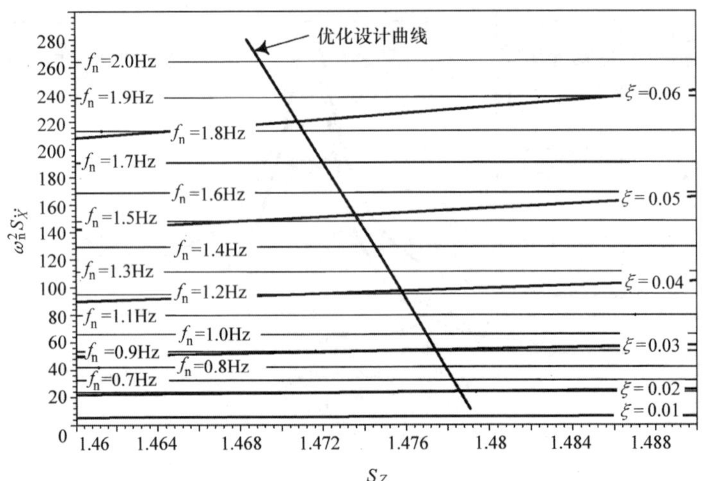

图 14.9 车辆悬架参数优化设计放大图

数学上它等同于以下的最小化问题：

$$\frac{\partial S_{\ddot{X}}}{\partial S_Z}=0 \tag{14.70}$$

$$\frac{\partial^2 S_{\ddot{X}}}{\partial S_Z^2}>0 \tag{14.71}$$

为确定最佳刚度系数 k 和阻尼比 c，可以从水平轴上的一个 $S_{\ddot{Z}}$估计值开始画一条垂线与优化设计曲线相交。交点就是优化f_n 和 ξ 后的 $S_{\ddot{X}}$，具有最好的减振性能。图 14.10 所示为 $S_{\ddot{Z}}=1$ 时的应用范例，结果为当 $\xi=0.4$，$f_n=10\text{Hz}$ 时悬架最优。f_n，ξ 和设备的质量决定了 k 和 c 的最佳值。

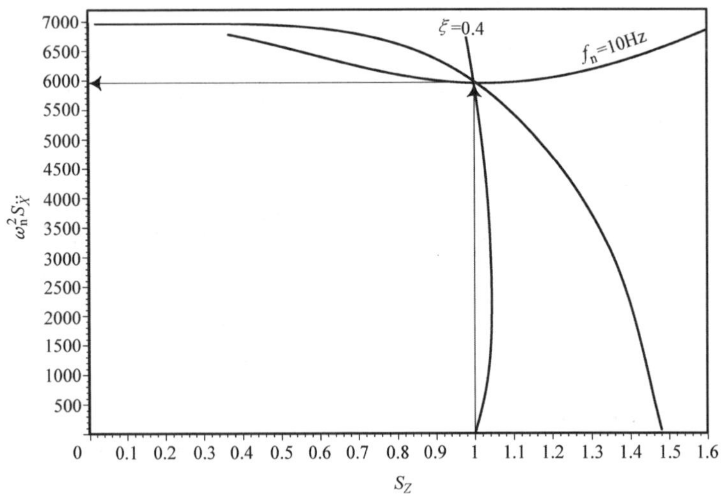

图 14.10 应用设计图，表明 $\xi=0.4$ 和 $f_n=10\text{Hz}$ 为最优值

证明：定义工作频率范围 $0<f<20\text{Hz}$，涵盖所有的地面车辆，特别是道路车辆，S_2 和 G_2 的 *RMS* 分别为

$$S_Z = RMS(S_2) \tag{14.72}$$

$$S_{\ddot{X}} = RMS(G_2) \tag{14.73}$$

在车辆动力学中，通常用 Hz 为单位测量频率，而不是 rad/s。所以在基于周期频率 f 和 f_n 进行设计计算时，采用单位 Hz；基于角频率 ω 和 ω_n 进行分析计算时，采用单位 rad/s。

计算在工作频率范围内的 S_Z 和 $S_{\ddot{X}}$。

$$S_Z = \sqrt{\frac{1}{40\pi}\int_0^{40\pi} S_2^2 \, d\omega} \tag{14.74}$$

$$S_{\ddot{X}} = \sqrt{\frac{1}{40\pi}\int_0^{40\pi} G_2 \, d\omega} \tag{14.75}$$

首先计算 S_2^2 和 G_2 的积分。

$$\int S_2^2 \, d\omega = Z_1 \omega - \frac{Z_2}{Z_3\sqrt{Z_4}}\arctan\frac{\omega}{\sqrt{Z_4}} + \frac{Z_5}{Z_6\sqrt{Z_7}}\arctan\frac{\omega}{\sqrt{Z_7}} \tag{14.76}$$

$$\omega_n^4 \int G_2 \, d\omega = Z_8 \omega + \frac{1}{3} Z_9 \omega^3 + \frac{Z_{10}}{Z_{11}\sqrt{Z_{12}}}\arctan\frac{\omega}{\sqrt{Z_{12}}}$$

$$= + \frac{Z_{13}}{Z_{14}\sqrt{Z_{15}}}\arctan\frac{\omega}{\sqrt{Z_{15}}} \tag{14.77}$$

式中的参数 $Z_1 \sim Z_{15}$ 分别如下：

$$Z_1 = 1 \tag{14.78}$$

$$Z_2 = \omega_n^2[8\xi^6 - 12\xi^4 + 4\xi^2 - (-8\xi^4 + 8\xi^2 - 1)\xi\sqrt{1-\xi^2}] \tag{14.79}$$

$$Z_3 = -4\xi^2(1-\xi^2) \tag{14.80}$$

$$Z_4 = \omega_n^2(-1 + 2\xi^2 + 2\xi\sqrt{1-\xi^2}) \tag{14.81}$$

$$Z_5 = \omega_n^2[8\xi^6 - 12\xi^4 + 4\xi^2 - (8\xi^4 - 8\xi^2 + 1)\xi\sqrt{1-\xi^2}] \tag{14.82}$$

$$Z_6 = -4\xi^2(1-\xi^2) \tag{14.83}$$

$$Z_7 = \omega_n^2(-1 + 2\xi^2 - 2\xi\sqrt{1-\xi^2}) \tag{14.84}$$

$$Z_8 = \omega_n^4(-16\xi^4 + 8\xi^2 + 1) \tag{14.85}$$

$$Z_9 = 4\omega_n^2\xi^2 \tag{14.86}$$

$$Z_{10} = \omega_n^6(128\xi^{10} - 256\xi^8 + 144\xi^6 - 12\xi^4 - 4\xi^2) \tag{14.87}$$

$$-\omega_n^6(128\xi^8 + 192\xi^6 - 64\xi^4 - 4\xi^2 + 1)\xi\sqrt{1-\xi^2} \tag{14.88}$$

$$Z_{11} = -4\xi^2(1-\xi^2) \tag{14.89}$$

$$Z_{12} = \omega_n^2(-1 + 2\xi^2 + 2\xi\sqrt{1-\xi^2}) \tag{14.90}$$

$$Z_{13} = \omega_n^6(128\xi^{10} - 256\xi^8 + 144\xi^6 - 12\xi^4 - 4\xi^2) \tag{14.91}$$

$$-\omega_n^6(128\xi^8 - 192\xi^6 + 64\xi^4 + 4\xi^2 - 1)\xi\sqrt{1-\xi^2} \tag{14.92}$$

$$Z_{14} = -4\xi^2(1-\xi^2) \tag{14.93}$$

$$Z_{15} = \omega_n^2(-1 + 2\xi^2 - 2\xi\sqrt{1-\xi^2}) \tag{14.94}$$

因此，在 $0 < f < 20\text{Hz}$ 频率范围内通过式（14.74）和式（14.75）解析计算 $S_{\ddot{X}}$ 和 S_Z。式（14.76）和式（14.77）表明，$S_{\ddot{X}}$ 和 S_Z 均只是变量 ω_n 和 ξ 的函数。

$$S_{\ddot{X}}=S_{\ddot{X}}(\omega_n,\xi) \tag{14.95}$$

$$S_Z=S_Z(\omega_n,\xi) \tag{14.96}$$

因此，任何一对设计参数（ω_n，ξ）确定唯一的一组 $S_{\ddot{X}}$ 和 S_Z。也可以从理论上把 ω_n 和 ξ 分别定义为变量 $S_{\ddot{X}}$ 和 S_Z 的函数。

$$\omega_n=\omega_n(S_{\ddot{X}},S_Z) \tag{14.97}$$

$$\xi=\xi(S_{\ddot{X}},S_Z) \tag{14.98}$$

所以，这样就能够针对特定的 $S_{\ddot{X}}$ 和 S_Z 值，确定所需要的 ω_n 和 ξ。

利用式（14.95）和式（14.96），可以绘制如图14.11所示的曲线来说明当 f_n 和 ξ 变化时，$S_{\ddot{X}}$ 相对 S_Z 的变化。保持 f_n 为定值，改变 ξ，相对 S_Z 可获得 $S_{\ddot{X}}$ 的最小值。由最小的点做出最优曲线，确定最优的 f_n 和 ξ。采用优化设计曲线方法的关键是调整曲线，确定或估计一组 S_Z 或 $S_{\ddot{X}}$ 的值，并在设计曲线上确定相对应的点。

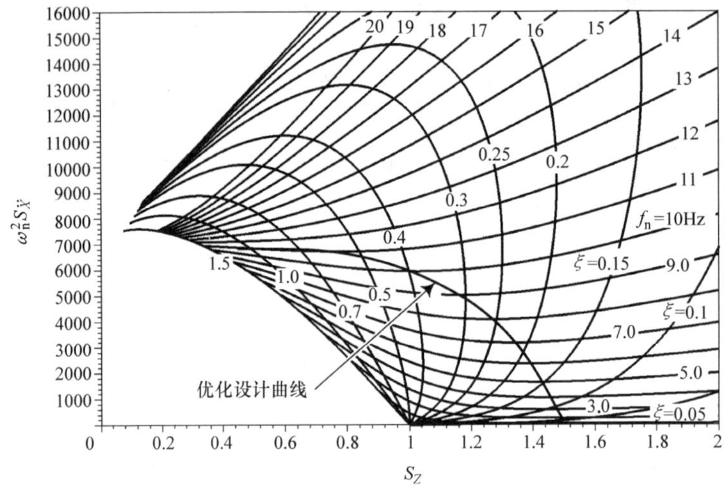

图14.11　当 f_n 和 ξ 变化时，$S_{\ddot{X}}$ 相对 S_Z 的特性

为了验证优化规则式（14.69），绘制在不同 ξ 值情况下，$\omega_n^2 S_{\ddot{X}}/S_Z$ 与 f_n 相互关系的曲线，如图14.12所示。结果表明，ξ 或 f_n 中的任意一个增大，$\omega_n^2 S_{\ddot{X}}/S_Z$ 的值均增大。这相当于使悬架变得刚性更强，将会导致加速度的增加或相对位移的减小。反之，减小 ξ 或 f_n，$\omega_n^2 S_{\ddot{X}}/S_Z$ 的值也会减小，相当于降低悬架的刚性。

如果要降低悬架的刚性、减小车身加速度，就需要为相对位移留出更大的空间。由于物理空间的限制，车轮的行程有限，在悬架设计时必须利用好有限的悬架行程，并且要尽可能地减小车身加速度。在数学上它等同于式（14.70）和式（14.71）。

例553　车轮行程计算

图14.13a所示为一处于平衡位置的双A臂悬架机构。为了限制车轮相对车身的运动，必须要安装两个限位器。限位器的类型和位置可有多种选择。多数的限位器制成硬质的橡胶球状，安装在车身或悬架机构上，或者在两者上都安装。阻尼器也可以作为限位器使用，图14.13a所示就是一个这样的例子。

δ_u 和 δ_l 分别表示机构向上和向下运动的最大距离。但在计算车轮的最大运动时必须将

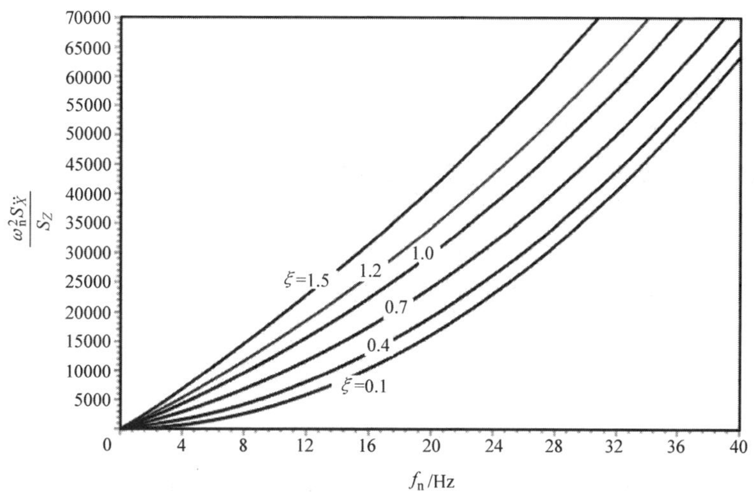

图 14.12　不同 ξ 值情况下，$\omega_n^2 S_{\ddot{X}}/S_Z$ 与 f_n 相互变化关系

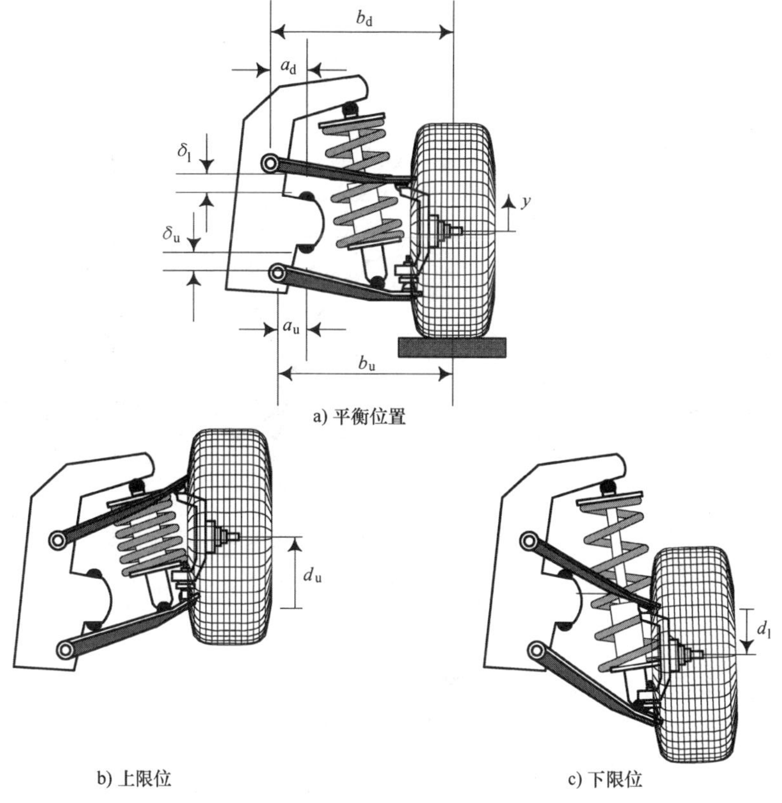

图 14.13　双 A 臂悬架机构

车轮中心考虑在内，所以在考虑车轮中心这一因素后，将 δ_u 和 δ_l 变换为 d_u 和 d_l 如下

$$d_u \approx \frac{b_u}{a_u}\delta_u \qquad d_l \approx \frac{b_l}{a_l}\delta_l \tag{14.99}$$

图 14.13b 和图 14.13c 所示为机构分别处于上下极限位置。d_u 被称为**车轮上行程**，d_l 被称为**车轮下行程**。车轮上行程对车辆的平顺性有重要的影响，车轮下行程对车辆的安全性有重要的影响。为获得更好的平顺性，车轮上行程要尽可能大一些，车辆的悬架要尽可能软一些。

虽然车轮的上、下行程可能是不同的，但在实际应用过程中，可以假设 $d_u = d_l$，并基于唯一的车轮行程来进行悬架设计。车轮行程又被称为悬架行程、悬架空间和悬架间隙。

例 554　软硬悬架

现有两设备 A 和 B，受到一平均振幅 $Y = 1\text{cm}$ 的激励作用。悬架 A 的悬架行程为 $d_A = 1.2\text{cm}$，悬架 B 的悬架行程为 $d_B = 0.8\text{cm}$。假设 $S_Z = d_u/Y$，则

$$S_{Z_A} = 1.2 \qquad S_{Z_B} = 0.8 \tag{14.100}$$

利用图 14.14 所示的设计图，对 A 和 B 进行悬架优化，得到

$$f_{n_A} \approx 8.53\text{Hz} \qquad \xi_A \approx 0.29 \tag{14.101}$$

$$f_{n_B} \approx 10.8\text{Hz} \qquad \xi_B \approx 0.56 \tag{14.102}$$

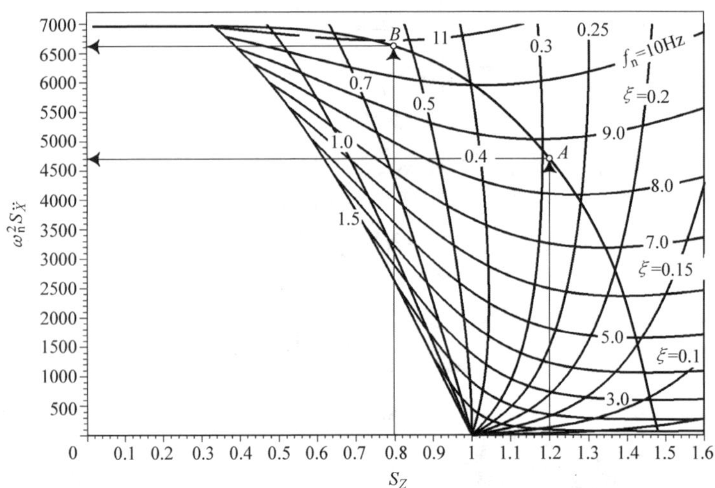

图 14.14　当 $S_{Z_A} = 1.2$ 和 $S_{Z_B} = 0.8$ 时，悬架 A 和 B 的比较

假设质量 m 为

$$m = 300\text{kg} \tag{14.103}$$

分别计算出优化后的弹簧和阻尼器的特性参数如下：

$$k_A = (2\pi f_{n_A})^2 \text{m} = 8.6175 \times 10^5 \text{N/m} \tag{14.104}$$

$$k_B = (2\pi f_{n_B})^2 \text{m} = 13.814 \times 10^5 \text{N/m} \tag{14.105}$$

$$c_A = 2\xi_A \sqrt{k_A\, m} = 9325.7\text{N s/m} \tag{14.106}$$

$$c_B = 2\xi_B \sqrt{k_B\, m} = 22800\text{N s/m} \tag{14.107}$$

与设备 A 相比，设备 B 的悬架要更硬一些，这是因为设备 B 的悬架行程相对较小。因此，它具有更高的加速度水平 $\omega_n^2 S_{\ddot{X}}$。图 14.14 显示出

$$\omega_n^2 S_{\ddot{X}_A} \approx 4700 \quad 1/s^2 \quad \omega_n^2 S_{\ddot{X}_B} \approx 6650 \quad 1/s^2 \tag{14.108}$$

例 555 软硬车辆悬架

假设 A 和 B 两车在平均振幅 $Y = 10\text{cm}$ 的起伏路面上行驶，车辆 A 的悬架行程 $d_A = 14.772\text{cm}$，车辆 B 的悬架行程 $d_B = 14.714\text{cm}$。假设 $S_Z = d_u / Y$，则

$$S_{Z_A} = 1.4772 \quad S_{Z_B} = 1.4714 \tag{14.109}$$

利用图 14.15 所示的设计图，对车辆 A 和 B 进行悬架优化，得到

$$f_{n_A} \approx 0.7\text{Hz} \quad \xi_A \approx 0.023 \tag{14.110}$$

$$f_{n_B} \approx 1.85\text{Hz} \quad \xi_B \approx 0.06 \tag{14.111}$$

假设质量 m 为

$$m = 300\text{kg} \tag{14.112}$$

分别计算出优化后的弹簧和阻尼器的特性参数如下：

$$k_A = (2\pi f_{n_A})^2 \text{m} = 5803\text{N/m} \tag{14.113}$$

$$k_B = (2\pi f_{n_B})^2 \text{m} = 40534\text{N/m} \tag{14.114}$$

$$c_A = 2\xi_A \sqrt{k_A m} = 60.7\text{N s/m} \tag{14.115}$$

$$c_B = 2\xi_B \sqrt{k_B\, m} = 418.5\text{N s/m} \tag{14.116}$$

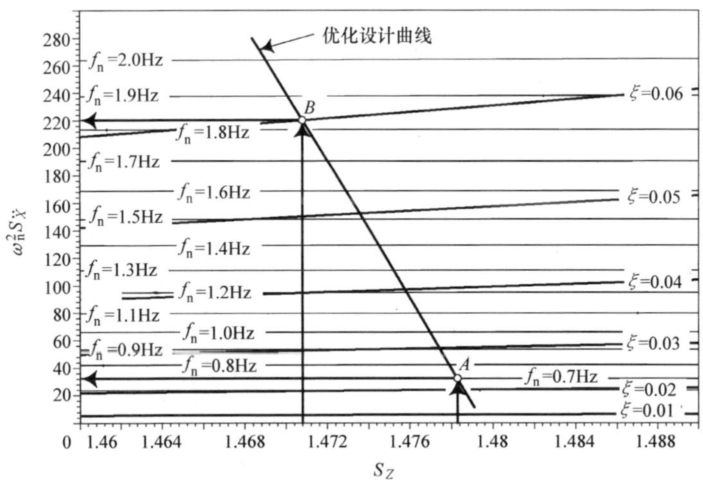

图 14.15 当 $S_{Z_A} = 1.4772$ 和 $S_{Z_B} = 1.4714$ 时，悬架 A 和 B 的比较

这些是在车轮中心处的等效阻尼器和弹簧。悬架参数的实际值取决于悬架机构的几何结构以及弹簧和阻尼器的安装位置等。因为 $k_B > k_A$ 和 $c_B > c_A$，车辆 B 的悬架要比车辆 A 的悬架硬。车辆 B 的车轮行程较小，因此也具有更高的加速度水平 $\omega_n^2 S_{\ddot{X}}$。图 14.15 显示出

$$\omega_n^2 S_{\ddot{X}_B} \approx 220 \quad 1/s^2 \quad \omega_n^2 S_{\ddot{X}_A} \approx 28 \quad 1/s^2 \tag{14.117}$$

例 556 平均车辆悬架设计

大多数民用车辆的固有频率等于或小于 1Hz，具有良好的平顺性。这些汽车的最佳悬架特性是

$$f_n \approx 1\text{Hz} \quad \xi \approx 0.028 \tag{14.118}$$

$$S_Z \approx 1.47644 \quad \omega_n^2 S_{\ddot{X}_B} \approx 66 \quad 1/s^2 \tag{14.119}$$

且

$$k = (2\pi f_n)^2 m = 4\pi^2 m \tag{14.120}$$

$$c = 2\xi \sqrt{km} = 4\pi\xi m \approx 0.112\pi m \tag{14.121}$$

k 和 c 的取值均与车辆的质量 m 成正比。因此，作为一个可行的测算方法，可以通过图 14.16 和图 14.17 所示曲线，设计车辆悬架。

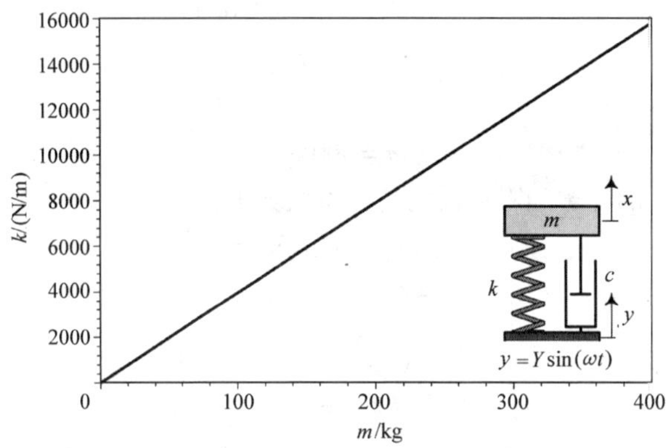

图 14.16 当车辆 $f_n = 1\text{Hz}$ 时，将 k 作为 m 的函数进行优化

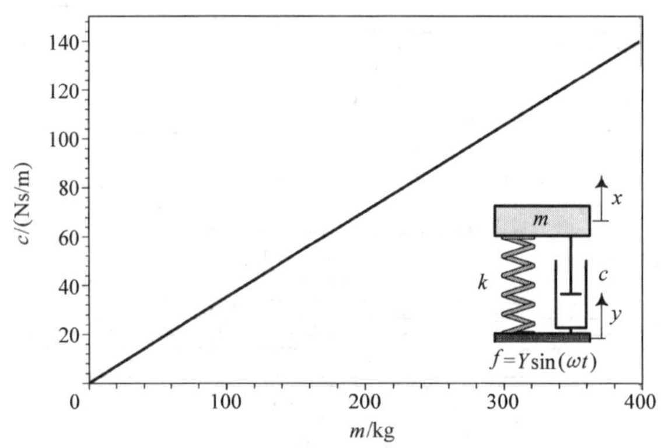

图 14.17 当车辆 $f_n = 1\text{Hz}$ 时，将 c 作为 m 的函数进行优化

例如，一车辆 $m = 250\text{kg}$ 且 $f_n = 1\text{Hz}$，优化后的 k 和 c 为

$$k = 9869.6\text{N/m} \qquad c = 87.96\text{N s/m} \tag{14.122}$$

例 557 优化特性的图形表示

为了更加直观地观察各个优化参数之间的相互关系，可以在不同的坐标系中绘制优化曲线。图 14.18 所示为在（$S_{\ddot{X}}$，S_Z）平面上的优化曲线；图 14.19 所示为相对 S_Z 分别优化后的 f_n 和 ξ。图 14.20 所示为 f_n 和 ξ 相互之间的优化关系，当 $f_n \leqslant 10\text{Hz}$ 时优化后的 ξ 增加缓慢，当 $f_n \geqslant 10\text{Hz}$ 时快速增加。因此，作为一个一般规律，当为了优化悬架，更换为刚度更大的弹簧之后，也应将阻尼器更换为阻尼系数更大的阻尼器。

例 558 优化设计曲线的验证

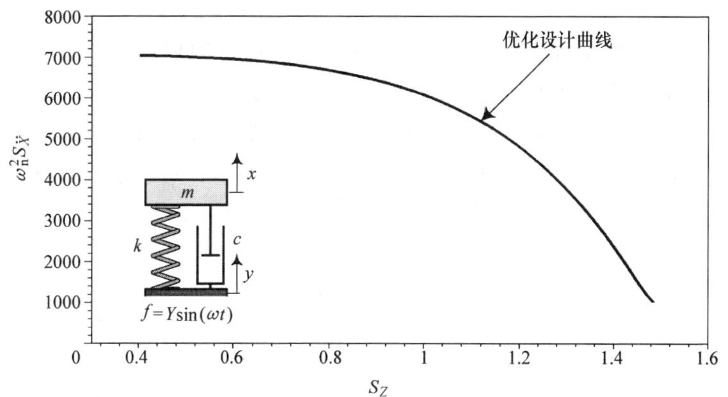

图 14.18 在（$S_{\ddot{X}}$，S_Z）平面上的优化设计曲线

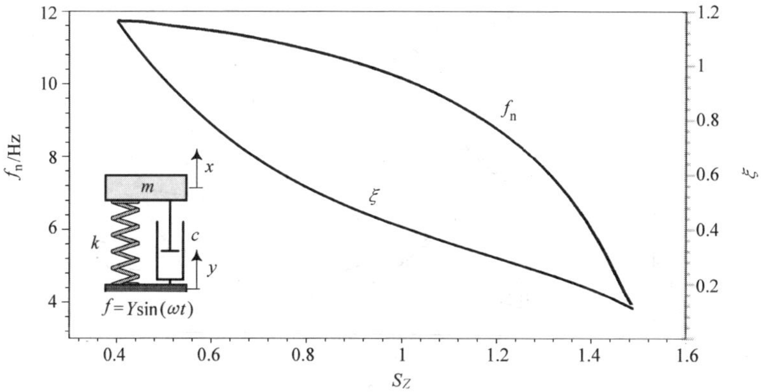

图 14.19 相对 S_Z 分别优化后的 f_n 和 ξ

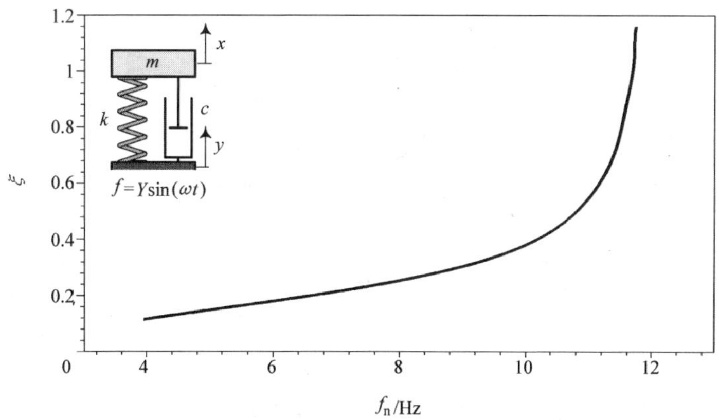

图 14.20 f_n 和 ξ 相互之间的优化关系

为了验证优化设计曲线并将之与悬架优化的实践方法进行比较，假设在未进行优化的悬架上有一设备，在图 14.21 中显示为点 P_1。

$$f_n = 10\text{Hz} \quad \xi = 0.15 \tag{14.123}$$

在实际对悬架进行优化时，可以保持刚度为定值，改变阻尼器为相应的优化值，或者也可以保持阻尼系数为定值，改变刚度为相应的优化值。如果可能的话，也可以选取在优化曲线上的一点同时改变刚度和阻尼系数，这主要取决于结构参数的约束和要求。

图14.21中的点P_2与P_1的f_n相同，优化阻尼系数$\xi \approx 0.4$。点P_3与P_1的ξ相同，优化自然振动频率$f_n \approx 5\text{Hz}$。因此，对于未优化点P_1来说，P_2和P_3是两个可选的优化设计。

图14.22比较了P_1、P_2和P_3三点的加速度频率响应G_2，其中点P_3的加速度频率响应最小。图14.23描述了绝对位移频率响应G_0，图14.24比较了P_1、P_2和P_3三点的相对位移频率响应S_2。这些图均表明点P_2和P_3的悬架性能要好于P_1，P_2的悬架具有较高的加速度，但是相对悬架行程较小；P_3的悬架加速度较小，但是相对悬架行程较大。

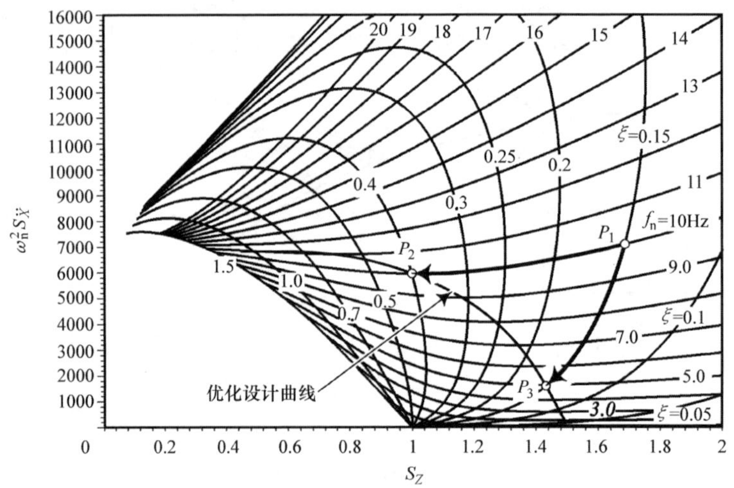

图14.21　未优化设计点P_1和可替代其的优化设计点P_2和P_3

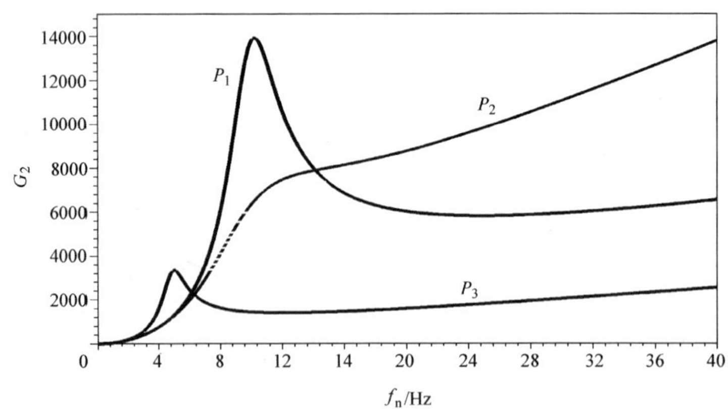

图14.22　图14.21所示点P_1、P_2和P_3的加速度频率响应G_2

例559　在优化曲线上$S_{\ddot{X}}$相对S_Z的灵敏度

因为$S_{\ddot{X}}$在优化曲线上的取值最小，所以加速度均方根（*RMS*）相对于相对位移均方根（*RMS*）的灵敏度在优化曲线上的任意一点也是最小。因此，优化后的悬架对质量变化的灵敏度最小。如果车辆悬架对一名乘客的情况进行了优化，后因为乘客数量变化导致车辆承载

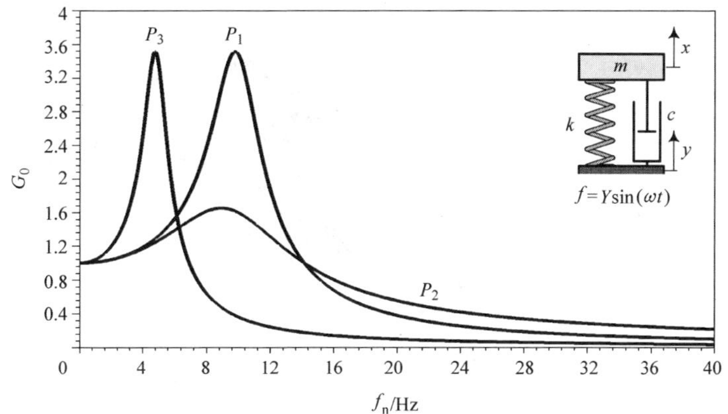

图 14.23 图 14.21 所示点 P_1、P_2 和 P_3 的绝对位移频率响应 G_0

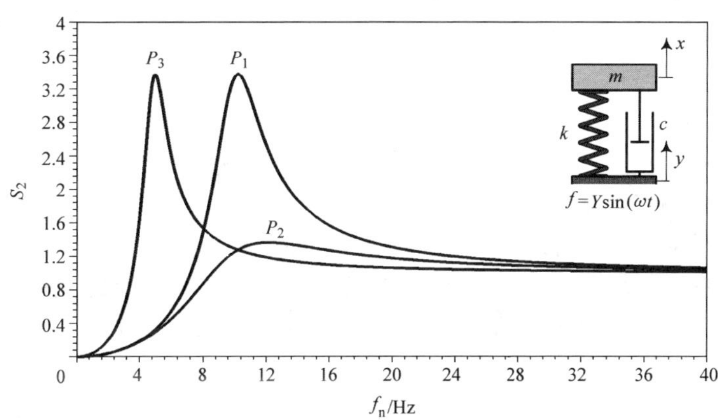

图 14.24 图 14.21 所示点 P_1、P_2 和 P_3 的相对位移频率响应 S_2

质量发生变化，那么这个悬架也是接近最优的。

例 560 优化设计图应用

选择相对位移的期望值（或者是最大绝对加速度的期望值）作为行程空间，则相应的垂线（或水平线）与优化曲线的交点就是想要得到的对应的 ω_n 或 ξ 的值。

例 561★ 优化设计曲线三维视图

图 14.25 所示为 $S_{\ddot{X}}$ 对应不同的 S_Z 和 f_n 所构成的三维空间中的三维优化曲线。

理论上讲，可以通过下式来表示曲面

$$S_{\ddot{X}}=S_{\ddot{X}}(S_Z,f_n) \tag{14.124}$$

在以下条件下可获得优化曲线

$$\nabla S_{\ddot{X}}=\hat{u}_{S_Z}=0 \tag{14.125}$$

式中，$\hat{u}_{S_Z}$ 是沿 S_Z 轴方向的单位向量；$\nabla S_{\ddot{X}}$ 是 $S_{\ddot{X}}$ 表面的梯度。

例 562★ 悬架均衡和无价值优化

悬架优化的主要目标是降低绝对加速度，因为绝对加速度代表着传递给车体的作用力。减振器通过增大自身的变形量来降低绝对加速度，减振器的工作间隙（也被称为**工作空间**）用相对变形量表示。受安全性和机械设计约束要求的影响，工作间隙要做到尽可能的小。

在加速度和相对运动之间存在一个均衡关系。$\omega_n^4 S_{\ddot{X}}$ 与 S_Z 之比相对 ω_n 和 ξ 是一个单调

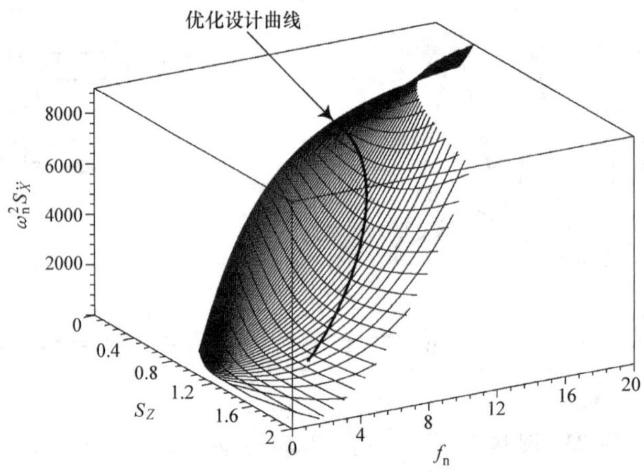

图 14.25　$S_{\ddot{X}}$相对应不同的 S_Z 和 f_n 所构成的三维空间和优化曲线

递增函数。保持 S_Z 为定值，通过增大 ω_n 和 ξ 可增大 $\omega_n^4 S_{\ddot{X}}$；保持 $\omega_n^4 S_{\ddot{X}}$ 为定值，通过增大 ω_n 和 ξ 可减小 S_Z。因此，$\omega_n^4 S_{\ddot{X}}$ 与 S_Z 具有相反的特性。这些特性表明 $\omega_n=0$ 和 $\xi=0$ 对于解决最优减振问题是无价值的，也是不现实的。

例 563★　绝对加速度均方根 $RMS(G_2)=S_{\ddot{X}}$ 的曲线图

图 14.26 和图 14.27 所示的是绝对加速度均方根 $RMS(G_2)=S_{\ddot{X}}$ 的图形。在图 14.26 中，把 f_n 作为一个参数，绘制 $S_{\ddot{X}}$ 相对 ξ 的曲线；在图 14.27 中，把 ξ 作为一个参数，绘制 $S_{\ddot{X}}$ 相对 f_n 的曲线。

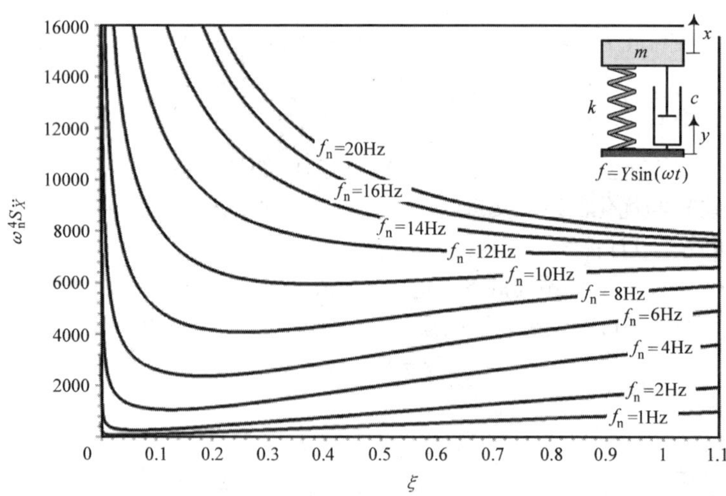

图 14.26　f_n 作为参数，绝对加速度均方根 $RMS(G_2)=S_{\ddot{X}}$ 相对 ξ 的曲线

例 564★　相对位移均方根 $RMS(G_2)=S_Z$ 的曲线图

图 14.28 和图 14.29 所示的是相对位移均方根 $RMS(G_2)=S_Z$ 的图形。在图 14.28 中，把 f_n 作为一个参数，绘制 S_Z 相对 ξ 的曲线；在图 14.29 中，把 ξ 作为一个参数，绘制 S_Z 相

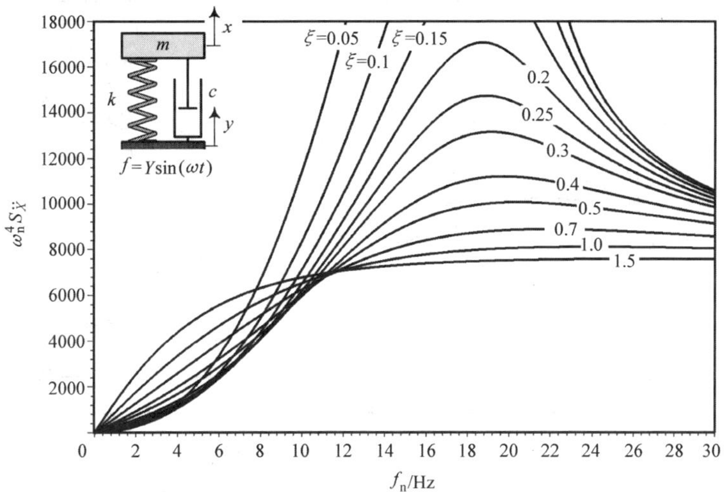

图 14.27 ξ 作为参数，绝对加速度均方根 $RMS(G_2)=S_{\ddot{X}}$ 相对 f_n 的曲线

对 f_n 的曲线。

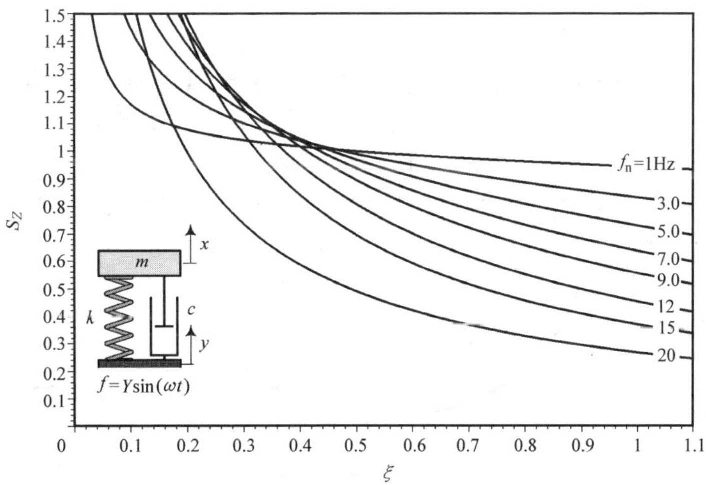

图 14.28 f_n 作为参数，绝对加速度均方根 $RMS(G_2)=S_Z$ 相对 ξ 的曲线

例 565★ $RMS(G_0)$ 与 $RMS(X/Y)$ 相同

绝对位移的均方根(RMS)S_X，需要对 G_0，即$(X/Y)^2$ 求积分，可由下列算式确定：

$$\int G_0\,\mathrm{d}\omega=\frac{Z_{16}}{Z_{17}\sqrt{Z_{18}}}\arctan\frac{\omega}{\sqrt{Z_{18}}}+\frac{Z_{19}}{Z_{20}\sqrt{Z_{21}}}\arctan\frac{\omega}{\sqrt{Z_{21}}} \tag{14.126}$$

$$Z_{16}=\omega_n^2[-8\xi^6+8\xi^4-(8\xi^4-4\xi^2-1)\xi\sqrt{1-\xi^2}] \tag{14.127}$$

$$Z_{17}=-4\xi^2(1-\xi^2) \tag{14.128}$$

$$Z_{18}=\omega_n^2(1-2\xi^2-2\xi\sqrt{1-\xi^2}) \tag{14.129}$$

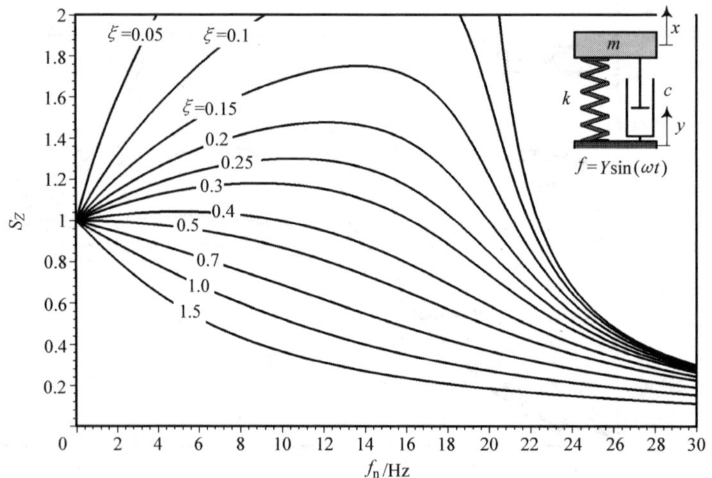

图 14.29　ξ 作为参数，绝对加速度均方根 $RMS(G_2)=S_Z$ 相对 f_n 的曲线

$$Z_{19}=\omega_n^2[8\xi^6-8\xi^4-(8\xi^4-4\xi^2-1)\xi\sqrt{1-\xi^2}] \tag{14.130}$$

$$Z_{20}=Z_{17}=-4\xi^2(1-\xi^2) \tag{14.131}$$

$$Z_{21}=-\omega_n^2(1-2\xi^2-2\xi\sqrt{1-\xi^2}) \tag{14.132}$$

接下来分析和确定绝对位移的均方根(RMS)S_X。图 14.30 和图 14.31 所示为绝对位移的均方根 $RMS(G_0)=S_X$。在图 14.30 中，把 f_n 作为一个参数，绘制 S_X 相对 ξ 的曲线；在图 14.31 中，把 ξ 作为一个参数，绘制 S_X 相对 f_n 的曲线。

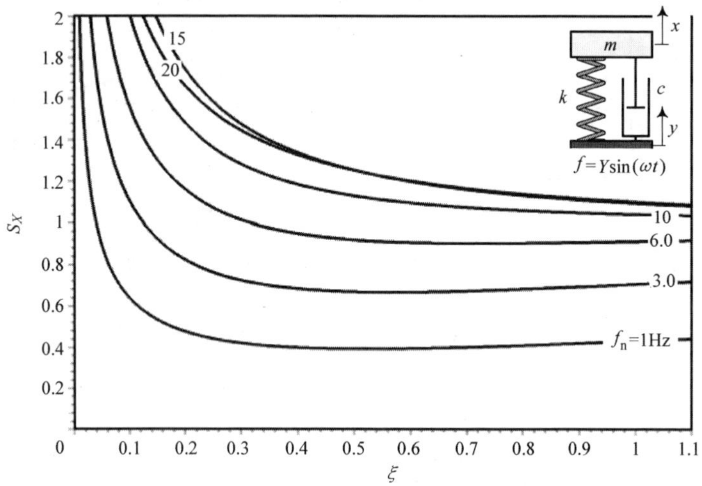

图 14.30　f_n 作为参数，绝对位移均方根 $RMS(G_0)=S_X$ 相对 ξ 的曲线

例 566★　$RMS(G_2)=S_{\ddot{X}}$ 相对 $RMS(S_2)=S_Z$ 的曲线图

图 14.32 和图 14.33 所示为 $RMS(G_2)=S_{\ddot{X}}$ 相对 $RMS(S_2)=S_Z$ 的图形。在图 14.32 中，f_n 为一恒定固有频率，在图 14.33 中，ξ 为定值。图 14.32 中的一些曲线有最小值，这说明

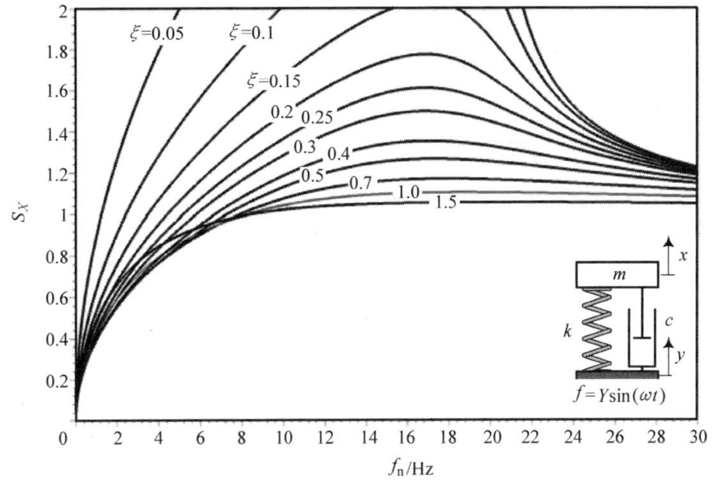

图 14.31 ξ 作为参数，绝对加速度均方根 $RMS(G_0)=S_X$ 相对 f_n 的曲线

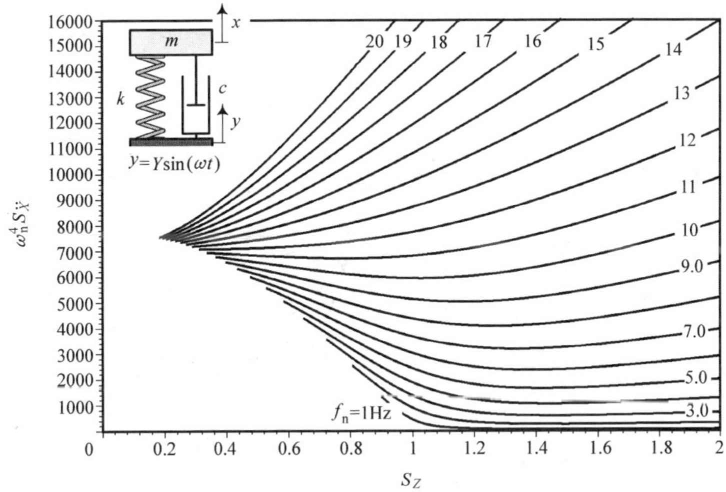

图 14.32 在恒定固有频率 f_n 下，$\omega_n^2\ RMS(G_2)=\omega_n^2\ S_{\ddot{X}}$ 相对 $RMS(S_2)=S_Z$ 曲线

在 f_n 为定值的情况下，$S_{\ddot{X}}$ 相对 S_Z 可以最小化，这个最小值就是优化目标。

图 14.33 显示，在 ξ 为定值情况下，一些曲线有最大值，这些值代表的是最糟糕的悬架设计。

图 14.34 所示为以 $S_{\ddot{X}}$ 代替 $\omega_n^2\ S_{\ddot{X}}$ 后相对 S_Z 的特性曲线，每条曲线的最小值点与图 14.32 中最小值点出现在相同的 S_Z 值。

例 567★ 替代优化方法

根据这种优化方法的应用，有多种方式和方法可以实现减振器的优化。然而，没有一个普遍的可接受的方法适用于每一种实际应用。每一种优化策略，都可以被转化为一个函数，称为**价值函数**或**目标函数**的最小化问题。人们把主要的注意力都集中在绝对位移最小化，被称为**主要振动传递率**。然而，对于减振器而言，价值函数可以包括任何状态变量，如绝对和

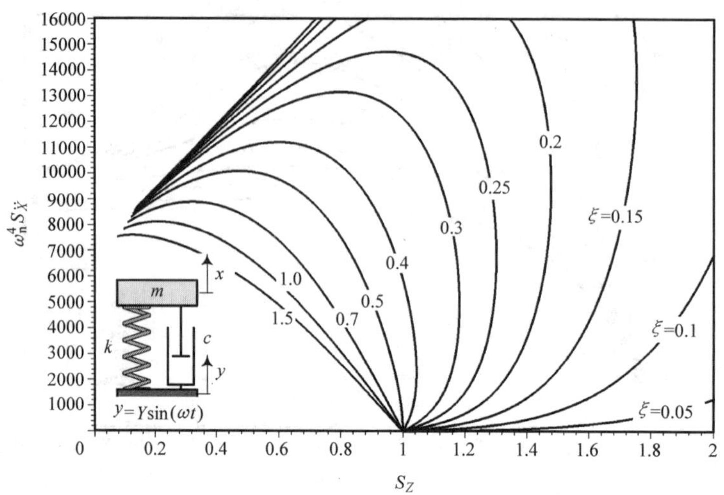

图 14.33　在恒定阻尼比 ξ 下，绘制 $\omega_n^2\,RMS(G_2)=\omega_n^2\,S_{\ddot{X}}$ 相对 $RMS(S_2)=S_Z$ 曲线

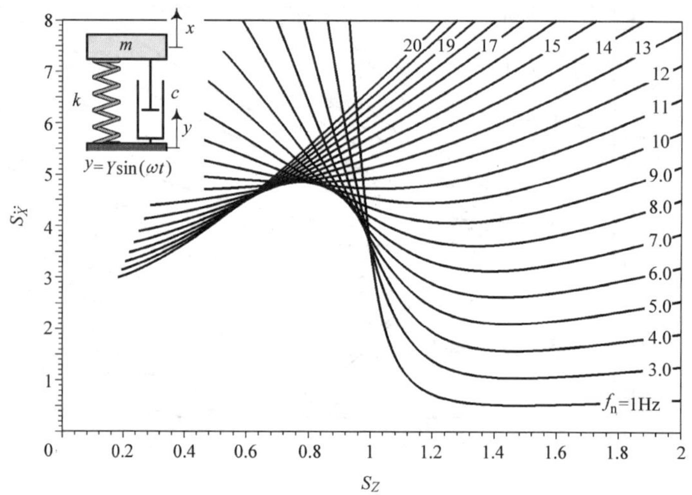

图 14.34　在恒定固有频率 f_n 下，绘制 $RMS(G_2)=S_{\ddot{X}}$ 相对 $RMS(S_2)=S_Z$ 曲线

相对位移、速度、加速度，甚至颤动。

可以通过指定 ω_n 和 ξ 的上下限来确定可接受设计参数的范围，进而明确约束条件。对于车辆悬架来说，一般希望选择的 ω_n 和 ξ 能够使系统的绝对加速度最小、相对位移不超出规定的范围。最常用的优化策略包括：

1）在指定相对位移 S_{Z_0} 下的极大极小绝对加速度 $S_{\ddot{X}}$。指定所允许的相对位移范围，然后确定绝对加速度的极大极小值。

$$\frac{\partial S_{\ddot{X}}}{\partial \omega_n}=0 \qquad \frac{\partial S_{\ddot{X}}}{\partial \xi}=0 \qquad S_Z=S_{Z_0} \tag{14.133}$$

2）在指定绝对加速度 $S_{\ddot{X}_0}$ 下的极大极小相对位移 S_Z。指定所允许的绝对加速度范围，然后确定相对位移的极大极小值。

$$\frac{\partial S_Z}{\partial \omega_n}=0 \quad \frac{\partial S_Z}{\partial \xi}=0 \quad S_{\ddot{X}}=S_{\ddot{X}_0} \tag{14.134}$$

例 568★ 设计图的更多应用

优化原则

$$\frac{\partial S_{\ddot{X}}}{\partial S_Z}=0 \quad \frac{\partial^2 S_{\ddot{X}}}{\partial S_Z^2}>0 \tag{14.135}$$

是基于 S_2 和 G_2 在工作频率范围内的均方根，本例子中零值处于 20Hz 处。

$$S_Z = \sqrt{\frac{1}{40\pi}\int_0^{40\pi} S_2^2\,\mathrm{d}\omega} \tag{14.136}$$

$$S_{\ddot{X}} = \sqrt{\frac{1}{40\pi}\int_0^{40\pi} G_2\,\mathrm{d}\omega} \tag{14.137}$$

优化设计曲线是悬架机构在基于以下函数的激励系统作用下的最优状况

$$S_2=\frac{Z_B}{Y} \quad G_2=\frac{\ddot{X}_B}{\omega_n^2\,Y}$$

然而,因为

$$S_2=\frac{\ddot{X}_F}{F/m}=\frac{Z_B}{Y}=\frac{X_E}{e\varepsilon_E}=\frac{X_R}{e\varepsilon_R} \tag{14.138}$$

$$G_2=\frac{\ddot{X}_B}{\omega_n^2\,Y}=\frac{F_{T_B}}{kY}=\frac{F_{T_E}}{e\omega^2\,m_e}=\frac{F_{T_R}}{e\omega^2\,m_e}\left(1+\frac{m_a}{m}\right) \tag{14.139}$$

优化设计曲线也可以表示为任意 G_2 函数相对任意 S_2 函数的最小化条件，如从一偏心激励系统$\frac{X_E}{e\varepsilon_E}$到基座传递力$\frac{F_{T_E}}{e\omega^2\,m_e}$。这一最小化与对发动机安装的优化类似。

14.4★ 时间响应优化

瞬态响应的优化依赖于瞬态激励的类型，以及对价值函数的定义。图 14.35 所示为一个 1/8 车辆模型和单位阶跃位移。

$$y=\begin{cases}1 & t>0\\ 0 & t\leqslant 0\end{cases} \tag{14.140}$$

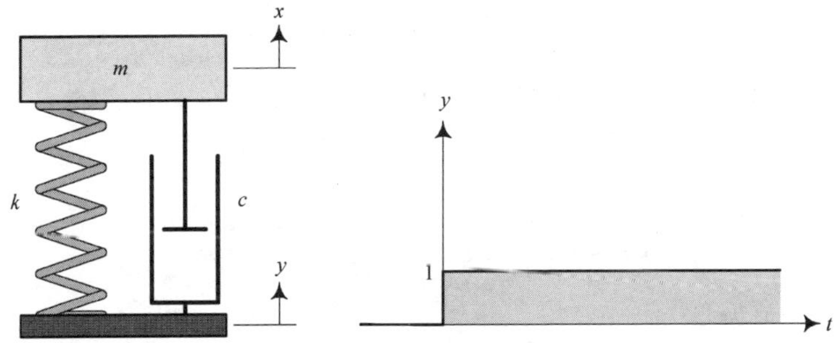

图 14.35 1/8 车辆模型和基座激励单位阶跃位移

如果瞬态激励是一个阶跃函数，优化的标准就是将加速度的峰值与相对位移的峰值之比最小化，对于任意一个能够反映1/8车辆模型最佳瞬间状态的f_n，都存在有一个最优的ξ^*。这些特性如图14.36所示。

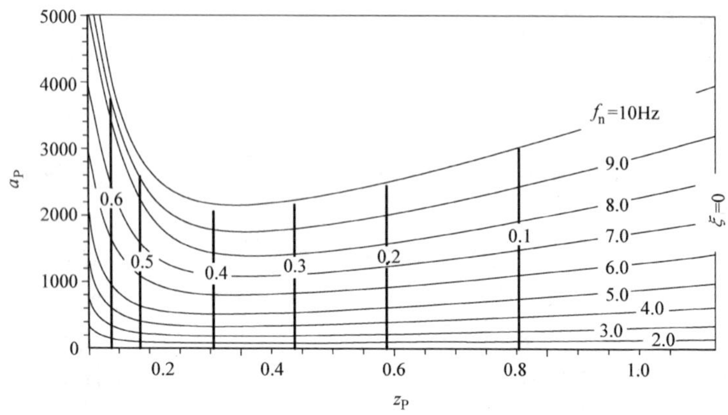

图14.36　不同ξ和f_n下，加速度峰值相对于相对位移峰值的情况

$$\xi^* = 0.4 \tag{14.141}$$

证明：图14.35所示的单自由度基座激励系统的运动方程是

$$\ddot{x} + 2\xi\omega_n\dot{x} + \omega_n^2 x = 2\xi\omega_n\dot{y} + \omega_n^2 y \tag{14.142}$$

将$y=1$代入式（14.142），得到以下确定质量m的绝对位移的初值问题。

$$\ddot{x} + 2\xi\omega_n\dot{x} + \omega_n^2 x = \omega_n^2 \tag{14.143}$$

$$y(0) = 0 \tag{14.144}$$

$$\dot{y}(0) = 0 \tag{14.145}$$

求解初始条件为0的微分方程

$$x = 1 - \frac{1}{2}\frac{A}{ib}e^{-A\omega_n t} + \frac{1}{2}\frac{\overline{A}}{ib}e^{-\overline{A}\omega_n t} \tag{14.146}$$

式中A和$\overline{A}$是共轭复数。

$$A = \xi + i\sqrt{1-\xi^2} \tag{14.147}$$

$$\overline{A} = \xi - i\sqrt{1-\xi^2} \tag{14.148}$$

有x和$y=1$就能够计算出相对位移$z=x-y$。

$$z = x - y = -\frac{1}{2}\frac{A}{ib}e^{-A\omega_n t} + \frac{1}{2}\frac{\overline{A}}{ib}e^{-\overline{A}\omega_n t} \tag{14.149}$$

质量m的速度和加速度可以通过式（14.146）获得。

$$\dot{x} = \frac{1}{2}\frac{A^2\omega_n}{ib}e^{-A\omega_n t} - \frac{1}{2}\frac{\overline{A}^2\omega_n}{ib}e^{-\overline{A}\omega_n t} \tag{14.150}$$

$$\ddot{x} = -\frac{1}{2}\frac{A^3\omega_n^2}{ib}e^{-A\omega_n t} + \frac{1}{2}\frac{\overline{A}^3\omega_n^2}{ib}e^{-\overline{A}\omega_n t} \tag{14.151}$$

相对位移的峰值为

$$z_P = \exp\left(\frac{\arccos(2\xi^2-1)}{\omega_n\sqrt{1-\xi^2}}\right) \tag{14.152}$$

相对位移峰值发生在 t_1 时刻，$\dot{z}=0$

$$t_1=\frac{-\xi\arccos(2\xi^2-1)}{\sqrt{1-\xi^2}} \tag{14.153}$$

绝对加速度的峰值为

$$a_P=\omega_n^2\exp\left(-\xi\frac{2\arccos(2\xi^2-1)-\pi}{\sqrt{1-\xi^2}}\right) \tag{14.154}$$

绝对加速度的峰值发生在激励开始时的 $t=0$ 时刻，或者 $\dddot{x}=0$ 的 t_2 时刻

$$t_2=\frac{2\arccos(2\xi^2-1)-\pi}{\omega_n\sqrt{1-\xi^2}} \tag{14.155}$$

图 14.36 所示的是在不同的 f_n 和 ξ 下，a_p 相对 z_p 的关系曲线。对于每一条 f_n 曲线，在 $\xi=0.4$ 的点，都是其最小值。通过寻找 a_p 相对 z_p 的最小点，就能够发现 ξ 的解析最优值。最优 ξ 是以下超越方程的解

$$2\xi\ \arccos(2\xi^2-1)-\pi-4\xi\sqrt{1-\xi^2}=0 \tag{14.156}$$

其解就是 $\xi\approx0.4$，绝对加速度相对于相对位移的最小峰值依赖与自然振动频率 f_n 的值无关。

例 569★　优化设计曲线和时间响应

为了验证在优化曲线上悬架机构的瞬时响应，对一组基于激励作用下的设备进行对比，如图 14.21 所示，P_1 是安装在未优化悬架上的点，P_2 和 P_3 是安装在已优化悬架上的点。

$$f_n\approx10\text{Hz}\quad \xi\approx0.15 \tag{14.157}$$

相对点 P_1，P_2 和 P_3 是两种可供选择的优化点。P_2 与 P_1 固有频率相同，$\xi\approx0.4$；P_3 和 P_1 阻尼系数相同，$f_n\approx5\text{Hz}$。

图 14.37 所示为一个单自由度的基座激励系统和正弦平方激励输入。

$$y=\begin{cases}d_2\sin^2\dfrac{2\pi v}{d_1}t & 0<t<0.1\\ 0 & t\leqslant0, t\geqslant0.1\end{cases} \tag{14.158}$$

$$d_1=1\text{m}\quad d_2=0.05\text{m} \tag{14.159}$$

$$v=10\text{m/s} \tag{14.160}$$

系统的绝对位移和相对位移在点 P_1、P_2 和 P_3 上的时间响应分别如图 14.38 和图 14.39 所示，m 的绝对加速度如图 14.40 所示。

系统 3 的相对位移和绝对加速度的峰值都较低，但是需要较长的时间来回稳。

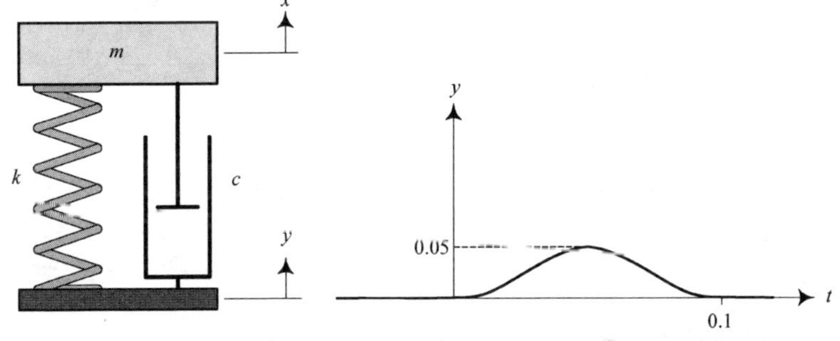

图 14.37　一个单自由度的基座激励系统和正弦平方激励输入

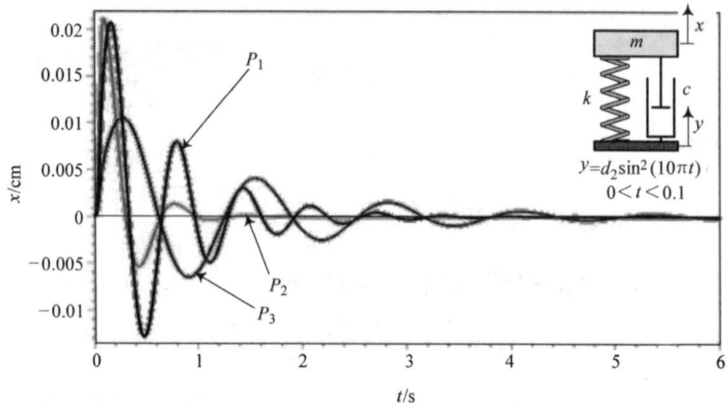

图 14.38　系统在三种不同悬架上的绝对位移时间响应

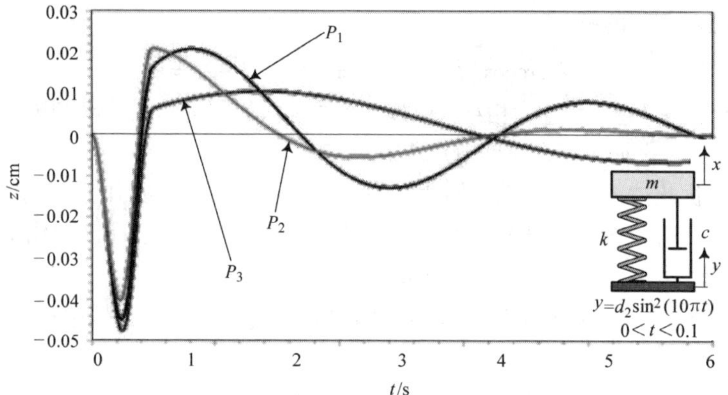

图 14.39　系统在三种不同悬架上的相对位移时间响应

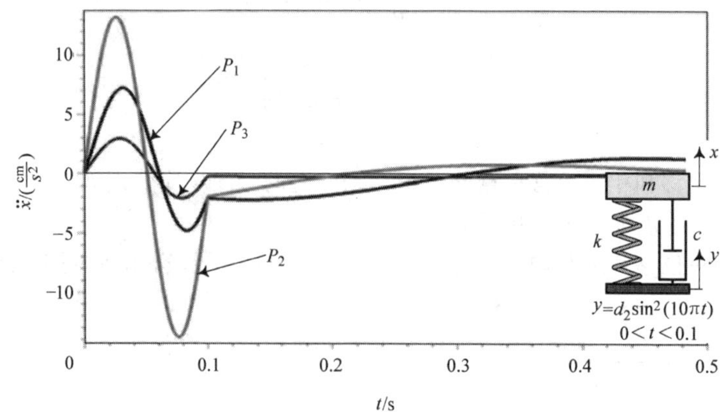

图 14.40　系统在三种不同悬架上的绝对加速度时间响应

14.5　小结

单自由度基座激励振动系统的运动方程为

$$\ddot{x}+2\xi\omega_{\mathrm{n}}\dot{x}+\omega_{\mathrm{n}}^{2}x=2\xi\omega_{\mathrm{n}}\dot{y}+\omega_{\mathrm{n}}^{2}y \tag{14.161}$$

它是适用于安装在振动基座上设备的模型，也是车辆垂直振动的模型。假设激励频率可变，可以通过确定相对位移 $S_2=|Z/Y|$ 和绝对加速度 $G_2=|\ddot{X}/(Y\omega_{\mathrm{n}}^2)|$ 频率响应来对系统进行优化。优化准则是

$$\frac{\partial S_{\ddot{X}}}{\partial S_Z}=0 \tag{14.162}$$

$$\frac{\partial^2 S_{\ddot{X}}}{\partial {S_Z}^2}>0 \tag{14.163}$$

式中，S_Z 和 $S_{\ddot{X}}$ 是 S_2 和 G_2 在工作频率范围 $0\leqslant\omega\leqslant 20\mathrm{Hz}$ 内的均方根。

$$S_Z=\sqrt{\frac{1}{40\pi}\int_0^{40\pi}S_2^2\,\mathrm{d}\omega} \tag{14.164}$$

$$S_{\ddot{X}}=\sqrt{\frac{1}{40\pi}\int_0^{40\pi}G_2\,\mathrm{d}\omega} \tag{14.165}$$

优化准则是绝对加速度均方根相对于相对位移均方根为最小时，悬架性能为最优。优化结果可以通过设计图中最优 ξ 和 ω_{n} 之间的相互关系直接看出。

14.6 主要符号

a，$\ddot{x}$	加速度
a，b	位移弹簧拉臂长度
c	阻尼系数
c^*	最优阻尼
c_{eq}	等效阻尼
d_1	路面波长
d_2	路面起伏度
D	耗散函数
f，F	力
$f=\frac{1}{T}$	周期频率，单位 Hz
f_c	阻尼力
f_{k}	弹簧弹力
f_{n}	周期固有频率，单位 Hz
F	振幅的简谐力 f
g	重力加速度
$G_0=\|X/Y\|$	绝对位移频率响应
$G_2=\|\ddot{X}/Y\omega^2\|$	绝对加速度频率响应
k	弹簧刚度系数
k^*	弹簧最优刚度系数
k_{eq}	弹簧等效刚度系数
K	动能
$\mathcal{L}$	拉格朗日算法
m	质量
$r=\frac{\omega}{\omega_{\mathrm{n}}}$	频率比
$S_2=\|Z/Y\|$	相对位移频率响应
S_Z	S_2 的均方根
$S_{\ddot{X}}$	G_2 的均方根
t	时间
T	周期
v，$\boldsymbol{v}$，$\dot{x}$，$\dot{\boldsymbol{x}}$	速度
V	势能
x	绝对位移
X	x 的稳态振幅
y	基座激励位移
Y	y 的稳态振幅
z	相对位移
Z	z 的稳态振幅
Z_i	短符号表示法参数
α	弹簧倾斜角度
δ	弹簧变形量
δ	位移
$\omega=2\pi f$	角频率，单位 rad/s

ω_n	固有频率	r	后方
下标：		s	簧载
eq	等效	u	非簧载
f	前方	u	上方
l	下方		

习　题

1. 麦弗逊悬架等效参数

图14.41a所示为一个麦弗逊悬架，图14.41b所示为其等效振动系统。

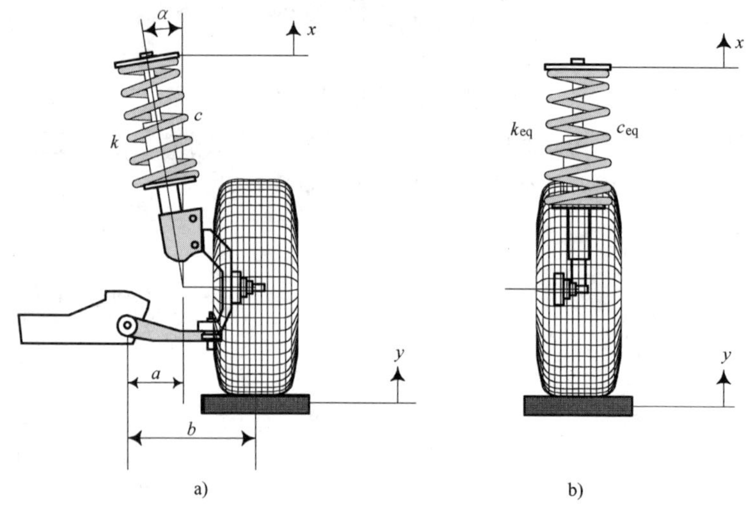

图14.41　麦弗逊悬架和其等效振动系统

（a）依照下列条件确定 k_{eq} 和 c_{eq}。

$$a = 22\text{cm}$$
$$b = 45\text{cm}$$
$$c = 1000\text{N s/m}$$
$$\alpha = 12°$$
$$k = 10000\text{N/ m}$$

（b）当振动系统的固有频率 $f_n = 1\text{Hz}$ 时，依照下列条件确定弹簧刚度系数 k。

$$a = 22\text{cm}$$
$$b = 45\text{cm}$$
$$c = 1000\text{N s/m}$$
$$\alpha = 12°$$
$$m = 1000/4\text{kg}$$

（c）当振动系统的阻尼比 $\xi = 0.4$ 时，依照下列条件确定阻尼系数 c。

$$a = 22\text{cm}$$
$$b = 45\text{cm}$$
$$c = 1000\text{Ns/m}$$
$$m = 1000/4\text{kg}$$
$$\alpha = 12°$$
$$f_n = 1\text{Hz}$$

2. 双 A 臂悬架等效参数

图 14.42a 所示为一双 A 臂悬架,图 14.42b 所示为其等效振动系统。

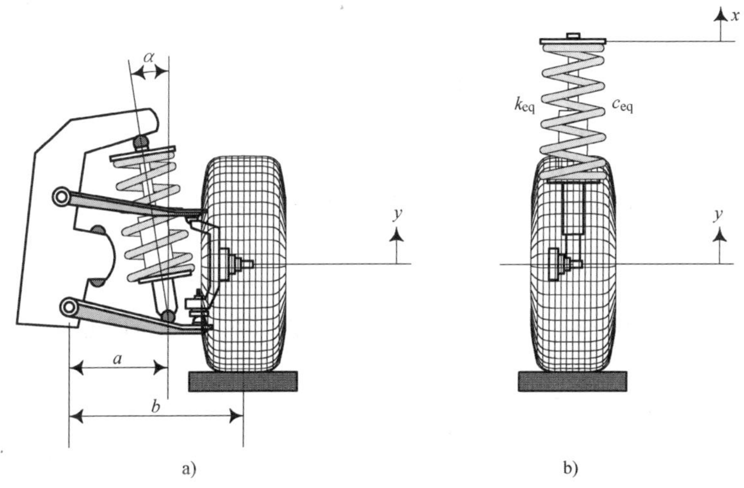

图 14.42　双 A 臂悬架和其等效振动系统

(a)依照下列条件确定 k_{eq}和 c_{eq}。

$$a = 32\text{cm}$$
$$b = 45\text{cm}$$
$$k = 8000\text{N/m}$$
$$c = 1000\text{N s/m}$$
$$\alpha = 10°$$

(b)当振动系统的固有频率 $f_n = 1\text{Hz}$ 时,依照下列条件确定弹簧刚度系数 k。

$$a = 32\text{cm}$$
$$b = 45\text{cm}$$
$$\alpha = 10°$$
$$m = 1000/4\text{kg}$$

(c)当振动系统的阻尼比 $\xi = 0.4$ 时,依照下列条件确定阻尼系数 c。

$$a = 32\text{cm}$$
$$b = 45\text{cm}$$
$$\alpha = 10°$$
$$f_n = 1\text{Hz}$$
$$m = 1000/4\text{kg}$$

3. 路面激励频率

一车辆在起伏路面行驶。如果激励频率为$f_n=5\text{Hz}$，当车辆以下列不同速度行驶时，求起伏路面的波长d_1。

（a）$v=30\text{km/h}$

（b）$v=60\text{km/h}$

（c）$v=100\text{km/h}$

4. ★路面激励频率和轴距

一车辆在起伏路面行驶，试求以下问题。

（a）如果激励频率为$f_n=8\text{Hz}$，车辆行驶速度$v=60\text{km/h}$，求起伏路面的波长d_1。

（b）如果车辆的轴距$l=2.82\text{m}$，求前轮和后轮激励的相位差。

（c）以什么样的速度行驶，前轮和后轮的激励没有相位差？

5. ★路面激励振幅

一车辆在波长$d_1=25\text{m}$的起伏路面行驶。如果$S_2=|Z/Y|=1.02$，车辆行驶速度$v=120\text{km/h}$，$k=10000\text{N/m}$，$m=1000/4\text{kg}$，则阻尼比ξ应为多少？

6. 优化悬架比较

一质量$m=1000/4\text{kg}$的车辆，以速度$v=120\text{km/h}$，在波长$d_1=45\text{m}$、振幅$d_2=8\text{cm}$的起伏路面行驶。如果在车轮中心的等价车轮行程分别为以下条件中的数值时，求车辆的最佳悬架参数。

（a）5cm

（b）8cm

（c）12cm

（d）分别计算每种情况的G_0，G_2，S_2，S_Z，$S_{\ddot{X}}$，X，Z和$\ddot{X}$。

7. 悬架优化和保持k或c不变

若一基座激励系统参数为

$k=10000\text{N/m}$，$m=1000/4\text{kg}$，$c=1000\text{Ns/m}$

（a）在c相同的情况下，确定最佳的k。

（b）在k相同的情况下，确定最佳的c。

（c）分别确定以上两种情况的S_Z和$S_{\ddot{X}}$。

8. 针对最小S_Z的悬架优化

若一基座激励系统参数为

$k=250000\text{N/m}$，$m=2000\text{kg}$，$c=2000\text{Ns/m}$

确定加速度均方根值$S_{\ddot{X}}$传递到系统的水平。

9. 峰值和阶跃输入

若一基座激励系统参数为

$k=10000\text{N/m}$，$m=1000/4\text{kg}$，$c=1000\text{Ns/m}$

在单位阶跃输入作用下，加速度和相对位移的峰值各是多少？

10. ★加速度峰值和弹簧刚度

解释为什么ξ常数曲线在平面（a_P，z_P）为一垂线。

15★　四分之一车辆模型

人们最常使用也是最有效的车辆悬架系统模型是四分之一车辆模型，如图 15.1 所示。本章介绍四分之一车辆模型并对其进行验证和优化。

15.1　数学模型

我们可以用由两个实体质量构成的四分之一车辆模型描述车辆的垂直振动，这两个实体质量 m_s 和 m_u 分别表示车辆的簧载质量和非簧载质量。簧载质量 m_s 取车身质量的1/4，非簧载质量 m_u 取车辆上一个车轮的质量。簧载质量由一个刚度为 k_s 的弹簧和一个黏性阻尼系数为 c_s 的减振器支撑，它们称作主悬架。非簧载质量 m_u 通过弹簧体 k_u 与地面直接接触，k_u 表示轮胎刚度。

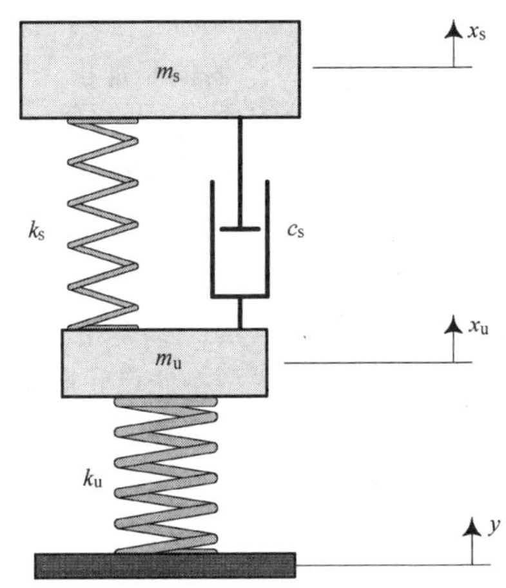

图 15.1　四分之一车辆模型

图 15.1 中四分之一车辆模型的控制微分运动方程为

$$m_s\ddot{x}_s + c_s(\dot{x}_s - \dot{x}_u) + k_s(x_s - x_u) = 0 \quad (15.1)$$

$$m_u\ddot{x}_u + c_s(\dot{x}_u - \dot{x}_s) + (k_u + k_s)x_u - k_s x_s = k_u y \quad (15.2)$$

证明：系统的动能、势能和耗散函数为

$$K = \frac{1}{2}m_s\dot{x}_s^2 + \frac{1}{2}m_u\dot{x}_u^2 \quad (15.3)$$

$$V = \frac{1}{2}k_s(x_s - x_u)^2 + \frac{1}{2}k_u(x_u - y)^2 \quad (15.4)$$

$$D = \frac{1}{2}c_s(\dot{x} - \dot{x}_u)^2 \quad (15.5)$$

采用拉格朗日方法

$$\frac{\mathrm{d}}{\mathrm{d}t}\left(\frac{\partial K}{\partial \dot{x}_s}\right) - \frac{\partial K}{\partial x_s} + \frac{\partial D}{\partial \dot{x}_s} + \frac{\partial V}{\partial x_s} = 0 \quad (15.6)$$

$$\frac{\mathrm{d}}{\mathrm{d}t}\left(\frac{\partial K}{\partial \dot{x}_u}\right) - \frac{\partial K}{\partial x_u} + \frac{\partial D}{\partial \dot{x}_u} + \frac{\partial V}{\partial x_u} = 0 \quad (15.7)$$

求出运动方程

$$m_s\ddot{x}_s = -k_s(x_s - x_u) - c_s(\dot{x}_s - \dot{x}_u) \quad (15.8)$$

$$m_u\ddot{x}_u = k_s(x_s - x_u) + c_s(\dot{x}_s - \dot{x}_u) - k_u(x_u - y) \quad (15.9)$$

上述方程可以写成矩阵形式

$$[m]\ddot{\boldsymbol{x}}+[c]\dot{\boldsymbol{x}}+[k]\boldsymbol{x}=\boldsymbol{F} \tag{15.10}$$

$$\begin{bmatrix} m_s & 0 \\ 0 & m_u \end{bmatrix}\begin{bmatrix} \ddot{x}_s \\ \ddot{x}_u \end{bmatrix}+\begin{bmatrix} c_s & -c_s \\ -c_s & c_s \end{bmatrix}\begin{bmatrix} \dot{x}_s \\ \dot{x}_u \end{bmatrix}+\begin{bmatrix} k_s & -k_s \\ -k_s & k_s+k_u \end{bmatrix}\begin{bmatrix} x_s \\ x_u \end{bmatrix}=\begin{bmatrix} 0 \\ k_u y \end{bmatrix} \tag{15.11}$$

例 570 轮胎阻尼

如图 15.1 所示，增加一个与 k_u 平行的阻尼器 c_u，表示轮胎上的阻尼。但是，与减振器上的阻尼 c_s 相比，c_u 的值非常小，所以可以忽略 c_u 来简化模型。阻尼器 c_u 与 k_u 平行，其运动方程与式（12.44）和式（12.45）相同，运动方程的矩阵形式为式（12.47）。

例 571 数学模型的局限性

四分之一车辆模型中没有代表整车几何影响的变量，所以不能用于研究车辆纵向和侧向之间的相互作用。但是，该模型包含问题实质的最基本特征，考虑了车轮和车轮 - 车身负载变量控制问题的正确描述。

四分之一车辆模型中假设轮胎始终与地面接触，这种假设在低频振动时适用，但在高频振动时未必适用，更为合理的模型应该考虑轮胎与地面之间脱离接触的可能性。

包括四分之一车辆模型在内的二自由度振动系统的优化设计，是自 1909 年 Frahm 提出减振器理论以来被大量研究的课题。Den Hartog（1901 - 1989）应该是第一个对二自由度系统的阻尼属性进行解析研究的人。

15.2 频率响应

为了求解频率响应，设有一个简谐激励

$$y=Y\cos\omega t \tag{15.12}$$

并寻找下面形式的简谐解

$$x_s=A_1\sin\omega t+B_1\cos\omega t=X_s\sin(\omega t-\varphi_s) \tag{15.13}$$

$$x_u=A_2\sin\omega t+B_2\cos\omega t=X_u\sin(\omega t-\varphi_u) \tag{15.14}$$

$$z=x_s-x_u=A_3\sin\omega t+B_3\cos\omega t=Z\sin(\omega t-\varphi_z) \tag{15.15}$$

式中，X_s、X_u 和 Z 是复数振幅。

通过引入下面的无量纲特征量

$$\varepsilon=\frac{m_s}{m_u} \tag{15.16}$$

$$\omega_s=\sqrt{\frac{k_s}{m_s}} \tag{15.17}$$

$$\omega_u=\sqrt{\frac{k_u}{m_u}} \tag{15.18}$$

$$\alpha=\frac{\omega_s}{\omega_u} \tag{15.19}$$

$$r=\frac{\omega}{\omega_s} \tag{15.20}$$

$$\xi = \frac{c_s}{2m_s\omega_s} \tag{15.21}$$

求出绝对频率响应和相对频率响应

$$\mu = \left|\frac{X_s}{Y}\right| \tag{15.22}$$

$$\tau = \left|\frac{X_u}{Y}\right| \tag{15.23}$$

$$\eta = \left|\frac{Z}{Y}\right| \tag{15.24}$$

并得到如下函数

$$\mu^2 = \frac{4\xi^2 r^2 + 1}{Z_1^2 + Z_2^2} \tag{15.25}$$

$$\tau^2 = \frac{4\xi^2 r^2 + 1 + r^2(r^2 - 2)}{Z_1^2 + Z_2^2} \tag{15.26}$$

$$\eta^2 = \frac{r^4}{Z_1^2 + Z_2^2} \tag{15.27}$$

$$Z_1 = [r^2(r^2\alpha^2 - 1) + [1 - (1 + \varepsilon)r^2\alpha^2]] \tag{15.28}$$

$$Z_2 = 2\xi r[1 - (1 + \varepsilon)r^2\alpha^2] \tag{15.29}$$

簧载质量和非簧载质量的绝对加速度可以通过如下方程定义

$$u = \left|\frac{\ddot{X}}{Y\omega_u^2}\right| = r^2\alpha^2\mu \tag{15.30}$$

$$v = \left|\frac{\ddot{X}_u}{Y\omega_u^2}\right| = r^2\alpha^2\tau \tag{15.31}$$

证明：为了求出频率响应，对系统施加一个简谐激励

$$y = Y\cos\omega t \tag{15.32}$$

并假设解也是带有未知系数的简谐函数

$$x_s = A_1\sin\omega t + B_1\cos\omega t \tag{15.33}$$

$$x_u = A_2\sin\omega t + B_2\cos\omega t \tag{15.34}$$

把解代入到式（15.1）、式(15.2)，并整理两个方程中 $\sin\omega t$ 和 $\cos\omega t$ 的系数，得到如下关于 A_1、B_1、A_2、B_2 的代数方程。

$$[A]\begin{bmatrix} A_1 \\ B_2 \\ B_1 \\ B_2 \end{bmatrix} = \begin{bmatrix} 0 \\ 0 \\ k_u Y \\ 0 \end{bmatrix} \tag{15.35}$$

式中，$[A]$是系数矩阵。

$$[A] = \begin{bmatrix} k_s - m_s\omega^2 & -k_s & -c_s\omega & c_s\omega \\ c_s\omega & -c_s\omega & k_s - m_s\omega^2 & -k_s \\ -k_s & k_s + k_u - m_u\omega^2 & c_s\omega & -c_s\omega \\ -c_s\omega & c_s\omega & -k_s & k_s + k_u - m_u\omega^2 \end{bmatrix} \tag{15.36}$$

未知量可以通过矩阵求逆获得

$$\begin{bmatrix} A_1 \\ A_2 \\ B_1 \\ B_2 \end{bmatrix} = [A]^{-1} \begin{bmatrix} 0 \\ 0 \\ k_u Y \\ 0 \end{bmatrix} \tag{15.37}$$

进而可以据此求出振幅 X_s 和 X_u

$$X_s^2 = A_1^2 + B_1^2 = \frac{k_u}{k_s} \frac{(\omega^2 c_s^2 + k_s^2)}{Z_3^2 + Z_4^2} Y^2 \tag{15.38}$$

$$X_u^2 = A_2^2 + B_2^2 = \frac{k_u}{k_s} \frac{(\omega^4 m_s^2 + \omega^2 c_s^2 - 2\omega^2 k_s m_s + k_s^2)}{Z_3^2 + Z_4^2} Y^2 \tag{15.39}$$

$$Z_3 = -[\omega^2(k_s m_s + k_s m_u + k_u m_s) - k_s k_u - \omega^4 m_s m_u] \tag{15.40}$$

$$Z_4 = -[\omega^3(c_s m_s + c_s m_u) - \omega c_s k_u] \tag{15.41}$$

求出 X_s 和 X_u 后，即可计算 z 及其振幅 Z。

$$\begin{aligned} z &= x_s - x_u = (A_1 - A_2)\sin\omega t + (B_1 - B_2)\cos\omega t \\ &= A_3 \sin\omega t + B_3 \cos\omega t = Z\sin(\omega t - \varphi_z) \end{aligned} \tag{15.42}$$

$$Z^2 = A_3^2 + B_3^2 = \frac{k_u}{k_s} \frac{\omega^4 m_s^2}{Z_3^2 + Z_4^2} Y^2 \tag{15.43}$$

对 μ 和 τ 求导后得到簧载质量和非簧载质量的加速度频率响应 u 和 v，式（15.30）和式（15.31）是 u 和 v 的表达式。

应用定义式（15.16）~式(15.21)，可以把式（15.38）、式（15.39）和式（15.43）转换成式（15.25）、式（15.26）和式（15.27），图 15.2、图 15.3 和图 15.4 是 $\varepsilon=3$ 和 $\alpha=0.2$ 时频率响应 μ、τ 和 η 的示例。

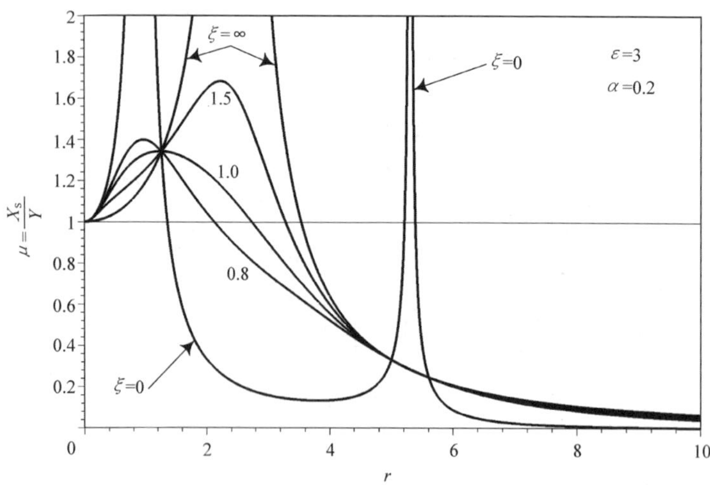

图 15.2　簧载质量位移频率响应示例，$\mu = \left|\dfrac{X_s}{Y}\right|$

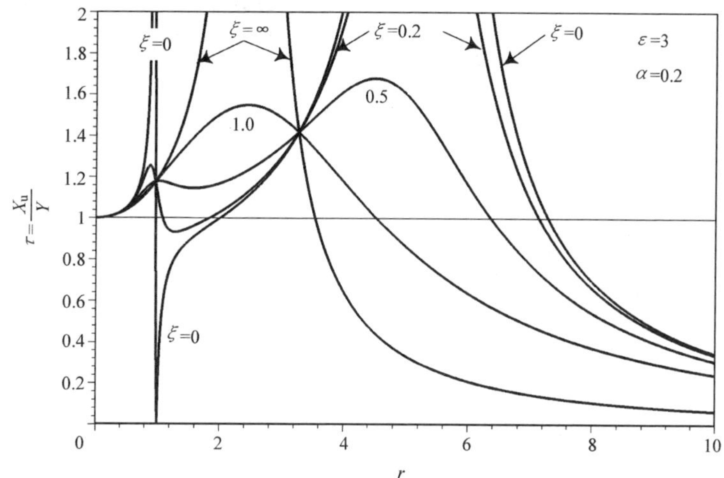

图 15.3 非簧载质量位移频率响应示例，$\tau=\dfrac{X_u}{Y}$

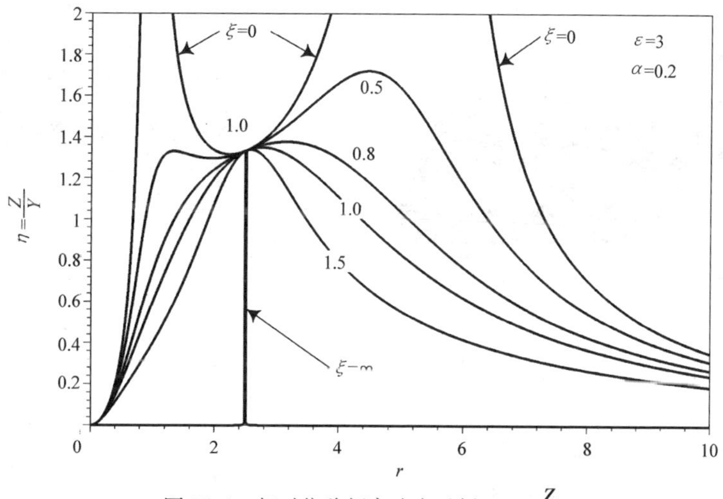

图 15.4 相对位移频率响应示例，$\eta=\dfrac{Z}{Y}$

例 572 民用汽车参数的一般取值

式（15.25）~式(15.27）显示频率响应μ、τ和η是质量比ε、阻尼比ξ、固有频率比α和激励频率比r四个参数的函数，实际参数值的一般值、最小值和最大值见表 15.1。

对于四分之一车辆模型，因为有$m_s>m_u$，所以$\varepsilon>1$。典型车辆的质量比ε在 3 ~8 之间，小型车的质量比接近于 8，大型车的质量比接近于 3。激励频率ω在$r=1/\alpha$时等于ω_u，在$r=1$时ω等于ω_s。对于实际车辆模型，刚度的大小顺序为$k_u>k_s$，所以有$\omega_u>\omega_s$，且$\alpha<1$，则在$\omega=\omega_u$时有$r>1$。因此，期望有两个高于$r=1$的共振频率。

例 573 频率响应的三维图形

为了观察四分之一车辆模型各种频率响应性能，在图 15.5 ~ 图 15.8 中给出取下面参数时的三维曲线图。

表 15.1　四分之一车辆的实际参数值

参数	一般值	最小值	最大值
$\varepsilon=\dfrac{m_s}{m_u}$	3~8	2	20
$\omega_s=\sqrt{\dfrac{k_s}{m_s}}$	1	0.2	1
$\omega_u=\sqrt{\dfrac{k_u}{m_u}}$	10	2	20
$r=\dfrac{\omega}{\omega_s}$	0~20Hz	0	200Hz
$\alpha=\dfrac{\omega_s}{\omega_u}$	0.1	0.01	1
$\xi=\dfrac{c_s}{2m_s\omega_s}$	0.55	0	2

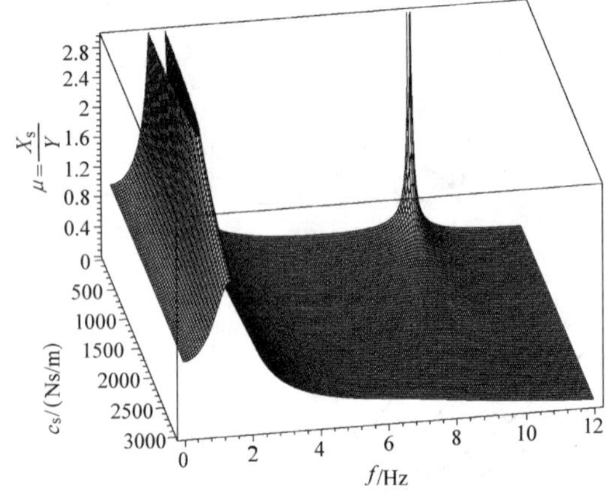

图 15.5　频率响应$\mu=\dfrac{X_s}{Y}$的三维视图

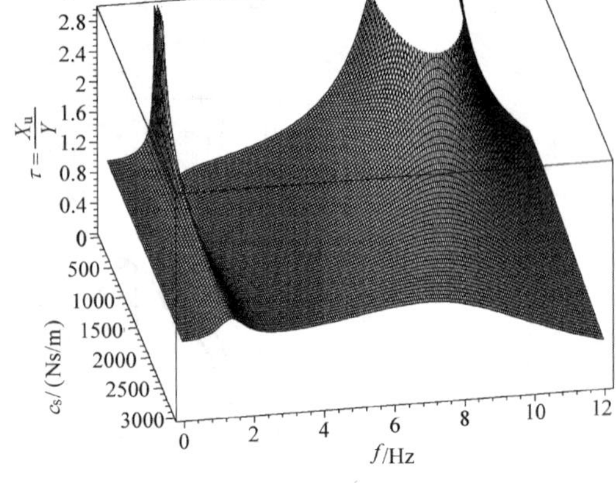

图 15.6　频率响应$\tau=\dfrac{X_u}{Y}$的三维视图

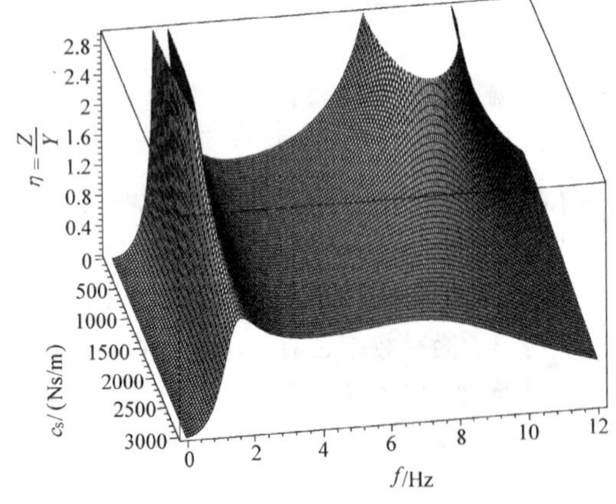

图 15.7　频率响应$\eta=\dfrac{Z}{Y}$的三维视图

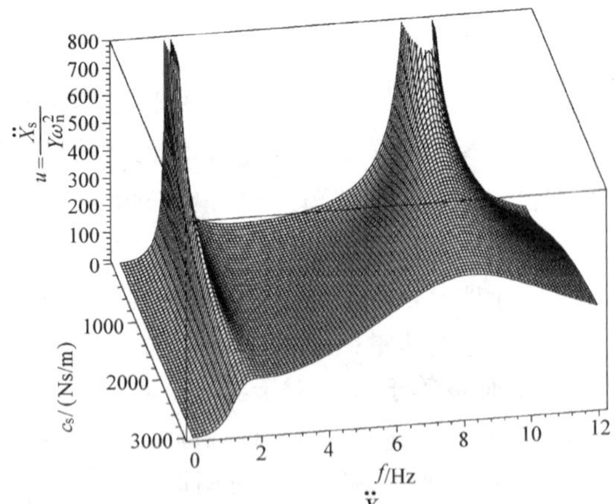

图 15.8　频率响应$u=\dfrac{\ddot{X}_s}{Y\omega_n^2}$的三维视图

$$m_s = 375\text{kg} \quad k_s = 35000\text{N/m}$$
$$m_u = 75\text{kg} \quad k_u = 193000\text{N/m} \tag{15.44}$$

15.3★ 固有频率和恒常频率

四分之一车辆系统是一个二自由度系统，因此该系统有两个固有频率 r_{n_1}，r_{n_2}。

$$r_{n_1} = \sqrt{\frac{1}{2\alpha^2}\{1+(1+\varepsilon)\alpha^2 - \sqrt{[1+(1+\varepsilon)\alpha^2]^2 - 4\alpha^2}\}} \tag{15.45}$$

$$r_{n_2} = \sqrt{\frac{1}{2\alpha^2}[1+(1+\varepsilon)\alpha^2 + \sqrt{[1+(1+\varepsilon)\alpha^2]^2 - 4\alpha^2}\}} \tag{15.46}$$

通过保持 ε 和 α 不变，改变 ξ 获得簧载质量位移频率响应 μ 的响应曲线簇。该曲线簇有几个共用点，分别对应 r_1、r_2、r_3、r_4 和 μ_1、μ_2、μ_3、μ_4。

$$\begin{cases} r_1 = 0 & \mu_1 = 1 \\ r_3 = \dfrac{1}{\alpha} & \mu_3 = \dfrac{1}{\varepsilon} \\ r_2 & \mu_2 = \dfrac{1}{1-(1+\varepsilon)r_2^2\alpha^2} \\ r_4 & \mu_4 = \dfrac{-1}{1-(1+\varepsilon)r_2^2\alpha^2} \end{cases} \tag{15.47}$$

$$r_2 = \sqrt{\frac{1}{2\alpha^2}\{1+2(1+\varepsilon)\alpha^2 - \sqrt{[1+2(1+\varepsilon)\alpha^2]^2 - 8\alpha^2}\}} \tag{15.48}$$

$$r_4 = \sqrt{\frac{1}{2\alpha^2}\{1+2(1+\varepsilon)\alpha^2 + \sqrt{[1+2(1+\varepsilon)\alpha^2]^2 - 8\alpha^2}\}} \tag{15.49}$$

式中

$$r_1(=0) < r_2 < \frac{1}{\alpha\sqrt{1+\varepsilon}} < r_3\left(=\frac{1}{\alpha}\right) < r_4 \tag{15.50}$$

r_2 和 r_4 处对应的传递函数为

$$\mu_2 = \frac{1}{1-(1+\varepsilon)r_2^2\alpha^2} \tag{15.51}$$

$$\mu_4 = \frac{-1}{1-(1+\varepsilon)r_2^2\alpha^2} \tag{15.52}$$

由于频率 r_1、r_2、r_3 和 r_4 及与其对应的振幅和 ξ 无关，故称之为**恒常频率**，与它们对应的振幅称作**恒常振幅**。但是频率 r_1、r_2、r_3 和 r_4 的值与 ε 和 α 有关，固有频率和恒常频率的大小顺序为：

$$r_1(=0) < r_{n_1} < r_2 < \frac{1}{\alpha\sqrt{1+\varepsilon}} < r_3\left(=\frac{1}{\alpha^2}\right) < r_{n_2} < r_4 \tag{15.53}$$

μ 曲线除了 r_1、r_2、r_3 和 r_4 点之外，没有其他共用点。频率的顺序及其对应振幅的顺序不能用于预测簧载质量频率响应曲线 μ 的振型，图 15.9 为振幅振型 μ 关于激励频率比 r 的示意图。

证明：系统阻尼为 0 时，系统在固有频率和共振频率时，其振幅变为无穷大。所以，固有频率应该是μ函数中分母的根。

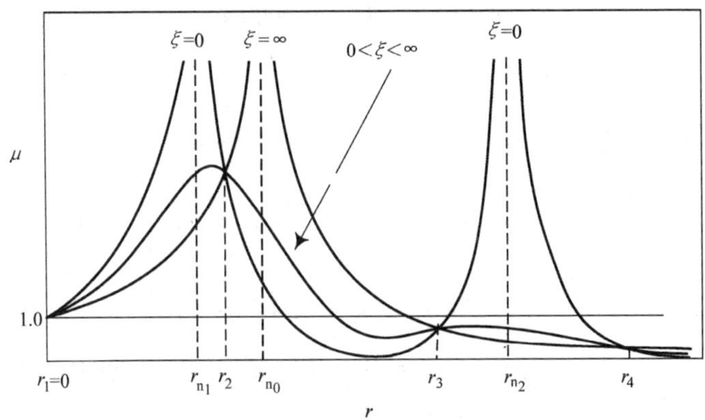

图15.9　振幅μ和激励频率比r的示意图

$$\begin{aligned} g(r^2) &= r^2(r^2\alpha^2-1)+[1-(1+\varepsilon)r^2\alpha^2] \\ &= \alpha^2 r^2-[1+(1+\varepsilon)\alpha^2]+1=0 \end{aligned} \tag{15.54}$$

该方程的解也就是由式（15.45）和式（15.46）求出的固有频率。

恒常频率与ξ无关，可以通过求$\xi=0$和$\xi=\infty$时μ曲线的交点获得。

$$\lim_{\xi\to 0}\mu^2=\pm\frac{1}{[r^2(r^2\alpha^2-1)-r^2\alpha^2(\varepsilon+1)+1]^2} \tag{15.55}$$

$$\lim_{\xi\to\infty}\mu^2=\pm\frac{1}{[r^2\alpha^2(\varepsilon+1)-1]^2} \tag{15.56}$$

因此，恒常频率r_i可以通过解下面的方程求出来。

$$r^2(r^2\alpha^2-1)+[1-(1+\varepsilon)r^2\alpha^2]=\pm[1-(1+\varepsilon)r^2\alpha^2] \tag{15.57}$$

取“+”号时，可以求得r_1和r_3以及与之对应的传递系数μ_1和μ_3，

$$r_1=0 \quad \mu_1=1 \tag{15.58}$$

$$r_3=\frac{1}{\alpha} \quad \mu_3=\frac{1}{\varepsilon} \tag{15.59}$$

取“－”号时，得到如下关于r_2和r_4的方程。

$$\alpha^2 r^4-(1+2(1+\varepsilon)\alpha^2)r^2+2=0 \tag{15.60}$$

式（15.60）有两个正的实数根r_2和r_4，

$$r_2=\sqrt{\frac{1}{2\alpha^2}\{1+2(1+\varepsilon)\alpha^2-\sqrt{[1+2(1+\varepsilon)\alpha^2]^2-8\alpha^2}\}} \tag{15.61}$$

$$r_4=\sqrt{\frac{1}{2\alpha^2}\{1+2(1+\varepsilon)\alpha^2+\sqrt{[1+2(1+\varepsilon)\alpha^2]^2-8\alpha^2}\}} \tag{15.62}$$

上述各频率的相对大小顺序为

$$r_1(=0)<r_2<\frac{1}{\alpha\sqrt{1+\varepsilon}}<r_3\left(=\frac{1}{\alpha}\right)<r_4 \tag{15.63}$$

把式（15.61）和式（15.62）代入式（15.25），求出与r_2和r_4对应的振幅。

$$\mu_2=\frac{1}{1-(1+\varepsilon)r_2^2\alpha^2} \tag{15.64}$$

$$\mu_4 = \frac{-1}{1-(1+\varepsilon)r_4^2\alpha^2} \tag{15.65}$$

对比后可知

$$(1+\varepsilon)\alpha^2 r_4^2 - 1 > \varepsilon > 1 \tag{15.66}$$

进而得到

$$|r_4| < \frac{1}{\varepsilon}(=\mu_3) < 1 < |r_2| \tag{15.67}$$

因此有

$$\mu_2 > 1 \tag{15.68}$$

$$\mu_4 < 1 \tag{15.69}$$

根据式（15.54）可以计算出 $g(r_2^2)$、$g(r_4^2)$ 和 $g(r_3^2)$

$$g(r_2^2) = (1+\varepsilon)\alpha^2 r_2^2 - 1 < 0 \tag{15.70}$$

$$g(r_4^2) = (1+\varepsilon)\alpha^2 r_4^2 - 1 > 0 \tag{15.71}$$

$$g(r_3^2) = g\left(\frac{1}{\alpha^2}\right) \tag{15.72}$$

所以，式（15.54）的两个正根 r_{n_1} 和 r_{n_2}（$>\sqrt{2}>r_2$）的大小关系为

$$r_1(=0) < r_{n_1} < r_2 < \frac{1}{\alpha\sqrt{1+\varepsilon}} < r_3\left(=\frac{1}{\alpha^2}\right) < r_{n_2} < r_4 \tag{15.73}$$

例 574★ 绝对频率响应 μ 的节点

四分之一车辆模型的绝对位移频率响应有四个节点，第一个节点在零解点（$r_1=0$，$\mu_1=1$），表明激励频率为 0 时，$X_s=Y$。第四个节点在（r_4，$\mu_4<1$）处，另两个中间的节点分别在（r_2，$\mu_2>1$）和（$r_3=\frac{1}{\alpha}$，$\mu_3=\frac{1}{\varepsilon}$）处。

因为 $\mu_1 \leqslant 1$，且 $\mu_4 \leqslant 1$，所以中间的两个节点在设计优化中更为重要。为了更好地观察中间节点，图 15.10 给出了簧载质量位移频率响应 $\mu=\left|\frac{X_s}{Y}\right|$ 在中间节点附近的放大图。

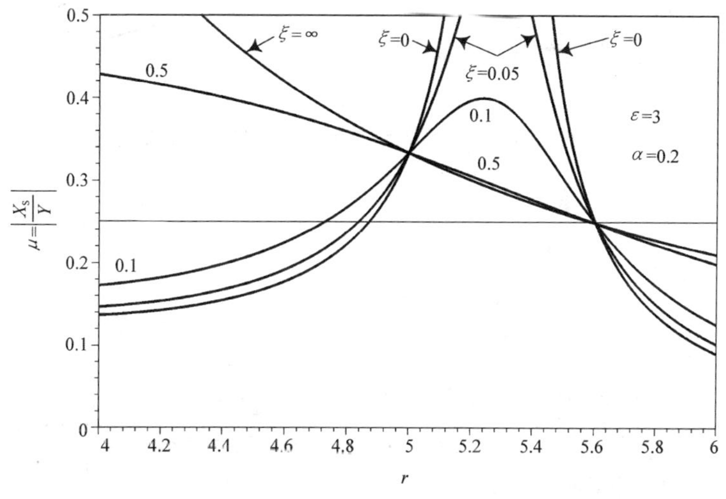

图 15.10 簧载质量位移频率响应 $\mu=\left|\frac{X_s}{Y}\right|$ 在节点附近的放大图

例 575★　不存在 Frahm 最优四分之一车辆模型

降低绝对振幅是优化的首要目的，如果振幅频率响应 $\mu=\mu(r)$ 包含着与某些参数对应的固定点，则可以用 Frahm 方法进行优化，优化程序分为两步：

1）选择一部分参数，控制恒常点的位置使其等于恒常频率时对应的高度，并保证固定点的高度尽量小。

2）确定剩下的参数，使最大振幅在恒常点处准确重合。

对于实际问题，质量比 ε 和车轮频率 ω_u 是确定的，需要求解的优化值是 α 和 ξ，参数 α 和 ξ 分别包含了主弹簧的未知刚度和主减振器的未知阻尼。

对于恒常频率 r_i 时的振幅 μ_i，第一个恒常点（$r_1=0$，$\mu_1=1$）始终是固定点，第四个恒常点（r_4，$\mu_4<1$）在固有频率之后出现。因此，第二个和第三个节点适合于应用上述优化步骤。但是

$$\mu_2 \leqslant 1 \leqslant \mu_3 \quad \forall \varepsilon > 1 \tag{15.74}$$

因为不能通过改变 α 使 μ_2 和 μ_3 相等，所以上述优化方法并不适用。尽管如此，在根据其他条件计算出 α 值后，仍可以找到 ξ 的优化值。

例 576　固有频率变化

式（15.45）和式（15.46）中的固有频率 r_{n_1} 和 r_{n_2} 是 ε 和 α 的函数，图 15.11 和图 15.12 所示为这两个参数对固有频率变化的影响。

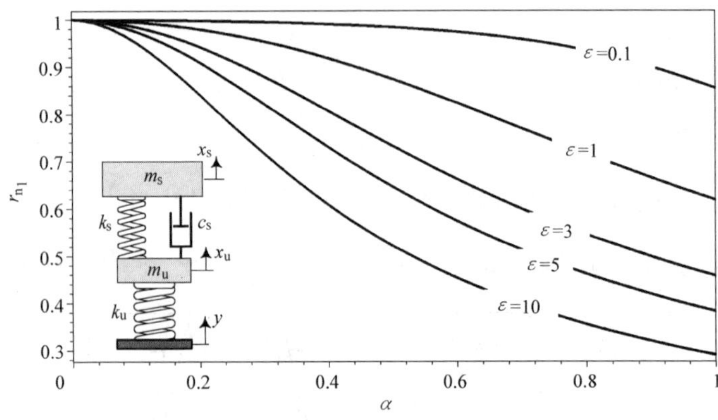

图 15.11　固有频率 r_{n_1} 关于 ε 和 α 的函数曲线

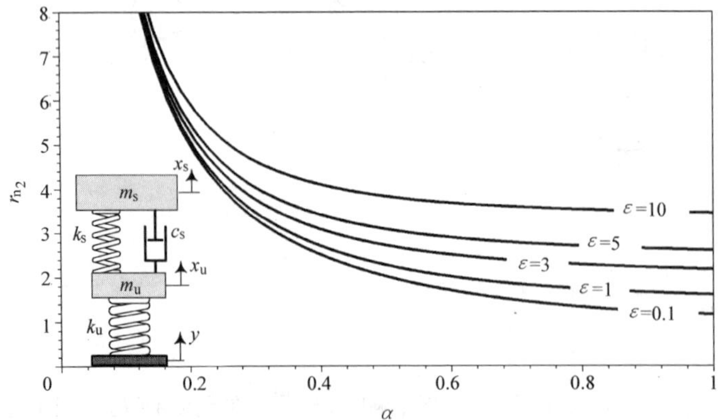

图 15.12　固有频率 r_{n_2} 关于 ε 和 α 的函数曲线

第一个固有频率 $r_{n_1} \leqslant 1$ 在增加质量比 ε 时会减小，r_{n_1} 与八分之一车辆模型的固有频率接近，是车辆的**主固有频率**，所以称其为**车身颠簸固有频率**。第二个固有频率 r_{n_2} 在 α 减小时变为无穷大。但是，$r_{n_2} \approx 10\text{Hz}$ 能满足民用汽车的乘适性要求。r_{n_2} 与非簧载质量有关，故称作**车轮跳动固有频率**。

图 15. 13 所示为固有频率比 r_{n_1}/r_{n_2} 关于 ε 和 α 的函数曲线，显示两者的关联性能。

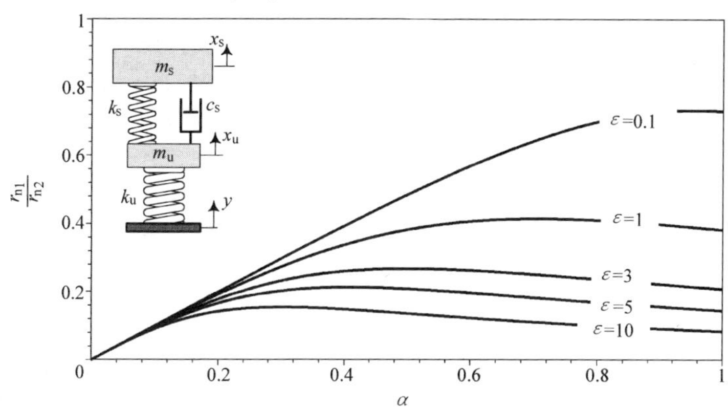

图 15. 13 固有频率比 r_{n_1}/r_{n_2} 关于 ε 和 α 的函数曲线

例 577 恒常频率的变化

式（15. 47）恒常频率 r_2、r_3 和 r_4 是 ε 和 α 的函数，图 15. 14 ~ 图 15. 18 所示为这两个参数对恒常频率的影响。图 15. 14 所示的第二个恒常频率 r_2 始终小于$\sqrt{2}$，这是因为

$$\lim_{\alpha \to 0} r_2 = \sqrt{2} \tag{15.75}$$

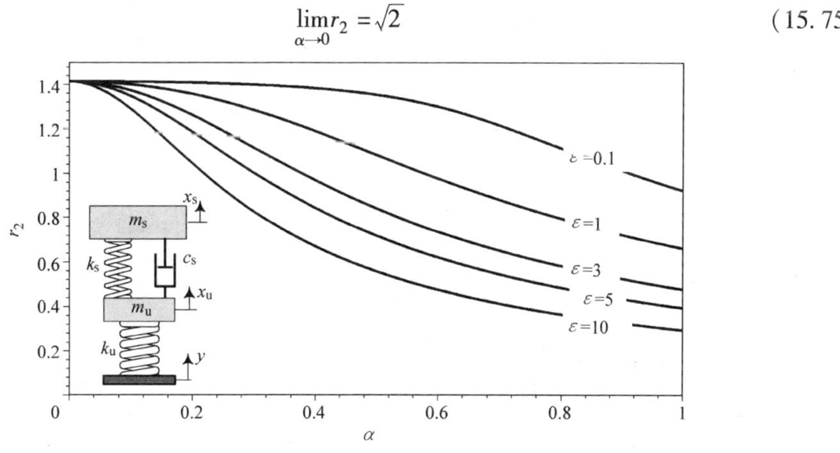

图 15. 14 第二个恒常频率 r_2 关于 ε 和 α 的函数曲线

所以，无论质量比的取值如何，r_2 也不会大于$\sqrt{2}$，这种特性导致不能自由控制第二个节点的位置。图 15. 15 中的第三个恒常频率 r_3 不是质量比的函数，可以根据 α 的变化取任意值。第四个恒常频率 r_4 如图 15. 16 所示，r_4 随 α 的减小而增大。但是 $\alpha > 0.6$ 或 $\alpha \approx 0.6$ 时，r_4 将不再变化。

$$\lim_{\alpha \to 0} r_2 = \infty \tag{15.76}$$

为了更好地表示恒常频率的特性，图 15.17 和图 15.18 所示为相对频率比 r_4/r_3 和 r_3/r_2 的曲线。

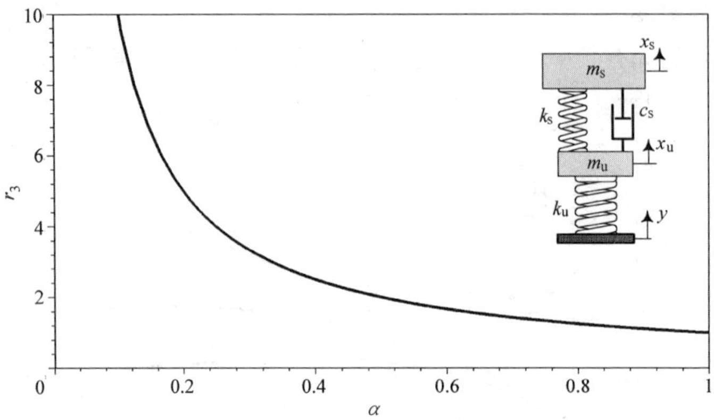

图 15.15　第三个恒常频率 r_3 关于 ε 和 α 的函数曲线

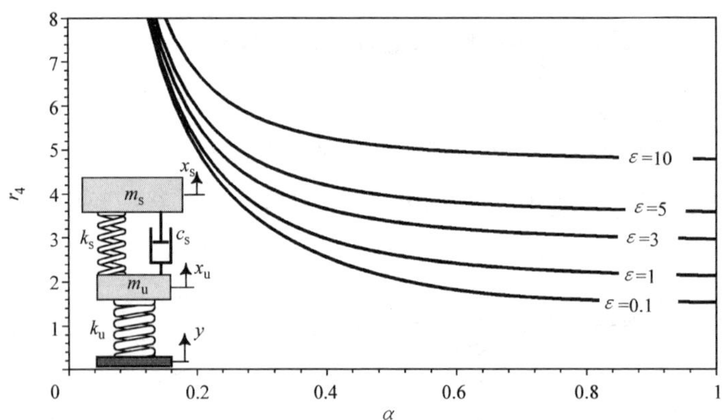

图 15.16　第四个恒常频率 r_4 关于 ε 和 α 的函数曲线

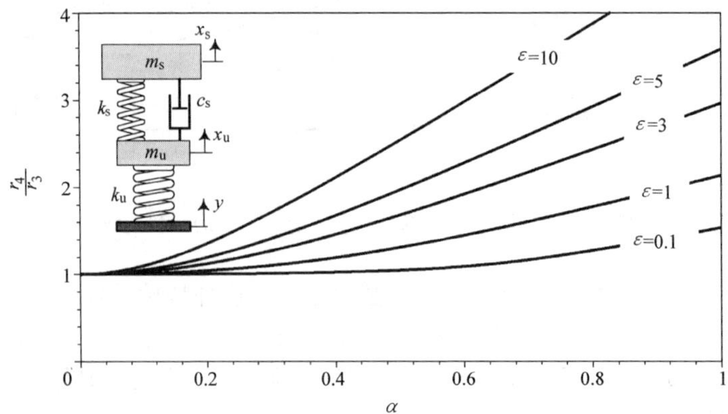

图 15.17　恒常频率比 r_4/r_3 关于 ε 和 α 的函数曲线

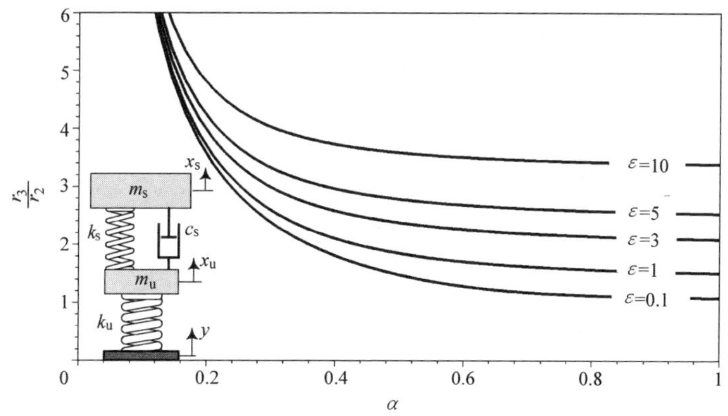

图 15.18 恒常频率比 r_3/r_2 关于 ε 和 α 的函数曲线

例 578 恒常频率上的频率响应

频率响应 μ 是 α、ε 和 ξ 的函数，阻尼的作用是消减振动的振幅。所以先令 $\xi=0$，并绘出 μ 关于 α 和 ε 的函数特性曲线，图 15.19 所示为第二个恒常频率 r_2 上 μ 的特性。因为

$$\lim_{\alpha\to 0}\mu_2=1 \tag{15.77}$$

μ_2 从 1 开始，无论 ε 怎样取值，μ_2 值始终大于 1。

如图 15.20 所示，μ_3 不是 α 的函数，但它是 ε 的减函数。如图 15.21 所示，无论 α 和 ε 取何值，都有 $\mu_4\leqslant 1$。μ_2、μ_3 和 μ_4 的相关特性如图 15.22 和图 15.23 所示。

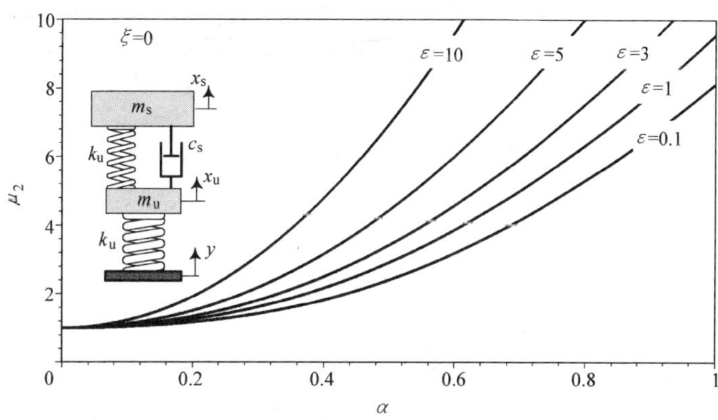

图 15.19 μ_2 关于 ε 和 α 的特性函数曲线

例 579 四分之一车辆模型的固有频率和振动隔离

现代典型乘用车的两个固有频率分别约为 1Hz 和 10Hz，前者源于簧载质量的颠簸振动，后者源于非簧载质量的跳动振动。一般速度下，路面冲击的波长远大于车辆轴距的长度，这种冲击会激励车身的颠簸运动。速度增加后，冲击波长变得小于车辆轴距长度，将导致非簧载质量的强烈振动。因此，当车轮受到路面上的独立冲击时，这种冲击会使车轮在非簧载质量的固有频率下振动，振动频率约为 10Hz。则对簧载质量的激励频率应该是非簧载质量的振动频率，即约 10Hz。因为簧载质量的固有频率约为 1Hz，所以产生了对簧载质量很好的隔振作用。频率范围在 10Hz 左右的振动对簧载质量的舒适性没有严重的影响。当车轮通过

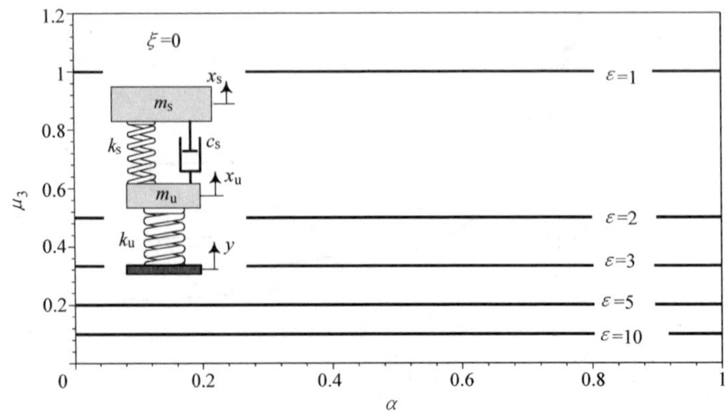

图 15.20　μ_3 关于 ε 和 α 的特性函数曲线

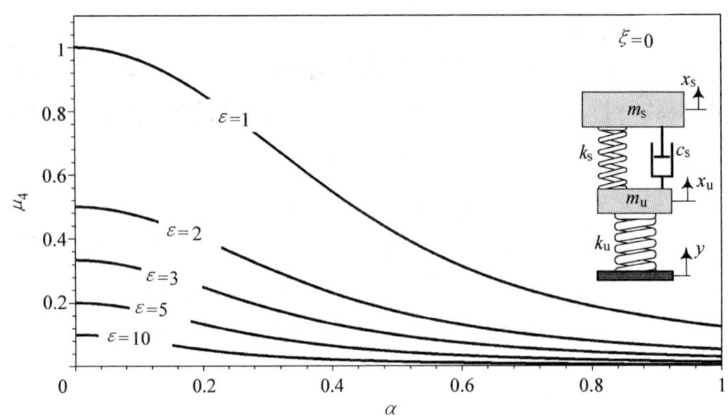

图 15.21　μ_4 关于 ε 和 α 的特性函数曲线

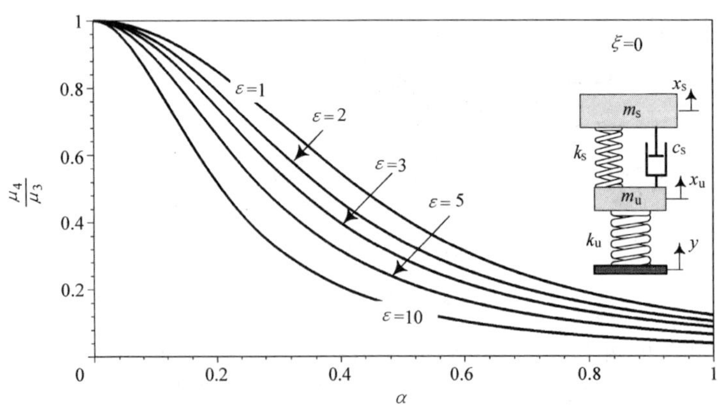

图 15.22　$\frac{\mu_4}{\mu_3}$关于 ε 和 α 的特性函数曲线

粗糙起伏表面时，对车轮的激励频率范围较宽。5～20Hz 的高频率激励意味着对簧载质量的高频率输入，这些振动激励输入同样可以被有效地隔离。但是，低频率激励仍会导致簧载质量的共振。

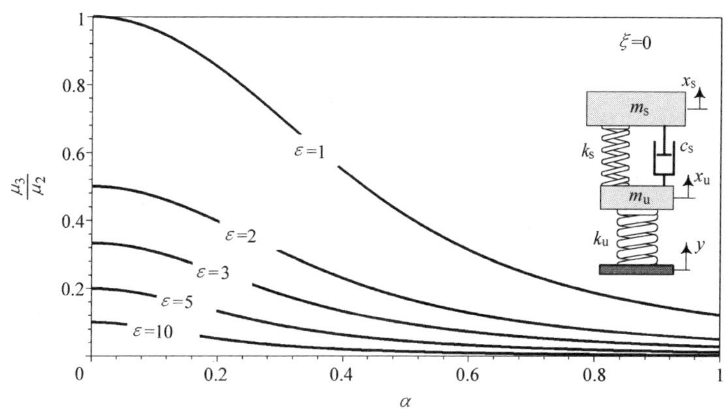

图 15.23　$\dfrac{\mu_3}{\mu_2}$关于 ε 和 α 的特性函数曲线

15.4★　*RMS* 优化

图 15.24 所示为一个类似于四分之一车辆模型的基座激励二自由度系统的设计图表。其横轴是相对位移均方根 $S_\eta = RMS(\eta)$，纵轴是绝对加速度均方根 $S_{\mathrm{u}} = RMS(u)$。

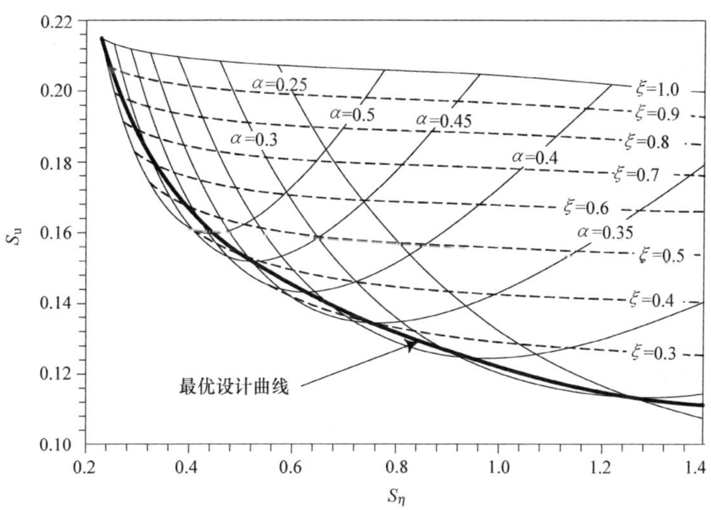

图 15.24　四分之一车辆模型中绝对加速度均方根 $S_{\mathrm{u}} = RMS(u)$关于相对位移均方根 $S_\eta = RMS(\eta)$的曲线图及最优设计曲线

两组曲线形成了网格图，第一组与在右端接近互相平行，代表常阻尼比 ξ，第二组代表常固有频率比 α。其中有一条曲线称作**最优设计曲线**，代表最优主悬架参数。

最优设计曲线是应用 *RMS* 优化策略优化的结果：

$$\text{相对 } S_Z \text{ 的最小 } S_{\ddot{X}} \tag{15.78}$$

该结果表明，如果存在对应于相对位移的最小绝对加速度，则此时四分之一车辆模型的悬架是最优悬架。从数学意义上讲，上述策略等同于如下最小化问题：

$$\frac{\partial S_{\mathrm{u}}}{\partial S_{\eta}}=0 \tag{15.79}$$

$$\frac{\partial^2 S_{\mathrm{u}}}{\partial S_{\eta}^2}>0 \tag{15.80}$$

应用该设计曲线确定系统主悬架的最优刚度 k_{s} 和阻尼 c_{s} 时，首先在横轴上估算一个 S_{η} 值，并划一条垂线与最优曲线相交，交点即是对应该 S_{η} 值的最优 α 值和 ξ 值。

图 15.25 所示的应用示例中，取 $S_{\eta}=0.75$，可得优化悬架参数 $\xi\approx0.3$，$\alpha\approx0.35$。ξ 和 α 确定后，再求 k_{s} 和 c_{s} 的优化值。

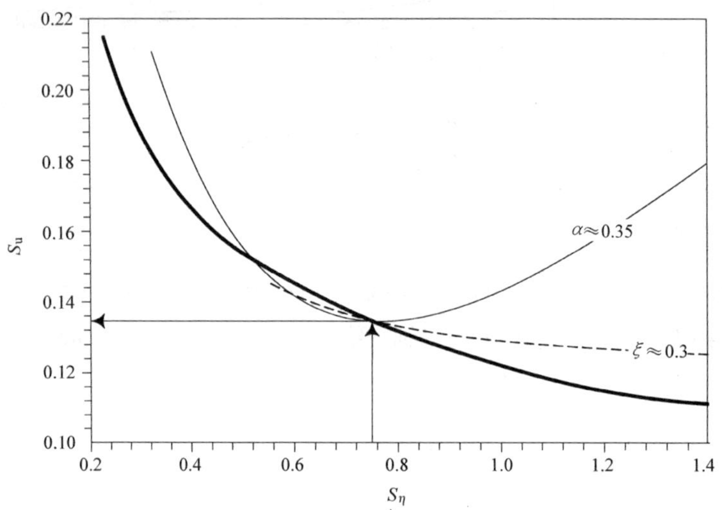

图 15.25 $S_{\eta}=1$ 时设计图表的应用，最优值 $\xi\approx0.3$，$\alpha\approx0.35$

$$k_{\mathrm{s}}=\alpha^2\frac{m_{\mathrm{s}}}{m_{\mathrm{u}}}k_{\mathrm{u}} \tag{15.81}$$

$$c_{\mathrm{s}}=2\xi\sqrt{k_{\mathrm{s}}m_{\mathrm{s}}} \tag{15.82}$$

证明：连续方程 g（α，ξ，ε，ω）的均方根定义为

$$RMS(g)=\sqrt{\frac{1}{\omega_2-\omega_1}\int_{\omega_1}^{\omega_2}g^2(\alpha,\xi,\varepsilon,\omega)\mathrm{d}\omega} \tag{15.83}$$

式中，$\omega_2\leqslant\omega\leqslant\omega_1$，称作**工作频率范围**。设某工作频率范围为 $0\leqslant f\left(=\frac{\omega}{2\pi}\right)\leqslant 20\mathrm{Hz}$ 的激励频率，该范围几乎涵盖了所有地面车辆，尤其是公路车辆。η 和 u 的 RMS 为

$$S_{\eta}=RMS(\eta) \tag{15.84}$$

$$S_{\mathrm{u}}=RMS(u) \tag{15.85}$$

在应用车辆动力学中，通常用 Hz 作为频率的单位，而不是用 rad/s。即倾向于基于以 Hz 为单位的圆周频率 f 和 f_{n} 进行设计计算，而基于以 rad/s 为单位的角频率 ω 和 ω_{n} 进行解析计算。

计算工作频率范围内的 S_{η} 和 S_{u}

$$S_\eta = \sqrt{\frac{1}{40\pi}\int_0^{40\pi} \eta^2 \mathrm{d}r} \tag{15.86}$$

$$S_u = \sqrt{\frac{1}{40\pi}\int_0^{40\pi} u^2 \mathrm{d}r} = \alpha^2 \sqrt{\frac{1}{40\pi}\int_0^{40\pi} r^2\mu^2 \mathrm{d}r} \tag{15.87}$$

先求 η^2 和 u^2 的积分

$$\begin{aligned}\int u^2 \mathrm{d}r =& \frac{1}{2Z_6}\left(\frac{1}{Z_1} + Z_1 Z_5\right)\ln\left(\frac{r - Z_1}{r + Z_1}\right)\\ &+ \frac{1}{2Z_7}\left(\frac{1}{Z_2} + Z_2 Z_5\right)\ln\left(\frac{r - Z_2}{r + Z_2}\right)\\ &+ \frac{1}{2Z_8}\left(\frac{1}{Z_3} + Z_3 Z_5\right)\ln\left(\frac{r - Z_3}{r + Z_3}\right)\\ &+ \frac{1}{2Z_9}\left(\frac{1}{Z_4} + Z_4 Z_5\right)\ln\left(\frac{r - Z_4}{r + Z_4}\right)\end{aligned} \tag{15.88}$$

$$\begin{aligned}\int \eta^2 \mathrm{d}r =& \frac{Z_1^3}{2Z_6}\ln\left(\frac{r - Z_1}{r + Z_1}\right) + \frac{Z_2^3}{2Z_7}\ln\left(\frac{r - Z_2}{r + Z_2}\right)\\ &+ \frac{Z_3^3}{2Z_8}\ln\left(\frac{r - Z_3}{r + Z_3}\right) + \frac{Z_4^3}{2Z_9}\ln\left(\frac{r - Z_4}{r + Z_4}\right)\end{aligned} \tag{15.89}$$

参数 $Z_1 \sim Z_9$ 为

$$Z_1 = \frac{1}{2}\frac{-Z_{19} + \sqrt{Z_{23}}}{Z_{19}}\frac{1}{4}\frac{Z_{15}}{Z_{14}} \tag{15.90}$$

$$Z_2 = \frac{1}{2}\frac{-Z_{19} - \sqrt{Z_{23}}}{Z_{19}}\frac{1}{4}\frac{Z_{15}}{Z_{14}} \tag{15.91}$$

$$Z_3 = \frac{1}{2}\frac{-Z_{19} + \sqrt{Z_{24}}}{Z_{19}}\frac{1}{4}\frac{Z_{15}}{Z_{14}} \tag{15.92}$$

$$Z_4 = \frac{1}{2}\frac{-Z_{19} - \sqrt{Z_{24}}}{Z_{19}}\frac{1}{4}\frac{Z_{15}}{Z_{14}} \tag{15.93}$$

$$Z_5 = 4\xi^2 \tag{15.94}$$

$$Z_6 = (Z_1^2 - Z_2^2)(Z_1^2 - Z_3^2)(Z_1^2 - Z_4^2) \tag{15.95}$$

$$Z_7 = (Z_2^2 - Z_3^2)(Z_2^2 - Z_4^2)(Z_2^2 - Z_1^2) \tag{15.96}$$

$$Z_8 = (Z_3^2 - Z_4^2)(Z_3^2 - Z_1^2)(Z_3^2 - Z_2^2) \tag{15.97}$$

$$Z_9 = (Z_4^2 - Z_1^2)(Z_4^2 - Z_2^2)(Z_4^2 - Z_3^2) \tag{15.98}$$

以及

$$Z_{10} = \frac{1}{6}\sqrt[3]{Z_{20}} + \frac{8Z_{13} + \frac{2}{3}Z_{11}^2}{\sqrt[3]{Z_{20}}} + \frac{1}{3}Z_{11} \tag{15.99}$$

$$Z_{11} = \frac{8Z_{16}Z_{14} - 3Z_{15}^3}{8Z_{14}^3} \tag{15.100}$$

$$Z_{12} = -\frac{4Z_{16}Z_{14}Z_{15} - Z_{15}^3 - 8Z_{14}^2 Z_{17}}{8Z_{14}^3} \tag{15.101}$$

$$Z_{13}=\frac{-64Z_{14}^2Z_{17}Z_{15}+256Z_{14}^3Z_{18}+16Z_{14}Z_{15}^2Z_{16}-3Z_{15}^4}{256Z_{14}^4} \tag{15.102}$$

$$Z_{14}=\alpha^4 \tag{15.103}$$

$$Z_{15}=-2\alpha^4(1+\varepsilon)-2\alpha^2+4(1+\varepsilon)^2\alpha^4\xi^2 \tag{15.104}$$

$$Z_{16}=-8\alpha^2\xi^2(1+\varepsilon)+(1+\varepsilon)^2\alpha^4-2\alpha^2(2+\varepsilon)+1 \tag{15.105}$$

$$Z_{17}=4\xi^2-2\alpha^2(1+\varepsilon)-2 \tag{15.106}$$

$$Z_{18}=1 \tag{15.107}$$

$$Z_{19}=Z_{10}-Z_{11} \tag{15.108}$$

$$Z_{20}=Z_{21}+12\sqrt{Z_{22}} \tag{15.109}$$

$$Z_{21}=-288Z_{11}Z_{13}+108Z_{12}^2+8Z_{11}^3 \tag{15.110}$$

$$\begin{aligned}Z_{22}=&-768Z_{13}^3+384Z_{11}^2Z_{13}^2-48Z_{13}Z_{11}^4\\&-432Z_{11}Z_{12}^2Z_{13}+81Z_{12}^4+12Z_{11}^3Z_{12}^2\end{aligned} \tag{15.111}$$

$$Z_{23}=Z_{19}(Z_{11}-Z_{10})-2Z_{12}Z_{19}^{3/2} \tag{15.112}$$

$$Z_{24}=Z_{19}(Z_{11}+Z_{10})+2Z_{12}Z_{19}^{3/2} \tag{15.113}$$

这样就可以根据式（15.86）和式（15.87）在频率范围 $0<f<20\text{Hz}$ 内计算需要的 RMS、S_η 和 S_u。

式（15.86）和式（15.87）表明，S_η 和 S_u 都仅是三个变量 ε、α 和 ξ 的函数。

$$S_\eta=S_\eta(\varepsilon,\alpha,\xi) \tag{15.114}$$

$$S_\text{u}=S_\text{u}(\varepsilon,\alpha,\xi) \tag{15.115}$$

在应用车辆动力学中，ε 往往是固定值，所以任意一组设计参数（α，ξ）都可以唯一地确定 S_η 和 S_u。设

$$\varepsilon=3 \tag{15.116}$$

应用式（15.86）和式（15.87），即可以绘出如图15.26所示曲线图，表示在 α 和 ξ 变化时，S_u 相对于 S_η 的变化情况。令 α 保持为常数，改变 ξ，可以对确定的 S_η 值取 S_u 的最小值。这些最小点连成优化曲线，并可以据此确定最佳 α 和 ξ 值。应用最优设计曲线进行优化设计时，先估算一个 S_η 值或 S_u 值，然后在设计曲线上找到相应的点。

图15.24是一个局部放大的图，其横轴是相对位移的均方根 $S_\eta=RMS(\eta)$，其纵轴是绝对加速度的均方根 $S_\text{u}=RMS(u)$。优化曲线表明，使悬架变软可以减小车身加速度，但是此时相对位移需要更大的空间。因为物理条件约束，车轮行程通常有限，所以设计悬架时，应充分利用可用悬架行程，并尽量减小车身加速度。在数学上，这个要求等效于式（15.79）和式（15.80）。

例580 最优四分之一车辆模型的检验

为了检验最优设计曲线，并比较进行悬架优化设计的可行方法，假设一辆有非最优设计悬架的四分之一车辆，在图15.27中用 P_1 表示。

$$\varepsilon=3\quad \alpha=0.35\quad \xi=0.4 \tag{15.117}$$

为了对悬架进行优化，可以保持刚度不变，改变阻尼直至达到某一优化值。或者保持阻尼不变，改变刚度直至达到某一优化值。但是，最好能够同时改变刚度和阻尼，使其根据物理约束条件和需求到达最优曲线上的某个点。

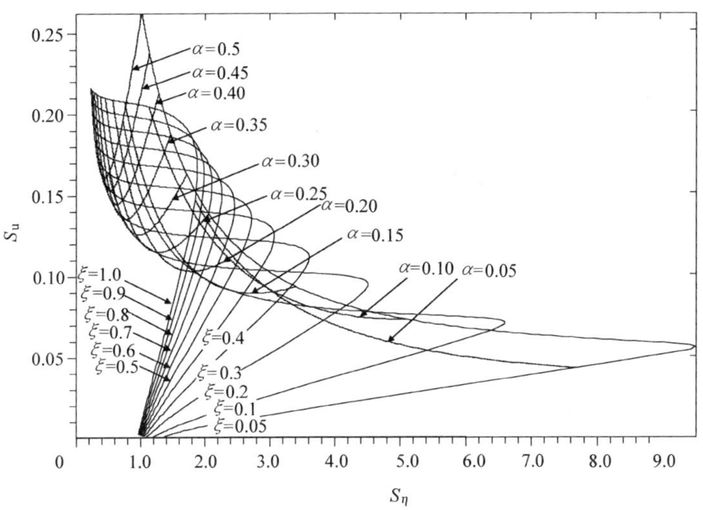

图 15.26 四分之一车辆模型中绝对加速度均方根 $S_u = RMS(u)$ 关于相对位移均方根 $S_\eta = RMS(\eta)$ 的曲线图

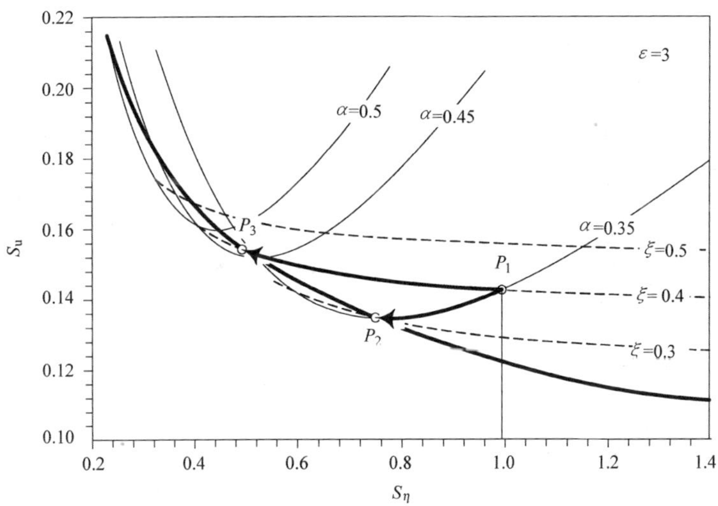

图 15.27 对某四分之一车辆的非最优设计点 P_1 进行优化得到两个最优设计点 P_2 和 P_3

图 15.27 中的点 P_2 和点 P_1 有相同的 α 值，其最优阻尼比 $\xi \approx 0.3$。点 P_3 和点 P_1 有相同的 ξ，其最优固有频率比 $\alpha \approx 0.452$。意即点 P_2 和点 P_3 是对非优化设计点 P_1 的两个备选最优设计。

图 15.28 中对比了三个点 P_1、P_2 和 P_3 的加速度频率响应 $\log u$，点 P_3 的加速度频率响应最小。图 15.29 所示为三个点的绝对位移频率响应 $\log \mu$，图 15.30 所示为三个点的相对位移频率响应 $\log \eta$。这些图表明，点 P_2 和点 P_3 代表的悬架系统都比点 P_1 代表的悬架系统要合理。悬架 P_2 比悬架 P_3 的加速度水平高，但是需要较小的相对悬架行程。悬架 P_3 比悬架 P_2 的加速度水平低，但是需要较大的悬架行程空间。

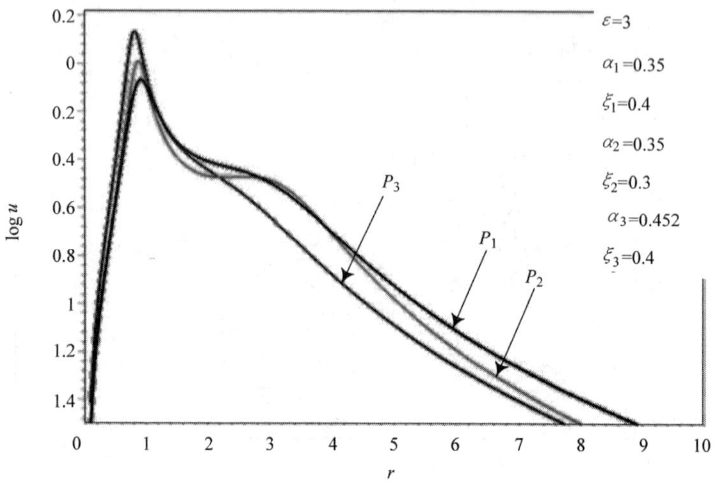

图 15.28　图 15.27 中点 P_1、P_2 和 P_3 的绝对位移频率响应 μ

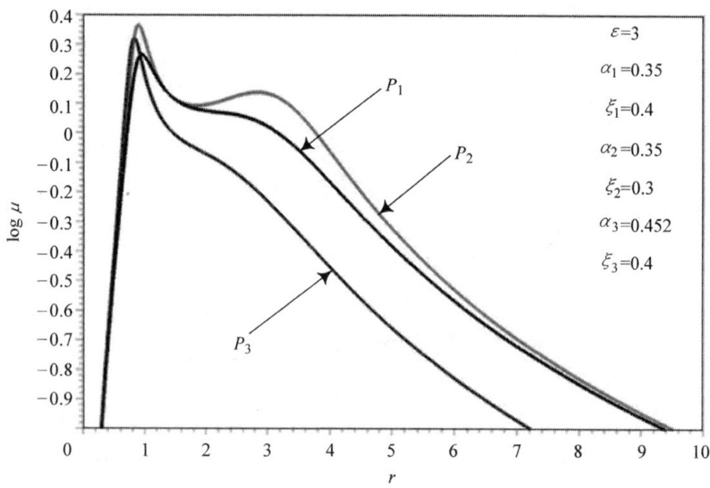

图 15.29　图 15.27 中点 P_1、P_2 和 P_3 的相对位移频率响应 η

例 581　四分之一车辆模型的一个非优化设计点与两个优化设计点的比较

对非优化悬架进行优化的方法是保持相对位移 S_η 或绝对加速度 S_u 的 *RMS* 为常数，在优化设计曲线上求相应的点。图 15.31 所示为非优化设计点 P_1 的两个备选优化设计点 P_2 和点 P_3。

假设质量比为

$$\varepsilon = 3 \tag{15.118}$$

且点 P_1 的悬架参数为

$$\xi = 0.0465 \quad \alpha = 0.265 \quad S_\eta = 2 \quad S_u = 0.15 \tag{15.119}$$

与点 P_1 有相同 S_u 值的对应优化点 P_2 的参数为

$$\xi = 0.23 \quad \alpha = 0.45 \quad S_\eta = 0.543 \quad S_u = 0.15 \tag{15.120}$$

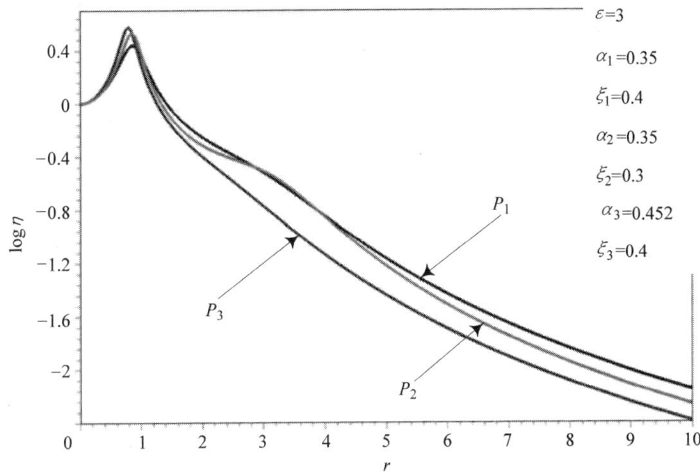

图 15.30　图 15.27 中点 P_1、P_2 和 P_3 的绝对加速度频率响应 u

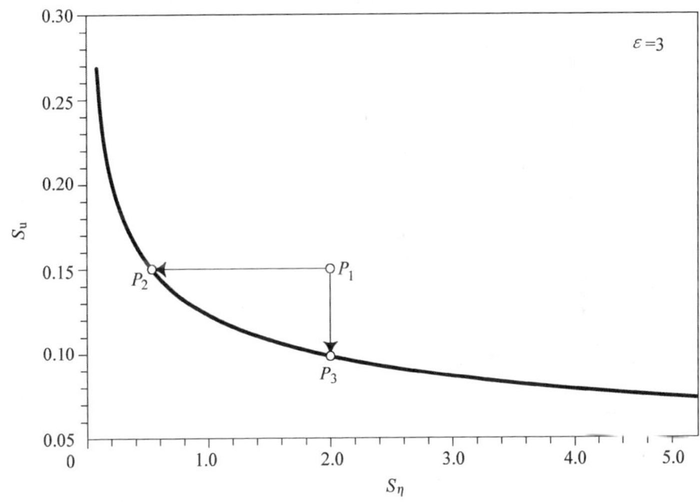

图 15.31　非优化设计点 P_1 的两个备选优化设计点 P_2 和点 P_3

与点 P_1 有相同 S_η 值的对应优化点 P_3 的参数为

$$\xi = 0.0949 \quad \alpha = 0.1858 \quad S_\eta = 2 \quad S_u = 0.0982 \tag{15.121}$$

图 15.32 所示为簧载质量振幅μ，该图表明 P_2 和点 P_3 都有较低的总体振幅，在第二个共振区处尤其明显。图 15.33 所示为簧载质量与非簧载质量之间的相对位移振幅，图 15.34 所示为簧载质量绝对加速度 u 振幅。

例 582★　固有频率和隔振要求

道路的不规则性是乘用车的最常见激励源，因此，车辆系统的固有频率是确定常规隔振装置设计要求的主要因素。由主悬架支撑的车身固有频率通常在 0.2～2Hz 之间，非簧载质量的固有频率，称作车轮跳动频率，通常在 2～20Hz 之间，军用车辆的频率值还会更高。

通过采用软弹簧，降低主悬架的固有频率可以改善簧载质量对不平路面的隔振。降低固有频率往往能提高乘适性，但是这样会因为簧载质量和非簧载质量之间的相对运动较大而带

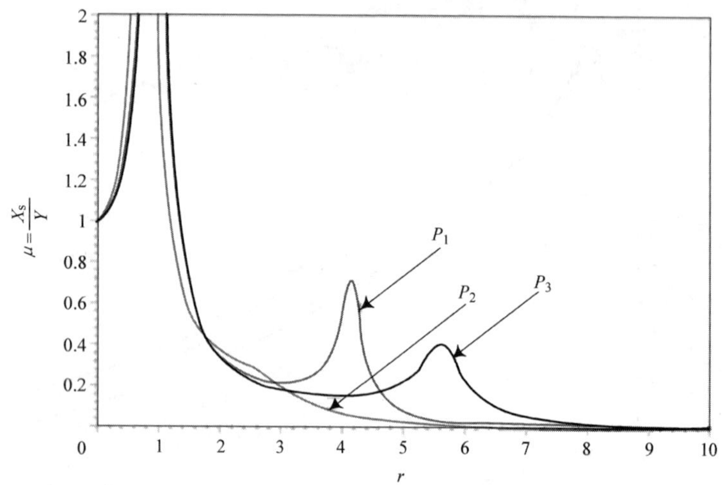

图 15.32　图 15.31 中点 P_1、P_2 和 P_3 的绝对位移频率响应 u

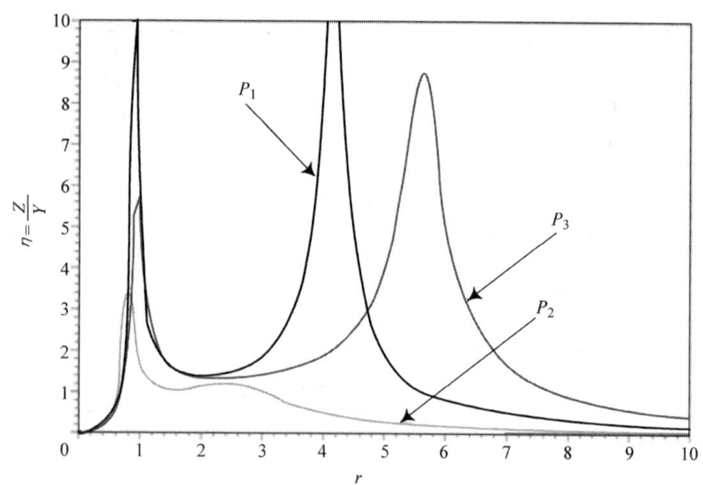

图 15.33　图 15.31 中点 P_1、P_2 和 P_3 的相对位移频率响应 η

来设计问题。振动空间约束，即最大可用相对位移，是悬架系统设计人员必须考虑的最重要的约束条件之一。其他约束源于总体稳定性、可靠性、经济性或费用因素。

例 583　优化特性变化

如图 15.35 和图 15.36 所示，α 和 ξ 的优化曲线表明了各自变化的趋势。α 和 ξ 的优化值都是相对位移 $RMS\ S_\eta$ 的减函数。所以，空间允许时可以减小 α 和 ξ，用较软的悬架获得更好的乘适性。图 15.37 所示为 α 和 ξ 之间的联动关系。

15.5★　基于固有频率和车轮行程的优化

设通过某一固定的质量比 ε 和固有频率比 α 在频率响应曲线中确定了某节点的位置，则阻尼比 ξ 的优化值为

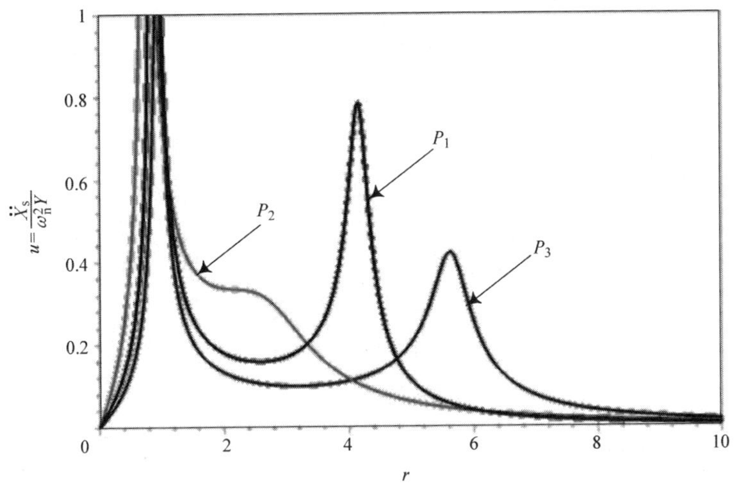

图 15.34 图 15.31 中点 P_1、P_2 和 P_3 的绝对加速度频率响应 u

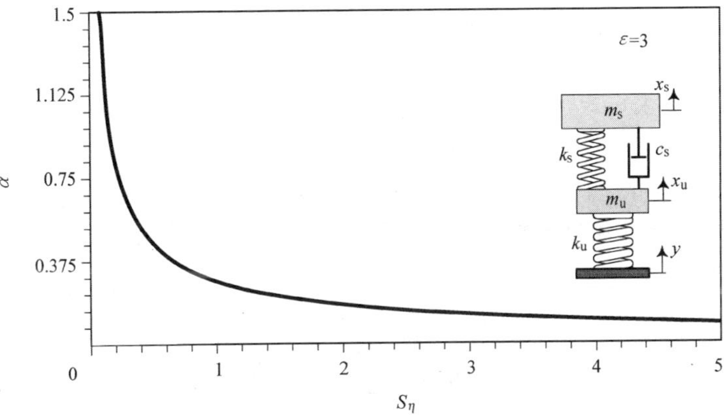

图 15.35 α 优化值关于相对位移 RMS S_η 的函数曲线

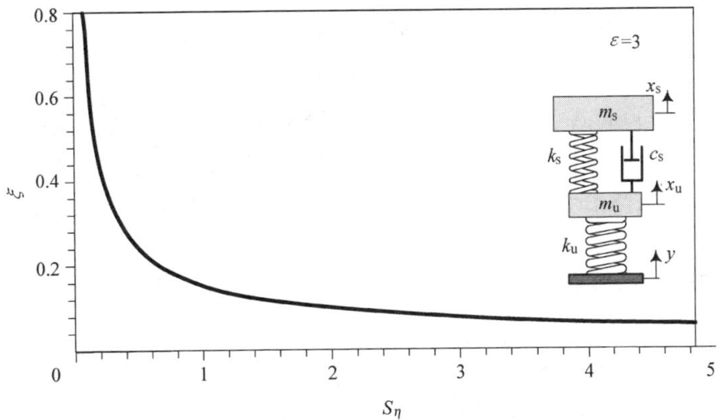

图 15.36 ξ 优化值关于相对位移 RMS S_η 的函数曲线

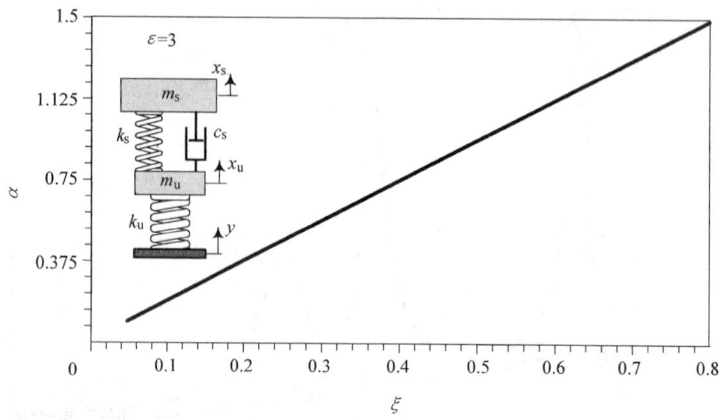

图 15.37　$\varepsilon=3$ 时四分之一车辆 α 优化值与 ξ 优化值的联动关系

$$\xi^* = \frac{\sqrt{Z_{35}}}{Z_{36}}\sqrt{\sqrt{Z_{37}^2-8\alpha^2}+Z_{37}-\frac{8\alpha^2}{Z_{35}}} \tag{15.122}$$

式中

$$Z_{35} = \alpha^2(1+\varepsilon)+1 \tag{15.123}$$

$$Z_{36} = 4\alpha\sqrt{1+\varepsilon} \tag{15.124}$$

$$Z_{37} = (2\alpha^2(1+\varepsilon)+1) \tag{15.125}$$

优化阻尼比 ξ^* 导致第二个共振振幅 μ_2 在第二恒常频率 r_2 处发生，$r=r_2$，$\xi=\xi^*$ 时，相对位移 η 的值为

$$\eta_2 = \sqrt{\frac{(\sqrt{Z_{37}^2-8\alpha^2}-Z_{35})\sqrt{1+\varepsilon}}{2\alpha^2(Z_{28}\sqrt{Z_{37}^2-Z_{39}})}} \tag{15.126}$$

式中

$$Z_{28} = 4\alpha^4(1+\varepsilon)^4-4\alpha^2(1+\varepsilon)^2(1-\varepsilon)+(1+\varepsilon^2) \tag{15.127}$$

$$\begin{aligned} Z_{29} = &-8\alpha^6(1+\varepsilon)^5+12\alpha^4(1+\varepsilon)^3(1-\varepsilon) \\ &-2\alpha^4(1+\varepsilon)(1+3\varepsilon^2-2\varepsilon)+(1+\varepsilon^2) \end{aligned} \tag{15.128}$$

证明：式（15.45）和式（15.46）中给出的簧载质量和非簧载质量固有频率与 ε 和 α 有关。给定 ε 时，可以通过假设最大允许静态变形并调整固有频率值计算 α 的值。如果 α 和 ε 的值已经确定并保持不变，则可以确定在第二个节点引发第一个共振振幅的阻尼比 ξ 为优化阻尼比。对于大于或小于优化阻尼比的阻尼比，共振振幅将会更大。

通过求 μ 关于 r 的微分并令微分结果为 0 得到与最大 μ 关联的频率

$$\frac{\partial\mu}{\partial r}=\frac{1}{2\mu}\frac{\partial\mu^2}{\partial r}=\frac{1}{Z_{25}^2}(8\xi^2 rZ_{25}-Z_{26}-Z_{27})=0 \tag{15.129}$$

$$\begin{aligned} Z_{25} = &\{r^2(r^2\alpha^2-1)+[1-(1+\varepsilon)r^2\alpha^2]\}^2 \\ &+4\xi^2r^2[1-(1+\varepsilon)r^2\alpha^2]^2 \end{aligned} \tag{15.130}$$

$$\begin{aligned} Z_{26} = &8\xi^2r(4\xi^2r^2+1)[3r^2\alpha^2(1+\varepsilon)-1] \\ &\times[r^2\alpha^2(1+\varepsilon)-1] \end{aligned} \tag{15.131}$$

$$Z_{27} = 4r(4\xi^2 r^2 + 1)[r^2\alpha^2(1+\varepsilon) + r^2(1 - r^2\alpha^2) - 1] \times [\alpha^2(1+\varepsilon) - 2r^2\alpha^2 + 1] \tag{15.132}$$

此时，如果用式（15.61）给出的 r_2 代替式（15.129）中的频率比 r，则可以得到式（15.122）中的优化值 ξ^*。优化阻尼比 ξ^* 使 μ 在第二恒常频率 r_2 处取得最大值，图 15.38 所示为包括 $\xi = \xi^*$ 的不同 ξ 取值时频率响应 μ 的示例。

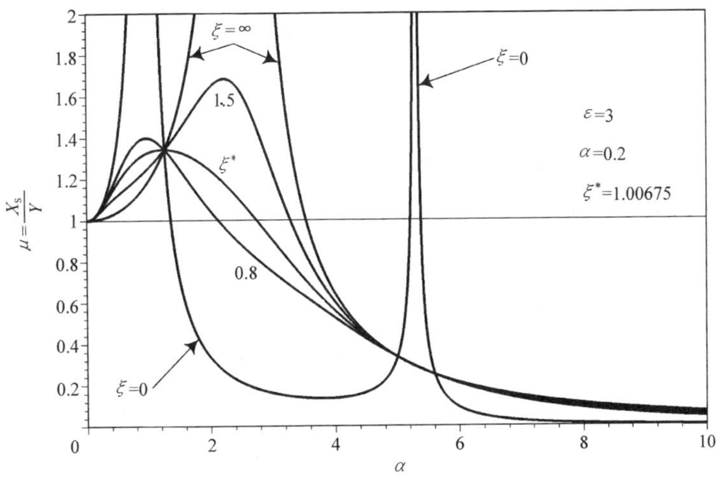

图 15.38 包括 $\xi = \xi^*$ 的不同 ξ 取值时频率响应 μ 的示例

图 15.39 所示为 ξ^* 对 α 和 ε 变化的敏感性。

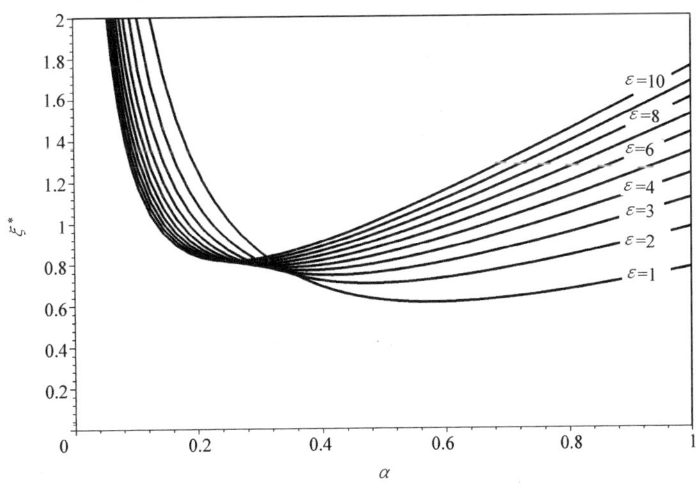

图 15.39 关于 α 和 ε 函数的优化值 ξ^*

把 ξ^* 代入到 μ 的通用表达式，μ 的最大绝对值应该等于由式（15.51）计算出的 μ_2。把 $r = r_2$ 和 $\xi = \xi^*$ 代入到式（15.25），得到关于 η_2 的式（15.126）。固有频率越低，对路面不规则性的隔离就越有效。所以，主弹簧的刚度应该尽量低。图 15.40 所示为 $\xi = \xi^*$ 时 η_2 的特性曲线。

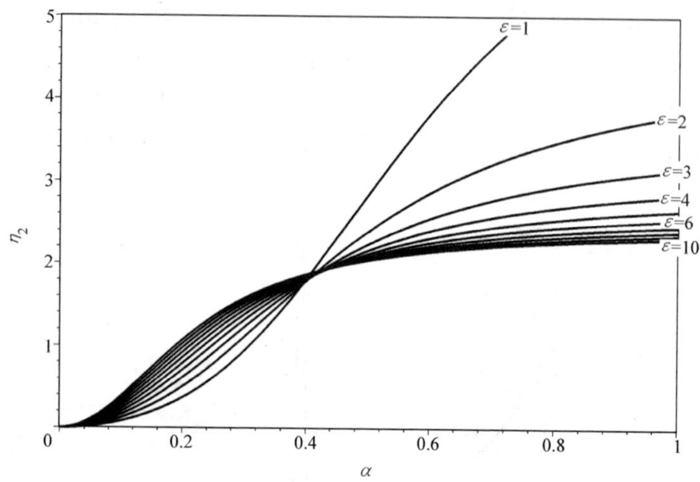

图 15.40 $\xi=\xi^*$ 时 η_2 关于 α 和 ε 的函数特性曲线

例 584 η_2 关于 $\xi=\xi^*$ 特性曲线上的节点

第二个节点处的相对位移 η_2 是 α 的单调增函数，且有两个恒常点。η 的恒常点可以从下面的计算得出

$$\begin{aligned}&\pm r^2\{(r^2\alpha^2-1)+[1-(1+\varepsilon)\alpha^2]\}\\&\quad=\{r^2(r^2\alpha^2-1)+[1-(1+\varepsilon)r^2\alpha^2]\}^2\\&\quad+r^2[1-(1+\varepsilon)r^2\alpha^2]\end{aligned}\tag{15.133}$$

即

$$r_1=0\quad \eta_1=0\tag{15.134}$$

$$r_{n_0}=\frac{1}{\alpha\sqrt{1+\varepsilon}}\quad \eta_{n_0}=1+\frac{1}{\varepsilon}\tag{15.135}$$

r_{n_0}时 μ 的值为

$$\mu_{n_0}=\frac{\alpha^2}{\varepsilon^2}(1+\varepsilon)^3[4\xi^2+\alpha^2(1+\varepsilon)]\tag{15.136}$$

例 585 ★η 的最大值

如图 15.4 所示，η 的节点位于 $\xi=0$ 和 $\xi=\infty$ 曲线的交点，可能存在一个特殊的阻尼比使 η 在该节点处取最大值。为了求出 η 的最大值，需要解下面关于 r 的方程

$$\frac{\partial\eta}{\partial r}=\frac{1}{2\eta}\frac{\partial\eta^2}{\partial r}=\frac{1}{Z_{23}^2}(4r^3Z_{23}-Z_{30}-Z_{31})\tag{15.137}$$

式中

$$\begin{aligned}Z_{23}&=\{r^2(r^2\alpha^2-1)+[1-(1+\varepsilon)r^2\alpha^2]\}^2\\&\quad+4\xi^2r^2[1-(1+\varepsilon)r^2\alpha^2]^2\end{aligned}\tag{15.138}$$

$$Z_{30}=8\xi^2r^5[3r^2\alpha^2(1+\varepsilon)-1][r^2\alpha^2(1+\varepsilon)-1]\tag{15.139}$$

$$\begin{aligned}Z_{31}&=4r^5[r^2\alpha^2(1+\varepsilon)+r^2(1-r^2\alpha^2)-1]\\&\quad\times[\alpha^2(1+\varepsilon)-2r^2\alpha^2+1]\end{aligned}\tag{15.140}$$

因此，η 的最大值发生在下面方程的根

$$Z_{32}r^8+Z_{33}r^6+Z_{34}r^2-1=0 \tag{15.141}$$

式中

$$Z_{32}=\alpha^4 \tag{15.142}$$

$$Z_{33}=2\alpha^4\xi^2(1+\varepsilon)^2+\alpha^4(1+\varepsilon)-\alpha^2 \tag{15.143}$$

$$Z_{34}=\alpha^2(1+\varepsilon)+1-2\xi^2 \tag{15.144}$$

η 小于某特殊阻尼比值 ξ_η 时，式（15.141）有两个正根，η 大于 ξ_η 时，式（15.141）有一个正根，其中

$$\xi_\eta=\xi_\eta(\alpha,\xi,\varepsilon) \tag{15.145}$$

式（15.141）的正根是 r_5 和 r_6，与之对应的相对位移记为 η_5 和 η_6，其中 $r_5<r_6$。$\xi\geqslant\xi_\eta$ 时，恒常频率 r_5 和 r_6 将相等，两者在 ξ 变为无穷大时等于 r_{n_0}。只要 $\xi\leqslant\xi_\eta$，r_6 就大于 r_5，并在 $\xi\geqslant\xi_\eta$ 时，二者相等。相对位移 η_5 和 η_6 是 ξ 的单调减函数，它们在 ξ 变为无穷大时变为 η_{n_0}。

从式（15.135）中可以看，r_{n_0}处的恒常点与 α 和 ε 有关，而 η_{n_0}仅与 ε 有关。如果给定 ε，则 η_{n_0}也可以确定。因此，相对位移的最大值 η 不能小于 η_{n_0}，也不可能求出任何实数 ξ 使 η 在 r_{n_0}处取得最大值。ξ 的优化值可以通过将 η_6 的最大值调整到允许的车轮行程时获得。

15.6 小结

车辆的垂直振动可以用二自由度线性系统建模，该模型称作四分之一车辆模型。车身质量的四分之一作为簧载质量，由车辆的主悬架 k_s 和 c_s 支撑。主悬架 k_s 和 c_s 安装在车辆的一个车轮上，称作非簧载质量。车轮通过刚度为 k_u 的轮胎置于路面。

假设车辆在简谐起伏道路上行驶，则可以求出簧载质量和非簧载质量的频率响应，还可以根据系统的线性特性求出相对位移。簧载质量的频率响应有四个节点，第一个和第四个节点通常不在共振区，或者不在工作频率范围之内。中间节点位于 $\mu=1$ 的两侧，因此，这两个节点不能相等，也不能应用 Frahm 优化。

应用均方根优化方法（*RMS* 优化方法）可以求出绝对加速度和相对位移的均方根，*RMS* 优化方法基于这样的策略，即令绝对加速度的均方根关于相对位移的均方根最小。*RMS* 优化的结果是引入了取固定质量比时的一条优化设计曲线。

15.7 主要符号

a，$\ddot{x}$	加速度	$f=1/T$	循环周期，单位 Hz
c	阻尼	f_c	阻尼力
c_s	主悬架阻尼	f_k	弹簧力
$[c]$	阻尼矩阵	f_n	圆周固有频率
d_1	道路波长	$g(r^2)$	特征方程
d_2	道路波振幅	k	刚度
D	耗散函数	k_s	主悬架弹簧刚度
f，F	力	k_u	轮胎刚度

k_{eq}	有效刚度
$[k]$	刚度矩阵
K	动能
$\mathcal{L}$	拉格朗日函数
m	质量
m_s	簧载质量
m_u	非簧载质量
$[m]$	质量矩阵
$r = \omega/\omega_n$	激励频率比
$r_i, \ i \in N$	节点频率比
$r_n = \omega_n/\omega_s$	固有频率比
$S_u = RMS(u)$	u 的均方根
$S_\eta = RMS(\eta)$	η 的均方根
t	时间
T	周期
$u = r^2 \alpha^2 \mu$	簧载质量加速度频率响应
$v = r^2 \alpha^2 \tau$	非簧载质量加速度频率响应
V	势能
x	绝对位移
x_s	簧载质量位移
x_u	非簧载质量位移
X	x 的稳态振幅
X_s	x_s 的稳态振幅
X_u	x_u 的稳态振幅
y	基座激励位移
Y	y 的稳态振幅
z	相对位移
Z	z 的稳态振幅
Z_i	短符号表示法参数
$\alpha = \omega_s/\omega_u$	固有频率比
$\varepsilon = m_s/m_u$	固有频率比
$\eta = \mid Z/Y \mid$	簧载质量相对频率响应
$\mu = \mid X_s/Y \mid$	簧载质量频率响应
$\xi = c_s / (2\sqrt{k_s m_s})$	阻尼比
ξ^*	优化阻尼比
$\tau = \mid X_u/Y \mid$	非簧载质量频率响应
$\omega = 2\pi f$	角频率，单位 rad/s
$\omega_s = \sqrt{k_s/m_s}$	簧载质量频率
$\omega_u = \sqrt{k_u/m_u}$	非簧载质量频率
ω_n	固有频率
下标：	
$i \in N$	节点编号
n	nature，固有
s	spung mass，簧载质量
u	unspung mass，非簧载质量

习　　题

1. 四分之一车辆模型固有频率

四分之一车辆模型的参数如下：

$$m_s = 275\text{kg}$$
$$m_u = 45\text{kg}$$
$$k_u = 200000\text{N/m}$$
$$k_s = 10000\text{N/m}$$

试求其固有频率。

2. 运动方程

应用如下相对坐标，推导图 15.1 所示四分之一车辆模型的运动方程：

(a)

$$z_s = x_s - y \quad z_u = x_u - y$$

(b)

$$z = x_s - x_u \quad z_u = x_u - y$$

(c)

$$z = x_s - x_u \quad z_s = x_s - y$$

3. ★不同坐标的固有频率.

求出并比较习题 2 中三种情况下的固有频率,应用习题 1 中的数据验证其是否相等。

4. 四分之一车辆模型的节点频率

求下面参数的四分之一车辆模型的节点频率:

$$m_s = 275\text{kg} \quad m_u = 45\text{kg} \quad k_u = 200000\text{N/m} \quad k_s = 10000\text{N/m}.$$

用习题 1 中求出的固有频率检查节点频率的大小顺序。

5. 四分之一车辆模型的频率响应.

一辆汽车在起伏道路上行驶,道路波长 $d_1 = 20\text{m}$,振幅 $d_2 = 0.8\text{m}$。

$$m_s = 200\text{kg} \quad m_u = 40\text{kg}$$

$$k_u = 220000\text{N/m} \quad k_s = 8000\text{N/m} \quad c_s = 1000\text{Ns/m}.$$

求汽车在下面车速行驶时的稳态振幅 X_s、X_u 和 Z:

(a) $v = 30\text{km/h}$

(b) $v = 60\text{km/h}$

(c) $v = 120\text{km/h}$

6. 四分之一车辆模型的悬架优化

设某汽车的参数为

$$m_s = 200\text{kg} \quad m_u = 40\text{kg} \quad k_u = 220000\text{N/m} \quad S_\eta = 0.75$$

求其优化悬架参数。

7. 四分之一车辆模型的 $\alpha = 0.45$,$\xi = 0.4$。如果道路激励的振幅是 $Y = 1\text{cm}$,车轮行程应该为多少?

8. ★四分之一车辆模型和时间响应

四分之一车辆模型的参数如下:

$$m_s = 220\text{kg} \quad m_u = 42\text{kg} \quad k_u = 150000\text{N/m} \quad S_\eta = 0.75$$

求优化悬架和优化后汽车对单位阶跃激励的响应。

9. ★四分之一车辆模型

四分之一车辆模型中,已假设轮胎一直与地面接触。现求轮胎离开道路表面的条件。

10. 优化阻尼

设某四分之一车辆模型的 $\alpha = 0.45$,$\varepsilon = 0.4$,求优化阻尼比 ξ^*。

参考文献

Abe, M., 2009, *Vehicle Handling Dynamics: Theory and Application*, Butterworth-Heinemann, Oxford, UK.

Alkhatib, R., Jazar, R. N., and Golnaraghi, M. F., Optimal Design of Passive Linear Mounts with Genetic Algorithm Method, *Journal of Sound and Vibration, **275**(3-5), 665-691, 2004.*

American Association of State Highway Officials, AASHO, Highway Definitions, June 1968.

American National Standard, Manual on Classification of Motor Vehicle Traffic Accidents, Sixth Edition, National Safety Council, Itasca, Illinois, 1996.

Andrzejewski, R., and Awrejcewicz, J., 2005, *Nonlinear Dynamics of a Wheeled Vehicle*, Springer-Verlag, New York.

Asada, H., and Slotine, J. J. E., 1986, *Robot Analysis and Control*, John Wiley & Sons, New York.

Balachandran, B., Magrab, E. B., 2003, *Vibrations*, Brooks/Cole, Pacific Grove, CA.

Beatty, M. F., 1986, *Principles of Engineering Mechanics, Vol. 1, Kinematics-The Geometry of Motion*, Plenum Press, New York.

Benaroya, H., 2004, *Mechaniscal Vibration: Analysis, Uncertainities, and Control*, Marcel Dekker, New York.

Bourmistrova, A., Simic, M., Hoseinnezhad, R., and Jazar, Reza N., 2011, Autodriver Algorithm, *Journal of Systemics, Cybernetics and Informatics, **9**(1), 56-66.*

Bottema, O., and Roth, B., 1979, *Theoretical Kinematics*, North-Holland Publication, Amsterdam, The Netherlands.

Cossalter, V., 2002, *Motorcycle Dynamics*, Race Dynamic Publishing, Greendale, WI.

Del Pedro, M., and Pahud, P., 1991, *Vibration Mechanics*, Kluwer Academic Publishers, The Netherland.

Den Hartog, J. P., 1934, *Mechanical Vibrations*, McGraw-Hill, New York.

Dixon, J. C., 1996, *Tire, Suspension and Handling*, SAE Inc.

Dukkipati, R. V., Pang, J. Qatu, M. S., Sheng, G., and Shuguang, Z., 2008, *Road Vehicle Dynamics*, SAE Inc.

Ellis, J. R., 1994, *Vehicle Handling Kinematics*, Mechanical Engineering Publications Limited, London.

Esmailzadeh, E., 1978, Design Synthesis of a Vehicle Suspension System Using Multi-Parameter Optimization, *Vehicle System Dynamics, **7**, 83-96.*

Genta, G., 2007, *Motor Vehicle Dynamics, Modeling and Simulation*, World Scientific, Singapore.

Genta, G., and Morello, L., 2009, *The Automotive Chassis: Volume 1: Components Design*, Springer, New York.

Genta, G., and Morello, L., 2009, *The Automotive Chassis: Volume 2: System Design*, Springer, New York.

Goldstein, H., Poole, C., and Safko, J., 2002, *Classical Mechanics*, 3rd ed., Addison Wesley, New York.

Haney, P., 2003, *The Racing and High–Performance Tire*, SAE Inc.

Harris, C. M., and Piersol, A. G., 2002, *Harris' Shock and Vibration Handbook*, McGraw-Hill, New York.

Hartenberg, R. S., and Denavit, J., 1964, *Kinematic Synthesis of Linkages*, McGraw-Hill Book Co.

Hunt, K. H., 1978, *Kinematic Geometry of Mechanisms*, Oxford University Press, London.

Inman, D., 2007, *Engineering Vibrations*, Prentice Hall, New York.

Jazar, Reza. N., 2010, *Theory of Applied Robotics: Kinematics, Dynamics, and Control*, second ed., Springer, New York.

Jazar, Reza N., 2010, Mathematical Theory of Autodriver for Autonomous Vehicles, *Journal of Vibration and Control, **16**(2), 253-279.*

Jazar, Reza. N., 2011, *Advanced Dynamics: Rigid Body, Multibody, and Aerospace Applications*, Wiley, New York.

Jazar, Reza. N., 2013, *Advanced Vibrations: A Modern Approach*, Springer, New York.

Jazar, Reza N., 2012, Derivative and Coordinate Frames, *Journal of Nonlinear Engineering, **1**(1), p25-34*, DOI: 10.1515/nleng-2012-0001.

Jazar, Reza. N., and Golnaraghi, M. F., 2002, Engine Mounts for Automotive Applications: A Survey, *The Shock and Vibration Digest, **34**(5), 363-379.*

Jazar, Reza. N., Alkhatib, R., and Golnaraghi, M. F., 2006, Root Mean Square Optimization Criterion for Vibration Behavior of Linear Quarter Car Using Analytical Methods, *Journal of Vehicle System Dynamics, 44(6), 477–512.*

Jazar, Reza. N., Kazemi, M., and Borhani, S., 1992, *Mechanical Vibrations*, Ettehad Publications, Tehran. (in Persian).

Jazar, Reza. N., Narimani, A., and Golnaraghi, M. F., and Swanson, D. A., 2003, Practical Frequency and Time Optimal Design of Passive Linear Vibration Isolation Mounts, *Journal of Vehicle System Dynamics, **39**(6), 437-466.*

Jazar, Reza N., Subic A., Zhong N., 2012, Kinematics of a Smart Variable Caster Mechanism for a Vehicle Steerable Wheel, *Vehicle System Dynamics.*

Karnopp, D., 2013, *Vehicle Dynamics, Stability, and Control*, 2nd ed., CRC Press, London, UK.

Kane, T. R., Likins, P. W., and Levinson, D. A., 1983, *Spacecraft Dynamics*, McGraw-Hill, New York.

MacMillan, W. D., 1936, *Dynamics of Rigid Bodies*, McGraw-Hill, New York.

Marzbani H., and Jazar, Reza N., 2013, *Smart Flat Ride Tuning, Book Chapter, Nonlinear Approaches in Engineering Applications 2*, Liming Dai, Reza N. Jazar, Eds., Springer, New York.

Marzbani H., Jazar, Reza N., and Fard M., *2012,* Hydraulic Engine Mounts: A Survey, *Journal of Vibration and Control,* DOI: 10.1177/1077546312456724.

Marzbani H., Jazar, Reza N., and Khazaei A., 2012, Smart Passive Vibration Isolation: Requirements and Unsolved Problems, *Journal of Applied Nonlinear Dynamics, 1(4), p341-386,* DOI:10.5890/JAND.2012.09.002.

Mason, M. T., 2001, *Mechanics of Robotic Manipulation*, MIT Press, Cambridge, Massachusetts.

Meirovitch, L., 2002, *Fundamentals of Vibrations*, McGraw-Hill, New York.

Meirovitch, L., 1967, *Analytical Methods in Vibrations*, Macmillan, New York.

Milliken, W. F., and Milliken, D. L., 2002, *Chassis Design*, SAE Inc.

Milliken, W. F., and Milliken, D. L., 1995, *Race Car Vehicle Dynamics*, SAE Inc.

Murray, R. M., Li, Z., and Sastry, S. S. S., 1994, *A Mathematical Introduction to Robotic Manipulation*, CRC Press, Boca Raton, Florida.

National Committee on Uniform Traffic Laws and Ordinances, Uniform Vehicle Code and Model Traffic Ordinance, 1992.

Nikravesh, P., 1988, *Computer-Aided Analysis of Mechanical Systems*, Prentice Hall, New Jersey.

Norbe, J. P., 1980, *The Car and its Weels, A Guide to Modern Suspension Systems*, TAB Books Inc.

Pacejka, H, 2012, *Tire and Vehicle Dynamics*, 3rd ed., Butterworth-Heinemann, Oxford, UK.

Paul, R. P., 1981, *Robot Manipulators: Mathematics, Programming, and Control*, MIT Press, Cambridge, Massachusetts.

Pawlowski, J., 1969, *Vehicle Body Engineering*, Business Books Limited, London.

Rajamani, R., 2006, *Vehicle Dynamics and Control*, Springer-Verlag, New York.

Rao, S. S., 2003, *Mechanical Vibrations*, Prentice Hall, New York.

Roseau, M., 1987, *Vibrations in Mechanical Systems*, Springer-Verlag, Berlin.

Rosenberg, R. M., 1977, *Analytical Dynamics of Discrete Systems*, Plenum Publishing Co., New York.

Schaub, H., and Junkins, J. L., 2003, *Analytical Mechanics of Space Systems*, AIAA Educational Series, American Institute of Aeronautics and Astronautics, Inc., Reston, Virginia.

Shabana, A. A., 1997, *Vibration of Discrete and Continuous Systems*, Springer-Verlag, New York.

Skalmierski, B., 1991, *Mechanics*, Elsevier, Poland.

Snowdon, J. C., 1968, *Vibration and shock in damped mechanical systems*, John Wiley, New York.

Spong, M. W., Hutchinson, S., and Vidyasagar, M., 2006, *Robot Modeling and Control*, John Wiley & Sons, New York.

Soni, A. H., 1974, *Mechanism Synthesis and Analysis*, McGraw-Hill Book Co.

Tsai, L. W., 1999, *Robot Analysis*, John Wiley & Sons, New York.

United States Code, Title 23. Highways. Washington: U.S. Government Printing Office.

Wittacker, E. T., 1947, *A Treatise on the Analytical Dynamics of Particles and Rigid Bodies*, 4th ed., Cambridge University Press, New York.

Wong, J. Y., 2008, *Theory of Ground Vehicles*, 4th ed., John Wiley & Sons, New York.